本書出版得到國家古籍整理出版專項經費資助

國家社會科學基金一般項目“慧琳《一切經音義》整理與研究”（17BZJ002）結項成果

國家社科基金重大項目“中、日、韓漢語音義文獻集成與漢語音義學研究”（19ZDA318）階段性成果

全國高等院校古籍整理研究工作委員會直接資助項目“希麟《續一切經音義》校注”（1928）

續一切經音義校注

〔遼〕釋希麟　撰

黃仁瑄　校注

中華書局

圖書在版編目（CIP）數據

續一切經音義校注/（遼）釋希麟撰；黄仁瑄校注. —北京：中華書局,2021.2
（音義文獻叢刊）
ISBN 978-7-101-14959-3

Ⅰ.續…　Ⅱ.①釋…②黄…　Ⅲ.佛經-訓詁-研究-中國-唐代　Ⅳ.H131.6

中國版本圖書館 CIP 數據核字（2020）第 253749 號

書　　名　續一切經音義校注
撰　　者　〔遼〕釋希麟
校 注 者　黄仁瑄
叢 書 名　音義文獻叢刊
出版發行　中華書局
　　　　　（北京市豐臺區太平橋西里 38 號　100073）
　　　　　http://www.zhbc.com.cn
　　　　　E-mail：zhbc@zhbc.com.cn
印　　刷　北京瑞古冠中印刷廠
版　　次　2021 年 2 月北京第 1 版
　　　　　2021 年 2 月北京第 1 次印刷
規　　格　開本/710×1000 毫米　1/16
　　　　　印張 32　插頁 2　字數 548 千字
印　　數　1-1500 册
國際書號　ISBN 978-7-101-14959-3
定　　價　158.00 元

目　録

序　言

——兼論希麟《續一切經音義》之二三事

　　本書是希麟《續一切經音義》之整理校注的最新成果，是黄仁瑄博士《慧琳〈一切經音義〉校注》的姊妹篇，也是他研究唐五代佛典音義的系列學術論著之一。

　　前此，國内研究慧琳《一切經音義》和希麟《續一切經音義》的學者，基本都是以日本獅谷白蓮社本作爲討論對象。現有的希麟《續一切經音義》各種版本，祖本都是韓國海印寺再刻之《高麗大藏經》本。日本的獅谷白蓮社本，東京弘教書院排印大藏經本，島田蕃根、福田行誠等編校弘教藏本，《大正新修大藏經》也都源自高麗藏本；中國的頻伽精舍本、上海古籍出版社影印《正續一切經音義》和《佛藏要籍選刊》、凡癡居士等編《佛學辭書集成》的底本都是獅谷白蓮社本；只有中華書局《中華大藏經（漢文部分）》是影印高麗藏本。這些本子，凡是重刻、排印、編校本都對底本或多或少做過刊改，本書以高麗藏本作爲底本，正有溯源清本的作用。

　　另一方面，如果比較一部佛經的高麗藏本和日本大藏經本、中國的宋元明清佛藏本，就會發現高麗藏本文字錯訛很多，希麟《續一切經音義》也是如此，正如黄仁瑄博士在本書《前言》中所説，高麗藏本“書中訛、脱、衍、乙等文字問題依然觸處皆是，引文張冠李戴的情況所在皆有”。在整理此書時，如何既要刊誤求是，又要返本求真，其中分寸拿捏很費斟酌。同時，希麟《續一切經音義》引書引人所涉文獻宏富且繁雜，一一追源覆檢、比對校讐，區辨是意引還是全引以刊正文本，也是一件費時勞力、頗見功力的工作。黄仁瑄博士非常重視這些問題，曾發表數篇專文進行過討論，在本書中又斟酌考量，發凡起例，爲處理這些難題製訂了詳盡而具體的原則，從而很好地完成了對高麗藏本希麟《續一切經音義》的校注，提供了一個可信可用的文本，這不能不説是本書對學術界的一大貢獻。

希麟《續一切經音義》作爲佛典音義，與儒家音義——如唐代陸德明《經典釋文》、何超《晉書音義》等的最大不同，是書中有大量字目詞條是來自域外梵文的音譯詞。《續一切經音義·序》説："論梵聲，則有一文兩用，誤上、去於十二音中；數字同歸，疑體、業於八轉聲内。"按，"十二音"説的是梵文十二個聲勢（元音），一般指 a、ā、i、ī、u、ū、r、r̄、e、ai、o、au，十二音分成六組，每一組前一梵字是短元音，後一梵字是長元音。經師音譯梵語時，對前面四組可用同一個漢字對音，但在短元音後注"上（聲）"，在長元音後注"去（聲）"來加以區别。例如唐不空《文殊問經·字母品第十四》的譯音是 a:阿（上），ā:阿（引、去），i:伊（上），ī:伊（引、去），u:塢（上），ū:污（引、去），r:哩，r̄:哩（引、去）；又如唐代日釋空海《梵字悉曇字母并釋義》的譯音是 a:阿（上聲呼），ā:阿（去聲長引呼），i:伊（上聲），ī:伊（去聲長引呼），u:塢，ū:汙（長聲），r 哩（彈舌呼），r̄ 哩（彈舌、去聲引呼）。如果没有這些注文，看譯音是同一個漢字，就可能隨心讀上聲把長元音讀成短元音，或者讀去聲把短元音讀成長元音，這就是所謂"一文兩用，誤上、去於十二音中"。八轉聲，或作"八囀聲"，指梵語聲明中八種格的形態變化。唐釋窺基《成唯識論掌中樞要》卷上曾經對八轉聲做過解釋："然依蘇漫多聲説，即是八囀也。一儞利提勢（此云體聲，亦云汎説聲〔nirdeśe，即主格〕），二鄔波提舍泥（此云業聲，亦云所説聲〔upadeśane，即賓格〕），三羯咥唎迦囉泥（此云能作具聲，亦云能説聲〔kaitṛkāraṇe，即工具格〕），四三鉢囉陀儞雞（此云所爲聲，亦云所與聲〔saṁpradānike，即與格〕），五襃波陀泥（此云所從聲〔apādāne，即離格〕），六莎弭婆者儞（此云所屬聲〔svamivacane，即屬格〕），七珊儞陀那囉梯（此云所依聲〔saṁnidhānārthe，即位格〕），八阿曼怛羅泥（此云乎聲〔āmantraṇe，即呼格〕）。上説總八囀，此中各有一言（即單數）、二言（即雙數）、多言（即複數）之聲，合有二十四聲。又有男聲（即陽性）、女聲（即陰性）、非男非女聲（即中性），更各有二十四。合總别有九十六聲……然有别目，但唯七囀，第八乃是汎爾呼聲，更無别詮。"又曰："蘇漫多聲中第六屬主者，則八轉聲。其此聲論辨此聲中，‘蘇’字居後，‘漫多’是後義。則是蘇字居後聲也。”這兩段文字開頭所説“蘇漫多”，又譯作“蘇槃多”，梵文爲 subanta，是説除了呼聲之外，其他七轉聲都有三數三性，這些複雜的形態都是詞幹之後詞尾的變化。這樣，梵語同一個名詞或形容詞的不同形態，由於後綴詞尾的不同以致漢語音譯不同，這樣很容易讓人見對音漢字不同而錯認爲是另一個不同的詞，這就是“數字同歸，疑體、業於八轉聲内”，文中雖然只提到體、業二聲，實際上所指包括三數、三性、八轉的蘇漫多聲的諸般變體。於此可見在佛典音義的研究中對於梵文音譯詞的考證是一個重要而艱深的工作，由於學識所限，很少有學者涉足。佛典音義中保存的這些梵漢對音，對於探討古代漢語漢字的音值，研究唐宋漢語語音系統是十分難得的資料。黄仁瑄博士在本書中對希麟《續一切經音義》中的對音材料的源語形式一一進行考索，注明梵文詞語的 IAST（International Alphabet of Sanskrit Transliteration，國際梵文轉寫字母表）轉寫形式。顯然，較之一般佛典古籍整理工作而言，這是一個突出的特點，爲佛學研究和漢語歷史語音學的研究貢獻了一份富有學術價值的文獻資料。

希麟生平事蹟不詳。《續一切經音義》各卷卷首書名下題署爲“燕京崇仁寺沙門”，其他情況不可得知。

燕京（今北京），即遼之陪都南京的別稱。《遼史·太宗本紀下》會同元年（938），後晉石敬瑭遣使奉表以幽、雲十六州并圖籍來獻，“於是詔以皇都爲上京，府曰臨潢（今内蒙巴林左旗東南波羅城）。升幽州爲南京，南京（今遼寧遼陽）爲東京”。又《地理志四·南京道》：“自唐而晉，高祖（石敬瑭）以遼有援立之勞，割幽州等十六州以獻。太宗升爲南京，又曰‘燕京’。”可見“燕京”在當時的正式稱謂應當是南京。

燕京崇仁寺，史傳無徵。房山石經遼刻唐總持寺沙門智通譯《清淨觀世音菩薩普賢陀羅尼經》卷後題記有“崇仁寺”：“隗臺崇仁寺沙門惟和書，當寺沙門志學刻。保大元年四月二十九日成造。”按，隗臺即“郭隗臺”，又名黄金臺。《戰國策·燕策》：“於是昭王爲（郭）隗築宫而師之。樂毅自魏往，鄒衍自齊往，劇辛自趙往，士爭湊燕。”“築宫”後世流變爲燕昭王築黄金臺禮郭隗以致士。關於隗臺故址，向有燕京之説。《述異記》

卷下:"燕昭王爲郭隗築臺,今在幽州燕王故城中,土人呼爲賢士臺,亦謂之招賢臺。"《述異記》二卷,舊本題南朝梁任昉撰,但此書至宋官私書目如王堯臣等《崇文總目·小説下》、晁公武《郡齋讀書志·小説類》始見著錄,卷數與今本無異;同時宋代文獻如周密《齊東野語》卷十八"《史記》無燕昭築臺事"條、楊伯嵒《六帖補·宮室城郭·樓臺》"賢士臺"條、李昉等《太平御覽·居處部六·臺下》所引其書"隗臺"事,文字也都相符,足證當時在"幽州燕王故城中"確有隗臺無疑。元納延《金臺集》卷二《南城詠古十六首》有長序,大意曰(元惠宗)至正十一年(1351)秋八月既望,"七人聯轡出游燕城,覽故宫之遺迹,凡其城中塔廟樓觀臺榭園亭,莫不裴徊瞻眺,拭其殘碑斷柱,爲之一讀,指其廢興而論之……各賦詩十有六首以紀其事,庶來者有所徵焉"。十六首詩中《黄金臺》題注:"大悲閣東南隗臺坊内。"又《大悲閣》注:"閣牓虞世南書。"此爲作者訪古親見,當時這些建築雖然已成斷垣殘壁而作者特意一一注明地址留作後人考證之用,應該可以采信。納延的記載與房山石經題記可以互爲佐證,説明燕京確實有隗臺,惟和所指的隗臺崇仁寺應該就是希麟所駐之燕京崇仁寺,位於遼國南京隗臺坊中,保大爲遼末代皇帝天祚帝的年號,元年當公元1121年,可見至遼代末期其寺尚存。

到了明代,金臺已成京師名勝,但其故址何在也出現了不同説法。明李賢等撰《明一統志·京師·順天府·宫室》"黄金臺"條:"在府東南一十六里;又一曰小金臺,在府東南一十五里。按,燕昭王於易水東南築黄金臺延天下士,後人慕其好賢之名,亦築臺於此。爲京師八景之一,名曰金臺夕照。"清人又有異説,《清一統志·順天府》"黄金臺"條又引上述《述異記》《迺賢集》《明一統志》諸説,根據清朝地理,明確指出金臺舊地"在大興縣東南"。又清英廉等所修《日下舊聞考·形勝四》:"增:金臺有三處,並在易州易水東南。去縣三十里者,曰'大金臺';今在大興縣境,去縣東南十六里者,曰'西金臺';去縣東南一十五里者,曰'小金臺'。昔燕昭王尊郭隗,築宫而師事之,置千金于臺上,以延天下士,遂以得名。其後金人慕其好賢之名,亦建此臺,今在舊城内。後之游者,往往極目于斜陽古木之中,徘徊留戀以寄其遐思,故曰'金臺夕照'。補:《春秋後語》:

燕昭王曰：‘安得賢士以報齊讎？’郭隗曰：‘王能築臺于碣石山前，尊隗爲師，天下賢士必自至也。’王如其言，作臺以金玉崇之，號黃金臺。《述異記》：臺在幽州燕王故城中。《上谷圖經》：臺在易水東南十八里。其説不同。”按，《日下舊聞》是朱彝尊於康熙二十六年（1687）所纂，《日下舊聞考》中標注“補”的文字是朱彝尊之子朱昆田的補遺，標注“增”的是乾隆四十九年（1784）英廉等新添入的文字。可見明清時金臺至少有三處。官方都認爲小金臺是後人慕名假托，清人更坐實是金人所築。這條材料提供了一條新的信息，當時大興縣金臺名“西金臺”。按，北魏酈道元《水經注·易水》：“有小金臺，臺北有蘭馬臺，並悉高數丈，秀峙相對，翼臺左右。水流徑通，長廡廣宇，周旋被浦，棟堵咸淪，柱礎尚存，是其基構，可得而尋。訪諸耆舊，咸言昭王禮賓，廣延方士，至如郭隗、樂毅之徒，鄒衍、劇辛之儔，宦游歷説之，民自遠而屆者多矣。不欲令諸侯之客伺隙燕邦，故修連下都，館之南垂。言燕昭創之于前，子丹踵之于後，故雕牆敗館尚傳。鐫刻之石雖無經記可憑，察其古迹似符宿傳矣。”酈道元之説得自實地調查，並親睹刻石文字，如果此小金臺就是明清所指的小金臺，則唐代之前臺就已存在，金人不過就其故基重建而已。所以小金臺應該排除在遼代隗臺之外。

　　清乾隆時吳長元《宸垣識略·郊坰一》對三個金臺的地址有更明確的指認：“金臺，在永定門外東南三里許，歸然土阜，有亭勒御書‘金臺夕照’四字，爲燕京八景之一。金臺有三：在易水東南者曰‘大金臺’；在大興縣東南者曰‘西金臺’，又曰‘小金臺’，即燕昭王師事郭隗，置千金於上以延天下士者；金人慕其名，亦築此臺，在舊城内。游者往往極目於斜陽之中，徘徊流慰。原按，隋《上谷圖經》黃金臺‘在易水東南十八里’。酈道元注《水經》，言昭王禮賓，廣延方士，不欲令諸侯之客伺隙燕邦，故修建下都，館之南垂，則金臺在易州明矣。京師故迹傳是後人所築，然自六朝至今，垂之載記，形之歌詠，所當並有不廢。夫燕之臺匪一，京城之金臺，安知非寧臺展臺之舊耶？長元按，元納新《南城詠》古詩注‘金臺在大悲閣東南隗臺坊内’，其地約今白紙坊，殆金所築也。”按，“納新”即納延，全名“葛邏禄迺賢”，清人改譯爲“郭囉洛納新”，“葛邏禄”爲部族名，其文集原名《迺賢集》,《四庫全書》改爲《金臺集》。《宸垣識略》是對《日下舊聞》和《日下舊聞考》的刊謬補闕之作,文中標注"原按"的是朱彝尊原書的按語,標注"長元按"的是作者的考證。書前有余集序,曰:"太初(吳長元之字)氏客京師十餘載……又留心掌故,即經一坊巷、一梵刹,亦必詢其所自,將擬爲《帝京景物(略)》《長安可游(記)》之續。"可見吳長元的考證源自實地考查與史籍碑碣互相印證。2002年初,在北京朝陽門外關東店南的苗家地曾因施工出土石碑,正面鎸有"金臺夕照"四字,背面有"御筆"二字,足證"有亭勒御書'金臺夕照'四字"之言非誣,説明作者考證多可采信。根據吳長元的意見,大金臺爲燕昭王所築,小金臺爲金人托名,是明清"金臺夕照"之勝景,西金臺則爲遼代隗臺故地,清代"在大興縣境,去縣東南十六里",即今北京市房山區内。如此,遼代隗臺崇仁寺沙門書刻之佛經出現在房山石經就毫不足怪了。 希麟撰《續一切經音義》所在之"燕京崇仁寺"應該就在此是無可置疑的。

　　上文論及的唐智通所譯的《清淨觀世音菩薩普賢陀羅尼經》只見於房山石經,中國歷朝大藏經和日本大藏經、高麗大藏經全都未收,這是很值得注意的。按,唐釋智昇《開元釋教録·別録之四·大乘經單譯闕本》著録大唐總持寺沙門智通譯《清淨觀世音普賢陀羅尼經》一卷,注:"大周入藏中有,今闕。西京縱有,非是本經。"所以後來宋、元、明藏也都付之闕如。此經和慧琳《一切經音義》一樣,在唐代即已失傳,卻保存在契丹,希麟方得見慧琳書而有《續一切經音義》之作。 至於爲什麽高麗藏中有正續《一切經音義》卻沒有《清淨觀世音普賢陀羅尼經》,顯然是因爲契丹藏傳入高麗時此經尚未入藏。 這一點對於確定希麟《續一切經音義》的成書時間有所幫助。

　　關於希麟撰作音義的時間,並無明文記載。《續一切經音義· 新譯仁王護國般若波羅蜜多經》之"旃蒙歲"條:"《爾雅》曰:'太歲在乙曰旃蒙,在巳曰大荒落。'案,《唐帝年曆》云:'代宗皇帝廣德三年甲辰改永泰元年。'二年乙巳即'旃蒙歲'也。到今統和五年丁亥,得二百二十三年矣。"統和爲遼聖宗的年號,統和五年當公元987年,則希麟書應成於此年之後。

　　高麗藏源自中土宋藏和契丹藏。據韓國李能和《朝鮮佛教通史·大法寶海印藏經板》引《高麗史》穆宗七年甲辰："復遣使于宋，求官本藏經。將固有之前後二藏及契丹藏本，校合而刊刻之。"作者指出"此謂高麗藏本"。高麗穆宗七年當遼聖宗統和二十二年（1004），而隗臺崇仁寺惟和、志學刻成《清淨觀世音菩薩普賢陀羅尼經》是在遼天祚帝保大元年（1121），說明契丹藏流入高麗時，唐智通所譯的《清淨觀世音菩薩普賢陀羅尼經》還没有收入大藏經中。由此可以推定高麗穆宗七年校合宋藏、契丹藏而刊刻之藏經就是高麗藏，其中已經收納希麟之書。

　　根據這些材料，應該可以説希麟《續一切經音義》成書在遼統和五年至二十二年（987—1004）的十七年間。考慮到希麟成書肯定在統和五年之後，然後入藏也需要時間，這十七年時長還要收窄。希麟《續一切經音義》成書不久馬上傳至朝鮮並刻入高麗大藏經，在中土没有經歷長期輾轉抄寫刻版刊謬補闕的過程，所以此書的高麗藏本可以説是最接近希麟《續一切經音義》和契丹藏的原始面貌，彌足珍貴。於此也可見黄仁瑄博士整理此書在文獻學和佛學上的重要意義。

　　希麟書號稱續慧琳《一切經音義》，卷首序曰："唐建中末，有沙門慧琳，内精密教，入於揔持之門；外究墨流，研乎文字之粹。印度聲明之妙，支那音韻之玄，既缽受於先師，亦泉瀉於後學。揲心二十載，披讀一切經，撰成《音義》，揔一百卷。依《開元釋教録》，始從《大般若》，終於《護命法》，所音衆經，都五千四十八卷四百八十帙。自《開元録》後相繼翻傳經論及拾遺、律、傳等，從《大乘理趣六波羅蜜多經》，盡《續開元釋教録》，揔二百六十六卷二十五帙。前音未載，今《續》者是也。"序言所説只是佛經文獻上的接續關係，實際希麟所音經卷與慧琳也有一些重疊。如果從梵漢對音和歷史音韻學的視角看，二書取向宗旨可以説是南轅北轍，大相徑庭。

　　希麟編纂《續一切經音義》曾參考衆多佛經儒典，其顯著特點是大量徵引《切韻》系韻書，而此時離《切韻》問世已經過去了約五百年，《切韻》原書及其各種修訂本在宋朝多已不存，卻在北方遼國還在流通，這是一個非常值得關注研究的問題。

根據《廣韻》卷首所載的陸法言《切韻序》，隋文帝開皇初年（581），劉臻、魏淵等八人在陸法言家商定《切韻》編撰綱要，在討論過程中“蕭、顏多所決定”，“蕭”是蕭該，“顏”是顏之推。顏之推在《家訓·音辭篇》中說：“音韻鋒出，各有土風，遞相非笑，指馬之諭，未知孰是。共以帝王都邑，參校方俗，考覈古今，爲之折衷，權而量之，獨金陵與洛下耳！”可見他們論韻是在長安，取韻的標準卻是洛陽和金陵音。究其緣由，蓋因西晉永嘉五年（311），匈奴攻陷洛陽，開啟五胡亂華的亂局，晉室率衣冠士族臣民南遷，河洛話隨之流播江南，這種以謝安爲領袖的南下知識分子所操的河洛語音被稱爲“洛生詠”，南朝宋劉義慶《世說新語·雅量》：“桓公（溫）伏甲設饌，廣延朝士，因此欲誅謝安、王坦之……王之恐狀轉見於色，謝之寬容愈表於貌，望階趨席，方作洛生詠，諷‘浩浩洪流’。桓憚其曠遠，乃趣解兵。”梁劉孝標注引宋明帝《文章志》說：“（謝）安能作洛下書生詠，而少有鼻疾，語音濁。後名流多學其詠，弗能及，手掩鼻而吟焉。”謝安所詠爲嵇康詩，見《嵇中散集·兄秀才公穆入軍贈詩十九首》之十四，謝安用洛陽音諷詠，以顯閒適超脫，而宋明帝所記故事則充分反映南方士人對洛生詠的艷羨和令人啼笑皆非的仿效。到了六朝晚期金陵話已經成了洛陽話在江南的變體。《顏氏家訓·音辭篇》記載：“冠冕君子，南方爲優；閭里小人，北方爲愈。易服而與之談，南方士庶數言可辯；隔垣而聽其語，北方朝野終日難分。而南染吳越，北雜夷虜，皆有深弊，不可具論。”可見隋唐之際已經形成了南北兩種通語。兩種通語實出一源，大同小異，北方是河洛方言的直裔，是口語；南方是河洛方言在江南的客籍，是知識分子的讀書音。《切韻》斟酌南北通語，糾其深弊，一歸雅正，因此問世後立即被文士廣爲推崇。長孫訥言《切韻箋注序》曰：“此制酌古沿今，無以加也。”王仁昫《刊謬補缺切韻序》曰：“陸法言《切韻》，時俗共重，以爲典範。”孫愐《唐韻序》曰：“述作頗衆，得失平分，惟陸法言《切韻》盛行於代。”初唐時反映《切韻》音系的譯經是玄奘翻譯的佛經，佛典音義是玄應的《一切經音義》，其方言基礎是譯場所在的洛陽。

到了盛唐，隨着京城長安語言地位的上升，出現了反映長安方音的韻書，如元庭堅《韻英》、張戩《考聲切韻》和武玄之《韻詮》。這些韻書被稱作“秦音”韻書，隨之，《切韻》音被指斥爲“吳音”。唐李涪《刊誤》卷下“切韻”條：“陸法言采諸家纂述而爲己有，原其著述之初，士人尚多專業，經史精練，罕有不述之文，故《切韻》未爲時人之所急。後代學問日淺，尤少專經，或舍四聲，則秉筆多礙。自爾已後，乃爲切要之具。然吳音乖舛，不亦甚乎！上聲爲去，去聲爲上，又有字同一聲，分爲兩韻。”又宋孫光憲《北夢瑣言》卷九“李涪尚書改《切韻》”條：“廣明以前，《切韻》多用吳音，而清、青之字不必分用。涪改《切韻》，全刊吳音……然曾見《韻銓》，鄙駁《切韻》，改正吳音，亦甚覼當。”按，《韻銓》即《韻詮》。反映秦音一系韻書音的譯經是善無畏、金剛智和不空——即所謂開元三大士翻譯的佛經，佛典音義是慧琳的《一切經音義》。開元三大士爲首的譯經師被學術界稱爲“不空學派”，其譯音的方言基礎是長安，法國學者馬伯樂《唐代長安方言考》就是利用不空學派的譯經來研究長安方音的。

慧琳是不空的弟子，自然尊秦音而貶吳音。唐景審《一切經音義序》曰：“古來音反，多以傍紐而爲雙聲，始自服虔，元無定旨。吳音與秦音莫辯，清韻與濁韻難明。至如‘武’與‘綿’爲雙聲，‘企’以‘智’爲疊韻，若斯之類，蓋所不取。近有元庭堅《韻英》及張戩《考聲切韻》，今之所音，取則於此。”慧琳書中常辨別秦音吳音，指説《韻英》切某，秦音也，《切韻》音某，吳音也。可見慧琳譯音取則自唐代以長安爲代表的關中方音，當時又稱爲“漢音”。“秦”指地域，“漢”是面對外國人的自稱，至今日語中仍然保留“吳音”和“漢音”的稱謂。

玄應音與慧琳音，或者説吳音與秦／漢音的區別可以用下面的比較表展示。表中所列是梵文“五五字”的兩家譯音。五五字，是悉曇學分析梵文體文（輔音）的術語，又叫做“比聲”，共二十五字。日釋安然《悉曇藏·悉曇韻紐·十四音》解釋説：“從迦（k）、佉（kh）以去有二十五字。五字爲一音，如迦（k）、佉（kh）、伽（g）、伽（gh）、俄（ṅ）。二十五合爲五音……五五字者，喉、腭、舌、齒、脣五處，如次發起迦（k）等五五……初二柔聲，次二怒聲，後一非柔怒聲，以前兩種二字總歸第五一字。”這段話的意思是説梵文四十九根本字從k、kh以下二十五字，按發音部位分爲五音，五音按發音方法分爲三聲，各有五字，初二（第一、二）兩字是柔（清）

第一字	第二字	第三字	第四字	第五字
k/ 迦 / 迦（居佉反，又取上聲）	kh/ 佉 / 佉（墟伽反，佉字取上聲。墟音丘於反）	g/ 伽（並平重音）/ 誐（魚迦反，迦字准上音）	gh/ 伽（去聲）/ 伽（渠賀反，伽字去聲重）	ṅ/ 俄（魚賀反）/ 仰（虛軮反，兼鼻音。軮音央兩反）
c/ 遮 / 左（藏可反，上聲）	dh/ 車 / 磋（倉可反，上聲）	j/ 闍（並平）/ 嵯（慈我反）	jh/ 闍（去聲）/ 醝（嵯賀反，引聲重）	ñ/ 若（耳夜反）/ 孃（女兩反，兼鼻音）
ṭ/ 咤 / 綺（陟賈反）	ṭh/ 侘 / 姹（坼賈反）	ḍ/ 茶（並平）/ 絮榛（紺雅反）	ḍh/ 茶（去聲）/ 榛（茶夏反，去聲引）	ṇ/ 挐（去聲）/ 挐（儜雅反，兼鼻音）
t/ 多 / 彈（多可反）	th/ 他 / 佗（他可反，他字上聲。正體他字也）	d/ 陀（並平）/ 橽馱（那我反）	dh/ 陀（去聲）/ 馱（陀賀反，重）	n/ 那（奴賀反）/ 曩（那朗反，鼻音）
p/ 波 / 跛（波可反）	ph/ 頗 / 頗（陂我反）	b/ 婆（並平）/ 麼（莫我反，無鼻音）	bh/ 婆（去聲）/ 嗏（婆賀反，去聲重）	m/ 摩（莫个反）/ 麼（忙膀反，鼻音）

聲，次二（第三、四）兩字是怒（濁）聲，第五一字是非柔怒（不清不濁，即鼻音）聲，五音五聲合爲“五五字”。掌握字母表是學習梵文的基礎，所以經師譯音極其認真，五五字按音理排比，所以稱爲“比聲”，對於分析語音系統非常方便。 表中用斜綫隔開的數據，第一個是五五字的轉寫，中間是玄應的譯音，最後是慧琳的譯音。玄應的譯音見玄應《一切經音義·大般涅槃經·文字品》。此品文字曾經過了複雜的演變。今存最早的《涅槃經》譯本是東晉法顯所譯《佛説大般泥洹經》六卷，《文字品》在第五卷，用“短阿、長阿”對譯梵文短元音 a、長元音 ā；北涼曇無讖所譯北本《大般涅槃經》四十卷，梵文字母譯文在第八卷《如來性品第四之五》，其來源與法顯本相同，譯文也相同。 劉宋謝靈運等根據法顯本改譯曇無讖本爲南本《大般涅槃經》三十六卷，從《如來性品》中分出《文字品》，在卷第八。此本傳至北方，北經隨之也有了第八卷有《文字品》的本子，玄應就是爲這個本子做的《文字品音義》，後來失傳，佚文存於日釋安然《悉曇藏·母字翻音·定正翻》中。南經《文字品》由謝靈運改譯爲用入聲字“噁”和陰

聲字"啊"對譯梵文的 a 和 ā。蕭梁時光宅法師據謝靈運本改譯北經《文字品》,有人據此本修改玄應《文字品音義》,流傳至今。今傳本北經《如來性品》用光宅本,南經《文字品》用法顯本,以至今傳本玄應《文字品音義》譯文同北經,品目同南經,性質混雜,無法用來進行研究。上表所錄爲《悉曇藏》所存的譯音,是玄應《文字品音義》的原始文本。慧琳譯音見《一切經音義·大般涅槃經音義·次辯文字功德及出生次第》。

表中梵文 d 的慧琳譯音"橠(那我反)",橠,原文右旁"多"作"口","口"下作"衣",應爲"橠"字之譌,《廣韻》三十三哿:"橠,檂橠,木盛兒。奴可切。""奴可切"即"那我反"。

從上表可以看出,玄應與慧琳譯音的區別表現在兩方面:一是第三、四、五字的譯音;一是聲調。對音的語音性質,不僅僅體現在譯音用字上,還表現在反切和注釋上,必須把三者綜合起來觀察,此不一一分析。

譯音用字,第一字是全清(不送氣清音)字,第二字是次清(送氣清音)字,這是兩家相同的。玄應第三、四字用同一個全濁(不送氣濁音),第五字用次濁(鼻音)字,這是從漢代翻譯佛經開始通常的譯法,從梵語和漢語語音對應來看也是正常的譯法;慧琳卻是第三字用次濁(鼻音)陰聲字對譯梵語的不送氣濁音,第四字用全濁字對譯梵語的送氣濁音,第五字用次濁(鼻聲母)陽聲(鼻韻尾)字對譯梵語的鼻音。這是盛唐之前從所未有的譯法,是不空學派譯經的顯著特點。這種語音特徵在羅常培先生的《唐五代西北方音》所使用的各種藏漢譯音材料中也有鮮明的體現,説明慧琳譯音確實反映的是唐代以長安爲代表的關中方音的實際面貌。

在聲調方面,玄應譯音是第一、二、三字是"平聲重(陽平)",第四、五字是"去聲";慧琳譯音是第一、二、三字是"上聲",第四字是"去聲重(陽去)",第五字是"上聲"。五音五聲概莫能外,絕非無意之舉。譯音字按照聲調有序的排列,是想通過漢字調值的高低升降模擬梵語五五字誦讀的調子。

日釋了尊《悉曇輪略圖抄·八聲事》有一段文字説明吳音和漢音的聲調對應關係:"吳漢音聲互相搏,平聲重與上聲輕,平聲輕與去聲重,上聲重與去聲輕，入聲輕與同聲重。"並且還附有一幅圖形象地展示"吳漢音聲互相搏"的情況：

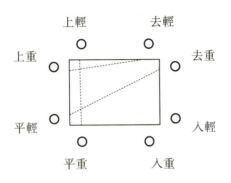

了尊說的是吳音八聲和漢音八聲的對應關係，而不空學派的聲調系統屬於漢音六聲，上聲輕（陰上）和去聲輕（陰去）合併爲上聲，上聲重（陽上）和去聲重（陽去）合併爲去聲。從上圖可以清晰地看到，吳音的平聲重（陽平）對應漢音八聲的上聲輕（陰去），也就是漢音六聲的上聲，即"平聲重與上聲輕"，根據日本悉曇家的描寫，這是一個高平調，可以記爲˥55；吳音的去聲輕（陰去）對應漢音八聲的上聲重（陽上），也就是是漢音六聲的去聲，即"上聲重與去聲輕""，根據日本悉曇家的描寫，這是一個全升調，可以記爲˩15。於是，玄應之吳音和慧琳之秦音的"五五字"譯音反映的聲調系統可以比較如下表：

	第一字	第二字	第三字	第四字	第五字
調子	˥55	˥55	˥55	˩15	˥55
玄應	平聲重	平聲重	平聲重	去聲輕	去聲重˥51？
慧琳	上聲	上聲	上聲	去聲重	上聲

可以看出，梵語五五字念誦時確實有一個調子，譯經師譯音時確實有意識地利用漢語的聲調選用合適的漢字以求準確地表達這個調子。全面觀察隋唐五代譯經五五字的譯音，第五字都與第一、二、三字相同是高平調，只有玄應例外，可能他的五五字誦讀調子別有傳承，略有不同。

希麟之書雖然號稱是續慧琳《一切經音義》，但訓義釋音竟無一字提及慧琳作音取則的元庭堅《韻英》、張戩《考聲切韻》之其人其書,反而大量引用慧琳鄙駁排斥的《切韻》系韻書。與玄應《一切經音義》和其他唐五代佛典音義比較起來,希麟徵引《切韻》系韻書的頻次之高也是一個引人注目的突出特點。根據黄仁瑄博士在本書中的統計,希麟引《切韻》618例,考之今日尚可見到的唐五代韻書殘卷,其中《切韻》殘葉16例,長孫訥言箋注本《切韻》371例,裴務齊正字本《刊謬補缺切韻》430例,宋濂跋本王仁昫《刊謬補缺切韻》607例,另外《廣韻》有617例。當然,從數字看這些數據互有交叉,文字也有參差,並不一定能確指出於何書,但是希麟取韻多準《切韻》,與慧琳背道而馳是毋庸置疑的。如果檢閲王堯臣等《崇文總目》、尤袤《遂初堂書目》、陳振孫《直齋書録解題》、晁公武《郡齋讀書志》等宋代公私藏書目,就會發現這些目録中著録的韻書主要是宋人編纂的《廣韻》《集韻》《禮部韻略》等,並没有上面所説的希麟書所涉及的各種《切韻》系韻書。這也可以説明當時在遼朝流傳着大量在宋朝已經看不到的書籍,希麟引入《續一切經音義》中,吉光片羽,彌足珍貴。

　　遺憾的是,希麟書中並没有梵文悉曇字四十九根本字的譯音,上面討論的吳漢音聲的特徵無法充分表現,特別是聲調,必須在五五字譯音中才能得以歸納。下面就希麟對五五字第三、四、五字的譯音進行觀察,這些譯音字取自譯名,即梵語一般語詞的譯音。這些譯音不像字母表對音那樣嚴格準確,也不能涵蓋全部五五字,而且譯名常常襲用前人的舊譯,或者是所音佛經源本原來就有的譯音,不能看作希麟本人的譯音,同時既是續作也就不免會受到慧琳譯音的影響,但是如果進行全面的觀察,還是能看出希麟譯音的傾向性。

　　下面梵語喉、腭、舌、齒、脣五音的希麟譯音數據采自黄仁瑄博士的舊作《唐五代佛典音義研究》(頁316—320),只取正常譯音,例外情況不用,所以數字合計不一定是100%。

　　　　喉音 g:群母字50%,疑母字31%;gh:群母字100%。

　　　　腭音 j:禪母字25%,日母字50%。

　　　　舌音 ḍ:澄母字33%,娘母字17%;ṇ:娘母字50%,泥母字50%。

齒音 d:定母字 47%,泥母字 20%;dh:定母字 88%;n:泥母字 76%,娘母字 24%。

脣音 b:並母字 17%,明母字 67%;bh:並母字 71%,m:明母字 100%。

希麟譯名對音,第五字全用次濁鼻聲母陰聲韻字,與玄應完全相同;第四字也基本與玄應相同;第三字大部分用全濁字,只有腭音 j 和脣音 b 例外,應該可以説是傾向於玄應音的。總的來説,希麟譯音的性質與玄應的吳音相符,與慧琳的秦音不同。在進行希麟《續一切經音義》音系的研究時,用玄應《一切經音義》作爲參照,可能不失爲一種可考慮的方案。

結合引書和譯音分析,希麟《續一切經音義》的語音系統屬於以《切韻》音系爲代表的唐宋讀書音。唐五代佛典音義的譯音從吳音轉移到漢音又回擺到吳音,反映的是唐代通語正音由洛陽音到長安音又回歸到汴洛音的演變,不僅反映了唐五代漢語語音系統的發展歷程,還透露出當時社會政治經濟的複雜演變。

古籍校勘有對校、本校、他校和理校四法,他校的材料是本書引用他書之文和他書引用本書之文。希麟《續一切經音義》徵引宏富,覆檢源文獻校正希麟引文錯誤,是整理《續一切經音義》的繁重工作。但是,他書引用希麟書的材料卻十分罕見,就耳目所及只有下面二例,雖然引文與今傳本希麟書並没有什麽不同,但還是可以作爲考察希麟書流傳情況的一份資料。

日本《卍續藏經》第 104 册所載唐釋神愷記《大黑天神法》卷後有抄經沙門之題記數條,其中有"享和改元秋八月後五日,集三五本校之,以授工壽梓,令人知天尊之靈驗。又有'八臂天',希麟《音義》云:'經云摩訶迦羅大黑天神,唐梵雙舉也。此神青黑雲色,壽無量歲。八臂各執異仗,貫穿髑髏以爲瓔珞,作大忿怒形,足下有地神女天以兩手承足者也'"。按,此引文見《續一切經音義·新譯仁王護國般若波羅蜜多經》卷下"摩訶迦羅"條下。享和是日本光格天皇年號,元年當公元 1801 年,可見當時日本僧人所用希麟書與今傳本無異。

又曇寂集記、道空添刪治正《大日經住心品疏私記》第一:"除暗遍明者,《花嚴音》第一（五）云：毘盧遮那,按梵本‘毘’字應音云無廢切,此云種種也；‘盧遮那’云光明照也。希麟《續音義》第四云：‘毘盧遮那,梵語訛也。應云吠嚕左曩。舊譯云光明遍照,新翻爲大日如來。云如大日輪,無幽不燭也。”引用希麟書的文字,見《續一切經音義·大乘瑜伽千鉢文殊大教王經》“毗盧遮那”條。前面所引《花嚴音》,指唐慧菀《新譯大方廣佛花嚴經音義》,慧琳《一切經音義·新譯大方廣佛花嚴經音義》用的也是慧菀原音,引文見卷上“毗盧遮那”條,文中無廢切,慧琳作“無廢反”,慧菀作“无廢反”,所以此引慧琳本的可能性更大。這是一條同時引用正續《一切經音義》的材料。

尉遲治平

2020 年 12 月 19 日於美國加州聖荷西

前　言

　　希麟《續一切經音義》（下稱希麟音義）自謂慧琳《一切經音義》（下稱慧琳音義）的續作[①]，其字數大約是慧苑《新譯大方廣佛華嚴經音義》（下稱慧苑音義）的兩倍，篇幅不大，却具備典型的衆經音義特徵[②]。

一

　　釋希麟，遼代燕京崇仁寺沙門[③]，主要活動時間在統和（983—1011）年間[④]。統和五年（987，當宋雍熙四年）前後，撰《續一切經音義》10 卷，其餘事蹟不詳。
　　希麟統和五年前後撰《續一切經音義》10 卷，唯一的根據是卷五“旃蒙歲”的釋語[⑤]：

---

① 《續一切經音義·序》：“自《開元録》後相繼翻傳經論及拾遺、律、傳等，從《大乘理趣六波羅蜜多經》，盡《續開元釋教録》，揔二百六十六卷二十五帙。前音未載，今續者是也。”前音，指慧琳音義。
② 希麟音義注釋經卷達 110 部 223 卷之多，總字數“凡 9 萬 5 千餘言。（黄仁瑄 2011:79）。
③ 此據《續一切經音義》希麟自序之題名“燕京崇仁寺沙門希麟集”。
④ 王仁俊《遼文萃》卷三收録希麟自序，考證其爲統和（983—1011）時人。
⑤ 李義活還參考了希麟音義所引之《廣韻》，認爲其所引《廣韻》乃宋雍熙《廣韻》，並據以認爲“希麟於宋雍熙年間（公元 987 年前後）撰《續一切經音義》”（李義活 1990:2）。按：認爲希麟音義所引之《廣韻》即宋雍熙《廣韻》，其理由不夠充分。雍熙《廣韻》始撰於宋太平興國二年（977），完成於端拱二年（989）。以其時交通的便利程度，希麟不可能看到雍熙《廣韻》，更不用説徵引其中的材料。徐時儀（2002）認爲：“我們可以推論希麟所引《廣韻》如果不是引自孫愐《唐韻》，那麼很可能就是引自其時流傳的一種類似《唐韻》的增廣本《切韻》，但不可能是宋代重修的《廣韻》。”陳垣（1962:83）認爲：“麟書實撰於宋雍熙四年，與《宋僧傳》同時。”

　　旃蒙歲　上之然反。《爾雅》曰:"太歲在乙曰旃蒙,在巳曰大荒落。"案《唐帝年曆》云:"代宗皇帝廣德二年甲辰改永泰元年。"二年乙巳,即旃蒙歲也。到今統和五年丁亥,得二百二十三年矣。(《新譯仁王護國般若波羅蜜多經》卷上並序,59p0383b)

希麟音義乃遵命之作。據《續一切經音義·序》:

　　自《開元録》後相繼翻傳經論及拾遺、律、傳等,從《大乘理趣六波羅蜜多經》,盡《續開元釋教録》,抐二百六十六卷二十五帙。前音未載,今續者是也。伏以抄主無礙大師,天生睿智,神授英聰,抐講群經,偏糅章抄,傳燈在念,利物爲心。見音義以未全,慮撿文而有闕。因貽華翰,見命菲才,遣對曦光,輙揚螢燭。然或有解字廣畧,釋義淺深,唐梵對翻,古今同異。雖依憑據,更俟來英。冀再披詳,庶無惑尒。(59p0353c—0353c)

無礙大師即其時燕京憫忠寺抄主詮明①。據宗鑒《釋門正統》卷八所引之高麗大覺國師義天《跋飛山別傳議》和《新編諸宗教藏總録》卷三之所載,詮明乃《契丹藏》經録的制定者和主要主持者,著有《續開元釋教録》三卷②。

二

　　希麟音義注釋"自《開元録》後相繼翻傳經論及拾遺、律、傳等"。是書以燕地時音注音,並廣引內外典籍釋義,有較強的實用性和學術性。

　　希麟以音義形式注釋《開元録》後翻傳之佛經典籍,成希麟音義10卷。卷首有自序1篇,略述其音義緣由。從卷目看,希麟音義10卷共音義108部259卷經,從文目看,則有110部223卷經(另音序5、記1、贊

---

① 此據《重修范陽白帶山雲居寺碑(並序)》和《重鑴雲居寺碑記》。
② 宋釋志磐《佛祖統紀》卷第十四"慈辯諫法師法嗣"下:"近者遼國詔有司,令義學沙門詮曉再定經録。"宋釋宗鑒《釋門正統》卷八引高麗大覺國師義天《跋飛山別傳議》(《續藏經》第三套第壹輯第貳編乙第五册):"近者大遼皇帝詔有司,令義學沙門詮曉等再定經録。"《新編諸宗教藏總録》卷三:"《續開元釋教録》三卷,詮曉集舊名詮明。"

1），其中，有 16 部 16 卷經無字可音訓，有 4 卷經闕如，有 2 部 2 卷經不見於卷目①。10 卷音義分立字目計 1788 例（包括真言、字母等），凡 9 萬 5 千餘言。希麟音義卷一——卷十音義佛典的情況如次②：

卷一——卷七：大乘經音義。始《大乘理趣六波羅蜜多經》，迄《金剛頂瑜伽降三世極三密門》（此後還有大乘論典《大乘緣生論》1 部，僅有存目），凡 101 部 205 卷。其中，《大乘理趣六波羅蜜多經》《新譯仁王護國般若波羅蜜多經》《金剛頂真實大教王經》《金剛頂修習毗盧遮那三摩地法》《一字奇特佛頂經》《金剛頂瑜伽分別聖位經》《大吉祥天女無垢大乘經》《金剛頂瑜伽十八會指歸》《佛母大孔雀明王經》《金剛頂蓮花部心念誦法》《金剛頂瑜伽千手千眼觀自在菩薩念誦儀》《大虛空藏菩薩念誦法》《觀自在多羅念誦儀軌》《觀自在如意輪菩薩念誦法》和《文殊師利根本大教王經金翅鳥王品》等 15 部慧琳音義已有訓釋，《大吉祥天女十二名號經》《授菩提心戒儀》和《大方廣佛華嚴經入法界四十二字觀門》等"無字可音訓"。

卷八——卷九：小乘律音義。始《根本說一切有部毗奈耶藥事》，迄《根本說一切有部毗奈耶隨意事》，凡 7 部 50 卷。

卷十：史傳暨目錄音義。始《琳法師別傳》，迄《續開元釋教錄》，凡 2 部 6 卷。

黎養正認爲："麟師續撰，一稟琳公家法。擷華成鬘，積壞崇山，探賾闡微，克紹前美。"③希麟音義總的是以佛教的大乘經、小乘律和史傳暨目錄爲編排順序，釋文體例則悉依慧琳音義。

希麟音義的版本和源流比較單純。希麟音義成書於統和五年（987）前後，50 餘年後隨慧琳音義入契丹藏流行。其後之流布情況一如慧琳音義。是書與慧琳音義同爲《弘法入藏錄》收錄，僅見於高麗藏。日本現藏有延享三年（1746）之刊本。

希麟音義的撰述暨流傳年表如下：

---

① 　陳士強（1992:1020）以爲希麟音義收錄佛典 110 部 261 卷，實際訓釋佛典 94 部。
② 　參見陳士強（1992:1020—1022）。
③ 　見丁福保《重刊正續一切經音義·序》（《正續一切經音義》頁 5792）。

　　遼聖宗統和五年（987，亦即宋太宗雍熙四年）前後，遼釋希麟遵師釋詮明命於燕京崇仁寺撰《續一切經音義》10 卷。

　　遼興宗、道宗朝（1031—1064），遼刻契丹藏，希麟音義收在千字文“振”字號。

　　遼道宗咸雍八年（1072）十二月，高麗國請經於遼，獲賜佛經一藏[1]，其中有慧琳音義和希麟音義。

　　韓國高麗高宗年間（1236—1251），高麗海印寺再刻大藏經，因得入再版之《高麗大藏經》（又名《海印寺大藏經》）。海印寺版希麟音義爲今存最早之版本。

　　明成祖永樂二十年（1422），日本至遲在此年由朝鮮求得希麟音義[2]。

　　清高宗乾隆二年（1737），日僧獅谷忍澂謀刻希麟音義。

　　清高宗乾隆九年（1744），日僧獅谷忍澂弟子獅谷寶洲等戮力刻成獅谷白蓮社本希麟音義。

　　日本延享三年（1746），《續一切經音義》10 卷刻本。

　　日本明治年間（1868—1912），東京弘教書院排印大藏經本《續一切經音義》10 卷。

　　清德宗光緒六年（1880），楊守敬在日本訪得希麟音義。

　　清德宗光緒六年—十一年（1880—1885），日人島田蕃根、福田行誡等編校弘教藏本希麟音義。

　　清德宗光緒二十年（1894），陳作霖撰《一切經音義通檢》。

　　清宣統元年（1909），丁福保等人赴日調查醫學與養育院事，於東京舊書肆訪得獅谷本希麟音義。

---

① 《遼史·道宗本紀三》：“（咸雍八年十二月）庚寅，賜高麗佛經一藏。”又《遼史·高麗列傳》：“咸雍七年、八年，來貢。十二月，以佛經一藏賜（高麗朝文宗）徽。”《高麗史·世家》：文宗“十七年三月丙午，契丹送大藏經，王備法駕，迎於西郊”。

② 陳垣（1962:85）認爲：“明天順二年（1458），日本得《慧琳音》於朝鮮。” 李義活（1990:3）認爲：“明英宗天順二年（公元 1458 年）以後，日本人求於朝鮮《高麗大藏經》，乃並獲慧琳、希麟《音義》，由是復傳至日本。”徐時儀（1997:17）認爲日本至遲在明成祖永樂二十年（1422）由朝鮮求得《慧琳音義》。《希麟音義》成書後即隨《慧琳音義》一同流傳，亦當於其時一併傳入日本。

1912 年,頻伽精舍據日本獅谷白蓮社本印行希麟音義,黎庶昌撰《重校一切經音義序》。

民國十三年(1924),頻伽精舍重印獅谷白蓮社本希麟音義,其中收録陳作霖編《一切經音義通檢》,丁福保撰《重刊正續一切經音義序》。

民國十三年(1924),《續一切經音義》10 卷排印本。

1925—1934 年,日本東京大正一切經刊行會編輯出版之《大正新修大藏經》收録希麟音義,世稱大正藏本。

1986 年,上海古籍出版社影印《正續一切經音義》。

1992 年,上海古籍出版社刊印《佛藏要籍選刊》,全文收録大正藏本希麟音義。

1993 年,中華書局出版《中華大藏經》(漢文部分),全文收録高麗藏本希麟音義。

1996 年,凡癡居士等編《佛學辭書集成》,其中第 1—2 册收録獅谷白蓮社本希麟音義。

三

希麟音義稱言慧琳音義的續作,其中《大乘理趣六波羅蜜多經》《新譯仁王護國般若波羅蜜多經》《金剛頂真實大教王經》《金剛頂修習毗盧遮那三摩地法》《一字奇特佛頂經》《金剛頂瑜伽分别聖位經》《大吉祥天女無垢大乘經》《金剛頂瑜伽十八會指歸》《佛母大孔雀明王經》《金剛頂蓮花部心念誦法》《金剛頂瑜伽千手千眼觀自在菩薩念誦儀》《大虚空藏菩薩念誦法》《觀自在多羅念誦儀軌》《觀自在如意輪菩薩念誦法》和《文殊師利根本大教王經金翅鳥王品》 等 15 部典籍慧琳音義已見訓釋,表格示意如次:

編號	經名	慧琳音義卷次	希麟音義卷次	慧琳字目數	希麟字目數
1	大乘理趣六波羅蜜多經	41	1	367	162
2	新譯仁王護國般若波羅蜜多經	10	5	36	59
3	金剛頂真實大教王經	36	5	10	18
4	金剛頂修習毗盧遮那三摩地法	36	5	5	6
5	一字奇特佛頂經	35	5	31	22
6	金剛頂瑜伽分別聖位經	42	5	4	3
7	大吉祥天女無垢大乘經	40	5	1	2
8	金剛頂瑜伽十八會指歸	42	5	5	2
9	佛母大孔雀明王經	38	6	32	31
10	金剛頂蓮花部心念誦法	42	6	7	5
11	金剛頂瑜伽千手千眼觀自在菩薩念誦儀	42	6	6	9
12	大虛空藏菩薩念誦法	42	6	1	1
13	觀自在多羅念誦儀軌	40	7	28	3
14	觀自在如意輪菩薩念誦法	40	7	3	3
15	文殊師利根本大教王經金翅鳥王品	38	7	11	4

　　可以看出，同一經卷，兩家音義分立字目數的多寡頗見參差。15 部經之希麟、慧琳音義所分立字目詳見下表（表中文字經過校改，其詳見正文；"﹡"表示該字目同時見於希麟、慧琳音義）：

經名	著者	字目	互見數
大乘理趣六波羅蜜多經	希麟	1.001 大朴*、1.002 萬籟、1.003 紛綸*、1.004 旭日*、1.005 闃寘*、1.006 空㽭、1.007 梗槩*、1.008 薄伽梵、1.009 迦蘭多迦*、1.010 阿僧企耶*、1.011 依怙*、1.012 羈鞅、1.013 明星*、1.014 洄澓*、1.015 迦嚕羅*、1.016 僂者*、1.017 裸者*、1.018 聾瘂、1.019 魍魎、1.020 砥掌*、1.021 隘陿*、1.022 廛里*、1.023 鸚鵡、1.024 犛牛*、1.025 犎牛*、1.026 熊羆*、1.027 虎豹*、1.028 豺狼*、1.029 箜篌、1.030 蚖蛇*、1.031 蝮蠍*、1.032 魚鼈*、1.033 黿鼉*、1.034 鳳凰*、1.035 蘇莫遮冒*、1.036 船筏、1.037 瀑河*、1.038 毫氂*、1.039 輕懱*（以上卷第一）、1.040 迦遮隣底迦*、1.041 不瞚*、1.042 嗢鉢羅*、1.043 鉢特磨*、1.044 拘牟頭*、1.045 奔荼利*、1.046 曼荼羅*、1.047 蓊鬱*、1.048 菴愔、1.049 呬醯、1.050 毚迷、1.051 頞叉、1.052 你�、1.053 沃屹、1.054 賑恤*、1.055 心胇*、1.056 腸胃*、1.057 肝膽*、1.058 脾腎*（以上卷第二）、1.059 穿脇*、1.060 啄噉*、1.061 鈷鑷*、1.062 磔裂*、1.063 焚燎*、1.064 相揆*、1.065 偃仆*、1.066 斸斫*、1.067 韁轡、1.068 鞭撻*、1.069 髮下*、1.070 梟鴈、1.071 蜴蜥、1.072 蟣蝨*、1.073 蚤等*、1.074 螟蛉*、1.075 蠢蠕*、1.076 蝗螽*、1.077 蛺蝶*、1.078 蜣蜋、1.079 蠅蝱*、1.080 驝駝*、1.081 尪羸*、1.082 剫剥*、1.083 皺劈*、1.084 乞匃*、1.085 勞倦、1.086 弓弰*、1.087 孤惸*、1.088 鰥寡*、1.089 囹圄*、1.090 鈇鉞*、1.091 蠱道*、1.092 護魔法、1.093 熚去*、1.094 駿髦*、1.095 剜眼*、1.096 刵耳*、1.097 劓鼻*、1.098 魁膾、1.099 罘網*、1.100 矰繳*、1.101 薜荔多（以上卷第三）、1.102 乳哺*、1.103 嚬喊*、1.104 谿澗*、1.105 汎漲*、1.106 噏取*、1.107 鐶釧、1.108 耳璫*、1.109 俳優*、1.110 尼殺曇分*、1.111 窣堵波*、1.112 赧而*、1.113 瘡疣*（以上卷第四）、1.114 夢寐*、1.115 寱寤*、1.116 陷穽*、1.117 游泳*、1.118 鈎餌、1.119 黑蜂、1.120 旋嵐*、1.121 談謔*、1.122 枯槁*、1.123 眼睛、1.124 廝下*（以上卷第五）、1.125 旃荼羅、1.126 梯隥*、1.127 螘穴*、1.128 捐棄*、1.129 革鞴*、1.130 媿恧*（以上卷第六）、1.131 窳惰*、1.132 耕墾*、1.133 擐甲*、1.134 芬馥、1.135 阿迦膩吒、1.136 阿鼻、1.137 贍部洲*、1.138 勝身洲*、1.139 牛貨洲、1.140 俱盧洲*、1.141 叜方*、1.142 竦慄*、1.143 賙給*（以上卷第七）、1.144 慣習*、1.145 躁動*、1.146 犛牛*、1.147 作鑒、1.148 蟒蛇*、1.149 墋毒*、1.150 甍甍*、1.151 麁澀*、1.152 捫摸*（以上卷第八）、1.153 憾恨*、1.154 暎蔽*、1.155 火煖*、1.156 飈火*（以上卷第九）、1.157 拇指*、1.158 菡萏*、1.159 撮磨*、1.160 芭蕉*、1.161 絡腋衣*、1.162 稼穡*（以上卷第十）	131

經名	著者	字目	互見數
大乘理趣六波羅蜜多經	慧琳	41.001 大朴*、41.002 牽兮1、41.003 喪乎、41.004 愛惡、41.005 寂寥、41.006 俟時、41.007 紛綸*、41.008 流液、41.009 淺深、41.010 旭日*、41.011 升晝、41.012 一至、41.013 乂蒸、41.014 闍賓*、41.015 領袖、41.016 翼衞、41.017 滌慮、41.018 汲引、41.019 庶憑、41.020 真筌、41.021 聊因、41.022 梗檞*（以上序）、41.023 迦蘭多迦*、41.024 逮得、41.025 阿僧企耶*、41.026 依怙、41.027 沈溺、41.028 難解、41.029 整1理、41.030 無猒1、41.031 雙足、41.032 恭敬、41.033 羈鎖、41.034 朏星、41.035 帆主、41.036 洄澓、41.037 侵害、41.038 迦嚕羅*、41.039 吞啗、41.040 儸者*、41.041 裸者*、41.042 堆阜、41.043 砥掌*、41.044 隘陜*、41.045 廛里*、41.046 開1豁、41.047 穢惡、41.048 荊棘、41.049 塵坋、41.050 拘枳羅*、41.051 犛牛*、41.052 犎牛*、41.053 焚爇、41.054 戲論、41.055 熊羆*、41.056 虎豹*、41.057 豺狼*、41.058 野干、41.059 狐兔、41.060 蚖蛇*、41.061 蝮蠍*、41.062 魚鼈*、41.063 黿鼉*、41.064 鳳凰*、41.065 鴛鴦、41.066 面皺、41.067 傴僂、41.068 蘇莫遮冒*、41.069 能治、41.070 不揀、41.071 披謗、41.072 那羅延、41.073 擒獲、41.074 瀑河*、41.075 循環、41.076 翳眼、41.077 穀稼、41.078 滌除、41.079 月蝕、41.080 皎日、41.081 素怛纜、41.082 研覈、41.083 醍醐、41.084 迦多衍那、41.085 暗冥、41.086 懈墮、41.087 舡橃、41.088 磧中、41.089 霈然、41.090 洪澍、41.091 勉勵、41.092 罪愆、41.093 毫氂*、41.094 不擾、41.095 摩扢、41.096 輕懱*、41.097 劾辱、41.098 空壙（以上卷第一）、41.099 釋提桓因、41.100 影透、41.101 牆壁、41.102 消除、41.103 俱胝1、41.104 芬馥、41.105 交絡、41.106 迦遮隣底迦*、41.107 柔耎1、41.108 偏袒、41.109 不暇*、41.110 戰慄、41.111 罣礙、41.112 跏趺、41.113 關塞、41.114 收稅、41.115 踊躍、41.116 嗢鉢羅花*、41.117 鉢特摩花*、41.118 拘牟頭花*、41.119 奔茶利花*、41.120 絮羅花*、41.121 交暎、41.122 翁鬱、41.123 訶罵1、41.124 魑魅、41.125 魍魎、41.126 負債、41.127 償畢、41.128 惜軀、41.129 忿遽、41.130 粗自、41.131 勿强、41.132 摩竭、41.133 蛟龍、41.134 憐愍、41.135 賑恤*、41.136 恣其、41.137 懈倦、41.138 備受、41.139 心肺、41.140 腸胃、41.141 肝膽、41.142 脾腎、41.143 吞噉、41.144 易見（以上卷第二）、41.145 左脇、41.146 甦花、41.147 餘燼、41.148 糞穢、41.149 觜銛、41.150 啄嚙*、41.151 髓腦、41.152 燒煨、41.153 濾出、41.154 鉆鈲*、41.155 洋銅、41.156 攀上、41.157 望得、	

經名	著者	字目	互見數
大乘理趣六波羅蜜多經	慧琳	41.158 復劈、41.159 隨挂、41.160 鐵囊、41.161 鐵棓、41.162 椎打、41.163 塴裂*、41.164 鋸解、41.165 鐵臼、41.166 紫礦、41.167 焚燎*、41.168 鎔流、41.169 滴如、41.170 相拶*、41.171 三股、41.172 鐵杈、41.173 偃仆*、41.174 而絣、41.175 斸斫*、41.176 淫木、41.177 韁靽、41.178 鞭撻、41.179 穿廬、41.180 髮下*、41.181 膝踝、41.182 �斧、41.183 槍稍、41.184 樋打、41.185 雲翳、41.186 爍身、41.187 冰山、41.188 魚蚌、41.189 蝦蟇、41.190 室獸摩羅、41.191 蚰蜒、41.192 蟻蝨*、41.193 蟲等*、41.194 螟蛉*、41.195 蟊螣*、41.196 皁蟊*、41.197 蛺蝶*、41.198 蟯蛲*、41.199 蠅蝱*、41.200 得餐、41.201 驦駝*、41.202 尫羸*、41.203 償他、41.204 剌剥*、41.205 裸形、41.206 霜穰、41.207 暑積、41.208 皴劈、41.209 乞匃*、41.210 怯懼、41.211 猜嫌、41.212 邀名、41.213 翔翀、41.214 鞭撻、41.215 劫辱、41.216 捺落迦、41.217 劫蔑、41.218 詭詐、41.219 爲筏、41.220 菱頜、41.221 瞲動、41.222 哽噎、41.223 寶象、41.224 介胄、41.225 波利質多樹、41.226 沃焦海、41.227 曼陀吉尼池、41.228 弓弰*、41.229 爲淋、41.230 降澍、41.231 五穀、41.232 孤悍*、41.233 鰥寡*、41.234 劬勞、41.235 椎髻、41.236 圂圊*、41.237 鈇鉞*、41.238 不耐、41.239 貶黜、41.240 迫憎、41.241 蠱道*、41.242 令瘖、41.243 殀喪、41.244 癲病、41.245 險峻、41.246 三鈷、41.247 護魔法*、41.248 終已、41.249 常翹、41.250 撥取、41.251 燆去*、41.252 鐶釧、41.253 駿髦*、41.254 鉆磔、41.255 在鏃、41.256 剜眼*、41.257 刵耳*、41.258 劓鼻、41.259 殼骨、41.260 畋獵、41.261 魚捕、41.262 罘網*、41.263 矰繳*、41.264 麚鹿、41.265 販鬻、41.266 衒賣、41.267 斯愆(以上卷第三)、41.268 乳哺*、41.269 咡喊*、41.270 谿潤*、41.271 汎漲、41.272 噈取*、41.273 藏間、41.274 憩此、41.275 倉廩、41.276 謇訥、41.277 輦輿、41.278 耳璫*、41.279 資賈、41.280 俳優*、41.281 刹帝利婆羅門、41.282 鄔波尸殺曇分*、41.283 窣堵波、41.284 黠慧、41.285 涸池、41.286 赧而、41.287 瑩飾、41.288 瘡疣*(以上卷第四)、41.289 夢寐、41.290 覺寤*、41.291 妖媚、41.292 陷穽*、41.293 游泳*、41.294 撲皆、41.295 旋嵐*、41.296 財賾、41.297 談謔*、41.298 羸劣、41.299 枯槁*、41.300 炳著、41.301 癃痯、41.302 廝下*、41.303 頒告、41.304 梯隥*、41.305 畫師、41.306 螳出*、41.307 瞚息、41.308 捐棄*、41.309 刺刺腳、41.310 革靼、41.311 治罰、41.312 媿恧*、41.313 瞻蔔、41.314 齋輪(以上卷第五)、41.315 勇銳、41.316 窳惰、41.317 耕墾、41.318 攊精、	131

經名	著者	字目	互見數
大乘理趣六波羅蜜多經	慧琳	41.319 途跣、41.320 沙鹵、41.321 頗胝迦寶、41.322 肉髻、41.323 南贍部洲*、41.324 頰車、41.325 西牛貨洲、41.326 東勝身洲*、41.327 北拘盧洲*、41.328 夐方、41.329 悚慄、41.330 賙給、41.331 嬾惰（以上卷第七）、41.332 慣習*、41.333 如瞖、41.334 躁動*、41.335 犛牛*、41.336 扣擊、41.337 作鎣*、41.338 蝰蛇*、41.339 螫毒、41.340 緊波果、41.341 刀挑、41.342 無獸足、41.343 蘦薈*、41.344 淫生、41.345 薜荔多、41.346 鳩畔吒、41.347 陋劣、41.348 麀獷*、41.349 麀麚*、41.350 捫摸、41.351 濤波（以上卷第八）、41.352 重擔、41.353 憾恨、41.354 暎蔽*、41.355 婀娜、41.356 低屈、41.357 火煖*、41.358 飢猛、41.359 颰火*（以上卷第九）、41.360 微末底、41.361 拇指、41.362 茵蔺*、41.363 撮磨*、41.364 芭蕉、41.365 絡掖衣*、41.366 制底、41.367 稼穡*（以上卷第十）	131
新譯仁王護國般若波羅蜜多經	希麟	5.001 皇矣、5.002 綿絡、5.003 羅罩、5.004 泳沫、5.005 五始、5.006 徹枕、5.007 遏寇、5.008 著星辰、5.009 緬尋、5.010 謰夫、5.011 波斯、5.012 永祛、5.013 酒津、5.014 緹油、5.015 大輅、5.016 挍綴、5.017 塞裳、5.018 沃朕、5.019 襲予、5.020 之籥、5.021 欒棘、5.022 弴我、5.023 良賁、5.024 常衮、5.025 握槊、5.026 遂蹟、5.027 較然、5.028 鉤索、5.029 踾金、5.030 惋撫、5.031 斿蒙葴、5.032 木槿榮月、5.033 鷲峯、5.034 室羅筏、5.035 技藝*、5.036 比丘、5.037 比丘尼、5.038 優婆塞、5.039 優婆夷、5.040 贍部洲、5.041 郝庚多（以上卷上并序）、5.042 杻械、5.043 枷鎖、5.044 檢繫、5.045 摩訶迦羅*、5.046 瘡疣*、5.047 日月失度、5.048 博蝕、5.049 彗星*、5.050 木星、5.051 火星、5.052 金星、5.053 水星、5.054 土星、5.055 泛漲、5.056 亢陽*、5.057 降澍、5.058 栖盛*、5.059 記籍（以上卷下）	10
新譯仁王護國般若波羅蜜多經	慧琳	10.184 已辦、10.185 技藝*、10.186 一滴、10.187 煣性（以上卷上）、10.188 杻械、10.189 枷鎖*、10.190 摩訶迦羅*、10.191 瘡疣*、10.192 業漂、10.193 彗星*、10.194 砂礫、10.195 泛漲*、10.196 亢陽*、10.197 竭涸、10.198 降澍*、10.199 栖盛*、10.200 陁羅尼中字、10.201 略、10.202 娜、10.203 拏、10.204 捿囉、10.205 枳孃、10.206 婆、10.207 嚩、10.208 惹、10.209 曬、10.210 儜、10.211 涅、10.212 十六大國、10.213 毗舍離國、10.214 憍薩羅國、10.215 室羅筏國、10.216 波羅疕孥點反斯國、10.217 迦毗羅衛國、10.218 拘尸那國、10.219 憍睒尸染反弥國、10.220 波吒羅國（以上卷下）	10

經名	著者	字目	互見數
金剛頂真實大教王經	希麟	5.092 繒幡、5.093 唅、5.094 嗢陁南*、5.095 跋折羅、5.096 邏惹、5.097 纏發（以上卷上）、5.098 應拼、5.099 鈿飾、5.100 噁（以上卷中）、5.101 曼荼羅、5.102 心臆、5.103 詵遮輅、5.104 沮壞、5.105 撨擲*、5.106 幖幟、5.107 弱吽鐙斛、5.108 蕂佉、5.109 掣那（以上卷下）	3
	慧琳	36.188 搖激、36.189 阿娑頗娜伽、36.190 刹那頃、36.191 嗢陁南*、36.192 揮斫（以上卷上）、36.193 諷詠、36.194 僮僕、36.195 倨傲 1、36.196 鈿飾*（以上卷中）、36.197 撨擲*、36.198 攝服（以上卷下）	
金剛頂修習毗盧遮那三摩地法	希麟	5.110 閼伽、5.111 靺㗚多、5.112 上腭、5.113 紗縠、5.114 燥溪、5.115 蠍螫	0
	慧琳	36.218 胡跪、36.219 轉樞、36.220 炳現、36.221 上腭、36.222 縈繞	
一字奇特佛頂經	希麟	5.139 靺師迦花、5.140 鹹滷、5.141 礓石、5.142 縷㲲、5.143 藕絲、5.144 結額*、5.145 芙蓉、5.146 撚綖*、5.147 糵麥、5.148 霹靂、5.149 樺皮、5.150 吃哩多、5.151 牙齼*（以上卷上）、5.152 繕縫、5.153 三粟、5.154 嚧地囉、5.155 瞻睹、5.156 剗膝、5.157 没㗚多、5.158 摩努沙、5.159 紫鉚*、5.160 居鎖（以上卷中）	3
	慧琳	35.001 奇特、35.002 師子鬢、35.003 裸者、35.004 鬼魅、35.005 車輅、35.006 驚駭、35.007 瞻睹、35.008 珊瑚、35.009 貧匱、35.010 㲲縷、35.011 抨線、35.012 結額*、35.013 撚綖*、35.014 嚴潔、35.015 癲癇、35.016 瘡疱、35.017 牙齼*（以上卷上）、35.018 盧地囉、35.019 摩奴沙、35.020 紫鉚*、35.021 食麨、35.022 素略多惹那、35.023 霖雨、35.024 牛窠、35.025 瘂語、35.026 虓叫、35.027 不缺（以上卷中）、35.028 頻伸、35.029 欠欼、35.030 橫麥、35.031 欻遶（以上卷下）	3
金剛頂瑜伽分別聖位經	希麟	5.216 警覺*、5.217 能贏*、5.218 淤塦	2
	慧琳	42.119 警覺*、42.120 鎖械、42.121 能贏*、42.122 階級	

經名	著者	字目	互見數
大吉祥天女無垢大乘經	希麟	5.233 毗舍、5.234 首陁	0
	慧琳	40.375 詣世尊所	
金剛頂瑜伽十八會指歸	希麟	5.237 幖幟*、5.238 摩醯首羅*	2
	慧琳	42.106 幖幟*、42.107 摩醯首羅*、42.108 嚩囉呬天、42.109 拏吉尼、42.110 分劑	
佛母大孔雀明王經	希麟	6.001 禰禱、6.002 伺斷、6.003 螫彼、6.004 拇指、6.005 蛇蠍*、6.006 毗鉢尸、6.007 尸棄、6.008 毗舍浮、6.009 拘留孫、6.010 羯諾迦牟尼、6.011 迦攝波、6.012 釋迦牟尼、6.013 喬荅摩、6.014 陂池、6.015 坎窟(以上卷上)、6.016 羯泚、6.017 苗稼、6.018 祠祀、6.019 涎洟、6.020 疥癩、6.021 痔漏、6.022 癰疽、6.023 瘡癬、6.024 踚繕那(以上卷中)、6.025 微鉢尸、6.026 羯句忖那、6.027 琰摩、6.028 索訶世界、6.029 鑠底*、6.030 脂膏、6.031 吷陝(以上卷下)	2
	慧琳	38.018 饑饉、38.019 痰癊 1、38.020 蛇蠍*、38.021 枷鎖(以上卷上)、38.022 絮斯、38.023 挽底、38.024 羯毗、38.025 蘗踏婆、38.026 屼頭、38.027 一腋、38.028 布喇拏、38.029 瑟侘、38.030 膩攞、38.031 擿迦、38.032 捺羅、38.033 蠍拏、38.034 矩轍囉、38.035 食髓、38.036 涕洟、38.037 食次、38.038 食洟、38.039 惡跳、38.040 惡蟄、38.041 痰癊、38.042 麌嚕、38.043 歆人精氣、38.044 憾弥(以上卷中)、38.045 毛綖、38.046 爍底*、38.047 囚普、38.048 疙𪘨、38.049 嚩撚、38.050 瘦病(以上卷下)	2
金剛頂蓮花部心念誦法	希麟	6.117 户樞*、6.118 左筶*、6.119 掣開*、6.120 撊擲*、6.121 撼手*	5
	慧琳	42.146 户樞*、42.147 左筶*、42.148 上腭、42.149 擘開*、42.150 撊擲*、42.151 聯鎖、42.152 撼手*	

經名	著者	字目	互見數
金剛頂瑜伽千手千眼觀自在菩薩念誦儀	希麟	6.122 沈溺、6.123 挲拍、6.124 捶擊、6.125 賀㜸、6.126 谷響、6.127 捹開、6.128 不憚、6.129 鉞斧、6.130 雞鴈	0
	慧琳	42.140 庫埣、42.141 屈柱、42.143 雨澍、42.144 閼伽、42.145 焜煙光	
大虚空藏菩薩念誦法	希麟	6.162 反蠆	0
	慧琳	42.166 瞿摩夷	
觀自在多羅念誦儀軌	希麟	7.013 阿闍梨、7.014 臍腰、7.015 二空	0
	慧琳	40.165 樞要、40.166 删定、40.167 紐成、40.168 修緝、40.169 貪恚、40.170 勇猛、40.171 掘深、40.172 至刹、40.173 棘秕、40.174 蹲踞、40.175 㑲物、40.176 其鰓、40.177 撣指、40.178 擐甲、40.179 跳躑、40.180 湮没、40.181 跣足、40.182 一吽、40.183 舵爤、40.184 摩竭魚、40.185 寶瑣、40.186 環珮、40.187 澄渟、40.188 砧杵、40.189 臍上、40.190 咄嚕唵、40.191 鈍根、40.192 餘摩、40.193 綹腕	
觀自在如意輪菩薩念誦法	希麟	7.016 虎狼、7.017 枷鎖、7.018 指幖	0
	慧琳	40.040 繳右、40.041 車輅、40.042 蟠於	
文殊師利根本大教王經金翅鳥王品	希麟	7.109 幖幟、7.110 濺灑*、7.111 薏苡*、7.112 縈繞*	3
	慧琳	38.159 龍齧、38.160 坯香、38.161 濺灑*、38.162 閃爍、38.163 枷杻、38.164 及梟、38.165 薏苡*、38.166 髑髏、38.167 蝦蟇、38.168 鵰翎、38.169 縈繞*、38.170 柬擇	

不僅如此，兩家音義內容更有不同。下面是互見字目音義表：

經名	字目	音義	
		希麟	慧琳
金剛頂真實大教王經	嗢陁南	上温骨反，次徒何反。或云嗢柁南。柁，唐賀反。舊翻爲偈頌也。琳法師引《瑜伽大論》翻爲足跡，又云集惣散，義譯也。	梵語也。以義翻之，猶如足跡。古譯云偈也。

經名	字目	音義	
		希麟	慧琳
金剛頂真實大教王經	鈿飾	上堂練反。《字書》:"寶瑟鈿以飾器物也。"從金,田聲。 又音田。花鈿也。	上田練反。借音用。本音田。下昇織反。以寶廁鈿而飾之。
	搊擲	上蓮鄒反。《考聲》云:"以手指鉤也。"經作捔揝,非本字。下直炙反。《切韻》:"振也,投也。"古文作摘。按:搊擲,以右手弄金剛杵也。	上篏搜反。《考聲》云:"以指鉤取物也。"手攬而稱上,搊金剛杵擲而弄之。
一字奇特佛頂經	結纇	下盧對反。《切韻》:"纇,絲也。"《字書》:"纇,結纇。"從糸、纇。	下盧對反。《切韻》:"纇,絲也。"《字書》:"纇,結纇。"從糸、纇。
	撚綫	上年典反。《方言》云:"撚,續也。"顧野王云:"謂相接續也。"《說文》:"撚,執也。 從手,然聲。"下先薦反。又作線。《字書》云:"合縷。"	上年典反。《正字辯惑》云:"續緊也。"《考聲》云:"掔使緊也,捘也,以手掔撚令緊也。"從手然聲也。或從手從乡作挼,古字。 乡音軫,掔音掔,捘音奴和反,緊音經引反。下先箭反。《集訓》:"綫,縷也。"俗作線,前已釋古文。
	蘿麥	上虢猛反。《考聲》云:"蘿,大麥也。"《文字典說》:"麥蘿也。"或作穬,稻末也。 又:麥芒也。	虢猛反。《說文》:"芒穀。"即今之大麥也。形聲字也。
	嚧地囉	上借音來古反,下彈舌呼羅字。梵語。此翻爲血也。	上音魯兼轉舌呼,囉字亦轉舌。梵語。唐言血也。
	瞻睹	上職廉反。《爾雅》曰:"瞻,視也。"《考聲》:"察也。"下丁古反。《切韻》:"見也,視也。"《玉篇》:"觀也。"正作覩,從見,者聲。 經作睹,俗,通用。	章閻反。《文字典說》:"瞻,望也。"《說文》:"臨視也。 從目詹聲也。"下當弩反。《說文》:"睹,見也。"或從見作覩。從目,形聲。
	摩努沙	中借音尼古反,鼻音呼。梵語也。此翻爲人,人之惣名也。	梵語。唐言人。即人之惣稱也。或云摩努娑。

經名	字目	音義	
		希麟	慧琳
一字奇特佛頂經	紫鉚	下虢猛反。藥名也。《本草》云："出西域。以樹皮、葉及膠煎成。入藥用，亦堪膠黏寶鈿珠瓔等物。"膠，去聲。	虢猛反。案：紫鉚，外國藥名也。紫赤色，出外國，煎波羅奢樹皮汁兼食。此木蟲糞成膠，堪黏寶鈿作用。
金剛頂蓮花部心念誦法	户樞	下昌朱反。 郭璞注《爾雅》云："門户扉樞也。" 韓康伯云："樞機，制動之主也。"《廣雅》："樞，本也。"《説文》："從木，區聲。"區音豈俱反，域也。	下昌求反。 郭璞云："門户扉樞也。" 韓康伯云："樞機，制動之主也。"《廣雅》："樞，本也。"户扇轉處也。《説文》："從木區聲也。"
	左筁	下且夜反。《埤蒼》云："逆插搶也。"從竹且聲也。	且夜反。《埤蒼》云："筁，逆插槍也。"案：此結立印屈右膝，而身臨右膝上，邪展左脚，項頭向左，曲身而立也。《古今正字》："從竹且聲也。"
	掣開／擘開	上昌世反。《説文》："引而縱之也。"《爾雅》曰："掣曳也。" 郭注云："謂牽拕也。"曳音餘世反。拕音他。二字俗。或入聲。	上絣麥反。《廣雅》云："擘，分也。"《説文》："撝也。從手，辟聲。"
	挶擲	上篗鄒反。《考聲》："以手指鉤也。"經文作揾，俗字。非。	上篗鄒反。《考聲》："以手指鈎也。"經作(揾)〔揾〕，俗字。
	撼手	上含感反。《廣雅》："撼，動也。"《説文》云："搖也。從手，感聲。"	上含感反。《廣雅》云："撼，動也。"《説文》："搖也。從手，感聲。"
文殊師利根本大教王經金翅鳥王品	濺灑	上煎線反。《説文》云從贊作灒，污灑也。下沙雅反。亦散灑，與濺字訓同。	上煎線反。俗字也。《考聲》云："濺，散水也。"《説文》正體從贊作灒。灒，污灑也。今此經散灑香水潔淨也。下沙賈反。訓義與上同也。

续表

經名	字目	音義	
		希麟	慧琳
文殊師利根本大教王經金翅鳥王品	薏苡	上音意，下音以。顧野王云："即干珠也。"《本草》云："薏苡性平，主筋骨拘攣不可伸屈者。"又："益氣。"二字並從草，意、以皆聲。	上音意，下音以。顧野王云："薏苡，即草珠也。"《本草》云："藥名也。薏苡，實食而益氣也。"《古今正字》竝從草，意、以皆聲。正作𦼯也。
	縈繞	上伊營反，下饒少反。《毛詩傳》云："縈，旋也。"《説文》云："收篕也。從糸，熒省聲。"繞，纏也。從糸，堯聲。	上伊營反，下饒少反。《毛詩傳》云："縈，旋也。"《説文》："縈，收䋖也。從糸，熒省聲。"繞，纏也。從糸，堯聲。

　　《金剛頂真實大教王經》之慧琳、希麟音義同見字目僅"嗢陁南、鈿飾、搦擲"三例，且所釋文字多有不同；其餘字目皆互不相見。《一字奇特佛頂經》之慧琳、希麟音義同見字目僅"瞻睹、結額、撚綫、盧地囉、摩奴沙、紫鈡、穬麥（慧琳序次）/ 結額、撚綫、穬麥、嚧地囉、瞻睹、摩努沙、紫鈡（希麟序次）"七例，且字目序次略見參差。前述音義内容有轉録，有新作，希麟書序言"前音未載，今續者是也"，看來多少有些跟事實不符，書題"續"字，其實並不完全反映希麟音義的實際，而比較某經之慧琳、希麟音義顯然是歷史語言學的一個重要研究課題。

四

　　比較其他四家佛典音義，高頻率徵引《切韻》是希麟音義引書的一個突出特點[①]。據統計，希麟音義徵引《切韻》凡 618 例（下稱希麟《切韻》）計 539 字，其中於《切韻》殘葉可考者凡 16 例計 13 字，於《切韻》箋本可考者凡 371 例計 315 字，於王二（裴本）可考者凡 430 例計 373 字，於王

---

① 汪壽明專門討論過希麟音義引《切韻》的問題，其目的在爲希麟書"其始成書時恐已非一人之力所爲，而有衆人助之"的觀點張本。

三(王本)可考者凡 607 例計 528 字,於《廣韻》可考者凡 617 例計 528 字①。下面是希麟《切韻》和《切韻》殘葉的比較表:

例字	字　目	希麟音	希麟切韻	殘　葉	音切比較	釋義比較	廣韻音
空	1.006 空聟	苦紅反	大也	苦紅反	相同	闕②	苦紅切
鞅	1.012 羈鞅	於兩反	車鞅荷也	於兩反	相同	闕	於兩切
震	2.035 雷震	章認反	動也,起也	職刃反	相同,而上下字有異	闕	章刃切
婬	3.035 婬佚	余針反	邪也,蕩也	(餘針反)婬蕩	相同	相通	餘針切
沈	3.095 沈溺	直林反	没也,濁也	除深反	相同,而上下字有異	闕	直深切
	4.019 沈淪		大也,濁也				
	6.122 沈溺		没也				
資	3.134 資粮	即夷反	亦貨財也	(即脂反)	相同,而下字有異	闕	即夷切
	3.177 資糧						
怡	4.073 怡暢	與之反	和樂也	(与之反)悦怡	相同	相通	與之切
遲	4.084 遲緩	直知反	久晚也	又直利反③	相近	闕	直尼切
缸	4.112 鉼缸	下江反	甖類也	(下江反)甖類	相同	相同	下江切
迤	5.061 逶迤	弋支反	溢也	(弋支反)逶迤	相同	相異	余支切
纔	5.097 纔發	昨哉反	僅也	(昨來反)僅。或作裁	相同,而下字有異	相同	昨哉切
瘧	6.099 瘶瘧	魚約反	痁疾也	(魚約反)病	相同	相通	魚約切
貽	10.074 貽訓	與之反	貺也	(与之反)貺遺	相同	相同	與之切

爲方便比較,下面再列出上表所示 13 字在《切韻》箋本、裴本、王本的情況:

---

① 據賀穎《希麟音義引〈切韻〉考》(未刊稿)。

② 闕,表示殘葉未見釋義;下同。

③ 遲,殘葉僅見又音"直利反",比較箋本、王本(詳下表),其注音大約是"直尼反"。知,或讀支韻平聲或讀寘韻去聲;"尼"讀脂韻平聲,"利"讀至韻去聲。

例字	箋　本	裴　本	王　本
空	苦紅反。七	苦紅反。七加二	苦紅反。盧。七
鞅	於兩反。四	於兩反。牛項羈。十一	於兩反。牛項靻
震	職刃反。五加一	職刃反。七	職刃反。雷。九
婬	（餘針反）□□□	（余針反）婬奸	（餘針反）蕩
沈	沉，除深反。四	沉，除深反。没也。亦式稔反。姓也。六	沉，除深反。没。又或撳栻反，人姓。俗以出頭作姓隸。四
資	（即脂反）財	（即脂反）取也，用也	（即夷反）取
怡	（与之反）《説文》又有此嬯。悦樂也	（与之反）悦樂	（与之反）又作熙
遲	遲，（直尼反）又直吏反	遲，（直尼反）徐也。又直立反	遲，（直尼反）緩。又直利反。亦作迡
缸	（下江反）罌類。作瓨，作缻，説一同	（下江反）罌類。又瓨	（下江反）罌類
迤	（弋支反）逶迤	（弋支反）逶迤	（弋支反）逶迤
纔	（昨來反）僅。或作裁	闕	（昨來反）僅。或作裁
瘧	闕	（魚約反）病。	闕
貽	（与之反）貽遺	（与之反）遺也，貽也	（与之反）貽遺

　　從注音看，如果不考慮用字參差，希麟音跟殘葉、箋本、裴本、王本所示諸音没有什麽根本不同，説明彼此關係非常密切，或者説，希麟音系跟《切韻》音間有很深的淵源。比較注音，希麟《切韻》釋義跟《切韻》諸本間却頗多出入。賀穎以爲“希麟《切韻》跟殘葉、箋本、王本、裴本都有一定距離，應該是當時在遼境内流通之某種唐傳本《切韻》，該種《切韻》跟唐《廣韻》間有相當的聯繫”[1]，揆諸前述材料，其説大約比較接近歷史事實。

①　據賀穎《希麟音義引〈切韻〉考》（未刊稿）。

五

　　希麟音義獨傳高麗藏本,比較玄應《大唐衆經音義》、慧苑《新譯大方廣佛華嚴經音義》,其版本情況要簡單許多,且距今時代最近,但書中訛、脱、衍、乙等文字問題依然觸處皆是,引文張冠李戴的情況所在皆有(參見黄仁瑄、瞿山鑫及黄仁瑄《〈續一切經音義〉訛字校正》[待刊],此不贅),其校注工作依然繁難。這裡要説明如下幾點:

　　1. 希麟音義僅見高麗大藏經。本校即以高麗大藏經本(下稱麗藏本)爲工作底本,以日本獅谷白蓮社藏版(下稱獅谷本)爲參校本。

　　(1)獅谷本源出麗藏本,一般僅作麗藏本文字校改的旁證。

　　(2)獅谷本、麗藏本用字多見參差,如:惠琳,獅谷本一般作"慧琳";陁,獅谷本一般作"陀";竝,獅谷本一般作"竝";等等。爲簡便計,本校僅於首見處略爲説明,其後多不相問。

　　2. 本校重在疏通文意,以標點爲主,力求做到學術性和普及性的有機統一。

　　3. 希麟音義文字繁簡錯雜,異體紛呈。因爲其辭典的性質,本校對文字的處理遵循存真和規範相結合的原則[①]。

　　(1)字頭、注音一般不改,普通行文酌改。

　　(2)涉及字形辨析的文字一律不改。

　　(3)爲避免繁瑣,"日曰、己已巳"類形近字各依文意徑改,不出注。

　　(4)"爾雅"在音義中有"爾雅、尒雅、尔雅、尒疋"等不同形式,爲方便讀者,本校原則上以通行體"爾雅"替代。他皆類此。

　　(5)文字的訛、脱、衍、倒等問題徑於文内改正,同時出校記説明。

　　(6)注語、校語間以"○"號間隔。校點者的説明性文字以"瑄案"標識。

---

① 古籍的文字整理標準宜因對象的不同而有所區别,大致是:(1)辭書從嚴,一般古籍從寬;(2)字頭從嚴,一般行文從寬;(3)字形辨析從嚴,一般内容從寬。説詳尉遲治平。

　　4. 本校標識對音材料的源語形式①。源語形式不明者亦出注説明，以便閲讀。

　　5. 本校爲每條音義編碼，以標識其所在卷次及在各卷次的次第，卷次和次第間用下圓點間隔，如“1.001”表示第一卷的第一條音義。個別大段對音材料編列一個號碼。本校在相關音義文字後標識其在《中華大藏經》中的册次、頁碼和欄次，如“59p0354a”表示該條音義位於《中華大藏經》第 59 册第 354 頁上欄，以便覆覈。

　　6. 本校采用當前頁脚注的形式，以減去前後翻檢之勞。

　　7. 本校之標點符號用法遵循國家有關標準，並爲引書文字施加引號以顯其大致起迄。佚書文字之引號一般遵循就近、從嚴的標識原則。

　　8. 音義作者的隨文注釋内容（即注中之注）以較正文文字字號小一號的字體標識。

　　9. 希麟音義各卷首之目録經名、順序跟音義正文經名、順序不能完全對應。正文有而目録無者，依正文順序列於卷首目録處，並在經名外以“[　　]”標識。

　　簡言之，我們的工作其實包括了相對獨立而又密切相關的三個部分：一是基於高麗藏本希麟音義文字的比勘，一是希麟音義引書文字的梳理，一是希麟音義對音材料源語形式的考索。希麟音義引證内容比較豐富，對音材料亦較紛繁，前述比勘、梳理工作是合理而有效地利用該書的必要前提，亦是正確認識其多方面價值的堅實基礎。無可懷疑，前賢時彦富於成效的工作（詳文末《引用暨參考文獻》）當然爲我們校注希麟音義的努力提供了許多便利。不過，“校書猶掃落葉，隨掃隨有”②。更重要的是，“校書之難，非照本改字不訛不漏之難也，定其是非之難。是非有二，曰：底本之是非；曰：立説之是非”③。一得之愚，倘值方家一笑，便喜出望外了。更盼學界後出之種種，能使希麟音義的校理工作臻於精細和完善。

---

① 源語形式主要參考慈怡主編《佛光大辭典》、丁福保《佛學大辭典》，間亦酌參林光明編修《新編大藏全咒》。
② 明李維楨《范文正公集補遺跋》，《明文海》卷二五〇，《文淵閣四庫全書》（臺灣商務印書館）第 1455 册頁 781 下。
③ 段玉裁《與諸同志論校書之難》，《經韻樓集》頁 332—333。

續一切經音義卷第一 并序　雞①

燕京崇仁寺沙門　希麟　集

　　蓋聞殘純樸而薄道德②,仁義漸開③;廢結繩而定蓍龜,文字乃作。仰觀玄象,俯視成形④。蒼頡始制於古文⑤,史籀纂成乎大篆⑥。相沿歷世,更變隨時。篆與古文,用之小異。逮《周禮》保氏掌國子學,以道教之六書,謂像形、指事、會意、形聲、轉注、假借⑦。六者造字之本。雖蟲篆變體,古今異文,離此六書,並爲謬惑⑧。春秋之末,保氏教廢。秦并海內,丞相李斯考較籀文,別爲小篆⑨。吏趨省易,變體稍訛。程邈改文,謂之隸本。漢

---

① 雞,希麟音義之高麗藏千字文編號,據慧琳音義補,獅谷本皆省而不録。

② 蓋,獅谷本作"葢"。

③ 《莊子·馬蹄》:"夫殘樸以爲器,工匠之罪也;毁道德以爲仁義,聖人之過也。"

④ 《易·繫辭》:"古者包犧氏之王天下也,仰則觀象於天,俯則觀法於地。觀鳥獸之文與地之宜,近取諸身,遠取諸物,於是始作八卦,以通神明之德,以類萬物之情。作結繩而爲罔罟,以佃以漁,蓋取諸《離》……上古結繩而治,後世聖人易之以書契,百官以治,萬民以察,蓋取諸《夬》。"

⑤ 《説文·敘》:"倉頡之初作書,蓋依類象形,故謂之文;其後形聲相益,即謂之字。字者,言孳乳而浸多也。著於竹帛謂之書。書者,如也。以迄五帝三王之世,改易殊體,封于泰山者七十有二代,靡有同焉。"

⑥ 史籀,周宣王史官,作《大篆》十五篇。《漢書·藝文志》"《史籀》十五篇"自注:"周宣王太史作《大篆》十五篇,建武時亡六篇矣。"

⑦ 《説文·敘》引《周禮》:"八歲入小學,保氏教國子,先以六書:一曰指事。指事者,視而可識,察而可見,'上、下'是也。二曰象形。象形者,畫成其物,隨體詰詘,'日、月'是也。三曰形聲。形聲者,以事爲名,取譬相成,'江、河'是也。四曰會意。會意者,比類合誼,以見指撝,'武、信'是也。五曰轉注。轉注者,建類一首,同意相受,'考、老'是也。六曰假借。假借者,本無其字,依聲託事,'令、長'是也。"

⑧ 並,獅谷本作"竝"。

⑨ 小篆,指篆書。《漢書·藝文志》"六體者,古文、奇字、篆書、隸書、繆篆、蟲書"顏師古注:"篆書,謂小篆,蓋秦始皇使程邈所作也。"

興書學，楊雄作《訓纂》八十九章①，班固加十三章②，群書用字畧備③。後漢許慎集古文、籕、篆諸家之學，出目録五百四十篇，就隸爲訓注，作《説文解字》④。時蔡伯喈亦以滅學之後⑤，請刊定五經備體，刻石立於太學之門，謂之《石經》⑥。仍有吕忱作《字林》五篇⑦，以補許、蔡之漏畧⑧。洎有唐立《説

①　《訓纂》，《三蒼》之一，小學著作，漢人揚雄作，凡一篇（《漢書·藝文志》）。書已佚。清人馬國翰等有輯本。參見《古佚書目録》頁 95—97。
②　《漢書·藝文志》："漢興，閭里書師合《蒼頡》《爰歷》《博學》三篇，斷六十字以爲一章，凡五十五章，並爲《蒼頡篇》。武帝時司馬相如作《凡將篇》，無復字。元帝時黃門令史游作《急就篇》，成帝時將作大匠李長作《元尚篇》，皆《蒼頡》中正字也。《凡將》則頗有出矣。至元始中，徵天下通小學者以百數，各令記字於庭中。揚雄取其有用者以作《訓纂篇》，順續《蒼頡》，又易《蒼頡》中重復之字，凡八十九章。臣復續揚雄作十三章，凡一百二章，無復字，六藝群書所載略備矣。《蒼頡》多古字，俗師失其讀，宣帝時徵齊人能正讀者，張敞從受之，傳至外孫之子杜林，爲作訓故，並列焉。"
③　群、畧，獅谷本作"羣、略"。
④　《説文解字》，習稱《説文》，小學著作，東漢許慎撰，凡十五卷，收字 9353 個，另有重文（含古文、異體等）1163 個，成書於漢和帝永元十二年（100）。許氏原書無存，唐寫本木部殘本、口部殘簡是今人所見之最早版本，清人陳昌治刻本最爲常見。段玉裁《説文解字注》、朱駿聲《説文通訓定聲》、桂馥《説文解字義證》和王筠《説文句讀》《説文釋例》是《説文》研究的代表性著作。
⑤　蔡伯喈，名邕（133—192），東漢陳留（今河南開封市圍鎮）人，著《獨斷》《勸學》等凡百四篇（《後漢書·蔡邕列傳》："其撰集漢事，未見録以繼後史。適作《靈紀》及十意，又補諸列傳四十二篇，因李傕之亂，湮没多不存。所著詩、賦、碑、誄、銘、讚、連珠、箴、弔、論議、《獨斷》《勸學》《釋誨》《敘樂》《女訓》《篆執》、祝文、章表、書記，凡百四篇，傳於世。"），有《蔡邕集》十二卷（《隋書·經籍志》"後漢左中郎將《蔡邕集》十二卷"自注："梁有二十卷，録一卷……亡。"）。參見《古佚書目録》頁 47—48、272—273。滅學，指秦始皇焚書坑儒。蔡邕《宗廟迭毀議》："左中郎將臣邕議，以爲漢承秦滅學之後，宗廟之制，不用周禮。"
⑥　《後漢書·蔡邕列傳》："建寧三年，辟司徒橋玄府，玄甚敬待之。出補河平長。召拜郎中，校書東觀。遷議郎。邕以經籍去聖久遠，文字多謬，俗儒穿鑿，疑誤後學，熹平四年，乃與五官中郎將堂谿典，光禄大夫楊賜，諫議大夫馬日磾，議郎張馴、韓説，太史令單颺等，奏求正定《六經》文字。靈帝許之。邕乃自書丹於碑，使工鐫刻，立於太學門外。於是後儒晚學，咸取正焉。及碑始立，其觀視及摹寫者，車乘日千餘兩，填塞街陌。"
⑦　吕忱，字伯雍（《書斷》），任城人，晉代學者，撰《字林》《韻集》。《魏書·江式傳》："晉世，義陽王典祠令任城吕忱表上《字林》六卷，尋其況趣，附託許慎《説文》，而案偶章句，隱別古籕奇惑之字，文得正隸，不差篆意也。忱弟静別放故左校令李登《聲類》之法，作《韻集》五卷，宮商角徵羽各爲一篇，而文字與兄便是魯、衛，音讀楚、夏，時有不同。"《字林》，晉人吕忱撰，有五篇（《書斷》）、六卷（《魏書·江式傳》）、七卷（《隋書·經籍志》《新唐書·藝文志》）、十卷（《舊唐書·經籍志》）、五卷（《宋史·藝文志》）之別。書已佚，清人任大椿等有輯（校）本。參見《古佚書目録》頁 90—91。
⑧　畧，獅谷本作"略"。

文》《石經》《字林》之學①，至大曆中②，命孝廉生顏傳經、國子司業張參等刊定《五經文字》正體③。復有《字統》《字鏡》④、陸氏《釋文》⑤、張戩《考聲》⑥、《韻譜》《韻英》《韻集》《韻略》⑦。述作既衆，增損互存。並仍傍通三史⑧，証據九經⑨。若斯文而有旨⑩，即彼義以無差。音義之興，其來有自。況乎釋尊之教也⑪，四含妙典⑫，談有相於權門⑬；八部真宗⑭，顯無爲於實際⑮。真

① 《唐六典》卷二十一《國子監》："書學博士二人，從九品下。書學博士掌教文武官八品已下及庶人子之爲生者，以《石經》《説文》《字林》爲專業，餘字書亦兼習之。《石經》三體書限三年業成，《説文》二年，《字林》一年。其束脩之禮，督課、試舉，如三館博士之法。"
② 大曆，唐代宗李豫年號，始766年十一月，迄779年十二月。
③ 《五經文字》，字學著作，唐人張參撰，凡三卷。書據160部首編排，收3247字（《序例》言收3235字），部首字與部屬字計3407字（參見魏勵《張參的〈五經文字〉》），其版本源流情況詳見王繼紅《〈五經文字〉版本源流考察》。
④ 《字統》，後魏楊承慶撰，史志有二十一卷（《隋書·經籍志》）、二十卷（《舊唐書·經籍志》《新唐書·藝文志》）。書已佚，清人任大椿等有輯（校）本。參見《古佚書輯本目錄》頁92。《字鏡》，小學著作，其餘不詳。
⑤ 《釋文》，即《經典釋文》，唐人陸德明撰，凡三十卷。
⑥ 《考聲》，全稱《考聲切韻》，韻學著作，張戩撰。書已佚。
⑦ 《韻譜》，韻學著作，其餘不詳。《韻英》，韻學著作，史志有三卷（釋靜洪撰，見《隋書·經籍志》）、五卷（《新唐書·藝文志》"玄宗《韻英》五卷"自注："天寶十四載撰，詔集賢院寫附諸道采訪使，傳布天下。"）之別。書已佚。《韻集》，晉人呂靜撰，史傳志有五卷（《魏書·江式傳》）、六卷之別（《隋書·經籍志》）。書已佚。清人任大椿等有輯（校）本。參見《古佚書目錄》頁101。《韻略》，韻學著作，北齊陽休之撰，凡一卷（《隋書·經籍志》《舊唐書·經籍志》《新唐書·藝文志》）。書已佚。清人任大椿、王仁俊等有輯本。參見《古佚書目錄》頁102。○畧，獅谷本作"略"。
⑧ 三史，《史記》《漢書》《後漢書》的合稱。瑄案：魏晉南北朝時期稱《史記》《漢書》《東觀漢記》爲三史，唐開元後始有今指。説詳錢大昕《十駕齋養新錄·三史》頁116。○並，獅谷本作"竝"。
⑨ 九經，九部儒家經典《易》《書》《詩》《周禮》《儀禮》《禮記》《左傳》《公羊傳》《穀梁傳》的合稱。
⑩ 旨，獅谷本作"盲"，注："諸本作盲，恐音，書誤乎？"
⑪ 釋尊，釋迦牟尼佛世尊。
⑫ 四含，指四部阿含經典，即《雜阿含經》（五十卷）、《中阿含經》（六十卷）、《長阿含經》（二十二卷）和《增一阿含經》（五十一卷）。妙典，説微妙之法的經典。
⑬ 有相，"無相"之對稱，有形相之意。權門，指方便門。
⑭ 八部，指八部般若經，即：《大品般若經》《小品般若經》《放光般若經》《光讚般若經》《道行般若經》《金剛般若經》《勝天王般若經》《文殊般若經》。真宗，真實之宗旨。佛家各派稱其所信宗者爲真宗。《大唐大慈恩寺三藏法師傳》卷第八："臣等夙蔽真宗，幸窺天藻，以坳堂之量揣靈籠之峻壑，蚜蟒之情議仙驥之遐壽。"
⑮ 無爲，"有爲"之對稱，無造作之意。實際，指真實際極。《大智度論》卷第三十二："實際者，以法性爲實證，故爲際。如阿羅漢，名爲住於實際……善入法性，是爲實際。"

俗雙舉①，唐梵兩該。借以聲名句文爲能詮，表以菩提涅盤爲所證②。演從
印度③，譯布支那④，前後翻傳⑤，古今抄寫。論梵聲，則有一文兩用，誤上、去
於十二音中⑥；數字同歸，疑體、業於八轉聲內⑦。考畫點，乃秖如栚以冄、掞舒
瞻乱於手、木，帳知亮、悵丑仗雜於心、巾，伎都奚、弦直尼著彳、著人⑧，裸古玩、祼
胡瓦從衣、從示，謟吐刀、諂丑冄不分臽以小、臼音陷，壯側亮、牡莫后罔辨牛語求、
爿疾良，少斫昧於戍哉，無點虧於寫富。如斯之類，謬誤寔繁。若不討詳，慚
乖大義。故唐初有沙門玄應者⑨，獨運先覺，天縱生知，明唐梵異言，識古
今奇字，首興厥志，切務披詳。始於《古花嚴經》⑩，終於《順正理論》⑪，撰
成《經音義》二十五卷。次有沙門慧菀⑫，撰《新花嚴音義》二卷⑬。復有沙

① 真俗，事理之謂。真指不生不滅之理性，俗指因緣所生之事理。參見《佛光大辭典》
　頁4217"真俗二諦"條。
② 菩提，梵詞 bodhi，巴利詞同。涅盤，梵詞 nirvāna，巴利詞 nibbāna。○盤，獅谷本作"槃"。
③ 印度，梵詞 Hindhu、Indu（吳其昌《印度釋名》）。
④ 支那，梵詞 Cīna。
⑤ 翻，獅谷本作"飜"。
⑥ 十二音，指梵音 a、ā、i、ī、u、ū、r、ṛ、e、ai、o、au。參饒宗頤《梵學集》頁153—158。
⑦ 八轉聲，又作"八轉、八聲"，指梵語中名詞、代名詞和形容詞詞尾的八種變化。說
　詳《南海寄歸內法傳》卷第四"西方學法"。○於，原作"向"，獅谷本注"向恐可作於
　乎"，今據文意改。大通本亦作"於"。
⑧ 伎、弦，獅谷本作"弦、伎"。
⑨ 玄應，釋道宣、道世同時代人，唐玄奘譯場"字學大德"，撰《攝大乘論疏》（十卷）、《因
　明入正理論疏》（三卷）、《大唐衆經音義》（二十五卷）等。生卒年月不詳。參黃仁瑄
　《唐五代佛典音義研究》頁30—31。
⑩ 《古花嚴經》，即《大方廣佛華嚴經》，東晉天竺三藏佛馱跋陀羅譯，凡六十卷。○花，
　獅谷本作"華"。
⑪ 《順正理論》，全稱《阿毗達磨順正理論》，毗曇部典籍，尊者衆賢造，唐釋玄奘奉詔譯，
　凡八十卷。
⑫ 慧菀，即慧苑，約生於唐高宗上元、儀鳳年間（674—678），師事華嚴宗三祖釋法藏，
　爲同門上首，撰《華嚴經略疏刊定記》（十五卷）、《新譯大方廣佛華嚴經音義》（兩
　卷）等。參黃仁瑄《唐五代佛典音義研究》頁40—42。瑄案：菀，通"苑"。《漢書·王
　嘉傳》"詔書罷菀"顏師古注："菀，古苑字。"希麟書"苑"皆作"菀"，如"說苑"書作
　"說菀"、"桂苑"書作"桂菀"，除慧菀外，其他統一作"苑"，後不再贅。
⑬ 《新花嚴音義》，全稱《新譯大方廣佛華嚴經音義》，凡二卷，慧琳《一切經音義》卷
　二十一—二十三轉録作三卷。○花，獅谷本作"華"。

門雲公①，撰《涅盤音義》二卷②。復有大慈恩寺基法師③，撰《法花音訓》一卷④。或即未周三藏⑤，或即偏局一經。尋撿闕如，編録不次。至唐建中末⑥，有沙門慧琳⑦，内精密教⑧，入於揔持之門⑨；外究墨流⑩，研乎文字之粹。印度聲明之妙，支那音韻之玄，既缾受於先師，亦泉瀉於後學。掭

---

① 雲公，生平不詳，陳垣（頁 89）疑爲唐五臺山華嚴寺牛雲，陳士强（頁 1015）認爲是終南山智炬寺沙門。參黄仁瑄《唐五代佛典音義研究》頁 56—57。

② 《涅盤音義》，即《大般涅盤經音義》，原書已佚，慧琳《一切經音義》卷二十五—卷二十六存其序文及慧琳“再删補”本。參黄仁瑄《唐五代佛典音義研究》頁 56—57。○盤，獅谷本作“槃”。

③ 基法師，即窺基，亦稱大乘基，唐代長安大慈恩寺僧，世稱慈恩大師，唐釋玄奘弟子，法相宗創始人之一，撰《瑜伽師地論略纂》（十六卷）、《成唯識論述記》（二十卷）、《唯識二十論述記》（四卷）、《百法明門論注》（一卷）、《雜集論述記》（十卷）、《辨中邊論述記》（三卷）、《大乘法苑義林章》（七卷）、《因明入正理論疏》（三卷）、《金剛般若論會釋》（三卷）、《妙法蓮華經玄贊》（十卷）、《觀彌勒上生兜率天經贊》（二卷）、《説無垢稱經疏》（六卷）、《異部宗輪論述論》（一卷）、《法華音訓》（一卷）等。參黄仁瑄《唐五代佛典音義研究》頁 55—56。

④ 《法花音訓》，約成書於唐高宗時（丁鋒:119），凡一卷，原書無存，慧琳《一切經音義》卷二十七存其書序文及慧琳“再詳定”本。參黄仁瑄《唐五代佛典音義研究》頁 56。○花，獅谷本作“華”。

⑤ 三藏，梵詞 trīni pitakāni（巴利詞 tīni pitakāni），又稱“三法藏”。經藏（梵詞 sūtrānta-piṭaka，巴利詞 sutta-piṭaka，音譯“素怛纜藏”）、律藏（梵 vinaya-piṭaka，巴利詞同，音譯“毗奈耶藏”）和論藏（梵詞 abhidharma-piṭaka，巴利詞 abhidhamma-piṭaka，音譯“阿毗達磨藏”）的合稱。參《佛光大辭典》頁 690 “三藏”條。

⑥ 建中，唐德宗李適年號，始 780 年元月，迄 783 年十二月。

⑦ 慧琳，唐時疏勒國（今新疆喀什）人，生於唐玄宗開元二十五年（737），唐憲宗“元和十五年（820）庚子卒於所住，春秋八十四矣”，長安西明寺僧，師事不空三藏，撰《新集浴像儀軌》（一卷）、《建立曼荼羅及揀擇地法》（一卷）和《一切經音義》（一百卷）。參黄仁瑄《唐五代佛典音義研究》頁 46—47。

⑧ 密教，大乘佛教派别，跟“顯教”對言，唐開元年間由善無畏、金剛智等傳入。密教奉持法身佛大日如來所説之金剛界、胎藏界兩部教法，《大日經》《金剛頂經》《密集經》《喜金剛經》《勝樂輪經》《時輪經》等是其主要經典。唐人獨孤及《佛頂尊勝陀羅尼幢贊序》：“故諸法生於假名，非智無以調伏故；大音傳於密教，茫茫五濁，客塵覆之。”參丁福保《佛學大辭典》《中國大百科全書》《漢語大詞典》“密教”條。此處泛指佛法。

⑨ 揔，獅谷本作“總”。

⑩ 墨流，泛指佛門外知識。

心二十載，披讀一切經，撰成《音義》，惣一百卷①。依《開元釋教録》②，始從《大般若》③，終於《護命法》④，所音衆經，都五千四十八卷四百八十帙。自《開元録》後相繼翻傳經論及拾遺、律、傳等⑤，從《大乘理趣六波羅蜜多經》⑥，盡《續開元釋教録》⑦，惣二百六十六卷二十五帙⑧。前音未載，今《續》者是也。伏以抄主無礙大師⑨，天生睿智，神授英聰⑩，惣講群經⑪，徧糅章抄，傳燈在念⑫，利物爲心。見音義以未全，慮撿文而有闕。因貽華翰，見命菲才，遣對曦光，輒揚螢燭。然或有解字廣畧⑬，釋義淺深⑭，唐梵對翻⑮，古今同異。雖依憑據，更俟來英。冀再披詳，庶無惑尒⑯。59p0353a—0353c

---

① 《音義》，即《一切經音義》，又稱《大藏音義》，凡一百卷。參黃仁瑄《唐五代佛典音義研究》頁47—65。○惣，獅谷本作“總”。

② 《開元釋教録》，或稱《開元録》《開元目録》《智昇録》，唐釋智昇編集，凡二十卷。録起漢明帝永平十年丁卯，迄唐開元十八年庚午，凡664載。《縮刷藏經·緣起》：“唐太宗開元十年，沙門智昇著《開元釋目録》二十卷，詮次經、律、論及諸師撰述五千四十八卷。以千字文定函號，是大藏定數之始也。爾來歷朝大藏詮次，以《開元録》爲模範。”《宋高僧傳·唐京兆西崇福寺智昇傳》：“釋智昇，未詳何許人也……乃於開元十八年歲次庚午，撰《開元釋教録》二十卷……經法之譜無出昇之右矣。”

③ 《大般若》，全稱《大般若波羅蜜多經》，唐釋玄奘譯，凡六百卷。

④ 《護命法》，全稱《護命放生軌儀法》，唐釋義淨撰，凡一卷。

⑤⑮ 翻，獅谷本作“飜”。

⑥ 《大乘理趣六波羅蜜多經》，唐罽賓三藏般若奉詔譯，凡十卷。

⑦ 《續開元釋教録》，全稱《大唐貞元續開元釋教録》，唐釋圓照撰集，凡三卷。

⑧ 惣，獅谷本作“總”。

⑨ 無礙大師，據《重修范陽白帶山雲居寺碑(並序)》和《重鐫雲居寺碑記》，指其時燕京憫忠寺抄主詮明。瑄案：宋釋贊寧《大宋僧史略》卷第三：“臨安府僧正慧通、無礙大師梵安等。”跟希麟音義所指並無關涉。

⑩ 聰，獅谷本作“聰”。

⑪ 惣、群，獅谷本作“總、羣”。

⑫ 傳燈，佛家謂傳法。

⑬ 畧，獅谷本作“略”。

⑭ 深，獅谷本作“溁”。

⑯ 尒，獅谷本作“爾”。

音大乘理趣六波羅蜜多經一帙十卷

右從第一盡十此卷續音

大乘理趣六波羅蜜多經卷第一 并經序中字①

1.001 大朴　上徒蓋反。《蒼頡篇》云②："大，巨也。"《易》曰："大哉乾元，萬物資始。"③下普剝反。正作樸字④。《説文》云："木素也。"《聲類》云⑤："凡物未雕刻曰樸。"王弼云："樸，真也。"⑥猶氣像未分也。《莊子》云："純朴不殘，孰爲犧罇？"⑦又曰："夫殘樸以爲器，工匠之罪也；毀道德以爲仁義，聖人之過也。"⑧59p0354a

1.002 萬籟　上無怨反。合作万字⑨。《筭經》云⑩："十千曰万。"⑪今作萬，本蟲名、州名、人姓也。相承借爲万字。下落大反。樂器名也。《説文》云："大籟小簫。"⑫郭璞注《爾雅》云："大簫二十三管，長尺四寸；小者

---

① 《大乘理趣六波羅蜜多經》，般若部典籍（T08,No.0261），唐釋般若奉詔譯，凡十卷。瑄案：慧琳音義卷四十一亦見《大乘理趣六波羅蜜多經》之音義，此係希麟新作。

② 《蒼頡篇》，字學著作，有兩種：(1)秦人李斯撰，一篇計七章（《漢書·藝文志》）；(2)李斯《蒼頡篇》、趙高《爰歷篇》和胡毋敬《博學篇》的合集（漢初閭里書師併合而成，仍取《蒼頡篇》爲名。見《漢書·藝文志》。參《古佚書目録》頁96）。玄應音義所據難詳。書已佚，清人孫星衍等有輯（校）本（參《古佚書目録》頁94—96）。

③ 見《乾》。

④ 樸，原作"撲"，今據文意改。

⑤ 《聲類》，韻學著作，魏人李登撰，凡十卷（《隋書·經籍志》《舊唐書·經籍志》《新唐書·藝文志》）。書已佚，清人任大椿等有輯（校）本（參《古佚書目録》頁100—101）。

⑥ 見《老子》二十八章"樸散則爲器"注。

⑦ 見《馬蹄》。朴、犧罇，今本作"樸、犧尊"。

⑧ 見《馬蹄》。○"以爲仁義"之"以"字原闕，今據《莊子》補。

⑨ 万，獅谷本作"萬"。瑄案："万、萬"同。《玉篇殘卷》方部："万，《聲類》：'俗萬字。'萬，十千也。"《集韻》願韻："万，數也。通作'萬'。"

⑩ 《筭經》，數學著作，撰人不詳。漢、唐間流布的十種數學著作，遼寧教育出版社1998年合爲《算經十書》（郭書春、劉鈍校點）出版，其詳如次：《周髀算經》《九章算術》《海島算經》《張丘建算經》《夏侯陽算經》《五經算術》《緝古算經》《綴術》《五曹算經》《孫子算經》（或以爲《數術記遺》，待考）。希麟音義所據難詳。

⑪ 《玉篇》土部"垓"字下引《風俗通》："十千曰萬，十萬曰億，十億曰兆，十兆曰經，十經曰垓。"

⑫ 竹部："籟，三孔龠也。大者謂之笙，其中謂之籟，小者謂之箹。从竹，賴聲。"

十六管，長尺二寸。一名籟也。”① 字從竹賴聲也。序文從草作蕦②，蒿名也。非此用。

1.003　紛綸　上芳文反。《廣雅》云：“紛，衆多皃也。”③《考聲》：“亂也。”下律迍反。《易》曰：“綸，經理也。”④ 宋忠注《太玄經》云：“綸，絡也。”⑤ 今案⑥：紛綸，即雜遝交絡盛皃也⑦。《説文》二字並從糸，分、侖聲也。糸音覓也。

1.004　旭日　上凶玉反。《切韻》云⑧：“日初出也。”⑨《説文》云：“日

---

① 《釋樂》“大簫謂之言”郭璞注：“編二十三管，長尺四寸。”《釋樂》“〔簫〕小者謂之筊”郭璞注：“十六管，長尺二寸。簫亦名籟。”

② 據 CBETA，《大乘理趣六波羅蜜多經》“蕦”字無見，亦不見“籟”。〇草，獅谷本作“艸”。

③ 《釋訓》：“紛紛，衆也。”瑄案：《易·巽》“用史巫紛若”陸德明釋文引《廣雅》：“（紛），衆也。”

④ 疑見《繫辭上》“故能彌綸天地之道”注。玄應音義卷一“弥綸”注：“《易》云‘弥綸天地之道’注云：‘弥，廣也；綸，經理也。’”

⑤ “宋忠”二字原闕。考慧琳音義卷十三“苦綸”注引宋忠注《太玄經》：“綸，絡也。”卷四十一“紛綸”注引宋忠注《太玄經》：“綸，絡也。”例同此，今據補。又：注，獅谷本作“註”。

⑥ 案，獅谷本作“按”。

⑦ 遝，獅谷本作“遝”。

⑧ 《切韻》，韻學著作，隋陸法言撰，凡五卷（《舊唐書·經籍志》《新唐書·藝文志》）。書已佚，今僅見其傳寫本殘卷（《唐五代韻書集存》頁 35—72）。瑄案：《切韻》書出，“盛行於世”（孫愐《唐韻序》，余廼永校本頁 16），據周祖謨（頁 3—5），唐五代《切韻》系韻書大類有七：（1）傳寫本《切韻》。此類成書時代較早，乃陸氏書的傳寫本。（2）箋注本《切韻》。此類以陸氏書爲底本，其分韻、體例皆同陸書，惟字數略有增加，乃長孫訥言箋注本。（3）增訓加字本《切韻》。此類要在增訓或增字，體例跟陸書有所不同。其作者不可考。（4）王仁昫《刊謬補缺切韻》。王書字數較陸書大有增加，且多出兩韻，體例亦跟前述三類有別。（5）裴務齊正字本《刊謬補缺切韻》。裴書以長孫箋注本、王仁昫刊謬本等爲編録依據，分韻同王書之一百九十五韻，惟韻目名稱和次第頗多變革。（6）《唐韻》寫本。此類屬孫愐書一系，體例同陸書。（7）五代本韻書。此類成書於《刊謬補缺切韻》和《唐韻》之後，分韻最多，收字最廣，跟前述韻書多有不同。

⑨ 燭韻（箋本）：“旭，旦。許玉反。三。”裴本：“旭，許玉反。旦也。三。”王本：“旭，許玉反。旦日。三。”瑄案：高頻率徵引《切韻》是希麟音義引書的一個突出特點，爲便利比較，本校不避繁瑣，於相應字目下特別綴列《切韻》箋本、裴本、王本等的相關內容。

旦出也。"①《考聲》云:"旭,明也。"從日、九,九亦聲也②。下仁一反。《説
文》曰:"實也。太陽精不虧也。從口,一聲也。"③口音雨非反,像口匝之
形也④。

　　1.005 罽賓⑤　　上居乂反。西域國名⑥。或云个溼蜜羅,亦云迦葉弥
羅,皆梵言訛轉也⑦。正云羯溼弭羅。此翻爲阿誰入。謂此國未建都時,
有大龍池,人莫敢近也。有一羅漢見地形勢宜人居止,從龍乞容一膝地。
時龍許之,羅漢變身漸大,膝滿龍池。龍以言信,捨之而去。羅漢復以神
力乾竭其水,遂建城郭。衆人咸言:"我等不因聖師,阿誰敢入?"因有此
語,乃立國名⑧。59p0354a—0354b

　　1.006 空疏　　上苦紅反。《切韻》:"大也。"⑨又:通也。《説文》云:"從
穴,工聲。"下符仲反。《字書》云⑩:"理也。"《考聲》云:"明也。"亦皮變

---

①　見日部。日旦出也,今本作"日旦出兒"。
②　《説文》析"旭"爲"从日,九聲"結構。
③　日部:"日,實也。太陽之精不虧。从口、一。象形……囗,古文。象形。"瑄案:希麟
　　音義引文跟今本析字不同。
④　《説文》口部:"口,回也。象回帀之形。"
⑤　賓,同"賓"。罽賓,梵詞 Kaśmīra,希麟譯"羯溼弭羅"。
⑥　《漢書·西域傳》:"罽賓國,王治循鮮城,去長安萬二千二百里。不屬都護。户口勝兵
　　多,大國也。東北至都護治所六千八百四十里,東至烏秅國二千二百五十里,東北至
　　難兜國九日行,西北與大月氏、西南與烏弋山離接。"
⑦　梵言,獅谷本作"梵語"。
⑧　《新華嚴經論》卷第三十:"迦葉彌羅國,舊云罽賓國,此翻爲何誰入。昔此國未立之時,
　　其有大龍池,人莫敢近。其後有一羅漢見其形勝,宜人居止,乃從龍乞容一膝地。龍乃
　　許之。羅漢化身令大,其膝漸滿池中。龍以言信,捨之而去。羅漢以神力乾竭其水,令
　　百姓居之,建立屋宅。衆人咸言:'我等不因聖師,何誰得入此處?'故從此語,以立其
　　名。其國即在北印度境乾陀羅國北隣。"瑄案:《華嚴經探玄記》卷第十五:"十罽賓
　　者,正云迦溼彌羅。此云阿誰入。此國舊是大池,因末田底於佛滅後降彼池龍,乞容
　　膝處。池龍既許,與羅漢通力以廣其身,得多地處,遂得造國及僧伽藍。如佛所記。"
⑨　東韻(殘葉):"空,苦紅反。五。"篆本:"空,苦紅反。七。"裴本:"空,苦紅反。七加
　　二。"王本:"空,苦紅反。盧。七。"
⑩　《字書》,撰者不詳,史志有三卷(《隋書·經籍志》)、十卷(《隋書·經籍志》《舊唐書·經
　　籍志》《新唐書·藝文志》)之別。書已佚。清人任大椿、王念孫等有輯(校)本。參
　　《古佚書目錄》頁91。瑄案:佛典音義所謂《字書》或爲專書,或是泛稱,難於考詳。
　　爲行文方便,姑以專書待之。

反。《切韻》云:"訓也。"①今案②:空聲二字僧名也③。

　　1.007　梗槩　上古杏反。《爾雅》云:"梗,直也。"④《廣雅》云:"畧
也。"⑤鄭注《禮記》云⑥:"平斗斛也。"⑦薛注《東京賦》云⑧:"梗槩,不纖
密也。"⑨《釋文》⑩:"大畧也。"⑪二字並從木,更、既聲。

　　1.008　薄伽梵⑫　上傍各反。梵語。或云婆伽婆,亦云薄伽伴。正云
婆誐鍐。婆音蒲賀反。鍐音亾范反。翻經沙門慧琳云⑬:"古譯爲世尊,
謂世出世間咸尊重故。"⑭又:十號之中第十號也⑮。《大智度論》云⑯:"如
來尊號有無量名,畧言六種⑰,謂自在、熾盛、端嚴、名稱、吉祥、尊貴。"⑱今

---

① 獮韻(篆本):"辯,符蹇反。一。"王本:"辯,符蹇反。詞。從言在辡。音衛、問。三。"
　　瑄案:聲,即"辯"(《玉篇》言部:"聲,俗辯字。"《正字通》言部:"辯,俗作聲,譌从
　　功。""聲,聲字之譌")。
② 案,獅谷本作"按"。
③ 二,獅谷本作"一"。
④ 見《釋詁》。
⑤ 見《釋言》。○畧,獅谷本作"略"。
⑥ 注,獅谷本作"註"。
⑦ 疑見《月令》"正權槩"鄭玄注:"槩,平斗斛者。"○"斗"字原闕,今據《禮記》鄭玄注
　　補。慧琳音義卷四十一"梗槩"注引鄭玄注《禮記》:"平斗斛也。"亦作"平斗斛",可
　　爲據補之旁證。
⑧ 東京賦,原作"東都賦",今據文意改。慧琳音義卷四十一"梗槩"注亦作"東京賦",
　　可爲據改之旁證。又:注,獅谷本作"註"。
⑨ 《文選·張衡〈東京賦〉》"故粗爲賓言其梗概如此"薛綜注:"梗槩,不纖密。"
⑩ 《釋文》,應該跟陸德明《經典釋文》無關,其詳待考。
⑪⑰　畧,獅谷本作"略"。
⑫ 薄伽梵,梵詞 bhagavat,希麟譯"婆誐鍐"。
⑬ 慧琳,唐代西明寺僧(737—820),俗姓裴。西域疏勒國人。師事不空三藏,兼通内
　　外,尤精聲明、訓詁之學。著《一切經音義》一百卷(世稱慧琳音義)、《新集浴像儀軌》
　　一卷和《建立曼荼羅及揀擇地法》一卷。
⑭ 慧琳音義卷一"薄伽梵"注:"古譯爲世尊,世出世間咸尊重故。"
⑮ 十號,或稱"如來十號、十種通號",指如來、應供、正遍知、明行足、善逝、世間解、無上
　　士、調御丈夫、天人師、佛世尊。
⑯ 《大智度論》,或稱《大智度經論》《智度論》等,釋經論部典籍(T25,No.1509),印度龍
　　樹菩薩造,姚秦釋鳩摩羅什譯,凡一百卷。
⑱ 《佛地經論》卷第一:"薄伽梵者,謂薄伽聲依六義轉:一自在義,二熾盛義,三端嚴義,
　　四名稱義,五吉祥義,六尊貴義。如有頌言:'自在熾盛與端嚴,名稱吉祥及尊貴,如
　　是六種義差別,應知總名爲薄伽。'"

言薄伽梵,具此六義,故翻經者但存梵語也。

1.009 迦蘭多迦^①　上下皆薑佉反。舊云迦蘭陁^②,或云迦闌鐸迦,皆梵音訛轉也。正云羯嬾馱迦。此譯云好聲鳥。謂王舍城側有大竹林,此鳥多棲此大林中,因以爲名。即説此《理趣般若》處也^③。

1.010 阿僧企耶^④　企音輕以反,耶音以遮反。正梵語也。舊云阿僧祇。此譯爲無央數,謂數之盡名也。《古花嚴音義》云^⑤:“一百二十數中,無央數當一百二十也。”^⑥又依小乘數,慈恩法師引《俱舍》説^⑦:“本數六十,傳失其八,無央數當第五十二數也。”^⑧

1.011 依怙　上於希反。《玉篇》云:“倚也。”^⑨《切韻》云:“從也。”^⑩《論語》云:“依於仁也。”^⑪《説文》:“從二人相依倚。”^⑫會意字也。下胡古反。《爾雅》云:“怙,恃也。”^⑬《韓詩外傳》云:“怙,賴也。”^⑭《毛詩》云:“無父何怙?”^⑮從心古聲也。

1.012 羈鞅　上居宜反。《字書》云:“絆也。”《韻集》云:“絡馬頭革帶也。”《説文》:“從革、罓、馬。”^⑯會意字也。下於兩反。《玉篇》云:“强

---

① 迦蘭多迦,梵詞 kalandaka,希麟譯“羯嬾馱迦”。

② 陁,獅谷本作“陀”。

③ 《理趣般若》,即《大乘理趣六波羅蜜多經》。

④ 阿僧企耶,梵詞 asaṃkhya。

⑤ 《古花嚴音義》,疑即慧苑《新譯大方廣佛華嚴經音義》。○花,獅谷本作“華”。

⑥ 不詳。

⑦ 慈恩法師,即窺基(632—682),唐代大慈恩寺僧,釋玄奘弟子,代郡人,俗姓尉遲。

⑧ 慧琳音義卷二十七添修之大乘基音義“阿僧”注:“阿僧企耶,此云無央數,數之盡名。《俱舍論》説本數有六十,傳失其八,無央數是第五十二。《華嚴經》説一百二十數中無數第一百二十數。”

⑨ 見《玉篇》人部“依”字下引《説文》。

⑩ 微韻(箋本、王本):“於機反。倚。六。”

⑪ 見《述而》。

⑫ 人部:“依,倚也。从人,衣聲。”

⑬ 見《釋言》。

⑭ 《小雅·蓼莪》“無父何怙?無母何恃”陸德明釋文引《韓詩》:“怙,賴也;恃,恃負也。”

⑮ 見《小雅·蓼莪》。

⑯ 网部:“罵,馬絡頭也。从网从馬。馬,馬絆也。羈,罵或从革。”

也。"①《切韻》云:"車鞅荷也。"②又云:牛項索也。字從革央聲也。

1.013　明星　上《說文》從囧作朙,蔡邕從目作明③,古文從日作明,三體皆通。經典多用古文明字。囧音鬼永反。下星字,古文作曐④。《爾雅》曰:"明星謂之啟明。"⑤郭璞注云:"太白星也。晨見東方爲啟明,昏見西方爲太白。"59p0354b—0354c

1.014　洄澓　上音回,下音復。《爾雅》曰:"逆流而上曰泝洄。"⑥郭注云:"謂旋者也。"⑦《三蒼》云:"澓,深也。"謂河海旋流處也。

1.015　迦嚕羅⑧　中離古反。或云迦婁羅,亦云揭路茶。正云蘖嚕絮。此云妙翅,亦云金翅,亦名龍冤。案《起世經》云⑨:"金翅鳥與龍各具四生。卵生金翅鳥只食卵生龍,以力小故,乃至化生金翅鳥,具食四生龍,以威力大故。"⑩餘二生准知。

1.016　僂者　上力主反。杜注《左傳》云:"僂,偏也。"⑪脊曲也。《廣雅》云:"身曲也。"⑫《說文》云:"厇也。從人,婁省聲也。"⑬

1.017　裸者　上華瓦反。避俗諱作此音,本音郎果反。顧野王云:"裸

---

① 見革部。

② 養韻(殘葉、篆本):"鞅,於兩反。四。"裴本:"鞅,於兩反。牛項羈。十一。"王本:"鞅,於兩反。牛項粗。"

③ 明,原作"明",今據文意改。

④ 《說文》晶部:"曐,萬物之精,上爲列星。从晶,生聲。一曰象形。从口,古口復注中,故與日同。曐,古文星。星,曐或省。"

⑤ 見《釋天》。啟,今本作"启";下同。

⑥ 見《釋水》。

⑦ 不詳。

⑧ 迦嚕羅,梵詞 garuḍa,希麟譯"蘖嚕絮"。

⑨ 《起世經》,阿含部典籍(T01,No.0024),隋釋闍那崛多等譯,凡十卷。

⑩ 《起世經》卷第五:"復次,諸比丘! 一切龍類有四種生。何等爲四? 一者卵生、二者胎生、三者濕生、四者化生,此等名爲四生龍也。諸比丘! 金翅鳥類亦四種生,所謂卵生、胎生、濕生、化生,此名四生……諸比丘! 彼卵生金翅鳥王,若欲搏取卵生龍時,便即飛往居吒奢摩離大樹東枝之上,觀大海已,乃更飛下,以其兩翅扇大海水,令水自開二百由旬,即於其中,銜卵生龍,將出海外,隨意而食。諸比丘! 卵生金翅鳥王,唯能取得卵生龍等隨意食之,則不能取胎生、濕生、化生龍等。"

⑪ 疑見《昭公四年》"黑而上僂"杜預注:"上僂,肩偏。"

⑫ 見《釋詁》。身曲也,今本作"曲"。

⑬ 見人部。婁省聲也,今本作"婁聲"。

者,脱衣露袒也。"①《説文》從衣、果作裸②,《字書》從身作躶,《玉篇》從人作倮③,三體並通。經文從示作祼④,音灌。書誤也。

1.018　聾瘂　上禄東反。《左傳》云:"耳不聽五音之和謂之聾。"⑤杜預云:"聾,暗也。"⑥《説文》:"從耳,龍聲。"⑦形聲也。經文作䎦,不成字也。下鶍賈反。《考聲》云:"不能言也。"雖有聲而無辭也。《古今正字》:"瘂,瘖也。"《説文》:"從疒疒音女厄反亞聲也。"⑧經文從口作啞,音厄。笑聲也⑨。非經義。

1.019　魍魎　上音罔,下音兩。賈注《國語》云:"水怪妖鬼也。"⑩《淮南子》云:"魍魎,狀如三歲小兒,赤黑色,赤目,赤爪,長耳,美髮。"⑪有本作蝄蜽,亦通用。

1.020　砥掌　上脂履反。杜注《左傳》云:"砥,平也。"⑫《蒼頡篇》云:"磨礪石也。"經文從手作抵,擊也。非平如砥掌義。

1.021　隘陝　上鶍介反。《廣雅》:"迫也。"⑬王逸注《楚辭》云:"隘,險陀也。"⑭或作阨。下咸甲反。顧野王云:"迫陀也。"⑮《説文》:"從阜,

① 《玉篇》衣部:"羸,袒也。亦作倮、躶。""裸,同上。"
② 裸,《説文》字頭作"羸",衣部:"羸,袒也。从衣,羸聲。裸,羸或从果。"
③ 《玉篇》人部:"倮,赤體也。"
④ 《説文》示部:"祼,灌祭也。从示,果聲。"
⑤ 見《僖公二十四年》。謂之,今本作"爲"。
⑥ 見《宣公十四年》"鄭昭宋聾"注。暗,今本作"闇"。瑄案:《左傳·宣公十四年》"鄭昭宋聾"陸德明釋文:"(聾,)暗也。"此乃書文、注文不相合之例。
⑦ "聲"字原闕,今據文意補。希麟音義凡三引《説文》釋"聾",卷六"聾瞽"注引《説文》:"耳不通也。從耳,龍聲。"卷八"聾瘂"注引《説文》:"從耳,龍聲。"兩例皆著"聲"字,可爲據補之旁證。
⑧ 《説文》闕"瘂"篆。
⑨ 《玉篇》口部:"啞,笑聲。"
⑩ 疑見《魯語》"木石之怪曰夔、蝄蜽,水之怪曰龍、罔象"注。"木石"句韋昭注:"蝄蜽,山精,傚人聲而迷惑人也。"
⑪ 疑見《覽冥訓》"魍魎不知所往"注。瑄案:據漢籍全文檢索系統,《淮南子》"魍魎"僅此1見。
⑫⑬　不詳。
⑭ 疑見《離騷》"路幽昧以險隘"王逸注:"險隘,諭傾危。"
⑮ 《玉篇》阜部:"陝,不廣也。亦作狹。"

從匧聲也。"[①] 經文從犬作狹，謂狹習也。非此用。

1.022 廛里　上直連反。《考聲》云："市空地。"又：居也[②]。經文作堙，俗字也。下良史反[③]。《周禮》云："五家爲隣，五隣爲里。"[④]《風俗通》云："里，止也。謂五十家共止也。"[⑤]

1.023 鸚鵡　上烏耕反。下又作鴞，二體同。音武。《山海經》云："黄山有鳥，青羽，赤喙，人舌，能作人語，名曰鸚鵡。"[⑥]《禮記》云"鸚鵡能言，不離飛鳥"是也[⑦]。二字並形聲字也[⑧]。59p0354c—0355a

1.024 犛牛　上音茅。西南夷牛名[⑨]。亦名長髦牛也。下語求反。《世本》云[⑩]："黄帝臣舷得仙服牛。"[⑪]《史記》云："紂倒曳九牛。"[⑫]

1.025 犎牛　上音封。《山海經》云："南方野牛。"[⑬] 集注《爾雅》云"今交趾所獻丞相牛"是也[⑭]。郭璞注《釋畜》云："領上肉犦，胅起，高二尺許，如駝肉鞍。今俗謂之峯牛是也。"[⑮] 犦音雹。胅，田頡反。

---

① 陿，《説文》作"陜"，𨸏部："陜，隘也。从𨸏，夾聲。"

② 《廣雅·釋詁》："廛，尻也。"瑄案：《玉篇》广部："廛，居也。"

③ "反"字原闕，今據文意補。

④ 見《地官·遂人》。

⑤ 《後漢書·百官志》"里有里魁"劉昭注引《風俗通》："里者，止也。里有司，司五十家，共居止，同事舊欣，通其所也。"

⑥ 《西山經》："又西百八十里，曰黄山……有鳥焉，其狀如鴞，青羽，赤喙，人舌，能言，名曰鸚䳇。"

⑦ 見《曲禮》。

⑧ 《説文》析"鸚"爲"从鳥，嬰聲"結構。鵡，《説文》作"䳇"，析爲"从鳥，母聲"結構。

⑨ 《説文》犛部："犛，西南夷長髦牛也。从牛，𠩺聲。"

⑩ 《世本》，又稱《系本》《代本》，戰國時趙國史書，十五篇（《漢書·藝文志》）。書已佚，清人王謨等有輯本（參《古佚書目録》頁141—142），商務印書館1957年匯爲《世本八種》出版。

⑪ 舷，即"鯀"。《集韻》混韻："骸，人名，禹父也。或作舷，亦作鰥，通作鯀、骸。"

⑫ 疑見《殷本紀》"（帝紂）材力過人，手格猛獸"張守節正義引《帝王世經》："紂倒曳九牛，撫梁易柱。"瑄案：這是以注文爲書文。

⑬⑭ 不詳。

⑮ 《爾雅·釋畜》"犦牛"郭璞注："即犎牛也，領上肉犦，胅起，高二尺許，狀如橐駝，肉窜一邊，健行者日三百餘里。今交州、合浦、徐聞縣出此牛。"○"肉犦"之"肉"字原闕，今據郭璞注補。《集韻》覺韻："犦，牛名，即犎牛也。領上肉犦，胅起，狀如橐駝。郭璞説。"此引郭璞語，亦著"肉"字，可爲據補之旁證。

1.026 熊羆　上羽弓反。《毛詩》云："惟熊惟羆。"①《説文》云："獸也。似豕，山居，冬蟄，舐足掌，其掌蹯音煩。"②下音悲。《爾雅》云："羆，如熊，黄白文。"③郭璞曰："似熊，長頭，高脚，猛憨多力，能拔樹木也。"④

1.027 虎豹　上呼古反。《説文》："獸君也。從虍虍音呼從人。以虎足似人足故也。"⑤下包兒反。《説文》云："似虎，團文，黑花，而小於虎。"⑥字從豸從包省聲也⑦。豸音雉。

1.028 豺狼⑧　上琳皆反。《爾雅》云："豺，狗足也。"⑨《説文》云："狼屬也。從豸，才聲。"⑩經文從犬作犲，非也。案：豺有二類：大曰豺郎，小曰豺奴。小者先行，共獵麋鹿。殺已，守之，不敢即食，以待豺郎。豺郎後至⑪，先食，飽已，豺奴唼其殘肉。故《月令》云："後五日，豺祭獸。"⑫即其事也⑬。

---

① 見《小雅·斯干》。惟，今本作"維"。
② 熊部："熊，獸，似豕。山居，冬蟄。从能，炎省聲。"○"其掌"二字獅谷本闕。
③ 見《釋獸》。如，今本作"似"。
④ 《釋獸》"羆，似熊，黄白文"郭璞注："似熊而長頭高脚，猛憨多力，能拔樹木。關西呼曰貑羆。"○憨，原作"玃"，今據《爾雅》郭璞注改。《山海經·西山經》"獸多犀兕熊羆"郭璞注："羆，似熊而黄白色，猛憨，能拔樹。"《詩·小雅·斯干》"維熊維羆"朱熹集傳："羆，似熊而長頭高脚，猛憨多力，能拔樹。"皆作"憨"，可爲據改之旁證。
⑤ 虎部："虎，山獸之君。从虍，虎足象人足。象形……𧆓，古文虎。𧇂，亦古文虎。"
⑥ 豸部："豹，似虎，圜文。"
⑦ 《説文》析"豹"爲"从豸，勺聲"結構。
⑧ 見慧琳音義卷四十一"豺狼"例，而文字略有出入。
⑨ 見《釋獸》。
⑩ 見豸部。狼屬也，今本作"狼屬狗聲"。
⑪ "豺郎"原闕。慧琳音義卷四十一"豺狼"注："豺有二類，常群行山谷，不相離。大曰豺郎，小曰豺奴……守之而不敢食，以待豺郎。其豺郎後至，先食飽已，然後豺奴唼其殘肉。"琯案：慧琳音義凡十八釋"豺"，希麟音義凡四釋"豺"，諸例文字基本同慧琳音義，可爲據補之旁證。
⑫ 《月令》："季秋之月，日在房……豺乃祭獸戮禽。"
⑬ 事，原作"是"。考慧琳音義卷十二"豺狼"注："《禮記·月令》曰：'季秋之月，霜降之日，豺乃祭獸。'即其候也。"卷四十一"豺狼"注："故《禮記·月令》云：'季秋之月，霜降之日，豺祭獸。'即其事也。"希麟音義卷二"豺狼"注："故《月令》云'豺，祭獸'是其事。"或言"即其候"，或言"即其事"，或言"是其事"，意義皆同，知例中"是"字訛，今據改。

　　1.029　箜篌　上音空。下音侯。樂器名也。《釋名》云："師延所作,後出於桑間濮上之空地也。蓋空國之侯所存也。"① 又云："師涓爲晉君所鼓,鄭、衛分其地而有之,遂號鄭衛之淫樂也。"②

　　1.030　蚖蛇　上五官、愚轅二反,下社遮反。《抱朴子》曰："蚖類甚多,唯蚖蛇中人最急,以刀割其所螫處肉棄於地,肉自沸似火炙,須臾焦盡,人方得活也。"③ 二字並從虫,元、它聲④。

　　1.031　蝮蠍　上芳伏反。《爾雅》曰："蝮,虺,博三寸,首大如擘。"⑤ 郭璞注云："如人擘指。"⑥《史記》云："蝮螫手則斷也。"⑦ 下軒謁反。四方通語也。《説文》云："毒蟲也。尾上拳。"⑧《玉篇》云："蠆也。"⑨ 字從虫、歇,形聲字也。經文作蝎,音褐。蝎,蛣崛也。乖蝮蠍義也。59p0355a—0355b

　　1.032　魚鱹　上語居反。《説文》："水蟲也。"《爾雅》云："魚尾謂之

---

① 《釋樂器》："箜篌,此師延所作靡靡之樂也。 後出於桑間濮上之地,蓋空國之侯所存也,師涓爲晉平公鼓焉。 鄭、衛分其地而有之,遂號鄭、衛之音謂之淫樂也。"○濮,原作"漢",今據《釋名》改。希麟音義卷二"箜篌"注引《釋名》:"此師延所作靡靡之樂也。後出於桑間濮上之空地,蓋空國之侯所存,因以爲名也。"慧琳音義卷四"箜篌"注引《釋名》:"師延所作靡靡之樂也,後出於桑間濮上之空地。 蓋空國之侯所存也,故名箜篌。師涓爲晉平公鼓焉。 鄭、衛分其地而有也,遂號鄭、衛之音謂之淫樂也。"卷六十二釋雲公撰慧琳再删補之"箜篌"注引《釋名》:"此師延所作靡靡之樂,後出於桑間濮上之地。 蓋空國之侯所存,師延爲晉平公鼓焉。 後爲鄭衛分其地,遂亡其國,故號爲鄭衛之音謂之淫樂也。"皆作"濮",可爲據改之旁證。

② 見《釋樂器》。○涓,原作"堅",今據《釋名》改。旁證詳前注。

③ 《抱朴子》卷三(景江南圖書館藏明嘉靖乙丑魯藩刊本):"蛇種雖多,唯有蝮蛇及青金蛇中人爲至急,不治之,一日則煞人。人不曉治之方術者而爲此二蛇所中,即以刀割所傷瘡肉以投地,其肉沸如火炙,須臾焦盡,而人得活。"

④ 《説文》析"蚖"爲"从虫,元聲"結構。蛇,《説文》字頭作"它",它部:"它,虫也。从虫而長,象冤曲垂尾形。上古艸居患它,故相問無它乎……蛇,它或从虫。"

⑤ 見《釋魚》。

⑥ 《釋魚》"蝮,虺,博三寸,首大如擘"郭璞注:"身廣三寸,頭大如人擘指,此自一種蛇,名爲蝮虺。"

⑦ 語見《田儋列傳》:"蝮螫手則斬手,螫足則斬足……且秦復得志於天下,則齮齕用事者墳墓矣。"

⑧ 《説文》闕"蠍"篆。

⑨ 虫部:"蠍,螫人蟲。"

丙。"① 郭注云："似篆書丙字，俗作魚字。"② 下鞭滅反。《説文》云："水介蟲
也。從黽敝聲也。"③ 經文從魚作鱉，俗字也。黽音猛。

1.033 黿鼉 上音元。《説文》云："大鼈也。"大者如車輪，小者如
盤，有神力，能制水族，魅人而食之。下唐多反。《山海經》云："江水多
鼉。"④ 郭注云："似蜥蜴，有鱗。大者長丈許，小者四五尺。"⑤《説文》云：
"水介蟲也。從黽，單省聲也。"⑥ 黽音猛。單音那。經文二字下並從龜
作鼃鼂，俗字，非也。

1.034 鳳凰 上馮貢反。下音皇。《爾雅》曰："鶠，鳳，其雌凰。"⑦ 郭
璞注云："瑞應鳥也。"⑧ 許慎《説文》云："神鳥也。出東方君子之國，翱翔
四海之外，龍文，龜背，燕頷，雞喙，五翶彩備舉，非梧桐不棲，非竹實不食。
朝鳴曰發明，晝鳴上朔。夕鳴曰滿昌，昏鳴曰固常，夜鳴曰保長。見則天
下大安。"⑨

1.035 蘇莫遮冒⑩ 下毛報反。《説文》云："小兒及蠻夷頭衣。從冃冂
聲也。"⑪ 冂音同上。《文字集略》從巾作帽，亦通。案：蘇莫遮，胡語也。本云

---

① 見《釋魚》。
② 《釋魚》"魚尾謂之丙"郭璞注："此皆似篆書字，因以名焉。《禮記》曰：'魚去乙。'然
　則魚之骨體盡似丙丁之屑，因形名之。'"
③ 見黽部。水介蟲，今本作"甲蟲"。
④ 見《中山經》："又東北三百里，曰岷山，江水出焉……其中多良龜，多鼉。"
⑤ 《中山經》"又東北三百里，曰岷山，江水出焉……其中多良龜，多鼉"郭璞注："似蜥
　蜴，大者長二丈，有鱗彩，皮可以冒鼓。"
⑥ 黽部："鼉，水蟲。似蜥易，長大。从黽，單聲。"瑄案：希麟音義引文跟今本文字有
　出入。
⑦ 見《釋鳥》。凰，今本作"皇"。○鶠、凰，獅谷本作"雄、皇"。
⑧ 《釋鳥》"鶠，鳳，其雌皇"郭璞注："瑞應鳥。雞頭，蛇頸，燕頷，龜背，魚尾，五彩色，其
　高六尺許。"
⑨ 鳥部："鳳，神鳥也。天老曰：'鳳之象也，鴻前麐後，蛇頸魚尾，鸛顙鴛思，龍文虎背，
　燕頷雞喙，五色備舉。出於東方君子之國，翱翔四海之外，過崐崙，飲砥柱，濯羽弱
　水，莫宿風穴。見則天下大安寧。'从鳥，凡聲。鵬，古文鳳，象形。鳳飛，羣鳥從以萬
　數，故以爲朋黨字。鵬，亦古文鳳。"
⑩ 蘇莫遮，對音字，源詞不詳。
⑪ 冃部："冃，小兒、蠻夷頭衣也。从冂；二，其飾也。"瑄案：希麟音義引文跟今本析字不
　同。○冃，原作"曰"，今據文意改；下同。

颭麼遮，此云戲也。出龜茲國。至今由有此曲，即大面、撥頭之類是也①。

1.036 船筏　上順專反。舟也。《方言》云："自關而西謂舟爲船。"②案《説文》："從舟，從沿省聲也。"③今作舩④，俗字。有作舡，非也。下煩轙反。俗字也。縛竹木浮於水也。《廣雅》從舟作艓⑤。《説文》作樅，從木發聲也。

1.037 瀑河　上蒲冒反。《考聲》云："猝雨也。"《説文》："疾雨水也。又：瀑，賈也。"⑥字從水從日從出從廾音拱從米音滔也⑦。

1.038 毫氂　上胡高反。下力馳反。《九章筭經》云⑧："凡度之始，初起於忽，十忽爲絲，十絲爲毫，十毫爲氂。"⑨《説文》云毫氂二字並從毛，毫字從豪省⑩，氂字從犛省⑪。經文作毫氂二字，誤也。

1.039 輕懱　下眠鼈反。《説文》云："輕傷也。從心變體作忄從蔑音同

---

① 大面，或作"代面"，指發端於北齊的一種歌舞節目。唐崔令欽《教坊記》："《大面》，出北齊蘭陵王長恭，性膽勇而貌若婦人，自嫌不足以威敵，乃刻木爲假面，臨陣著之，因爲此戲，亦入歌曲。"撥頭，又名"拔頭、鉢頭"，指源於西域的一種戴假面具的樂舞。《文獻通考·樂》："撥頭，出西域，胡人爲猛獸所噬，其子求獸殺之，爲此舞以象也。"

② 《方言》卷九："舟，自關而西謂之船。"

③ 見舟部。從沿省聲也，今本作"鉛省聲"。

④ 舩，原作"船"，今據文意改。希麟音義卷三"船筏"注："經文作舩，或作舡，皆非本字。"卷八"船舶"注："律文從公作舩、從工作舡，皆俗字。"皆作"舩"，可爲據改之旁證。獅谷本亦作"舩"。

⑤ 《釋水》："艓，舟也。"

⑥ 水部："瀑，疾雨也。一曰沫也。一曰：瀑，資也。從水，暴聲。《詩》曰：'終風且瀑。'"賈，今本作"資"。瑄案："賈"字是。《説文》"瀑，……一曰：瀑，賈也"段玉裁注："雨部曰：'賈，雨也。齊人謂靁爲賈。'"

⑦ 《説文》析"瀑"爲"從水，暴聲"結構，析"暴"爲"從日從出從収從米。曑，古文暴，從日，麃聲"結構。

⑧ 《九章筭經》，即《九章算術》，算經十書最重要的一種，中國第一部數學專著，書成於公元 1 世紀左右，西漢張蒼、耿壽昌曾爲增補，今所見者多是三國魏元帝景元四年（263）劉徽注本。

⑨ "初起"之"起"字原闕。考慧琳音義卷一"毫氂"注引《九章筭經》："凡度之法，初起於忽，十忽爲絲，十絲爲毫，十毫爲氂。"卷十七"毫氂"注引《九章筭經》："凡度之始，初起於忽，十忽爲絲，十絲爲毫，十毫爲氂。"皆作"初起於忽"，今據補。

⑩ 毫，《説文》作"豪"，豕部："豪，豕，鬣如筆管者。出南郡。從希，高聲。䝒，籀文從豕。"

⑪ 犛部："氂，犛牛尾也。從犛省，從毛。"

上。"① 經文從竹作箎,竹皮也。非經義。有本從手作攎,樂名也。今不取。
59p0355b—0355c

大乘理趣六波羅蜜多經卷第二

1.040 迦遮隣底迦②　上下二字皆薑佉反,底音丁以反。西國瑞鳥名
也。身有莊毛,非常輕奐,績以爲衣,轉輪聖王方御此服。即今彼國見有
此鳥流類,毛麤,不如輪王時所得者也。

1.041 不瞬　下水閏反。《說文》云:"瞬,謂目開闔數搖動也。從目,
寅亦聲也。"③ 俗作瞬,古文作眴。今經文從目、旬作眴,亦通。《魯史春
秋》云④:"万世猶如一眴也。"⑤

1.042 嗢鉢羅⑥　上烏骨反。正梵語也。舊云優鉢羅,或云漚鉢羅。
此譯云青蓮華。最香最大,人間絕無,出大雪山無熱惱池也。

1.043 鉢特磨⑦　梵語不正也。或云波頭摩,或云鉢弩摩。正云鉢納
摩。此譯云紅蓮花⑧,謂花之上者也。

1.044 拘牟頭⑨　或云拘勿頭,或云拘摩郍⑩,皆梵語訛轉尔⑪。正云
拘某陁⑫。此譯云赤色蓮花⑬,人間亦少,多出彼池。

1.045 奔茶利⑭　古云芬陁利⑮,皆訛也。正云奔去聲絮奴雅反哩迦。此
云白色蓮花也⑯。人間無,亦出彼池也。

---

① 心部:"懹,輕易也。从心,蔑聲。《商書》曰:'以相陵懹。'"瑄案:希麟音義引文跟今
　本析字不同。
② 迦遮隣底迦,梵詞 kācalindika。
③ 目部:"瞬,開闔目數搖也。从目,寅聲。"目開闔數搖動,今本作"開闔目數搖"。
④ 《魯史春秋》,不詳。
⑤ 《呂氏春秋·安死》:"夫死,其視萬歲猶一瞬也。"
⑥ 嗢鉢羅,梵詞 utpala。
⑦ 鉢特磨,梵詞 padma,希麟譯"鉢納摩"。
⑧⑬⑯ 花,獅谷本作"華"。
⑨ 拘牟頭,梵詞 kumuda,希麟譯"拘某陁"。
⑩ 郍,即"那"。《五音集韻》歌韻:"郍,俗那。"
⑪ 尔,獅谷本作"尒"。
⑫⑮ 陁,獅谷本作"陀"。
⑭ 奔茶利,梵詞 puṇḍarīka,希麟譯"奔絮哩迦"。

1.046 曼茶羅①　　或云曼吒羅。具足應云摩賀曼拏上聲攞。此云大壇,即衆聖集會所。案:《金剛頂經》有十七大曼茶羅②,一一皆具四曼茶羅,廣如彼說。

1.047 蓊鬱　　上屋孔反,下溫律反。《説文》:"鬱,草也。"字從林、缶芳久反、冖音人、凶、匕、彡作鬱③。經文作欝,俗用,非也。《漢書·司馬相如》云:"蓊鬱,草木盛皃也。"④

1.048 菴憎⑤　　上烏甘反。下於淫反。真言中字也。

1.049 呬醯⑥　　上馨以反,下呼雞反。

1.050 㲲迷⑦　　上奴溝反。案:字兔子。

1.051 頷叉⑧　　上苦骨反。案:字白禿。

1.052 你吩⑨　　下音許分反。真言中字也。59p0355c—0356a

1.053 沃屹⑩　　上烏酷反,下魚訖反。自菴憎至沃屹並真言,用影梵文,不求字義。

1.054 賑恤　　上真刃反。《爾雅》曰:"賑,富也。"⑪下思律反。鄭注《周禮》云:"恤,賑憂貧也。"⑫顧野王云:"賑,救也。"⑬恤,憂也⑭。《説文》

①　曼茶羅,梵詞 maha-maṇḍala,希麟譯"摩賀曼拏攞"。
②　《金剛頂經》,疑即《金剛頂一切如來真實攝大乘現證大教王經》,密教部典籍(T18,No.0865),唐釋不空譯,凡三卷。
③　《説文》鬯部:"鬱,芳艸也。十葉爲貫,百卅貫築以煑之爲鬱。从臼、冖、缶、鬯;彡,其飾也。一曰鬱鬯,百艸之華,遠方鬱人所貢芳艸,合醸之以降神。鬱,今鬱林郡也。"
④　疑引書誤。《司馬相如傳》"觀衆樹之蓊薆兮,覽竹林之榛榛"顏師古注:"蓊薆,蔭蔽貌。榛榛,盛貌。"
⑤　[唵]菴憎[穆],梵音 oṃ amāṃmu。
⑥　呬[吒呬吒醫]醯[兮],梵音 hiṭahiṭaehyehe。
⑦　[摩訶撥]㲲迷,梵音 mahāpanumi。
⑧　[麼訶藥]頷叉,對音字,源詞不詳。
⑨　你吩[你吩],梵音 niśiniśi。
⑩　沃屹[囉耶],梵音 pagaraya。瑄案:據梵音,沃,疑當作"泼",待考。
⑪　見《釋言》。
⑫　《地官·大司徒》"二曰六行:孝、友、睦、婣、任、恤"鄭玄注:"恤,振憂貧者。"卹,今本作"恤"。瑄案:"卹、恤"同。《説文》血部王筠句讀:"卹,與恤同。古多作卹,今多作恤。"《詩·邶風·雄雉·序》"淫亂不恤國事"陸德明釋文:"恤,本亦作卹。"○恤賑憂貧,原作"賑恤憂貧",今據文意乙正。《地官·大司徒》鄭玄注"恤,振憂貧者"孔穎達疏:"云'恤,振憂貧者'者,恤訓爲憂,振訓爲救,故知恤,振憂貧者也。"可爲據乙之旁證。
⑬　《玉篇》貝部:"賑,富也。"
⑭　《玉篇》心部:"恤,憂也,救也。"

云："恤，從心，血聲也。"

1.055　心肺①　《白虎通》云："心，禮也。南方火之精，色赤，銳而有瓣，如未敷蓮花。"②王叔和《脈經》云："心與小腸、大腸合爲府，其藏神，其候口，故心有病則失音不能言。"③下芳廢反。《白虎通》云："肺，義也。西方金之精，色白。"④王叔和《脈經》云："肺與膀胱合爲府，其神魄，其候鼻，故肺有病則鼻不聞香臭。"⑤《説文》云："從肉宋聲也。"⑥宋音肥味反。經文從市作肺，俗用，非。

1.056　腸胃　上除良反。《釋名》云："腹內暢氣之府也。"⑦《説文》："從肉，塲省聲也。"⑧下或作胃，俗字也。正作胃。《白虎通》云："脾之府，色黑。"⑨《説文》云："穀府也。從肉。"⑩象形字也。

1.057　肝膽　上音干。《白虎通》云："肝，仁也。東方木之精。"⑪王氏《脈經》云："肝與膽合爲府，其神魂，其候目，故肝熱則目赤。"⑫《説文》：

---

① 肺，同"肺"。
② 《白虎通義·情性》："心所以爲禮何？心，火之精也。南方尊陽在上，卑陰在下，禮有尊卑，故心象火，色赤而銳也，人有道尊，天本在上，故心下銳也。耳爲之候何？耳能徧內外、別音語，火照有似於禮，上下分明。"〇"色赤"之"色"字原闕，今據《白虎通》補。慧琳音義卷二"心肝"注引《白虎通》："心者，禮也，南方火之精也。象火，色赤，銳而有辦，如未敷蓮花形。"亦作"色赤"，可爲據補之旁證。又：花，獅谷本作"華"。
③ 《脈經·心小腸部》："心象火，與小腸合爲腑……其藏神，其主臭，其養血，其候舌，其聲言，其色赤，其臭焦，其液汗，其味苦，其宜甘，其惡鹹。"〇"故心"之"故"，獅谷本作"反"。
④ 《白虎通義·情性》："肺所以義者何？肺者，金之精。義者斷決，西方亦金，殺成萬物也。故肺象金色白也。"
⑤ 《脈經·肺大腸部》："肺象金，與大腸合爲腑……其神魄，其主聲，其養皮毛，其候鼻，其聲哭，其色白，其臭腥，其液涕，其味辛，其宜鹹，其惡苦。"
⑥ 肉部："肺，金藏也。從肉，市聲。"瑄案：肺，《説文》字頭作"宋"，肉部："宋，食所遺也。從肉，仕聲。《易》曰：'噬乾宋。'肺，楊雄説：'宋從宋。'"
⑦ 《釋形體》："腸，暢也，通暢胃氣，去滓穢也。"
⑧ 見肉部。塲省聲也，今本作"易聲"。
⑨ 《白虎通義·情性》："胃者，脾之府也。脾主稟氣。胃者，穀之委也，故脾稟氣也。"
⑩ 見肉部。從肉，今本作"从肉；图象形"。
⑪ 《白虎通義·情性》："肝所以仁者何？肝，木之精也。仁者好生，東方者，陽也，萬物始生，故肝象木色青而有枝葉。"
⑫ 《脈經·肝膽部》："肝象木，與膽合爲腑……其神魂，其主色，其養筋，其候目，其聲呼，其色青，其臭臊，其液泣，其味酸，其宜苦，其惡辛。"

“從月干聲也。”① 下荅敢反。《白虎通》云：“膽者肝之府，主仁，是以仁者有勇。”② 王氏《脈經》云：“膽之有病，則精神不守。”③《説文》云：“從肉詹聲也。”詹音占。

1.058　脾腎　上脾弥反。《白虎通》云：“脾者，信也。中央土之精，色黃。”④ 王氏《脈經》云：“脾與胃合爲府，其候舌，故脾有熱則舌病脣不收。”⑤ 下臣忍反。《白虎通》云：“腎者，智也。北方水之精，色黑，其形偶。”⑥《脈經》云：“腎與三焦合爲府，其候耳，故腎虛則耳聾。”⑦《説文》：“從肉、臤。”⑧ 臤音啟弦反。

大乘理趣六波羅蜜多經卷第三

1.059　穿脇　下許業反。《説文》云：“脇，肋兩旁也。從肉劦聲也。”⑨ 劦音叶，從三力⑩。經文從三刀作刕⑪，非也。

---

① 見肉部。干聲也，今本作“干聲”。

② 《白虎通義·情性》：“膽者，肝之府也。肝者，木之精也。主仁，仁者不忍，故以膽斷焉。是以仁者必有勇也。”

③ “有”字原闕。考慧琳音義卷五“脾膽”注引《脈決》：“膽之有病，精神不守。”卷十一“苦膽”注引王叔和《脈經》：“膽主神。膽之有病，則精神不守，故知也。”卷四十一“肝膽”注引《白虎通》：“膽主仁。是以仁者必有勇。膽若有病，則精神不守。”皆著“有”字，文意周全，知例中脱之，今據補。1.058“脾腎”例“脾有熱則舌病脣不收”，行文與此同，可爲據補之旁證。

④ 《白虎通義·情性》：“脾所以信何？脾者，土之精也。土尚任養，萬物爲之象，生物無所私，信之至也。故脾象土，色黃也。”

⑤ 《脈經·脾胃部》：“脾象土，與胃合爲腑……其神意，其主味，其養肉，其候口，其聲歌，其色黃，其臭香，其液涎，其味甘，其宜辛，其惡酸。”

⑥ 《白虎通義·情性》：“腎所以智何？腎者，水之精，智者進止無所疑惑，水亦進而不惑。北方水，故腎色黑，水陰，故腎雙。”

⑦ 《脈經·腎膀胱部》：“腎象水，與膀胱合爲腑……其神志，其主液，其養骨，其候耳，其聲呻，其色黑，其臭腐，其液唾，其味鹹，其宜酸，其惡甘。”瑄案：《白虎通義·情性》：“腎所以智何？腎者，水之精，智者進止無所疑惑，水亦進而不惑。北方水，故腎色黑，水陰，故腎雙。竅爲之候何？竅能瀉水，亦能流濡。”

⑧ 見肉部。臤，今本作“臤聲”。

⑨ 脇，《説文》作“脅”，肉部：“脅，兩膀也。從肉，劦聲。”肚兩旁，今本作“兩膀”。○脇肋兩旁，原作“肚兩旁脇”，今據文意乙正。希麟音義凡三引《説文》釋“脇”，卷二“兩脇”注引《説文》：“肚兩傍也。從肉，從劦聲。”卷三“母脇”注引《説文》：“肚兩傍也。從肉，劦聲。”兩例皆引作“肚兩傍”，可爲據乙之旁證。

⑩ 《説文》析“劦”同。

⑪ 刕，徐時儀（2012:2221 注［二九］）疑當作“脇”。

1.060 啄噉　上音卓。《廣雅》云:"啄,噛也。"[①]《説文》云:"鳥喰也。從口豖聲也。"[②] 豖音丑緑反。經文從彖作喙,音吁穢反。鳥口也。非此義。下唐濫反。噉亦食也[③]。或作啖,亦同。59p0356a—0356b

1.061 鈷鑷　上儉嚴反。《説文》云:"鐵鑷,夾取物也。從金,占聲。"[④] 經文從甘作鉗,乃小兒鐵枷也。非夾取義。下黏輒反。《説文》:"鑷,亦鈷也,攝也。從金耴聲也。"[⑤] 耴音同上。經文從三耳作鑷,車下鐵纂,非本字。

1.062 磔裂　上陟革反。《字書》云:"磔,開也。"又:張也[⑥]。《説文》云:"殺而張膊也。"[⑦] 膊音匹各反[⑧]。謂割肉也。《周禮》云:"磔,牲祭以禳灾也。"[⑨] 郭璞注《爾雅》云:"今俗磔狗當大道中,云止風也。"[⑩]

1.063 焚燎　下聊弔反。鄭注《禮記》云:"照也。"[⑪]《説文》云:"放火也。從火、尞。"[⑫] 形聲字也。

1.064 相拶　下賛辣反。《集訓》云:"拶,逼也。"《考聲》云:"排也。"《説文》云:"從手,𢀖聲。"[⑬] 𢀖音才粹反。粹音闌怛反。

1.065 偃仆　上云蹇反。《廣雅》云:"偃,仰也。"[⑭] 從人,匽聲。下朋北反。或作踣,同。《考聲》云:"前倒也,覆面也。"《説文》:"傾頓也。"[⑮]

---

① 見《釋詁》。噛,今本作"齧"。

② 見口部。鳥喰,今本作"鳥食"。

③ 《廣雅·釋詁》:"啖,食也。"

④ 金部:"鈷,鐵鑷也。从金,占聲。一曰膏車鐵鈷。"

⑤ 金部:"鑷,鈷也。从金,耵聲。"

⑥ 見《廣雅·釋詁》。

⑦ 見桀部。殺而張膊也,今本作"辜也"。

⑧ "膊"字原闕,今據文意及文例補。

⑨ 引書誤,疑見《禮記·月令》"九門磔攘,以畢春氣"鄭玄注:"磔牲以攘於四方之神,所以畢止其災也。"

⑩ 《祭天》"祭風曰磔"郭璞注:"今俗當大道中磔狗云以止風,此其象。"

⑪ 不詳。

⑫ 見火部。尞,今本作"尞聲"。

⑬ 《説文》似闕"拶"篆。

⑭ 見《釋言》。

⑮ 見人部。傾頓也,今本作"頓也"。

又芳遇反。

　　1.066 斸斫　上冢録反。《考聲》云：“斸，掘也。”钁，斸也。《説文》：“斸，斫也。從斤屬聲也。”經文作劚，俗字。下章若反。刀斫也。

　　1.067 韁彎　上音薑，下音秘。顧野王云：“制馭車馬勒也。”①《説文》：“形聲字也。”②彎字從絲從書音衛③，會意字也。有從口從亡，非。

　　1.068 鞭撻　上必綿反。《説文》云：“馬策也。從革，便聲。”④下他葛反。鄭注《周禮》云：“挟也。”⑤挟猶打擊也。挟音耻栗反。《説文》：“撻，從手達聲也。”

　　1.069 髮下　上音被。謂髮垂也。《説文》：“從髟，皮聲。”髟音必遥反。

　　1.070 鳬鴈　上輔于反⑥。《爾雅》曰：“舒鳬，鶩。”⑦鶩音木。郭璞注云：“鴨也。”《考聲》云：“野鴨之小者也。”字從鳥，几聲⑧。几音殊。几者，鳥之短羽飛几几然⑨。形聲字也。下顔諫反。《毛詩傳》云：“大曰鴻，小曰鴈。”⑩隨陽鳥也⑪。《月令》云：“季秋之月，鴻鴈來賓。”⑫《説文》：“鴈，鵝鳥也。”⑬亦名鴚音歌。

　　1.071 蜴蜥　上音亦，下西歷反。《爾雅》云：“蜥蜴、蝘蜒，即守宫也。”⑭《説文》云：“在壁曰蝘蜒，在草曰蜥蜴。”⑮《方言》云：“秦晉謂之守

---

①　《玉篇》絲部：“彎，馬彎也。”
②　韁，《説文》作“繮”，糸部：“繮，馬紲也。從糸，畺聲。”
③　《説文》析“彎”同。
④　革部：“鞭，驅也。從革，㑄聲。夋，古文鞭。”
⑤　《春官·小胥》“而撻其怠慢者”鄭玄注：“撻，猶挟也。挟以荆扑。”
⑥　“反”字原闕，今據文意補。獅谷本自注“‘于’下脱反”。
⑦　見《釋鳥》。
⑧　《説文》析“鳬”同。瑄案：段注作“從几、鳥，几亦聲”，云：“各本作從鳥几聲，今補正。”段説是。
⑨　《説文》几部：“几，鳥之短羽飛几几也。象形……讀若殊。”
⑩　見《小雅·鴻鴈》“鴻鴈于飛”傳。
⑪　《禮記·昏義》“是以昏禮納采”孔穎達疏：“鴈是隨陽之鳥，妻從夫之義也。”《爾雅·釋鳥》“鳬鴈醜，其足蹼”邢昺疏：“鴈，陽鳥也。”
⑫　《月令》：“季秋之月，日在房……鴻鴈來賓，爵入大水爲蛤，鞠有黄華，豺乃祭獸戮禽。”
⑬　鳥部：“鴈，鵝也。從鳥、人，厂聲。”○鳥，原作“尸”，今據文意改。
⑭　見《釋魚》。“即”字今本闕。
⑮　虫部：“蝘，在壁曰蝘蜒，在艸曰蜥易。從虫，匽聲。蝘，蝘或從蚰。”

宫,南楚謂之虵醫,或謂之蠑螈。”①《説文》云蜴字或作易②,蜥字從虫,析聲③。經文從斤作蚚,乃音祈,非蜴蜥字。59p0356b—0356c

1.072　蟣蝨　上居擬反。《韻英》云:“蝨卵也。”下所乙反。《説文》:“齧人蟲也。”④ 從丮、蚰作蝨⑤。經文從八作虱,俗用,非也。丮音信,蚰音昆也。

1.073　蚤等　臧老反。《説文》:“齧人跳蟲子也。 從蚰從叉,叉亦聲也。”⑥ 經文作蚤,俗字。叉音爪。

1.074　螟蛉　上覓瓶反,下歷丁反。《爾雅》曰:“螟蛉,桑蟲。”⑦《毛詩蟲魚疏》云:“桑小青蟲也。似步屈,今蜾蠃所負爲子者是也。”⑧ 蜾蠃,蜂也。一名蠮螉。許慎云:“細腰蜂也。”⑨ 郭璞云:“俗謂螟蛉爲桑蟃。”⑩ 蜾音果。蠃音魯果反。蠮音煙繼反。螉音烏公反。蟃音万。

1.075　螽螣　上莫侯反,下騰德反。皆蝗蟲類也。《毛詩傳》曰:“食根,螽;食葉,螣。”⑪ 螣或作蚮⑫。《爾雅》作蟘⑬。《説文》曰:“官吏乞貸則生蚮。”⑭ 二字皆形聲字也⑮。

---

① 《方言》卷九:“守宫,秦晉西夏謂之守宫,或謂之蠦蠬,或謂之蜥易,其在澤中者謂之易蜴,南楚謂之蛇醫,或謂之蠑螈。”

② 易部:“易,蜥易,蝘蜓,守宫也。 象形。《祕書》説:‘日月爲易,象陰陽也。’ 一曰從勿。”

③ 虫部:“蜥,蜥易也。从虫,析聲。”

④ 見蚰部。

⑤ 《説文》析“蝨”爲“从蚰,丮聲”結構。

⑥ 蚰部:“蚤,齧人跳蟲。从蚰,叉聲。叉,古爪字。蚤,蚤或从虫。”○ “叉亦”之“叉”字原闕,今據文意補。

⑦ 見《釋蟲》。

⑧ 疑見《詩・小雅・小宛》“螟蛉有子”注。“螟蛉”句毛傳:“螟蛉,桑蟲也。”

⑨ 不詳。

⑩ 《爾雅・釋蟲》“螟蛉,桑蟲”郭璞注:“俗謂之桑蟃,亦曰戎女。”

⑪ 《小雅・大田》“及其螽賊”毛傳:“食心曰螟,食葉曰螣,食根曰螽,食節曰賊。”瑄案:《詩・大雅・桑柔》“降此螽賊”鄭玄箋:“蟲食苗根曰螽,食節曰賊。”

⑫ “螣”字原闕,今據文意補。

⑬ 《釋蟲》:“食苗心,螟;食葉,蟘;食節,賊;食根,螽。”

⑭ 虫部:“蟘,蟲,食苗葉者。乞貸則生蟘。从虫从貸,貸亦聲。《詩》曰:‘去其螟蟘。’”

⑮ 螽,《説文》作“螽”,虫部:“螽,蟼螽也。从虫,夂聲。”“螣,神蛇也。从虫,朕聲。”

1.076　𧕅螽　上音負，下音終。《説文》作𧑗，音同上。許慎曰：“負螽，蝗蟲類也。在草中，不食苗。”①《毛詩》曰：“趯趯𧕅螽。”②《爾雅》作阜螽③，皆形聲字。趯音他歷反。

1.077　蛺蝶　上兼葉反，下恬頰反。《説文》：“蟲名也。”④一名胡蝶，莊周所夢者是也⑤。二字並從虫虫音許鬼反，夾、枼聲。夾音古洽反。枼音葉。

1.078　蜣蜋　上佉良反，下音良。《爾雅》云：“蛣蜣，蜣蜋也。”⑥郭璞注云：“黑甲蟲也。噉糞土者。”⑦蛣音詰。

1.079　蠅蟲　上孕蒸反，下麥彭反。鄭箋《毛詩》云：“蠅之爲蟲，汙白爲黑。”⑧《方言》云：“秦晉陳楚之間謂之蠅，東齊謂之羊，聲訛轉也。”⑨郭璞曰：“江東呼羊似蠅也。”⑩

1.080　騾駝　上又作馲，同。音湯落反，亦音郎各反。下亦作馳，同。音唐何反。《考聲》云：“胡地畜也。”《山海經》云：“背有肉鞍，力負千斤，日行三百里，能知水泉所在也。”⑪《説文》二字皆形聲也⑫。經文作駱，音洛。《爾雅》云：“白馬黑鬣曰駱。”⑬非馲駝字也。59p0356c—0357a

---

① 《説文》蚰部：“螽，蝗也。从蚰，夂聲。夂，古文終字。蠡，螽或从虫，眾聲。”
② 《詩》“𧕅螽”凡兩見：一見《召南·草蟲》，一見《小雅·出車》。
③⑥　見《釋蟲》。
④ 虫部：“蛺，蛺蜨也。从虫，夾聲。”蝶，《説文》作“蜨”，虫部：“蜨，蛺蜨也。从虫，疌聲。”
⑤ 《莊子·齊物論》：“昔者莊周夢爲蝴蝶，栩栩然蝴蝶也。自喻適志與！不知周也。俄然覺，則蘧蘧然周也。不知周之夢爲蝴蝶與，蝴蝶之夢爲周與？周與蝴蝶，則必有分矣。此之謂物化。”
⑦ 《釋蟲》“蛣蜣，蜣蜋”郭璞注：“黑甲蟲，噉糞土。”
⑧ 見《小雅·青蠅》“營營青蠅”鄭玄箋：“蠅之爲蟲，汙白使黑，汙黑使白，喻佞人變亂善惡也。”
⑨ 《方言》卷十一：“蠅，東齊謂之羊，陳楚之間謂之蠅，自關而西秦晉之間謂之蠅。”
⑩ 《方言》卷十一“蠅，東齊謂之羊”郭璞注：“此亦語轉耳。今江東人呼羊聲如蠅。凡此之類皆不宜別立名也。”
⑪ 引書誤，語見《北山經》“又北三百八十里，曰虢山……其獸多橐駝”郭璞注：“有肉鞍，善行流沙中，日行三百里，其負千斤，知水泉所在也。”瑄案：這是以注文爲書文。
⑫ 《説文》闕“騾、駝”篆。
⑬ 《釋畜》：“白馬黑鬣，駱。”

1.081 尫羸　上烏光反。《考聲》云:"跛也。"[1]杜注《左傳》云:"瘠病也。"[2]《説文》云:"曲脛也。從大,象偏曲一脚,王聲也。"[3]經文從兀作尫,誤也。下力追反。賈注《國語》云[4]:"羸,病也。"[5]杜預注《左傳》云:"弱也。"[6]《説文》:"羸,瘦也。從羊從蠃。"[7]蠃音力戈反[8]。

1.082 劇剥　上音皮,下邦角反。《字書》:"剥落也,傷害也。"上劇字,相承音皮。檢字書無此字,未達。按:合作皯,音疋靡反。傷也,打折也。

1.083 皴劈　上七遵反。《埤蒼》云:"皴,皯也。"皯音七畧反[9]。《考聲》云:"凍裂也。"《説文》:"從皮、夋。"[10]形聲字也。夋音七旬反。下劈,音匹亦反。《廣雅》云:"劈,裂也。"[11]《説文》:"劈,破也。從刀辟聲也。"[12]古文作𠂹,從片從辰,分散形也。

1.084 乞匃　下垓礙反。《説文》云:"人匃財物則行乞匃也。"[13]匃亦求也。字從人從亾,不從包也。

---

① 跛,原作"破",今據文意改。尫,《説文》作"尣",尣部:"尣,𨈏,曲脛也。從大,象偏曲之形……尫,古文從坒。"慧琳音義卷四十一"尫羸"注引《考聲》:"尫,跛也。"可爲據改之旁證。

② 疑見《僖公二十一年》"公欲焚巫尫"杜預注:"巫尫,女巫也。主祈禱請雨者。或以爲尫,非巫也,瘠病之人,其面上向,俗謂天哀其病,恐雨入其鼻,故爲之旱。"尫,今本作"尪"。瑄案:《資治通鑑·齊紀》"且早嬰尫疾"胡三省注引杜預:"瘠疾也。"

③ 尫,《説文》作"尣",尣部:"尣,𨈏,曲脛也。從大,象偏曲之形……尫,古文從坒。"○偏,原作"漏",今據《説文》改。慧琳音義卷十六"尫緬"注引《説文》:"跛曲脛也。從大,象偏曲之形。古文作尪。"卷四十一"尫羸"注引《説文》:"曲脛也。從大象偏曲一脚,王聲也。"卷五十三"弊尫"注引《説文》:"尫,跛,曲脛也。字從大象偏曲之形也從尣音汪從王也。"卷五十七"尫劣"注引《説文》:"跛,曲脛也。從大,象偏曲一脚之形也。"各例皆作"偏曲",可爲據改之旁證。

④ 注,原誤作"住",獅谷本作"註",今據文意改。

⑤ 《魯語》"民羸幾卒"韋昭注、《楚語》"卹民之羸"韋昭注皆云:"羸,病也。"

⑥ 見《桓公六年》"請羸師以張之"注。

⑦ 見羊部。從蠃,今本作"蠃聲"。

⑧ "蠃"字原闕,今據文意補。

⑨ 畧,獅谷本作"略"。

⑩ 見《説文新附》。從皮夋,今本作"从皮,夋聲"。

⑪ 見《釋詁》。

⑫ 見刀部。

⑬ 亡部:"匃,气也。逯安説:'亡人爲匃。'"

1.085 勞倦　下渠卷反。疲也，懈也。《尚書》云：“猒倦也。”①《説文》云：“從人，卷聲。”②或作勌，亦通。經文作惓③，無此字也。

1.086 弓弰　下所交反。《埤蒼》云：“弓兩端末也。”《考聲》云：“弰，謂弓兩頭。”從弓，肖聲④。

1.087 孤惸　上古胡反。《考聲》云：“孤，獨也。”《説文》云：“無父曰孤。從子音結，從瓜省聲也。”⑤下葵營反。《考聲》云：“孤單也。”《文字典説》云：“無兄弟曰惸。”《説文》作煢，從卂，營省聲⑥。或從人作僜，或作惸，皆通用也。

1.088 鰥寡　上寡頑反。《禮記》云：“老而無妻曰鰥。”⑦《尚書》云：“有鰥在下。”⑧謂舜年過而無室也。下寡，音關瓦反。《考聲》云：“獨也。”謂婦人無夫也。寡字下從分⑨。經文從灬音必遥反作寡，書寫誤。

1.089 囹圄　上歷丁反，下魚舉反。周時獄名。夏曰夏臺，殷曰羑里，周曰囹圄也⑩。謂囚禁罪人之所。二字並形聲也⑪。

1.090 鈇鉞　上甫于反，又音斧。《禮記》：“諸侯賜斧鉞，然後得殺。”⑫鄭玄注云：“得其器乃敢行其事。”⑬《説文》：“鈇，剉也。從金，夫聲。”⑭下袁厥反。崔豹《古今注》云：“諸侯得黄鉞者，許斬持節將。”⑮

---

① 不詳。

② 見人部。

③ 惓，原作“倦”，今據文意改。

④ 《説文》闕“弰”篆。

⑤ 見子部。從子從瓜省聲也，今本作“从子，瓜聲”。

⑥ 見卂部。

⑦ 《王制》：“少而無父者謂之孤，老而無子者謂之獨，老而無妻者謂之矜，老而無夫者謂之寡。”

⑧ 《堯典》：“師錫帝曰：‘有鰥在下，曰虞舜。’”

⑨ 《説文》析“寡”爲“从宀从頒”結構，析“頒”爲“从頁分聲”結構。

⑩ 《廣雅·釋宮》：“獄，犴也。夏曰夏臺，殷曰羑里，周曰囹圄。”

⑪ 《説文》囗部：“囹，獄也。从囗，令聲。”“圄，守之也。从囗，吾聲。”

⑫ 《王制》：“諸侯賜弓矢，然後征；賜鈇鉞，然後殺；賜圭瓚，然後鬯。”

⑬ 《王制》“諸侯賜弓矢，然後征；賜鈇鉞，然後殺；賜圭瓚，然後鬯”鄭玄注：“得其器乃敢爲其事。圭瓚，鬯爵也。鬯，秬酒也。”

⑭ 見金部。剉也，今本作“莝斫刀也”。

⑮ 《古今注·金斧》（江蘇巡撫采進本）：“大將出征，特加黄鉞者，以銅爲之，黄金塗刃及柄，不得純金也。得賜，則斬持節。”

《説文》:“從金戉聲也。”① 戉字從丿音厥從戈②。　經作戊，非也，音茂。
59p0357a——0357b

　　1.091 蠱道　上音野③。鄭注《周禮》云:“毒蠱，蟲物病害人也。”④《説
文》云:“腹中蟲，能病害人。從蟲，皿聲。”⑤ 或云蠱毒。蠱音古也⑥。

　　1.092 護魔法⑦　護魔二字或云呼麼，梵語也。唐云火祭。案:《瑜伽
護魔經》有四種爐⑧，謂半月形、滿月形、方與八角應，四種法謂勾召、降
伏、息灾、敬愛等⑨。加持雖別，皆以三白食及雜花果等⑩，於爐中焚燎用祭

---

① 見金部。○戉，原作“戊”，今據文意改。
② 《説文》戉部析“戉”爲“从戈，丿聲”結構。
③ 野，音同《集韻》馬韻音以者切。瑄案:此義《廣韻》姥韻音公户切，異詞。據玄應音
　　義，蠱有兩個讀音系列:一讀“功户反、公户反、姑護反、工户反、音固”，屬《字林》音;
　　一讀“弋者反、翼者反、餘者反”，屬《聲類》音。希麟音義兼取兩家讀音:此取《聲類》
　　音，他處(希麟音義卷五“蠱毒”注:“上音古。”)取《字林》音。
④ 見《秋官·庶氏》“掌除毒蠱”鄭玄注:“毒蠱，蟲物而病害人者。”瑄案:《秋官·剪氏》
　　“凡庶蠱之事”鄭玄注:“蠱，蟲之類。”○毒蠱蟲物病害人也，原作“野毒蟲也”，今據
　　《周禮》鄭玄注删補。玄應音義卷十五“厭蠱”注引《周禮·庶氏》“掌除毒蠱”注:“毒
　　蠱，蟲物病害人者也。”卷四十三“蠱毒”注引鄭注《周禮》:“蠱者，(蠱)〔蟲〕物病
　　害人者也。”卷四十五“蠱道”注引鄭注《周禮》:“蠱，毒也。〔蟲〕物而害人者也。”卷
　　四十六轉引玄應音義之“蠱道”注引《周禮·庶氏》“掌除毒蠱”鄭玄曰:“毒蠱，蟲物
　　病害人也。”卷六十三“有蠱”注引鄭注《周禮》:“毒蠱，蟲物而病害人者也。”所引皆
　　略同今本，可爲删補之旁證。
⑤ 蟲部:“蠱，腹中蟲也。《春秋傳》曰:‘皿蟲爲蠱。’‘晦淫之所生也。’梟桀死之鬼亦爲
　　蠱。从蟲从皿。皿，物之用也。”○病，原作“痛”，今據文意改。前引《周禮》鄭玄注
　　可爲其證。又:慧苑音義卷上“蠱毒”注引《聲類》:“蠱，謂蟲物病害人也。”希麟音義
　　卷五“蠱毒”注引鄭注《周禮》:“蠱者，蟲物病害人也。”亦作“病”，可爲據改之旁證。
⑥ 也，原作“字”，今據文意改。
⑦ 護魔，梵詞 homa。
⑧ 《瑜伽護魔經》，疑即大正藏《金剛頂瑜伽護摩儀軌》，密教部典籍(T18,No.0908、
　　0909)，唐釋不空奉詔譯，凡一卷。
⑨ 四種爐，指圓形爐、方形爐、蓮花形(或半月形)爐、三角形爐。息灾法用圓形，增益法
　　用方形，敬愛法用蓮花形，降伏法用三角形。説詳《護摩供事鈔》卷上，參《佛光大辭
　　典》頁1823“四種爐形”條。瑄案:《金剛頂瑜伽護摩儀軌》:“護摩五種事，一一有多種。
　　息灾及增益，第三爲降伏。鉤召爲第四，第五是敬愛。如是五護摩，敬愛爲最勝。我今
　　説軍茶，依瑜伽相應。息灾爐正圓，應當如是作。增益應正方，三角作降伏。金剛形軍
　　茶，鉤召爲最勝。長作蓮花形，敬愛爲相應。已説五種類，軍茶業無上。”
⑩ 三白食，指乳、酪、米飯等。《大陀羅尼末法中一字心咒經》:“持法之人應須持戒，每
　　須喫三白食，所謂乳、酪、粳米，不得破齋。”參《佛光大辭典》頁545“三白食”條。

賢聖,如此方燔柴之祭。

1.093 燂去① 上祥簪反。《考聲》云:“燂,爇也。”謂以湯沃毛令脱也。《説文》云:“從火覃聲也。”② 經文作燖,俗字也。 正作鬵。 古文作㷉③,今人罕用。

1.094 駿髦 上子東反。蔡邕云:“駿馬項上毛也。”④《古今正字》云:“馬驪也。”⑤ 從馬夋聲也⑥。下音毛。夋音同上。

1.095 剜眼 上椀莞反。《埤蒼》云:“剜,削也。”《考聲》云:“剜,曲刻也。”⑦《説文》云:“從刀、宛。”⑧ 形聲也。

1.096 刵耳 上而志反。孔注《尚書》云:“刵,截耳也。”⑨《廣雅》亦云:“截耳也。”⑩《説文》云:“斷耳也。從刀耳聲也。”⑪

1.097 劓鼻 宜器反。孔注《尚書》云:“劓,割也。”⑫《説文》云:“截也。從刀鼻聲也。”⑬

1.098 魁膾 上苦瓖反。孔注《尚書》云:“魁,帥也。”⑭ 鄭注《禮記》

---

① 燂,原作“燖”,今據文意及文例改。

② 見火部。

③ 《説文》炎部:“㷉,於湯中爚肉。从炎,从熱省。䖆,或从炙。”

④ “項”字原闕。考此例録自慧琳音義卷四十一“駿髦”注:“子東反。蔡邕《獨斷》云:‘駿,項上毛也。’”今據補。 慧琳音義卷六十一“駿尾”注引《古今正字》:“馬項上長驪也。”亦言“馬項”,可爲據補之旁證。

⑤ 正字、驪,原作“典説、駿”,慧琳本作“典説、駿”。考慧琳音義凡兩釋“駿”,卷六十一“駿尾”引《古今正字》:“馬項上長驪也。”今據改。

⑥ 《説文新附》析“駿”同。

⑦ 曲,原作“由”。考慧琳音義凡四引《考聲》釋“剜”,卷四十一“剜眼”、卷四十五“剜身”、卷五十四“自剜”注引《考聲》皆云:“剜,曲刻也。”知例中“由”字訛,今據改。

⑧ 《説文新附》析“剜”爲“從刀,宛聲”結構。

⑨ 《康誥》“非女封又曰劓刵人”孔安國傳:“劓,截鼻;刵,截耳。”

⑩ 《釋詁》:“刵,截也。”

⑪ 見刀部。從刀耳聲也,今本作“从刀从耳”。瑄案:希麟音義引文析字跟今本不同。

⑫ 見《盤庚中》“我乃劓殄滅之”注。瑄案:“我乃”句孔穎達疏:“五刑:截鼻爲劓,故劓爲割也。”

⑬ 劓,《説文》字頭作“劓”,刀部:“劓,刑鼻也。从刀,臬聲。《易》曰:‘天且劓。’劓,臬或从鼻。”

⑭ 見《胤征》“殲厥渠魁”注。○帥,原作“師”,今據《書》傳改。

云："首也。"① 《史記》云："壯大也。"② 從斗鬼聲也③。下瓌外反。《廣雅》云："膾，割也。"④ 案:魁膾者，屠殺兇惡之師也。字從肉會聲也⑤。

1.099 罜網　上縛謀反。鄭注《禮記》云："罜，獸罟也。"⑥ 《韻英》云："置也。"《説文》："兔罟也。從冈，不聲。"⑦ 罟音古。置音姐耶反。下無倣反。亦作网。正作網也。

1.100 矰繳　上則登反。鄭注《周禮》云："結繳於矢謂之矰也。"⑧ 《考工記》云："矰矢，弓所用也。"⑨ 又云:矢羽名矰也⑩。《説文》："從矢曾聲也。"⑪ 經文作繒，音疾陵反，誤書也。下章若反。《廣雅》云："繳，縪也。"⑫ 《説文》云："生絲縷也。從糸敫聲也。"⑬ 敫音羊灼反。或作繁字⑭，亦通用。

1.101 薜荔多⑮　上甓閉反，下黎帝反。梵語訛也。正云畢隸多。此云餓鬼也。亦三途中鬼趣惣名也⑯。59p0357b—0357c

---

① 《檀弓上》"不爲魁"鄭玄注:"魁，猶首也。"瑄案:《文選·潘岳〈笙賦〉》"統大魁以爲笙"李善注引鄭玄《禮記注》:"魁，猶首也。""不爲魁"陸德明釋文:"(魁，)首也。"
② 疑見《留侯世家·贊》"余以爲其人計魁梧奇偉"注。"余以"句裴駰集解引應劭:"魁梧，丘虛壯大之意。"瑄案:這是以注文爲書文。○壯大，原作"壯夫"，今據《史記》注改。希麟音義卷六"魁膾"注引《史記》:"壯大也。"亦作"壯大"，可爲據改之旁證。
③ 《説文》析"魁"同。○"聲"字原闕。考希麟音義凡三析"魁"，卷四"魁膾"、卷六"魁膾"注皆云:"從斗，鬼聲。"皆著"聲"字，今據補。
④ 見《釋詁》。
⑤ 《説文》析"膾"同。
⑥ 見《月令》"田獵罝罜、羅罔"鄭玄注:"獸罟曰罝罜，鳥罟曰羅罔。"瑄案:《後漢書·班固傳》"罜罔連紘"李賢注引鄭玄注《禮記》:"獸罟曰罜。"
⑦ 罜，《説文》作"罟"，网部:"罟，兔罟也。从网，否聲。"
⑧ 《夏官·司弓矢》"矰矢茀矢"鄭玄注:"結繳於矢謂之矰。矰，高也。"
⑨ 引書誤，見《夏官·司弓矢》"矰矢茀矢"鄭玄注:"矰矢，弓所用也。"
⑩ "矰"字原闕，今據文意補。本例亦見慧琳音義41.263"矰繳"例，慧琳音義亦著"矰"字，可爲據補之旁證。
⑪ 見矢部。
⑫ 見《釋詁》。繳，今本作"繁"。瑄案:此義《廣韻》篠韻音古了切，異詞。
⑬ 繳，《説文》字頭作"繁"。
⑭ "或"字原闕，今據文意補。慧琳音義41.263"矰繳"例亦著"或"字，可爲據補之旁證。
⑮ 薜荔多，梵詞 preta，希麟譯"畢隸多"。
⑯ 三途，指血途、刀途、火途。鬼趣，又作"鬼道"，指鬼神所趣往之境。

大乘理趣六波羅蜜多經卷第四

1.102 乳哺 下浦慕反。許慎注《淮南子》云:"口中嚼食與之,似鳥與兒食,曰哺。"① 《説文》:"從口甫聲也。"② 今經文從食作餔,米糊也。又逋、布二音,非乳哺義也。

1.103 顰䀼 上毗寅反,下子六反。《文字集略》云:"顰者,䀼眉也。"顧野王云:"憂愁思慮不樂之皃也。"③ 古文作矉,亦作響。下或作戚。經文從足作蹙,非也。

1.104 谿澗 上啟奚反。《爾雅》曰:"水注川也。"④ 《説文》云:"山瀆無所通者也。從谷,奚聲。"⑤ 亦作溪字。下間晏反。《毛詩傳》曰:"山夾水曰澗。"⑥ 《説文》云:"從水間聲也。"⑦ 又作㵎,亦作𤃉,皆通用也。

1.105 汎漲 上芳梵反。王逸注《楚辭》云:"汎,淹也。"⑧ 《説文》:"浮也。從水,凡聲。"⑨ 下張亮反。郭璞注《江賦》云:"漲,大水也。"⑩ 《説文》:"從水張聲也。"⑪

---

① 疑見《俶真訓》"含哺而遊"注。玄應音義卷九"乳哺"注引《淮南子》"含哺而(与)〔興〕"許叔重曰:"口中嚼食也。"慧琳音義卷十八"乳哺"注引《淮南子》"含哺而遊"許叔重注:"口中嚼食唼與孩子也。"

② 見口部。

③ 《玉篇》頁部:"矉,矉蹙,憂愁不樂之狀也。《易》本作頻,曰:'復屬无咎。'注:'謂頻蹙之貌。'"

④ 《釋水》:"水注川曰谿。"

⑤ 見谷部。○山,原作"川",今據《説文》改。《爾雅·釋山》"山䕯無所通,谿"邢昺疏:"山有䕯而無通流者名谿。"《急就篇》卷四"輪轊諂作谿谷山"顏師古注:"山瀆無所通曰谿。"或言"山䕯",或言"山有䕯",或言"山瀆",可爲據改之旁證。

⑥ 見《召南·采蘩》"于澗之中"傳、《衛風·淇奧》"考槃在澗"傳。

⑦ 見水部。

⑧ 不詳。

⑨ 見水部。浮也,今本作"浮皃"。○浮,原作"淨",今據《説文》改。汎,同"泛"。玄應音義凡兩引《説文》釋"泛",卷二、卷十四"泛長"注皆引《説文》:"泛,浮也。"又希麟音義凡三釋"汎漲/泛漲",卷五"泛漲"注:"上芳梵反。賈注《國語》云:'泛,浮也。'《毛詩傳》云:'泛,流皃。'《説文》從凡作汎。"卷八"汎漲"注引《切韻》:"浮也。"各例皆言"浮",可爲據改之旁證。

⑩ 疑引書誤。《文選·郭璞〈江賦〉》"躋江津而起漲"李善注:"漲,水大之貌。"

⑪ 《説文》闕"漲"篆。

　　1.106 噏取　上歆急反。顧野王云：“噏，氣息入也。”①《説文》云：“内息也。從口，翕聲。”②亦作吸字。歆音許金反。

　　1.107 鐶釧　上滑關反。《博雅》云：“指鐶也。”《文字典説》云：“小拇指鐶也。”《説文》：“從金，還省聲。”③下川眷反。《文字典説》云：“臂釧也。”《説文》：“腕鐶也。從金川聲也。”④

　　1.108 耳璫　下音當。《釋名》云：“穿耳施珠曰璫。”⑤《埤蒼》云：“耳飾也。”《説文》云：“從玉當聲也。”⑥

　　1.109 俳優　上敗埋反。《博雅》云：“俳亦優也。”《説文》云：“戲也。從人非聲也。”⑦下於尤反。顧野王云：“優，樂人所爲戲笑。”⑧杜注《左傳》云：“調戲也。”⑨《蒼頡篇》云：“優亦樂也。”《説文》云：“從人憂聲也。”⑩

　　1.110 尼殺曇分⑪　梵語。數法之極也。或云優波尼洒陁。慧菀法師音義引《瑜伽大論》譯爲微細分⑫。如析一毛以爲百分，又析彼一分爲百千万分，又於析分中如前析也。乃至隣虚至不可析處，名爲鄔波尼殺曇分也。59p0357c—0358a

　　1.111 窣堵波⑬　上蘇骨反。梵語也。或云蘇偷婆，或云塔婆，皆梵言楚夏耳。此譯云高勝方墳也，即安如來舍利塼石鐵木等塔是也。俗語或云浮圖也。

---

① 《玉篇》口部：“吸，《説文》云：‘内息也。’《詩》云：‘維南有箕，載吸其舌。’吸，引也。”
② 噏，《説文》作“吸”，口部：“吸，内息也。从口，及聲。”
③ 《説文》闕“鐶”篆。
④ 見《説文新附》。腕鐶，今本作“臂環”。
⑤ 見《釋首飾》。
⑥ 見《説文新附》。
⑦⑩ 見人部。
⑧ 《玉篇》人部：“優，《説文》云：‘饒也。一曰倡也。’《左氏傳》云：‘鮑氏之園人爲優。’優，俳也。”
⑨ 見《襄公六年》“少相狎，長相優”注。
⑪ 尼殺曇，梵詞 upaniṣadam。
⑫ 參見慧苑音義 1.413“優波尼沙陁分”例（《新譯大方廣佛華嚴經音義校注》頁74—75）。
⑬ 窣堵波，梵詞 stūpa。

1.112 赧而　上拏揀反。《方言》云：“赧亦愧也。”①《説文》云：“面慙赤也。”②字從赤䖝聲也③。䖝音展。經文從皮作皸，誤書也。

1.113 瘡疣　上楚霜反。《禮記》云：“頭有瘡則沐。”④《説文》云：“刅，傷也。”⑤古文作刅⑥，象刀入形也。下有求反。《蒼頡篇》云：“病也。”又：小曰疣，大曰贅也。《古今正字》亦作疚。贅音佳芮反。

大乘理趣六波羅蜜多經卷第五

1.114 夢寐　上《説文》作瘳，從宀從疒、夢⑦。《周禮》：“以日月星辰占六瘳之吉凶：一曰正瘳，二曰噩瘳，三曰思瘳，四曰悟瘳，五曰憙瘳，六曰懼瘳。”⑧下弥臂反。寐，寝也。《説文》：“從瘳省，未聲也。”⑨

1.115 寤寐　上又作覺，同，音教。《博雅》云：“覺知也。”下五故反。《毛詩》云：“寤亦覺也。”⑩《説文》云：“從瘳省，吾聲也。”⑪

1.116 陷穽　上咸鑒反。《考聲》云：“陷，穴也。”王逸注《楚辭》云：

---

① 《方言》卷二：“赧，愧也。秦晉之間凡愧而見上謂之赧。”愧，今本作“愧”。
② 見赤部。
③ “赤”字原闕。“赧而”例實見慧琳音義41.286“赧而”例，字從，慧琳音義作“從赤”，詳文意，知例中脱“赤”字，今據補。
④ 見《曲禮上》。
⑤ 刅，《説文》字頭作“刅”，刃部：“刅，傷也。从刃从一。創，或从刀，倉聲。”
⑥ 刅，原作“用”，今據文意改。
⑦ 《説文》析“瘳”爲“从宀从疒，夢聲”結構。
⑧ 《春官·占夢》：“占夢掌其歲時，觀天地之會，辨陰陽之氣，以日月星辰占六夢之吉凶：一曰正夢，二曰噩夢，三曰思夢，四曰寤夢，五曰喜夢，六曰懼夢。”悟、憙，今本作“寤、喜”。瑄案：《説文》瘳部“瘳”字下引《周禮》：“以日月星辰占六瘳之吉凶：一曰正瘳，二曰罪瘳，三曰思瘳，四曰悟瘳，五曰喜瘳，六曰懼瘳。”
⑨ 見瘳部。○瘳省未，原作“瘳未省”，今據文意乙正。希麟音義凡四釋“寐”，卷二“假寐”注引《説文》：“寐，從瘳省，從未聲。”卷三“悟寐”注引《説文》：“從瘳省，未聲也。”卷七“瘳寐”注：“下蜜二反。寢也，息也。從瘳省，未聲也。”又慧琳音義凡十四釋“寐”，卷五“寤寐”注引《説文》：“卧也。從宀音綿，從瘳省，未聲也。”卷十“假寐”注引《説文》：“寐，從未從瘳省。”卷十四“寐寤”注：“《説文》並從瘳省，未、吾皆聲也。”卷二十四“悟寐”注引《説文》：“卧也。從瘳省，未聲。”卷七十七“寤寐”注引《説文》：“寐，卧也。並從瘳省，吾、未皆聲。”可爲乙正之旁證。
⑩ 《周南·關雎》“寤寐求之”毛傳：“寐，覺。”
⑪ 見瘳部。

"陷，没也。"① 從阜，臽聲②。亦單作臽字。下情性反。鄭注《周禮》云："穿地爲深坑，捕禽獸也。"③《説文》："從穴，井聲。"④ 或作阱，亦作宎、汬，皆古字也。

1.117　游泳　上酉幽反。顧野王云："游，浮於水上而進也。"⑤ 鄭注《周禮》云："備沉溺也。"⑥《説文》："從水，斿聲。"⑦ 下榮命反。《毛詩》云："潛行水中爲泳。"⑧ 郭注《爾雅》云："水底行。"⑨《説文》云："從水，詠省聲也。"⑩

1.118　鈎餌　下仍吏反。《説文》云："粉餅也。"⑪ 又：食也。案：鈎餌，即以魚所食物施於鈎，用取魚。

1.119　黑蜂　下敷容反。《爾雅》云："土蜂，木蜂。"⑫ 郭注云："今江東呼大蜂於地中作房者爲馬蜂，噉其子者也。"⑬《爾雅》正作蠭，今俗作蜂。或俗音蓬也。

1.120　旋嵐⑭　下臘南反。梵語也。即劫灾起時大猛風也。

---

① 見《九章·懷沙》"陷滯而不濟"注。
② 《説文》析"陷"爲"从阜从臽，臽亦聲"結構。
③ 《秋官·雍氏》"春令爲阱"鄭玄注："阱，穿地爲漸，所以禦禽獸，其或超踰則陷焉。世謂之陷阱。"
④ 穽，《説文》字頭作"阱"，阜部："阱，陷也。从阜从井，井亦聲。穽，阱或从穴。汬，古文阱，从水。"
⑤ 《玉篇》水部："游，浮也，旌旗之游也。"
⑥ 《秋官·萍氏》"禁川游者"鄭玄注："備波洋卒至沈溺也。"
⑦ 㫃部析"游"爲"从㫃，汓聲。遊，古文游"結構（《集韻》尤韻音力求切，異詞）。瑄案：《説文》水部："汓，浮行水上也。从水从子。古或以汓爲没。泅，汓或从囚聲。"
⑧ 《周南·漢廣》"不可泳思"毛傳："潛行爲泳。"瑄案：這是以注文爲書文。
⑨ 《釋水》"潛行爲泳"郭璞注："水底行也。《晏子春秋》曰：'潛行，逆流百步，順流七里。'"
⑩ 見水部。詠省聲也，今本作"永聲"。
⑪ 餌，《説文》字頭作"𩚳"，耳部："𩚳，粉餅也。从𩚊，耳聲。餌，𩚳或从食，耳聲。"
⑫ 見《釋蟲》。蜂，今本作"蠭"；下同。
⑬ 《釋蟲》"土蠭"郭璞注："今江東呼大蠭在地中作房者爲土蠭，噉其子即馬蠭，今荆、巴間呼爲蟺，音憚。"《釋蟲》"土蠭，木蠭"郭璞注："似土蠭而小，在樹上作房。江東亦呼爲木蠭，又食其子。"
⑭ 旋嵐，梵詞 vairambhaka。

1.121 談謔　上蹹南反。顧野王云："談,言論也。"①《説文》："從言,炎聲。"②下香虐反。《爾雅》曰："謔、浪、笑、敖,戲謔也。"③《説文》亦云:"戲也。從言、虐。"④形聲也。

1.122 枯槁　上苦姑反。《説文》云："枯,亦槁也。從木古聲也。"⑤下苦老反。《考聲》云："槁,乾也。"《説文》作槀,木枯也。從木,高聲。亦作熇字也。

1.123 眼睛　下子盈反。《考聲》云："目珠子也。"《説文》云："從目,青聲。"⑥經文有作精,善也,正也。非眼睛義也。

1.124 廝下　上息資反。何休注《公羊傳》云："廝,賤人也。"⑦《廣雅》:"廝、命,使者也。"⑧《説文》云："從广,斯聲。"⑨亦作㩼。

大乘理趣六波羅蜜多經卷第六

1.125 旃荼羅⑩　梵語也。或云旃陁羅。此譯云嚴熾,謂屠殺者種類之名也。一云主殺獄卒也。《西域記》云："其人行則搖鈴自摽,或柱破頭之竹。若不然者,王即與其罪也。"

1.126 梯隥⑪　上體奚反。賈注《國語》云："梯,階也。"⑫《説文》解同,從木第聲也⑬。下登鄧反。《博雅》云："隥,履也,依而上之也。"《説

---

① 《玉篇》言部:"談,論言也,戲調也。"
② 見言部。
③ 見《釋詁》。
④ 見言部。從言虐,今本作"从言,虐聲"。
⑤ 見木部。
⑥ 《説文》闕"睛"篆。
⑦ 《公羊傳》"廝"字凡1見,《宣公十二年》:"廝役扈養死者數百人。"何休注:"艾草爲防者曰廝,汲水漿者曰役,養馬者曰扈,炊亨者曰養。"○疑"賤""人"間脱字。慧琳音義卷七十八"居廝"注:"下音斯。《廣雅》云:'廝,使也。'何注《公羊傳》云:'刈草爲防者曰廝。'顧野王云:'賤伇人也。'析薪者,養馬者《古今正字》:'從广,斯聲。'广音魚撿反。"行文略同此例,是其脱字之證。
⑧ 見《釋詁》。使者,今本作"使"。○"廝"字原闕,今據文意補。
⑨ 《説文》闕"廝"篆。
⑩ 旃荼羅,梵詞 caṇḍāla。
⑪ 梯,即"梯"。
⑫ 疑見《越語》"以爲亂梯"注。"以爲"句韋昭注:"梯,階也。"瑄案:《文選・應瑒〈侍五官中郎將建章臺集詩〉》"灌翼陵高梯"李善注引賈逵《國語注》:"梯,猶階也。"
⑬ 梯,《説文》作"梯",木部:"梯,木階也。从木,弟聲。"

文》云："從阜登聲也。"①

　　1.127　螳穴　上宜倚反。《爾雅》曰："蚚蜉，大螳，小者螳。"② 郭注云："大者俗呼馬蚚蜉。"③《說文》："從虫豈聲也。"④ 經文作蟻、蟯，皆俗字也。

　　1.128　捐棄　上悦玄反。《考聲》云："捐，棄也。" 俗作捐⑤。從手，涓省聲也⑥。下輕異反。《說文》："棄，捐也。從廾音拱從華音鉢安反從㐬音土骨反。㐬，逆子也。倒書子字。"⑦ 推而棄之，會意字也。

　　1.129　革鞮　上耕額反。革，獸皮也。下所綺反。《考聲》云："履之不攝跟者名爲革鞮。"《說文》："鞮屬也。從革，徙聲。"⑧ 經文從尸作屣，或作鞋，俗字也。鞮音都奚反。

　　1.130　媿惡　上歸位反。杜注《左傳》云："媿，慙也，耻也。"⑨《說文》云："從女，鬼聲。"⑩ 或從心作愧，亦通。下女六反。《小雅》云："心媿爲惡。"⑪《說文》云："亦慙也。從心，而聲。"⑫ 而音同上⑬。而字無下畫也。

59p0358b—0358c

────────────

① 見𦣞部。從阜，今本作"从𦣞"。

② 見《釋蟲》。

③ 《釋蟲》"蚚蜉，大螳"郭璞注："俗呼爲馬蚚蜉。"

④ 見虫部。

⑤ 捐，獅谷本作"捐"。

⑥ 《說文》析"捐"爲"从手，肙聲"結構。

⑦ 華部："棄，捐也。从廾推華棄之，从㐬。㐬，逆子也。弃，古文棄。𠷎，籒文棄。"

⑧ 見革部。

⑨ 《左傳》"媿"字無見，"愧"凡三見（據漢籍全文檢索系統）：《襄公二十七年》："無愧辭。"《昭公二十年》："其祝史祭祀，陳信不愧。""其祝史薦信，無愧心矣。"皆未見此釋，疑希麟別有所據。

⑩ 女部析"媿"爲"从女，鬼聲。愧，媿或从恥省"結構。

⑪ 《廣義》："心慙曰惡。" 瑄案：《文選·司馬相如〈封禪文〉》"不亦惡乎"李善注引《小雅》："心慙曰惡。"《方言》卷六"山之東西自愧曰惡" 郭璞注引《小爾雅》："心愧爲惡。"

⑫ 見心部。○"聲"字原闕，今據文意補。慧琳音義凡十二析"惡"，皆析爲"從心，而聲"結構，如卷二十四"挫惡"注引《文字典說》："從心而聲也。"卷六十二"愧惡"注引《古今正字》："從心而聲也。"卷八十一"外惡"注引《說文》："從心，而聲。"可爲據補之旁證。

⑬ "而"字原闕，今據文意補。

大乘理趣六波羅蜜多經卷第七

1.131 瘑惰　上俞主反。《史記》云："瘑亦嬾惰也。"①《爾雅》："勞也。"②郭注云："勞苦者多惰瘑。"③言嬾人不能自起,如瓜瓠繫在地不能起立,故瘑字從二瓜,喻嬾人在室中不出。《說文》從穴④,會意字也。下徒臥反。《考聲》云："惰嬾也。"《說文》云："從心隋聲也。"⑤亦作惰字。

1.132 耕墾　上古衡反。《蒼頡篇》云："耕亦墾田也。"⑥《山海經》云："后稷之孫叔均始作耕。"⑦郭景純注云⑧:"始用牛犁也。"⑨《說文》云："從耒從井,像耕墾之形。"⑩古作畊。下康很反。《蒼頡篇》云："墾亦耕也。"《廣雅》："理也。"⑪《說文》:"從土,狠聲。"⑫

1.133 擐甲　上本音患。杜注《左傳》云"擐甲執兵"是也⑬。《說文》云："穿貫衣甲也。從手,還省聲。"⑭

1.134 芬馥　上芬文反。《考聲》云："香氣也。"古文從中作芬。中音丑列反。《說文》云："草初生,香氣分布。從中,分聲。"⑮今隸書從草作芬。芬,和也⑯。經文從香作馚,非本字。下憑目反。《韓詩》云："芬馥,香

---

① 疑見《貨殖列傳》"以故呰瘑偷生"裴駰集解引徐廣:"呰瘑,苟且墮嬾之謂也。"瑄案:這是以注文爲書文。慧琳音義卷九十四"惰瘑"注引徐廣注《史記》:"瘑,惰嬾也。"

② 見《釋詁》。瘑,今本作"愉"。

③ 《釋詁》"愉,勞也"郭璞注:"勞苦者多惰愉。今字或作瘑,同。"

④ 穴部:"瘑,污窬也。從穴,瓜聲。朔方有瘑渾縣。"

⑤ 心部:"惰,不敬也。從心,墮省。《春秋傳》曰:'執玉惰。'惰,憜或省𦚿。婧,古文。"

⑥ 墾,原作"懇",今據文意改。

⑦ 《海內經》:"帝俊生三身……稷之孫曰叔均,是始作牛耕。"

⑧ 純,原作"淳",今據文意改。

⑨ 《海內經》"帝俊生三身……稷之孫曰叔均,是始作牛耕"郭璞注:"始用牛犁。"

⑩ 耒部:"耕,犁也。從耒,井聲。一曰古者井田。"瑄案:希麟音義引文析字跟今本有不同。

⑪ 不詳。

⑫ 見《說文新附》。狠聲,今本作"狠聲"。

⑬ 引書誤。語見《成公二年》:"擐甲執兵,固即死也。"

⑭ 手部:"擐,貫也。從手,睘聲。《春秋傳》曰:'擐甲執兵。'"瑄案:希麟音義引文跟今本有不同。

⑮ 中部:"芬,艸初生,其香分布。從中從分,分亦聲。芬,芬或從艸。"

⑯ 見《方言》卷十三。

氣兒也。"①

1.135 阿迦膩吒②　梵語也。具足應云阿迦尼瑟吒。此譯云色究竟也,言其色界十八天中此最終極也。又云無小。餘天互望亦大亦小,此之一天唯大無小,故以爲名。

1.136 阿鼻③　梵語也。或云阿毗,或云阿鼻旨。此云無間。無間有二義:一身無間,二受苦無間。此地獄縱廣深等二万由旬④。故《俱舍論》云:"此下過二万,無間深廣同也。"⑤

1.137 贍部洲⑥　上時染反。梵語也。此天地惣名。古經或名琰浮,或名閻浮提,皆訛轉耳。《立世阿毗曇論》云此洲北泥民陁羅河南岸⑦,正當洲之中心,有贍部樹下水底南岸下,有贍部黃金,古名閻浮檀金是也。樹因金而立名,洲因樹而得號,故名贍部洲也⑧。59p0358c—0359a

1.138 勝身洲⑨　古云弗于逮,或名弗婆提,或云毗提呵,皆梵語輕重異也。正云補囉嚩尾尼賀。譯云身勝。《毗曇》云:"以彼洲人身形殊勝,體無諸疾,量長八肘,故以爲名。"⑩

1.139 牛貨洲⑪　古云瞿伽尼,或云瞿耶尼,或名瞿陁尼,皆訛轉也。正云過嚩枳。義譯爲牛貨。《毗曇》云:"以彼多牛,用牛貨易,故因以爲名。"

---

① 《文選·蘇武〈詩四首〉》"馥馥我蘭芳"李善注引《韓詩》"馥芬孝祀"薛君曰:"馥,香貌也。"

② 阿迦膩吒,梵詞 Aghaniṣṭha,希麟譯"阿迦尼瑟吒"。

③ 阿鼻,梵詞 Avīci。

④ 万,獅谷本作"萬"。

⑤ 《阿毗達磨俱舍論》卷第十一:"頌曰:'此下過二萬,無間深廣同。上七㮈落迦,八增皆十六。謂㷿煨屍糞,鋒刃烈河增。各住彼四方,餘八寒地獄。'"

⑥ 贍部,梵詞 Jambu-dvīpa,希麟譯"瞻謀"。

⑦ 泥,原作"深",今據文意改。獅谷本亦作"泥"。又:陁,獅谷本作"陀"。

⑧ 《立世阿毗曇論》卷第一:"佛說比丘:'有樹名曰剡浮,因樹立名,名是洲地曰剡浮提。此樹生剡浮提地北邊,在泥民陀羅河南岸。是樹株本正洲中央,從樹株中央取東西角並一千由旬。是樹生長具足形容可愛,枝葉相覆,密厚多葉,久住不凋,一切風雨不能侵入。'"

⑨ 勝身,梵詞 Pūrva-videha,希麟譯"補囉嚩尾尼賀"。

⑩ 《阿毗達磨俱舍論》卷第十一:"論曰:'贍部洲人身多長三肘半,於中少分有長四肘;東勝身人身長八肘;西牛貨人長十六肘;北俱盧人三十二肘。'"

⑪ 牛貨,梵詞 Apara-godānīya,希麟譯"過嚩枳"。

1.140 俱盧洲① 古名鬱單越，或名鬱怛羅，或名鬱多羅拘樓，亦名郁多羅鳩留，皆訛轉也。正云嗢怛羅矩嚕。此譯云高勝，謂此一洲人無中夭，定壽千歲。

1.141 戞方 上初色反。《説文》：“正方，四面齊等。”②

1.142 竦慄 上相勇反。杜注《左傳》云：“竦，懼也。”③《考聲》：“心不安也。”《説文》：“從立從束。言自申束也。”④經文從心作悚，俗字也。下隣吉反。郭注《爾雅》云：“慄，憂戚也。”⑤《尚書》云：“慄慄危懼也。”⑥《説文》：“從心，栗聲。”⑦

1.143 賙給 上之由反。《毛詩傳》云：“賙，救也。”⑧鄭箋云：“權救其患也。”⑨《説文》云：“從貝周聲也。”⑩下金立反。顧野王云：“給，權供也。”⑪賈注《國語》云：“給，及也，足也，備也。”⑫《説文》：“相供足也。從

---

① 俱盧，梵詞 Uttara-kuru，希麟譯“嗢怛羅矩嚕”。
② 慧琳音義卷四十一“戞方”：“上初色反。正（戞）〔方〕，四面齊等也。”考玄應音義凡三釋“戞”，卷十六“整戞”注：“楚力反。戞謂正方也。”卷十七、二十五“戞方”注：“楚力反。謂正方也。”慧琳音義凡七釋“戞方”（含轉引玄應音義者），卷六十一“戞方”注：“上楚力反。所謂方停四面齊等。”卷七十二“戞方”注引顧野王云：“正方也。”卷七十三“戞方”注：“楚力反。案：戞方者，中外人間之常語也，四面齊等頓方也。”據此，疑例中“説文”二字衍。瑄案：《説文》夂部：“戞，治稼戞戞進也。从田、人，从夂。《詩》曰：‘戞戞良耜。’”
③ 見《襄公四年》“邊鄙不聳”注、《昭公六年》“聳之以行”注、《昭公十九年》“駟氏聳”注。竦，今本作“聳”。瑄案：《文選·潘岳〈笙賦〉》“晉野悚而投琴”李善注引杜預《左氏傳注》：“悚，懼也。”○竦，原作“悚”，今據文意改。
④ 立部：“竦，敬也。从立从束。束，自申束也。”○申，原作“甲”，今據《説文》改。
⑤ 《釋言》“慄，感也”郭璞注：“戰慄者，憂感。”
⑥ 《湯誥》：“兹朕未知獲戾于上下，慄慄危懼，若將隕于深淵。”○“慄慄”二字原闕，今據《書》補。
⑦ 《説文》闕“慄”篆。
⑧ 見《大雅·雲漢》“靡人不周”傳。賙，今本作“周”。
⑨ 《大雅·雲漢》“靡人不周”鄭玄箋：“周，當作‘賙’。王以諸臣困於食，人人賙給之，權救其急。後日乏無，不能豫止。”
⑩ 《説文》闕“賙”篆。
⑪ 《玉篇》糸部：“給，供也，備也，足也。”
⑫ 《晉語》“豫而後給”韋昭注：“給，及也。”《周語》“事之供給於是乎在”韋昭注、《晉語》“知羊舌職之聰敏肅給也”韋昭注、《晉語》“伎藝畢給則賢”韋昭注：“給，足也。”《周語》“外內齊給”韋昭注：“給，備也。”

糸,合聲。"[①]

大乘理趣六波羅蜜多經卷第八

1.144 慣習　上關患反。杜注《左傳》云:"慣亦習也。"[②]《説文》作遺,云習也。從辵,貫聲。辵音丑略反。經文有本作串,音釧,俗字也[③]。

1.145 躁動　上早到反。賈注《國語》云:"躁,擾也。"[④]鄭注《論語》云:"不安静也。"[⑤]《考聲》:"性急也。"《玉篇》云:"躁亦動也。"[⑥]《説文》云:"從足,喿聲。"[⑦]經文從參作蹸,非也。喿音蘇到反。參音子含反。

1.146 犛牛　上昴包反。《山海經》云:"潘侯之山有獸,狀如牛而四節生毛,名曰犛牛。"[⑧]郭璞注云:"牛背、膝、胡、尾皆長毛也。"[⑨]《説文》:"西南夷長髦牛也。"[⑩]字從𠩺、牛[⑪]。𠩺,力之反。胡,臆前項下。59p0359a—0359b

1.147 作鐆　下隨醉反。《左傳》云:"風駕出鐆。"[⑫]杜注云:"取火具也。"[⑬]《淮南子》云:"陽鐆見日,則熯而爲火也。"[⑭]《説文》云:"從金,隊

---

① 見糸部。供足,今本作"足"。

② 見《襄公三十一年》"射御貫"注、《昭公二十六年》"貫瀆鬼神"注。慣,今本作"貫"。

③ 玄應音義卷十四"不串"注:"《説文》作遺,又作攅,《誥幼文》又作慣,同。公患反。串,習也。"慧琳音義卷六十八"串"注:"關患反。俗字也。正體從心作慣。《韻英》:'習也。'"

④ 疑見《齊語》"驕躁淫暴"注。玄應音義卷十四"輕躁"注引《國語》"驕躁淫暴"賈逵注:"躁,擾也。"是其證。

⑤ 《季氏》"言未及之而言謂之躁"何晏集解引鄭曰:"躁,不安静也。"

⑥ 足部:"躁,動也。"

⑦ 躁,《説文》作"趮",走部:"趮,疾也。从走,喿聲。"

⑧ 《北山經》:"又北二百里,曰潘侯之山。其上多松柏,其下多榛楛,其陽多玉,其陰多鐵。有獸焉,其狀如牛,而四節生毛,名曰旄牛。"

⑨ 《北山經》"又北二百里,曰潘侯之山……名曰旄牛"郭璞注:"今旄牛背膝及胡尾皆有長毛。"

⑩ 見犛部。

⑪ 《説文》析"犛"爲"从牛,𠩺聲"結構。〇𠩺,原作"枚",今據文意改;下同。

⑫ 《文公十年》:"命夙駕載燧。"出鐆,今本作"載燧"。

⑬ 《文公十年》"命夙駕載燧"杜預注:"燧,取火者也。"瑄案:"命夙"句陸德明釋文:"(燧,)本又作遂,取火具。"鐆,今本作"燧"。

⑭ 《天文訓》:"故陽燧見日則燃而爲火,方諸見月則津而爲水。"熯,今本作"燃"。

聲。”① 經文作燧②，或作㷒，皆俗字。乃候望之烽火也。非經用。熯音然善反。

　　1.148　蟒蛇　上莫牓反。《爾雅》云：“蟒，王蛇也。”③ 郭注云：“蛇之大者，故曰蟒蛇。”④《説文》云：“從虫，莽聲。”⑤ 莽字，《説文》：“從犬，茻聲。”⑥ 茻音同上。從重艸，篆作茻⑦。經文從卉作莽，誤也。下射遮反。《毛詩》云：“惟虺惟蛇。”⑧《周易》：“蛇，豸屬也。”⑨《説文》：“從虫，它聲。”⑩ 經文作虵，俗字也。它音徒何反。豸音雉也。

　　1.149　墋毒　上楚錦反。砂墋，不可服。《説文》：“從土，參聲。”⑪ 參從彡音衫。經文從小作糁，謬也。又從石作磣，俗字。毒字，《説文》從屮音丑列反⑫。屮，草也⑬。云草初生有毒也。

　　1.150　瞢瞢　上音瞪。《考聲》云：“瞢瞢，卧初起兒也。”下墨崩反。鄭注《周禮》云：“目無精光不明也。”⑭ 杜注《左傳》云：“悶也。”⑮ 二字皆從夢省，登、目亦聲也⑯。

　　1.151　麤趌　上麤字，正作麤，從三鹿。《説文》：“不細也。”⑰ 今省去

---

① 見金部。
② 《説文》畾部：“㷭，塞上亭，守㷒火者。从畾从火，遂聲。㷭，篆文省。”
③ 見《釋魚》。
④ 《釋魚》“蟒，王蛇”郭璞注：“蟒，蛇最大者，故曰王蛇。”
⑤ 《説文》闕“蟒”篆。
⑥ 茻部析“莽”爲“从犬从茻，茻亦聲”結構。
⑦ 《説文》茻部：“茻，衆艸也。从四屮。凡茻之屬皆从茻。讀與冈同。”
⑧ 見《小雅·斯干》。惟，今本作“維”。
⑨ 引書誤，疑見《繫辭下》“龍蛇之蟄”注。
⑩ 蛇，《説文》字頭作“它”，它部：“它，虫也。从虫而長，象冤曲垂尾形。上古艸居患它，故相問無它乎……蛇，它或从虫。”
⑪ 《説文》闕“墋”篆。
⑫ 屮部：“毒，厚也。害人之艸，往往而生。从屮从毒。蕫，古文毒，从刀、葍。”
⑬ 屮部：“屮，艸木初生也。象丨出形，有枝莖也。古文或以爲艸字。讀若徹。凡屮之屬皆从屮。尹彤説。”
⑭ 疑見《春官·眡祲》“六曰瞢”鄭玄注引鄭司農：“瞢，日月瞢瞢無光也。”
⑮ 見《襄公十四年》“亦無瞢焉”注。
⑯ 《説文》闕“瞢”篆。眥部：“瞢，目不明也。从眥从旬。旬，目數搖也。”
⑰ 麤部：“麤，行超遠也。从三鹿。”

二鹿作此麤字。下色立反。《説文》云："澀，不滑也。"① 字從四止。二止倒書，二止正書。經文從水、三止作澁，非。

1.152 捫摸　上没奔反。《毛詩》注云："捫，持也。"②《聲類》亦摸也。《説文》云："從手，門聲。"③ 下忙博反。《方言》云："摸挱，摩挲也。"④《説文》云："從手，莫聲。"⑤ 經文從莫下著手作摹，音謨。亦摩挲也。摸或亦音謀字也。

大乘理趣六波羅蜜多經卷第九

1.153 憾恨　上含紺反。孔注《論語》云："憾亦恨也。"⑥《説文》："從心，感聲。"⑦ 下胡艮反。《蒼頡篇》云："恨，怨也。"從心艮聲也⑧。

1.154 暎蔽　上於敬反。　李注《文選》云："暎，傍照也。"⑨ 孫緬云："隱也。"⑩ 從日英聲⑪。　經文從央作映，音烏浪反，非此用也。下卑袂反。《史記》云："蔽，障也。"⑫《説文》云："從草敝聲也。"⑬ 敝音同上。59p0359b—0359c

1.155 火煖⑭　下奴管反。俗字也。賈注《國語》云："煖，温也。"⑮ 正作煗。經文作燸，非也。《説文》："從火，耎聲。"⑯

1.156 飇火　上必遥反。《爾雅》云："扶搖謂之飇。"⑰ 郭注云："暴風

---

① 見止部。
② 見《大雅·抑》"莫捫朕舌" 傳。
③ 見手部。
④ 引書誤。《方言》卷十三 "摸，撫也" 郭璞注："謂撫順也。"
⑤ 摸，《説文》字頭作 "摹"，手部："摹，規也。从手，莫聲。"
⑥ 《公冶長》"敝之而無憾" 何晏集解引孔曰："憾，恨也。"
⑦ 《説文》闕 "憾" 篆。
⑧ 《説文》析 "恨" 同。
⑨ 《文選·陸機〈贈馮文羆遷斥丘令〉》"雙情交映" 李善注："映，猶照也。"
⑩ 不詳。
⑪ 《説文》闕 "暎" 篆。
⑫ 疑見《史記·淮陰侯列傳》"閒道萆山" 司馬貞索隱："萆音蔽。蔽者，蓋覆也。"
⑬ 見艸部。
⑭ 煖，原作 "煖"，今據文意改。
⑮ 慧琳音義卷三十一 "煖觸" 注引賈注《國語》："煖，温也。"
⑯ 見火部。
⑰ 見《釋天》。飇，今本作 "猋"。

從下而上也。"①《説文》云:"扶摇風也。從風猋聲也。"②猋字從三犬也③,音同上。經文從三火作飈,非也。《爾雅》亦單作猋字④。

大乘理趣六波羅蜜多經卷第十

1.157　拇指　上莫譜反。《韻英》云:"拇,謂手足大指。"《説文》云:"從手,母聲。"⑤母字從女,中二點像母兩乳形⑥。有作毋⑦,音無,止之辭。毋、母全別。

1.158　菡萏　上含感反,下覃感反。《毛詩》注云:"花未開者曰芙蓉,已開者曰菡萏。"⑧《爾雅》曰:"荷,芙渠,其花菡萏。"⑨《爾雅》作菡萏字。經文作菡萏二字,皆不成字也。又作蘭,亦非。

1.159　撮磨　上蒼括反。《廣雅》云:"撮,持也。"⑩應劭注《漢書》云:"三指撮。"⑪下莫何反。研磨也。《無垢稱經》云⑫:"是身如聚沫,不可撮磨。"⑬言浮幻虚脆不可撮持而磨也。《説文》云:"從手,最聲。"⑭

1.160　芭蕉　上霸麻反,下子消反。王注《楚辭》云:"香草名也。"⑮

---

① 從下而上也,今本作"從下上"。
② 風部:"飆,扶摇風也。從風,猋聲。颮,飆或从包。"○"扶"字原闕,今據《説文》補。慧琳音義卷六十三"驚飈"注引《説文》:"扶摇風也。從風,猋聲。"卷九十二"飈舉"注引《説文》:"飈,浮摇也。從風,猋聲。"或言"扶摇",或言"浮摇",可爲據補之旁證。
③ 《説文》犬部:"猋,犬走皃。从三犬。"○"從"字原闕,今據文意補。
④ 《釋天》:"扶摇謂之猋。"
⑤⑭ 見手部。
⑥ 《説文》女部:"母,牧也。从女,象裹子形。一曰象乳子也。"
⑦ 毋,原作"母",今據文意改;下同。
⑧ 《鄭風·山有扶蘇》"隰有荷華"毛傳:"荷華,扶渠也。其華菡萏。"陸德明釋文:"菡萏,荷華也。未開曰菡萏,已發曰芙蓉。"瑄案:《説文》艸部:"蘭,菡蘭。芙蓉華未發爲菡蘭,已發爲芙蓉。从艸,閻聲。"
⑨ 《釋草》:"荷,芙渠。其莖茄,其葉蕸,其本蔤,其華菡萏,其實蓮,其根藕,其中的,的中薏。"
⑩ 見《釋詁》。
⑪ 《律曆志》"量多少者不失圭撮"顏師古注引應劭:"四圭曰撮,三指撮之也。"
⑫ 《無垢稱經》,大正藏作《説無垢稱經》,經集部典籍(T14,No.0476),唐釋玄奘譯,凡六卷。
⑬ 見《説無垢稱經》卷第一。撮磨,今本作"撮摩"。
⑮ 《九歌·禮魂》"傳芭兮代舞"王逸注:"芭,巫所持香草名也。"瑄案:《楚辭》無"芭蕉、蕉"(此據漢籍全文檢索系統)。

生交阯，葉如席，臮可爲紡績也。不堅草也。故《無垢稱》云："是身如芭蕉，中無有堅。"[①] 二字並從草，巴、焦皆聲也[②]。

1.161 絡腋衣[③] 上郎各反，次音亦。按：《有部律》名僧脚崎，舊云僧祇支。唐云掩腋衣也。淨三藏《寄歸傳》云[④]："本製恐汗污三衣，先用掩右腋，下交絡於左肩上，後披袈裟。"[⑤] 相承用爲覆膊者，誤行已久。經文作披，亦通用。

1.162 稼穡 上加暇反，下所側反。馬注《論語》云："樹五穀曰稼。"[⑥] 鄭注《周禮》云："稼，有似嫁女相生也。"[⑦]《毛詩傳》云："種曰稼，斂曰穡。"[⑧]《說文》云："稼，禾之秀實也。一云：在野曰稼，穀可收斂曰穡。"[⑨] 二字並從禾，家、嗇皆聲也。嗇音同上。

續一切經音義卷第一

丁未歲高麗國大藏都監奉勅雕造

---

① 見《說無垢稱經》卷第一。中無有堅，今本作"都無有實"。
② 艸部："蕉，生枲也。從艸，焦聲。"《說文》闕"芭"篆。
③ 絡腋衣，梵詞 saṃkakṣikā，希麟譯"僧脚崎"。
④ 《寄歸傳》，全稱《南海寄歸內法傳》，事彙部典籍（T54,No.2125），唐釋義淨撰，凡四卷。
⑤ 不詳。
⑥ 《子路》"樊遲請學稼" 何晏集解引馬（融）曰："樹五穀曰稼，樹菜蔬曰圃。"
⑦ 《地官·稻人》"稻人掌稼下地" 鄭玄注："謂之稼者，有似嫁女相生。"
⑧ 《魏風·伐檀》"不稼不穡" 毛傳："種之曰稼，斂之曰穡。"
⑨ 禾部："稼，禾之秀實爲稼，莖節爲禾。從禾，家聲。一曰：稼，家事也。一曰在野曰稼。""穡，穀可收曰穡。從禾，嗇聲。"

續一切經音義卷第二 雞

燕京崇仁寺沙門　希麟　集

續音新大方廣佛花嚴經四十卷
右第一盡十五此卷續音

新大方廣佛花嚴經卷第一①

2.001 室羅筏② 下音伐。梵語。西域國名也。具足應云室羅筏悉底。此翻爲豐德，或曰聞物。即舊云舍衛國也。謂此城中多出人物，好行道德，五天共聞，故曰聞物。又云：昔有老仙於此習仙道，後有少仙從其受學，厥號聞物。老仙没後，少仙於此建立城郭，因以爲號也。59p0361a

2.002 翳障 上於計反。顧野王云："隱也。"③亦奄也④。《説文》云："羽葆也，舞者所執以蔽身也。從羽殹聲也。"⑤下又作鄣，同。之亮反。《切韻》："障，遮也，隔也。"⑥《字書》："掩也。"《玉篇》云："亦作瘴。"⑦《説文》云："從阜，章聲。"⑧

---

① 《新大方廣佛花嚴經》，大正藏作《大方廣佛華嚴經》（T10,No.0293），華嚴部典籍，唐釋般若奉詔譯，凡四十卷。

② 室羅筏，梵詞 Śrāvastī，希麟譯"室羅筏悉底"。

③ 《玉篇》羽部："翳，鳥名也。鳳屬也。屏藅也。華蓋也。又：障也。"

④ 《方言》卷十三："翳，掩也。"瑄案：《文選·陸機〈文賦〉》"理翳翳而愈伏"李善注引《方言》："翳，奄也。"

⑤ 見羽部。羽葆也舞者所執以蔽身也，今本作"華蓋也"。

⑥ 陽韻（篆本）："障，（諸良反。）名。在紀。"裴本："障，（諸良反。）隔。又之上反。"王本："障，（諸良反。）邑名。在紀。"

⑦ 阜部："障，隔也。或作墇。"

⑧ 見昌部。從阜，今本作"从阜"。

2.003 揀擇　上古眼反。《字書》云:"揀,選也。"擇取好者。《説文》云:"從手,柬聲。"①柬從束,八在中②,柬音同上③。經文從東作揀,書字人誤也。下音澤。擇亦揀也。《説文》云:"選也。從手,澤省聲字。"④

2.004 閻浮檀⑤　梵語也。或名琰浮,或云贍部。《立世論》云:"有贍部樹生於泥民達羅河南岸,正當此洲之中心,北臨水上。於樹下水底南岸有贍部黃金,即閻浮檀金是也。"⑥南贍部洲因此彰名。

2.005 門闥　下他達反。《漢書集注》云:"闥,謂小門也。"⑦《説文》:"從門,達聲。"⑧門字,《説文》:"從二户也。"⑨

2.006 牕牖　上楚江反。《説文》云:"在牆曰牖,在屋曰牕。從片,恩聲。像交眼之形。"⑩經作牕,或作窻,皆俗字。下由酒反。《説文》云:"穿壁以木爲交窻也。從片、户,甫聲也。"⑪恩音同上。59p0361a—0361b

————————

① 《説文》闕"揀"篆。
② 《説文》束部:"柬,分別簡之也。从束从八。八,分別也。"
③ "柬"字原闕,今據文意補。
④ 手部:"擇,柬選也。从手,睪聲。"瑄案:希麟音義引文跟今本析字有不同。
⑤ 閻浮檀,梵詞 Jambu-dvīpa,希麟譯"贍謀"。
⑥ 見《立世阿毗曇論》卷第一。説詳 1.137"贍部洲"注。
⑦ 《王莽傳》"斧敬法闥"顏師古注:"闥,小門也。"
⑧ 見《説文新附》。
⑨ 見門部。
⑩ 牕,《説文》作"囱",囱部:"囱,在牆曰牖,在屋曰囱。象形……窗,或从穴。囧,古文。"
⑪ 片部:"牖,穿壁以木爲交窻也。从片、户、甫。譚長以爲:'甫上日也,非户也。牖,所以見日。'"○爲交,原作"交爲",今據《説文》乙正。慧琳音義凡十一釋"牖",卷八"户牖"注引《説文》:"穿壁以木爲交牕也。從片、户,甫聲也。"卷十二"户牖"注引《説文》:"穿壁以木爲交窻也。從(月)[片],從户、甫。"卷十五"窻牖"注引《考聲》:"穿壁以木爲交牕也。"卷三十二"户牖"注引《説文》:"牖,穿壁以木爲交窻也。從片從户,甫聲也。"卷三十三"一户牖"注引《説文》:"穿壁以木爲交牕也。從片從户,甫聲。"卷三十五"户牖"注引《説文》:"穿壁以木爲交(日窻)[窻]。"卷四十二"户牖"注引《説文》:"穿壁以木爲交窻也。譚長以爲甫上日也,非户也。牖,所以見日也。從片從户,甫聲也。"希麟音義凡四釋"牖",卷九"窻牖"注引《説文》:"穿壁以木爲交窻也。"《説文》片部"牖"字徐鍇繫傳:"室但穿明則爲窗;牖者,更以木爲交櫺。"《營造法式·總釋下·窗》:"交窗謂之牖。"或言"交窻/交窗",或言"交櫺"。段玉裁注:"交窗者,以木橫直爲之,即今之窗也。"理據甚明,可爲據乙之旁證。

2.007 階墀　上音皆，下直尼反。《玉篇》曰：“階，謂登堂之道也。”[①]
《説文》曰：“墀，謂以丹塗地，謂之丹墀。”[②] 又：道也，亦階也。

2.008 欄楯　上勒丹反，下述尹反。《説文》：“欄，檻也。”[③] 王逸注
《楚辭》云：“縱曰檻，橫曰楯。”[④] 楯間子謂之櫺[⑤]。間字去聲。

2.009 湍激　上吐官反，下古歷反。《説文》曰：“湍，瀬也。”[⑥] 淺水流
於砂上曰湍也。水文礙衺疾急曰激[⑦]。並從水，耑、敫聲也。礙字去聲[⑧]，
耑音端，敫音同上也。

2.010 洄洑　上户灰反。《爾雅》曰：“逆流而上曰泝洄。”[⑨] 下符福反。
《三蒼》云：“洑，深也。”謂河海中洄旋之處也。《説文》並從水，迴、復皆
聲也[⑩]。

2.011 菡萏　上含感反，下覃感反。《毛詩》注云：“未開曰芙蓉，已開
曰菡萏也。”[⑪] 經文作菡萏二字，皆謬也。

2.012 布濩　下音護。顔注《漢書》曰：“布濩，猶言布露。”[⑫] 謂於鈌

---

① 阜部：“階，登堂道也。”
② 土部：“墀，涂地也。从土，犀聲。《禮》：‘天子赤墀。’”
③ 《説文》闕“欄”篆。
④ 《招魂》“檻層軒些”王逸注：“檻，楯也辭。從曰檻，橫曰楯。”
⑤ “楯”字原闕。考《説文》木部：“櫺，楯閒子也。从木，霝聲。”玄應音義卷一“欄楯”
　　注引《楚辭》王逸注：“縱曰檻，橫曰楯。楯閒子曰櫺。”慧琳音義卷四“欄楯”注引
　　《楚辭》王逸注：“縱曰欄，橫曰楯。楯閒子謂之櫺子也。”“間子”前皆著“楯”字，今
　　據補。
⑥ 見水部。瀬，今本作“疾瀬”。
⑦ 《説文》水部：“激，水礙衺疾波也。从水，敫聲。一曰半遮也。”○礙，原作“凝”，今據
　　《説文》改。慧琳音義卷十八“水激”注引《説文》：“水礙衺疾波也。”卷七十八“吹
　　激”注引《古今正字》：“水礙衺疾波也。”亦作“礙”，可爲據改之旁證。
⑧ 礙，原作“凝”，今據文意改。
⑨ 見《釋水》。
⑩ 《説文》析“洄”爲“从水从回”結構。《説文》闕“洑”篆。
⑪ 《鄭風·山有扶蘇》“隰有荷華”毛傳：“荷華，扶渠也。其華菡萏。”陸德明釋文：“菡
　　萏，荷華也。未開曰菡萏，已發曰芙蓉。”瑄案：《説文》艸部：“藺，菡藺。芙蓉華未發
　　爲菡藺，已發爲芙蓉。从艸，閻聲。”
⑫ 《司馬相如傳》“布濩閎澤”顔師古注引郭璞：“布濩，猶布露也。”

露之處皆遍布也①。經文從言作護。《切韻》云:“助也,治也。”②非此用。

2.013 氤氲　上於真反,下音於云反。《切韻》云:“二字元氣盛也。”③又:香氣分布兒。《説文》云從气,因、昷聲④。形聲字也。气音氣,昷音温也。

2.014 繽紛⑤　上疋賓反,下芳分反。《考聲》云:“繽紛,亂也。”《書》云:“繽紛,衆多兒。”⑥《集訓》云:“繽紛,盛兒。”並從糸,賓、分聲也⑦。糸音覓。繽,正作繽字。

2.015 鐶釧　上又作環,同。滑關反。《博雅》云:“指鐶也。”《文字典説》:“小拇指鐶也。”《説文》:“從金,還省聲。”⑧下川眷反。《文字典説》云:“臂釧也。”《説文》:“腕環也。從金川聲也。”⑨

2.016 拘蘇摩⑩　梵語。花名。正云俱蘇摩那⑪。此云悦意也。其花色美,氣皆香,形狀端正,見聞之者無不悦意也。

2.017 跏趺　上音加,下音府無反。《三蒼》云:“趺,謂足趺也。”鄭注《儀禮》云:“足上也。”⑫案:瑜伽儀有降魔、吉祥之坐,其跏字只合單作加,先以右足趺加於左脛上,又以左足趺加於右脛上,令二足掌仰,此名降魔坐。又吉祥坐,先以左足趺加右脛上。准前應知此乃吉祥坐爲上,其降魔坐次也。59p0361b—0361c

2.018 天竺⑬　下相承音竹,或有亦音篤。《山海經》云:“身毒之

---

① 鈌,同“缺”,《字彙》金部:“鈌,與缺通。”
② 暮韻(裴本):“護,胡故反。十。”王本:“護,胡故反。嫭。十六。”
③ 文韻(箋本):“氲,氛氲。”王本:“氲,氤氲。”
④ 《説文》闕“氤、氲”篆。○“聲”字原闕,今據文意補。
⑤ 繽,獅谷本作“繽”。
⑥ 不詳。
⑦ 《説文》闕“繽”篆,析“紛”爲“从糸,分聲”結構。
⑧ 《説文》闕“鐶”篆。
⑨ 見《説文新附》。腕環,今本作“臂環”。
⑩ 拘蘇摩,梵詞 kusuma,希麟譯“俱蘇摩那”。
⑪ 正,原作“王”,今據文意及文例改。
⑫ 《士喪禮》“乃屨綦結于跗”鄭玄注:“跗,足上也。”趺,今本作“跗”。
⑬ 天竺,梵詞 Indu。

國。"① 郭璞注云："即天竺國也。"② 或云賢豆③，或云印度④，皆梵語訛轉也。正云印特伽羅⑤。此翻爲月。《西域記》云："言諸群生輪迴不息，無明長夜，莫有司存。其猶白日既隱，宵月斯繼。良以其土賢聖繼軌導凡，御物如月照臨，故以名焉。"⑥

　　2.019 烏長國⑦　正云烏仗那。梵語。《西域記》云："國周五千餘里，崇重佛法，敬信大乘。舊有伽藍一千四百所，僧徒一萬八千人。並學大乘，寂定爲業，善誦其文，戒行清潔，特閑禁呪也。"⑧

　　2.020 支郍國⑨　或云真那，或云震旦，亦云摩訶支那，皆梵語輕重也。舊翻爲漢國，或云即大唐國也，或翻大夏國，又云思惟國。謂此國人多有智畧，能思惟故，皆義翻也。

---

① 《海內經》："東海之內，北海之隅，有國名曰朝鮮、天毒，其人水居，偎人愛之。" 瑄案：身毒，伊蘭語系 Sindhu（吳其昌《印度釋名》）。

② 《海內經》"東海之內，北海之隅，有國名曰朝鮮、天毒，其人水居" 郭璞注："天毒即天竺國，貴道德，有文書、金銀、錢貨，浮屠出此國中也。晉大興四年，天竺胡王獻珍寶。"

③ 賢豆，伊蘭語系 Kiendu、Kendu、Kuentou（吳其昌《印度釋名》）。

④ 印度，梵詞 Hindhu、Indu（吳其昌《印度釋名》）。

⑤ 印特伽羅，梵詞 Indakala（吳其昌《印度釋名》）。○"伽"字原闕，今據梵音補。希麟音義凡三釋"天竺"，除此例外，卷三"天竺"注："相承音竹。准梵聲合音篤。古云身毒，或云賢豆，新云印度，皆訛轉也。正云印特伽羅。此翻爲月也。"卷八"天竺國"注："竺音篤。或云身毒，或云賢豆，或云印度，皆訛。正云印特伽羅。此云月。"皆作"印特伽羅"，可爲據補之旁證。

⑥ 《大唐西域記》卷第二："印度者，唐言月。月有多名，斯其一稱。言諸群生輪迴不息，無明長夜莫有司晨，其猶白日既隱，宵燭斯繼，雖有星光之照，豈如朗月之明？苟緣斯致，因而譬月。良以其土聖賢繼軌，導凡御物，如月照臨。由是義故，謂之印度。印度種姓族類群分，而婆羅門特爲清貴，從其雅稱，傳以成俗，無云經界之別，總謂婆羅門國焉。"

⑦ 烏長，梵詞 Udyāna，希麟譯"烏仗那"。

⑧ 《大唐西域記》卷第三："烏仗那國，周五千餘里，山谷相屬，川澤連原。穀稼雖播，地利不滋。多蒲萄，少甘蔗，土産金、鐵，宜欝金香，林樹翁欝，花果茂盛。寒暑和暢，風雨順序。人性怯懦，俗情譎詭。好學而不功，禁呪爲藝業。多衣白氎，少有餘服。語言雖異，大同印度。文字禮儀，頗相參預。崇重佛法，敬信大乘。夾蘇婆伐窣堵河，舊有一千四百伽藍，多已荒蕪。昔僧徒一萬八千，今漸減少。並學大乘，寂定爲業，善誦其文，未究深義，戒行清潔，特閑禁呪。"

⑨ 郍，同"那"。支那，梵詞 Cīna。

新花嚴經卷第二

2.021 違諍　上雨非反。《字書》云：“背也。”亦逆也。《説文》：“離也。從辵，韋聲。”① 韋字從舛、口，上下相背之形②。舛音喘，口音韋，辵音丑畧反。下側迸反。《説文》：“諫止也。從言爭聲也。”③ 爭音同上。

2.022 阿㝹④　上音遏，下奴溝反。梵語也。不求字義。

2.023 裸露　上華瓦反，順俗音。此正音魯果反。《説文》云：“裸，肉袒也。從衣，果聲。”⑤ 古文作躶，或作倮，並通用。經文多有從示作祼⑥，乃音灌，書寫人誤也。

2.024 羸瘦　上累危反。杜注《左傳》云：“羸，弱也。”⑦ 許叔重注《淮南子》云：“劣也。”⑧ 從羊，羸聲⑨。下所救反。《切韻》云：“瘦，損也。”⑩《説文》云：“從疒，叟聲。”⑪ 正作瘦。經作瘦，俗字。疒音女厄反。

2.025 顦顇　上情遙反，下情悴反。《韻英》云：“顦顇，瘦惡皃。”經作憔悴。《考聲》云：“憂也，惕也。” 非瘦義。《漢書》作癄瘁⑫，病也。《左傳》作蕉萃⑬，萎也。《毛詩》作譙誶⑭，武帝作嫶妍⑮，皆非正字也。

59p0361c—0362a

---

① 見辵部。
② 《説文》韋部：“韋，相背也。从舛，口聲。獸皮之韋可以束，枉戾相韋背，故借以爲皮韋……𩏑，古文韋。”
③ 見言部。諫止，今本作“止”。
④ 阿㝹，梵詞 Anupriyā，巴利詞 Anupiyā。
⑤ 裸，《説文》字頭作“臝”，衣部：“臝，袒也。从衣，羸聲。裸，臝或从果。”○ “裸”後原衍“露”字，今據文意删。又：袒，原作“祖”，今據文意改。
⑥ 《説文》示部：“祼，灌祭也。从示，果聲。”
⑦ 見《桓公六年》“請羸師以張之”注。
⑧ 不詳。
⑨ 《説文》析“羸”同。
⑩ 宥韻（裴本）：“瘦，所佑反。俗瘦，通。三。”王本：“瘦，所救反。損。正作瘦。三。”
⑪ 瘦，《説文》作“瘦”，析“瘦”爲“从疒，叟聲”結構。
⑫ 《禮樂志》：“是以纖微癄瘁之音作，而民思憂。”瑄案：《敘傳》“朝爲榮華，夕而焦瘁”顏師古注：“瘁與悴同。”
⑬ 《成公九年》：“雖有姬姜，無弃蕉萃。”
⑭⑮ 不詳。

　　2.026 豺狼　上牀皆反。山獸也。《爾雅》云：“豺，狗足。”① 《説文》云：“亦狼屬也。從豸，才聲。”② 經文從犬作犲，非。按：豺有二種：一曰豺郎，二曰豺奴。小者先行，其獵得獸，殺已，不敢即食，以待豺郎。故《月令》云“豺，祭獸”是其事③。下洛當反。《説文》云：“狼，似犬，鋭頭，白額，猛獸也。從犬，良聲。”④ 形聲字。

　　2.027 枯涸　上康胡反。《考聲》云：“木乾死也。”或從歺作殆，古字也。下河各反。賈注《國語》云：“涸，竭也。”⑤ 《廣雅》云：“盡也。”⑥ 《説文》云：“從水，從固聲。”⑦

　　2.028 瞖膜　上於計反。郭璞云：“瞖，掩也，覆也。”⑧ 《説文》云：“目病也。從目殹聲也。”⑨ 經文從羽作翳，非目瞖⑩。下音莫。《考聲》云：“皮内肉外曰膜。”《説文》：“從肉，莫聲。”⑪ 經文作膜，亦通。

　　2.029 假寐　下弥庇反。《毛詩傳》曰：“寐，寢也。”⑫ 顧野王曰：“假寐者，謂具衣冠而坐眠也。”⑬ 《説文》云：“寐，從寢省，從未聲。”⑭

---

① 見《釋獸》。○狗，原作“猗”，今據文意改。獅谷本自注亦云：“猗當作狗。”
② 見豸部。
③ 《月令》：“季秋之月，日在房……豺乃祭獸戮禽。”
④ 犬部：“狼，似犬，鋭頭白頰，高前廣後。從犬，良聲。”○“聲”字原闕，今據文意補。希麟音義凡三引《説文》釋“狼”，卷四“豺狼”注引《説文》：“似犬，鋭頭而白頰。從犬，良聲。”亦作“良聲”，可爲據補之旁證。
⑤ 疑見《周語》“天根見而水涸”注。慧琳音義卷四十三“竭涸”注引《國語》“天眼見而水涸”注：“涸，竭也。”是其證。瑄案：《文選·木華〈海賦〉》“竭涸九州”李善注、《沈約〈新安江水至清淺深見底貽京邑遊好〉》“清濟涸無津”李善注皆引賈逵《國語注》曰：“涸，竭也。”
⑥ 見《釋詁》。
⑦ 水部：“涸，渴也。從水，固聲。讀若狐貉之貉。灂，涸亦從水、鹵、舟。”
⑧ 《爾雅·釋言》“蔽者，翳”郭璞注：“樹蔭翳覆地者。《詩》云：‘其榴其翳。’”
⑨ 《説文》闕“瞖”篆。瑄案：《説文》目部：“眚，目病生翳。從目，生聲。”
⑩ 《説文》羽部：“翳，華蓋也。從羽，殹聲。”
⑪ 見肉部。
⑫ 見《周南·關雎》“寤寐求之”傳。寢，今本作“寝”。
⑬ 《玉篇》寢部：“寐，臥也。”
⑭ 寢部：“寐，臥也。從寢省，未聲。”○寢省從未，原作“未從寢省”，今據《説文》乙正。慧琳音義凡七引《説文》釋“寐”，卷五“寤寐”注引《説文》：“臥也。從宀音綿，從寢省，未聲也。”卷十“假寐”注引《説文》：“寐，從未，從寢省。”卷十四（轉下頁）

2.030 賑給　　上章刃反。馬注《論語》云:“賑,賜窮乏也。”[1]《考聲》云:“賑,亦給也。”《説文》:“從貝,辰聲。”[2] 下居立反。《切韻》:“供也,散與也。”[3]《説文》云:“從糸,從合聲也。”[4] 上賑,又音之忍反。

2.031 地獄　　下虐録反。《史記》:“皋陶始作獄。”[5] 鄭玄注《周禮》云:“爭財曰訟也,爭罪曰獄。”[6]《風俗通》云:“三王爲獄,夏曰夏臺,殷曰羑里,周曰囹圄;自秦漢已後,通名爲獄。”[7]《説文》:“從狀、言。”[8] 二犬相噬,言以訟之。會意字也。今經中言地獄者,地底也。謂在贍部之下,故言地獄。故《俱舍論》云:“此下過二万,無間深廣同。上七捺落迦,八增皆十六。”[9] 廣如論釋。

新花嚴經卷第三

2.032 頻申　　上瓶寅反。《毛詩傳》曰:“頻,急也。”[10] 申,舒也。謂以手、足、膂、背左右上下,或急蹙或舒展,自解其勞倦也。

2.033 聚落　　上疾喻反。韋昭《漢書》云:“小鄉曰聚,蕃蘺曰落。以

(接上頁)“寐寤”注:“《説文》並從寤省,未、吾皆聲也。”卷十九“瘖瘂”注引《説文》:“卧也。從寤省,未聲。”卷二十四“惽寐”注引《説文》:“卧也。從寤省,未聲。”卷七十七“瘖寐”注引《説文》:“並從寤省,吾、未皆聲。”希麟音義凡四釋“寐”,卷七“癢寐”注:“下蜜二反。寢也,息也。從寤省,未聲也。”可爲據乙之旁證。

① “賜”字原闕,今據文意補。慧琳音義卷十二“賑給”注引《考聲》:“賑,賜也,給賜貧乏也。”卷十九“賑給”注引《韻詮》:“賑,賜也。”庶幾可爲據補之旁證。

② 見貝部。

③ 緝韻(箋本):“給,(七入反。)供給,與。”裴本:“給,(七入反。)供給。”王本:“給,(丞居反。)供給。”

④ 見糸部。

⑤ 疑見《夏本紀》:“皋陶作士以理民。”

⑥ 《地官·大司徒》“而有獄訟者”鄭玄注:“爭罪曰獄,爭財曰訟。”○鄭玄,原作“杜預”,今據文意改。又:訟,原作“説”,今據文意改。獅谷本亦作“訟”。

⑦ 不詳。瑄案:《廣雅·釋宫》:“獄,犴也。夏曰夏臺,殷曰羑里,周曰囹圄。”

⑧ 狀部:“獄,确也。从狀从言。二犬,所以守也。”

⑨ 《阿毗達磨俱舍論》卷第十一:“頌曰:‘此下過二萬,無間深廣同。上七㮹落迦,八增皆十六。謂煻煨屍糞,鋒刃烈河增。各住彼四方,餘八寒地獄。’”○万,獅谷本作“萬”。八增,獅谷本作“增”。

⑩ 見《大雅·桑柔》“國步斯頻”傳。

人所居故也。"① 聚字，《説文》云："從乑，從取聲。"② 乑音吟，從三人③。
59p0362a—0362b

　　2.034 旋澓　下符福反。《三蒼》曰："澓，深也。"謂河海中洄旋之處
也。《説文》云："從水，復聲。"④

　　2.035 雷震　上魯迴反。王充《論衡》曰："以天地爲爐，陰陽爲氣，相
擊成聲也。"⑤《説文》正作靁，從雨，畾聲⑥。下章認反。《切韻》云："動也，
起也。"⑦《説文》云："從雨，辰聲。"⑧

新花嚴經卷第四

　　2.036 赫奕　上亨格反。《爾雅》曰："赫赫，迅也。"⑨ 郭璞曰："盛疾皃
也。"⑩《方言》："赫，發也。"⑪《廣雅》："赫，明也。"⑫《説文》："大赤皃。從
二赤。"⑬ 下羊益反。或從大作奕。《毛詩傳》曰："奕奕，大皃也。"⑭《説文》
云："從亦，亦聲。"⑮ 經文從廾作弈，亦通。廾音拱也。

----

① 疑見《平帝紀》"校、學置經師一人。鄉曰庠，聚曰序"注。《文選·班固〈東都賦〉》
　　"庠序盈門"李善注引《漢書》"聚曰序"韋昭："小於鄉曰聚。"
② 乑部："聚，會也。从乑，取聲。邑落云聚。"
③ 《説文》乑部："乑，眾立也。从三人……讀若欽崟。"
④ 《説文》闕"澓"篆。
⑤ 《物勢》："或曰：天地不故生人，人偶自生，若此，論事者何故云'天地爲爐，萬物爲銅，
　　陰陽爲火，造化爲工'乎？"
⑥ 雨部："靁，陰陽薄動靁雨，生物者也。从雨，畾象回轉形。𤴐，古文靁。𩂩，古文靁。
　　𩇓，籀文。靁閒有回。回，靁聲也。"
⑦ 《廣韻》震韻："震，雷震也。又：動也，懼也，起也，威也。章刃切。"瑄案：震韻（殘葉）：
　　"震，職刃反。"箋本："震，職刃反。五加一。"表本："震，職刃反。七。"王本："震，職
　　刃反。雷。九。"
⑧ 雨部："震，劈歷，振物者。从雨，辰聲。《春秋傳》曰：'震夷伯之廟。'𩃓，籀文震。"
⑨ 見《釋訓》。
⑩ 《釋訓》"赫赫、躍躍，迅也"郭璞注："皆盛疾之貌。"○盛，原作"或"，今據《爾雅》郭
　　璞注改。希麟音義卷八"赫赫"注引《爾雅》"赫赫，迅也"郭注："謂盛疾皃。"亦作
　　"盛疾"，可爲據改之旁證。
⑪ 見《方言》卷十二。赫，今本作"荷"。
⑫ 《釋訓》："赫赫，明也。"
⑬ 見赤部。大赤，今本作"火赤"。
⑭ 《小雅·巧言》"奕奕寢廟"毛傳："奕奕，大貌。"
⑮ 見亦部。○亦，原作"火"，今據《説文》改。

2.037 熙怡　上虛之反，下與之反。《説文》：“熙怡，和悦也。”①《方言》云：“怡，喜也。湘潭間曰紛怡，或云熙怡。”②經中或作嬉，音同。《説文》云：“嬉，樂也。”③《蒼頡篇》云：“笑也。”非此用也。

2.038 池壍　上直離反。《廣雅》曰：“停水曰池。”④下僉焰反。顧野王云：“城池爲壍。”⑤即今城外壕坑也。《字書》云：“城隍也。”《説文》云：“坑也。從土斬聲也。”⑥或從漸作漸，亦同。

2.039 垣牆　上遠元反。《毛詩傳》曰：“垣亦牆也。”⑦下匠羊反。《聲類》云：“牆亦垣也。”《尚書》曰：“無敢逾垣牆。”⑧《説文》：“牆，垣蔽也。從嗇，爿聲。”⑨爿音同上。經文或作牆、廧、墻、牆四形，皆俗用字，非也。

2.040 諂諛　上丑斂反。《周易》云：“君子上交不諂，下交不瀆也。”⑩何注《公羊傳》云：“諂，猶佞也。”⑪《莊子》云：“希意道言謂之諂。”⑫《説文》云：“諂，諛也。從言，臽聲。”⑬諛音獨。下居況反。賈注《國語》云：

---

① 火部：“熙，燥也。从火，巸聲。”心部：“怡，和也。从心，台聲。”
② 《方言》卷十：“紛怡，喜也。湘潭之間曰紛怡，或曰巸巳。”
③ 嬉，《説文》作“僖”，人部：“僖，樂也。从人，喜聲。”瑄案：《文選·禰衡〈鸚鵡賦〉》“故其嬉游高峻”李善注引《説文》：“嬉，樂也。”
④ 不詳。
⑤ 《玉篇》土部：“壍，《左氏傳》注：‘溝壍也。’《字書》云：‘城隍也。’”
⑥ 見土部。坑也，今本作“阬也一曰大也”。
⑦ 見《大雅·板》“大師維垣”傳。
⑧ 《費誓》：“無敢寇攘，踰垣牆，竊馬牛，誘臣妾，汝則有常刑。”
⑨ 嗇部：“牆，垣蔽也。從嗇，爿聲。牆，籀文從二禾。牆，籀文亦從二來。”瑄案：《説文》土部：“垣，牆也。從土，亘聲。䡐，籀文垣，從𩫖。”○牆垣，原作“垣牆”，今據文意乙正。考慧琳音義凡九引《説文》釋“牆”，卷十“牆堵”、卷十三“牆壍”注引《説文》皆云：“垣蔽也。從嗇，爿聲。”卷六十一“牆柵”注引《説文》：“垣蔽也。從爿從嗇。”卷六十七“牆壍”注引《説文》：“垣蔽也。從嗇，爿聲。”卷七十二“牆澄”注引《説文》：“牆，垣蔽也。從嗇爿聲也。”《文選·鄒陽〈獄中上書自明〉》“牽於帷墻之制”李善注引《説文》：“墻，垣蔽也。”皆作“垣蔽也”。可爲據乙之旁證。瑄案：蔽，同“蔽”。《集韻》祭韻：“蔽，塞也。通作蔽。”垣蔽即“垣蔽”。《説文》土部“垣，牆也”段玉裁注：“渾言之，牆下曰垣蔽也。析言之，垣蔽者，牆又爲垣之蔽也。垣自其大者言之，牆自其高者言之。”作“垣蔽”之理據其明。
⑩ 《繫辭下》：“知幾其神乎？君子上交不諂，下交不瀆，其知幾乎？”瀆，今本作“瀆”。
⑪ 見《隱公四年》“公子翬諂乎隱公”注。
⑫ 《漁父》：“希意道言謂之諂，不擇是非而言謂之諛。”
⑬ 諂，《説文》字頭作“讇”，言部：“讇，諛也。從言，閻聲。諂，讇或省。”

“誆,惑也。”①　郭注《爾雅》云:“欺誆也。”②《説文》云:“從言狂聲也。”③

2.041　䌫索　上癸充反。《桂苑珠叢》云:“以繩係物謂之䌫也。”或作胃。下蘇各反。《字書》:“索,大繩也。”亦緓也。又:盡也,散也。59p0362b—0362c

2.042　羈靾　上居宜反,下於兩反。王逸注《楚辭》云:“以革絡馬頭也。”④《釋名》云:“羈,檢也,所以檢持縻絆。”⑤

2.043　茵蓐　上於真反,下如欲反。《毛詩傳》云:“茵,虎皮也。”⑥《玉篇》云:“以虎皮爲蓐曰茵。”⑦又作鞇。郭注《爾雅》曰:“蓐,席也。”⑧《聲類》曰:“蓐,薦也。”又作褥,字同。案:茵蓐二字,若以皮爲,即從艸作茵⑨;若以革爲,即從革作鞇也。

2.044　瘡疣　上楚霜反。《禮記》云:“頭有瘡則沐。”⑩《説文》作創,傷也⑪。古文作刅,像刀入形⑫。下有求反。小曰疣,大曰贅也。《古今正字》作疣。贅音佳芮反。

2.045　誘誨　上興久反。《考聲》云:“引也,導也。”《論語》曰:“夫子

---

① 慧琳音義卷一“詔誆”注引賈注《國語》:“誆,惑也。”瑄案:《國語·周語》“以誆劉子”韋昭注:“誆,惑也。”《晉語》“天又誆之”韋昭注:“誆,猶惑也。”

② 不詳。

③ 見言部。

④ 疑見《離騷》“余雖好脩姱以鞿羈兮”王逸注:“革絡頭曰羈。”瑄案:《文選·顏延之〈赭白馬賦〉》“服鞿羈兮”李善注引《楚辭》“余雖好脩姱以鞿羈兮”王逸曰:“韁在口曰鞿,絡在頭曰羈。”

⑤ 《釋車》:“鞇,檢也,所以檢持制之也。”羈、縻絆,今本作“鞇、制之也”。

⑥ 《秦風·小戎》“文茵暢轂”毛傳:“文茵,虎皮也。”

⑦ 艸部:“茵,茵蓐。《詩》曰:‘文茵暢轂。’文茵,虎蓐。”

⑧ 《釋器》“蓐謂之茲”郭璞注:“《公羊傳》曰:‘屬負茲。’茲者,蓐席也。”瑄案:《後漢書·段熲傳》“未嘗一日蓐寢”李賢注引郭璞曰:“蓐,席也。”

⑨ “茵”字原闕,今據文意補。後文“從革作鞇”與之對言,可爲據補之旁證。

⑩ 見《曲禮上》。

⑪ 刀部:“刅,傷也。从刃从一。創,或从刀,倉聲。”

⑫ “形”字原闕。考希麟音義卷一“瘡疣”注:“古文作刅,象刀入形也。”今據補。慧琳音義卷三十“創病”注:“古文作刅,象刀入肉也。”卷四十一“瘡疣”注:“《説文》作創。創,傷也。古文作刅,象刀入形。經文作瘡,俗用字也。”或言“刀入形”,或言“刀入肉”,可爲據補之旁證。

循循善誘人。"①《説文》云："教也。從言，秀聲。"②下荒外反。教也。亦訓也。《論語》云："誨人不倦，何有於我哉！"③《説文》云："從言每聲也。"④

新花嚴經卷第五

2.046　鹹味　上遐巖反。《尚書·洪範》云："潤下作鹹。"⑤《爾雅》曰："鹹，苦也。"⑥《説文》云："北方味也。從鹵咸聲也。"⑦經文從酉作醎，非也。

2.047　欻然　上許勿反。《切韻》："暴起也。"⑧亦忽也。字從炎，吹省也⑨。下如延反。《字書》云："而也。"《説文》云："從月音肉從犬從灬音摽。"⑩灬，火行兒。犬逐其肉以然之，會意字也。

2.048　泳游　上榮柄反。《爾雅》曰："潛行爲泳。"⑪郭璞注云："水底行也。《晏子春秋》曰：'潛行，逆流百步，順流七里。'"下以周反。《爾雅》曰："順流而下曰泝游。"⑫《説文》云："從水，斿聲。"⑬經文作游，俗字，非正。

2.049　旋澓　下符福反。《三蒼》曰："旋澓，謂河海中洄流深處是也。"前已釋竟⑭。

---

① 《子罕》："夫子循循然善誘人，博我以文，約我以禮，欲罷不能。"
② 誘，《説文》字頭作"羑"，厶部："羑，相訹呼也。从厶从羑。誘，或从言、秀。䛏，或如此。羑，古文。"
③ 《述而》："子曰：'默而識之，學而不厭，誨人不倦，何有於我哉？'"
④ 見言部。
⑤ 《洪範》："水曰潤下……潤下作鹹，炎上作苦，曲直作酸，從革作辛，稼穡作甘。"
⑥ 見《釋言》。
⑦ 見鹵部。
⑧ 物韻（篆本）："欻，（許物反。）暴起也。"裴本："欻，（許勿反。）暴起"王本："欻，（許物反。）暴起。"
⑨ 《説文》析"欻"爲"从欠，炎聲"結構。
⑩ 火部："然，燒也。从火，肰聲。爇，或从艸、難。"肉部："肰，犬肉也。从犬、肉。讀若然。胭，古文肰。腏，亦古文肰。"
⑪⑫ 見《釋水》。
⑬ 㳂部："游，旌旗之流也。从㳂，汓聲。汓，古文游。"（《集韻》尤韻音力求切，異詞）。瑄案：《説文》水部："汓，浮行水上也。从水从子。古或以汓爲没。泅，汓或从囚聲。"
⑭ 前此希麟音義凡三釋"澓"，分別見 1.014"洄澓"、2.010"洄澓"、2.034"旋澓"。

2.050 捃拾　　上居運反。《漢書集注》曰:"捃,收也。"①《切韻》云:"捃,拾取也。"②下是汁反。《切韻》云:"斂也。"③亦收拾也。

2.051 楞伽④　　上勒登反。俗字也。正作棱,從木,夌聲⑤。正梵語應云駿誐。是寶名也。梵語,不求字義。駿,勒鄧反。59p0362c—0363a

2.052 嘯和　　上蘇弔反。《說文》云:"呼吟也。"⑥謂聚唇出聲也。亦作歗。下胡臥反。《爾雅》曰:"徒吹謂之和。"⑦即相應和也。

2.053 罣礙　　上又作罫、絓二形,同。胡卦反。《字書》云:"罣亦礙也。"謂羂礙也。下五槩反。《切韻》:"止也。"⑧亦作硋、导、閡,皆俗字也。

2.054 捫摸　　上沒奔反。《毛詩》注云:"持也。"⑨《聲類》云:"捫亦摸也。"《說文》云:"從手,門聲。"⑩下忙博反。《方言》云:"摸捼,摩挲也。"⑪《說文》:"從手從莫。"⑫形聲也。

2.055 達邏⑬　　下來箇反。梵語,不求字義也。

2.056 遽即　　上其倨反。《字書》云:"急疾也。"《切韻》云:"戰慄也。"⑭《說文》云:"從辵豦聲也。"⑮豦音同上。經文作遽,俗,非也。

---

① 不詳。
② 問韻(裴本):"捃,居運反。拾也。亦攟。二。"王本:"捃,居運反。拾。亦作攟。三。"箋本有字無釋。
③ 緝韻(裴本、王本):"拾,(是執反。)取。"瑄案:《廣韻》緝韻:"拾,收拾。又:掇也,斂也。"
④ 楞伽,梵詞 Laṅkā,希麟譯"駿誐"。
⑤ 《說文》析"棱"同。
⑥ 嘯,《說文》作"歗",欠部:"歗,吟也。从欠,肅聲。《詩》曰:'其歗也謌。'"呼吟,今本作"吟"。
⑦ 見《釋樂》。
⑧ 代韻(裴本):"礙,五愛反。止也。四。"王本:"礙,五愛反。妨。亦作儗。(六)。"
⑨ 見《大雅·抑》"莫捫朕舌"傳。
⑩ 見手部。
⑪ 《方言》卷十三"摸,撫也"郭璞注:"謂撫順也。"
⑫ 摸,《說文》字頭作"摹",手部:"摹,規也。从手,莫聲。"瑄案:希麟音義引文析字跟今本有不同。
⑬ 達邏[比吒],梵詞 Draviḍa。
⑭ 《廣韻》御韻:"遽,急也,疾也。亦戰慄也,窘也,卒也。其據切。五。"瑄案:據韻(王本):"遽,渠據反。急。三。"
⑮ 見辵部。

2.057　普霍　下之成反。《切韻》：“時雨霍下也。”①《説文》：“從雨，注聲。”②形聲字。亦作澍，正體字也③。

2.058　船舫　上食川反。《玉篇》曰：“舟曰船。”④下府妄反，又補浪反⑤。《玉篇》：“亦舟也。”⑥《通俗文》云：“連舟曰舫，雙併兩舟也。”

新花嚴經卷第六

2.059　船橃　上述緣反。《方言》曰：“自關而西謂舟爲船。”⑦《説文》云：“船，舟也。從舟，沿省聲也。”⑧下煩轍反。《考聲》云：“縛竹木浮於水上也。”《集訓》云：“木橃也。”從木發聲也⑨。俗從竹作筏⑩，通用。《廣雅》作艬⑪，古文也。經文作栰，謬作也。

2.060　惑箭　上胡國反。《切韻》云：“心迷亂也。”⑫《説文》云：“從心或聲也。”⑬下煎線反，俗字。正體作𥰡，從竹從止從舟從巜⑭。《説文》云：“止舟爲𦩍音前。”⑮蔡邕加巜，音古外反。巜，水也，可以行舟。後因行草書字，變止作龶，變舟作月，變巜爲刂，作前字。《考聲》云：“箭，本竹名。此竹葉似葦，叢生，高五六尺，莖實可以爲矢笴，因名矢爲箭。”笴音干旱反。

---

① 遇韻(裴本)：“澍，(之成反。)時雨。又：殊遇反。”王本：“澍，(之成反。)澍雨。”
② 《説文》闕“霍”篆。○“聲”字原闕，今據文意補。
③ 《説文》水部：“澍，時雨，澍生萬物。從水，尌聲。”
④ 舟部：“船，舟船。”
⑤ “反”字原闕，今據文意補。獅谷本亦注“浪下反脱”。
⑥ 舟部：“舫，並兩船。”
⑦ 《方言》卷九：“舟，自關而西謂之船。”
⑧ 見舟部。從舟沿省聲也，今本作“从舟鉛省聲”。
⑨ 《説文》析“橃”同。
⑩ “作”字原闕，今據文意補。
⑪ 《釋水》：“艬，舟也。”
⑫ 德韻(箋本、裴本、王本)：“惑，(胡國反。)迷惑。”
⑬ 見心部。
⑭ 竹部：“箭，矢也。從竹，前聲。”止部：“前，不行而進謂之𦩍。從止在舟上。”○巜，原作“刂”，今據文意改。《説文》巜部：“巜，水流澮澮也。方百里爲巜，廣二尋深二仞。”舟部：“俞，空中木爲舟也。從亼從舟從巜。巜，水也。”下同。
⑮ 止部：“前，不行而進謂之𦩍。從止在舟上。”○止，原作“正”，今據《説文》改。獅谷本亦作“止”。

2.061 袈裟① 上音加，下音沙。梵語訛也。具足應云迦邏沙曳。此云染色，或云壞色。以西域俗人皆著白色衣，故簡異之。袈裟二字本非衣名，不合從衣。59p0363a—0363b

2.062 臍輪 上情奚反。《字書》云：“當腹之中曰臍。”《説文》云：“膍臍也。從肉齊聲也。”② 或作齎③，亦通。經文單作齊，古文，借用也。下力迍反。《周禮》曰：“軫之方以像地，蓋之圜以像天，輪圓以像日月也。”④ 輪，三十幅也。從車，侖聲⑤。

2.063 兩脇 下或作脋，同。香業反。《説文》云：“肋兩傍也。從肉，從劦聲。”⑥ 劦音叶⑦，從三力⑧。經文從三刀作脇，非也。

2.064 廣陜 下遐甲反。《禮記》云：“廣則容姦，陜則思欲。”⑨《考聲》云：“陜，隘也。”《玉篇》云：“迫隘也，不廣也。”⑩ 經文從犬作狹，誤謬也，乃是狹習字。犬馬所以馴狹之。又：輕傷也。甚非廣陜義也。有經作陝，亦非，乃陝州字。陝音式染反，即《周書》“分陝之地”是也⑪。

2.065 漁捕 上語居反。《説文》：“漁，謂捕魚也。”⑫《世本》云：“古以天下多水，故教人漁。”下蒲故反。《切韻》云：“捉也。”⑬ 顧野王云：“捕，逐也。”⑭《説文》云：“從手甫聲也。”⑮ 甫音俯。

---

① 袈裟，梵詞 kāṣāya、kaṣāya，希麟譯“迦邏沙曳”。

② 臍，《説文》作“齎”，肉部：“齎，膍齎也。从肉，齊聲。”

③ 齎，原作“齊”，今據文意改。《集韻》齊韻：“齎，《説文》：‘膍臍也。’或書作臍，通作齊。”

④ 《考工記·輈人》：“軫之方也，以象地也；蓋之圜也，以象天也；輪輻三十，以象日月也。”○“圜”字原闕，今據《周禮》補。“軫之方、蓋之圜”對言，是其脱字之證。

⑤ 《説文》析“輪”同。

⑥ 肉部：“脅，兩膀也。从肉，劦聲。”

⑦ “劦”字原闕，今據文意補。

⑧ 《説文》析“劦”同。

⑨ 見《樂記》。陜，今本作“狹”。

⑩ 阜部：“陜，不廣也。亦作狹。”陜，今本作“陝”。

⑪ 不詳。

⑫ 鱟部：“㿻，捕魚也。从鱟从水。漁，篆文㿻，从魚。”

⑬ 暮韻（裴本）：“捕，蒲故反。捉也。八。”王本：“捕，薄故反。捉也。九。”

⑭ 見《玉篇》手部。

⑮ 見手部。

2.066 屠獵　上唐胡反。《考聲》云："殘殺也。"《説文》："刲也。從尸，都省聲也。"[1] 下廉葉反。《考聲》云："犬逐獸也。"《爾雅》曰："獵，虐也。"[2] 又：取也。亦謂畋獸爲獵。《説文》云："從犬巤聲也。"[3] 巤音同上。

新花嚴經卷第七

2.067 暎蔽　上於敬反。《考聲》云："暉也，隱也。"《韻英》云："傍照也。"古文作映[4]。下卑袂反。《韻英》云："掩也。"《考聲》云："鄣也。"《説文》云："從草敝聲也。"[5]

2.068 善軛　下於格反。俗作軶。正作戹[6]，從户乙聲也[7]。鄭衆注《考工記》云："軶，轅端壓牛領木也。"[8]

2.069 閻羅王[9]　或云剡魔，或云燄魔，皆訛略梵語也。正云琰魔羅。義翻爲平等王。謂典生死罪福之業，主守八寒八熱大地獄，役使鬼卒，於五趣中追攝罪人，平等治罰捶拷。故《三啟經》云[10]："將至琰魔王，隨業而受報。"是其事也。59p0363b—0363c

2.070 垣牆　上遠元反。《毛詩傳》曰："垣亦牆也。"[11] 下匠羊反。《聲類》云："亦牆垣也。"《尚書》云："無敢逾垣牆。"[12]《説文》："牆，垣蔽也。

----

① 見尸部。從尸都省聲也，今本作"从尸，者聲"。

② 見《釋言》。○虐，原作"虚"，今據《爾雅》改。《釋言》"獵，虐也"郭璞注："凌獵暴虐。"注作"暴虐"，可爲據改之旁證。

③ 見犬部。

④ 映，獅谷本作"膡"。

⑤ 見艸部。從草敝聲也，今本作"从艸，敝聲"。

⑥ 戹，原作"軶"，今據文意改。慧琳音義卷十五"被軶"注："烏革反。車軶也。軶，礙也。經作軶，俗字。正體從户從乙作戹。"可爲據改之旁證。

⑦ 《説文》析"戹"同。

⑧ 《考工記·車人》"車人爲車……徹廣六尺，鬲長六尺"鄭玄注引鄭司農："鬲，謂轅端厭牛領者。"

⑨ 閻羅，梵詞 Yama-rāja，希麟譯"琰魔羅"。

⑩ 《三啟經》，大正藏作《佛説無常三啟經》，疑似部典籍（T85，No.2912），失譯人名，凡一卷。

⑪ 見《大雅·板》"大師維垣"傳。

⑫ 見《費誓》："無敢寇攘，踰垣牆，竊馬牛，誘臣妾，汝則有常刑。"

從嗇爿聲也。"① 經中或作墙、牆、牆，並俗。

　　2.071　氛氳　上符云反，下於云反。 王逸注《楚辭》云："氛氳，盛也。"② 謂香氣遠布皃也。

　　2.072　延袤　下莫候反。《字書》云："袤，廣也。"③《切韻》云："東西曰廣，南北曰袤也。"④ 又：袤亦長也。《説文》云："從衣，矛聲。"⑤

　　2.073　甍棟　上莫耕反。《切韻》："甍亦棟也。"⑥ 下多貢反。《爾雅》曰："棟謂之桴。"⑦ 郭璞注曰："屋檼也。"桴音浮。檼，於靳反⑧。甍，從瓦從夢省聲也⑨。

　　2.074　鳧鴈　上輔於反。《爾雅》曰："舒鳧，鶩音木。"⑩ 郭璞注云："鴨也。"《考聲》云："野鴨之小者也。"《字書》云："從鳥，從几几音殊聲也。"⑪ 下顏諫反。《毛詩傳》曰："大曰鴻，小曰鴈。"⑫ 即隨陽鳥也⑬。《禮記·月

---

① 嗇部："牆，垣蔽也。 從嗇，爿聲。 牆，籀文从二禾。 牆，籀文亦从二來。"〇垣蔽，原作"蔽"，今據《説文》補改。慧琳音義卷十"牆堵"注引《説文》："牆，垣蔽也。從嗇，爿聲。"卷十三"牆塹"注引《説文》："垣蔽也。 從嗇，爿聲。"皆引作"垣蔽"。又段玉裁注："土部曰：'垣，牆也。'《左傳》曰：'人之有牆，以蔽惡也。'故曰垣蔽也。"作"垣蔽"之理據甚明。諸例可爲據以補改之旁證。

② 《九章·橘頌》"紛緼宜脩，姱而不醜兮"王逸注："紛緼，盛貌。"瑄案：《文選·謝惠連〈雪賦〉》"氛氳蕭索"李善注引王逸《楚辭注》："氛氳，盛貌。"

③ 袤廣，原作"廣袤"，今據文意乙正。希麟音義卷三"延袤"注："上以然反，下莫候反。延，長也。袤，廣也。如前第七卷經已釋訖。"例中"前第七卷經"即指此而言，可爲乙正之旁證。

④ 候韻（裴本、王本）："袤，（莫候反。）廣袤。"

⑤ 見衣部。

⑥ 耕韻（箋本）："甍，屋棟。 莫耕反。 五。"裴本："甍，莫耕反。 屋棟。 九。"王本："甍，莫耕反。 屋棟。 七。"

⑦ 見《釋宫》。

⑧ "反"字原闕，今據文意補。獅谷本注："靳下'反'字脱乎。"

⑨ 《説文》析"甍"同。〇夢，獅谷本作"甍"，並注"甍恐'夢'乎"。

⑩ 見《釋鳥》。

⑪ 《説文》析"鳧"同。〇二"几"字，原作"儿"，今據文意改。

⑫ 見《小雅·鴻鴈》"鴻鴈于飛"傳。

⑬ 《爾雅·釋鳥》"鳧鴈醜，其足蹼"邢昺疏："鴈，陽鳥也。"《禮記·昏義》"是以昏禮納采"孔穎達疏："鴈是隨陽之鳥，妻從夫之義也。"

令》云：“季秋之月，鴻鴈來賓。”①《方言》云：“自關而西謂鴈爲駒鵝。”② 駒音歌。

2.075 鴛鴦　上於袁反，下於薑反。《毛詩》曰：“鴛鴦于飛。”③ 傳曰：“鴛鴦，疋鳥也。”④ 言其止爲疋偶，飛則雙飛⑤。《説文》從鳥，夗、央皆聲⑥。形聲字也。

2.076 白鶴　何各反。郭璞注《山海經》云：“色白，長喙，壽滿千歲，頂背朱色。”《字書》云：“神仙鳥也，見則爲祥瑞也。”《抱朴子》曰：“鶴鳴九臯，聲聞於天。”《淮南子》云：“雞知將曉，鶴知夜半也。”⑦《説文》云：“從鳥，隺聲。”⑧ 隺音何各反。又解隺從冖音癸夐反從隹隹即鳥也⑨，鳥高飛至欲出冖也。會意字。

2.077 理翮　上良始反。《字書》云：“通也。”《切韻》：“料理也。”⑩《説文》云：“從玉，里聲。”⑪ 下行格反。顧野王云：“鳥羽翮也。”⑫《説文》：“從羽，鬲聲。”⑬ 鬲音革也。

2.078 耳璫　下都郎反。《釋名》云：“穿耳施珠曰璫。”⑭《埤蒼》云：

---

① 《月令》：“季秋之月，日在房 …… 鴻鴈來賓，爵入大水爲蛤，鞠有黄華，豺乃祭獸戮禽。”
② 《方言》卷八：“鴈，自關而東謂之駒䳘，南楚之外謂之䳘，或謂之鸇駒。”
③ 見《小雅·鴛鴦》。
④ 疋鳥也，今本作“匹鳥”。
⑤ 語見《小雅·鴛鴦》“鴛鴦于飛”毛傳“鴛鴦，匹鳥”鄭玄箋：“匹鳥，言其止則相耦，飛則爲雙，性馴耦也。”
⑥ 《説文》析“鴛”爲“从鳥，夗聲”結構，析“鴦”爲“从鳥，央聲”結構。○“鳥、聲”二字原闕，今據文意補。希麟音義“從 X，Y、Z 皆聲”結構凡二十三見，如卷一“芭蕉”注：“二字並從草，巴、焦皆聲也。”同卷之“稼穡”注：“二字並從禾，家、嗇皆聲也。”卷二“洄澓”注：“《説文》並從水，迴、復皆聲也。”卷九“誹謗”注：“從言，旁、非皆聲。”行文同此例，可爲據補之旁證。
⑦ 《説山訓》：“雞知將旦，鶴知夜半，而不免於鼎俎。”
⑧ 見鳥部。
⑨ 《説文》冂部：“隺，高至也。从隹上欲出冂。《易》曰：‘夫乾隺然。’”
⑩ 止韻（篆本）：“理（，良士反。）”裴本、王本：“理，（良士反。）直。”
⑪ 見玉部。
⑫ 《玉篇》羽部：“翮，羽本也，羽莖也。”
⑬ 見羽部。
⑭ 見《釋首飾》。

"耳飾也。"《説文》:"從玉,當聲。"①

新花嚴經卷第八

2.079　蓊鬱　上烏孔反。《漢書·相如傳》從竹作篛②。下于物反。
《切韻》云:"香草也。"③又作欝,俗字也。《玉篇》云:"蓊鬱,草木盛
皃也。"④59p0364a

2.080　葱翠　上倉紅反,下七醉反。上合作緫字。青黃色作葱,葱乃
葷菜也。《説文》:"翠,青羽雀也。"⑤今言葱翠,謂雜色晃曜也,非是葱菜
之翠也。

2.081　優鉢羅⑥　或云漚鉢羅。正云嗢鉢羅。此云青蓮花。其花青色,
葉細陜長,香氣遠聞。人間無此花,唯無熱惱大龍池中有也。嗢,烏骨反。

2.082　波頭摩⑦　或云鉢頭摩,或云鉢弩摩,亦云鉢特摩,皆梵聲訛
轉。正云鉢納摩。此云紅蓮花。人間亦有,或名赤黃色連花也。

2.083　拘物頭⑧　或云拘牟那。正云拘某陁。此云赤蓮花。其花深
朱,甚香,亦大。人間亦無,唯彼池有。

2.084　芬陁利⑨　或云奔茶利迦。正云本拏哩迦。此云白蓮花。其
花如雪如銀,光掩人目,甚香,亦大,多出彼池。拏音奴雅反。

2.085　牽我　上企堅反。《廣雅》云:"牽,連也,挽也。"⑩《説文》云:
"引前也。從冖音癸營反,像牛之縻也從牛,玄聲也。"⑪俗從去、手作摼⑫,非也。

---

① 見《説文新附》。
② 《司馬相如傳》:"觀衆樹之蓊薆兮,覽竹林之榛榛。"篛,今本作"蓊"。 ○篛,原作
　"蓊",據文意改。
③ 物韻(箋本):"欝,古作鬱、欝,迂物反。"裴本:"欝,紆勿反。木叢生。古鬱。
　五。"王本:"欝,紆勿反。草。八。"
④ 艸部:"蓊,木茂也。"林部:"鬱,木叢生也。""欝,同鬱。"
⑤ 見羽部。
⑥ 優鉢羅,梵詞 utpala,巴利詞 uppala,希麟譯"嗢鉢羅"。
⑦ 波頭摩,梵詞 padma,巴利詞 paduma,希麟譯"鉢納摩"。
⑧ 拘物頭,梵詞 kumuda,希麟譯"拘某陁"。
⑨ 芬陁利,梵詞 puṇḍarīka,希麟譯"本拏哩迦"。
⑩ 《釋詁》:"牽,連也。"《釋言》:"牽,挽也。"
⑪ 牛部:"牽,引前也。从牛,象引牛之縻也;玄聲。"
⑫ 摼,原作"牽",今據文意改。

新花嚴經卷第九

2.086 波濤　上博和反。《爾雅》云：“大波爲瀾，小波爲淪。”① 《切韻》云：“水波也。”② 下唐豪反。《蒼頡篇》云：“濤，大波也。”《説文》云：“濤，謂潮水湧起也。從水，壽聲。”③

2.087 湧浪　上容悚反。《説文》云：“湧，亦騰起也。從水勇聲也。”④ 亦作涌。 下來宕反。《切韻》云：“浪亦波也。”⑤《説文》云：“從水，朗省聲。”⑥

2.088 欄楯　上落干反。《慈恩音義》云⑦“鉤欄也。或作闌。”⑧《説文》云：“門遮也。”⑨ 下食尹反。《説文》云：“楯，欄檻也。”⑩ 王逸注《楚辭》云：“檻，楯也。縱曰檻，橫曰楯。”⑪ 字從木盾聲也。 59p0364a—0364b

2.089 窻牖　上楚江反。《釋名》曰：“窻，聰也。謂内視於外聰明也。”⑫ 下餘帚反。《玉篇》：“道也，向也。”⑬《爾雅》曰“牖户之間謂之扆”是也⑭。

2.090 廛里　上直連反。鄭注《周禮》云⑮“廛，居也。”⑯ 鄭注《禮

---

① 見《釋水》。

② 歌韻（箋本）：“波，博河反。四。”裴本：“波，博何反。淪也。五。”王本：“波，博何反。水紋。四。”

③ 《説文新附》：“濤，大波也。从水，壽聲。”○“聲”前原衍“省”字，今據文意删。

④ 湧，《説文》作“涌”，水部：“涌，滕也。从水，甬聲。一曰涌水，在楚國。”

⑤ 宕韻（王本）：“浪，郎宕反。水波。五。”

⑥ 見水部。朗省聲，今本作“良聲”。

⑦ 《慈恩音義》，指唐釋窺基《妙法蓮華經音義》，書已不存，其再删補本及序文見慧琳音義卷二十七。參黄仁瑄《唐五代佛典音義研究》頁6。

⑧ 慧琳音義卷二十七大乘基撰慧琳再詳定之“欄”注：“落干反。鉤欄。或作闌。”

⑨ 欄，《説文》作“闌”，門部：“闌，門遮也。从門，柬聲。”

⑩ 見木部。欄檻，今本作“闌楯”。

⑪ 見《招魂》“檻層軒些”注。縱，今本作“從”。

⑫ 見《釋宫室》：“窻，聰也。於内窺外爲聰明也。”

⑬ 片部：“牖，牕牖也。”

⑭ 見《釋宫》。

⑮ “鄭”字原闕，今據文意補。

⑯ 見《地官·遂人》“夫一廛”鄭玄注引鄭司農云。

記》云：“廛，市物邸舍也。”①《玉篇》云：“城市内畝半空地謂之廛。”② 經文
作厘，或作㕓，皆非。下良耳反。《周禮》：“五家爲隣，五隣爲里。”③ 里亦
居也④。

2.091 頤頷　上以伊反，下含感反。《方言》云頤、頷乇名也⑤。《文字
集略》云：“頰也。”《説文》云：“輔車骨也。”從頁，頁，頭也。臣、含聲也⑥。
經文作頥，非也。臣音夷也。

2.092 肩髆　上古賢反。《切韻》云：“頂傍也，髆上也。”⑦ 下牓莫反。
《字林》：“髆，胛也。”《説文》云：“肩胛也。從骨，博省聲也。”⑧ 經文作膊，
音普博反。郭璞云：“披割牛羊五藏謂之膊。”⑨ 非肩髆義。胛音甲。

2.093 傭圓　上丑凶反⑩。《考聲》云：“上下均也。”《韻英》：“傭，直
也。”《説文》云：“均、直也。從人庸聲也。”⑪ 經文作膧，俗字也。

2.094 𦙄臆　上香邑反。《説文》云：“𦙄，膺也。”⑫ 膺即臆。或作匈，
亦通。下應力反。《説文》：“臆，亦𦙄骨也。從肉，億省聲也。”⑬

2.095 過膝　下胥逸反。《玉篇》：“膝，脛上頭也。”⑭《説文》：“脛骨

---

① 見《王制》“市廛而不税”鄭玄注。○“物”字原闕，今據《禮記》鄭玄注補。玄應
　音義卷二十三“市廛”注引《禮記》“市廛不征”鄭曰：“廛，謂市物邸舍也。”卷
　二十四“色廛”注引《禮記》“市廛而不征”鄭玄曰：“廛，謂市物邸舍也。”慧苑音義
　卷下“廛店隣里”注引鄭注《禮》：“廛，謂市物邸舍也。”《後漢書·班固傳》“傍流百
　廛”李賢注引鄭玄注《禮記》：“廛，市物邸舍也。”皆作“市物”，可爲據補之旁證。
② 广部：“廛，居也，市邸也，百畝也。”
③ 見《地官·遂人》。
④ 《廣雅·釋詁》：“里，尻也。”
⑤ 《方言》卷十：“頷、頤，頷也。”○乇，原作“牙”，今據文意改。慧琳音義卷一“頤頷”
　注：“《方言》頤、頷互名也。”亦作“互”，可爲據改之旁證。
⑥ 《説文》析“頷”爲“從頁，含聲”結構，析“頷”爲“從頁，合聲”結構。
⑦ 先韻（篆本）：“肩（，古賢反。）”王本：“肩，（古賢反。）髆。亦作肩。”
⑧ 骨部：“髆，肩甲也。从骨，尃聲。”
⑨ 引書誤。《方言》卷七：“膊、曬、晞，暴也……燕之外郊朝鮮洌水之間，凡暴肉，發人之
　私，披牛羊之五藏謂之膊。”披割，今本作“披”。
⑩ 凶，《廣韻》作“凶”。
⑪ 見人部。
⑫ 𦙄，《説文》字頭作“匈”，勹部（汲古閣本）：“匈，膺也。从勹，凶聲。𦙄，匈或从肉。”
⑬ 臆，《説文》字頭作“肊”，肉部：“肊，𦙄骨也。从肉，乙聲。臆，肊或从意。”
⑭ 肉部：“膝，脛頭也。亦作厀。”

節頭也。”① 正體從卪從桼作㙍②。此膝字時用已久。有經作膝字，全乖。

2.096 網鞔　下莫盤反。鄭注《周禮》云：“革絡鞔也。”③《廣雅》云：“鞔，補也。”④ 案：網鞔，謂如來十指之間如羅網鞔覆也。

2.097 鹿腨　上來谷反。《切韻》：“獸名也。”⑤ 下遄臾反。《文字集略》云：“脛之腸也。”《説文》：“足踹腸也。”⑥ 或作踹、踹、膞，並同。今從肉，遄省聲⑦。遄音船。案：鹿腨者，謂瑿泥耶鹿王身毛種種異色⑧，光潤鮮明，腨膝備纖，故引爲喻也。

2.098 足跟　下顧恩反。《字統》云：“足後曰跟。”《説文》曰：“足踵也。從足，根省聲也。”⑨ 踵音腫。

2.099 不瞬　上又作瞚，同。式閏反。《韻英》云：“動目數摇動也。”《吕氏春秋》曰：“万世猶如一瞬目也。”⑩ 或作眴，亦通。59p0364b—0364c

2.100 雍肅　上於容反。《爾雅》曰：“雍雍，和也。”⑪ 郭璞注云：“和樂也。”⑫ 又作邕，《爾雅》正作雝⑬，皆同。下息竹反。《爾雅》云：“肅肅，恭也。”⑭ 郭注云：“容儀謹敬也。”⑮ 肅字從聿從肅⑯。聿音女輒反，稿屬。肅，古文泉字⑰。兩傍像岸，橫畫像水，以聿插在中間，肅然也。會意字。

---

① 見卪部。脛骨節頭，今本作“脛頭卪”。

② 《説文》析“㙍”爲“从卪，桼聲”結構。

③ 《春官·巾車》“革路，龍勒”鄭玄注：“革路，鞔之以革而漆之，無他飾。”

④ 見《釋詁》。

⑤ 屋韻（裴本）：“鹿，（盧谷反。）從比。”王本：“鹿，（盧谷反。）麟班獸。”

⑥ 見肉部。足踹腸，今本作“腓腸”。

⑦ 《説文》析“腨”爲“从肉，耑聲”結構。

⑧ 瑿泥耶，梵詞 aiṇeya、eṇī。

⑨ 足部：“跟，足踵也。从足，皀聲。䠊，跟或从止。”

⑩ 《安死》：“夫死，其視萬歲猶一瞚也。”

⑪ 見《釋訓》。雍雍，今本作“廱廱”。

⑫ 《釋訓》“廱廱、優優，和也”郭璞注：“皆和樂。”

⑬ 見《釋訓》。雝，今本作“廱”。

⑭ 見《釋訓》。

⑮ 《釋訓》“肅肅、翼翼，恭也”郭璞注：“皆恭敬。”

⑯ 《説文》聿部：“肅，持事振敬也。从聿在肅上，戰戰兢兢也。𢋗，古文肅，从心从卪。”

⑰ 《説文》水部：“淵，回水也。从水，象形。左右，岸也；中象水㒵。肅，淵或省水。囦，古文从口、水。瑄案：泉，疑當作“淵”，此承唐人諱。慧琳音義卷八十八“淵壑”注：“烏玄反。《説文》：‘淵，水深也。從水，肅聲。’廟諱呼取泉音。”是其證。

新花嚴經卷第十

2.101 河渚　上音何。《爾雅》曰："江河淮濟爲四瀆。"① 《山海經》曰："河出崑崙西北隅。"② 郭注云："潜流地中，汩漱沙壤，宜其濁黄也。"③ 下章與反。《爾雅》曰："水中可居者曰洲，小洲爲渚。"④ 王逸注《楚辭》云："水涯曰渚。"⑤《爾雅》從阜作陼⑥，義同。

2.102 風癇　上音封。《説文》云："風動蟲生，故蟲八月而化。從虫凡聲也。"⑦ 下限姦反。《聲類》云："小兒病也。"從疒間聲也⑧。疒音女厄反，像倚卧之形也⑨。

2.103 痟瘦　上相焦反。《説文》作消，盡也⑩。《切韻》云："渴病也。"⑪ 下正作瘦，同。所救反。《切韻》云："損也。"⑫《説文》云："瘦，瘠也。"⑬ 瘠音藉。

2.104 門闥　上門字，或作門⑭。《説文》云："從二户也。"⑮ 下他達反。《漢書集注》云："闥，謂小門也。"⑯《切韻》云："闥，謂門道也。"⑰ 又：通也。

---

① 見《釋水》。

② 《海内西經》："（崑崙之墟）洋水、黑水出西北隅。"

③ 不詳。

④ 見《釋水》。爲渚，今本作"曰陼"。

⑤ 《九歌·湘君》"夕弭節兮北渚"王逸注、《哀時命》"下被衣於水渚"王逸注皆云："渚，水涯也。"

⑥ 《釋水》："水中可居者曰洲，小洲曰陼。"

⑦ 風部："風，八風也。東方曰明庶風，東南曰清明風，南方曰景風，西南曰涼風，西方曰閶闔風，西北曰不周風，北曰廣莫風，東北曰融風。風動蟲生。故蟲八日而化。从虫，凡聲……飌，古文風。"

⑧ 《説文》疒部："癇，病也。从疒，閒聲。"

⑨ 《説文》疒部："疒，倚也。人有疾病，象倚箸之形。"

⑩ 見水部。瑄案：《説文》疒部："痟，酸痟，頭痛。从疒，肖聲。《周禮》曰：'春時有痟首疾。'"

⑪ 宵韻（篆本、王本）："痟，（相焦反。）痟渴病。"

⑫ 宥韻（裴本）："瘦，所祐反。俗瘦，通。三。"王本："瘦，所救反。損。正作瘦。三。"

⑬ 疒部："瘦，臞也。从疒，叜聲。"

⑭ 門，原作"門"，今據文意改。《玉篇》門部：門，"門"的古文。

⑮ 見門部。

⑯ 《王莽傳》"斧敬法闥"顏師古注："闥，小門也。"

⑰ 末韻（篆本）："闥，他達反。七。"裴本："闥，他達反。門屏間。九。"王本："闥，他達反。門。十。"

2.105　百洛叉爲一俱胝①　　洛叉、俱胝皆梵語，數法名也。或十萬爲一洛叉，或百萬爲一洛叉，或萬萬爲一洛叉。依此方《孫子筭經》云：十十爲百，十百爲千，十千爲万②。自万至億有三等，上、中、下數變之也。依《黄帝筭經》，惣有二十三數：謂一、二、三、四、五、六、七、八、九、十、百、千、万、億、兆、京、姟③、秭、穰④、溝、澗、正、載也。亦從万已去有三等數，謂其下者十十變之，中者百百變之，上者億億變之。慧菀法師云：經言俱胝，當此億也。阿庾多⑤，兆也。那由他⑥，京也。餘准例知。自億已去皆以能數量爲一數，復數至本名，數量乃至不可説轉是⑦。

2.106　玃鉢弥⑧　　上奴刀反，下迷比反。59p0364c—0365a

2.107　邏伽⑨　　上盧賀反。

2.108　皤訶⑩　　上音婆，下音呵。

2.109　睹毗⑪　　下里也反。

2.110　你呬⑫　　下許伊反。

2.111　瓢薜哆⑬　　上毗摽反，中魚謁反，下多可反。

2.112　印䶩⑭　　下寧吉反。

2.113　呾羅⑮　　上音怛。從旦。經從且，非也。

---

①　洛叉，梵詞 lakṣa。俱胝，梵詞 koṭi。

②　万，獅谷本作“萬”；下同。

③　姟，獅谷本注“姟異作垓”。

④　穰，原作“壤”，獅谷本注“壤，一本作瀼，一本作依”，今據文意改。《孫子算經》卷上：“萬萬秭曰穰。”

⑤　阿庾多，梵詞 ayuta。

⑥　那由他，梵詞 nayuta、niyuta。

⑦　説詳慧菀音義 2.033 “一百洛叉爲一俱胝”。

⑧　玃鉢弥［耶］，對音字，源詞不詳。

⑨　［毗］邏伽，對音字，源詞不詳。

⑩　［微］皤訶，對音字，源詞不詳。

⑪　［阿］睹毗，對音字，源詞不詳。

⑫　你呬［嚕囉］，對音字，源詞不詳。

⑬　［阿］瓢薜哆，對音字，源詞不詳。

⑭　印䶩［哩耶］，對音字，源詞不詳。

⑮　［鉢囉麼］呾羅，對音字，源詞不詳。

2.114 鞞麼①　上音毗，下音莫可反。自“癹鉢弥”至“鞞麼”皆真言中字，但借音就字，影對梵聲，不求訓釋也。

新花嚴經卷第十一

2.115 衢路　上具于反。《爾雅》曰：“四達謂之衢。”②郭璞注云：“謂交道四出也。”③下盧故反。《爾雅》曰：“路、旅，途也。”④郭璞注云：“途即道。”

2.116 藤根　上徒能反。《切韻》云：“藤苰，草名也。”⑤《韻英》云：“藤，蘿也。依樹蔓生。”《説文》：“從草縢聲也。”⑥

2.117 雉堞　上池履反。《字書》云：“雉，院也。”《公羊傳》云：“五板爲堵，五堵爲雉，百雉爲城。”⑦何休注云：“二万尺也。”⑧《考聲》《礼記》並云：“天子城千雉，蓋受百雉之城十也；公侯城百雉，伯城七十雉，子男五十雉，但諸侯之城缺其南以授過也。”⑨下徒頰反。杜注《左傳》云：“堞者，城上女牆也。”⑩《説文》：“女垣也。從土枼聲也。”⑪

2.118 鬻香　上以六反。鄭注《周禮》云：“鬻，賣也。”⑫顧野王云：“賣物也。”⑬《説文》：“從䰜毓聲也。”⑭䰜音格。毓音育。下香，正從黍甘

---

① 鞞麼［怛囉］，對音字，源詞不詳。
②④ 見《釋宮》。
③ 謂交道四出也，今本作“交道四出”。
⑤ 登韻（箋本、王本）：“藤，（徒登反。）藤苰。又：草名。”○藤苰，原作“苰藤”，今據《切韻》乙正。慧琳音義卷四十九“闍中藤”注引《埤蒼》：“藤苰，胡麻也。”卷五十“中藤”注引《埤蒼》：“藤苰，胡麻也。”皆作“藤苰”，可爲乙正之旁證。
⑥ 《説文》闕“藤”篆。
⑦ 見《定公十二年》：“雉者何？五板而堵，五堵而雉，百雉而城。”
⑧ 二万尺也，今本作“二萬尺”。
⑨ 不詳。瑄案：《禮記·坊記》“都城不過百雉”鄭玄注：“雉，度名也。高一丈長三丈爲雉。”
⑩ 《襄公六年》“傅於堞”杜預注：“堞，女牆也。”
⑪ 堞，《説文》作“堞”，土部：“堞，城上女垣也。从土，枼聲。”
⑫ 《地官·胥師》“察其詐僞飾行儥慝者”鄭玄注引鄭司農云：“儥，賣也。”鬻，今本作“儥”。瑄案：《文選·劉峻〈廣絶交論〉》“義同貫鬻”李善注引鄭衆《周禮注》：“鬻，賣也。”
⑬ 《玉篇》䰜部：“鬻，糜也。”瑄案：《玉篇》䰜部：“鬻，賣也。”
⑭ 䰜部：“鬻，鬻也。从䰜，毓聲。𩱺，鬻或省从米。”

作馫字①。

2.119　竅隙　上啟叫反。鄭注《周禮》云："竅,孔也。"②《説文》云："空也。從穴敫聲也。"③下鄉逆反。《廣雅》云："隙,裂也。"④賈注《國語》云："釁也。"⑤《説文》云："壁際小孔也。從阜從𡭴,上、下小也。"⑥經文作隟,非。

2.120　倉篅　上七崗反。《切韻》云："倉,稟也。"⑦《釋名》云："倉,藏穀物所也。"⑧下市緣反。《切韻》:"篅亦倉也。"⑨《説文》:"從竹,𧮪省聲也。"⑩經文或作圌,俗字。

2.121　挺埴　上傷延反,下承力反。《淮南子》云："陶人之挺埴也。"⑪許注云："抑也。"⑫孔注《尚書》云："埴,黏土也。"⑬如淳曰："挺,擊也;埴,柔也,和也。"⑭謂柔土作器也。《説文》挺字從手⑮,埴字從土⑯,並形聲

──────────

① 《説文》香部:"香,芳也。从黍从甘。《春秋傳》曰:'黍稷馨香。'"
② 疑引書誤。《禮記·禮運》"竅於山川"鄭玄注:"竅,孔也。"
③ 見穴部。
④ 見《釋詁》。
⑤ 玄應音義卷十四"嫌隙"注引《國語》賈逵曰:"隙,釁也。"瑄案:《周語》"則可以上下無隙矣"韋昭注:"隙,瑕釁也。"
⑥ 昌部:"隙,壁際孔也。从𨸏从𡭴,𡭴亦聲。"白部:"𡭴,際見之白也。从白,上下小見。"
⑦ 唐韻(箋本):"倉,七崗反。四。"裴本:"倉,七良反。穀藏也。五。"王本:"倉,七崗反。困。五。"
⑧ 《釋宮室》:"倉,藏也,藏穀物也。"
⑨ 支韻(裴本):"篅,(時惴反。)筐。又:市緣反。"王本:"篅,(時惴反。)筶。亦圌。又市緣反"王本:"圌,(市緣反。)倉。或作篅。又時規反。"
⑩ 見竹部。𧮪省聲也,今本作"耑聲"。
⑪ 《精神訓》:"夫造化者之攉援物也,譬猶陶人之埏埴。"挺埴,今本作"埏埴"。
⑫ 抑,原作"押",今據文意改。《漢書·敘傳》"凶德相挺"蕭該音義引《淮南子》"陶人之𡓥挺植"許慎曰:"挺,抑也。"慧琳音義卷三十一"挺埴"注引許注《淮南子》:"挺,抑也。"又引《桂菀珠蘘》:"抑土爲器曰挺。"卷六十九"挺埴"注引《淮南子》:"挺,抑土爲器也。"卷九十五"挺埴"注引許叔重云:"抑也。"皆作"抑",可爲據改之旁證。
⑬ 《禹貢》"厥土赤埴墳"孔安國傳:"土黏曰埴。"
⑭ 《文選·馬融〈長笛賦〉》"丸挺彫琢"李善注引《漢書音義》如淳曰:"挺,擊也。一作埏。"《老子》曰:'埏埴以爲器。'河上公注曰:'埏,和也;埴,土也。和土爲食飲之器也。'"
⑮ 手部析"挺"爲"從手從延,延亦聲"結構。
⑯ 土部析"埴"爲"從土,直聲"結構。

字。經文二字皆從土作埏埴，上字誤也。59p0365a—0365b

2.122 坯器　上芳盃反。《切韻》云：“未燒瓦器也。”①《說文》作坏②。下去冀反。《史記》云：“舜作什器於壽丘。”③《說文》云：“器，皿也。飲食之器惣名也。從犬、䁧音莊立反。䁧，眾口。犬以守之。”④會意字。

2.123 燥溼　上蘇皓反。《切韻》云：“乾也。”⑤《說文》云：“火乾也。從火，喿聲。”⑥下身入反。《切韻》云：“水霑也。”⑦經文作濕，俗用，非也。

2.124 卹惸　上新律反。《切韻》云：“賑卹也。”⑧下葵營反。《考聲》云：“孤單也。”《文字典說》云：“無兄弟也。”

2.125 嫡嗣　上丁歷反。《切韻》：“正也。”⑨《字書》云：“長也。”《爾雅》曰：“長婦爲嫡婦也。”⑩下祥志反。《爾雅》：“嗣、續，繼也。”⑪

2.126 日躋　上人一反。《說文》曰：“實也。言太陽之精不虧也。”⑫下祖兮反。《爾雅》曰：“躋、登，陞也。”⑬《公羊傳》曰：“躋者何？陞也。”⑭或作隮。陞音升。

---

① 灰韻（箋本、王本）：“坯，（布回反。）瓦未燒。”
② 土部：“坏，丘再成者也。一曰瓦未燒。从土，不聲。”
③ 《五帝本紀》：“舜，冀州之人也。漁雷澤，陶河濱，作什器於壽丘，就時於負夏。”
④ 䁧部：“器，皿也。象器之口，犬所以守之。”“䁧，眾口。从四口……讀若戢，又讀若呶。”○口，原作“皿”，今據《說文》改。希麟音義卷八“器皿”注引《說文》：“皿也。從䁧從犬。䁧，眾口。音戢。像器之形，犬以守之。”《玉篇》䁧部：“䁧，眾口也。”皆作“口”，可爲據改之旁證。
⑤ 皓韻（箋本）：“燥，（蘇浩反。）乾。”王本：“燥，（蘇皓反。）乾。正作燥。”
⑥ 見火部。火乾，今本作“乾”。
⑦ 緝韻（裴本）：“溼，失入反。水霑也。俗濕。二。”王本：“溼，失入反。水。俗作濕。二。”
⑧ 質韻（裴本）：“卹，辛律反。分賑憂也，鮮少也。五。”王本：“卹，辛律反。分賑。五。”
⑨ 錫韻（王本）：“嫡，（之石、始石二反。）正嫡。”
⑩ 見《釋親》。○“嫡婦”之“婦”字原闕，今據《爾雅》補。
⑪ 見《釋詁》。○“繼”字原闕，今據《爾雅》補。
⑫ 日部：“日，實也。太陽之精不虧。从口一。象形……◯，古文。象形。”
⑬ 見《釋詁》。○“陞”字原闕，今據《爾雅》補。希麟音義卷四“登入”注引《爾雅》：“躋、登，陞也。”可爲據補之旁證。
⑭ 見《文公二年》。陞，今本作“升”。

2.127　駕駟　上古訝反。《切韻》：“駕，乘也。”① 《毛詩》云：“駕我騏騵。”② 下息利反。四馬共乘也。《爾雅》曰：“天駟，房也。”③ 郭璞注云：“龍爲天馬，故房四星謂之天駟。”李淳風注《天文經》云④：“天駟，一名天馬。二星爲右服右驂，二星爲左服左驂也。”騵，之句反。

新花嚴經卷第十二

2.128　祠祭　上似兹反。《爾雅》曰：“春祭曰祠。”⑤ 郭璞注：“祠之言飤也。”⑥ 飤音似。下子例反。《切韻》：“享薦也。”⑦ 《爾雅》曰：“祭天曰燔柴，祭地曰瘞埋。”⑧ 《論語》曰：“祭神如神在。”⑨ 《説文》祭字從月音肉從又音手從示音視⑩，謂手持肉以示即爲祭矣。經作祭，非本字。

2.129　巡狩　上祥倫反。《切韻》云：“徧也，察也。”⑪ 下舒救反。《韻英》云：“狩，獵也。”《尚書》曰：“二月東巡狩，至于岱宗，柴。”⑫ 孔注云：“諸侯爲天子守土，故巡行之。順春，故先東巡。夏秋冬例然。巡狩四嶽，然后歸告太廟。”⑬ 又：五載一巡狩，羣后四朝覲也。

2.130　罄志　上苦定反。《爾雅》曰：“罄，盡也。”⑭ 顧野王云：“器中

---

① 禡韻（篆本）：“駕，古訝反。八。”裴本：“駕，古訝反。籀文作格。九。”王本：“駕，古訝反。牽乘。十。”
② 見《秦風·小戎》。○騏，原作“其”，今據《詩》改。
③⑤　見《釋天》。
④ 李淳風（601—670），唐代天文學家、數學家、易學家。李氏著述甚豐，《乙巳占》《推背圖》等是其代表作。《天文經》，不詳。
⑥ 飤也，今本作“食”。
⑦ 祭韻（裴本）：“祭，子例反。五。”王本：“祭，子例反。祀。七。”
⑧ 見《釋天》。瘞埋，今本作“瘞薶”。○瘞，原作“塵”，今據《爾雅》改。《禮記·祭法》“瘞埋於泰折，祭地也”陸德明釋文引《爾雅》：“祭地曰瘞埋。”《後漢書·班固傳》“燔瘞縣沈”李賢注引《爾雅》：“祭地曰瘞埋。”皆作“瘞”，可爲據改之旁證。
⑨ 《八佾》：“祭如在，祭神如神在。”
⑩ 示部：“祭，祭祀也。從示，以手持肉。”
⑪ 真韻（王本）：“巡，方行。”
⑫ 《舜典》：“歲二月，東巡守，至于岱宗，柴。”瑄案：柴，《説文》引作“祡”，示部：“祡，燒祡樊燎以祭天神。從示，此聲。《虞書》曰：‘至于岱宗，祡。’褅，古文祡，從隋省。”
⑬ 《舜典》“東巡守，至于岱宗，柴”孔安國傳：“諸侯爲天子守土，故稱守，巡行之。既班瑞之明月，乃順春東巡。岱宗，泰山，爲四岳所宗。燔柴祭天告至。”
⑭ 見《釋詁》。

空也。"① 下軄吏反。孫緬云②:"念也,意也,誠也。"《説文》:"從心叀聲也。"③ 叀音之。案:罄志,謂空其心盡其誠也。

2.131 曆筭　《堯典》云:"曆像日月,敬授人時。"④ 孔注云:"曆像其分節,敬記天時以授人也。"⑤ 下蘇貫反。《世本》云:"黃帝時隸首所作也。"⑥ 劉洪《九章》、孫子《五曹》皆計數術也⑦。《説文》曰:"筭,長六寸,計曆數者。"⑧

2.132 髫齔　上音條。《考聲》云:"小兒剃頭留兩邊也。"《字書》曰:"髫,小兒垂髮也。"從彡,召聲⑨。下初覲反。鄭注《周禮》云:"男八歲女七歲即毀齒。"⑩《説文》:"從齒,匕聲。"⑪ 或從匕、乚作齔、齓二形⑫,皆非本字也。

2.133 緯候　上云貴反。經緯也。經音古定反。下胡遘反。《韻譜》云⑬:"伺也。"案《五星曆》云⑭:"二十八宿爲經,日月五星爲緯。行度有

---

① 《玉篇》缶部:"罄,盡也,器中空也。"
② 孫緬,史志作孫愐(《新唐書·藝文志》"孫愐《唐韻》五卷"),生卒年不詳。唐天寶年間任陳州司法,著有《唐韻》(據陸法言《切韻》修訂而成),凡五卷,書已不存,其序見《廣韻》書首,其反切見徐鉉《説文解字》。
③ 心部:"志,意也。从心,之聲。"叀,今本作"之"。
④ 《堯典》:"乃命羲和,欽若昊天,厤象日月星辰,敬授人時。"曆像,今本作"厤象"。
⑤ 《堯典》"乃命羲和,欽若昊天,厤象日月星辰,敬授人時"孔安國傳:"星,四方中星。辰,日月所會。厤象其分節,敬記天時以授人也。"曆像,今本作"厤象"。
⑥ 不詳。
⑦ 劉洪,不詳。《九章》,即《九章算術》,算經十書最重要的一種,中國第一部數學專著,書成於公元 1 世紀左右,西漢張蒼、耿壽昌曾爲增補,今所見者多是三國魏元帝景元四年(263)劉徽注本。唐李淳風編定、注釋十部算經(《周髀算經》《九章算術》《海島算經》《孫子算經》《夏侯陽算經》《張丘建算經》《綴術》《五曹算經》《五經算術》《緝古算術》),《九章算術》是其一。孫子,不詳。《五曹》,即《五曹算經》,算經十書之一,北周甄鸞撰。
⑧ 竹部:"筭,長六寸,計歷數者。从竹从弄。言常弄乃不誤也。"
⑨ 《説文新附》析"髫"同。
⑩ 《秋官·司厲》"與未齓者"鄭玄注:"齓,毀齒也。男八歲女七歲而毀齒。"
⑪ 齒部析"齔"爲"从齒从匕"結構。璚案:希麟音義引文跟今本析字有不同。
⑫ 齓,獅谷本作"齔"。
⑬ 《韻譜》,不詳。
⑭ 《五星曆》,不詳。

踵次,故候占吉凶也。”

2.134 弼諧　上房密反。《爾雅》曰:“弼,輔也。”[1]《廣韻》:“備也。”[2]古文作弼[3]。下户皆反。《爾雅》曰:“諧,和也。”[4]《書》曰:“允迪厥德,謨明弼諧也。”[5]

2.135 原隰　上牛袁反。《爾雅》曰:“廣平曰原。”[6]又曰:可食者曰原[7]。郭注云:“可種穀給食也。”[8]下似入反。《爾雅》云:“下溼曰隰。”[9]郭注引《公羊傳》云:“下平曰隰。”[10]

2.136 懊戾　上籠董反,下音麗。又作悷。《切韻》云:“不調兒也。”[11]皆俗用字。案:《字書》本無此字也。

2.137 兇殘　上許容反。《考聲》云:“頑也。”《説文》云:“惡也。從人在凶下也。”[12]下昨芉反。《韻譜》云:“傷也,害也。”《説文》:“從歹,戔聲。”[13]歹音五割反[14]。戔音殘。《易》曰:“束帛戔戔也。”[15]

2.138 豐登　上方戎反。《玉篇》:“稔、茂也。”[16]《韻集》云:“大也,多也。”下都滕反。《切韻》:“成也。”[17]又:升也[18]。《禮記·月令》云:“仲秋之

---

① 《釋詁》:“弼、輔,備也。”

② 見質韻。

③ 弼,原作“弼”,今據文意改。《玉篇》弓部:“弼,左輔右弼也。弼,今文。”獅谷本亦作“弼”。

④ 見《釋詁》。

⑤ 見《皋陶謨》。

⑥ 見《釋地》。

⑦ 見《爾雅·釋地》。

⑧ 《釋地》“可食者曰原”郭璞注:“可種穀給食。”

⑨ 《釋地》:“下者曰溼。”

⑩ 隰,今本作“溼”。

⑪ 霽韻(裴本):“悷,(魯帝反。)悢悷。”王本:“悷,(魯帝反。)懔悷。”

⑫ 凶部:“兇,擾恐也。从人在凶下。《春秋傳》曰:‘曹人兇懼。’”

⑬ 見歹部。

⑭ 歹,原作“反”,今據文意改。獅谷本亦作“歹”。

⑮ 《賁》:“六五:賁于丘園,束帛戔戔。吝,終吉。”

⑯ 豐部:“豐,大也。俗作豐。”瑄案:《詩·小雅·湛露》“在彼豐草”毛傳:“豐,茂也。”

⑰ 登韻(箋本):“登,都滕反。六。”王本:“登,都滕反。上。七。”

⑱ 見《小爾雅·廣言》。

月,禾乃登也。"①59p0365c—0366a

2.139 嶷然　上魚力反。《字指》曰:"嶷屶,山峯皃也。"謂住立端直如山峯也。

2.140 驕侈　上舉喬反。《説文》云:"馬高六尺也。"②《孝經》云:"在上不驕,高而不危。"③御注云:"無禮爲驕也。"④下尺氏反。又作奓。《説文》:"奢也。"⑤《切韻》:"泰也。"⑥

2.141 股肱　上公户反。髀也⑦。下古弘反。臂也⑧。《尚書》云:"股肱惟人。"⑨孔注云:"手足具乃成人也。"⑩又曰:"股肱良哉。"⑪

2.142 非辜　下古胡反。《爾雅》:"辜,辠也。"⑫辠音罪。言人自取其辛苦即爲辠矣。因秦始皇冀累世爲皇,嫌辠字似皇字,故改爲罪也。辜,《説文》:"從辠省,古聲也。"⑬經文從手作辜,傳寫誤也。《字書》無文也。

2.143 鞴囊　上排拜反。《蒼頡篇》云:"鞴,韋皮也。"顧野王曰:"謂吹火鑄冶令熾也。"⑭從韋葡聲也⑮。葡音備也。

---

① 疑見《月令》:"孟秋之月,日在翼……是月也,農乃登穀。"
② 馬部:"驕,馬高六尺爲驕。从馬,喬聲。《詩》曰:'我馬唯驕。'一曰野馬。"
③ 見《諸侯章》。
④ 《諸侯章》"在上不驕,高而不危"唐玄宗注:"諸侯列國之君,貴在人上,可謂高矣。而能不驕,則免危也。"
⑤ 人部:"侈,掩脅也。从人,多聲。一曰奢也。"
⑥ 紙韻(箋本):"侈,奢。尺氏反。"裴本:"侈,尺氏反。奢。十一。"王本:"侈,尺尔反。奢。十一。"
⑦ 見《説文》肉部。
⑧ 見《玉篇》肉部。瑄案:肱,《説文》字頭作"厷",又部:"厷,臂上也。从又,从古文。ㄥ,古文厷,象形。肱,厷或从肉。"
⑨ 《説命》:"股肱惟人,良臣惟聖。"
⑩ 《説命》"股肱惟人"孔安國傳:"手足具乃成人。"
⑪ 《益稷》:"乃賡載歌曰:'元首明哉,股肱良哉,庶事康哉。'"
⑫ 見《釋詁》。
⑬ 辛部:"辜,辠也。从辛,古聲。𦍙,古文辜,从死。"
⑭ 《玉篇》韋部:"鞴,韋囊也。可以吹火令熾。"○火,原作"大",今據文意改。
⑮ 《説文》闕"鞴"篆。

2.144　攘臂　上如羊反。《孟子》曰:"攘臂而下車。"① 顧野王云:"謂除去衣袂出臂也。"② 袂音弥勵反。袖也③。

2.145　齧齒　上五結反。《韻英》云:"噬也,咬也。"《説文》云:"從齒,契省聲。"④ 經文從口作嚙,俗字。契音苦結反。

2.146　刖挑　上魚厥反。《爾雅》曰:"跀,刖也。"⑤ 郭注云:"謂斷足也。"⑥《説文》作跀,刑足也⑦。 下吐彫反。 亦作挑,俗字。《韻譜》:"撥也。"

2.147　胮脹　上璞邦反。《埤蒼》云:"胮亦脹也。"《文字典説》:"從肉,夆聲。"⑧ 夆音芳逢反⑨。經文從逢作膖,俗字。下張亮反。杜注《左傳》云:"脹,腹滿也。"⑩

2.148　腸胃　上除良反。《白虎通》云:"小腸者,心之府也。腸者,肺之府也。"⑪《釋名》曰:"腸,暢也。謂腹内暢氣之府也。"⑫ 下韋畏反。《白虎通》云:"胃,脾府也。"⑬《説文》:"穀府也。從月、胃。"⑭ 形聲字。或作胃字。

---

① 《盡心》:"馮婦攘臂下車,衆皆悦之。"
② 《玉篇》手部:"攘,揖攘也。又:攘,竊也。"瑄案:慧琳音義卷八十"攘臂"注亦引《玉篇》:"除袂出臂曰攘。"
③ 見《説文》衣部。
④ 見齒部。契省聲,今本作"㓞聲"。
⑤ 見《釋言》。
⑥ 《釋言》"跀,刖也"郭璞注:"斷足。"
⑦ 足部:"跀,斷足也。从足,月聲。𨅔,跀或从兀。"瑄案:《説文》刀部:"刖,絶也。从刀,月聲。"
⑧ 《説文》闕"胮"篆。
⑨ "夆"字原闕,今據文意及文例補。
⑩ 見《成公十年》"將食,張,如厠"注。脹,今本作"張"。
⑪ 《情性》:"小腸大腸,心肺之府也。主禮義。禮義者,有分理,腸亦大小相承受也。腸爲心肺主,心爲支體主,故爲兩府也。"
⑫ 《釋形體》:"腸,暢也,通暢胃氣,去滓穢也。"
⑬ 《情性》:"胃者,脾之府也。脾主稟氣。胃者,穀之委也,故脾稟氣也。"胃,今本作"胃"。○胃,原作"胃",今據文意改。
⑭ 肉部:"胃,穀府也。从肉;图,象形。"

2.149 筋脈　上居銀反。《周禮》云:"醫師以辛養筋。"[①]《說文》:"肉之力也。從肉、竹竹者,物之多筋者也,從力者力像筋之形。"[②] 經或從草作茄,從角作筯,皆非正字。下麻伯反。《周禮》:"以鹹養脉。"[③]《說文》云:"血理分邪行於體中謂之脉。"[④] 正從血從辰作衇。辰音普賣反。經文從永者,俗字也。59p0366a—0366b

2.150 鞭笞　上必綿反。顧野王云:"用革以扑罪人。"[⑤]《字書》云:"撾馬杖也。"《說文》:"從革,便聲。"[⑥] 下丑之反。 律書云"笞杖徙流死"是也[⑦]。笞刑,有罪之人下者。《說文》:"笞,撻也。從竹,台聲。"[⑧] 台音怡[⑨]。

新花嚴經卷第十三

2.151 澄坙　上直陵反。《考聲》:"水清也。"下魚靳反。《爾雅》曰:"澱謂之坙。"[⑩] 郭注云:"滓澱也。江東呼坙。"[⑪]

2.152 蓊鬱　上烏孔反,下蘊勿反。《字書》云:"草木盛皃。"正作欝字。經作欎,非。

---

① ③　《天官·瘍醫》:"凡藥,以酸養骨,以辛養筋,以鹹養脉,以苦養氣,以甘養肉,以滑養竅。"

②　筋部:"筋,肉之力也。从力从肉从竹。竹,物之多筋者。"

④　脉,《説文》作"衇",辰部:"衇,血理分衺行體者。从辰从血。脈,衇或从肉。衇,籀文。"○"邪"字原闕,今據《説文》補。慧琳音義卷三十二"筋脉"注引《説文》:"血理之分邪行於體中者也。從辰,血聲。"卷四十三"筋脉"注:"《説文》作衇,云:'血理之分邪行於體者也。從辰,從血。'"卷八十"鍼脉"注引《説文》:"衇,血理之分邪行於體者也。從辰,血聲。"《類篇》肉部:"脉,血理分衺行體者。"各例皆著"邪 / 衺"字,可爲據補之旁證。

⑤　《玉篇》革部:"鞭,笞也,馬策也。"

⑥　革部析"鞭"爲"从革,㰟聲。㲆,古文鞭"結構。

⑦　徙,原作"徒",今據文意改。

⑧　見竹部。撻也,今本作"擊也"。

⑨　"台"字原闕,今據文意補。

⑩　見《釋器》。

⑪　江東,今本作"今江東"。

2.153 俾倪　上普米反，下五礼反。《説文》作𡑅堄[①]，又作𨻶院。《廣雅》云："城上小垣也。"[②]《考聲》云："女牆也。"《釋名》云："於牆孔中伺候非常也。"[③]二字亦通去聲呼。經本或作睥睨，非也。

2.154 寶塹　下七餤反。《説文》云："塹，坑也。"[④]經本有從水作壍者，謬也。

2.155 洲渚　上音州，下章與反。《爾雅》曰："水中可居者曰洲，小洲曰渚。"[⑤]或作陼字。小陼曰沚音止[⑥]。

2.156 裸露　上華瓦反，避俗諱作此音也。本音郎果反。顧野王云："脱衣露袒也。"[⑦]《説文》："從衣，果聲。"[⑧]《字書》從身作躶，《玉篇》從人作倮[⑨]，與經文同也。

2.157 啗肉　上又作啖，同。徒濫反。或作噉，音徒敢反。《字書》皆訓食物也。又：嚼，啗也。從口，臽音陷聲[⑩]。下肉字，正作肉[⑪]，像筋肉之形也[⑫]。

2.158 諂誑　上丑琰反。又作讇，同。諛也。《説文》："從言，臽

① 《説文》闕"𡑅、堄"篆。瑄案：𨸏部："陴，城上女牆俾倪也。从𨸏，卑聲。𩫾，籀文陴，从𩫏。"

② 《釋宮》："埤堄、堞，女牆也。"

③ 《釋宮室》："城上垣曰睥睨，言於其孔中睥睨非常也。亦曰陴。陴，裨也。言裨助城之高也。亦曰女牆。言其卑小，比之於城，若女子之於丈夫也。或名堞。"俾倪，今本作"睥睨"。

④ 土部："塹，阬也。一曰大也。从土，斬聲。"坑，今本作"阬"。

⑤ 《釋水》："水中可居者曰洲，小洲曰陼。"渚，今本作"陼"。

⑥ 見《爾雅·釋水》。

⑦ 《玉篇》衣部："嬴，袒也。亦作倮、躶。""裸，同上。"〇"露"字原闕。考希麟音義凡四引顧野王釋"裸"，希麟音義卷一"裸者"注引顧野王："裸者，脱衣露袒也。"卷四"裸形"注引顧野王："脱衣露袒也。"卷七"裸形"注引顧野王："裸者，脱衣露體也。"又卷八"裸露"注引《考聲》："脱衣露肉也。"或言"露袒"，或言"露肉"，皆著"露"字，今據補。

⑧ 裸，《説文》字頭作"嬴"，衣部："嬴，袒也。从衣，𣎆聲。裸，嬴或从果。"

⑨ 人部："倮，赤體也。"

⑩ 《説文》析"啗"同。

⑪ 肉，徐時儀（2012:2234 注［四五］）疑當作"肉"。

⑫ 《説文》肉部："肉，胾肉。象形。"

聲。”①呂音陷。經文從舀作謟,音他刀反,非經義。舀音以沼反。下居況反。欺也。《字書》:“從言,狂聲。”②《説文》從心作惶③,義同。

新花嚴經卷第十四

2.159 竊自　上千結反。郭注《爾雅》云:“竊,淺也。”④《切韻》:“盜也。”⑤《字書》云:“私竊也。”從穴、米,卨聲也⑥。卨音薛。經文有作竊字,非也。59p0366b—0366c

2.160 拘尸那⑦　梵語。西國城名也。此云奜草城,或云香茅城,以多出此草故也。在於中印度境,周千餘里。即如來於此入大涅盤處。

2.161 般涅盤⑧　上音補末反。梵語也。舊云泥洹,並訛略也。正云摩訶波利你嚩喃。此云大圓寂也,謂三點圓伊、四德圓果等是也。

2.162 㴐諸　上盧谷反。《切韻》云:“瀝也。”⑨郭注《爾雅》云:“㴐㴐,出涎沫也。”⑩亦作盝。《韻英》云:“去水也。”

2.163 扖動　上音呼高反。俗字也。正作撓。《切韻》:“攪也。”⑪亦動也。撓亦音奴巧反,今此不取。

2.164 廛店　上直連反。居也⑫。《考聲》云:“市空地曰廛。”下都念反。《切韻》:“店,舍也。”⑬崔豹《古今注》云:“店,置也,所以置貨鬻之物

---

① 謟,《説文》字頭作“謟”,言部:“謟,諛也。从言,闇聲。謟,謟或省。”
② 《説文》析“詿”同。
③ 心部:“惶,誤也。从心,狂聲。”
④ 《釋獸》“虎竊毛謂之虦貓”郭璞注:“竊,淺也。《詩》曰:‘有貓有虎。’”
⑤ 屑韻(篆本):“竊,(千結反。)盜竊。”裴本:“竊,(千結反。)盜。俗竊。”王本:“竊,(千結反。)淺。又:私聞。”
⑥ 《説文》米部:“竊,盜自中出曰竊。从穴从米,卨、廿皆聲。廿,古文疾。卨,古文偰。”
⑦ 拘尸那,梵詞 Kuśinagara,巴利詞 Kusināra。
⑧ 般涅盤,梵詞 maha-parinirvāṇa,希麟譯“摩訶波利你嚩喃”。
⑨ 屋韻(裴本):“㴐,(盧谷反。)滲㴐,去水。又:盝,同。”王本:“㴐,(盧谷反。)滲水。”
⑩ 見《釋訓》“漉,盝也”郭璞注。○㴐㴐,原作“㴐”,今據《爾雅》郭璞注補一“㴐”字。
⑪ 豪韻(篆本):“撓,(呼高反。)擾。”裴本:“撓,(呼高反。)攪。又:奴澆反。”王本:“撓,(呼高反。)攪撓。”
⑫ 《廣雅·釋詁》:“廛,凥也。”瑄案:《玉篇》广部:“廛,居也。”
⑬ 棪韻(王本):“店,都念反。舍。十。”

也。"① 從广占聲也②。广音儼。形聲字也。鬻音揚菊反。

2.165 巖岫　上五銜反。《切韻》云："峯險也。"③《毛詩》云："惟石巖巖。"④注云："峻也。"⑤下似右反。《爾雅》曰："山有穴爲岫。"⑥郭璞云："謂巖穴也。"

2.166 鬻香　今俗作鬻，同。余六反。《字書》云："賣也。"下香字，正作馫⑦。《詩》云："黍稷惟馨。"⑧《説文》云："從黍、甘。"⑨會意字也。

2.167 晷落　上音軌。《説文》云："日景也。從口從咎音舊。"⑩經文從各作咎，俗誤也。下盧各反。《爾雅》云："降、墜、湮、下，落也。"⑪案：經文"晷落"即日景沉下也。

2.168 澀滑　上色立反。《韻英》云："不通也。"《説文》云："不滑也。從四止。"⑫二正二倒作澀。經文從三止作澁，脱咎也。下户八反。《切韻》："利也。"⑬從水骨聲也⑭。

新花嚴經卷第十五

2.169 陂池　上彼爲反。《尚書》云："澤障曰陂。"⑮《爾雅》曰："陂者

① 《古今注·都邑》(宋刊本)："店，所以置貨鬻之物也。店，置也。"○"之物"二字原闕，今據《古今注》補。玄應音義卷十四"市肆"注引《古今注》："肆，陳也；店，置也。肆所以陳貨鬻之物也，店所以置貨鬻之物也。肆亦列也，謂列其貨賄於市也。"《廣韻》栝韻："店，店舍。《古今注》云：'店，置也，所以置貨鬻物也。'"或言"之物"，或言"物"，可爲據補之旁證。

② 《説文》闕"店"篆。

③ 銜韻(裴本)："巖，五銜反。三。"王本："巖，五銜反。山巖。二。"

④ 《小雅·節南山》："節彼南山，維石巖巖。"惟，今本作"維"。

⑤ 《小雅·節南山》"節彼南山，維石巖巖"毛傳："節，高峻貌；巖巖，積石貌。"

⑥ 見《釋山》。

⑦ "作"字原闕，今據文意補。

⑧ 疑引書誤。《左傳·僖公五年》引《周書》："黍稷非馨，明德惟馨。"

⑨ 香部："香，芳也。从黍从甘。《春秋傳》曰：'黍稷馨香。'"

⑩ 日部："晷，日景也。从日，咎聲。"從咎，今本作"咎聲"。

⑪ 《釋詁》："湮、下、降、墜，落也。"

⑫ 見止部。

⑬ 黠韻(箋本)："滑，户八反。五。"裴本："滑，户八反。不澁。六。"王本："滑，户八反。泥利。五。"

⑭ 《説文》析"滑"同。

⑮ 引書誤。《泰誓》"惟宮室臺榭陂池侈服"孔安國傳："澤障曰陂，停水曰池。"

曰阪。"^① 郭注云:"地不平也。"^② 下直离反。《切韻》:"停水曰池。"^③ 鄭箋
《詩》云:"池,水之浸潤也。"^④

2.170 優鉢羅^⑤　　此云青蓮花。

2.171 波頭摩^⑥　　此云紅蓮花。

2.172 拘物頭^⑦　　此云赤蓮花。59p0366c—0367a

2.173 芬陁利^⑧　　此云白蓮花。此四種花如前袟第八卷中已具釋之^⑨。

2.174 蹈之　徒倒反。《切韻》:"踐履也。"^⑩

2.175 　箏笛　　上側莖反。《説文》云:"鼓絃筑身樂也。"^⑪ 本大瑟
二十七絃,秦人無義,二子爭父之瑟,各得十三絃,因名爲箏。下徒歷反。
《説文》:"笛,七孔。俗云羌笛,即三孔也。"^⑫《風俗通》云:"笛,滌也。言
滌邪穢納雅正也。"^⑬ 又:漢武帝時,丘仲善作笛也^⑭。

2.176 　箜篌　　上音空,下音侯。《釋名》:"此師延所作靡靡之樂也。
後出於桑間濮上之空地,蓋空國之侯所存,因以爲名也。"^⑮

————————

① 見《釋地》。
② 《釋地》"陂者曰阪"郭璞注:"陂陀不平。"
③ 支韻(箋本):"池(,直□反。)"裴本:"池,(直知反。)小沼。"王本:"池,(直知反。)
　 畜水。"
④ 不詳。
⑤ 優鉢羅,梵詞 utpala,巴利詞 uppala,希麟譯"嗢鉢羅"。
⑥ 波頭摩,梵詞 padma,巴利詞 paduma,希麟譯"鉢納摩"。
⑦ 拘物頭,梵詞 kumuda,希麟譯"拘某陁"。
⑧ 芬陁利,梵詞 puṇḍarīka,希麟譯"本拏哩迦"。
⑨ 見 2.081"優鉢羅"、2.082"波頭摩"、2.083"拘物頭"、2.084"芬陁利"。
⑩ 号韻(裴本):"蹈,(徒到反。)踐。"王本:"蹈,(徒到反。)履。"
⑪ 竹部:"箏,鼓弦竹身樂也。从竹,爭聲。○獅谷本注"筑本作竹"四字。
⑫ 竹部:"笛,七孔筩也。从竹,由聲。羌笛三孔。"
⑬ 《風俗通義·聲音》"笛"字下引《樂記》(景常熟瞿氏鐵琴銅劍樓藏北宋刊本):"笛
　 者,滌也,所以蕩滌邪穢納之於雅正也。"
⑭ 《風俗通義·聲音》"笛"字下引《樂記》(景常熟瞿氏鐵琴銅劍樓藏北宋刊本):"武帝
　 時丘仲之所作也。"《太平御覽》卷五八○引《樂書》:"笛者,滌也,丘仲所作,可以滌
　 蕩邪氣,出揚正聲。"
⑮ 《釋樂器》:"箜篌,此師延所作靡靡之樂也。後出於桑間濮上之地,蓋空國之侯所存
　 也,師涓爲晉平公鼓焉。鄭、衛分其地而有之,遂號鄭、衛之音,謂之淫樂也。"

2.177　琵琶　　上房脂反①，下蒲巴反。本出西戎，胡樂名也。《釋名》云：“推手前爲琵，引手卻爲琶。取其鼓時爲名也。”②《説文》二字並從珏，比、巴聲也③。珏音角。

2.178　簫瑟　　上蘇彫反。《爾雅》云：“大簫謂之管。”④ 郭注云：“編二十三管，長尺四寸；小者十六管，長尺二寸。”⑤《風俗通》云：“舜作簫以像鳳翼也。”⑥ 下所櫛反。《爾雅》云：“大瑟謂之灑。”⑦ 郭璞注云：“長八尺一寸，廣一尺八寸，二十七絃。”⑧《世本》云：“庖義氏始作瑟。”⑨

2.179　瞬目　　上舒閏反。《韻英》云：“目摇動也。”《説文》作瞚⑩，經本作眴，皆通用。下莫六反。眼瞳子也。《釋名》云：“目，默也。謂默而内識也。”⑪

2.180　脣吻　　上食倫反。《字書》亦作脣。下無粉反。《切韻》云：“口吻也。”⑫《三蒼》云：“脣之端也。”

---

① “反”字原闕，今據文意補。獅谷本注“脂下反脱”。

② 《釋樂器》：“枇杷，本出於胡中，馬上所鼓也。推手前曰枇，引手卻曰杷，象其鼓時，因以爲名也。”琵琶，今本作“枇杷”。〇“前、卻”二字原闕，今據《釋名》補。《玉篇》琴部“琵”字下引《釋名》：“推手前曰琵，引手卻曰琶，所以呼爲琵琶，本胡家馬上彈也。”《集韻》脂韻：“琵，琵琶，胡樂。胡人馬上所鼓，推手前曰枇，引手後曰杷。或從手。”或曰“前”，或曰“卻／後”，可爲據補之旁證。瑄案：《廣韻》脂韻“琵”字下引《釋名》：“推手爲琵，引手爲琶，取其鼓時，以爲之名也。”

③ 《説文新附》珡部：“琵，琵琶，樂器。從珡，比聲。”“琶，琵琶也。從珡，巴聲。義當用枇杷。”

④ 見《釋樂》。管，今本作“言”。

⑤ 《釋樂》“大簫謂之言” 郭璞注：“編二十三管，長尺四寸。”“小者謂之筊” 郭璞注：“十六管，長尺二寸。簫亦名籟。”

⑥ 《風俗通義·聲音》“簫”字下引《尚書》（景常熟瞿氏鐵琴銅劍樓藏北宋刊本）：“舜作簫韶九成，鳳凰來儀，其形參差，像鳳之翼。十管，長一尺。”

⑦ 見《釋樂》。

⑧ 絃，今本作“弦”。

⑨ 《風俗通義·聲音》“瑟”字下引《世本》（景常熟瞿氏鐵琴銅劍樓藏北宋刊本）：“宓羲作，[長]八尺一寸，四十五弦。”

⑩ 目部：“瞚，開闔目數摇也。從目，寅聲。”

⑪ 見《釋形體》。“謂”字今本闕。

⑫ 吻韻（箋本）：“吻，口吻。武粉反。三。”裴本：“吻，武粉反。口吻。亦作脗。五。”王本：“吻，武粉反。口吻。亦作脣。五。”

2.181 門閫　下苦本反。《切韻》云:“閫,門限也。”① 案《爾雅》云:“橛謂之闑。”② 郭璞注:“即門閫也。”③ 今案:則門中心礙門木。

2.182 遞相　上特計反。《爾雅·釋言》云:“遞,迭。”④ 郭注云:“謂更迭也。”⑤ 迭音田結反。經文作遞,不成字也。

續一切音義卷第二

---

① 混韻(箋本):“閫,門限。苦本反。四。”王本:“閫,苦本反。門限。八。”
② 見《釋宮》。
③ 《釋宮》“橛謂之闑”郭璞注:“門閫。”
④ 見《釋言》。
⑤ 《釋言》“遞,迭也”郭璞注:“更迭。”

燕京崇仁寺沙門　希麟　集

續新音大方廣佛花嚴經從第十六盡四十

新譯十地經九卷

迴向輪經一卷

十力經一卷

　　　　　　　右四經三十六卷同此卷續音

新花嚴經卷第十六

3.001　補陁落迦^①　亦云補怛洛迦，舊云寶陁羅，皆梵語楚夏也。此云小花樹山，謂此山中多有此花樹，其花甚香。即南海北岸孤絶山^②，觀自在菩薩所居宫也。59p0368a

3.002　翁鬱　上烏孔反。《玉篇》云：“翁欝，謂草木茂盛。”^③

3.003　脯圓　上丑容反。《爾雅》曰：“脯，均也。”^④ 郭注云：“謂齊等也。”^⑤《爾雅》作傭字。

3.004　弓夭　上居戎反。《釋名》云：“弓，穹也。謂穹穹然。”^⑥ 下又作矢、笑，皆音式是反。《世本》云：“黄帝夷牟作夭也。”^⑦《説文》云：“像形字也。”^⑧

---

① 補陁落迦，梵詞 Potalaka。

② 北，原作“此”，今據文意改。獅谷本亦作“北”。

③ 艸部：“翁，木茂也。”林部：“鬱，木叢生也。”“欝，同鬱。”

④ 見《釋言》。脯，今本作“傭”。

⑤ 《釋言》“傭，均也”郭璞注：“齊等。”

⑥ 見《釋兵》。謂穹穹然，今本作“張之弓隆然也”。

⑦ 《説文》矢部：“矢，弓弩矢也。从入，象鏑栝羽之形。古者夷牟初作矢。”

⑧ 詳前注。○“説文云像形字也”七字原接排在“下又作矢笑”前，今據文意乙正。

3.005 寶璫　上博抱反。衆珠之惣名也。亦作珤，從玉，缶聲[1]。下都郎反。《説文》云："穿耳施珠也。"[2]《韻英》云："耳飾也。"從玉，當聲[3]。

3.006 髑髏　上同禄反，下勒侯反。《埤蒼》云："頭骨也。"《説文》云："頂骨也。"[4] 並從骨，獨、樓省聲字[5]。經文有作顱顝，俗字，非正體。

3.007 依怙　胡古反。《爾雅》曰："怙，恃也。"[6]《詩》云："無父何怙也？"[7]

3.008 憧惶　上諸良反。《切韻》云："懼也。"[8] 下胡光反。《考聲》云："憧惶，恐懼也。"《韻英》："遽也，悚懼失次也。" 59p0368a—0368b

3.009 驚駭　上舉卿反[9]。怖也。下侯揩反。《切韻》云："駭亦驚也。"[10]《説文》云："從馬，亥聲。"[11] 孫叔然注《爾雅》云[12]："禹疏九河，此河功難，衆懼不成，因名徒駭也。"[13]

3.010 拼力　上古岳反。合單作角。《考聲》云："競也。"《切韻》云：

---

① 《説文》闕 "珤" 篆。

② 引書誤。《釋名·釋首飾》："穿耳施珠曰璫。此本出於蠻夷所爲也。"

③ 《説文新附》析 "璫" 同。

④ 骨部："髑，髑髏，頂也。" "髏，髑髏也。"

⑤ 《説文》析 "髑、髏" 爲 "從骨蜀聲、從骨婁聲" 結構。

⑥ 見《釋言》。

⑦ 《小雅·蓼莪》："無父何怙？無母何恃？" ○父，原作 "母"，今據《詩》改。希麟音義凡三引《詩》釋 "怙"，卷一 "依怙" 注引《毛詩》："無父何怙。" 卷三 "無怙" 注引《詩》："無父何怙？無母何恃？" 皆作 "無父"，可爲據改之旁證。

⑧ 陽韻（箋本）："憧，（諸良□。）懼。" 裴本："憧，（諸良反。）懼。" 王本："憧，（諸良反。）懼也。"

⑨ 卿，原作 "鄉"，今據文意改。

⑩ 駭韻（箋本）："駭，藹楷反。一。" 裴本："駭，乎楷反。驚。二。" 王本："駭，諧楷反。驚。二。"

⑪ 見馬部。

⑫ "叔" 字原闕，今據文意補。

⑬ 《爾雅·釋水》"徒駭" 陸德明釋文引孫云："禹疏九河，此河功難，衆懼不成，故曰徒駭。" 瑄案："徒駭" 陸德明釋文引李云："禹疏九河，以徒衆起，故曰徒駭。" ○ "此河" 之 "此"，原作 "北"。考《爾雅·釋水》："徒駭、太史、馬頰、覆釜、胡蘇、簡、絜、鉤盤、鬲津：九河。" 此之所指，即其中 "徒駭"，知引文誤，今據改。

"角,攱戲也。"① 今作搾。《説文》云:"掎搾也。"② 有經作搾㭋也。又作斠,平斗斛㮰也③。皆非角力義。掎音居綺反。

新花嚴經卷第十七 無可音訓。

新花嚴經卷第十八

3.011 捶楚 上佳藥反④。《説文》云:"以杖擊也。從手,垂聲。"⑤ 或從竹作箠,策也。或從木作棰⑥,棓也。下瘡所反。《切韻》云:"榎楚也。"⑦ 楸木。亦名荆⑧。從林,疋聲⑨。疋音疎。榎音賈。

3.012 開闡 下昌演反。韓康伯注《周易》云:"闡,明也。"⑩《廣雅》云:"闢也。"⑪《聲類》云:"大開也。"《説文》云:"從門單聲也。"⑫ 單音善。

3.013 揀擇 上姦眼反。《文字集略》云:"擇也。"從手,柬聲。《説文》作柬,分別也。從束、八⑬。下音澤。《韻英》云:"擇亦揀也。"從手,澤省聲⑭。

3.014 主稼 《爾雅》曰:"師、㦸,主也。"⑮《廣雅》云:"主,守也。"⑯

① 覺韻(篆本):"角,(古嶽反。)牛角。"裴本:"角,(古岳反。)鱗角。"王本:"角,(古岳反。)骨鋒。"
② 《説文》闕"搾"篆。
③ 《説文》斗部:"斠,平斗斛也。从斗,㳽聲。"瑄案:《禮記·月令》"正權㮰"鄭玄注:"㮰,平斗斛者。"
④ 佳,獅谷本注"佳,朱惟反"。
⑤ 見手部。
⑥ "或"字原闕,今據文意補。
⑦ 語韻(篆本):"楚,初舉反。三。"裴本:"楚,初舉反。國名。五。"王本:"楚,初舉反。國名。"
⑧ 亦名,原作"名亦",今據文意乙正。
⑨ 《説文》析"楚"同。
⑩ 見《繫辭下》"而微顯闡幽"注。
⑪ 《釋詁》:"闡、闢,開也。"
⑫ 見門部。
⑬ 《説文》柬部:"柬,分別簡之也。从束从八。八,分別也。"
⑭ 《説文》析"擇"爲"从手,睪聲"結構。
⑮ 見《釋詁》。㦸,今本作"職"。
⑯ 見《釋詁》。

字從王，丶聲①。丶音竹句反。下加暇反。馬融注《論語》云："樹五穀曰稼。"②即苗稼也。此神守之，不令有損也。

新花嚴經卷第十九

3.015　覺寤　上音教。《蒼頡篇》："寐，覺也。"經文作寤，俗字。下吾故反。《考聲》云："寐中有所見，覺而有信，謂之寤。"從寢省，吾聲也③。

3.016　號泣　上胡刀反。《切韻》："哭也。"④《爾雅》曰："舞號，雩也。"⑤郭璞注云："雩祭，吁嗟請雨也。"⑥《說文》作唬⑦。下去急反。《切韻》："哭泣也。"⑧《考聲》云："無聲出涕曰泣。"從水立聲也⑨。

3.017　稻粱⑩　上徒皓反。《切韻》云："秔稻也。"⑪《本草》云："秔米主益氣，止煩洩。稻米主溫中，令人多熱。"《字林》云："秔稻不黏，糯稻黏。"《說文》云："糯，即稻也。"⑫下音良。或作粱。《切韻》云："稻粱也。"⑬《廣志》云⑭："遼東有赤粱米也。"59p0368b—0368c

3.018　嬉戲　上許其反。《聲類》云："美也，遊也。"從女，喜聲⑮。下

---

①　《說文》析"主"爲"從呈，象形；從丶，丶亦聲"結構。○丶，原作"丿"，今據《說文》改；下同。獅谷本亦注"丿當作丶"。
②　《子路》"樊遲請學稼"何晏集解引馬（融）曰："樹五穀曰稼，樹菜蔬曰圃。"
③　《說文》析"寤"爲"從寢省，吾聲……寤，籀文寤"結構。
④　豪韻（篆本）："號，（胡刀反。）哭。又作唬。"裴本："號，（胡刀反。）哭。亦唬。"王本："號，（胡刀反。）哭號。"
⑤　見《釋訓》。
⑥　《釋訓》"舞號，雩也"郭璞注："雩之祭舞者，吁嗟而請雨。"
⑦　口部："唬，嗁聲也。一曰虎聲。從口從虎。讀若暠。"
⑧　緝韻（篆本）："落淚。去急反。二。"裴本："去急反。濿也。三。"王本："去急反。淚流。二。"
⑨　《說文》析"泣"同。
⑩　粱，原作"梁"，今據文意改；下同。
⑪　皓韻（篆本）："稻，（徒沼反。）穀。"王本："稻，（徒浩反。）穀稻。"
⑫　《說文》闕"糯"篆。瑄案：《說文》禾部："稻，稌也。從禾，舀聲。"
⑬　陽韻（篆本、裴本）："粱，（呂張反。）米。"王本："粱，（呂張反。）米。亦作粱。"
⑭　《廣志》，子部雜家類著作，晉人郭義恭撰，凡二卷（《隋書·經籍志》《新唐書·藝文志》）。書已佚。有輯本。參見《古佚書目錄》頁250。
⑮　嬉，《說文》作"僖"，人部："僖，樂也。從人，喜聲。"瑄案：《文選·禰衡〈鸚鵡賦〉》"故其嬉游高峻"李善注引《說文》："嬉，樂也。"

香義反。《切韻》云："弄也，謔也。"① 郭注《爾雅》云："謂調戲也。"② 謔音虛虐反。

新花嚴經卷第二十

3.019 淳熟　上時倫反。正作淳。《説文》："清也。"③ 下常六反。《考聲》云："熟，成也。"《方言》云："爛也。"④

3.020 際畔　上子例反。《玉篇》："邊也。"⑤《切韻》云："畔也。"⑥ 下蒲半反⑦。《説文》云："田界也。從田半聲也。"⑧

新花嚴經卷第二十一

3.021 廛里　上直連反。《考聲》云："市空地也。"又："居也"⑨。經作壥、堙，皆俗字。下良史反。《周禮》云："五家爲隣，五隣爲里也。"⑩《風俗通》云："里，止也。謂五十家共止爲里也。"⑪

新花嚴經卷第二十二

3.022 惛寐　上呼昆反。《考聲》云："不明也。"《字林》又音呼困反，昧也。經文單作昏。《爾雅》云："昏，強也。"⑫《切韻》："日暮也。"⑬ 非此用。下民致反。《玉篇》："寢臥也。"⑭《孝經》曰："夙興夜寐。"⑮《説文》：

---

① 真韻（裴本）："戲，義義反。《説文》：'三軍之偏也。一曰兵也。'今共爲戲弄。俗戲，亦同。一也。"王本："戲，義義反。謔。或作戲。一。"
② 《釋詁》"謔、浪、笑、敖，戲謔也"郭璞注："謂調謔也。見《詩》。"
③ 水部："淳，淥也。从水，臺聲。"清也，今本作"淥也"。
④ 《方言》卷七："爛，熟也。自河以北趙魏之間火熟曰爛。"
⑤ 阜部："際，接也，壁會也，方也，合也。"
⑥ 祭韻（裴本）："際，（子例反。）畔。"王本："際，（子例反。）際畔。"
⑦ "下"字原闕，今據文意補。獅谷本亦著"下"字。
⑧ 見田部。
⑨ 《廣雅·釋詁》："廛，尻也。"瑄案：《玉篇》广部："廛，居也。"
⑩ 見《地官·遂人》。
⑪ 《後漢書·百官志》"里有里魁"劉昭注引《風俗通》："里者，止也。里有司，司五十家，共居止，同事舊欣，通其所也。"
⑫ 見《釋詁》。昏，今本作"昏"。
⑬ 魂韻（箋本）："昏，呼昆反。五。"昏韻（王本）："昏，呼昆反。七。"
⑭ 寢部："寐，臥也。"
⑮ 《士章》："《詩》云：'夙興夜寐，無忝爾所生。'"

“從瘷省，未聲也。”①

3.023　檢策②　上錦儼反。《爾雅》曰：“檢，同也。”③《釋名》云：“檢，禁也。”④《説文》云：“從木，僉聲。”⑤下楚革反。或作筴。賈注《國語》云：“策，計也。”⑥《字書》云：“策，謀籌也。”《説文》：“從竹、朿音此志反。”⑦經文從宋作筴，誤書字也。宋音送。

新花嚴經卷第二十三

3.024　旋澓　上似泉反。《爾雅》曰：“旋、澓，返也。”⑧謂迴還也⑨。下音復。《爾雅·釋水》云：“逆流而上曰泝洄。”⑩即澓也。《三蒼》云：“澓，深也。”謂河海中旋流處。59p0369a

3.025　枯槁　上苦姑反。《切韻》云：“朽也。”⑪《考聲》云：“木乾死也。”下苦皓反。《切韻》云：“槁亦枯也。”⑫《説文》云：“從木，高聲。”⑬

3.026　船筏　上食川反。《方言》云：“關東曰船，關西曰舟。”⑭《説文》云：“從舟，㕣省聲也。”⑮㕣，與專反。鉛錫之鉛，沿流之沿，皆同。經文作舩，或作舡，皆非本字。下又作橃，亦作艍，同。扶月反。《方言》云：“簰也。”⑯編竹木浮於河運物也。簰音蒲佳反⑰。

3.027　瞖瞙　上於計反。目病也。下音莫。《字統》云：“目不明也。”二字皆從目，殹、莫聲也。經作膜，謂皮内肉外也⑱。

---

① 見瘷部。○“未”字原闕，今據《説文》補。説詳 1.114 “夢寐”、2.029 “假寐”注。
② 策，原作“策”，今據文意改；下同。
③ 見《釋言》。
④ 見《釋書契》。
⑤⑬ 見木部。
⑥ 慧琳音義十八“籌策”注亦引賈注《國語》：“策，計也。”
⑦ 竹部析“策”爲“從竹，朿聲”結構。
⑧ 見《釋言》。旋澓，今本作“還復”。
⑨ 《釋言》“還、復，返也”郭璞注：“皆迴返也。”
⑩ 《釋水》：“逆流而上曰泝洄，順流而下曰泝游。”
⑪ 模韻（箋本）：“枯，苦胡反。三。”王本：“枯，苦胡反。死木。亦作胍。”
⑫ 晧韻（箋本、王本）：“槁，（苦浩反。）枯。”
⑭ 《方言》卷九：“舟，自關而西謂之船，自關而東或謂之舟，或謂之航。”
⑮ 見舟部。㕣省聲也，今本作“鉛省聲”。
⑯ 《方言》卷九：“泭謂之簰，簰謂之筏。筏，秦晉之通語也。”簰，今本作“箄”。
⑰ 佳，原作“住”，今據文意改。
⑱ 《説文》闕“瞖、瞙”篆。肉部：“膜，肉閒胲膜也。從肉，莫聲。”

3.028 寶繩　下食蠅反。《世本》曰：“倕作準繩。”① 《尚書》曰：“繩愆紏謬，格其非心也。”② 又曰：“木從繩則正。”③ 《説文》：“索也。從糸，蠅省聲也。”④

3.029 妃嬪　上芳非反。《韻英》云：“喜偶也。”⑤ 郭璞注《爾雅》云：“相偶媲。”⑥ 媲音匹閉反。案《毛詩傳》云：“關鴟，后妃之德也。”⑦ 下符真反。《爾雅·釋親》云：“嬪，婦也。”《禮記》云：“生曰父母妻，死曰考妣嬪也。”⑧ 《堯典》曰：“降二女於嬀汭，嬪于虞。”⑨ 孔傳曰：“使行婦道於虞氏也。”

新花嚴經卷第二十四

3.030 煢獨　渠營反。《尚書》云：“無虐煢獨。”⑩ 孔安國曰：“煢，單也。”⑪ 謂無所依也⑫。無子曰獨也⑬。亦作惸字。

3.031 溝阬　上敬侯反。《考工記》云：“井間廣四尺，深四尺，謂之溝。”⑭ 鄭注《周禮》云：“十夫二隣之田，所以通於川也。”⑮ 《説文》云：

---

① 《玉篇》夫部：“規，癸支切。《世本》：‘倕作規矩準繩也。’規，正圜之器也。”

② 《囧命》：“繩愆糾謬，格其非心。”

③ 《説命上》：“惟木從繩則正，后從諫則聖。 后克聖，臣不命其承，疇敢不祇若王之休命？”

④ 見糸部。

⑤ 喜偶，獅谷木注“案喜偶當作嘉耦乎”。

⑥ 見《釋詁》“妃，媲也”注。

⑦ 引書誤，語見《周南·關雎·序》。關鴟，今本作“關雎”。

⑧ 《曲禮下》：“生曰父曰母曰妻，死曰考曰妣曰嬪。”

⑨ 於，今本作“于”。○“二”字原文留白，今據《書》補。獅谷本亦著“二”字。

⑩ 見《洪範》。

⑪ 《洪範》“無虐煢獨”孔安國傳：“煢，單，無兄弟也。”

⑫ 所，原作“兩”，今據文意改。玄應音義凡四釋“煢”，卷一“孤煢”注：“煢，單也。煢煢，無所依也。”卷五“煢悷”注：“煢，單也，煢煢然無所依也。”卷十八“孤煢”注：“煢，單也，煢煢無所依也。”卷十九“煢獨”注：“古文惸、傃二形，同。渠營反。《尚書》：‘無虐煢獨。’孔安國曰：‘煢，單也。謂無所依也。獨，無子曰獨也。’”皆言“無所依”，特別是卷十九例，行文跟例中釋文幾乎全同，可爲據改之旁證。

⑬ 《書·洪範》“無虐煢獨”孔安國傳：“煢，單，無兄弟也。 無子曰獨。”

⑭ 見《匠人》。

⑮ 疑見《地官·遂人》“凡治野，夫間有遂，遂上有徑；十夫有溝，溝上有畛；百夫有洫，洫上有涂；千夫有澮，澮上有道”鄭玄注：“遂、溝、洫、澮，皆所以通水于川也。遂廣深各二尺，溝倍之，洫倍溝，澮廣二尋深二仞。”

“水瀆也。從水毒聲也。”① 下客庚反。《爾雅》云：“阬，虛也。”②《蒼頡篇》云：“阬，壑也，陷也，塹也。”《古今正字》：“從阜，亢聲。”③ 經作坑，俗字也。

　　3.032 堆阜　上當雷反。《考聲》云：“堆，土之高也。”《說文》云：“小阜也。從土佳聲也。”④ 經文作塠，俗字，非也。下房務反。《爾雅》曰：“大陸曰阜。”⑤《考聲》云：“丘類也。”《釋名》云：“阜，厚也。”⑥ 從𠂤，土省聲⑦。古文作𨸏，大篆作𨸏。經文作阜、埠，皆非也。59p0369a—0369b

　　3.033 荊棘　上舉卿反。《切韻》：“荊，木名，可以染也。”⑧ 從草刑聲也⑨。下紀力反⑩。《考聲》云：“酸棗，木名也。”《切韻》云：“箴也。”⑪ 從二束也⑫。束音刾也。

　　3.034 鬚蘂⑬　上相俞反。《切韻》：“小髻也。”⑭ 下如捶反。《廣雅》云：“花也。”⑮ 謂花鬚頭點也。《說文》云從三心作蘂⑯，云花外曰蕚，花內曰蘂。經從三止作蘂⑰，或從木作蘂，皆非。

---

①　水部：“溝，水瀆。廣四尺、深四尺。从水，冓聲。”
②　《釋詁》：“阬阬，虛也。”瑄案：《莊子·天運》“在阬滿阬”陸德明釋文引《爾雅》：“虛也。”《廣韻》庚韻“阬”字下引《爾雅》：“虛也。”
③　坑，《說文》作“阬”，阜部：“阬，門也。从𨸏，亢聲。”
④　堆，《說文》作“𠂤”，𠂤部：“𠂤，小𨸏也。象形。”
⑤　見《釋地》。
⑥　見《釋山》。
⑦　《說文》𨸏部：“𨸏，大陸，山無石者。象形……𨸏，古文。”
⑧⑪　庚韻（篆本）：“荊，（几卿反。）” 裴本：“荊，（舉卿反。） 葽。” 王本：“荊，（舉卿反。）楚地。”
⑨　《說文》析“荊”爲“从艸，刑聲。莿，古文荊”結構。
⑩　“反”字原闕，今據文意補。獅谷本亦著“反”字。
⑫　《說文》束部：“棘，小棗叢生者。从並束。”
⑬　蘂，同“蘂”。《集韻》紙韻：“蘂，艸木華蘂。或作蘂，通作蘂。”
⑭　虞韻（篆本）：“鬚，古作須。相俞反。八。”王本：“鬚，相俞反。頦下毛。古作須。十。”
⑮　《廣雅·釋草》：“蘁、葩、菁、蘂、花，華也。”
⑯　《說文》闕“蘂”篆。
⑰　“作蘂”二字原闕，今據文意補。

新花嚴經卷第二十五

3.035 媱佚　上余針反。《切韻》云："邪也，蕩也。"① 《説文》云："貪也。從女㸒聲也。"② 㸒字從爪、壬音同上③。下寅質反。《切韻》云："佚，樂也。"④ 《説文》云："從人失聲也。"⑤

3.036 囹圄　上歷丁反，下魚閃反。獄名。《周禮》："三王始有獄。"⑥ 《釋名》云："囹，領也。圄，禦也。謂領録囚徒禦禁之。"⑦ 《説文》云："囹，獄也。""圄，守也。"外形内聲字⑧。

3.037 搒笞　上白忙反。顧野王云："搒，擊也。"⑨ 《字書》云："捶也。" 《説文》："從手，旁聲。"⑩ 下恥持反。《説文》云："笞，擊也。 從竹台音怡聲也。"⑪

3.038 臏割　上蒲忍反。《大戴禮》云："人生朞而臏生，然後行也。"⑫ 《説文》云："臏，膝骨也。"⑬ 《尚書傳》曰⑭："決關梁、踰城郭而略盜者，其

---

① 侵韻(殘葉)："媱，(餘針反。)媱蕩。"篆本："媱，(餘針反。)□□□。"裴本："媱，(余針反。)媱姧。"王本："媱，(餘針反。)蕩。"

② 見女部。貪也，今本作"私逸也"。

③ 見《説文》爪部。

④ 質韻(篆本、王本)："佚，(夷質反。)佚樂。"

⑤ 見人部。

⑥ 不詳。希麟音義卷二"地獄"注引《風俗通》："三王爲獄，夏曰夏臺，殷曰羑里，周曰囹圄；自秦漢以後，通名爲獄。"

⑦ 見《釋宮室》。謂領録囚徒禦禁之，今本作"領録囚徒禁禦之也"。

⑧ 《説文》囗部："囹，獄也。从囗，令聲。""圄，守之也。从囗，吾聲。"

⑨ 《玉篇》手部："搒，搒略也。《説文》北孟切，掩也。"

⑩ 見手部。

⑪ 見竹部。○笞，原作"苦"，今據文意改。

⑫ 《本命》："人生而不具者五……朞而生臏，然後能行。"○朞，原作"暮"，今據《大戴禮記》改。《玉篇》骨部"髕"字下引《大戴禮》："人生朞而髕。"亦作"朞"，可爲據改之旁證。

⑬ 臏，《説文》作"髕"，骨部："髕，郄耑也。从骨，賓聲。"

⑭ 《尚書傳》，即《尚書大傳》，漢伏生撰，凡三卷四十一篇(《經典釋文·序録》《尚書大傳》三卷）陸德明釋文："伏生作。"《隋書·經籍志》："伏生作《尚書傳》四十一篇，以授同郡張生，張生授千乘歐陽生，歐陽生授同郡兒寬，寬授歐陽生之子，世世傳之，至曾孫歐陽高，謂之《尚書》歐陽之學。"）。書已佚，清人朱彝尊、孫之騄等有輯本。參見《古佚書目録》頁 19—21。

刑臏。”①顧野王曰：“斷足之刑也。”②即《呂刑》之跰③、《周禮》之刖之類
也④。或從骨作髕。下古達反。《爾雅》曰：“割，裂也。”⑤《切韻》云：“剝截
也。”⑥從刀害聲也⑦。

　　3.039　宮闈　上居戎反。《世本》云：“禹作宮室。”⑧《爾雅》曰：“宮謂
之室。”⑨《禮記》云：“由命氏以上，父子皆異宮。”⑩案：古者貴賤同稱宮，
自秦漢以來，唯王者所居之稱。　下雨非反。《爾雅》曰：“宮中之門謂之
闈。”⑪郭璞注云：“謂相通小門也。”其小者謂之閨也⑫。

---

① 《太平御覽》卷六四八《刑法部》十四“臏”字條引《尚書大傳》：“決關梁、踰城郭而略
　　盜者，其刑臏。”○決，獅谷本作“史”，其注：“史異作決。”又：而略盜，原作“略而盜”，
　　今據《太平御覽》乙正。慧苑音義卷下2.419“臏割”注引作“略而”。又慧琳音義卷八
　　“刖足”注：“民有越關梁、踰城郭爲掠盜者，則刖其足。”作“爲掠盜”。兩例皆可爲據
　　乙之旁證。
② 《玉篇》肉部：“臏，臏骨也。又：去膝蓋刑名。”
③ 《書·呂刑》：“剕罰之屬五百。”跰，今本作“剕”。
④ 《秋官·司刑》：“掌五刑之灋，以麗萬民之罪……刖罪五百，殺罪五百。”○呂刑之跰
　　周禮之刖，原作“呂刑跰刑”。考“臏割”例實見慧苑音義卷下：“臏，蒲忍、扶忍二反。
　　《大戴禮》曰：‘人生朞而臏生，然後行也。’《説文》曰：‘臏，膝骨也。’《尚書大傳》曰：
　　‘決關梁、踰城郭而略盜者，其刑臏。’顧野王曰：‘謂斷足之刑。’即《呂刑》之跰、《周
　　禮》之刖類也。字宜從骨。經本從月作者，俗也。”詳文意，知例中脱“之、周禮之刖”
　　五字，今據補。
⑤ 見《釋言》。
⑥ 末韻（篆本）：“割，（古達反。）分割。”裴本：“割，（古達反。）截。從手。亦割。”王本：
　　“割，（古達反。）截。”
⑦ 《説文》析“割”同。
⑧ 不詳。
⑨⑪　見《釋宮》。
⑩ 見《内則》。○上，原作“立”，今據《禮記》改。《内則》“由命士以上”陸德明釋文：
　　“‘以’或作‘已’。上，時掌反，後放此。”明言“上”。《内則》“由命士以上，父子皆異
　　宮，昧爽而朝，慈以旨甘。日出而退，各從其事。日入而夕，慈以旨甘”孔穎達正義：“此
　　一經論命士以上事親，異於命士以下之禮。”以上、以下對言。兩釋皆可爲據改之旁證。
⑫ 《爾雅·釋宮》：“宮中之門謂之闈。其小者謂之閨，小閨謂之閤，衖門謂之閎。”○闈，
　　原作“闈”，今據《爾雅》改。《玉篇》門部：“宮中門小者曰闈。”《公羊傳·宣公六年》
　　“自闈而出者”何休注：“宮中之門謂之闈，其小者謂之閨。”《楚辭·離騷》“閨中既以
　　邃遠兮”王逸注：“小門謂之閨。”《文選·班固〈西都賦〉》“閨房周通”李善注引《爾
　　雅》：“宮中門謂之闈，小者謂之閨。”皆言“闈”，可爲據改之旁證。

3.040　犀牛　上音西。《爾雅》曰："犀,似豕。"[①]郭璞注云："似水牛,豬頭,大腹,庳脚。脚有三蹄,色黑。三角,一角頂上,一角額上,一角鼻上。鼻上者即食角也。小而不橢,好食棘。亦有一角者。"[②] 從牛,尾省聲[③]。經文作犀,誤也。橢音他果反。59p0369b—0369c

新花嚴經卷第二十六

3.041　肝膽　上古安反。木之精也。《白虎通》云："像木有葉。"[④] 王叔和云："肝與膽爲府,其候目,故肝實熱則目赤暗也。"[⑤] 下苔敢反。《白虎通》云："膽者,肝之府。"[⑥]《脉經》云"膽病則神不守"是也。二字並從肉,干、詹聲也[⑦]。詹音占。形聲字也。

3.042　腸胃　上除良反[⑧]。《釋名》云："腸,腹内暢氣之府也。"[⑨] 下或作胃,正作胃。《白虎通》云："脾之府,色黑。"[⑩]《説文》云："穀府也。"從肉作胃,像形字[⑪]。

3.043　環珮　上户關反。《切韻》:"玉環也。"[⑫]《爾雅》曰："肉好若一謂之環。"[⑬] 郭注云："謂邊孔適等也。"[⑭] 下蒲妹反。《切韻》云："玉佩

---

① 見《釋獸》。
② 《釋獸》"犀,似豕"郭璞注:"形似水牛,豬頭,大腹,庳脚。脚有三蹄,黑色。三角,一在頂上,一在額上,一在鼻上,鼻上者即食角也。小而不橢,好食棘。亦有一角者。"
③ 《説文》牛部:"犀,南徼外牛。一角在鼻,一角在頂,似豕。从牛,尾聲。"
④ 《情性》:"肝所以仁者何?肝,木之精也。仁者好生,東方者,陽也,萬物始生,故肝象木色青而有枝葉。"
⑤ 《脈經·肝膽部》:"肝象木,與膽合爲腑……其神魂,其主色,其養筋,其候目,其聲呼,其色青,其臭臊,其液泣,其味酸,其宜苦,其惡辛。"
⑥ 《情性》:"膽者,肝之府也。肝者,木之精也。主仁,仁者不忍,故以膽斷焉。是以仁者必有勇也。"
⑦ 《説文》析"肝"爲"从肉,干聲"結構,析"膽"爲"从肉,詹聲"結構。
⑧ "反"字原闕,今據文意補。獅谷本亦著"反"字。
⑨ 《釋形體》:"腸,暢也,通暢胃氣,去滓穢也。"
⑩ 《情性》:"胃者,脾之府也。脾主稟氣。胃者,穀之委也,故脾稟氣焉。"
⑪ 《説文》肉部:"胃,穀府也。从肉;囟,象形。"
⑫ 删韻(箋本):"環,(胡關反。)玉名。"王本:"環,(胡關反。)玉環。"
⑬ 見《釋器》。
⑭ 《釋器》"肉好若一謂之環"郭璞注:"邊孔適等。"

也。”①《禮記》云：“古之君子珮以比德也。”②

　　3.044　母脇　上莫厚反。《爾雅》曰：“父爲考，母爲妣，父之妣爲王母。”③郭注云：“加王者，尊之也。”《蒼頡》云：“字從女，兩點像婦人乳形也。”④下香業反。或作脅，亦同。《説文》云：“肋兩傍也。從肉，劦聲。”⑤劦音葉，從三力也⑥。

　　3.045　慙愧　上徂含反，下軌位反。《説文》：“愧亦慙也。”⑦《禮記》云：“君子不以所能者而病於人，不以所不能者而愧於人。”⑧《廣雅》曰：“慚，恥也。”⑨《爾雅》云：“愧，慙也。”⑩二字互相訓也。《説文》作愧，亦作媿、聭二形，皆古字也。

　　新花嚴經卷第二十七

　　3.046　沮壞　上慈與反。《毛詩傳》云：“沮，猶壞也。”⑪《廣雅》：“溼也。”⑫《説文》云：“從水且聲也。”⑬且音子余反，下懷聵反。《考聲》云：“崩摧也。”《説文》：“從土，褱聲。古文作𡏭。”⑭

　　3.047　焚爇　上符分反。《切韻》：“燒也。”⑮下又作炳，同。如虐反。《韻英》云：“放火也。”亦燒也。59p0369c—0370a

---

① 誨韻（裴本）：“珮，（薄背反。）玉。”隊韻（王本）：“珮，（薄背。）玉佩。”
② 《玉藻》：“君在不佩玉，左結佩，右設佩……君子無故，玉不去身。君子於玉比德焉。”《聘義》：“夫昔者，君子比德於玉焉。”
③ 《釋親》：“父爲考，母爲妣。父之考爲王父，父之妣爲王母。”
④ 《説文》女部：“母，牧也。从女，象裹子形。一曰象乳子也。”
⑤ 脇，《説文》作“脅”，肉部：“脅，兩膀也。从肉，劦聲。”
⑥ 《説文》析“劦”同。
⑦ 愧，《説文》字頭作“媿”，女部：“媿，慙也。从女，鬼聲。愧，媿或从恥省。”
⑧ 《表記》：“是故君子不以其所能者病人，不以人之所不能者愧人。”
⑨ 不詳。
⑩ 見《釋言》。
⑪ 《小雅·小旻》“何日斯沮”毛傳：“沮，壞也。”瑄案：《文選·鮑照〈舞鶴賦〉》“燕姬色沮”李善注引毛萇《詩傳》：“沮，猶壞也。”
⑫ 見《釋詁》。
⑬ 見水部。
⑭ 土部析“壞”爲“从土，褱聲。𡏢，古文壞省。數，籀文壞”結構。
⑮ 文韻（篆本）：“焚，（符分反。）燒。”王本：“焚，（符分反。）燒。亦作賁、燌。”

新花嚴經卷第二十八

3.048 翼從　上與職反。《切韻》:"恭也,助也。"①《爾雅》云:"翼,敬也。"②《論語》云:"趨進,翼如也。"③孔注云:"言端謹也。"④下疾用反。《切韻》云:"後也,侍也。"⑤經文或作翊,俗用,亦通。

3.049 延袤　上以然反,下莫候反。延,長也⑥。袤,廣也。如前第七卷經已釋訖⑦。

3.050 殞滅　上爲敏反。《聲類》云:"殞,没也。"《爾雅》云:"落也。"⑧亦作隕。《左傳》"星隕如雨"是也⑨。下凸烈反。《説文》作威,解云:"火從十月亥受氣,至九月戌乃死,故從火、戌也。"⑩蔡邕加水作滅。

3.051 佞媚　上乃定反。《切韻》云:"諂也。"⑪《論語》云:"雍也仁而不佞。"⑫郭注《爾雅》云:"佞人似信者也。"⑬下明秘反。《考聲》云:"悦也,美也。"《切韻》云:"姿媚也。"⑭《論語》云:"王孫賈問曰:'與其媚於奥,寧媚於竈也。'"⑮

3.052 愆違⑯　上去乾反。又作諐、𠎻、𠺗三形,皆同。《爾雅》曰:

---

① 職韻(裴本):"翼,(与職反。)羽。古冀,同。"王本:"翼,翅。亦作冀,𩙡。"

② 見《釋詁》。

③ 見《鄉黨》。

④ 《鄉黨》"趨進,翼如也"何晏集解引孔曰:"言端好。"

⑤ 用韻(王本):"從,從用反。隨。一"

⑥ 見《爾雅·釋詁》。

⑦ 見 2.072"延袤"。

⑧ 見《釋詁》。殞,今本作"隕"。

⑨ 《莊公七年》:"夏,恒星不見,夜明也。星隕如雨,與雨偕也。"

⑩ 火部:"威,滅也。从火、戌。火死於戌,陽氣至戌而盡。《詩》曰:'赫赫宗周,褒似威之。'"

⑪ 徑韻(王本):"佞,(乃定反。)諂從。一曰才從仁如。"

⑫ 《公冶長》:"或曰:'雍也仁而不佞。'"

⑬ 《釋詁》"允、任、壬,佞也"郭璞注:"《書》曰:'而難任人。' 允,信者,佞人似信。壬,猶任也。"

⑭ 至韻(裴本):"媚,(美秘反。)嫵姿。"王本:"媚,(美秘反。)嫵媚。"

⑮ 《八佾》:"王孫賈問曰:'與其媚於奥,寧媚於竈,何謂也?'"

⑯ 愆,獅谷本作"衍",並注:"衍異作愆。"

“逸、譽，過也。”①《書》云：“監於先王，其永無愆。”②孔注云：“過也。”③下雨非反。《字林》：“背也。”《切韻》：“違，逆也，拒也。”④

3.053 乞匃　上垓艾反。顧野王云：“匃亦乞也。”⑤《考聲》云：“求也。”《古今正字》云：“人凵財則匃也。”《説文》云：“從人、亾。”⑥會意字也。古作勹、几二形，並音人。

3.054 猨狖　上雨元反。《爾雅》曰：“猱、猨，善援也。”⑦下余救反。《山海經》云：“鬲山多蜼音同上。”⑧郭璞注云：“似獼猴而大，蒼黑色，尾長四五尺，似獺尾，頭有兩歧，天雨則倒懸於樹，以尾塞鼻。江東養之捕鼠。”⑨《切韻》云：“虫名也。”⑩亦作貁、狖、狖，古字。有作由，非。

3.055 袨服　上玄絹反。《文字集略》云：“盛服也。”《考聲》云：“袨，美服。”《字書》云：“袨，衣服鮮者也。”從衣，玄聲⑪。

新花嚴經卷第二十九

3.056 慳悋　上苦間反。《切韻》云：“悋也。”⑫《爾雅》曰：“慳，固也。”⑬郭璞云：“慳然，牢固也。”⑭下良刃反。《切韻》云：“鄙財曰悋。”⑮《考聲》云：“惜也。”或作悋、吝、㐀⑯，皆俗字。59p0370b

---

① 見《釋言》。
② 《説命下》：“監於先王成憲，其永無愆。”
③ 《説命下》“監於先王成憲，其永無愆”孔安國傳：“愆，過也。”
④ 微韻（箋本）：“違，（王悲反。）乖。”王本：“違，（王非反。）乖。”
⑤ 《玉篇》勹部：“匃，乞也，行也。”
⑥ 亡部：“匃，气也。逯安説：‘亡人爲匃。’”
⑦ 《釋獸》：“猱、蝯，善援。”
⑧ 《中山經》：“又東五百里，曰鬲山……其獸多犀象熊羆，多猨蜼。”
⑨ 《中山經》“（鬲山）其獸多犀象熊羆，多猨蜼”郭璞注：“蜼似獼猴，鼻露上向，尾四五尺，頭有岐，蒼黃色，雨則自懸樹以尾塞鼻孔，或以兩指塞之。”
⑩ 宥韻（裴本）：“狖，余救反。獸，似猨。《説文》：‘貁，豸，穴。’五。”王本：“狖，余救反。獸名，似猨。九。”
⑪ 《説文新附》析“袨”同。
⑫ 山韻（王本）：“慳，苦間反。悋。七。”
⑬ 見《釋詁》。慳，今本作“掔”。
⑭ 《釋詁》“掔，固也”郭璞注：“掔然，亦牢固之意。”
⑮ 震韻（裴本）：“悋，（力進反。）鄙悋。”王本：“悋，（力腎反。）鄙悋。”
⑯ 悋㐀，獅谷本注：“悋㐀當作㐀吝。”

3.057 繒纊　上疾綾反,下苦謗反。《説文》曰:“繒,帛也。”① 纊,綿也。《小雅》曰:“絮之細者曰纊也。”②

3.058 迫窄　上博陌反。《切韻》:“逼近也。”③《考聲》:“防急也。”古文作敀④。下又作迮,側伯反。《切韻》:“陝也。”⑤ 亦迫也。

3.059 洗滌　上先礼反。古文。亦作洒。《切韻》云:“盡也。”⑥ 浴洗亦肅敬皃。下徒歷反。《玉篇》:“除也。”⑦《韻英》:“淨也。”《毛詩》曰:“十月滌塲。”⑧ 傳云:“滌,掃也。”⑨

新花嚴經卷第三十

3.060 開闢　上苦哀反。《韻集》云:“解也,張也。”字從門开聲⑩。开音牽。下房兒反。《切韻》:“開也。”⑪《舜典》曰:“闢四門。”⑫ 孔傳云:“開闢四方之門。”《説文》云:“從門辟聲也。”⑬

3.061 瑩徹　上烏定反。《蒼頡》云:“瑩,治也。”賈注《國語》云:“徹,明也。”⑭ 或作鎣撤二字,亦通。

3.062 禦捍　上魚舉反。《爾雅》曰:“禦、圉,禁也。”⑮《韻英》云:“當也。”《切韻》云⑯:“敵也。”⑰《説文》:“亦禁也。從示御聲也。”⑱ 下胡幹

---

① 見糸部。
② 《小爾雅·廣服》:“纊,綿也。絮之細者曰纊。”
③ 陌韻(箋本):“迫,(愽白反。)近。”王本:“迫,(愽白反。)急。”
④ 《廣韻》陌韻:敀,同“迫。”
⑤ 陌韻(王本):“迮,(側陌反。)陝。”麥韻(王本):“迮,(側革反。)迫迮。或作窄。”
⑥ 覓韻(裴本):“滌,(徒歷反。)洗。”錫韻(王本):“滌,(徒歷反。)洗。”
⑦ 水部:“滌,洗也。”
⑧ 《豳風·七月》:“九月肅霜,十月滌塲。”
⑨ 《豳風·七月》“九月肅霜,十月滌塲”毛傳:“滌,[掃也,]塲功畢人也。”
⑩ 《説文》析“開”爲“從門从开。闢,古文”結構。
⑪ 昔韻(箋本):“闢,(房益反。)啟。”王本:“闢,(房益反。)啟闢。”
⑫ 《舜典》:“辟四門,明四目。”闢,今本作“辟”。
⑬ 門部析“闢”爲“從門,辟聲。闢……从門从屰”結構。
⑭ 慧琳音義十六“透徹”注引賈注《國語》:“徹,明也。”卷三十二“暎徹”注引《國語注》:“徹,猶明也。”
⑮ 見《釋言》。
⑯ 云,原作“示”,今據文意改。
⑰ 翰韻(箋本):“捍,(胡旦反。)抵。”裴本:“捍,(胡旦反。)抵捍。”王本:“捍,(胡旦反。)拒捍。”
⑱ 見示部。亦禁也,今本作“祀也”。

反。《切韻》云:"抵也。"① 又:拒也。從手旱聲也②。

新花嚴經卷第三十一

3.063 婀字③　阿可反。

3.064 攞字④　盧可反。

3.065 哆字⑤　多可反。已上三字皆梵語。作觀秘門,不求字義。

3.066 咸綜　上胡峇反。《切韻》云:"皆也,同也。"⑥ 下宗送反。《説文》云:"機縷持交絲者也。從糸,宗聲。"⑦ 糸音覓。

3.067 癲癇　上丁堅反。《廣雅》云:"癲,狂也。"⑧《聲類》云:"大風疾。"《説文》作瘨⑨。下限姦反。《聲類》云:"小兒病也。"《説文》云:"癇,風病也。從疒,間聲。"⑩ 疒音女厄反。姦音間。

3.068 鉛錫　上與專反。《説文》云:"青金也。"⑪《尚書》云:"青州貢鉛錫。"⑫ 下先戚反。《爾雅》曰:"錫謂之鈏。"⑬ 郭璞注云:"白鑞也。"鈏音余刃反。59p0370b—0370c

3.069 讖緯　上楚譖反。《釋名》云:"讖,纖也,謂其義纖微也。"⑭ 下緯字,前已釋⑮。

3.070 該練　上古哀反。《廣雅》云:"咸也,包也。"⑯《切韻》云:"備

---

① 語韻(箋本):"禦,(魚舉反。)禁。"裴本、王本:"禦,(魚舉反。)禁。"
② 捍,《説文》作"敦",支部:"敦,止也。从支,旱聲。《周書》曰:'敦我于艱。'"
③ 婀,梵音 a。
④ 攞,梵音 la。
⑤ 哆,梵音 ta。
⑥ 咸韻(箋本):"咸,皆。胡讒反。五。"裴本:"咸,胡讒反。九。"王本:"咸,胡讒反。皆。八。"
⑦ 見糸部。機縷持交絲者也,今本作"機縷也"。
⑧ 見《釋詁》。癲,今本作"瘨"。
⑨ 疒部:"瘨,病也。從疒,真聲。一曰腹張。"
⑩ 見疒部。風病,今本作"病"。○間,獅谷本作"閒";下同。
⑪ 見金部。
⑫ 《禹貢》:"海、岱惟青州……厥貢鹽、絺,海物惟錯。岱畎絲、枲、鉛、松、怪石。"
⑬ 見《釋器》。
⑭ 《釋典藝》:"讖,纖也,其義纖微而有效驗也。"
⑮ 見2.133"緯候"。
⑯ 《釋言》:"晐,咸也。""晐,包也。"該,今本作"晐"。

也。"① 古文作晐字②。 下練字,《桂菀珠叢》:"煑絲令熟曰練。" 鎔金作
"鍊"字。

新花嚴經卷第三十二

3.071 沃田　上烏酷反。《切韻》云:"地肥美曰沃。"③ 顔注《漢書》
云:"沃,謂溉灌也。"④

3.072 鬻金　上余六反。《切韻》云:"賣也。"⑤《説文》作鬻⑥,從鬲毓
聲也⑦。毓音與上同。

3.073 補特伽羅⑧　舊經云富伽羅,亦云弗伽羅。舊翻爲數取趣,謂
諸有情數造集,因數取苦果。又云或翻爲人,言捨天陰入人陰等。

3.074 奢摩他⑨　梵語也。案慧苑法師《花嚴音義》云:"此云止息,
亦曰寂靜。謂正定離沈掉等也。"⑩

3.075 毗鉢舍那⑪　或云毗婆設那。此云觀察,謂正慧決擇也。即止
觀二名也。

新花嚴經卷第三十三

3.076 關鑰　上古還反。《説文》曰:"以橫木持門曰關。 從門絲聲
也。"⑫ 經文作開,音弁。《爾雅》曰:"閞謂之槷。"⑬ 非此用。 下羊斫反。

---

① 咍韻(箋本):"該,古哀反。七。"王本:"該,古哀反。帀。十六。"
② 晐,原作"眃",今據文意改。
③ 沃韻(箋本):"沃,灌。烏酷反。三。"裴本:"沃,烏酷反。灌也。三。"王本:"沃,烏
酷反。肥。四。"
④ 《張良傳》"沃野千里"顔師古注:"沃者,溉灌也。 言其土地皆有溉灌之利,故云
沃野。"
⑤ 屋韻(箋本):"鬻,(與逐反。)賣。"裴本:"鬻,(与逐反。)賣。"王本:"鬻,(與逐反。)
鬻賣。"
⑥ 鬲部:"鬻,鬻也。从鬲,毓聲。鬻,鬻或省从米。"○鬻,原作"鬻",今據文意改。
⑦ "鬲"字原闕,今據文意補。
⑧ 補特伽羅,梵詞 pudgala。
⑨ 奢摩他,梵詞 śamatha。
⑩ 慧苑音義卷上"奢摩他"注:"此云止息,亦曰寂靜,謂正定離沉掉也。"
⑪ 毗鉢舍那,梵詞 vipaśyanā。
⑫ 門部:"關,以木橫持門户也。从門,絲聲。"
⑬ 見《釋宫》。○槷,原作"橆",今據《爾雅》改。《爾雅·釋宫》"閞謂之槷"邢昺疏:"閞
者,柱上木名也。 又謂之槷,又名槦,亦名枅,又曰楂,是一物五名也。"亦作"槷"。
《玉篇》木部:"槷,慈栗切。枑也。""枑,皮變切。門柱上槫櫨也。亦作閞。"作"槷"
之根據甚明。皆可爲據改之旁證。

《説文》作闟，謂關之鎖也①。或作籥，非也。

3.077　搏噬　上補各反。《切韻》云：“手擊也。”②《爾雅》曰：“暴虎，徒搏也。”③郭注云：“謂空手執也。”④下時制反。《切韻》：“齧噬也。”⑤又：逮也⑥。從口筮聲也⑦。

3.078　犗牛　上古邁反。《切韻》：“牛去勢曰犗。”⑧即犍牛也。從牛從害聲也⑨。

3.079　紹繼　下古詣反。《爾雅》曰：“紹、胤、嗣、續、係，繼也。”⑩《説文》：“從糸、㡭。”⑪會意字。㡭，古文絶字。經文作繼，或作継，皆不成字也。59p0370c—0371a

3.080　浣染　上洹管反。《公羊傳》注云：“去舊垢曰浣。”⑫鄭箋《毛詩》云：“浣，謂洗滌也。”⑬説文云：“澣，濯。從水，幹聲。”⑭下如琰反。《廣雅》云：“染，污也。”⑮《説文》云：“以繒染爲綵也。從水，杂聲。”⑯杂音同上。

3.081　佷戾　上胡懇反。《切韻》：“佷亦戾也。”⑰下郎計反。《切韻》

---

① 門部：“闟，關下牡也。从門，龠聲。”
② 鐸韻（裴本、王本）：“搏，（補各反。）手擊。”
③ 見《釋訓》。
④ 《釋訓》“暴虎，徒搏也”郭璞注：“空手執也。”
⑤ 祭韻（裴本）：“噬，（時制反。）齧。”王本：“噬，（時制反。）齧噬。”
⑥ 逮，原作“建”。考《方言》卷七：“噬，逮也。北燕曰噬。”《詩·唐風·有杕之杜》“噬肯適我”毛傳：“噬，逮也。”今據改。
⑦ 《説文》析“噬”同。
⑧ 夬韻（箋本、裴本、王本）：“犗，（古邁反。）犍牛。”
⑨ 《説文》析“犗”同。
⑩ 見《釋詁》。
⑪ 見糸部。
⑫ 《莊公三十一年》“臨民之所漱浣也”何休注：“去垢曰浣，齊人語也。”瑄案：慧琳音義卷十五“火浣布”注引劉兆注《公羊傳》：“濯生練曰漱，去舊垢曰澣。”
⑬ 疑見《周南·葛覃》“薄澣我衣”鄭玄箋：“澣，謂濯之耳。”
⑭ 浣，《説文》作“澣”，水部：“澣，濯衣垢也。从水，榦聲。浣，澣或从完。”
⑮ 見《釋詁》。
⑯ 見水部。以繒染爲綵也，今本作“以繒染爲色”。
⑰ 佷韻（箋本）：“佷，佷戾。痕墾反。一。”王本：“佷，痕墾反。佷戾。一。”

云："乖也。"①《尚書》云："罪也。"②《爾雅》云："辜、辟、戾，辠也。"③《説文》云："曲也。從犬出户下也。"④

新花嚴經卷第三十四

3.082　草積　下子賜反。《切韻》云："委，積也。"⑤《説文》云："聚也。"⑥正作積，從禾責音刺聲也⑦。《字書》相承隷省作積，亦音子惜反。經文從草作蘈，俗字。

3.083　青瘀　下於據反。《考聲》云："謂皮肉中凝血也。"《文字典説》云："積聚血也。"

3.084　胮脹　上疋江反。又作胖。《切韻》云："胮亦脹也。"⑧下知亮反。《説文》云："滿也，肚脹也。"⑨或作痕，亦同。經文作膖，俗字。

新花嚴經卷第三十五

3.085　尒燄⑩　下又作焰。梵語也。此云所知，謂智所知境非預識境，故云過尒燄也。

3.086　哽噎　上加杏反。《説文》曰："食肉有骨噎在喉内，悲憂噎塞者。"⑪故借爲喻言。

3.087　擐甲　胡串反。杜注《左傳》曰："擐，貫也。"⑫賈注《國語》云："衣甲也。"⑬衣音意。案：《五經文字》擐亦音古患反。

---

① 霽韻（裴本）："戾，（魯帝反。）茆。又：吕結反。"王本："戾，（魯帝反。）佷求。"王本："戾，（魯帝反。）乖。亦作盭。"
② 《湯誥》"獲戾于上下"、《太甲中》"以速戾于朕躬"蔡沈集傳皆云："戾，罪也。"
③ 見《釋詁》。
④ 犬部："戾，曲也。从犬出户下。戾者，身曲戾也。"
⑤ 寘韻（裴本）："積，紫智反。委積。又子昔反。五。"王本："積，紫智反。又子惜反。二。"
⑥ 見禾部。
⑦ 《説文》析"積"爲"从禾，責聲"結構。○禾賣，原作"束"，今據文意補改。
⑧ 江韻（箋本）："胮，（薄江反。）胮，肚脹也。"裴本："胮，疋江反。二加一。胮脹。又薄江反。"王本："胮，（胮）栢江反。胮脹。又彭江反。或作瘇。二。"
⑨ 《説文》闕"脹"篆。
⑩ 尒燄，梵詞 jñeya。
⑪ 疑引書誤。璟案：《説文》口部："哽，語爲舌所介也。从口，更聲。讀若'井級綆'。"
⑫ 見《成公二年》"擐甲執兵"注。
⑬ 見《吳語》"乃令服兵擐甲"注。玄應音義十七"擐甲"注引《國語》"服兵擐甲"賈逵曰："衣甲也。"

3.088　穽陷　上疾政反。古文作阱。阬也。《書》云：“敜乃阱。”①《字書》云：“陷獸曰阱。”下户蘸反。《切韻》云：“入也，隤没也。”②《考聲》云：“墮也。”《説文》作臽③，小阬也。蘸音莊陷反。臽字從𠂹在臼上也④。𠂹音人。諂、燄之類皆從此。或從爪作舀，音羊小反。韜、蹈之字從此⑤。敜音躡。

3.089　利鐮　下力炎反。《切韻》：“刈刀也。”⑥《釋名》云：“鐮，廉也，取其廉薄也。”⑦從金，廉聲⑧。形聲字也。經從兼作鎌，俗用字也。
59p0371a—0371b

3.090　金錍　下府移反。《切韻》云：“錍，鏃之薄者也。”⑨又音疋迷反。今按：金錍，合作釵鎞之鎞也。

3.091　鉗鑷　上儉嚴反。合作鈐。《説文》云：“鐵夾也，鉆取物者也。”⑩經文作鉗，乃小兒鐵枷也⑪。下黏輒反。合作鈉。《説文》云：“鈉，亦小鉆也。從金，耴聲。”⑫耴音同上。經文從聶作鑷，車下鐵纂也。二字皆非經義。

3.092　貿易　上莫候反。《爾雅》曰：“貿、賈，市也。”⑬《切韻》：“交易也。”⑭《考聲》云：“賣也。”下羊益反。變也⑮。

――――――――――

① 《費誓》：“杜乃擭，敜乃穽。”
② 陷韻（裴本）：“陷，户籍反。三。”王本：“陷，户籍反。没陷。三。”
③ 臼部：“臽，小阱也。从人在臼上。”
④ 《説文》析“臽”爲“从人在臼上”結構。
⑤ 從，原作“於”，今據文意改。獅谷本注“於合作從”。
⑥ 鹽韻（裴本）：“鐮，（力廉反。）鐮刀。又鐮。”王本：“鐮，（力鹽反。）鐮刀。或作鎌。”
⑦ 《釋器用》：“鐮，廉也，體廉薄也。其所刈稍稍取之，又似廉者也。”
⑧ 鐮，《説文》作“鎌”，金部：“鎌，鍥也。從金，兼聲。”○“聲”字原闕，今據文意補。
⑨ 支韻（裴本）：“錍，（必移反。）鑒錍，釜也。”王本：“錍，（府移反。）鎞錍。又普帝反。”
⑩ 金部：“鉆，鐵鈉也。從金，占聲。一曰膏車鐵鉆。”
⑪ 《説文》金部：“鉗，以鐵有所劫束也。從金，甘聲。”
⑫ 見金部。小鉆，今本作“鉆”。
⑬ 見《釋言》。
⑭ 候韻（裴本）：“貿，（莫候反。）貿易。俗賀。”王本：“貿，（莫候反。）貿易。”
⑮ 見《玉篇》易部。

3.093 支提^①　梵語也。或云制底,或云制多,皆訛毗。應云制底耶。此翻爲積聚,謂於如來涅盤及説法經行等處起塔廟臺閣,令無量人天積集福善之所。此義翻也。舊亦翻爲高墳,或云靈廟。

新花嚴經卷第三十六

3.094 瘢痕　上薄官反。《切韻》云:"瘖瘢處也。"^②下户恩反。隱也。即瘢痕隱也。

3.095 沈溺　上直林反。《切韻》云:"沈,没也,濁也。"^③《爾雅》曰:"祭川曰浮沈。"^④下乃歷反。古文作㲱。《説文》云:"人没水也。"^⑤

3.096 鎧仗　上苦亥反。《切韻》云:"甲之别名也。"^⑥《字書》:"從金,豈省聲。"^⑦下直兩反。《字書》云:"儀仗也。"

3.097 銷耗　上相焦反。《切韻》云:"鑠金也。"^⑧亦冶金也。或作消^⑨,盡也^⑩,滅也^⑪。下呼倒反。《玉篇》:"減也。"^⑫又:損也。或云耗,亦稻屬^⑬。今不取。

3.098 竄伏　上倉乱反。《玉篇》曰:"竄爲逃、藏也。"^⑭《廣雅》云:

---

① 支提,梵詞 caitya,希麟譯"制底耶"。

② 寒韻(箋本):"瘢,(薄官反。)胡瘡處。"王本:"瘢,(薄官反。)瘢痕。"

③ 侵韻(殘葉):"沈,除深反。四。"箋本:"沉,除深反。四。"裴本:"沉,除深反。没也。亦式稔反。姓也。六。"王本:"沉,除深反。没。又或撫桄反,人姓。俗以出頭作姓隸。四。"

④ 《釋天》:"祭山曰庪縣,祭川曰浮沉。"

⑤ 水部:"㲱,没也。从水从人。"

⑥ 駭韻(裴本):"鎧,(苦駭反。)鐵鎧。""鎧,古駭反。望。又古諧反。一。"王本:"鎧,(苦駭反。)鐵鎧。"海韻(箋本):"鎧,(苦駭反。)鐵鎧。"

⑦ 《説文》析"鎧"爲"从金,豈聲"結構。

⑧ 宵韻(箋本):"銷,(相焦反。)鑠。"王本:"銷,(相焦反。)鑠。亦作焇。"

⑨ "或"字原闕,今據文意補。

⑩ 見《説文》水部。

⑪ 見《廣雅·釋詁》。

⑫ 禾部:"耗,減也,敗也。《詩》云:'耗斁下土。'又:稻屬。"○減,原作"滅",今據《玉篇》改。

⑬ 《説文》禾部:"耗,稻屬。从禾,毛聲。伊尹曰:'飯之美者,玄山之禾,南海之耗。'"

⑭ 穴部:"竄,匿也,逃也,隱也,放也,藏也。"

“隱匿也。”①《説文》云：“從鼠在穴中則竄矣。”②下伏字，按《説文》從犬從人，云：“犬見人則伏矣。”③

　　3.099 卵㲉　上落管反。《玉篇》：“鳥卵也。”④《説文》云：“無乳生㲉者曰卵也。”⑤下苦角反。《切韻》云：“鳥卵㲉也。”⑥《説文》云：“從卵，㱿聲。”⑦㱿音同上。有本作聲，甚乖於義。

　　3.100 貓貍　上莫交反。《詩》云：“有貓似虎。”⑧《切韻》云：“捕鼠獸也。”⑨下力之反。《切韻》云：“野貍也。”⑩《爾雅》曰：“貙，似貍。”⑪郭注云：“貙，虎類也。大如貓，文如貍也。”⑫二字皆從豸⑬。經文從犬作貓貍，非正字也。59p0371b—0371c

　　3.101 磁石　上疾之反。《切韻》：“磁，石，可以引針也。”⑭

　　3.102 延齡　上以然反。《爾雅》：“永、羡、引、延，長也。”⑮下歷丁反。《廣雅》：“齡，年也。”⑯《禮記》云：“古者謂年爲齡。”⑰

　　3.103 滲漏　上所禁反。水潛没也。下盧候反。《字書》云：“漏，落也。”又：刻漏以銅盤盛水，滴漏百刻以定晝夜也。

------

① 《釋詁》：“竄、匿，藏也。”
② 穴部：“竄，墜也。从鼠在穴中。”
③ 人部：“伏，司也。从人从犬。”
④ 卵部：“卵，凡物無乳者卵生。”
⑤ 卵部：“卵，凡物無乳者卵生。象形。”
⑥ 屋韻（裴本）：“㲉，（空谷反。）卵㲉。”王本：“㲉，卵。又苦角反。”
⑦ 《説文》闕“㲉”篆。
⑧ 《大雅·韓奕》：“有熊有羆，有貓有虎。”
⑨ 之韻（王本）：“貍，（理之反。）似貓。”
⑩ 宵韻（箋本、王本）：“貓，（武儦反。）獸名，食鼠。又莫交反。”
⑪ 見《釋獸》。
⑫ 《釋獸》“貙，似貍”郭璞注：“今貙虎也。大如狗，文如貍。”
⑬ 《説文新附》析“貓”爲“从豸，苗聲”結構，析“貍”爲“从豸，里聲”結構。
⑭ 之韻（箋本、王本）：“磁，（疾之反。）石。”
⑮ 見《釋詁》。
⑯ 見《釋詁》。年，今本作“季”。
⑰ 《文王世子》：“古者謂年齡，齒亦齡也。”

新花嚴經卷第三十七

3.104 金屑　上金字,《説文》曰:"五色金也。黄爲長。久薶不生,百鍊不輕,從革不違。西方之行。生於土,從土;左右注二點像金在土中形;今聲。"① 下先結反。《切韻》:"盡也,清也,不安皃。"② 按經意,合作糈粖之糈。

3.105 三摩鉢底③　梵語也。此云等至。琳、菀二法師云:"謂由加行伏沉掉力至其受位,身心安和也。"④ 亦云等持,謂平等持心也。

3.106 法螺　下盧和反。俗字也。正作蠃。《説文》:"介蟲也。"⑤ 有經作蠡,音禮,皆非法蠃字。

3.107 平坦　他衵反。《説文》云:"坦,安也。"⑥《廣雅》云:"坦,亦平也。"⑦《論語》云"君子坦蕩蕩"是也⑧。

3.108 陿劣　上咸甲反。顧野王曰:"陿,迫隘不廣大也。"⑨《説文》曰:"從阝、亼,夾聲也。"⑩ 經文從犬作狹,乃習犬馬也,非經意。下戀惙

---

① 金部:"金,五色金也。黄爲之長。久薶不生衣,百鍊不輕,从革不違。西方之行。生於土,从土;左右注象金在土中形;今聲……金,古文金。"○从土,原作"從土今";右,原作"古",獅谷本注"古合作右";"二點"二字原闕。考慧琳音義卷十"金剛"注引《説文》:"五色金也。黄爲之長,久埋不生[衣],百鍊不輕,從革不違。西方之行,生於土。左右注二點,象金在土中之形也。從土今聲也。"卷二十七大乘基撰慧琳再詳定之"金"注引《説文》:"五色金。黄之爲長。久埋不生[衣],百鍊不輕,從革不違。西方之行。生於土,故從土;左右點象金在土中之形;今聲也。"卷二十九"金光明"注引《説文》:"五色之金,黄爲之長。久埋不生[衣],百鍊不輕,從革不違。西方之行。土生金,故從土;左右點象金在土形;今聲也。"今據刪、改、補。

② 屑韻(箋本):"屑,先結反。六。"裴本:"屑,先結反。動作屑屑。七。"王本:"屑,先結反。碎。八。"

③ 三摩鉢底,梵詞 samāpatti。

④ 慧苑音義卷上"三摩鉢底"注:"此云等至。謂由加行伏沈掉力至其定位,身心安和也。"○受,獅谷本注"受異作定"。

⑤ 虫部:"蠃,蜾蠃也。从虫,羸聲。一曰虒蝓。"

⑥ 見土部。

⑦《釋訓》:"坦坦,平也。"瑄案:玄應音義卷六"坦然"、卷七"坦然"注皆引《廣雅》:"坦,平也。"

⑧《述而》:"君子坦蕩蕩,小人長戚戚。"○"也"字原闕,今據文意補。

⑨《玉篇》阜部:"陝,不廣也。亦作狹。"陿,今本作"陝"。

⑩ 陿,《説文》作"陝",自部:"陝,隘也。从自,夾聲。"匚部:"匧,藏也。从匚,夾聲。篋,匧或从竹。"

反。《考聲》云："弱也，少力也。"會意字也。古文作乎。阝音自。匚音方。夾音甲①。

新花嚴經卷第三十八

3.109　霈然　上普蓋反。雨盛皃。《切韻》云："霶霈也。"②《説文》："從雨，沛聲。"③沛音同上。

新花嚴經卷第三十九

3.110　沮壞　上慈與反，下懷瞶反。前經第二十七卷已釋④。590372a

新花嚴經卷第四十

3.111　啗肉　上徒濫反。又作啖。《切韻》："食啗也。"⑤或作噉，音徒敢反，下肉字，《説文》作肉⑥，像筋肉之形⑦。

3.112　卉木　上輝貴反。《説文》云："百草惣名。從三中作芔。"⑧中音丑列反。中，如草初生之形⑨。並二中爲艸⑩，音草。四中爲茻⑪，音莽。今變芔，從三中也⑫。

3.113　燈炷　下朱遇反。近代字也。案：陸氏《釋文》、《切韻》、許慎《説文》、《玉篇》、《字林》、《古今正字》並無，唯孫緬《廣韻》收在"注"字內⑬。

---

① 甲，原作"田"，今據文意改。

② 泰韻（裴本）："霈，普蓋反。大雨。三。"王本："霈，普蓋反。多澤。二。"

③ 《説文》闕"霈"篆。

④ 見3.046"沮壞"。

⑤ 敢韻（王本）："噉，徒敢反。食。或作啖。四。"

⑥ 肉，疑當作"宍"，《説文》小篆作⑨。

⑦ 肉部："肉，胾肉。象形。"

⑧ 艸部："卉，艸之總名也。从艸、屮。"

⑨ 屮部："屮，艸木初生也。象丨出形，有枝莖也。古文或以爲艸字。讀若徹……尹彤説。"

⑩ 《説文》艸部："艸，百芔也。从二屮。"

⑪ 《説文》茻部："茻，衆艸也。从四屮……讀與冈同。"

⑫ 屮，原作"十"，今據文意改。

⑬ 麌韻（裴本）："炷，（之庾反。）燈炷。"

新譯十地經①

卷第一并經前記

3.114 天竺②　相承音竹。准梵聲合音篤。古云身毒③,或云賢豆④,新云印度⑤,皆訛轉也。正云印特伽羅⑥。此翻爲月也。月有千名,斯乃一稱。《西域記》云:"良以彼土佛日既隱,賢聖誕生,相繼開悟,導利群生,如月照臨,故以爲名也。"⑦

3.115 踈勒國⑧　梵語,訛略也。正云佉路數怛勒。此翻爲惡性國。以其國人性多獷戾故。或云彼國有佉路數怛勒山,因山立稱也。在北印度境也。

3.116 乹陀羅⑨　上音虔。舊云健馱羅。此云持地。昔此國多有得道聖賢住持其境,不爲他國侵害故也。又云香氣遍,謂此國多生香氣之花,遍其國内,以爲名也。其國在中印度北、北印度南境也。

3.117 迦濕弥羅⑩　或云迦葉蜜羅,舊云罽賓,訛略也。此翻爲阿誰入。謂此國未建時,有大龍池,人莫敢近。其後有羅漢見地形勝,宜人居止,從龍乞容一膝地。時龍許之。羅漢變身漸大,膝滿龍池。龍以言信,捨之而去。羅漢復以神力乾竭其水,遂建城郭。衆人咸言:"我等不因聖師,阿誰

---

① 《新譯十地經》,疑即大正藏《佛説十地經》,華嚴部典籍(T10,No.0287),唐釋尸羅達摩譯,凡九卷。
② 天竺,梵詞 Indakala,希麟譯"印特伽羅"。
③ 身毒,伊蘭語系 Sindhu (吳其昌《印度釋名》)。
④ 賢豆,伊蘭語系 Kiendu、Kendu、Kuentou (吳其昌《印度釋名》)。
⑤ 印度,梵詞 Hindhu、Indu (吳其昌《印度釋名》)。
⑥ 印特伽羅,梵詞 Indakala (吳其昌《印度釋名》)。
⑦ 《大唐西域記》卷第二:"印度者,唐言月。月有多名,斯其一稱。言諸群生輪迴不息,無明長夜莫有司晨,其猶白日既隱,宵燭斯繼,雖有星光之照,豈如朗月之明? 苟緣斯致,因而譬月。良以其土聖賢繼軌,導凡御物,如月照臨。由是義故,謂之印度。"
⑧ 踈勒,梵詞 Khāsa,希麟譯"佉路數怛勒"。
⑨ 乹陀羅,梵詞 Gandhāra。○乹,獅谷本作"乾"。
⑩ 迦濕弥羅,梵詞 Kaśmīra,巴利詞 Kasmīra。

得入？"故因此語，乃立國名。其國北印度境也[①]。59p0372a—0372b

3.118 披緇　上敷羈反。《説文》云："開也。"[②] 散也[③]。或作帔。襂也，巾也[④]。又作被，音平義反。服也[⑤]，加也[⑥]，衣也[⑦]。今合從後作。下側持反。《説文》云："緇，黑色繒也。"[⑧]《論語》云："涅乎不緇。"[⑨] 注云："涅，謂黑泥，可以染皁者也。"[⑩] 涅音奴結反。從水、日炙土也[⑪]。

3.119 鄔波馱耶[⑫]　鄔，烏古反。馱，亭也反。正梵語也。舊云郁波弟耶。此云近誦，謂以弟子年小，不離於師，常近隨逐受經而誦也。或翻爲親教。龜兹、于闐等國訛云和闍，或云鶻社，今云和上，本非梵語，亦非唐言，蓋苾蒭右諸國訛轉音耳也。

3.120 蒙鞮[⑬]　下都奚反。非正梵語。蓋罽賓國寺名也。未詳翻對。案：鞮字，履屬也。

3.121 拗怒　上於六反。《博雅》云："止也。"《説文》云："從手，幼聲。"[⑭] 又音於絞反，今不取。下乃故反。《字書》："恚也。"《切韻》："嗔

---

① 《新華嚴經論》卷第三十："迦葉彌羅國，舊云罽賓國，此翻爲何誰入。昔此國未立之時，其有大龍池，人莫敢近。其後有一羅漢見其形勝，宜人居止，乃從龍乞容一膝地。龍乃許之。羅漢化身令大，其膝漸滿池中。龍言信，捨之而去。羅漢以神力乾竭其水，令百姓居之，建立屋宅。衆人咸言：'我等不因聖師，何誰得入此處？'故從此語，以立其名。其國即在北印度境乾陀羅國北隣。"瑄案：《華嚴經探玄記》卷第十五："十罽賓者，正云迦濕彌羅。此云阿誰入。此國舊是大池，因末田底於佛滅後降彼池龍，乞容膝處。池龍既許，與羅漢通力以廣其身，得多地處，遂得造國及僧伽藍。如佛所記。"
② 手部："披，从旁持曰披。从手，皮聲。"瑄案：段玉裁注："蓋俗解訓披爲開。"
③ 見《廣雅·釋詁》。
④ 《集韻》支韻："帔，巾也。"
⑤ 《文選·孫綽〈遊天台山賦〉》"被毛褐之森森"吕向注："被，服也。"瑄案：《廣韻》支韻音攀麋切，異詞。
⑥ 見《廣雅·釋詁》。瑄案："加也"義《廣雅》紙韻音皮彼切，異詞。
⑦ 《文選·陸機〈挽歌詩〉》"龍帷被廣柳"吕向注："被，衣。"瑄案：此義《廣雅》紙韻音皮彼切，異詞。
⑧ 見糸部。黑色繒也，今本作"帛黑色"。
⑨ 《陽貨》："涅而不緇。"
⑩ 《陽貨》"涅而不緇"何晏集解引孔曰："涅，可以染皁。"瑄案："涅而"句邢昺疏："涅，水中黑土，可以染皁。"
⑪ 《説文》析"涅"爲"从水从土，日聲"結構。
⑫ 鄔波馱耶，梵詞 upādhyāya。
⑬ 蒙鞮，對音字，源詞不詳。
⑭ 見《説文新附》。

也。"① 又音弩。亦嗔目皃也。

3.122 僅全　上渠斳反。《切韻》云："能也,少也。"② 顧野王云："僅,
纔也。"③ 下正作全④,音疾緣反。《韻英》云："完也。"《說文》云："具也。
從工、仐。"⑤ 會意字也。仐,才入反。三合之形也⑥。

3.123 那爛陁⑦　或云娜那爛多。西域寺名也。此云施無猒⑧。《西域
記》云："歷代帝王共建,合爲一寺,東闢其門,常供千僧。自興建已來,未
有一人犯間疑者,故五印度境捨施無猒,因以爲名也。在中印度境。"⑨

3.124 泠泠　郎丁反。序中人名,不求字義。

3.125 提堤犀魚⑩　次都奚反。三音西。非印度言,龜兹語也。此云
蓮花精進。彼國三藏法師名也。

3.126 郭昕　下許斤反。人名也。案字:日欲出也。《釋名》云："昕
者,忻也。言皎日將出,万物忻然也。"⑪

3.127 滴霤　上都歷反。《切韻》云："水滴也。"⑫《說文》云："涯也。
從水,滴省聲也。"⑬ 下力救反。案:滴霤合作溜。《說文》云："水溜也。"⑭

---

① 姥韻(篆本):"怒,奴古反。三。"裴本、王本:"怒,奴古反。嗔。四。"
② 震韻(篆本):"僅,餘。渠遴反。七。"裴:"僅,渠遴反。纔能也。七。"王本:"僅,渠
　遴反。飢。九。"
③ 《玉篇》人部:"《說文》云:'材能也。'"
④ 全,原作"全"。考《說文》入部:"全,完也。从入从工。全,篆文全从玉,純玉曰全。
　仝,古文全。"今據改(參徐時儀2012:2243上)。
⑤ 入部:"全,完也。从入从工。全,篆文全从玉,純玉曰全。仝,古文全。"從工、仐,今
　本作"从入从工"。
⑥ 《說文》仐部:"仐,三合也。从入、一,象三合之形……讀若集。"
⑦ 那爛陁,梵詞 Nālandā。
⑧ 《大唐西域記》卷第九"至那爛陀"自注:"唐言施無厭。"
⑨⑪　不詳。
⑩ 提堤犀,對音字,源詞不詳。
⑫ 錫韻(王本):"滴(,先擊反。)水滴。"
⑬ 見水部。涯也。滴省聲也,今本作"水注也、啻聲"。瑄案:疑"涯"爲"瀝"訛。《文
　選‧江淹〈謝臨川靈運遊山詩〉》"乳竇既滴瀝"李善注引《說文》:"滴瀝,水下滴瀝
　也。"《王延壽〈魯靈光殿賦〉》"動滴瀝以成響"李善注引《說文》:"滴瀝,水下滴瀝
　之也。"庶幾可爲其證。
⑭ 水部:"溜,水。出鬱林郡。从水,畱聲。"瑄案:《說文》雨部:"霤,屋水流也。从雨,
　畱聲。"

《字書》云：“小流也。”今作霤。《説文》云：“霤，神名也。”①非此用。

　　3.128 程鍔　上直貞反。人姓也。本自顓頊重黎之後，周宣王時，程伯休甫入爲大司馬，封于程，後以爲氏也。下五各反。人名也。案字：劔口端也。《説文》云：“從金咢聲也。”②咢音同上。59p0372c

　　3.129 所齎　下祖西反。《考聲》云：“持物行也。”《韻英》云：“送也。”《切韻》云：“付也，遺也。”③《説文》：“從貝齊聲也。”④俗作賷，訓同，非正字也。

　　3.130 鍊冶　上音郎甸反。又作煉。《説文》云：“銷金也。從金，柬聲。”⑤柬音揀，從束、八⑥。下羊者反。《切韻》：“銷金也。”⑦《尹子》曰⑧：“蚩尤作冶。”《説文》：“從仌音氷、台音怡。”⑨《考聲》云：“冰熱則冶，遇寒則凝也。”

　　3.131 悦豫　上余雪反。《爾雅》曰：“悦、懌，服也。”⑩《切韻》：“喜樂也。”⑪《説文》云：“從心，説省聲。”⑫下羊恕反。《爾雅》曰：“愉、豫、愷、康，樂也。”⑬又曰：“豫，安也。”⑭《玉篇》：“逸豫也。”⑮《説文》云：“從象予

---

① 疑引書誤。《獨斷》卷上：“霤神在室，祀中霤，設主于牖下也。”《廣韻》宥韻：“霤，中霤，神名。”

② 鍔，《説文》作“鄂”，刀部：“鄂，刀劔刃也。从刀，咢聲。咢，籀文鄂从刄从各。”

③ 齊韻（王本）：“齎，即黎反。持。又子斯反。亦賷。八。”脂韻（裴本）：“齎（，即脂反。）持。又子奚反。”

④ 見貝部。

⑤ 見金部。銷金，今本作“冶金”。

⑥ 《説文》析“柬”爲“从束从八”結構。

⑦ 馬韻（箋本、裴本）：“冶，（以者反。）鑪。”王本：“冶（，以者反。）鑪冶。”

⑧ 尹子，疑“尸子”之訛。《尸子》，雜家著作，戰國時晉人尸佼撰，凡二十篇（《漢書·藝文志》），《隋書·經籍志》則作《尸子》二十卷、目一卷”，並注云：“梁十九卷……其九篇亡，魏黄初中續。”書已佚，清人馬國翰、惠棟等有輯本。參見《古佚書目錄》頁216。

⑨ 仌部析“冶”爲“从仌，台聲”結構。

⑩⑬⑭ 見《釋詁》。

⑪ 薛韻（裴本）：“悦，翼雪反。五。”王本：“悦，翼雪反。樂。五。”

⑫ 悦，《説文》作“説”，言部：“説，説釋也。从言、兑。一曰談説。”

⑮ 象部：“豫，怠也，安也，敘也，佚也，早也，逆備也。或作預。又：獸名，象屬。”

聲也。"①

新譯十地經卷第二

3.132　珂貝　上恪何反。《玉篇》:"珂,螺屬也。出於海者,其白如雪,所以纓馬膺也。"②下博蓋反。亦珂類也。《爾雅》曰:"貝,居陸,贆;在水者蜬。"③郭注云:"水陸異名。貝中肉如科斗,但有頭尾耳。"《説文》:"貝,像形也。"④案:貝,古者用以市物也,故財貨買賣之流皆從貝也。贆音標,蜬音含也。

3.133　璧玉　上必益反。《爾雅》云:"肉倍好謂之璧,璧大六寸謂之瑄。"⑤郭注云:"肉,邊也;好,孔也。"⑥《白虎通》曰:"外圓像天,內孔方法地,君執爲信,以祭天也。"⑦下語欲反。《爾雅》曰:"以玉者謂之珪。"⑧《禮記》曰:"執玉不趨。"⑨《舜典》曰:"修五禮五玉。"孔注云:"五等諸侯各執其玉。"⑩《白虎通》云:"玉像君子之德,燥不輕溼不重也。"⑪《説文》云:"玉有五德。"⑫

3.134　資粮　上即夷反。《玉篇》:"助也。"⑬《考聲》:"取也。"《切

----

① 象部析"豫"爲"从象,予聲。豫,古文"結構。
② 玉部:"珂,石次玉也。亦碼碯,絜白如雪者。一云:螺屬也,生海中。"
③ 見《釋魚》。
④ 貝部:"貝,海介蟲也。居陸名猋,在水名蜬。象形。古者貨貝而寶龜,周而有泉,至秦廢貝行錢。"
⑤ 《釋器》:"璧大六寸謂之宣。肉倍好謂之璧,好倍肉謂之瑗,肉好若一謂之環。"
⑥ 《釋器》"肉倍好謂之璧"郭璞注:"肉,邊;好,孔。"
⑦ 《瑞贄》:"璧以聘問何?璧者,方中圓外,象地,地道安寧而出財物,故以璧聘問也。方中,陰德方也。圓外,陰繫于陽也。陰德盛于內,故易象于內,位在中央。璧之爲言積也,中央故有天地之象,所以據用也。內方象地,外圓象天也。"
⑧ 《釋器》:"弓,以玉者謂之珪。"
⑨ 《少儀》:"執玉、執龜筴不趨,堂上不趨,城上不趨。"《曲禮上》:"帷薄之外不趨,堂上不趨,執玉不趨。"
⑩ 《舜典》"修五禮五玉"孔安國傳:"修吉、凶、賓、軍、嘉之禮。五等諸侯執其玉。"
⑪ 《白虎通義·五瑞制度》:"《禮王度記》曰:'玉者,有象君子之德,燥不輕,溼不重,薄不橈,廉不傷,疵不掩。是以人君寶之。'"
⑫ 玉部:"玉,石之美。有五德:潤澤以温,仁之方也;䚡理自外,可以知中,義之方也;其聲舒揚,專以遠聞,智之方也;不橈而折,勇之方也;銳廉而不技,絜之方也。象三玉之連。丨,其貫也……玉,古文玉。"
⑬ 貝部:"資,取也,用也。"

韻》:"資亦貨財也。"①《説文》:"從貝次聲也。"② 下吕張反。亦作糧。《説文》云:"糧,儲也。"③《切韻》云:"倉糧也。"④《爾雅》曰:"粻,糧也。"⑤ 郭注:"今江東通呼粮爲粻。"⑥　59p0372c—0373a

3.135 麤獷　上倉孤反。《切韻》:"疏也。"⑦《字統》云:"鹿之性:相背而食,慮人獸害之,故從三鹿。"⑧ 俗省作麄,義同。下古猛反。《切韻》:"大也。"⑨《字書》云:"猛也。"《説文》云:"從犬,廣聲。"⑩ 又音俱永反。

3.136 蜇螫　上陟列反。《字書》云:"蠍蜇、蜂蠆,毒也。"古文作蛆⑪。下商隻反。《切韻》:"蟲行毒也。"⑫ 又:虵有螫毒⑬,不可觸其尾。《考聲》云:"螫,噬也,齧也。"古文作蠚。

3.137 磣刺　上楚錦反。又作墋。《説文》云:"土石砂磣也。"⑭ 經文作碜,非。下郎遏反。上言磣,下言刺,合作糲。《切韻》云:"麄也,米之脱粟者也。"⑮ 作此刺字,澼也⑯,戾也⑰。非磣糲義也。

---

① 脂韻(殘葉):"資,(即脂反。)" 篆本:"資,(即脂反。)財。" 裴本:"資,(即脂反。)取也,用也。" 王本:"資,(即夷反。)取。"
② 見貝部。
③ 見米部。儲也,今本作"穀也"。
④ 陽韻(篆本):"粮,(吕張反。)人粮。" 裴本:"粮,(吕張反。)粮食。又作糧。" 王本:"粮,(吕張反。)食。亦作糧。"
⑤ 見《釋言》。
⑥ 通呼粮爲粻,今本作"通言粻"。
⑦ 模韻(篆本、王本):"麤,(倉胡反。)行路遠。"
⑧ 《説文》麤部:"麤,行超遠也。從三鹿。"
⑨ 梗韻(篆本):"獷,(古猛反。)獷犬。又居往反。獷平,縣名,在漁陽。" 王本:"獷,(古猛反。)犬。又居往反。廣平縣。在魚陽。"
⑩ 見犬部。
⑪ 蛆,原作"虵",今據文意改。
⑫ 昔韻(篆本、王本):"螫,(羊益反。)虫螫。"
⑬ 又虵,原作"云地"。考希麟音義凡三釋"螫",卷六"被螫"注:"下舒隻、呼各二反,皆得。《説文》:'蟲行毒也。'又:虵有螫毒,不可觸其尾也。"今據改。
⑭ 《説文》闕"磣"篆。
⑮ 泰韻(裴本):"糲,(理大反。)麄米。一曰糠,同。" 王本:"糲,(落盖反。)麄米。"
⑯ 澼,疑"僻"之訛。《廣韻》曷韻:"剌,僻也。"
⑰ 《説文》束部:"剌,戾也。"

3.138 捺落迦① 梵語也。或云那落迦。此云苦器,或云苦具。即治罰罪人之器具,地獄惣名也。故《俱舍論》云:"此下過二万,無間深廣同。上七捺落迦,八增皆十六。"②

3.139 湍馳 上他端反。《説文》云:"淺水流沙上也。"③《字書》云:"疾瀨也。"瀨音落大反④。下直离反。《玉篇》云:"馳,逐也。"⑤《字書》云:"馳,鶩也。"《説文》:"疾也。從馬,池省聲也。"⑥

3.140 淪溺 上力迍反。《字書》:"沉也,没也。"《爾雅》曰:"小波爲淪。"⑦郭注云:"謂藴淪也。"⑧下乃曆反。《切韻》云:"溺水也。"⑨《説文》:"没也。從水弱聲也。"⑩古文作休,云人墮水也⑪。

3.141 灘渚 上他單反。《玉篇》云:"河灘也。"⑫《爾雅》曰:"太歲在申曰涒灘。"⑬下章與反。《爾雅》云:"水中可居者曰洲,小洲曰渚,小渚曰沚。"⑭又作陼,音同上。沚音止。

新譯十地經卷第三

3.142 捫摸 上莫盆反。《毛詩傳》曰:"捫,持也。"⑮《韻詮》云:"捫,搎也。"下音莫。《説文》云:"摸,搽也。"⑯案:捫搎、摸搽,猶摩挲也。搎音

① 捺落迦,梵詞 naraka。

② 《阿毗達磨俱舍論》卷第十一:"頌曰:'此下過二萬,無間深廣同。上七㮈落迦,八增皆十六。謂煻煨屍糞,鋒刃烈河增。各住彼四方,餘八寒地獄。'"○万,獅谷本作"萬";八增,獅谷本作"增"。

③ 見水部。淺水流沙上也,今本作"疾瀨也"。

④ "瀨"字原闕,今據文意補。

⑤ 馬部:"馳,走奔也,天子道也。"

⑥ 馬部:"馳,大驅也。从馬,也聲。"瑄案:希麟音義引文跟今本文字有出入。

⑦ 見《釋水》。

⑧ 謂藴淪也,今本作"言蘊淪"。

⑨ 錫韻(王本):"溺,(奴歷反。)没水。"

⑩ 水部:"溺,水。自張掖删丹西,至酒泉合黎,餘波入于流沙。从水,弱聲。桑欽所説。"

⑪ 《説文》水部:"休,没也。从水从人。"

⑫ 水部:"灘,水灘也。灘,同上。"

⑬ 見《釋天》。

⑭ 見《釋水》。渚,今本作"陼"。

⑮ 見《大雅·抑》"莫捫朕舌"傳。

⑯ 摸,《説文》作"摹",手部:"摹,規也。从手,莫聲。"瑄案:《玉篇》手部:"摸,手摸也。又音莫。摸搽也。"

孫。捼音索。挲音娑。

3.143 蚊蚋　　上音文。《莊子》云：“蟭螟巢於蚊眉。”①下而稅反。小蚊蚋。《説文》云：“秦人謂之蚋，楚人謂之蚊。”②《通俗文》云：“蜎化爲蚋也。”蜎音血緣反。又作蟁蟎二形。59p0373a—0373b

3.144 蜣蜋　　上去羊反，下吕張反。《爾雅·釋蟲》云：“蛣蜣，蜣蜋。”③郭璞注云：“黑甲蟲也，噉糞土者。”④

3.145 策勵⑤　　上楚革反。《韻集》云：“謀也，籌也。”顧野王云：“馬撾也。”⑥《釋名》曰：“策者，教者令於上，駈策諸下也。”⑦下力制反。《字書》云：“勉也。”⑧《廣雅》云：“勵，勸也。”⑨《説文》云：“力也。從力，厲聲。”⑩形聲字。厲音同上。猛也，列也。又：嚴整也。

3.146 愠暴　　上於問反。《切韻》云：“怒也。”⑪《論語》云：“人不知而不愠。”⑫何晏注云：“愠，怒也。凡人有所不知，君子不怒。”下蒲報反。《五經音義》云⑬：“謂侵暴。”《説文》云從日、共音拱、水音別作暴⑭。經文從

---

① 疑引書誤。《列子·湯問》：“殷湯問於夏革曰：‘古初有物乎？’……湯又問：‘物有巨細乎？有修短乎？有同異乎？’革曰：‘……江浦之間生麼蟲，其名曰焦螟，群飛而集於蚊睫，弗相觸也。栖宿去來，蚊弗覺也。’”

② 虫部：“蚋，秦晉謂之蚋，楚謂之蚊。从虫，芮聲。”瑄案：《後漢書·崔駰傳》“䖟蚋之趣大沛”李賢注亦引《説文》：“秦謂之蚋，楚謂之蚊。”

③ 《釋蟲》：“蛣蜣，蜣蜋。”

④ 《釋蟲》“蛣蜣，蜣蜋”郭璞注：“黑甲蟲，噉糞土。”

⑤ 策，原作“筴”，今據文意改；下同。

⑥ 《玉篇》竹部：“策，馬箠也。”

⑦ 《釋書契》：“策，書教令於上，所以駈策諸下也。”

⑧ 勉，原作“免”，今據文意改。《小爾雅·廣言》：“勵，勉也。”可爲據改之旁證。

⑨ 見《釋詁》。〇勵勸，原作“勸勵”，今據文意乙正。《文選·張華〈勵志〉》“勵志一首”李善注引《廣雅》：“勵，勸也。”可爲據乙之旁證。

⑩ 勵，《説文》作“勱”，力部：“勱，勉力也。《周書》曰：‘用勱相我邦家。’讀若萬。从力，萬聲。”〇“聲”字原闕，今據文意補。

⑪ 問韻（箋本）：“愠，（扵問反，又扵刎反。）怒。”袠本：“愠，（扵問反，扵刎反。）怒也。又怒也。”王本：“愠，（於問反。）怒。”

⑫ 見《學而》。

⑬ 《五經音義》，疑即《五經音》，三國徐邈撰，凡十卷（《隋書·經籍志》）。書已佚。

⑭ 日部析“暴”爲“从日从出从収从米。麤，古文暴，从日，麃聲”結構。

田、恭作暴,甚乖字義也。

新譯十地經卷第四

3.147 箭鏃　上子賤反。郭璞注《爾雅》云:“竹箭,篠也。”①《字書》云:“竹高一丈,節間三尺,可爲矢也。”下作盧反。《爾雅》曰:“金鏃翦羽謂鏃。”②郭注云:“今之錍箭是也。”③篠音蘇鳥反。錍音普兮反。

3.148 溟渤　上莫經反。《考聲》云:“深也。”《山海經》云:“北海謂之溟。”④《説文》云:“從水,冥聲。”⑤下蒲没反。《玉篇》:“渤,澥也。”⑥《字書》云:“海水渤渤然也。”

3.149 厚膜　上胡口反。《切韻》云:“重也,廣也。”⑦下音莫。《字統》云:“皮内肉外謂之膜。”《説文》:“肉間胲膜也。”⑧胲音古哀反。

3.150 纏裹　上直連反。《考聲》云:“繞也,束也。”《説文》云:“纏,約也。從糸,廛聲。”⑨下光火反。《考聲》云:“包也。”《説文》云:“裹,纏也。從衣果聲也。”⑩俗作裹,訛略字也。

3.151 印璽　上正作印。《釋名》曰:“印,信也,因也。封物因付信也。”⑪下斯氏反。蔡雍《獨斷》曰:“天子之璽以玉螭虎劍,古者諸侯共之。”⑫《月令》曰:“秦以前諸侯卿大夫皆曰璽。自兹以降,天子獨稱璽,諸

---

① 《釋地》“東南之美者,有會稽之竹箭焉”郭璞注:“會稽,山名,今在山陰縣南;竹箭,篠也。”
② 見《釋器》。
③ 《釋器》“金鏃翦羽謂之鏃”郭璞注:“今之錍箭是也。”
④ 不詳。
⑤ 見水部。
⑥ 水部:“渤,渤海也。”
⑦ 厚韻(篆本):“厚,胡口反。四。”裴本:“厚,胡口反。重。亦垕。五。”王本:“厚,胡口反。不薄。亦作垕,俗作厚。五。”
⑧ 見肉部。
⑨ 見糸部。約也,今本作“繞也”。
⑩ 見衣部。
⑪ 《釋書契》:“印,信也。所以封物爲信驗也。亦言因也。封物相因付也。”
⑫ 《獨斷》卷上(鐵琴銅劍樓藏弘治十六年刊本):“衛宏曰:‘秦以前民皆以金玉爲印,龍虎紐,唯其所好。然則秦以來天子獨以印稱璽,又獨以玉,群臣莫敢用也。’”

侯不敢用也。"①《傳璽譜》云②:"秦王子嬰上高祖傳國璽,李斯所篆。其文曰:'受命於天,帝壽永昌也。'"蝨音勑支反。59p0373b—0373c

3.152 癲癇　上丁堅反。《廣雅》云:"癲,狂也。"③《毛詩箋》云:"癲,病也。"④《聲類》云:"癲,風病也。"或作瘨⑤。下音閑。《集訓》云:"小兒癇病也。"《説文》云:"風病也。從疒,間聲。"⑥或作癇,亦通。

3.153 蟲毒　上直躬反。《説文》:"從三虫音許鬼反。"⑦並二虫爲蚰⑧,音昆。《爾雅》曰:"有足謂之蟲,無足謂之豸音丈尒反。"⑨今俗借虫爲蟲。下徒沃反。《切韻》:"痛也,害也。"⑩《考聲》云:"苦也。"《説文》云從屮作毒⑪。中音丑列反。

3.154 呪詛　上又作祝、詶二形,音之受反。《説文》云:"詶亦詛也。"⑫下側據反。古文作禣。《釋名》云:"祝,屬也。以善惡之辭相屬著也。"⑬"詛,謂使人行事阻限於言也。"⑭《説文》云:"從言,且聲。"⑮且音子余反⑯。經文從口作咀,音才與反。非。

3.155 眩瞖　上玄絹反。賈注《國語》:"眩,惑也。"⑰《蒼頡篇》:"視

----

① 參見前注。

② 《傳璽譜》,不詳。

③ 見《釋詁》。癲,今本作"瘨"。

④ 見《大雅·雲漢》"胡寧瘨我以旱"箋、《召旻》"瘨我饑饉"箋。癲,今本作"瘨"。

⑤ 慧琳音義卷十三"癲狂"注:"或作瘨,亦通也。"《集韻》先韻:"瘨,《説文》:'腹脹也。一曰狂也。'或从顛。"

⑥ 疒部:"癇,病也。從疒,間聲。"

⑦ 見蟲部。

⑧ 《説文》蚰部:"蚰,蟲之總名也。從二虫……讀若昆。"

⑨ 見《釋蟲》。

⑩ 沃韻(箋本):"毒,徒沃反。三。"裴本:"毒,徒沃反。五。"王本:"毒,徒沃反。藥害。五。"

⑪ 屮部:"毒,厚也。害人之艸,往往而生。從屮從毒。歬,古文毒,從刀、葍。"

⑫ 言部:"詶,讇也。從言,州聲。"

⑬ 見《釋言語》。之辭,今本作"之詞"。

⑭ 《釋言語》:"詛,阻也。使人行事阻限於言也。"

⑮ 見言部。

⑯ "且"字原闕,今據文意補。

⑰ 見《周語》"觀美而眩"注。《文選·張衡〈南都賦〉》"眩將墜而復舉"李善注引《國語》"觀美而眩"賈逵曰:"眩,惑也。"

之不明也。”[1]《説文》云:“目無常主。”[2] 下於計反。郭璞云:“瞖,掩覆也。”[3]《考聲》云:“目中瞖也。”《説文》云:“從目殹聲也。”[4] 殹音一奚反[5]。經文從羽作翳,非眩瞖義也[6]。

3.156 溉灌　上基懿反。《韻英》云:“澆灌也。”《説文》:“溉亦灌也。”[7] 顧野王云:“溉,猶灌注也。”[8] 下古玩反。《切韻》云:“瀆也。”[9] 亦澆灌也。二並形聲字。

3.157 號嘷　二字同音胡刀反。上號,《爾雅》曰:“舞號,雩也。”[10]《説文》:“哭也。”[11] 又作唬[12],同。下嘷,《玉篇》云:“叫也。”[13]《説文》作獆,虎怒聲也[14]。亦作嘷字也。

3.158 喟歎　上口愧反。《説文》:“太息。”[15] 歎聲。又作嘳。《爾雅》曰:“息也。”[16] 又音口恠反。下他旦反。《切韻》云:“歎,息也。”[17] 又作嘆,傷也[18]。

---

① 視,原作“示”,今據文意改。玄應音義凡二引《蒼頡篇》釋“眩”,卷四“眼眩”注引《蒼頡篇》:“視不明也。”卷二十“目眩”注引《蒼頡篇》:“眩,目不明也。”慧琳音義凡二十二引《蒼頡篇》釋“眩”,其中二十引作“視”,如卷二“眩瞖”注引《蒼頡篇》:“視之不明。”可爲據改之旁證。獅谷本注“示恐視乎”。

② 見目部。

③ 《方言》卷十三“翳,掩也”郭璞注:“謂掩覆也。”

④ 《説文》闕“瞖”篆。

⑤ “殹”字原闕,今據文意補。

⑥ 《説文》羽部:“翳,華蓋也。从羽,殹聲。”

⑦ 水部:“溉,水。出東海桑瀆覆甑山,東北入海。一曰灌注也。从水,既聲。”

⑧ 《玉篇》水部:“溉,水,出東海桑瀆覆甑山。又:灌注也。”

⑨ 翰韻(王本):“灌,(古段反。)澆灌。”

⑩ 見《釋訓》。

⑪ 見号部。哭也,今本作“呼也”。

⑫ “又”字原闕,今據文意補。

⑬ 疑見犬部:“獆,犬呼也,鳴也,咆也。或作嘷。”瑄案:《玉篇》口部:“嘷,《左氏傳》曰:‘豺狼,所嘷。’嘷,咆也。”

⑭ 獆,《説文》字頭作“嘷”,口部:“嘷,咆也。从口,臯聲。獆,譚長説:‘嘷从犬。’”

⑮ 口部:“喟,大息也。从口,胃聲。嘳,喟或从貴。”

⑯ 《釋詁》:“嘳,息也。”

⑰ 翰韻(裴本):“歎,(他旦反。)息。”王本:“歎,(他半反。)長息。”

⑱ 《文選·班彪〈北征賦〉》“哀詩人之歎時”李善注引《廣雅》:“歎,傷也。”《廣雅·釋詁》:“嘆,傷也。”

3.159 吁嗞　上況于反。《切韻》：“疑恠之詞也。”① 下子之反。《切韻》云：“嗞嗟，憂聲也。”②《爾雅》作咨，云：“嗟，咨嗟也。”③ 郭注云：“今河北人云嗟歎。”④ 嗟音嗟。

新譯十地經卷第五

3.160 廁填　上初吏反⑤。《切韻》：“廁，間也。”⑥ 下唐賢反。宜作瑱字。《漢書訓纂》云⑦：“謂珠玉壓坐爲飾也。”又音唐見反。今經作填，乃是填塞之填，非間飾義。59p0373c—0374a

3.161 瞬息　上式閏反。《說文》云：“目動睫也。”⑧《考聲》云：“目搖動也。”謂眸子轉也。又作瞚、眴，義同。下相即反。《藥證病源》云⑨：“凡人晝夜共一萬三千三百息，一息有差，即爲病矣。”梵云阿那鉢那⑩，此云出息入息也。

新譯十地經卷第六

3.162 寤寤　上音教。正作覺。《蒼頡篇》云：“寐，起也。”下吾故反。《說文》：“覺而有信也。”⑪ 寤亦晤也。經文二字從穴作窹窹，非也。《說文》：“從寢，晤省。”⑫

3.163 開闢　上可哀反。《韻集》云：“開，闢也。”《說文》：“啟也。從門，开聲。”⑬ 經從井作開⑭，俗用，非正。下昌善反。《玉篇》亦開也⑮，揚

---

① 虞韻（箋本、王本）：“吁，（況于反。）歎。”
② 之韻（王本）：“嗞，（子慈反。）嗞嗟。憂聲。”
③ 見《釋詁》。
④ 《釋詁》“嗟，咨嗟也”郭璞注：“今河北人云‘嗟歎’，音兔置。”
⑤ 吏，原作“史”，今據文意改。
⑥ 志韻（裴本、王本）：“廁，初吏反。雜。一。”
⑦ 《漢書訓纂》，不詳。
⑧ 瞬，《說文》作“瞚”，目部：“瞚，開闔目數搖也。從目，寅聲。”
⑨ 《藥證病源》不詳。
⑩ 阿那鉢那，梵詞 ānāpāna。
⑪ 寢部：“寤，寐覺而有信曰寤。從寢省，吾聲。一曰晝見而夜寢也。寤，籀文寤。”
⑫ 寢部析“寤”爲“從寢省，吾聲……寤，籀文寤”結構。瑄案：希麟音義引文析字跟今本不同。
⑬ 門部：“開，張也。從門從开。闢，古文。”
⑭ “經”字原闕，今據文意及文例補。
⑮ 門部：“闢，大也，開也，明也。”

也。《韻英》:"明也,教也。"

3.164　遽務　上渠預反。賈注《國語》云:"遽,疾也。"① 《玉篇》云:"遽,急也。"② 下亾遇反。《切韻》:"事務也。"③ 《爾雅》云:"騖、務,强也。"④ 郭注云:"馳騖、事務皆自勉强也。"⑤

3.165　駛流　上所吏反。《蒼頡篇》云:"駛,速疾也。" 從馬史聲也⑥。經文作駃,音古穴反。駃騠,馬名,非駛疾義。 下流字,《説文》:"從水從㐬。"⑦ 㐬音他忽反⑧,倒子也。 子音子。 經文作𣴷,非也。 古文又作㳅。 騠,音杜奚反。 良馬也,生走及母⑨。

新譯十地經卷第七

3.166　那庾多⑩　中羊主反。梵語也。 或云那由他。 西域數名也。 案:《黄帝筭經》有二十三數,自萬已去皆有上、中、下三等數也,謂萬、億、兆、京、姟、秭、壤、溝、澗、正、載也。 下數十十變之,中數百百變之,上數億億變之。 案:《慧菀音義·花嚴經阿僧祇品》云:"一百洛又爲俱胝,即當此億也。 俱胝俱胝爲阿庾多,即當此兆也。 阿庾多阿庾多爲那由他,即當此京也。 餘皆准知配之。"⑪

---

① 《晉語》"公遽出見之"韋昭注:"遽,疾也。"《周語》"遽歸告王"韋昭注:"遽,猶疾也。"
② 見辵部。
③ 遇韻(裴本):"務,武遇反。趣也。十。" 王本:"務,武遇反。[惚]事。十二。"
④ 見《釋詁》。
⑤ 《釋詁》"騖、務、昏、暋,强也"郭璞注:"馳騖、事務,皆自勉强。《書》曰:'不昏作勞。''暋不畏死。'" ○勉,原作"免",今據文意改。
⑥ 《説文》闕"駛"篆。
⑦ 㳅部析"㴇"爲"从㳅、㐬……流,篆文从水"結構。
⑧ "㐬"字原闕,今據文意補。
⑨ 《集韻》齊韻"騠"字下引孟康曰:"駿馬,生七日而超其母。"
⑩ 那庾多,梵詞 nayuta、niyuta。
⑪ 慧菀音義卷下"一百洛又爲一俱胝"注:"洛又,此云万也。 俱胝,此云億也。 又:按此方《黄帝筭法》,惣有二十三數,謂一、二、三、四、五、六、七、八、九、十、百、千、万、億、兆、京、垓、秭、壤、溝、澗、正、載。 從万已去有三等數法:其下者十十變之,中者百百變之,上者倍倍變之。 今此《阿僧祇品》中上數法,故云一百洛又爲一俱胝,當此億也。 阿庾多,兆也。 那由他,京也。 餘皆依次准配可知。 今案此經:十百千万,十十變之;從万至億,百倍變之;從億已去,皆以能數量爲一數;復數至與能數量等變之,依《佛本行集》第十二中百百變之也。"

3.167　幽邃　上於虯反。《切韻》：“深也，隱也。”①《爾雅》曰：“幽，深也。”②《說文》：“從山，丝聲。”③丝音同上。《說文》云：“微也。”④下私醉反。《說文》云：“邃，深遠也。”⑤古文又作�，音訓同上⑥。59p0374a—0374b

3.168　羈繫　上居宜反。《釋名》云：“絡馬頭曰羈，縻馬足曰絆。”⑦下古詣反。《玉篇》云：“繫，縛也。”⑧又：�也。

3.169　誨誘　上荒外反。《韻英》云：“訓也，教也。”《論語》云：“誨人不倦也。”⑨下與久反⑩。《論語》云：“循循善誘人也。”⑪《玉篇》云：“引導也。”⑫《切韻》：“詃也。”⑬詃音古泫反⑭。泫，胡誸反。又：教也。《說文》：“從言、秀。”⑮形聲也。

新譯十地經卷第八

3.170　暉昱　上許歸反。《切韻》：“日光也。”⑯又作輝、煇⑰，皆同。

---

① 幽韻（篆本）：“幽，於虯反。三。”裴本：“幽，扵虯反。隱也，暗也。六。”王本：“幽，扵虯反。暗。六。”
② 見《釋言》。
③ 丝部析“幽”爲“从山中丝，丝亦聲”結構。
④ 丝部：“丝，微也。从二幺。”
⑤ 見穴部。
⑥ “上”字原闕，今據文意及文例補。
⑦ 《資治通鑑·梁紀》“歡不加羈絆而羸之”胡三省注：“馬絡首曰羈，繫足曰絆。”瑄案：《釋名·釋車》：“鞲，檢也，所以檢持制之也。”
⑧ 糸部：“繫，約束留滯也，惡絮也。”
⑨ 《述而》：“子曰：‘默而識之，學而不厭，誨人不倦，何有於我哉？’”
⑩ “反”字原闕，今據文意補。獅谷本亦著“反”字。
⑪ 《子罕》：“夫子循循然善誘人，博我以文，約我以禮，欲罷不能。”
⑫ 言部：“誘，誘引也，進也，相勸動也。”
⑬ 有韻（王本）：“誘，（與久反。）詃誘。”
⑭ “詃”字原闕，今據文意補。
⑮ 誘，《說文》字頭作“㽥”，厶部：“㽥，相誶呼也。从厶从羑。誘，或从言、秀。䛩，或如此。羑，古文。”
⑯ 微韻（篆本）：“暉，（許歸反。）日。”王本：“暉，許歸反。光。亦作輝、暉。十。”
⑰ 輝煇，獅谷本作“煇煇”，並注“當作煇、輝”。

下余六反。《爾雅》云："昱,明也。"①《切韻》云："光也。"②《説文》:"從日,立聲。"③

　　3.171　靉靆　上音愛,下音逮。《廣雅》曰:"靉靆,翳薈也。"④薈音烏外反,謂雲興盛也。《通俗文》云:"雲覆日爲靉靆也。"

　　3.172　駭蹙　上閑揩反。《廣雅》曰:"駭,起也。"⑤夫驚者,其心必舉,舉即起也。《説文》:"從馬,亥聲。"⑥下子六反。《切韻》云:"促近也。"⑦《説文》云:"迫急也。從足戚聲也。"⑧

新譯十地經卷第九

　　3.173　棽儷　上勑林反。《玉篇》曰:"木枝而儷也。"⑨《説文》:"木長儷也。從林,今聲。"⑩下郎計反。《字統》云:"伉儷也。"亦宏壯也。棽又音森、林二音,今並不取。

　　3.174　摩醯⑪　下又作醓,同。呼雞反。梵語也。具足應云摩醯首羅。此云大自在也,即色界主大自在天王是也。

　　3.175　鈿厠　上徒年反。《玉篇》:"鈿,金花也。"⑫下初吏反。《切韻》云:"閒下也。"⑬《説文》云:"雜厠也。"⑭

---

①　疑引書誤。《廣雅·釋詁》:"昱,明也。"
②　屋韻(箋本、王本):"昱,(與逐反。)日光。"裴本:"昱,(与逐反。)日光"
③　見日部。
④　《釋訓》:"曖曃,翳薈也。"
⑤　見《釋言》。
⑥　見馬部。
⑦　屋韻(裴本):"蹙,子六反。迫。三。"王本:"蹙,子六反。迫。十三。"
⑧　見《説文新附》。○足戚,原作"戚足",今據《説文新附》乙正。慧琳音義卷四十四"顰蹙"注引《古今正字》:"蹙,促也。從足,戚聲。"卷六十六"顰蹙"注引《古今正字》:"從足,戚聲。"卷七十四"顰蹙"注引《文字典説》:"從足戚聲。"或據《古今正字》,或據《文字典説》,皆作"從足戚聲",可爲據乙之旁證。
⑨　林部:"棽,《説文》曰:'枝條棽儷兒。'"
⑩　見林部。木長儷也,今本作"木枝條棽儷兒"。
⑪　摩醯,梵詞 Maheśvara,希麟譯"摩醯首羅"。
⑫　見金部。○鈿、金花,原作"金花、鈿",今據文意乙正。
⑬　志韻(裴本、王本):"厠,初吏反。雜。一。"
⑭　厠,《説文》作"廁",广部:"廁,清也。從广,則聲。"

十力經一卷^①

3.176　刹別　上案《玉篇》音初八反^②。案：經合作差字，故經云"種種欲樂，勝解差別"^③。今云刹別，恐因聲誤寫，請諸高識再詳經意。59p0374b—0374c

廻向輪經一卷^④

3.177　資糧　上即夷反。《玉篇》："助也。"^⑤《切韻》云："資亦貨財也。"^⑥下吕張反。亦作粮。案：資粮，謂諸大士欲趣菩提涅盤二轉，依果先修福德、智慧二種資粮也。

3.178　無怙　上乢夫反。《古文奇字》作旡^⑦，像天屈西北角也。有本作旡，音既，非无字也。下胡古反。《爾雅》曰："怙，恃也。"^⑧《詩》云："無父何怙？無母何恃？"^⑨

3.179　忿恨　上正作忿，音敷粉反。《切韻》："怒也。"^⑩亦音敷問反。下胡艮反。《切韻》："恨，怨也，恚也。"^⑪

---

① 《十力經》，疑即大正藏《佛説十力經》，經集部典籍（T17，No.0780），唐釋勿提提犀魚譯，凡一卷。

② 刀部："刹，初八切。刹柱也。"

③ 《佛説十力經》："復次，如來、應、正等覺，於諸有情種種樂欲，勝解刹別，皆如實知。"

④ 《廻向輪經》，大正藏作《佛説廻向輪經》，密教部典籍（T19，No.0998），唐釋尸羅達摩譯，凡一卷。

⑤ 貝部："資，取也，用也。"

⑥ 脂韻（殘葉）："資，（即脂反。）"篆本："資，（即脂反。）財。"裴本："資，（即脂反。）取也，用也。"王本："資，（即夷反。）取。"

⑦ 《古文奇字》，《隋書》作《古今奇字》，字學著作，凡二卷，其著者史志有郭顯卿（《隋書·經籍志》）、郭訓（《舊唐書·經籍志》）的參差。黄奭以爲顯卿爲郭訓之字。書已佚。清人任大椿等有輯本。參見《古佚書目録》頁93。

⑧ 見《釋言》。

⑨ 見《小雅·蓼莪》。

⑩ 吻韻（篆本）："忿，怒。敷粉反。又敷問反。一。"裴本："忿，敷粉反。怒。又敷問反。怒。二。"王本："忿，敷粉反。怒。又敷問反。二。"

⑪ 恨韻（裴本）："恨，户艮反。一。"王本："恨，胡艮反。怨。一"

3.180 竝將　上音滿迴反。正體竝字也。《切韻》："比也。"① 《説文》云："二人同立也。"② 下即羊反。《爾雅》曰："將，送也。"③ 《考聲》："將，大也，助也。"《説文》云："從夕、寸，爿聲也。"④ 夕音肉。 爿音墙。 經文作将，俗字，非正。

續一切經音義卷第三⑤

丁未歲高麗國大藏都監奉勅雕造⑥

---

① 迴韻(篆本)："竝，比。萍迴反。二。"王本："竝，萍迴反。比。通作並。三。"
② 竝部："竝，併也。从二立。"
③ 見《釋言》。
④ 寸部析"將"爲"从寸，牆省聲"結構。
⑤ 卷第三，獅谷本作"卷三"。
⑥ "丁未歲高麗國大藏都監奉勅雕造"十四字獅谷本闕。後同，不再出校。

續一切經音義卷第四 _{雞①}

燕京崇仁寺沙門　希麟　集

續音大乘本生心地觀經八卷

守護國界主陀羅尼經十卷

大乘瑜伽曼殊室利千臂千鉢大教王經十卷

右三經二十八卷同此卷續音

大乘本生心地觀經并序②

4.001 噫夫　上於其反。《切韻》:"憶也。"③《考聲》云:"恨聲也。"鄭注《禮記》云:"噫,不寤之聲也。"④下房無反。《考聲》云:"語端之詞。"《禮記》曰:"夫爲人子者。"⑤又曰:"夫三年之喪。"⑥又曰:"夫不舍晝夜。"⑦皆語端也。59p0375a

4.002 筌蹄　上七緣反。《考聲》:"取魚竹器也。"亦籠屬也,亦名魚笱。《莊子》云:"筌者所以在魚,得魚忘筌也。"⑧下弟奚反。《莊生》

---

① "雞"字獅谷本闕。

② 《大乘本生心地觀經》,本緣部典籍(T03,No.0159),唐釋般若奉詔譯,凡八卷。

③ 之韻(篗本、王本):"噫,恨聲。"

④ 《檀弓下》"噫,毋"鄭玄注:"噫,不寤之聲;毋,禁止之辭。""噫,弗果從"鄭玄注:"(噫,)不寤之聲。"

⑤ 《曲禮上》:"夫爲人子者,三賜不及車馬。""夫爲人子者,出必告,反必面,所遊必有常,所習必有業。"

⑥ 《三年問》:"夫三年之喪,天下之達喪也。"

⑦ 《子罕》:"子在川上曰:'逝者如斯夫,不舍晝夜。'"

⑧ 《外物》:"筌者所以在魚,得魚而忘筌;蹄者所以在兔,得兔而忘蹄;言者所以在意,得意而忘言。"

云："蹄者所以取兔，得兔而忘蹄也。"① 從足，帝聲②。《玉篇》作罤，云："兔網也。"③

4.003　逵路　上求危反。《爾雅》："九達謂之逵。"④ 郭璞注云："四道交出，復有傍通。"⑤ 下洛故反。《爾雅》曰："一達謂之道路。"⑥ 郭注云："謂長道也。"⑦ 逵又作馗，音訓同。

4.004　耆闍崛山⑧　上音祇，次視遮反。梵語訛略也。正云姞栗馱羅矩吒。此云鷲峯，亦云鷲臺。此山峯多棲鷲鳥，又類高臺，故以爲名。姞音巨乙反。

4.005　或裸　下古玩反。《詩》云："裸將於京。"⑨《論語》云："禘自既裸。"⑩ 孔注云："酌鬱鬯以裸太祖。"⑪ 與灌同訓。案經序云："潛導之功，或裸於理。"⑫《說文》裸字從示⑬，音視。神祇、禱祝、祭祀之類皆從示。今序從衣作裸，音華瓦反，謂脫衣露躰也⑭。智者詳之。59p0375a—0375b

4.006　醴泉　上來啟反。《爾雅》曰："甘雨時降，万物以嘉，謂之醴

---

① 詳前注。○"蹄者"之"者"字原闕，今據《莊子》補。希麟音義凡兩釋"筌蹄"，卷十"筌蹄"注引《莊子》："蹄者所以取兔，得兔而忘蹄也。"亦作"蹄者"，且跟前文"筌者"對言，可爲據補之旁證。
② 蹄，《說文》作"蹏"，足部："蹏，足也。从足，虒聲。"
③ 見网部。兔網也，今本作"兔罔"。
④⑥ 見《釋宫》。
⑤ 傍通，今本作"旁通"。
⑦ 《釋宫》"一達謂之道路"郭璞注："長道。"
⑧ 耆闍崛，梵詞 Gṛdhrakūṭa，希麟譯"姞栗馱羅矩吒"。
⑨ 見《大雅·文王》。
⑩ 《八佾》："子曰：'禘自既灌而往者，吾不欲觀之矣。'" 裸，今本作"灌"。
⑪ 《八佾》"禘自既灌而往者"何晏集解引孔曰："禘、祫之禮，爲序昭穆，故毀廟之主及群廟之主皆合食於太祖。灌者，酌鬱鬯灌於太祖以降神也。既灌之後，列尊卑，序昭穆。"
⑫ 清來舟集《大乘本生心地觀經淺注》卷第一："以爲攝念之旨，有輔於時；潛導之功，或神於理。"
⑬ 示部："裸，灌祭也。从示，果聲。"
⑭ 裸，《說文》字頭作"臝"，衣部："臝，袒也。从衣，羸聲。裸，臝或从果。"

泉。"①《瑞應圖》曰②:"王者飲食純和則醴泉出,飲之令人壽。"《東觀漢記》云③:"光武中元元年,醴泉出,京師飲之,痼疾皆愈。"《說文》:"從酉豐聲也。"④

4.007　醍醐　上徒奚反,下户姑反。《說文》作𩛙𩜹二形,云:"酪中出酥,酥中清液也。"⑤案《本草》⑥,治熱毒,去衆風疾,涼藥也。

大乘本生心地觀經卷第一⑦

4.008　阿若憍陳如⑧　上烏葛反,次如者反。梵語訛略也。應云阿若多憍陣那。阿若多,此云解也,以初解法故,先彰其名;憍陣那,是婆羅門姓,那是男聲,顯從其父。故新翻經云"解憍陣那"是也⑨。

---

① 見《釋天》。万物,今本作"萬物"。
② 《瑞應圖》,疑即《熊氏瑞應圖》,即熊理《瑞應圖讚》,凡三卷(《新唐書·藝文志》)。屬子部五行類著作,託名周公撰。《玉海》引《中興書目》云:"初世傳《瑞應》一篇,云周公所制,魏晉間孫氏、熊氏合之爲三篇。"書已佚。清人馬國翰、葉德輝等有輯本。參見《古佚書目録》頁240—241。
③ 《東觀漢記》,紀傳體國史書,漢人劉珍等撰。書初名《漢記》,因修於洛陽南宮之東觀,故名。書初與《史記》《漢書》並稱"三史",范曄《後漢書》出,影响始式微。史志有一百四十三卷(《隋書·經籍志》)、一百二十七卷(《舊唐書·經籍志》《新唐書·藝文志》)之別。書已佚。清人姚之駰等有輯本,而以吳階平《東觀漢記校注》(中州古籍出版社1987年初版,中華書局2009年再版)的輯録工作最爲完備。
④ 見西部。
⑤ 《說文新附》:"醍,清酒也。从酉,是聲。""醐,醍醐,酪之精者也。从酉,胡聲。"瑄案:《說文》食部:"𩜹,寄食也。从食,胡聲。"
⑥ 《本草》,疑即《神農本草》,醫家類典籍。《隋書·經籍志》"《神農本草》八卷"自注:"梁有《神農本草》五卷,《神農本草屬物》二卷,《神農明堂圖》一卷,《蔡邕本草》七卷,《華佗弟子吳普本草》六卷,《陶隱居本草》十卷,《隨費本草》九卷,《秦承祖本草》六卷,《王季璞本草經》三卷,《李譡之本草經》《談道術本草經鈔》各一卷,《宋大將軍參軍徐叔嚮本草病源合藥要鈔》五卷,《徐叔嚮等四家體療雜病本草要鈔》十卷,《王末鈔小兒用藥本草》二卷,《甘濬之癰疽耳眼本草要鈔》九卷,《陶弘景本草經集注》七卷,《趙賛本草經》一卷,《本草經輕行》《本草經利用》各一卷,亡。"清人孫星衍、黃奭、王仁俊等有輯本。參見《古佚書目録》頁232—233。
⑦ "大乘本生心地觀"七字獅谷本闕。
⑧ 阿若憍陳如,梵詞 Ājñāta-kauṇḍinya,希麟譯"阿若多憍陣那"。
⑨ 《大般若波羅蜜多經》卷第五百六十六:"所謂具壽解憍陳那、大迦葉波、笈防鉢底、褐麗筏多……無滅、善現而爲上首。"

4.009 阿史波室多^①　梵語也。舊云阿濕縛。此云馬勝，羅漢名也。

4.010 澄澈　上直陵反。《字書》：“澄，水清也。”下直列反。《爾雅》曰：“波澈也。”^②《説文》：“澈，亦澄清也。從水，撤省聲。”^③

4.011 薜舍^④　上蒲計反。梵語。或云毗舍，又云吠舍。西域四姓之一也^⑤。巨富多財，通於高貴；或賫旅博貨，涉歷異邦，畜積資財，家藏珎寶。或稱長者，或封邑號者也。

4.012 戍達羅^⑥　上式句反。亦梵語也。舊云首陁，訛略也。此之一姓務於田業，耕墾播植，賦税王臣，多爲民庶，並是農夫，寡於學問。四姓之中冣下也。

4.013 鸚鵡　上烏耕反，下音武。下又作䳇，同。《山海經》云：“黃山有鳥，青羽，赤喙，人舌，能作人語，名曰鸚鵡。”^⑦《曲禮》曰：“鸚鵡能言，不離飛鳥。”^⑧

4.014 蠶繭　上雜含反。《説文》：“紝絲也。從䖵，朁聲。”^⑨經文作蚕、蠺，非。或作蚕，音天顯反。蚯蚓之類，甚乖字義。下古典反。《説文》：“從虫、糸、芇，像繭蛾之形。”^⑩《三啟經》云：“譬如蠶作繭，吐絲還自縛也。”^⑪經作蠒，非本字也。

4.015 蘇迷盧^⑫　舊云須弥，或云弥樓。皆訛也。正云蘇迷盧。此云妙高山。琳引《俱舍論》云：“東面白銀，北面黃金，西面頗棃，南面青琉

---

① 阿史波室多，梵詞 Aśvaji，巴利詞 Assaji。

② 不詳。

③ 《説文》闕“澈”篆。

④ 薜舍，梵詞 Vaiśya。

⑤ “之”字原闕，今據文意補。

⑥ 戍達羅，梵詞 śūdra，希麟譯“戍捺囉”。

⑦ 《西山經》：“又西百八十里，曰黃山……有鳥焉，其狀如鴞，青羽，赤喙，人舌，能言，名曰鸚鵡。”瑄案：“鸚鵡”後郭璞注：“鸚鵡舌似小兒舌，脚指前後各兩，扶南徼外出五色者，亦有純赤白者，大如鴟也。”

⑧ 見《曲禮上》。

⑨ 見䖵部。紝絲，今本作“任絲”。

⑩ 糸部析“繭”爲“从糸从虫，芇省。絸，古文繭，从糸、見”結構。

⑪ 《佛説無常三啟經》：“循環三界内，猶如汲井輪。亦如蠶作繭，吐絲還自縛。”

⑫ 蘇迷盧，梵詞 Sumeru。

璃。"①《大論》云："四寶所成曰妙,出過衆山曰高。亦名妙光。謂以四色寶光明各異照世,故名妙光。"②出水八万踰繕那量也③。59p0375c

4.016 瞻蔔迦④　舊云瞻蔔。正云瞻博迦。舊翻爲欝金花。《大論》云："黄色花也。其樹高大,花氣遠聞,西國多有此樹也。"⑤

4.017 極爆　上極字,《説文》:"從木,亟聲。"⑥亟從二人、又、口,云:"人在天地之間,所急者莫越手口,二即天地也。"⑦勹,古人字⑧。又即手也⑨。下補教反。《説文》:"爆,灼也。"⑩《廣雅》:"熱也。"⑪《考聲》:"燒柴作聲火烈也。"《韻英》云:"火炛也。"《韻詮》:"火烈聲也。"

4.018 智臆　上香邑反。《説文》:"智,膺也。"⑫案:智亦臆也。或作肳。下應力反。《説文》:"臆,智骨。從肉意聲也。"⑬

4.019 沈淪　上直林反。《玉篇》:"没也。"⑭《切韻》:"大也,濁也。"⑮下劣迍反。亦没水波也。《爾雅》曰:"小波爲淪。"⑯

---

① 慧琳音義 1.117 "蘇迷盧山" 注引《俱舍論》:"四寶所成。東面白銀,北面黄金,西面頗梨,南面青琉璃。"

② 慧琳音義 1.117 "蘇迷盧山" 注引《大論》:"四寶所成曰妙,出過衆山曰高。或名妙光山。以四色寶光明各異照世,故名妙光也。"

③ 踰繕那,梵詞 yojana。

④ 瞻蔔迦,梵詞 campaka,希麟譯 "瞻博迦"。

⑤ 不詳。

⑥ 見木部。

⑦ 二部:"亟,敏疾也。从人从口从又从二。二,天地也。"

⑧ 《説文》勹部:"勹,裹也。象人曲形,有所包裹。"

⑨ 《説文》又部:"又,手也。象形。三指者,手之列多,略不過三也。"

⑩ 見火部。

⑪ 疑引書有誤。《玉篇》火部:"爆,熱也。"瑄案:《廣雅·釋詁》:"爆,蒸也。"

⑫ 肉部:"膺,智也。从肉,雍聲。"

⑬ 肉部:"肊,智骨也。从肉,乙聲。臆,肊或从意。" 〇意,獅谷本注 "意恐億乎"。又:"聲" 前原衍 "省" 字,今據文意删。

⑭ 見水部。

⑮ 侵韻(殘葉):"沈,除深反。四。"筬本:"沉,除深反。四。"裴本:"沉,除深反。没也。亦式稔反。姓也。六。"王本:"沉,除深反。没。又或撚桃反,人姓。俗以出頭作姓隷。四。"

⑯ 見《釋水》。

4.020 盲龜　上武庚反。《切韻》:"無目也。"① 《文子》曰② :"師曠瞽盲也。"《字書》云:"盲,無所見也。"下居追反。《説苑》曰:"靈龜五色,似金似玉,背陰向陽,上高像天,下平法地。"③ 《大戴禮》云:"甲蟲三百六十,而神龜爲之長。"④ 《爾雅》曰:"一曰神龜也。"⑤ 《山海經》云:"大苦山多三足龜。"⑥

大乘本生心地觀經卷第二⑦

4.021 吮乳　上徐兗反。《韻英》云:"嗽也。"從口,允聲⑧ 。經作呟,草變字。下儒主反。《切韻》:"柔也,酪屬也。"⑨ 《考聲》:"奶汁曰乳。"《説文》:"從乞,孚聲。"⑩

4.022 瀑漲　上薄報反。《爾雅》曰:"瀑雨謂之涷。"⑪ 郭注云:"江東呼夏月瀑雨爲涷雨也。涷音東。"⑫ 下知亮反。《切韻》:"大水滿也。"⑬ 《説文》:"水盛也。從水,張聲。"⑭ 形聲字也。

---

① 庚韻(箋本):"盲,武庚反。六。"裴本:"盲,武更反。無目。八。"王本:"盲,武庚反。無目。六。"
② 《文子》,道家類著作,史志有九篇(《漢書·藝文志》)、十二卷(《隋書·經籍志》《舊唐書·經籍志》《新唐書·藝文志》)之別。唐玄宗天寶元年改名《通玄真經》,跟《老子》(或名《道德經》)、《莊子》(或名《南華經》)、《列子》(或名《沖虛真經》)並列道教四部經典,今有《正統道藏》本、《道藏》本等多種版本。
③ 《辨物》:"靈龜文五色,似金似玉,背陰向陽。上隆象天,下平法地,槃衍象山。四趾轉運應四時。文著象二十八宿。"
④ 《易本命》:"有甲之蟲三百六十,而神龜爲之長。"○而,原作"四",今據《大戴禮》改。慧琳音義卷八十六"龜鶴"注引《文字典説》:"甲蟲三百六十,龜爲之長,外骨而內肉。元龜長尺有二寸,壽逾千歲。"亦言"三百六十"而非"三百六十四",可爲據改之旁證。
⑤ 《釋魚》:"(龜,)一曰神龜。"
⑥ 《中山經》:"又東五十七里,曰大苦之山……其陽狂水出焉,西南流注于伊水,其中多三足龜,食者無大疾,可以已腫。"大苦山,今本作"大苦之山"。
⑦ "大乘本生心地觀"七字獅谷本闕。
⑧ 《説文》析"吮"同。
⑨ 麌韻(裴本):"乳,而主反。肉汁。二。"王本:"乳,而主反。肉津。二。"
⑩ 乞部析"乳"爲"從孚從乞"結構。○乞,原作"乙",今據《説文》改。
⑪ 見《釋天》。瀑,今本作"暴"。
⑫ 《釋天》"暴雨謂之涷"郭璞注:"今江東呼夏月暴雨爲涷雨,《離騷》云'今飄風兮先驅,使涷雨兮灑塵'是也。涷音東西之東。"
⑬ 漾韻(裴本):"漲,(陟亮反。)大水皃。"王本:"涱,(陟亮反。)水大。亦作漲。"
⑭ 《説文》闕"漲"篆。○"聲"字原闕,今據文意補。

4.023 矛矟　上莫侯反。《呂氏春秋》云：“蚩尤作矛。”① 《考聲》：“酋矛，戈之類也。”《説文》：“矛，長二丈，建於兵車也。”② 有作鉾，俗字。下雙卓反。《博雅》云：“矟亦矛也。”《古今正字》：“矟，長丈八尺。”《文字典説》：“今之戟矟也。”有作槊、棚，皆非正字。59p0375c—0376a

4.024 髓䐈　上雖㭰反③。《説文》：“骨中脂也。從骨，隨省聲。”④ 下能老反。《文字集略》云：“頭中髓也。”《説文》䐈字從匕從囟匕音信，小兒䐈會也。從巛⑤。巛像髮，匕謂相比著也。今經作腦字，或作腒、膔、𦜐、䐈、惱五形，皆訛謬字也。

大乘本生心地觀經卷第三⑥

4.025 蚊蝱　上勿汾反。《説文》作䖟⑦。吳音閩。齧人飛蟲子。經作蚉，俗字。下莫耕反。《聲類》云：“似蠅而大。”《説文》云：“山澤草花中化生也。”⑧ 亦生鹿身中，形大者曰蝱，小者曰蟰音暫字也。

4.026 攢鋒　上在桓反。《切韻》：“合也。”⑨《字統》云：“攢，聚也。”謂合聚一處也。下敷容反。《韻集》云：“劍刃也。”《考聲》：“鋒，利也，銳也。”從金夆聲也⑩。

4.027 象蹋　上徐兩反。《爾雅》曰：“南方之美者，有梁山之犀象焉。”⑪ 郭注云：“大獸也。長鼻大耳，三藏一乳。”⑫ 或作鳥。下徒合反。

---

① 《蕩兵》：“人曰‘蚩尤作兵’，蚩尤非作兵也，利其械矣。”
② 矛部：“矛，酋矛也。建於兵車，長二丈。象形……我，古文矛，从戈。”
③ “反”字原闕，今據文意補。獅谷本注“柴下脱反”。
④ 見骨部。隨省聲，今本作“陸聲”。
⑤ 匕部：“䐈，頭髓也。从匕。匕，相比著也。巛象髮，囟象䐈形。”○囟，原作“凶”，今據文意改。
⑥ “大乘本生心地觀”七字獅谷本闕。
⑦ 蚊，《説文》字頭作“䖟”，蟲部：“䖟，齧人飛蟲。从䖵，民聲。䘌，䖟或从昏，以昏時出也。蚊，俗䖟，从虫从文。”
⑧ 不詳。
⑨ 翰韻（王本）：“攢，在翫反。一。”
⑩ 《説文》闕“鋒”篆。
⑪ 見《釋地》。
⑫ 《山海經·南山經》“東五百里，曰禱過之山……其下多犀、兕，多象”郭璞注：“象，獸之最大者。長鼻，大者牙長一丈，性妒，不畜淫子。”瑄案：《爾雅·釋地》“南方之美者，有梁山之犀象焉”郭璞注：“犀牛，皮、角；象，牙、骨。”

《韻英》云：“蹋也。”《考聲》：“足踐也。”經作踏，音他合反。著地行也。非經意。又作蹹，不成字也。

4.028 跏趺　上音加，下音夫。二字皆相承俗用也。正作加跗二形。鄭注《儀禮》云：“跗，足上也。”① 顧野王云：“足面上也。”② 案《金剛頂瑜伽儀》云③：“坐有二種，謂全加、半加。”結加坐即全加也，加跗坐即半加也，謂降魔、吉祥等也。如前已釋也④。

4.029 船栰　上述緣反。《方言》云：“自關而西謂舟爲船。”⑤《説文》：“船，舟也。從舟，沿省聲。”⑥ 下煩鞅反。《考聲》云：“縛竹木浮於水上。”《集訓》云：“木栰也。”或作筏、栿⑦，俗謬也。古作艬字。

4.030 萎悴　上於媧反。《韻英》云：“萎，蔫也。”《説文》：“從草，委聲。”⑧ 言草委在地也。下情醉反。案：萎悴，宜作瘁顇。《爾雅》云：“病也。”⑨ 悴，憂也⑩。經作忰，俗字。59p0376a—0376b

大乘本生心地觀經卷第四⑪

4.031 螻蟻　上落侯反。郭注《爾雅》云：“蛥螻，即螻蛄也。”⑫《説文》：“螻蛄，或即今石鼠也。”⑬ 頭似兔，尾有毛，青黃色，好田中食粟豆。下又作螘，或作義，同。魚綺反。《爾雅》曰：“蚍蜉，大螘，小者螘。”⑭《字

---

① 見《士喪禮》“乃屨綦結于跗”注。
② 足部：“跗，《儀禮》曰：‘綦結于跗。’跗，足上也。”
③ 《金剛頂瑜伽儀》，疑即《金剛頂一切如來真實攝大乘現證大教王經》，密教部典籍（T18,No.0874），唐釋不空奉詔譯，凡二卷。
④ 見 2.017“跏趺”。
⑤ 《方言》卷九：“舟，自關而西謂之船，自關而東或謂之舟，或謂之航。”
⑥ 見舟部。沿省聲，今本作“鉛省聲”。
⑦ 栿，原作“栈”，今據文意改。《集韻》月韻：“栰，《説文》：‘海中大船。’或作栿、筏、艬。”
⑧ 見艸部。
⑨ 《釋詁》：“顇，病也。”
⑩ 《説文》心部：“悴，憂也。从心，卒聲。讀與《易》萃卦同。”
⑪ “大乘本生心地觀”七字獅谷本闕。
⑫ 《釋蟲》“蝖，蛥螻”郭璞注：“蛥螻，螻蛄類。”蛥，今本作“蝖”。
⑬ 虫部：“螻，螻蛄也。从虫，婁聲。一曰：螜，天螻。”○今，原作“人”今據文意改。獅谷本亦作“今”。
⑭ 見《釋蟲》。

林》云："北燕謂蚍蜉爲蟻也。"

4.032　迦蘭陁①　梵語也。或云迦蘭多，或云迦蘭鐸迦。此云好聲鳥，謂此竹林多棲此鳥，故以爲名。在王舍城也。

4.033　貨鬻　上呼臥反。《切韻》："賄，貨也。"②《字書》云："市財也。"亦賣也。從貝，化聲③。下余六反。《切韻》："鬻，賣也。"④《爾雅》曰："鬻，糜也。"⑤《説文》作鬻，從鬲，鬻省聲也⑥。

4.034　廛肆　上直連反。正體字也。經文作㕔，或作㙻、㙫，三形皆訛。案《周禮》云："廛，謂市中空地也。"⑦《考聲》："一畝半也。"《韻英》云："居也。"下息利反。《爾雅》曰："肆、故，今也。"⑧《廣韻》："陳也，放也。"⑨亦作肆也⑩。

4.035　貿易　上莫候反。《爾雅》曰："貿、賈，市也。"⑪《考聲》："貿，買也。"又：交易也。下音羊益反。謂交還貨易也。《説文》："從日勿聲也。"⑫

4.036　蔓延　上無怨反。《韻英》："蔓謂苽綺之苗也。"下延，《爾雅》曰："延，長也。"⑬延，引也⑭。案：蔓延，如蔓草連延長引不絕也。下延，又

---

①　迦蘭陁，梵詞 kalandaka。

②　簡韻（裴本）："貨，呼臥反。一。"王本："貨，呼臥反。賄。一。"

③　《説文》貝部："貨，財也。從貝，化聲。（呼臥切。）"

④　屋韻（箋本）："鬻，（與逐反。）賣。"裴本："鬻，（与逐反。）賣。"王本："鬻，（與逐反。）鬻賣。"

⑤⑪　見《釋言》。

⑥　《説文》鬲部析"鬻"爲"從鬲，毓聲。鬻，鬻或省从米"結構。

⑦　《地官·序官》"廛人"鄭玄注："故書廛爲壇。杜子春讀壇爲廛，説云：'市中空地。'"《地官·載師》"以廛里任國中之地"鄭玄注引鄭司農云："廛，市中空地未有肆、城中空地未有宅者。"瑄案：《文選·潘岳〈西征賦〉》"肆廛管庫"李善注引鄭司農《周禮注》："廛，市中空地。"

⑧　見《釋詁》。

⑨　見至韻。

⑩　肆，原作"肆"，今據文意改。《集韻》至韻："肄，《説文》：'極陳也。一曰遂也，故也。又姓。或作肆、肆。'"

⑫　易部："易，蜥易，蝘蜓，守宫也。象形。《祕書》説：'日月爲易，象陰陽也。'一曰从勿。"

⑬　見《釋詁》。

⑭　《爾雅·釋詁》："引、延，長也。"

作莚，音餘戰反。《廣雅》云："蔓，長也。"① 莚，遍也②。二字皆從草。

4.037　窓牖　上楚江反。案：《說文》作牕。在牆曰牖，在屋曰牕。從片、悤，像交眼之形③。經中或作牕、窓二形，皆謬。下由酒反。《說文》："穿壁以木爲交窗。從片、戶，甫聲。"④ 悤音楚江反。

4.038　欻然　上輝律反。薛綜曰："欻，忽也。"⑤《蒼頡篇》："猝起也。"《說文》："吹起也。從炎，吹省。"⑥ 會意字也。下然字，從肉、犬、灬⑦。灬音標，火行兒也。云："犬逐其肉，灬以然之。"亦會意字也。

4.039　蓬勃　上蒲公反。亂也。下蒲沒反。勃，盛也⑧。案：如蓬草之亂盛也。今經文作熢㶿二形。上音峯。謂候望者夜火也。《字書》無蓬音。下㶿，煙起也。若塵起作坲，若香氣作馥，若心逆者作悖，若水廣作浡⑨，皆非亂盛卒起兒也。今合作蓬勃也。59p0376b—0376c

4.040　牝馬　上頻忍反。《爾雅》曰："牝曰騇。"⑩ 郭注云："草馬名也。"《魏志》云："教民畜牸牛、草馬也。"⑪《詩》云："騋牝三千也。"⑫ 下馬

① 《釋訓》："曼曼，長也。"
② 玄應音義卷六"蔓莚"注引《廣雅》："莚，遍也。"
③ 牕，《說文》作"囪"，囪部："囪，在牆曰牖，在屋曰囪。象形……窗，或从穴。囧，古文。"瑄案：《說文》穴部："窻，通孔也。从穴，悤聲。"
④ 片部："牖，穿壁以木爲交窻也。从片、戶、甫。譚長以爲：'甫上日也，非戶也。牖，所以見日。'"○爲交窻，原作"交爲牖"，今據《說文》乙改。說詳 2.006"牕牖"注。
⑤ 《文選·張衡〈西京賦〉》"欻從背見"薛綜注："欻之言忽也。"瑄案：《文選·顏延之〈赭白馬賦〉》"欻聳擢以鴻驚"李善注亦引薛綜《西京賦注》："欻，忽也。"○忽，原作"急"。考慧琳音義凡二十一引《西京賦》薛綜注"欻"，卷一"欻爾"、卷七"欻作"注皆引薛綜曰："欻，忽也。"卷十八"欻然"注引《西京賦》"欻從背見"薛綜曰："欻，忽也。"卷九十五"翕欻"注引薛綜注《西京賦》："欻，忽然兒也。"或言"忽"，或言"忽然"，知例中"急"訛，今據改。《玉篇》欠部："欻，忽也。"亦作"忽"，可爲據改之旁證。
⑥ 欠部："欻，有所吹起。从欠，炎聲。讀若忽。"
⑦ 《說文》火部："然，燒也。从火，肰聲。蘘，或从艸、難。"肉部："肰，犬肉也。从犬、肉。讀若然。脟，古文肰。胒，亦古文肰。"
⑧ 《廣雅·釋詁》："浡，盛也。"瑄案：《廣雅·釋訓》："勃勃，盛也。"
⑨ "作"字原闕，今據文意補。
⑩ 見《釋畜》。
⑪ 《魏書·杜畿傳》："漸課民畜牸牛、草馬，下逮雞豚犬豕，皆有章程。"
⑫ 《鄘風·定之方中》："秉心塞淵，騋牝三千。"

字,《説文》:"像形也。頭尾四足,王在其上也。"①　駼音舍。騋音來。

4.041　槌胷　上直追反。俗字也。正作椎。《説文》:"擊也。從木,隹聲。"②下勗恭反。《説文》:"膺也。"③亦作匈。《字書》云:"椎胷者,悲恨之極,自毀其身也。"

大乘本生心地觀經卷第五

4.042　鉾矟　上正作矛,音莫侯反,下雙卓反。前第二卷經中已訓釋訖④。

4.043　霹靂　上普擊反,下郎擊反。《説文》曰:"霹靂,析震戰也。所擊輒破,若攻戰也。"⑤王充《論衡》云:"陰陽氣盛相擊之聲。"⑥即迅雷也。

4.044　阿練若⑦　或云阿練兒,或云阿蘭若,或云阿蘭那,皆梵語訛轉耳。正云阿蘭孃。義譯云寂靜處,或云無諍地。所居不一。或住砂磧山林壙野,或塚間寒林,皆出聚落一俱盧舍之外,遠離喧噪之處也。

4.045　虎豹　上呼古反。《説文》云:"山獸君。"⑧《山海經》云:"幽都山多玄虎玄豹。"⑨《淮南子》云:"虎嘯則谷風生也。"⑩下博教反。郭注《爾雅》云:"豹,似熊,小頭,庳脚,黑白駮,能舐銅、鐵、竹、骨等。白色者別名貘音陌。"⑪

---

① 馬部:"馬,怒也,武也。象馬頭、髦、尾、四足之形……𢒠,古文。𢒠,籀文馬,與𢒠同,有髦。"

② 木部:"椎,擊也。齊謂之終葵。从木,隹聲。"

③ 肉部:"膺,胷也。从肉,雍聲。"瑄案:《玉篇》肉部:"胷,膺也。"《説文》勹部:"匈,聲也。从勹,凶聲。胷,匈或从肉。"

④ 見 4.023"矛矟"。瑄案:"矛矟"見《大乘本生心地觀經》卷第二:"法寶猶如弓箭矛矟。"

⑤ 《説文》闕"霹"篆。《玉篇》雨部:"霹,霹靂也。"

⑥ 《物勢》:"或曰:天地不故生人,人偶自生,若此,論事者何故云'天地爲爐,萬物爲銅,陰陽爲火,造化爲工'乎?"

⑦ 阿練若,梵詞 araṇya,希麟譯"阿蘭孃"。

⑧ 虎部:"虎,山獸之君。从虍,虎足象人足。象形……𪳁,古文虎。𧇂,亦古文虎。"

⑨ 《海内經》:"北海之内,有山,名曰幽都之山,黑水出焉。其上有玄鳥、玄蛇、玄豹、玄虎、玄狐蓬尾。"

⑩ 《天文訓》:"虎嘯而谷風至,龍舉而景雲屬。"

⑪ 《釋獸》"貘,白豹"郭璞注:"似熊,小頭,庳脚,黑白駮,能舐食銅鐵及竹骨,骨節强直,中實少髓,皮辟濕。或曰豹,白色者別名貘。"

4.046　豺狼　上士諧反。《爾雅》曰：“豺，狗足。”① 郭注云：“脚似狗。”②《切韻》：“狼屬也。”③《禮記》云：“豺，祭獸也。”④ 下音郎。《爾雅》曰：“牡貛，牝狼。”⑤《説文》：“似犬，鋭頭而白頬。從犬，良聲。”⑥

4.047　優曇⑦　下徒含反。梵語也。或云烏曇。應云優曇鉢羅。此云妙瑞花，或云祥瑞花。人間本無。天妙花也，或時一見。

大乘本生心地觀經卷第六　59p0377a

4.048　隙光　上綺戟反。《切韻》：“閑也。”⑧《考聲》：“壁孔也。”《説文》：“空閑皆曰隙。從皀、日，上、下小也。”⑨ 經文作陳，或作隟，皆非。下古皇反。《爾雅》曰：“光，充也。”⑩《切韻》：“明也，大也，顯也。”⑪ 古作炛字。

4.049　飛蛾　上芳非反。《韻英》云：“翔也。”《説文》：“像鳥羽翻飛之形也。”⑫ 下五何反。《説文》：“蠶蛾也。”⑬《爾雅》作蚅⑭，同。正作蛾

---

① 見《釋獸》。
② 《釋獸》“豺，狗足也”郭璞注：“脚似狗。”
③ 皆韻（箋本）：“豺，狼屬。士諧反。二。”王本：“豺，士諧反。狼。四。”
④ 《月令》：“季秋之月，日在房……豺乃祭獸戮禽。”
⑤ 《釋獸》：“狼：牡，貛；牝，狼；其子，獥；絶有力，迅。”○牡，原作“牝”，今據《爾雅》改。《詩·齊風·還》“並驅從兩狼兮”孔穎達疏引《釋獸》：“狼，牡貛，牝狼。”引舍人注：“狼牡名貛，牝［名］狼。”《廣韻》桓韻：“貛，牡狼。”《集韻》仙韻“貛”字下引《爾雅》：“狼，牡貛。”皆作“牡”，可爲據改之旁證。
⑥ 犬部：“狼，似犬，鋭頭白頬，高前廣後。从犬，良聲。”
⑦ 優曇，梵詞 udumbara、uḍumbara，希麟譯“優曇鉢羅”。
⑧ 陌韻（箋本）：“隙，壁孔。綺戟反。又作此隟。”王本：“隙，綺戟反。小孔。五。”格韻（裴本）：“隙，綺戟反。壁孔。四。”
⑨ 皀部：“隙，壁際孔也。从皀从㝿，㝿亦聲。”白部：“㝿，際見之白也。从白，上下小見。”
⑩ 見《釋言》。光，今本作“桄”。瑄案：《釋言》“桄，充也”陸德明釋文：“桄，孫作光。”郝懿行義疏：“桄，通作光。”
⑪ 唐韻（箋本）：“光，古皇反。七。”裴本：“光，古黃反。明也。又炛。九。”王本：“光，古黃反。明。九。”
⑫ 飛部：“飛，鳥翥也。象形。”
⑬ 虫部：“蛾，羅也。从虫，我聲。”瑄案：《説文》蚰部：“蠶，蠶化飛蟲。从蚰，我聲。蛾，或从虫。”
⑭ 《釋蟲》：“蚅羅。”瑄案：《釋蟲》“蚅羅”郭璞注：“蠶蛾。”

字也。

4.050 牝鹿　上頻忍反。《爾雅》曰:"鹿:牡,麚;牝,麀;其子,麛。"①案:别雌雄辨子母也。麚音加。麀音於牛反。麛音迷。下鹿字,正從比②。

4.051 芳餌　上敷仄反。《考聲》:"芳草之香者也。"又:美盛也。下仍吏反。《韻英》:"食也。"《説文》云:"粉餅也。從食耳聲也。"③

4.052 牆壁　上疾良反。《説文》:"垣也。五版爲堵。"④《釋名》云:"牆,障也,所以自障蔽也。"⑤從嗇,爿聲⑥。經作壀、墻、壋,皆非。下比激反。《説文》:"屋牆也。"⑦《釋名》曰:"壁,辟也。謂辟禦風寒也。"⑧從土,辟聲⑨。

4.053 坏瓦　上芳杯反。《説文》云:"未燒瓦器也。"⑩下五寡反。又作凡,像形也。《古考史》曰⑪:"夏時,昆吾氏始作瓦也。"

4.054 芭蕉　上羈麻反,下即消反⑫。王注《楚詞》云:"香草名也。"⑬生交阯,葉如席,糞漬可紡績也。不堅草也。自外至内並無有實,故經中多引爲喻淨名,云"是身如芭蕉,中無有堅"是也⑭。

────────────

① 《釋獸》:"鹿:牡,麚;牝,麀;其子,麛;其跡,速;絶有力,麉。"

② 《説文》鹿部:"鹿,獸也。象頭、角、四足之形。鳥、鹿足相似,从匕。"瑄案:希麟音義析字不同。

③ 餌,《説文》字頭作"鬻",耳部:"鬻,粉餅也。从鬲,耳聲。餌,鬻或从食,耳聲。"

④ 嗇部:"牆,垣蔽也。从嗇,爿聲。牆,籀文从二禾。牆,籀文亦从二來。"瑄案:疑引書誤。《説文》土部:"堵,垣也。五版爲一堵。从土,者聲。鵪,籀文从𩫖。"

⑤ 見《釋宫室》。

⑥ 詳前注。

⑦ 广部:"𡋛,牆也。从广,辟聲。"瑄案:《説文》土部:"壁,垣也。从土,辟聲。"

⑧ 《釋宫室》:"壁,辟也,所以辟禦風寒也。"

⑨ 《説文》析"壁"同。

⑩ 土部:"坏,丘再成者也。一曰瓦未燒。从土,不聲。"

⑪ 《古考史》,疑即《古史考》,史評類著作,三國蜀譙周撰,凡二十五卷(《隋書·經籍志》《舊唐書·經籍志》《新唐書·藝文志》)。書佚於宋元之際,清人章宗源、黄奭等有輯本。參見《古佚書目録》頁164。

⑫ "反"字原闕,今據文意補。

⑬ 《楚辭》無"芭蕉、蕉"。《九歌·禮魂》"傳芭兮代舞"王逸注:"芭,巫所持香草名也。"

⑭ 《大乘本生心地觀經》卷第六:"出家菩薩又觀自身,而作是念:'我今此身從頂至足,皮肉骨髓共相和合以成其身,猶如芭蕉中無實故。'"

4.055　蝦蟆　上胡家反，下莫遐反。《切韻》：“水蟲也。”① 又作蟇。
《本草》云：“蝦蟆，一名蟾，一名去醭。”《爾雅》云：“黿醭，蟾蜍。”② 郭云：
“似蝦蟆，居陸地。淮南謂之去蚥音甫。”③

大乘本生心地觀經卷第七

4.056　洟唾　上他計反，下他臥反。《說文》：“鼻液曰洟。從水夷聲
也。”④ 口津曰唾。從口，垂省聲⑤。經文作涕，音他禮反。《說文》：“目汁
也。”⑥ 涕泣悲聲也，非洟唾義也。

大乘本生心地觀經卷第八　　59p0377b

4.057　猿猴　上王元反。《爾雅》作蝯，云：“猱、蝯，善援。”⑦ 郭注云：
“便攀援也。”下音侯。獼猴也。從犬侯聲也⑧。

4.058　埃坌　上烏開反。《說文》：“細塵也。從土，矣聲。”⑨ 下蒲悶
反。《考聲》：“污也。”《字書》：“塵埃著物也。”

4.059　青蠅　下餘陵反。《考聲》云：“飛蟲也。”鄭箋《毛詩》云：“蠅
之爲蟲，污白也使黑，喻佞人變亂善惡也。”⑩ 又曰：“白珪之玷，尚可磨也；
斯言之玷，不可爲也。”⑪

4.060　吠憚⑫　真言中字也。上借音微一反，下音但。不求字義。

---

① 麻韻（篆本）：“蝦，（胡加反。）水中蟲。又蝦蟇。”裴本：“蝦，（胡加反。）蝦蟇。又水
　中蟲。”王本：“蝦，（胡加反。）水中蟲。”
② 見《釋魚》。蟾蜍，今本作“蟾諸”。
③ 《釋魚》“黿醭，蟾諸”郭璞注：“似蝦蟆，居陸地。淮南謂之去蚥。”
④ 水部：“洟，鼻液也。从水，夷聲。”
⑤ 《說文》口部：“唾，口液也。从口，𡍮聲。涶，唾或从水。”
⑥ 水部：“涕，泣也。从水，弟聲。”
⑦ 見《釋獸》。
⑧ 《說文》闕“猴”篆。
⑨ 土部：“埃，塵也。从土，矣聲。”細塵，今本作“塵”。
⑩ 《小雅·青蠅》“營營青蠅”鄭玄箋：“蠅之爲蟲，汙白使黑，汙黑使白，喻佞人變亂善
　惡也。”
⑪ 見《大雅·抑》。白珪，今本作“白圭”。
⑫ 吠憚，對音字，源詞不詳。

守護國界主陁羅尼經卷第一①

4.061 炳曜　上兵永反。《考聲》:"明也。"《說文》:"焕明也。從火,丙聲。"② 形聲字。下弋肖反。《韻英》云:"日光也。"《切韻》:"照也。"③ 又作耀、燿二形。光耀,炫燿也。

4.062 沙潵　上所加反。《爾雅》曰:"潬,沙出。"④ 郭注云:"江東呼水中沙堆爲潬。西有沙州,即鳴沙山也。"⑤ 下郎古反。《爾雅》曰:"潵,苦也。"⑥ 郭注云:"謂苦地也。"⑦ 案:沙漠,鹹潵之地也。二字並合從水。經文作砂,乃砂石也。作鹵,乃鹵簿。樂名,引天子車駕者也。並非沙潵字也。

4.063 菡萏　上胡感反,下覃感反。《爾雅·釋草》云:"荷,芙渠。其花菡萏。"⑧《毛詩傳》云:"未開曰芙容,已開者菡萏。"⑨《說文》菡從草函聲⑩。函音含⑪。萏從草臽聲。臽音陷⑫。經文作菡萏二形,皆訛謬也。

4.064 羯邏⑬　上居謁反,下盧賀反。梵語,不求字義。

4.065 拊擊　上孚武反。《切韻》:"拍也。"⑭ 下古歷反。《切韻》:"打

---

① 《守護國界主陁羅尼經》,密教部典籍(T19,No.0997),唐釋般若共牟尼室利譯,凡十卷。

② 見火部。焕明,今本作"明"。○"聲"字原闕,今據文意補。

③ 笑韻(裴本):"曜,弋笑反。日光。七。"王本:"曜,弋笑反。光耀。十一。"

④ 見《釋水》。

⑤ 《釋水》"潬,沙出"郭璞注:"今江東呼水中沙堆爲潬,音但。"

⑥ 見《釋言》。

⑦ 《釋言》"潵、矜、鹹,苦也"郭璞注:"潵,苦地也;可矜憐者,亦辛苦;苦,即大鹹。"

⑧ 《釋草》:"荷,芙渠。其莖茄,其葉蕸,其本蔤,其華菡萏,其實蓮,其根藕,其中的,的中薏。"

⑨ 《鄭風·山有扶蘇》"隰有荷華"毛傳:"荷華,扶渠也。其華菡萏。"陸德明釋文:"菡萏,荷華也。未開曰菡萏,已發曰芙蓉。"瑄案:《說文》艸部:"蘭,菡蘭。芙蓉華未發爲菡蘭,已發爲芙蓉。從艸,閻聲。"

⑩ 《說文》闕"菡"篆。

⑪ "函"字原闕,今據文意補。

⑫ "臽"字原闕,今據文意補。

⑬ 羯邏[斯],對音字,源詞不詳。

⑭ 麌韻(裴本):"拊,(敷武反。)拍。"王本:"拊,(孚武反。)拍。"

也。"①《尚書·舜典》曰："擊石拊石,百獸率舞。"②孔傳曰:"拊,亦擊也。"③二字並從手,付、殼皆聲也④。

4.066 波濤　上博科反。《切韻》云:"水波濤也。"⑤《爾雅》曰:"大波爲瀾,小波爲淪也。"⑥《説文》:"從水,波省聲。"⑦下徒刀反。《考聲》:"濤,浪也。"《説文》:"三波曰濤。從水,壽聲。"⑧59p0377b—0377c

守護國界陀羅尼經卷第二

4.067 魁膾　上苦瓌反。孔注《尚書》云:"魁,帥也。"⑨鄭注《禮記》云:"首也。"⑩《史記》云:"壯大也。"⑪從斗,鬼聲⑫。下瓌外反。《廣雅》曰:"膾,割也。"⑬案:魁膾者,屠殺兇惡之師也。從肉會聲也⑭。

4.068 旋澓　上又作漩,音似緣反。《考聲》:"洄也。"《爾雅》曰:"旋、復,返也。"⑮下符福反。《三蒼》:"澓,深也。"謂河海中洄旋之處。從水,復聲⑯。

4.069 癡膜　上丑之反。《切韻》:"癡,愚也。"⑰下慕各反。《切韻》:

---

① 錫韻(箋本):"擊,(古歷反。)打。"裴本:"擊,(古歷反。)攻。"王本:"擊,(古歷反。)拆打。"
② 《舜典》:"夔曰:'於!予擊石拊石,百獸率舞。'"
③ 《舜典》"予擊石拊石"孔安國傳:"拊,亦擊也。"
④ 《説文》手部:"拊,揗也。从手,付聲。""擊,攴也。从手,殼聲。"
⑤ 歌韻(箋本):"波,博河反。四。"裴本:"波,博何反。淪也。五。"王本:"波,博何反。水紋。四"
⑥ 見《釋水》。
⑦ 見水部。波省聲,今本作"皮聲"。
⑧ 《説文新附》:"濤,大波也。从水,壽聲。"○"聲"前原衍"省"字,今據文意删。
⑨ 見《胤征》"殲厥渠魁"傳。○帥,原作"師",今據《書》孔安國傳改。
⑩ 《檀弓上》"不爲魁"鄭玄注:"魁,猶首也。"瑄案:《文選·潘岳〈笙賦〉》"統大魁以爲笙"李善注引鄭玄《禮記注》:"魁,猶首也。""不爲魁"陸德明釋文:"(魁,)首也。"
⑪ 疑見《留侯世家·贊》"余以爲其人計魁梧奇偉"裴駰集解引應劭曰:"魁梧,丘虛壯大之意。"○壯大,原作"壯夫",今據《史記》注改。參見1.098"魁膾"注。
⑫ 《説文》析"魁"同。
⑬ 見《釋詁》。
⑭ 《説文》析"膾"同。
⑮ 見《釋言》。旋,今本作"還"。
⑯ 《説文》闕"澓"篆。
⑰ 之韻(箋本):"癡,出之反。三。"王本:"癡,丑之反。騃。四。"

"肉薄皮也。"①《考聲》云:"皮內肉外曰膜。"從肉,莫聲②。

守護國界主陀羅尼經卷第三

4.070 叢林　上徂紅反。孔注《尚書》云:"叢,聚也。"③《字書》云:"凡物之聚曰叢也。"《説文》:"草木聚生曰叢也。從丵,取聲。"④丵音土角反。下力金反。《玉篇》:"木竦也。"⑤《説文》:"並二木也。"⑥

4.071 莽字　上莫朗反。《説文》:"上下草,犬在中也。"⑦經作莾,俗字。

4.072 滌垢　上徒歷反。《切韻》:"淨也。"⑧《玉篇》:"除也。"⑨《考聲》云:"洗滌也。"《説文》:"從水條聲也。"⑩下古厚反。《韻英》云:"塵也。"《考聲》:"染污也。"《説文》:"垢,圻也。從土,后聲。"⑪圻音奸八反。

4.073 怡暢　上與之反。《切韻》:"和樂也。"⑫《爾雅》曰:"怡、懌、悦、欣,樂也。"⑬下丑亮反。《玉篇》:"通暢也。"⑭《韻英》云:"達也。"《脉經》云⑮:"腸爲暢氣之府也。"⑯從申,腸省聲⑰。

---

① 鐸韻(裴本):"膜,(暮各反。)肉皮。"王本:"膜,(慕各反。)肉膜。"
② 《説文》析"膜"同。
③ 疑見《無逸》"是叢于厥身"孔安國傳:"叢聚於其身。"
④ 丵部:"叢,聚也。从丵,取聲。"
⑤ 林部:"林,《説文》曰:'平土有叢木曰林。'"
⑥ 林部:"林,平土有叢木曰林。从二木。"
⑦ 茻部:"莽,南昌謂犬善逐菟艸中爲莽。从犬从茻,茻亦聲。"
⑧ 錫韻(箋本、王本)、覓韻(裴本):"滌,(徒歷反。)洗。"
⑨ 水部:"滌,洗也。"
⑩ 見水部。
⑪ 見土部。圻也,今本作"濁也"。
⑫ 之韻(殘葉):"怡,(與之反。)悦怡。"箋本:"怡,(與之反。)《説文》又有此㜻。悦樂也。"裴本:"怡,(與之反。)悦樂。"王本:"怡,(與之反。)又作熙。"
⑬ 見《釋詁》。
⑭ 申部:"暢,達也,通也。亦作暢。"
⑮ 《脉經》,醫學著作,晉人王叔和撰,凡十卷九十七篇。是書版本情況比較複雜,而以《中國醫學大成》本(曹炳章輯,中國中醫藥出版社1997年/1936年)和人民衛生出版社本(中醫臨床必讀叢書,2007年)最爲通行。
⑯ 不詳。
⑰ 暢,《説文》作"暢",田部:"暢,不生也。从田,易聲。"

守護國界主陀羅尼經卷第四

4.074　諦聽　上都計反。《説文》云："諦，審也。從言，帝聲。"① 下他定反。《考聲》："待也。"《字書》②："謀也。"又：聆也。《説文》："從㥁、耳，壬聲也。"③ 㥁音得。 壬音他頂反。 謂以耳審得其聲也。 壬即聲。 又他丁反。59p0377c—0378a

4.075　瀑流　上薄報反。《廣韻》："甚雨也。"④《爾雅》云："瀑雨謂之涷。"⑤郭云："江東呼夏月瀑雨爲涷音東。"⑥《玉篇》："疾也。"⑦ 從水，暴聲⑧。下流字，《説文》："從水、㐬。"⑨ 㐬，他忽反，倒書古文㐬字。㐬音子。經文作流⑩，非。

4.076　危險　上魚爲反。《玉篇》云："隤也。"⑪《字書》云："殆也。"《考聲》："亦險也。"《字林》云："從人在厄上。"⑫ 下虛撿反。《説文》："危阻也。"⑬《韻集》云："險，難也。"又：邪惡也。 從𨸏，僉聲⑭。

4.077　卉木　上許貴反。《毛詩》云："卉木萋萋也。"⑮ 傳云："草也。"⑯《爾雅》云："卉，草。"⑰郭注云："百草惣名也。"⑱《説文》從三屮作

---

① 　見言部。
② 　"字書"前原衍"説文云審也"五字，今據文意刪。
③ 　耳部析"聽"爲"從耳、㥁，壬聲"結構。
④ 　號韻："瀑，瀑雨。"瑄案：《廣韻》屋韻："瀑，瀑布，水流下也。"
⑤ 　見《釋天》。瀑雨，今本作"暴雨"。
⑥ 　《釋天》"暴雨謂之涷"郭璞注："今江東呼夏月暴雨爲涷雨，《離騷》云今飄風兮先驅，使涷雨兮灑塵'是也。涷音東西之東。"
⑦ 　水部："瀑，疾風也，沫也。"
⑧ 　《説文》析"瀑"同。
⑨ 　流，《説文》字頭作"㳅"，㳶部："㳅，水行也。從㳶、㐬。㐬，突忽也。流，篆文從水。"
⑩ 　流，據文意當作"流"。
⑪ 　危部："危，不安皃。"
⑫ 　《説文》危部析"危"爲"從厃，自卪止之"結構。
⑬ 　𨸏部："險，阻，難也。從𨸏，僉聲。"
⑭ 　《説文》析"險"爲"從𨸏，僉聲"結構。
⑮ 　見《小雅·出車》："春日遲遲，卉木萋萋。"
⑯ 　見《小雅·出車》"卉木萋萋"傳。○草，原作"衆"，今據《詩傳》改。《文選·張衡〈思玄賦〉》"百卉含葩"李善注引毛萇《詩傳》："卉，草也。"《方言》卷十："卉、莽，草也。東越揚州之間曰卉，南楚曰莽。"亦作"草"，可爲據改之旁證。
⑰ 　見《釋草》。
⑱ 　惣名也，今本作"總名"。

屮，二中爲艸也①。屮，丑列反，草本初生之形也②。屮，今爲艹音草。

4.078 憍陳如③　上舉喬反。曍梵語也。具足云阿若多憍陣那。阿若多，此云解也，謂最初悟解法，故以彰其名；憍陣那，婆羅門姓也，那是男聲，顯從父得。新譯經云“解憍陣那”是也④。

4.079 多陁阿伽度⑤　或云阿伽度。梵語魯質也。正云怛他誐多。此云如來十號之中第一號也。

4.080 阿羅訶⑥　下音呵。梵語訛略也⑦。正云遏囉曷帝。此云應供，謂應受人天妙供，故即十號之中第二號。

4.081 三藐三佛陁⑧　藐，本音莫角反，爲就梵語，借音弥藥反。正云三藐三没馱。三字去聲。此云正等覺，亦云正遍知，即第三號也。

4.082 珎膳　上正作珍，陟隣反。《考聲》：“貴也。”《説文》：“重也。”⑨《儒行》云：“儒爲席上之珎也。”⑩下時戰反。《説文》：“具食也。”⑪《周禮》云：“膳夫，上士二人，掌王之膳。”⑫《方言》云：“膳，美食也。”⑬從

---

① 艸部析“卉”爲“从艸、中”結構，析“艸”爲“从二中”結構。
② 《説文》中部：“中，艸木初生也。象丨出形，有枝莖也。古文或以爲艸字。讀若徹。凡中之屬皆从中。尹彤説。”
③ 憍陳如，梵詞 Ājñāta-kauṇḍinya，希麟譯“阿若多憍陣那”。
④ 《大般若波羅蜜多經》卷第五百六十六：“所謂具壽解憍陳那、大迦葉波、笈防鉢底、褐麗筏多……無滅、善現而爲上首。”
⑤ 多陁阿伽度，梵詞 tathāgata，希麟譯“怛他誐多”。
⑥ 阿羅訶，梵詞 arhat、arhant，巴利詞 arahat、arahant，希麟譯“遏囉曷帝”。
⑦ 曍，獅谷本作“略”。
⑧ 三藐三佛陁，梵詞 samyaksaṃbuddha，巴利詞 sammā-sambuddha，希麟譯“三藐三没馱”。
⑨ 見玉部。重也，今本作“寶也”。
⑩ 《儒行》：“孔子侍，曰：‘儒有席上之珍以待聘，夙夜强學以待問，懷忠信以待舉，力行以待取。其自立有如此者。’”
⑪ 見肉部。○具食，原作“食具”，今據《説文》乙正。《文選·潘岳〈閑居賦〉》“以供朝夕之膳”李善注引《説文》：“膳，具食也。”《漢書·宣帝紀》“其令太官損膳省宰”顏師古注：“膳，具食也，食之善者也。”皆作“具食”，可爲乙正之旁證。
⑫ 《天官·冢宰》：“膳夫，上士二八，中士四人，下士八人。”《膳夫》：“膳夫掌王之食飲膳羞，以養王及后世子。”
⑬ 不詳。

肉,善聲①。或作饍,俗字,非。

守護國界主陀羅尼經卷第五

4.083 擐甲　上胡慣反。《説文》云:"穿甲也。"② 案:《説文》《字林》《玉篇》皆音胡慣反③,唯《五經文字音義》音古患反④。下古洽反。《説文》:"兵器也。"⑤《音譜》作鉀⑥,云:"鎧鉀也。"又:辰名也。《爾雅》:"太歲在甲曰閼蓬也。"⑦59p0378a—0378b

4.084 遲緩　上直知反。《切韻》:"久晚也。"⑧《爾雅》曰:"遲遲,徐也。"⑨ 郭注云:"安徐也。"⑩下胡管反。《切韻》:"舒也。"⑪《爾雅》曰:"綽綽、爰爰,緩也。"⑫ 郭注云:"皆寬緩也。"《説文》:"從糸爰聲也。"⑬

4.085 奢摩他⑭　梵語也。此云止,即持心定也。

4.086 毗鉢舍那⑮　亦梵語。此云觀,謂觀照惠也,即定、惠二名。

守護國界主陀羅尼經卷第六

4.087 謇澀　上九輦反。《説文》:"謇,吃也。"⑯ 謂語難也。或從言作謇⑰。下色立反。案:澀字合從人作儵。《字書》云:"嚞儵,語不正也。"今

---

① 《説文》析"膳"同。
② 見手部。穿甲,今本作"貫"。
③ 《説文》手部音"擐"胡慣切。
④ 《五經文字音義》,不詳。
⑤ 疑非許慎書。《説文》甲部:"甲,東方之孟,陽气萌動,从木戴孚甲之象。一曰人頭宜爲甲,甲象人頭……令,古文甲,始於十,見於千,成於木之象。"
⑥ 《音譜》,音學著作,北齊李槩撰,凡四卷(《隋書·經籍志》)。書已佚。清人黃奭等有輯本。參見《古佚書目録》頁 101.
⑦ 見《釋天》:"太歲在甲曰閼逢,在乙曰旃蒙。"閼蓬,今本作"閼逢"。
⑧ 脂韻(殘葉):"遲,又直利反。"箋本:"遲,(直尼反。)又直吏反。"裴本:"遲,(直尼反。)徐也。又直立反。"王本:"遲,(直尼反。)緩。又直利反。亦作遅。"
⑨⑫ 見《釋訓》。
⑩ 《釋訓》"祁祁、遲遲,徐也"郭璞注:"皆安徐。"
⑪ 旱韻(王本):"緩,胡管反。七。"
⑬ 緩,《説文》字頭作"緩",素部析"緩"爲"从素,爰省。緩,緩或省"結構。
⑭ 奢摩他,梵詞 śamatha。
⑮ 毗鉢舍那,梵詞 vipaśyanā。
⑯ 謇,徐鉉以爲"蹇"之俗,足部:"蹇,跛也。从足,寒省聲。"瑄案:《説文》口部:"吃,言蹇難也。从口,气聲。"
⑰ 《方言》卷十:"謇極,吃也。楚語也。"

從水作澀。《説文》：“水塞不通也。”①非謇儬義。矗音初立反。

4.088　癬破　上先妻反。《説文》：“病聲散也。”②又作誓，悲聲也③。經作嘶。《字書》云：“馬鳴嘶也。”非癬破義也。

4.089　熙怡　上許其反。《字書》云：“和也。”《切韻》：“敬也，養也。”④《爾雅》曰：“緝、熙，光也。”⑤下與之反。《爾雅》曰：“怡，悦也。”⑥《考聲》：“和樂也。”《説文》：“從心，台聲。”⑦台音怡。

4.090　觱篥　上卑吉反，下力質反。本胡樂名也。《毛詩》云：“一之日觱發，二之日篥烈。”⑧傳云：“一之日，周之正月也。觱發，寒風。二之日，殷之正月。篥烈，寒氣也。”⑨經文作篳篥，二字同。《説文》從竹，畢、栗聲也⑩。

4.091　鶴唳　上下各反。《説文》：“鶴，色白，面喙長，朱頂，壽滿千歲，神仙鳥也。”⑪《抱朴子》曰：“鶴鳴九皐，聲聞于天。”⑫《淮南子》曰“雞知將曉，鶴知夜半”是也⑬。《説文》：“從鳥，寉聲。”⑭寉音何各反，云從冖、隹⑮。隹，鳥也。鳥飛高至欲出於冖音癸營反。下郎計反。《切韻》：“鶴

---

① 《説文》闕“澀”篆。
② 見广部。病聲散也，今本作“散聲”。
③ 《説文》言部：“嘶，悲聲也。从言，斯省聲。”
④ 《王本》之韻：“熙，（許其反。）和。”
⑤ 見《釋詁》。
⑥ 《釋詁》：“怡、悦，樂也。”瑄案：《爾雅·釋言》：“夷，悦也。”
⑦ 見心部。○“聲”字原闕，今據文意補。希麟音義凡四析“怡”，4.136、8.087“熙怡”注引《説文》：“和也。從心，台聲。”6.056“熙怡”注：“下怡，從心，台聲。”各例皆著“聲”字，可爲據補之旁證。
⑧ 見《豳風·七月》。篥烈，今本作“栗烈”。
⑨ 《豳風·七月》“一之日觱發，二之日栗烈”毛傳：“一之日，十之餘也。一之日，周正月也。觱發，風寒也。二之日，殷正月也。栗烈，寒氣也。”寒風，今本作“風寒”。
⑩ 竹部析“篳”爲“從竹，畢聲”結構。《説文》闕“篥”篆。
⑪ 鳥部：“鶴，鳴九皐，聲聞于天。从鳥，寉聲。”
⑫ 不詳。
⑬ 《説山訓》：“雞知將旦，鶴知夜半，而不免於鼎俎。”
⑭ 見鳥部。
⑮ 《説文》析“寉”爲“从隹上欲出冂”結構。

鳴也。"①

4.092 箏笛　上側莖反。《説文》:"鼓絃筑身樂也。"② 本大瑟,二十七絃③。秦人不義,二子爭父之瑟,各得十三絃,因名爲箏④。下徒曆反。《説文》:"笛七孔,俗云羌笛。"⑤《風俗通》云:"笛,滌也。言滌去邪穢納正氣也。"⑥59p0378b—0378c

4.093 蠃聲　上洛戈反。《切韻》:"蚌屬也。"⑦《爾雅》曰:"蠃,小者蜬。"⑧ 郭璞注云:"大者如斗,出日南漲海中,可爲酒杯。"⑨《説文》:"從虫,羸聲。"⑩ 俗作螺,或有作蠡,二形並音禮、麗⑪。案:蠃本古樂器名也,吹以和樂,故經中多云蠃聲。或云法蠃,用表法聲,普聞含識。

4.094 谷響　上古屋反。《切韻》:"山谷也。"⑫《老子》云:"谷神不死,是爲玄牝。"⑬ 下盧兩反。《考聲》云:"崖谷應聲也。"或作嚮、響、绚三形,亦通也。

守護國界主陁羅尼經卷第七

4.095 藤蘿　上徒登反。《字書》云:"藤,似葛而蔓生。"《玉篇》云:"蘠也。"⑭ 蘠音疊⑮。下洛何反。《爾雅》曰:"唐、蒙,女蘿。女蘿,菟絲

---

① 霽韻(裴本、王本伯、王本):"唳,(魯帝反。)鶴唳。"
② 竹部:"箏,鼓弦竹身樂也。从竹,爭聲。"○筑,獅谷本注"筑異作竹"。
③ 《爾雅·釋樂》"大瑟謂之灑"郭璞注:"長八尺一寸,廣一尺八寸,二十七弦。"
④ 《集韻》耕韻:"箏,《説文》:'鼓弦竹聲樂也。'一説秦人薄義,父子爭瑟而分之,因以爲名。"
⑤ 竹部:"笛,七孔笛也。从竹,由聲。羌笛三孔。"
⑥ 《風俗通義·聲音》"笛"字下引《樂記》(景常熟瞿氏鐵琴銅劍樓藏北宋刊本):"武帝時丘仲之所作也。笛者,滌也,所以蕩滌邪穢納之於雅正也。"
⑦ 歌韻(箋本):"螺,(落過反。)水蟲。或作蠃。"王本:"螺,(落過反。)水蟲,螺蚌。或作蠃。"瑄案:果韻(王本):"蠃,(郎果反。)蝶蠃。蟲名。"
⑧ 見《釋魚》。
⑨ 《釋魚》"蠃,小者蜬"郭璞注:"螺,大者如斗,出日南漲海中,可以爲酒杯。"
⑩ 見虫部。
⑪ 麗,原作"鹿",今據文意改。獅谷本亦注"鹿恐麗乎"。
⑫ 屋韻(箋本、裴本):"谷,(古鹿反。)山谷。"王本:"谷,(古鹿反。)深嶹。"
⑬ 見第六章。爲,今本作"謂"。
⑭ 艸部:"藤,蘠也。今揔呼草蔓莚如蘠者。"
⑮ "蘠"字原闕,今據文意補。

也。"① 《韻英》云:"蘿,蔓也。"上藤字,經文作薝,音詩証反,乃苣薝字,胡麻別名也,非藤蘿義。苣音巨。

4.096　羖羊　上公户反。《爾雅》曰:"夏羊:牡,羭;牝,羖。"② 郭注云:"黑羖攊也。今人云羘羖也。"③ 羭音羊朱反。羘音子菜反。羖,或作羜,同。

4.097　石礦　上常尺反。《釋名》云:"山體曰石。"④ 下古猛反。《切韻》:"金玉璞也。"⑤《説文》:"未鍊金也。從石,廣聲。"⑥ 有作䤼,紫䤼,藥名也。經文從金、廣作鑛,俗用字也。

4.098　鈴鐸　上郎丁反。《切韻》:"鈴,似鍾而小。"⑦ 下徒洛反。《釋名》云:"鐸,度也。謂號令之限度也。"⑧ 謂金鈴鐵舌,振以用武;金鈴木舌,振以興文教令⑨。案:振以警悟群生,表傳法語也。

4.099　驎陁⑩　上良忍反,下徒何反。梵語也。即赤色花名。案字,驎,青驪,馬名。

4.100　辯捷　上皮件反。《切韻》:"引也,理也。"⑪《字書》:"辯,惠也。"《説文》:"從言,辡聲。"⑫ 辡音辯。下疾葉反。《韻英》云:"速也,勝也。"《考聲》:"疾也。"《爾雅》:"際、接、翜,捷也。"⑬ 郭注云:"捷謂相接

---

① 見《釋草》。
② 見《釋畜》。
③ 《釋畜》"夏羊"郭璞注:"黑羖攊。"《釋名》"夏羊:牝,羖"郭璞注:"今人便以羘羖爲白黑羊名。"
④ 見《釋水》。
⑤ 梗韻(箋本):"礦,金璞。古猛反。四。"王本:"礦,古猛反。金璞。亦作磺。"
⑥ 礦,《説文》字頭作"磺",石部:"磺,銅鐵樸石也。从石,黃聲。讀若穬。卝,古文礦。《周禮》有卝人。"
⑦ 青韻(箋本、王本)、冥韻(裴本):"鈴,(郎丁反。)似鍾而小。"
⑧ 《釋車》:"鐸,度也。號令之限度也。"
⑨ 《書·胤征》"遒人以木鐸徇于路"孔安國傳:"遒人,宣令之官。木鐸,金鈴木舌,所以振文教。"瑄案:《周禮·天官·小宰》"徇以木鐸"鄭玄注:"古者將有新令,必奮木鐸以警衆,使明聽也。木鐸,木舌也。文事奮木鐸,武事奮金鐸。"
⑩ [目真]驎陁,梵詞 Mucilinda。
⑪ 獮韻(箋本):"辯,符蹇反。一。"王本:"辯,符蹇反。詞。從言在辡,音衍。問。三。"
⑫ 辡部析"辯"爲"从言在辡之間"結構。瑄案:希麟音義引文跟今本析字不同。
⑬ 見《釋詁》。

續也。”① 即經中詞無礙辯也。59p0378c—0379a

守護國界主陀羅尼經卷第八

4.101 謇訥　上九輦反。《說文》：“語吃也。從言，蹇省聲。”② 或作讓③。經文從足作蹇，足跛也。非此用。下奴骨反。《字書》亦訥也。

4.102 筏喻　上房越反。《方言》曰：“箄謂之筏，筏謂之筏，秦晉通語也。”④ 案：暫縛柴木水中運載者曰筏也。又作橃、艬。箄音脾。

4.103 歌吹　上古俄反。《切韻》：“歌，謠也。”⑤《詩》云：“我歌且謠。”⑥《爾雅》曰：“徒歌謂之謠。”⑦ 下尺僞反。《爾雅》曰：“徒吹謂之和。”⑧《說文》作龡⑨。

守護國界主陀羅尼經卷第九

4.104 巡狩　上祥倫反。《切韻》：“徧也，察也。”⑩ 下舒救反。《韻英》云：“狩，獵也。”《尚書》曰：“二月，東巡狩，至于岱宗，柴。”⑪ 孔傳云：“諸侯爲天子守土，故巡行之。順春先東巡，次夏、秋、冬例然。巡狩四岳，然後歸告太廟。”⑫

4.105 孤惸　上古胡反。《考聲》云：“獨也。”《說文》：“無父曰孤。從子，從瓜省聲。”⑬ 下葵營反。《考聲》云：“孤，單也。”《文字典說》：“無兄弟

---

① “相”字原闕，今據《爾雅》郭璞注補。

② 謇，徐鉉以爲“蹇”之俗，足部：“蹇，跛也。从足，寒省聲。”瑄案：《說文》口部：“吃，言蹇難也。从口，气聲。”

③ 《方言》卷十：“讓極，吃也。楚語也。”

④ 卷九：“汻謂之簰，簰謂之筏。筏，秦晉之通語也。”

⑤ 歌韻（箋本）：“歌，或單作。並樂。古娥反。七。”裴本：“歌，古俄反。古作哥。並樂。八。”王本：“歌，古俄反。音曲。亦作謌，通俗作歌。七。”

⑥ 見《魏風·園有桃》。

⑦⑧　見《釋樂》。

⑨ 竹部：“龡，書僮竹笘也。从竹，龠聲。”瑄案：《說文》口部：“吹，噓也。从口从欠。”欠部：“吹，出气也。从欠从口。”

⑩ 諄韻（王本）：“巡，（詳遵反。）方行。”

⑪ 《舜典》：“歲二月，東巡守，至于岱宗，柴。”

⑫ 《舜典》“東巡守，至于岱宗，柴”孔安國傳：“諸侯爲天子守土，故稱守，巡行之。既班瑞之明月，乃順春東巡。岱宗，泰山，爲四岳所宗。燔柴祭天告至。”

⑬ 子部：“孤，無父也。从子，瓜聲。”瑄案：希麟音義引文跟今本析字有不同。

曰愇。”《説文》作쒱,從廾,營省聲①。或從人作儌,或省作쒱,皆通用字。

　　4.106　黿鼍　上魚袁反。《三蒼》云:“似鼈而大也。”下徒何反。《山海經》云:“江水足鼍。”②郭璞注云:“似蜥蜴。大者長丈,有鱗彩,皮可以爲鼓。”③《詩》云:“鼍鼓蓬蓬也。”④字從黽音猛單音那聲也⑤。經文從龜作鼅鼊二字⑥,大謬。《字書》無此黿鼉字。

　　4.107　株杌　上知虞反。《韻英》:“木根也。”《考聲》:“木本也。”下五忽反。《切韻》:“樹無枝也。”⑦《説文》二字並從木,朱、兀聲⑧。

　　4.108　糠麩　上又作穅,同。苦崗反。《説文》:“米皮也。”⑨下與職反。《切韻》:“麥麩也。”⑩即麥上麄皮也。

　　4.109　閥閲　上房越反,下翼雪反。《考聲》:“容受也。”《字書》云:“簡閲具其數,自序功狀也。”《史記》云:“人臣功有五,各明其等曰閥,積閥曰閲。”⑪《説文》二字並從門,伐、悦省聲也⑫。59p0379a—0379b

　　4.110　掐珠⑬　上苦洽反。《切韻》:“爪掐物也。”⑭《説文》:“從手,爪在臼上。”⑮會意字。下音朱。即數珠也。

　　4.111　臘杳子　杳,徒合反。《考聲》:“合也。”《説文》:“從水音別。”⑯

───────────

①　廾部:“쒱,回疾也。从廾,營省聲。”
②　《中山經》:“又東北三百里,曰岷山,江水出焉……其中多良龜,多鼉。”
③　長丈、爲鼓,今本作“長二丈、冒鼓”。
④　《大雅·靈臺》:“鼉鼓逢逢,矇瞍奏公。”蓬蓬,今本作“逢逢”。
⑤　《説文》析“鼉”爲“从黽,單聲”結構。
⑥　“鼅鼊”二字原闕,今據文意補。
⑦　没韻(篆本、王本伯、王本):“杌,(五忽反。)樹無枝。”裴本:“杌,(五忽反。)樹皮。”
⑧　《説文》析“株”爲“从木,朱聲”結構。杌,《説文》作“杚”,析爲“从木,出聲”結構。瑄案:“杌”字見《説文釋例》。
⑨　禾部:“穅,穀皮也。从禾从米,庚聲。康,穅或省。”
⑩　職韻(王本):“麩,(与職反。)穀麥糠。”裴本:“麩,(与職反。)麥糠。”
⑪　《高祖功臣侯者年表》:“太史公曰:‘古者人臣功有五品:以德立宗廟定社稷曰勳;以言曰勞;用力曰功;明其等曰伐;積日曰閲。’”
⑫　《説文新附》析“閥”爲“从門,伐聲”結構,析“閲”爲“从門,説省聲”結構。
⑬　掐,原作“摺”,今據文意改;下同。
⑭　洽韻(篆本、裴本):“掐,(苦洽反。)爪掐。”王本:“掐,(苦洽反。)爪刺。”
⑮　《説文新附》析“掐”爲“从手,臽聲”結構,《説文》析“臽”爲“从爪、臼……抗,臽或从手,从宂。阬,臽或从臼、宂”結構。瑄案:《説文》臼部:“臽,小阱也。从人在臼上。”
⑯　水部析“杳”爲“从水从曰”結構。

與雜遝字義同。經文從水、旧作沓，或作沓，誤書也。案：臘沓子者，以五穀雜令一處用以加持，如今俗言臘雜子也。

4.112 缾缸　上薄經反。《字書》云："汲器也。"或作瓶。下下江反。《切韻》："罌類也。"① 《考聲》云："酒器。"《説文》從瓦作瓨②，古字也。

4.113 孽摔③　上魚列反，下七何反。正梵語也。此云去。阿孽摔云不去。摔或作搓。

4.114 啞啞而笑　上烏陌反。顧野王云："啞啞，笑聲。"④ 下私妙反。《説文》："犬戴其竹，君子樂然笑也。"⑤ 經作嘆、嘆、哄，皆非本字，傳寫誤。

守護國界主陀羅尼經卷第十

4.115 旱澇　上胡笴反。《切韻》："雨少也。"⑥ 《字書》："陽極也。"從日，干聲⑦。下郎到反。《切韻》："淹。"⑧ 又：水澇也。或作潦字，亦同。又音老。

4.116 饑饉　上居疑反，下巨靳反。《爾雅》曰："穀不熟爲飢，蔬不熟爲饉。"⑨ 郭注："五穀不成也。凡草菜可食者，通名爲蔬。"⑩ 又云："仍飢爲薦。"⑪ 郭注："連歲不熟。"⑫

---

① 江韻（殘葉、王本）："缸，（下江反。）罌類。"箋本："缸，（下江反。）罌類。作瓨，作缶，説一同。"裴本："缸，（下江反。）罌類。又瓨。"

② 瓦部："瓨，似罌，長頸。受十升。讀若洪。從瓦，工聲。"

③ 孽摔［孽摔］，梵音 bijabija。

④ 口部："啞，於雅切，不言也。又烏格切，笑聲。"

⑤ 《説文新附》："笑，此字本闕。臣鉉等案：孫愐《唐韻》引《説文》云：'喜也。從竹從犬。'而不述其義。今俗皆從犬。又案：李陽冰刊定《説文》'從竹從夭'義云：'竹得風，其體夭屈如人之笑。'未知其審。"

⑥ 旱韻（箋本）："旱，何滿反。二。"王本（伯）："旱，何滿反。亢陽。四。"王本："旱，河滿反。亢陽。"

⑦ 《説文》析"旱"同。。

⑧ 号韻（裴本）："潦，（盧到反。）淹。又盧浩反。亦作澇。"王本："潦，（盧到反。）淹。或作勞。"

⑨ 見《釋天》。

⑩ 《釋天》"穀不熟爲饑"郭璞注："五穀不成。"《釋天》"蔬不熟爲饉"郭璞注："凡草菜可食者，通名爲蔬。"

⑪ 《釋天》："仍饑爲荐。"

⑫ 《釋天》"仍饑爲荐"郭璞注："連歲不熟。《左傳》曰：'今又荐饑。'"

4.117　雷霆　上魯迴反。《切韻》:"雷,電也。"① 《易》曰:"天雷無妄也。"② 《論衡》云:"陰陽氣擊成聲。"③ 古文作靁④。下特丁反。《考聲》云:"疾雷也。"《字書》:"迅雷也。"

4.118　篡奪⑤　上初患反。《字書》:"篡亦奪也。"⑥ 《韻英》:"殺也。"《説文》:"從厶,算聲。"⑦ 厶音私。算音笄。云:奪其君位,事不敢公私而筭也。下奪字,《説文》正作奪,强取也。云:"手持一鳥,大鳥在上奪去也。"⑧ 從寸亦通,無從木者。

4.119　逃竄　上徒刀反。《字書》云:"走也,避也。"《切韻》:"亾也。"⑨ 亦竄也。下七亂反。《考聲》:"藏也。"《説文》云:"鼠在穴中則爲竄矣也。"⑩

4.120　椰子　上以嗟反。《切韻》:"果木名也。"⑪ 出交州,其葉背面相類。案:食之止渴。59p0379b—0379c

4.121　仆面　上蒲北反。《爾雅》曰:"斃,仆也。"⑫ 郭注云:"謂前覆也。"⑬ 亦作踣。案:仆面,謂面覆於地也。

4.122　䑛脣　上神氏反。《切韻》:"以舌取物也。"⑭ 《説文》作䑟⑮,俗

---

① 灰韻(箋本):"雷,路迴反。四。"王本(伯):"雷,路迴反。小霆。正作靁。八。"王本:"雷,路回反。小霆。正作靁。八。"

② 《无妄》:"天雷无妄,乾上震下。"

③ 《物勢》:"或曰:天地不故生人,人偶自生,若此,論事者何故云'天地爲爐,萬物爲銅,陰陽爲火,造化爲工'乎?"○擊,原作"繫",今據文意改。

④ 《説文》雨部:"靁,陰陽薄動靁雨,生物者也。从雨,晶象回轉形。𕃯,古文靁。𗧘,古文靁。䨻,籀文。靁閒有回。回,靁聲也。"

⑤ 奪,獅谷本作"棄"。

⑥ 篡,原作"纂",今據文意改。獅谷本亦作"篡"

⑦ 厶部析"篡"爲"从厶,算聲"結構。

⑧ 《説文》奞部:"奪,手持佳失之也。从又从奞。"

⑨ 豪韻(箋本):"逃,(徒刀反。)"裴本:"逃,(徒刀反。)逃亾。"王本:"逃,(徒刀反。)走逃。"

⑩ 穴部:"竄,墜也。从鼠在穴中。"

⑪ 麻韻(箋本):"椰,(以遮反。)木名。在交州。"裴本:"椰,(以遮反。)木名。在交州。"王本:"椰,(以遮反。)木名。"

⑫ 《釋言》:"斃,踣也。"

⑬ 《釋言》"斃,踣也"郭璞注:"前覆。"

⑭ 紙韻(箋本):"䑛,舌取物。食氏反。或作䑟。二。"裴本:"䑛,食紙反。舌取物。亦䑟、舐。二。"王本:"䑛,食紙反。舌取物。或作䑟。亦作舐。二。"

⑮ 舌部:"䑟,以舌取食也。从舌,易聲。䑛,䑟或从也。"

又作舓，訓同。下食倫反。《切韻》：“口脣也。”①《字書》亦作嚌字也。

　　4.123 拳手　上巨圓反。《廣雅》曰：“拳、奉，持也。”②《切韻》：“屈手也。”③ 從手，卷省聲④。經文從足作踡。《字書》云：“踡跼，行不進也。”非拳手義。

　　4.124 咀沫　上慈吕反。《切韻》：“咀，嚼也。”⑤《字林》：“咀，齧也。”亦作齟。《蒼頡篇》：“咀，嚼也。”下莫割反。即水沫也⑥。案：咀沫，即口中涎沫也。

大乘瑜伽千鉢文殊大教王經**卷第一**[⑦]

　　4.125 阿闍梨[⑧]　梵語也。或云阿遮梨，或云阿左黎。此云軌範師，謂以軌則儀範依法教授弟子。

　　4.126 和尚[⑨]　正梵語搗波地耶。此云近誦[⑩]，謂此尊師爲弟子親近

---

① 　真韻（篆本）：“脣，（食倫反。）”王本：“脣，食倫反。口脣。三。”

② 　《釋詁》：“奉，持也。”

③ 　仙韻（篆本、王本）：“拳，（巨員反。）屈手。”

④ 　《說文》析“拳”爲“从手，𢍏聲”結構。瑄案：希麟音義析字跟《說文》不同。

⑤ 　語韻（篆本）：“咀，咀嚼。慈吕反。二。”裴本：“咀，咀嚼。兹吕反。”王本：“咀，慈吕反。嚼。五。”

⑥ 　《玉篇》水部：“沫，水名。又：水浮沫也。”

⑦ 　《大乘瑜伽千鉢文殊大教王經》，大正藏作《大乘瑜伽金剛性海曼殊室利千臂千鉢大教王經》，密教部典籍（T20,No.1177A），唐釋不空奉詔譯，凡十卷。○瑜伽，卷目作“瑜伽曼殊室利”。

⑧ 　阿闍梨，梵詞 ācārya，希麟譯“阿折里耶”。

⑨ 　和尚，梵詞 upādhyāya，希麟譯“搗波地耶”。

⑩ 　誦，原作“讀”，今據文意改。玄應音義凡五釋“和尚”，卷一“和闍”注：“此譯云近誦。近亦逐也，小也。以其年小，不離於師，常近受經而誦也。亦言親教師也。”卷十四“和上”注：“此云近誦。以弟子年小，不離於師，常逐常近，受經而誦也。”卷十六“和上”注：“應言郁波弟耶夜。此云近誦，以弟子年小，不離於師，常逐常近，受經而誦也。”卷二十一“鄔波抌耶”注：“此云親教，亦云近誦。以弟子年小，不離於師，常逐常近，受經而誦也。”卷二十三“鄔波抌耶”注：“此云親教，或言郁波第耶夜，亦云近誦。以弟子年小，不離於師，常逐常近，受經而誦也。舊云和上，或云和闍，皆是闍等諸國訛也。義譯云知有罪知無罪爲和上也。”皆作“誦”，可爲據改之旁證。參徐時儀（2012:2261 注［四六］）。

習讀者也。舊翻爲親教。良以彼土流俗云殟社，此方訛轉謂之和尚。相承既久，翻譯之者順方俗云。

4.127 摩醯首羅① 梵語訛也。正云麼醯濕伐囉也。麼醯，此云大也；濕伐囉，此云自在天也。即大自在天王也，謂此天王於大千界中得自在故。

4.128 蠢動 上尺允反。亦動也。《爾雅》曰："蠢、震，動也。"② 郭注云："皆搖動貌。"③ 又曰："蠢，作也。"④ 即動作也。《説文》云："動也。從蚰，春聲。"⑤ 會意字。蚰音昆也。

4.129 屠兒 上達胡反。《考聲》："屠，殺也。"《説文》："屠，剝，分割牲肉也。"⑥ 下汝移反。正從凶、儿⑦。上音信，囟會也⑧；下音人。云：囟會未合⑨，人以承之。

4.130 魁膾 上苦回反。《切韻》："帥也，首也。"⑩ 下古外反。《説文》："割也，切肉也。"⑪ 細切爲膾。或作儈，音與膾同。市人合也⑫。非此所用也。

4.131 田獵 上徒年反。正作畋。《白虎通》云："畋，爲田除害，故曰畋獵。"⑬ 如經文作田，非。案：《字書》作畋。古者肉食，取禽獸曰畋。下

---

① 摩醯首羅，梵詞 Maheśvara，希麟譯"麼醯濕伐囉"。
②④ 見《釋詁》。
③ 《釋詁》"娠、蠢、震、戁、妯、騷、感、訛、蹶，動也"郭璞注："娠，猶震也。《詩》曰：'憂心且妯。''無感我帨兮。''或寢或訛。'蠢、戁、騷、蹶，皆搖動貌。"
⑤ 蚰部析"蠢"爲"從蚰，春聲。䵢，古文蠢，從戈"結構。
⑥ 尸部："屠，剝也。從尸，者聲。"
⑦ 《説文》儿部："兒，孺子也。從儿，象小兒頭囟未合。"○囟，原作"凶"，今據文意改。獅谷本亦注"凶當作囟"。
⑧ 囟會，獅谷本作"䐉會"。
⑨ 囟會，獅谷本作"䐉會"，並注"䐉會異作腦蓋"。
⑩ 灰韻（箋本）："魁，（苦回反。）帥。一曰北斗星。"王本："魁，（苦回反。）帥。一曰北斗星。"
⑪ 肉部："膾，細切肉也。從肉，會聲。"瑄案：《廣雅·釋詁》："膾，割也。"
⑫ 《説文新附》："儈，合市也。從人、會，會亦聲。"
⑬ 《田獵》："四時之田總名爲田，何？爲田除害也。"瑄案：玄應音義卷六"田獵"注引《白虎通》："爲田除害，故曰田獵也。"

良涉反。《爾雅》：“獵，虐也。”① 郭注云：“凌獵暴虐也。”② 從犬鼠聲也③。
59p0379c─0380a

4.132 漁捕　上語居反。《説文》：“漁，捕魚也。”④《尸子》曰：“燧人
之世，天下多水，故教人漁。”古文作𤖺，亦捕也。或作𩼪，謂𩼪獵也。下
薄故反。《切韻》：“捉也。”⑤

4.133 馲驢　上徒何反。《説文》：“駱馲，胡地獸也。”⑥背有肉鞍，負
重千斤，日行三百里，能知水泉所在⑦。下力居反。《切韻》：“畜也。”⑧《释
名》云：“驢，盧也。取其盧盧之聲也。”⑨ 從馬、盧⑩。形聲字。

4.134 猪狗　上又作豬。《爾雅》曰：“豕子，豬也。”⑪ 郭注云：“今亦
曰彘。江東呼豨。”⑫《禮記·檀弓》注云：“南方謂都爲猪。”⑬ 字從豕，都省
聲⑭。下古厚反。《切韻》：“犬也。”⑮《爾雅》云：“犬未成毫，狗也。”⑯ 從犬、
句⑰。形聲字。

4.135 瘖瘂　上飲今反。《説文》：“不能言也。”⑱ 瘖猶無聲也。下烏

────────────

① 見《釋言》。○虐，原作“虎”，今據《爾雅》改。《釋言》“獵，虐也”邢昺疏：“獵謂從禽
也，必暴害於物，故云虐。”亦作“虐”，可爲據改之旁證。

② 《釋言》“獵，虐也”郭璞注：“凌獵暴虐。”

③ 《説文》析“獵”同。

④ 漁，《説文》字頭作“𤀹”，𩺆部：“𤀹，捕魚也。从𩺆从水。漁，篆文𤀹，从魚。”

⑤ 暮韻(裴本)：“捕，薄故反。捉也。八。”王本：“捕，薄故反。捉。九。”

⑥⑨　不詳。

⑦ 《山海經·北山經》“又北三百八十里，曰虢山……其獸多橐駝”郭璞注：“有肉鞍，善
行流沙中，日行三百里，其負千斤，知水泉所在也。”

⑧ 魚韻(箋本)：“驢，(力魚反。)畜。”王本：“驢，(力魚反。)下罱。”

⑩ 《説文》析“驢”爲“从馬，盧聲”結構。

⑪ 見《釋獸》。

⑫ 《釋獸》“豕子，豬”郭璞注：“今亦曰彘，江東呼豨，皆通名。”

⑬ 《檀弓下》“洿其宮而豬焉”鄭玄注：“豬，都也。南方謂都爲豬。”○謂都爲豬，原作
“謂豬爲都”，今據《禮記》鄭玄注乙正。

⑭ 《説文》析“豬”爲“从豕，者聲”結構。

⑮ 厚韻(箋本、裴本)：“狗，(古厚反。)犬。”王本：“狗，(古后反。)犬。”

⑯ 《釋畜》：“(犬)未成豪，狗。”

⑰ 《説文》析“狗”爲“从犬，句聲”結構。

⑱ 見疒部。

賈反。《考聲》云:"不能言也。"瘂人雖有聲,無詞也。《古今正字》:"瘂,
瘖也。"從疒,亞聲①。疒,女厄反。

4.136 熙怡　上虛飢反。《字統》云:"熙,和也。"《考聲》云:"美也。"
從灬巸聲也②。巸音同上。灬,必遙反。有作熈、熙二形,皆非。下以之反。
《考聲》:"怡,喜,悅也。"《説文》云:"和也。從心,台聲。"③台音以之反。

4.137 嗢鉢羅④　上烏骨反。舊云優鉢羅,或云漚鉢羅。此譯云青蓮
花。其花最大最香,人間全無,出大雪山無熱池中。

4.138 芬陀利⑤　或云奔茶利,皆訛。正云奔絮里迦。此云白色蓮花
也。人間無。亦出彼池。

4.139 鉢頭摩⑥　或云波頭摩,或云鉢弩摩,亦云鉢特摩,皆訛。應云
鉢納麼。此云紅色蓮花,上者人間雖有,不及彼池出者。

4.140 俱物頭⑦　或云拘牟頭,亦云拘摩那,梵音輕重也。正云俱某
陀。此云赤蓮花,亦出彼池,人間希少。

大乘瑜伽千鉢文殊大教王經卷第二

4.141 颮陁⑧　上蒲鉢反。梵語也。古或云跋和。正云跋捺羅。此
翻爲賢也,或云賢善。59p0380b

4.142 殑伽⑨　上凝等反,下魚佉反。梵語也。舊云恒河是也。即無
熱惱大池流出四河,南面一也,旋流一匝流入南海者。《涅盤經》中恒河
女神也。案:殑伽,河神名,因神彰名也。慧菀、慧琳皆作此説⑩。

---

① 《説文》闕"瘂"篆。
② 《説文》析"熙"爲"从火,巸聲"結構。
③ 見心部。
④ 嗢鉢羅,梵詞 utpala。
⑤ 芬陀利,梵詞 puṇḍarīka,希麟譯"奔絮里迦"。○陁,獅谷本作"陀"。
⑥ 鉢頭摩,梵詞 padma,希麟譯"鉢納麼"。
⑦ 俱物頭,梵詞 kumuda,希麟譯"俱某陀"。
⑧ 颮陁,梵詞 bhadra,希麟譯"跋捺羅"。○陁,獅谷本作"陀"。
⑨ 殑伽,梵詞 Gaṅgā。
⑩ 慧苑音義卷下"恒伽河"注:"唯注香山頂上有阿耨達池。其池四面各流出一河。東
面私陁河,從金剛師子口流出。其沙金剛,東入震旦國,便入東海。南面(轉下頁)

大乘瑜伽千鉢文殊大教王經卷第三

4.143 糝帽地^①　上桒感反，次音冒。梵語也。舊云三菩提。此云正等覺也。

4.144 菇憾^②　上借音無遠反，下胡感反。梵音。秘密不可翻傳也。

大乘瑜伽千鉢文殊大教王經卷第四

4.145 喔喍　上五佳反，下音柴。犬鬪也。《玉篇》："犬相喔也。"^③《埤蒼》云："相喔拒也。"《玉篇》作齜齰^④，褰脣露齒之兒也。

4.146 嗥吠　上胡刀反。古文作獋。《説文》《玉篇》："咆。"^⑤ 吠，犬鳴也^⑥。《切韻》："熊虎聲也。"^⑦ 經文作號，悲哭聲，非嗥吠義。

4.147 腐爛　上房武反。《切韻》："敗也。"^⑧《字書》："臭也。"《考聲》："朽也。"下郎肝反。《切韻》："火熟也。"^⑨ 從火，闌聲^⑩。

4.148 卜筮　上博木反。《尚書》云："我卜河朔。"^⑪ 孔傳曰："卜必先墨畫龜，然後灼之，兆順食墨，吉也。"^⑫ 下時制反。《説文》："蓍曰筮決

（接上頁）恒伽河，從銀象口流出。其沙白銀，流入東印度，便入南海。西面信度河，從金牛口流出。其沙黃金，便入西海。北面縛蒭河，從瑠璃馬口流出。其沙是瑠離，流入波斯佛林，便入北海。其池縱廣五十由旬，四面口各一由旬也。"慧琳音義卷三"殑伽"注："梵語也。上凝等反，下魚法反。西國河神名也。《涅盤經》云'恒河女神'是也。"

① ［三藐］糝帽地，梵音 samyaksaṃbuddhe。
② ［阿曩］菇憾，梵音 anāmikaṃ。
③ 不詳。
④ 齒部："齜，齰齜。""齰，齒不正。齰，同上。"
⑤ 《説文》口部："嗥，咆也。从口，皋聲。獋，譚長説：'嗥从犬。'"《玉篇》口部："嗥，《左氏傳》曰：'犲狼所嗥。'嗥，咆也。"
⑥ 見《説文》口部。
⑦ 豪韻（裴本）："嗥，（胡刀反。）熊虎聲。俗作嘷。"王本："嗥，（胡刀反。）熊虎聲。亦作噑。"
⑧ 麌韻（王本）："腐，（扶雨反。）朽腐。"裴本："腐，（扶宇反。）朽肉。"
⑨ 翰韻（裴本）："爛，盧旦反。火熟《説文》：'上有草。'或從間。七。"王本："爛，盧旦反。火熟。亦作煉。三。"
⑩ 《説文》闕"爛"篆。
⑪ 《洛誥》："我卜河朔黎水。"
⑫ 《洛誥》"我卜河朔黎水"孔安國傳："卜必先墨畫龜，然後灼之，兆順食墨。"

也。"①《世本》云："巫咸作筮。"故從竹從巫也②。

4.149　繽紛　上疋仁反。《玉篇》："繽繽,往來皃。"③或盛也。又:衆
也。下孚云反。《玉篇》："紛,亂也。"④《廣雅》："繽繽,衆也。"⑤紛紛,亂
也⑥。謂衆多亂下也。經文從草作薲音賓,乃筵薲字,五月管名也。或作
芬⑦,草芳盛也。二字皆非也。

大乘瑜伽千鉢文殊大教王經卷第五

4.150　毗盧遮那⑧　梵語訛也。應云吠嚧左曩。舊譯云光明遍照。
新翻爲大日如來。云如大日輪,無幽不燭也。59p0380b—0380c

4.151　阿閦⑨　下又作閦,同。初六反。梵語不妙。古云阿插,一也。
應云惡芻。此云無動,即東方佛名也。

4.152　懶惰　上亦作嬾,同。勒坦反。下又作憧,同。徒卧反。《考
聲》云:"不勤也。"《説文》:"不敬也。"並從心,賴、隋聲也⑩。

4.153　楗椎⑪　上渠焉反。《爾雅》曰:"椹謂之棧。"⑫郭注云:"斫木
櫍也。"下直追反。《説文》:"擊也。從木,隹聲。"⑬經文作揵槌,或作揵
稚,梵語,薛吒迦⑭,此云所打,即或銅或木,擊以警衆也。

4.154　揀擇　上姦眼反。《文字集略》云:"揀,選也。"亦擇也。從手,

---

① 竹部:"筮,《易》卦用蓍也。从竹从筮。筮,古文巫字。"
② 《説文》析"筮"爲"从竹从筮"結構。
③ 糸部:"繽,繽紛,盛也。"
④ 見糸部。
⑤ 見《釋訓》。
⑥ 《廣雅·釋訓》:"衯衯,亂也。"紛紛,今本作"衯衯"。
⑦ "或"字原闕,今據文意補。
⑧ 毗盧遮那,梵詞 Vairocana,希麟譯"吠嚧左曩"。
⑨ 阿閦,梵詞 Akṣobhya-buddha,希麟譯"惡芻"。
⑩ 懶,《説文》作"嬾",女部:"嬾,懈也,怠也。一曰卧也。从女,賴聲。"惰,《説文》字
　頭作"憜",心部:"憜,不敬也。从心,嫷省。《春秋傳》曰:'執玉憜。'惰,憜或省阜。
　媠,古文。"
⑪ 楗椎,梵詞 ghaṇṭā。
⑫ 見《釋宫》。
⑬ 木部:"椎,擊也。齊謂之終葵。从木,隹聲。"
⑭ 薛吒迦,對音字,源詞不詳。

柬聲①。《説文》柬字從八在束中②。下音澤。《切韻》：“擇亦揀也。”③ 從手，
澤省聲也④。

大乘瑜伽千鉢文殊大教王經卷第六

4.155 瑩明　上烏定反。顧野王云：“瑩，飾也。”⑤《考聲》：“瑩，光
也。”亦明也。或從金作鎣⑥，訓同明。或作明，又作明，同。

4.156 纏縛　上直連反。俗又作纒。《切韻》：“繞也。”⑦《考聲》：“纏
亦縛也。”又音直戰反，下符約反。《切韻》：“繫也。”⑧《字書》：“縛亦纏
也。”《三啟經》云：“如蠶作繭，吐絲自縛也。”⑨ 從糸，博省聲也⑩。經作縛
也。《爾雅》云：“十羽謂之縛。”⑪ 書誤也。

4.157 諂諛　上丑琰反。又作謟。《切韻》：“諛也。”⑫《論語》云：“非
其鬼而祭之者，諂也。”⑬ 鄭注云：“諂媚求其福。”⑭ 下以朱反。《説文》：“諛
亦諂也。從言，臾聲。”⑮ 經文單作臾⑯，乃須臾字也。

4.158 休廢　上許尤反。《切韻》：“善也，美也。”⑰《考聲》：“息也。”

---

① ②　揀，《説文》作“柬”，柬部：“柬，分別簡之也。从束从八。八，分別也。”
③　陌韻（箋本）：“擇，（場陌反。）選。”王本：“擇，（棖百反。）選擇。”
④　《説文》析“擇”爲“從手，睪聲”結構。瑄案：希麟音義析字跟《説文》有不同。
⑤　《玉篇》玉部：“瑩，玉色也。《詩》云：‘充耳琇瑩。’《傳》曰：‘石之次玉。’”
⑥　《説文》析“鎣”爲“從金，熒省聲”結構。
⑦　仙韻（箋本）：“纏，繞。直連反。四。”王本：“纒，直連反。繞。通俗作纏。八。”
⑧　藥韻（王本）：“縛，符獲反。繫。一。”裴本：“縛，苻獲反。繫也。一。”
⑨　《佛説無常三啟經》：“循環三界内，猶如汲井輪。亦如蠶作繭，吐絲還自縛。”瑄案：
　　《佛説無常三啟經》，疑似部典籍（T85，No.2912），失譯人名，凡一卷。
⑩　《説文》析“縛”爲“從糸，尃聲”結構。
⑪　見《釋器》。
⑫　琰韻（裴本）：“諂，丑琰反。諛也。又謟。一。”王本：“諂，丑琰反。曲媚。二。”
⑬　《爲政》：“子曰：‘非其鬼而祭之，諂也。’”
⑭　《爲政》“非其鬼而祭之，諂也”何晏集解引鄭曰：“人神曰鬼。非其祖考而祭之者，是
　　諂求福。”
⑮　言部：“諛，諂也。從言，臾聲。”
⑯　“臾”字原闕，今據文意補。
⑰　尤韻（箋本）：“休，許尤反。三。”裴本：“休，許尤反。無點。十。”王本：“休，許尤反。
　　正。俗作加點作烋，謬。九。”

《説文》：“從人倚木息也。”① 下芳肺反。《爾雅》曰：“廢，舍也。”② 郭注云：“舍，放置也。”③《切韻》：“止也。”④ 經文作癈。癈，病也。非休止義。

大乘瑜伽千鉢文殊大教王經卷第七

4.159 尔燄⑤　梵語也。此云所知。《花嚴》七十七云：“過尔燄海也。”⑥ 菀法師釋云：“謂智所知境非預識境，其轉若南聲爲爾燄故也。”⑦59p0380c—0381a

4.160 秉顯　上兵永反。《爾雅》曰：“秉、拱，執也。”⑧《説文》云：“手持一禾曰秉。”⑨ 下呼典反。《説文》《玉篇》《字林》並云：“光也，明也。”⑩ 案：經云“五智秉顯”⑪，宜作炳。或作昞⑫，字未詳，秉顯義。

大乘瑜伽千鉢文殊大教王經卷第八

4.161 濟拔　上子計反。《切韻》：“惠也，定也。”⑬《爾雅》曰：“濟，渡也。濟，成也。濟，益也。”⑭ 郭注云：“廣異訓，各隨事爲義。”⑮ 下蒲八反。《切韻》：“擢也。”⑯ 又：盡也⑰。從手，犮聲⑱。

---

① 人部：“休，息止也。从人依木。庥，休或从广。”
②⑧ 見《釋詁》。
③ 《釋詁》“廢，舍也”郭璞注：“《詩》曰：‘召伯所税。’舍，放置。”
④ 廢韻（裴本）：“廢，方肺反。捨也。七。”王本：“廢，芳肺反。舍。八。”
⑤ 尔燄，梵詞 jñeya。
⑥ 《大方廣佛華嚴經》卷第七十七（實叉難陀譯本）：“令過爾焰海，疾至淨寶洲。”
⑦ 慧苑音義 2.530“過尔燄海”注：“尔燄者，此云所知，謂智所知境非預識境，由其轉若南聲爲尔塩故，非轉毗若南聲也。”○其轉若南聲爲爾燄故，原作“共轉”，今據慧苑音義改補。
⑨ 又部：“秉，禾束也。从又持禾。”
⑩ 《説文》頁部：“顯，頭明飾也。从頁，㬎聲。”《玉篇》頁部：“顯，《詩》云：‘天維顯思。’顯，光也。又：見也，明也，覵也，著也。”
⑪ 《大乘瑜伽金剛性海曼殊室利千臂千鉢大教王經》卷第七：“是時毗盧遮那秉顯五智尊如來同共説一切諸佛如來法身體性平等金剛智般若慧四十二位法藏法門品。”
⑫ 《説文》闕“昞”篆。火部：“炳，明也。从火，丙聲。”
⑬ 霽韻（裴本）：“濟，（子計反。）成也，濟也。又子禮反。”王本：“濟，子禮反。水名。或作涑。又子計反。四。”
⑭ 見《釋言》。
⑮ 《釋言》“濟，渡也。濟，成也。濟，益也”郭璞注：“所以廣異訓，各隨事爲義。”
⑯ 黠韻（箋本）：“拔，蒲八反。又蒲發反。三。”王本：“拔，蒲八反。抽拔。二。”
⑰ 見《釋詁》。
⑱ 《説文》析“拔”同。○犮，原作“犬”，今據文意改。獅谷本亦作“犮”。

大乘瑜伽千鉢文殊大教王經卷第九

4.162 逼迮　上彼力反。《切韻》:"逼,迫也。"①《考聲》云:"逼,近也。"下側伯反。《玉篇》:"陜也。"②亦迫也。或作窄,亦同。

4.163 登入　上都滕反。《爾雅》曰:"躋、登,陞也。"③《切韻》:"進也。"④《禮記·月令》:"禾乃登。"⑤即成也。

大乘瑜伽千鉢文殊大教王經卷第十

4.164 祼形　上華瓦反,本音郎果反。爲避俗諱作上音。顧野王云:"脫衣露袒也。"⑥《說文》:"從衣,果聲。"⑦案:坼衣半上半下,果在中,即爲裹;併衣在一邊,即爲祼。會意字也。經文從亦示作祼,音灌。非此用也。

4.165 祠祭　上似茲反。《爾雅》曰:"春祭曰祠。"⑧郭注云:"祠之言飤也。"⑨下子例反。《切韻》:"享,薦也。"⑩《論語》云:"祭神如神在。"⑪如前《花嚴經》第十二已釋⑫。

4.166 嘶破　上息妻反。《切韻》:"病聲散也。"⑬《考聲》云:"聲嗄也。"經作嘶,馬嘶鳴也。非破義。

4.167 緱急　上練結反。《切韻》云:"小結也。"⑭《字書》:"拗緱也。"與捩意同。下急字,從人、手、心也⑮。云人之急者,心之與手。勹,古人字。彐,古手字。會意也。

---

① 職韻(裴本):"逼,彼力反。迫也。亦偪。五。"王本:"逼,彼側反。近。五。"
② 辵部:"迮,子各切。起也。今爲作。又阻格切。迫迮也。"
③ 見《釋詁》。
④ 登韻(箋本):"登,都滕反。六。"王本:"登,都滕反。上。七。"
⑤ 疑見《月令》:"孟秋之月,日在翼……是月也,農乃登穀。"
⑥ 《玉篇》衣部:"臝,袒也。亦作倮、躶。""祼,同上。"瑄案:《玉篇》人部:"倮,赤體也。"
⑦ 祼,《說文》字頭作"臝",衣部:"臝,袒也。从衣,羸聲。祼,臝或从果。"
⑧ 見《釋天》。
⑨ 飤也,今本作"食"。
⑩ 祭韻(裴本):"祭,子例反。五。"王本:"祭,子例反。祀。七。"
⑪ 《八佾》:"祭如在,祭神如神在。"
⑫ 見2.128"祠祭"。
⑬ 齊韻(王本):"嘶,(素雞反。)病。"
⑭ 屑韻(箋本):"緱,盧結反。麻緱。一。"裴本:"緱,(練結反。)麻三斤爲緱。"王本:"緱,(練結反。)色緱。"
⑮ 《說文》析"急"爲"从心,及聲"結構。

4.168 詆債　上又作訆,同。都禮反。《切韻》:“呰也。”[①] 訆亦訶也。《考聲》:“欺也,毁也。” 下側懈反。《切韻》:“徵財也。”[②] 從人,責聲[③]。59p0381a—0381b

4.169 拘賒梨子[④]　具足應云末伽梨拘賒梨子。末伽梨是姓,拘賒梨是母名也[⑤]。此外道計苦樂不由因,即自然外道。

4.170 毗羅胝子[⑥]　具足應云毗羅胝子珊闍邪。毗羅胝,母名也;珊闍邪,此云等勝。此外道不須修道,經八万刧,自盡生死如轉縷丸也。

4.171 鳩馱迦旃延[⑦]　具足應云迦羅鳩馱迦旃延。迦羅鳩馱,此云黑領;迦旃延,姓也。此外道應物而起,人若問有答有,若問無答無也。

4.172 富蘭那迦葉[⑧]　富蘭那,此云滿也;迦葉,姓也。此云龜氏,此外道計無因也。

4.173 尼乹陁若提子[⑨]　尼乹陁,此云無繼;若提,母名,亦云親友。母名親友也。此外道計苦未有定因要,必須受非道能斷。

4.174 阿耆陁翅舍欽婆羅[⑩]　阿耆陁,此云無勝;翅舍欽婆羅,此衣名。此外道以人髮爲衣,五熱炙身也。

續一切經音義卷第四

丁未歲高麗國大藏都監奉勑雕造

① 薺韻(箋本):“詆,(都禮反。)詆訶。” 裴本:“詆,(都禮反。)詆訶。亦詆、訆、呧。” 王本:“詆,(都禮反。)詆訶。或作詆、呧。”

② 卦韻(箋本):“債,徵財。側賣反。一。” 王本:“債,側賣反。徵財。一。” 懈韻(裴本):“債,側賣反。徵財。一。”

③《説文新附》析“債”爲“从人、責,責亦聲”結構。

④ 拘賒梨,梵詞 Maskarī-gośāliputra,巴利詞 Makkhali-gosālaputta,希麟譯“末伽梨拘賒梨”。

⑤ “梨”字原闕,今據文意補。

⑥ 毗羅胝,巴利詞 Sañjaya Belaṭṭhiputta,希麟譯“毗羅胝子珊闍邪”。

⑦ 鳩馱迦旃延,梵詞 Kakuda-katyāyana,巴利詞 Pakudha Kaccāyana,希麟譯“迦羅鳩馱迦旃延”。

⑧ 富蘭那迦葉,梵詞 Pūraṇa-kāśyapa,巴利詞 Purāṇa-Kassapa (Pūrāṇa-Kassapa)。

⑨ 尼乹陁若提,梵詞 Nirgrantha-jñātaputra,巴利詞 Nigaṇṭha-nātaputta。

⑩ 阿耆陁翅舍欽婆羅,梵詞 Ajitakeśakambala,巴利詞 Ajitakesakambala。

續一切經音義卷第五 雞

燕京崇仁寺沙門　希麟　集

續音新譯仁王護國般若波羅蜜多經二卷

大威力烏樞瑟摩明王經三卷

金剛頂真實大教王經三卷

金剛頂修習毗盧遮那三摩地法一卷

金剛恐怖最勝心明王經一卷

不動使者陁羅尼秘密法一卷

普遍智藏般若波羅蜜多心經一卷

觀自在多羅菩薩經一卷

一字奇特佛頂經三卷

阿利多羅阿嚕力經一卷

金剛頂瑜伽文殊師利菩薩經一卷

底哩三昧耶不動使者念誦經一卷

大方廣觀世音菩薩受記經一卷①

菩提場所説一字頂輪王經五卷

［金剛頂瑜伽分別聖位經一卷］

十一面觀自在菩薩秘密儀軌經三卷合一卷②

出生無邊門陁羅尼經一卷

大吉祥天女無垢大乘經一卷

大吉祥天女十二名號經一卷

---

① 受記，文目作“授記”。

② 一卷，獅谷本作“卷”。

一切如來金剛壽命陁羅尼經一卷

金剛頂瑜伽十八會指歸一卷

瑜伽念珠經一卷

普賢行願讚一卷

大集地藏菩薩問法身讚一卷

金剛頂理趣般若經一卷

　　　　　右二十四經三十七卷同此卷續音

新譯仁王護國般若波羅蜜多經**卷上并序**①

5.001　皇矣　《毛詩傳》曰：“皇，大也，匡也。”②《爾雅》曰：“皇、匡、王，正也。”③下於紀反。《説文》：“語已詞也。從厶，古文已字，矢聲也。”④厶音以。59p0382b

5.002　綿絡　上弥編反。《切韻》：“微也，歷也。”⑤下音洛。《説文》：“織絡亦綱羅也。從糸，各聲。”⑥

5.003　羅罩　上魯何反。《爾雅》云：“鳥罟謂之羅。”⑦下竹教反。《説文》：“捕魚器也。”⑧《方言》：“籠，罩也。”⑨《説文》羅罩二字並合從网作也⑩。

---

① 《新譯仁王護國般若波羅蜜多經》，大正藏作《仁王護國般若波羅蜜多經》，其前有代宗皇帝序文一篇，般若部典籍（T08，No.0246），唐釋不空奉詔譯，凡二卷。

② “皇”之“大也”義《詩傳》數見，如《小雅·楚茨》“先祖是皇”毛傳：“皇，大。”“皇尸載起”毛傳：“皇，大也。”“匡也”義見《豳風·破斧》“四國是皇”傳。

③ 《釋言》：“皇、匡，正也。”○王，疑“尹”訛。《爾雅·釋言》：“尹，正也。”郭璞注：“謂官正也。”

④ 矢部析“矣”爲“从矢，以聲”結構。瑄案：希麟音義引文跟今本析字不同。

⑤ 仙韻（箋本）：“綿，武連反。五。”王本：“綿，武連反。絮。正作緜。十。”

⑥ 疑非許慎書。《説文》糸部：“絡，絮也。一曰麻未漚也。从糸，各聲。”

⑦ 見《釋器》。

⑧ 見网部。

⑨ 不詳。

⑩ 网部析“羅”爲“从网从維”結構，析“罩”爲“从网，卓聲”結構。

5.004 泳沫　上音詠。《爾雅》曰：“泳，游也。”① 郭注云：“潛游水底也。”② 下滿鉢反。《考聲》：“沫，止也。”水上浮沫也③。又：終也，杪也。二字形聲也④。杪音厶沼反。

5.005 五始　案《三五曆記》云⑤：“氣像未分謂之太易，元氣始萌謂之太初也，氣像之端謂之太始，形變有質謂之太素也，質形已具謂之太極也，斯爲五始也。”

5.006 徹枕　上纏列反。《字書》云：“徹，去也，除也。”《考聲》：“抽也。”《説文》：“通也。從彳、攴，育聲也。”⑥ 下之荏反。《韻詮》云：“枕，所以承頭也。”從木，尤聲⑦。尤音淫。彳音丑尺反⑧。攴音普卜反⑨。

5.007 遏寇　上安葛反。《蒼頡篇》云：“遏，遮也。”《毛詩傳》曰：“遏，止也。”⑩《尚書》云：“遏，絶也。”⑪ 下口搆反。《考聲》：“寇，賊也。”《韻詮》云：“盛多也。”《説文》：“暴也。”⑫《字書》寇字從攴、完⑬。
59p0382b—0382c

5.008 著星辰　上張盧反。《周易》曰：“玄像著明，莫大乎日月也。”⑭《禮記》云：“著而莫息者天也，著而不動者地也。”⑮ 又曰：“著，明也，立也，

---

① 見《釋言》。
② 《釋言》“泳，游也”郭璞注：“潛行游水底。”
③ 《玉篇》水部：“沫，水名。又：水浮沫也。”
④ 《説文》析“泳”爲“從水，永聲”結構，析“沫”爲“從水，末聲”結構。
⑤ 《三五曆記》，或稱《三五曆》《三五曆紀》，史學著作，三國吳徐整撰，凡二卷（《舊唐書·經籍志》《新唐書·藝文志》）。書已佚，清人馬國翰、王仁俊有輯本。
⑥ 攴部析“徹”爲“從彳從攴從育。徹，古文徹”結構。瑄案：希麟音義引文跟今本析字不同。
⑦ 《説文》析“枕”同。
⑧ “反”字原闕，今據文意補。
⑨ 卜，原作“十”，今據文意改。
⑩ 見《大雅·文王》“無遏爾躬”傳。
⑪ 引書誤，語見《舜典》“四海遏密八音”注。
⑫ 見攴部。
⑬ 《説文》析“寇”爲“從攴從完”結構。○寇，原作“寳”，今據文意改。獅谷本作“寇”。
⑭ 《繫辭上》：“縣象著明莫大乎日月，崇高莫大乎富貴。”玄像，今本作“縣象”。
⑮ 《樂記》：“著不息者天也，著不動者地也，一動一靜者，天地之間也。”

成也。"①《古今正字》:"從草,署省聲。"②下星字,古文作曐。《説文》云:"万物之精,上爲列宿也。"③又:星即五星,躔行二十八宿也④。案《七曜天文經》云⑤:"紫微、太微、干市三垣及列宿中外官,惣一千四百六十四星,應占用者。辰即北辰也。"《論語》云:"爲政以德,譬如北辰也。"⑥

5.009　緬尋　上綿典反。賈注《國語》云:"緬,思也。"⑦《説文》:"微絲也。從糸,面聲。"⑧下徐林反。《字書》:"常也。"《考聲》:"覓也,逐也。"字從彐音手、從口、工、寸⑨,會意也。

5.010　謚夫　上於記反。《考聲》云:"謚,哀痛聲也,人發歎詞也。"從壹、次、口作謚⑩。今序中從心作懿,俗用字。下夫,音扶。壹音竹句反。

5.011　波斯⑪　波斯匿王名。梵語畧也。正云鉢羅犀那逝多。此云勝軍,即請佛説内護外護之請主。

5.012　永袪　下去魚反。《考聲》云:"袪,袖也。"《集訓》:"舉也。"《韓詩》云:"袪,去也。"⑫《説文》:"從衣,去聲。"⑬

---

① 《樂記》"著不息者天也,著不動者地也"鄭玄注:"著,猶明白也。"《樂記》"故先王著其教焉"鄭玄注:"著,猶立也。"《樂記》"以著萬物之理"鄭玄注:"著,猶成也。"瑄案:《郊特牲》"由主人之絜著此水也"鄭玄注:"著,猶成也。"《大傳》"名著而男女有別"鄭玄注:"著,明也。"

② 《説文》闕"著"篆。

③ 星,《説文》字頭作"曐",晶部:"曐,萬物之精,上爲列星。从晶,生聲。一曰象形。从口,古口復注中,故與日同。曐,古文星。星,曐或省。"

④ 躔,獅谷本作"躔"。

⑤ 《七曜天文經》,天文學著作,不詳。

⑥ 《爲政》:"子曰:'爲政以德,譬如北辰,居其所而衆星共之。'"

⑦ 慧苑音義卷上"緬惟"注引賈逵注《國語》:"緬,思兒也。"慧琳音義卷十"緬尋"注引賈注《國語》:"緬,思也。"

⑧ 見糸部。

⑨ 《説文》寸部:"尋,繹理也。从工从口从又从寸;工、口,亂也;又、寸,分理之;彡聲。此與嬲同意。度,人之兩臂爲尋,八尺也。"

⑩ 《説文》闕"謚"篆。

⑪ 波斯,梵詞 Prasenajit,巴利詞 Pasenadi,希麟譯"鉢羅犀那逝多"。

⑫ 《文選·殷仲文〈南州桓公九井作〉》"惑袪吝亦泯"李善注引薛君《韓詩章句》:"袪,去也。"

⑬ 見衣部。

5.013　迺津　上奴改反。古文乃字也①。亦語詞也。下井寅反。鄭注《周禮》云："津，潤也。"②《爾雅》曰："津，梁也。"③《廣雅》："津亦濟也。"④

5.014　緹油　上弟奚反。鄭注《周禮》云："縓色繒也。"⑤又云：淺紅也。《説文》："帛赤黄色也。"⑥下油，謂絹油也。古人用色，絹油以書記事也。

5.015　大輅　下洛故反。《白虎通》云："天子大輅也。"⑦《字書》："古者椎輪，今飾之華麗也。"《大戴禮》云："古之車輅，蓋圓像天，二十八轑以像二十八宿；軫方像地，三十輻像日月之數。仰則觀天文，俯則察地理。前視睹鑾和之聲，側視觀四時之運也。"⑧《釋名》云："天子所乘曰輅也。以金玉象隨飾名之也。"⑨59p0382c—0383a

5.016　捘綴　上色都反。《考聲》云："捘，求也，索也。"下追衛反。賈注《國語》云："綴，連也。"⑩《切韻》："續也。"⑪《説文》："從糸叕聲也。"⑫

----

① 《爾雅·釋詁》"迺，乃也"郭璞注："迺即乃。"瑄案：《説文》乃部："卥，驚聲也。從乃省，西聲。籀文卥不省。或曰：卥，往也。讀若仍。𠧟，古文卥。"《玉篇》辵部："迺，與乃同。"《列子·天瑞》"迺復變而爲一"殷敬順釋文："迺，古乃字。"

② 見《地官·大司徒》"其民黑而津"注。

③ 疑引書誤。《玉篇》水部："津，梁也。"

④ 不詳。○津亦，原作"亦津"，今據文意乙正。

⑤ 《地官·草人》"赤緹用羊"鄭玄注："赤緹，縓色。"○縓，原作"緑"，今據文意改。

⑥ 糸部："緹，帛丹黄色。從糸，是聲。衹，緹或從氏。"

⑦ 不詳。

⑧ 《保傅》："古之爲路車也，蓋圓以象天，二十八橑以象列星，軫方以象地，三十輻以象月。故仰則觀天文，俯則察地理，前視則睹鑾和之聲，側聽則觀四時之運，此巾車教之道也。"瑄案：《考工記·輈人》："軫之方也，以象地也；蓋之圜也，以象天也；輪輻三十，以象日月也。"

⑨ 《釋車》："天子所乘曰路。路亦車也。謂之路者，言行於道路也。金路、玉路，以金、玉飾車也。象路、革路、木路，各隨所以爲飾名之也。"輅，今本作"路"。瑄案：《廣韻》暮韻："輅，車輅。《釋名》曰：'天子乘玉輅，以玉飾車也。輅亦車也。謂之輅者，言行於道路也。"

⑩ 《文選·張衡〈西京賦〉》"綴以二華"李善注引賈逵《國語注》："綴，連也。"瑄案：《齊語》"比綴以度"韋昭注："綴，連也。"

⑪ 祭韻（王本）："綴，陟制反。[連。]又丁劣反。四。"

⑫ 見叕部。從糸叕聲也，今本作"从叕从糸"。瑄案：希麟音義引文跟今本析字不同。

叕音陟劣反。

　　5.017　褰裳　上去乹反。《考聲》云：“摳衣也。”《爾雅》曰：“深則厲，淺則揭。揭者，揭衣也。”①郭注云：“謂褰裳也。”②揭音去謁反。下市羊反。《字書》：“上曰衣，下曰裳也。”

　　5.018　沃朕　上烏穀反。《尚書》曰：“啟乃心，沃朕心。”③賈注《國語》云：“沃，美也。”④《廣雅》曰：“沃，漬也。”⑤《説文》：“沃，溉灌也。”⑥下朕字，《爾雅》曰：“朕、予、言，我也。”⑦案：古者貴賤同稱，自秦始皇，唯天子獨稱朕也。

　　5.019　襲予　上尋立反。《廣雅》：“襲，及也。”⑧司馬彪注《莊子》云：“襲，入也。”⑨郭注《爾雅》云：“襲，重也。”⑩下以諸反。《爾雅》曰：“予，我也。”⑪

　　5.020　之籥　下洛大反。《廣雅》曰：“籥，簫也。大者二十四管，長尺四寸；小者十六管，長尺二寸有二底。”⑫《説文》云：“三孔簫也。從竹龥

---

①　《釋水》：“濟有深涉，深則厲，淺則揭。揭者，揭衣也。”

②　見《釋水》“揭者，揭衣也”注。

③　見《説命上》。

④　《晉語》“雖獲沃田而勤易之”韋昭注：“沃，美也。”

⑤　見《釋詁》。○漬，原作“清”，今據《廣雅》改。慧琳音義凡五引《廣雅》釋“沃”，卷十二“沃曰”注引《廣雅》：“沃，漬也。音恣。”卷二十九“沃壤”注引《廣雅》：“沃，漬也。”又《釋詁》“沃，漬也”王念孫疏證：“澆、灌、淳、沃、淙、淋、㶕，皆灌之漬也。”皆言“漬”，可爲據改之旁證。

⑥　沃，《説文》作“䬴”，水部：“䬴，溉灌也。从水，芺聲。”

⑦⑪　見《釋詁》。

⑧　見《釋詁》。

⑨　《大宗師》“以襲氣母”陸德明釋文引司馬云：“襲，入也。”瑄案：《文選》此義凡數引，如宋玉《風賦》“衝孔襲門”李善注引司馬彪《莊子注》、江淹《別賦》“襲青氣之烟煴”李善注引司馬彪注：“襲，入也。”

⑩　《釋山》“山三襲，陟”郭璞注：“襲，亦重也。”瑄案：《文選·張協〈七命〉》“應門八襲”李善注引郭璞《爾雅注》：“襲，猶重也。”

⑫　《釋樂》：“籥謂之簫。大者二十四管，小者十六管，有底。”瑄案：《爾雅·釋樂》“大簫謂之言”郭璞注：“編二十三管，長尺四寸。”《釋樂》“〔簫〕小者謂之筊”郭璞注：“十六管，長尺二寸。簫亦名籥。”

聲也。"①

5.021 欒棘②　上盧桓反。《禮記》:"天子墓樹松,諸侯柏,大夫欒,士楊。"③《説文》:"欒,木,似欄。從木,䜌省聲。"④下矜力反。《毛詩傳》曰:"棘,酸棗也。"⑤郭注《爾雅》云:"顛棘,葉細有刺。"⑥《説文》:"似棗,叢生。從二朿。"⑦《廣雅》云:"棘,箴也。"⑧朿音刺。

5.022 弼我　上貧蜜反。孔注《尚書》云:"弼,輔也。"⑨《爾雅》曰:"弼、崇,重也。"⑩《尚書大傳》云:"天子有四隣:左輔,右弼,前疑,後丞。"⑪《廣雅》:"弼,備也。"⑫《大戴禮》云:"潔廉而切直,匡過而諫邪,謂之弼也。"⑬《説文》云:"字從弜音巨支反從丙音添念反。"⑭或從攴作弢,或作彌字,皆古文也。

5.023 良賁　下彼義反。《韻英》:"微也,卦名也。"《易》云:"賁,亨,小利,利有攸往。"⑮案:良賁,即助譯此《仁王經》僧名也⑯。

---

① 竹部:"籟,三孔龠也。大者謂之笙,其中謂之籟,小者謂之箹。从竹,賴聲。"
② 棘,原作"棘",今據文意改。獅谷本亦作"棘"。
③ 疑見《説文》木部"欒"字釋(詳下注)。瑄案:《白虎通·崩薨》:"《含文嘉》曰:'天子墳高三仞,樹以松。諸侯半之,樹以柏。大夫八尺,樹以欒。士四尺,樹以槐。庶人無墳,樹以楊柳。'"
④ 木部:"欒,木,似欄。从木,䜌聲。《禮》:天子樹松,諸侯柏,大夫欒,士楊。"
⑤ 見《魏風·園有桃》"園有棘"傳。酸棗,今本作"棗"。
⑥ 《釋草》"髦,顛蕀"郭璞注:"細葉,有刺,蔓生。一名商蕀。《廣雅》云女木也。"
⑦ 朿部:"棘,小棗叢生者。从並朿。"
⑧ 見《釋詁》。
⑨ 見《大禹謨》"以弼五教"注。
⑩ 見《釋詁》。
⑪ 《禮記·文王世子》"設四輔"孔穎達疏引《尚書大傳》:"古者天子必有四鄰:前曰疑,後曰丞,左曰輔,右曰弼。"
⑫ 疑引書誤。《廣韻》質韻:"弼,備也。"希麟音義卷二"弼諧"注亦引《廣韻》:"備也。"
⑬ 《保傅》引《明堂之位》曰:"絜廉而切直,匡過而諫邪者,謂之弼。"
⑭ 弜部析"弼"爲"从弜,丙聲。彌,弼或如此。弢、弻,並古文弼"結構。○丙,原作"西",今據《説文》改。獅谷本亦注"西當作丙"。
⑮ 《賁》:"賁,亨,小利有攸往……分剛上而文柔,故小利有攸往。"
⑯ 良賁,唐代僧,俗姓郭氏,河中虞鄉人,外通墳典內善經綸,爲釋不空《新譯仁王經》助譯,且奉代宗敕作疏三卷。事詳《宋高僧傳·唐京師安國寺良賁傳》。

5.024 常袞　下公穩反。即翰林學士姓名也①。

5.025 握槧　下才敢、七艷二反。《釋名》云：“槧，版也。長三尺。”②《韻詮》云：“以版爲書記也。”《説文》：“牘樸也。從木，斬聲。”③《集訓》云：“削版而記事者也。”又音僉字。

5.026 邃賾　上雖醉反。王逸注《楚詞》云：“邃，深也。”④下柴革反。劉瓛注《周易》云：“賾者，幽深之稱也。”⑤《説文》：“從臣責聲也。”⑥臣音夷。序文作頤、頤，俱非。59p0383a—0383b

5.027 較然　上音角。《考聲》：“略也。”《廣雅》：“明也。”⑦《爾雅》：“直也。”⑧《尚書大傳》：“較其志，見其事。”⑨《太玄經》云：“君子小人之道較然見矣。”⑩《漢書》云：“較然易知也。”⑪

5.028 鉤索　下所革反。《説文》：“入家搜也。從宀，索聲。”⑫《考聲》云：“取也，求也。”今俗省去宀，但從市從糸作索也⑬。宀音弥仙反。

5.029 躐金　上黏軌反。《方言》云：“躐，登也。”⑭《廣雅》：“履也。”⑮

---

① 常袞，生於唐玄宗開元十七年（729），天寶十四年（755）狀元及第，官至宰相後貶爲福建觀察使，於唐德宗建中四年（783）卒於任上，追贈尚書左仆射。有文集六十卷。事詳《舊唐書·常袞傳》《新唐書·常袞傳》。

② 《釋書契》：“槧，板之長三尺者也。槧，漸也。言其漸漸然長也。”○三，原作“二”，今據《釋名》改。《急就篇》卷三“簡札檢署槧牘家”顔師古注：“槧，板之長三尺者也，亦可以書。謂之槧者，言其修長漸漸然也。”《説文》木部“槧”字下朱駿聲通訓定聲：“槧，謂未書之版，長三尺。”皆作“三”，可爲據改之旁證。

③ 見木部。

④ 見《離騷》“閨中既以邃遠兮”注、《招魂》“高堂邃宇”注。

⑤ 疑見《繫辭上》“聖人有以見天下之賾”注。慧琳音義卷三十一“奥賾”注引《易》“聖人有以見天地之至賾”劉瓛曰：“賾者，幽深之極稱也。”卷一百“探賾”注：“《易》曰：‘聖人有以見天下之至賾。’賾，幽深［之極］稱也。”瑄案：“聖人”句孔穎達疏：“賾，謂幽深難見。”○瓛，原作“獻”，今據文意改。

⑥ 《説文》似闕“賾”篆。

⑦⑮　見《釋詁》。

⑧ 見《釋詁》。

⑨ 不詳。

⑩ 《文選·沈約〈恩幸傳論〉》“較然有辨”李善注引《太玄經》：“君子之道，較然見矣。”

⑪ 見《刑法志》：“令較然易知，條奏。”

⑫ 宀部：“索，入家搜也。從宀，索聲。”

⑬ 《説文》宋部析“索”爲“从宋、糸。杜林説：‘宋亦朱木字。’”結構。

⑭ 見《方言》卷一。

《説文》：“蹈也。從足聶聲也。”①　聶音同上。

　　5.030　惋撫　　上烏貫反。《考聲》云：“歎恨也。”《桂菀珠叢》云：“驚歎而藏於心也。”下芳武反。《爾雅》曰：“撫掩，猶撫拍也。”②

　　5.031　旃蒙歲　　上之然反。《爾雅》曰：“太歲在乙曰旃蒙，在巳曰大荒落。”③案《唐帝年曆》云④：“代宗皇帝廣德二年甲辰改永泰元年。”⑤二年乙巳⑥，即旃蒙歲也。到今統和五年丁亥⑦，得二百二十三年矣。

　　5.032　木槿榮月　　次巾隱反。《爾雅》曰：“椵，木槿也。”⑧郭注云：“似李樹。”⑨孫炎疏云：“花如蜀葵，紫色，朝生夕殞也。此花夏五月方榮盛也。”《仁王般若念誦儀經・前記》云：“夏四月於南桃園，乃譯此經。”⑩

　　5.033　鷲峯⑪　　舊云耆闍崛山。正梵云姞栗馱羅矩吒。此云鷲峯，或云鷲臺。此山峯上多栖鷲鳥，又類高臺故也。在王舍城側説此經處也。姞音巨乙反。

　　5.034　室羅筏⑫　　舊云舍衛國。正云室羅筏悉底。此云好道，或云聞

---

①　見足部。

②　《釋訓》“矜憐，撫掩之也”郭璞注：“撫掩，猶撫拍，謂慰恤也。”○掩猶撫，原作“者掩也”，今據《爾雅》郭璞注補正。希麟音義卷十“撫膺”注引《爾雅》“撫，掩之也”郭注：“撫掩，猶撫拍也。”可爲據以補正之旁證。

③　《釋天》：“太歲在甲曰閼逢，在乙曰旃蒙。”《釋天》：“太歲在寅曰攝提格……在巳曰大荒落。”

④　《唐帝年曆》，不詳。

⑤　代宗，指唐代宗（727—779），762—779年在位。廣德二年，即公元764年，農曆甲辰年。永泰元年，即765年，農曆乙巳年。○二，原作“三”，今據文意改。參見徐時儀（2012:2276注［一一］）。

⑥　指公元766年，農曆丙午年。瑄案：“二年”前後失據，疑衍。

⑦　統和，遼聖宗耶律隆緒（971—1031）年號，始於983年。統和五年，即公元987年，是農曆丁亥年。

⑧　《釋木》：“椵，木堇。櫬，木堇。”堇，今本作“董”。○椵，原作“椵”，今據《爾雅》改。

⑨　《釋木》“椵，木堇。櫬，木堇”郭璞注：“別二名也，似李樹，華朝生夕隕，可食。或呼曰及，亦曰王蒸。”

⑩　大興善寺沙門慧靈述《新譯仁王般若經陀羅尼念誦軌儀序》：“迺辟興善寺大廣智三藏不空與義學沙門良賁等一十四人，開府魚朝恩翰林學士常袞等，去歲夏四月，於南桃園再譯斯經。”

⑪　鷲峯，梵詞 Gṛdhrakūṭa，希麟譯“姞栗馱羅矩吒”。

⑫　室羅筏，梵詞 Śrāvastī，希麟譯“室羅筏悉底”。

物,即波斯匿王所治之境也。

5.035 技藝　上渠綺反。《考聲》:"能也。"《集訓》技亦藝也。又:工巧也。從手、支[①]。或從人作伎,俗用也[②]。經文從女作妓[③],女樂也。非技藝字。下魚祭反。《切韻》:"才能也。"[④]《論語》云:"遊於藝也。"[⑤]何注云:"六藝也。"[⑥]謂禮、樂、書、數、射、御也[⑦]。

5.036 比丘[⑧]　梵語不正也。應云苾芻。此云怖魔一,乞士二,淨命三,淨戒四,破惡五也。具此五義,故存梵語不譯也。59p0383b—0383c

5.037 比丘尼[⑨]　五義如前[⑩]。尼即女聲。

5.038 優婆塞[⑪]　古梵語也。正云鄔波索迦。鄔波,此云近也;迦,此云事也;索是男聲,即近事男也。謂受五戒親近承事於三寶者也。

5.039 優婆夷[⑫]　正云鄔波斯迦。鄔波迦如前釋,斯是女聲呼也。

5.040 贍部洲[⑬]　上時染反。梵語也。此大地之惣名。古譯或云譫浮,或云琰浮,或云閻浮提,或云琰浮利。正云儃謨。《立世阿毗曇論》云:"有贍部樹生此洲,北邊泥民陁羅河,南岸正當洲之中心,北臨水上。於此樹下水底有贍部黃金。樹因金而得名,洲因樹而立號,故名贍部

---

① 《説文》析"技"爲"从手,支聲"結構。

② 《説文》人部"伎"字段玉裁注:"俗用爲技巧之技。"《文選·孔融〈薦禰衡表〉》"掌伎者之所貪"舊校:"五臣作技。"

③ 《説文》女部"妓"字段玉裁注:"今俗用爲女伎字。"慧琳音義卷五"妓樂"注:"或作技,工巧也。或作伎,伎藝也。"

④ 祭韻(箋本):"藝,魚祭反。四。"裴本:"藝,魚祭反。藝業也。四。"王本:"藝,魚祭反。技能。五。"

⑤ 《述而》:"子曰:'志於道,據於德,依於仁,遊於藝。'"

⑥ 《述而》"遊於藝"何晏集解:"藝,六藝也。不足據依,故曰遊。"

⑦ 《周禮·地官·大司徒》:"三曰六藝:禮、樂、射、御、書、數。"《保氏》:"保氏掌諫王惡,而養國子以道,乃教之六藝:一曰五禮,二曰六樂,三曰五射,四曰五馭,五曰六書,六曰九數。"

⑧ 比丘,梵詞 bhikṣu,巴利詞 bhikkhu,希麟譯"苾芻"。

⑨ 比丘尼,梵詞 bhikṣuṇī,巴利詞 bhikkhunī。

⑩ 見 5.036 "比丘"注。

⑪ 優婆塞,梵詞 upāsaka,希麟譯"鄔波索迦"。

⑫ 優婆夷,梵詞 upāsikā,希麟譯"鄔波斯迦"。

⑬ 贍部,梵詞 Jambu-dvīpa,希麟譯"儃謨"。

洲。"① 讘音之葉反。𪏮音鹽覽反。

5.041 郍庚多②　中音以主反。梵語。或云郍由他。西域數名也，此云億③。

新譯仁王護國般若波羅蜜多經卷下

5.042 杻械　上勅久反，下胡戒反。《玉篇》："桎梏也。"④ 穿木爲之也⑤。在手曰杻，在足曰械也。二字從木，丑、戒皆聲也⑥。

5.043 枷鎖　上音加。《考聲》："梏也。"穿木爲孔加於頸也。因繫罪人之具。下桒果反。以鐵爲索鏁，繫罪人也。

5.044 檢繫⑦　上居儼反。《廣雅》曰："檢，匣也，括也。"⑧ 謂括束不得開露也。又：察也。謂察録繫縛也。從木，僉聲⑨。

5.045 摩訶迦羅⑩　梵語也。摩訶，此云大；迦羅，此云黑。經云摩訶迦羅大黑天神⑪，唐梵雙舉也。此神青黑雲色，壽無量歲，八臂各執異仗，貫穿髑髏以爲瓔珞，作大忿怒形，足下有地神女天以兩手承足者也。

5.046 瘡疣　上惻莊反。《韻英》云："瘡，痍也。"或作創，古文作刅⑫。下有憂反。《蒼頡篇》："疣，病也。"或作肬，亦通⑬。古文或作𤻤也⑭。

---

① 見《立世阿毗曇論》卷第一。説詳 1.137 "贍部洲" 注。

② 郍庚多，梵詞 nayuta、niyuta。

③ 云，原作 "上"，獅谷本作 "土"，注 "土當作云"。今據文意改。

④ 木部："械，器仗也。又：桎梏也。"

⑤ "之" 字原闕，今據文意補。

⑥ 《説文》析 "械" 爲 "從木，戒聲" 結構。杻，《説文》作 "杽"，析爲 "從木從手，手亦聲" 結構。瑄案：杻，"杶" 的古文。《説文》木部："杶，木也。從木，屯聲。《夏書》曰：'杶榦栝柏。' 櫄，或從熏。杻，古文杶。"

⑦ "檢繫" 例亦見慧琳音義卷二十七 27.576 "檢繫"。

⑧ 《釋詁》："檢，甲也。"《釋言》："檢，括也。"匣也，今本作 "甲也"。

⑨ 《説文》析 "檢" 同。

⑩ 摩訶迦羅，梵詞 Mahākāla。

⑪ 《仁王護國般若波羅蜜多經》 卷下："乃令斑足取千王頭，以祀塜間摩訶迦羅大黑天神。"

⑫ 《説文》刅部："刅，傷也。從刃從一。楚良切。創，或從刀，倉聲。"《集韻》陽韻："刅，或作創、荆、刱、刅，古作戗。"

⑬ 慧琳音義卷四 "疣贅" 注："或從肉作肬。古作𤻤。"

⑭ 《集韻》宥韻："𤻤，《説文》：'顫也。' 或作痏、疣。"

5.047　日月失度　下徒故反。案《青岑子》云①:"日,太陽之精,一歲一周天。月,太陰之精,一月一周天。"《金匱經》云②:"月主憂患,日主福德,故月爲刑奇,日爲德奇。常以冬至日在斗二十一度四分度之一,春分之日在癸十四度,夏至之日在東井二十六度,秋分之日在角二度四分度之一。差此則爲失度也。"59p0383c—0384a

5.048　搏蝕　上補各反。《説文》云:"擊也。"③下音食。《釋名》云:"月虧則蝕,稍稍侵虧如蟲食草木葉也。"④《九曜五行曆》云⑤:"羅睺,一名蝕神。頭常隱不見,逢日月則蝕。"又:"日月同色,月掩日曰蝕。"又云:"日衝大如日,日光不照,謂之暗虛。值月則月蝕也。"

5.049　彗星　上隨鋭反。《考聲》:"妖星也。"《爾雅》曰:"彗星爲欃槍。"⑥郭璞注云:"亦謂之孛星。言其形孛孛似掃彗。"⑦或云掃星,或云孛星,或云欃槍星,或云彗星,一也。

5.050　木星　《五星行藏曆》云⑧:"木之精也。其色青,其性仁,順度行則爲福,逆行所守則爲災。十二年一周天,凡八十三年七十六終而七周天。"

5.051　火星　火之精也。色赤。其性禮,執法之像也。履道而明則民安國秦,失度緊小則中外兵燹。大抵二年一周天,七百八十日一見伏。凡七十九年三十七終而四十二周天。

5.052　金星　太白,金之精。其色白,其性勇,將軍之象,一年一周天見,二百四十四日初夕見西方。其行稍急,日行一度少半,漸遲二百四十九度,及留八日,逆行十日,夕伏十二日,遂晨見東方。大抵八年五終,五度夕見,五度晨見。

5.053　水星　水之精,其色黑,其性智,四時皆出入。光明潤澤,則國豐民樂。不尔,則水旱作沴。常以四仲見。一年一周天。去日極遠,不過

---

① 《青岑子》,不詳。
② 《金匱經》,疑即《黄帝金匱玉衡經》,道家典籍,撰者不詳,凡一卷。
③ 手部:"搏,索持也。一曰至也。从手,專聲。"
④ 見《釋天》。月虧則蝕,今本作"日月虧曰食"。
⑤ 《九曜五行曆》,不詳。
⑥ 見《釋天》。
⑦ 《釋天》"彗星爲欃槍"郭璞注:"亦謂之孛。言其形孛孛,似掃彗。"
⑧ 《五星行藏曆》,不詳。

二十六度，故人多不見。凡三十三年一百四終，七十四度晨見，二十六度
應見不見。

　　5.054　土星　土之精，其色黃，其性信，女主象也。順軌光明，有福亂
行，變色赤；白，天下有兵。其行最遲，二十九年半一周天，三百七十八日
一伏。凡五十九年十七終，而再周天初見東方也。59p0384a—0384b

　　5.055　泛漲　上芳梵反。賈注《國語》云：“泛，浮也。”①《毛詩傳》云：
“泛，流兒。”②《說文》從凡作汎③。下張亮反。《考聲》云：“水增，大砂岸崩
摧入水曰漲。”從水，張聲④。俗音上聲，非也。

　　5.056　亢陽　上康浪反。《考聲》：“極也。”《字書》：“高也。”《切
韻》：“旱也。”⑤《易》曰：“上九，亢龍有悔。”⑥謂陽極也。

　　5.057　降澍　下朱戍反。《集訓》云：“時雨，所以灌澍潤生万物也。”⑦
經文作霔，《字書》並無，筆受者率意妄作也。

　　5.058　桮盛　上遏嚴反。《考聲》云：“木匹也。”或作械。經文作函，
俗字。本函谷關名。下音成。《說文》曰：“黍稷在器。從皿成聲也。”⑧

　　5.059　記籍　上居史反。《釋名》曰：“記，識也。”⑨從言，己聲⑩。下秦
昔反。《切韻》：“薄，籍也。”⑪《尚書·序》曰：“造書契以代結繩之政，由是
文籍生焉。”⑫

———————

① 疑見《晉語》“是故汜舟於河”韋昭注：“汜，浮也。”泛，今本作“汜”。
② 《邶風·柏舟》“汎彼柏舟”毛傳：“汎汎，流貌。”陸德明釋文：“汎，流貌。”
③ 水部：“汎，浮兒。從水，凡聲。”
④ 《說文》闕“漲”篆。
⑤ 宕韻（裴本）：“亢，（苦浪反。）亢蔽見傳。”王本：“亢，（苦浪反。）亢陽。旱兒。”
⑥ 見《乾》。
⑦ 《說文》水部：“澍，時雨，澍生萬物。從水，尌聲。”○“以”字原闕。考玄應音義凡兩
　引《說文》釋“澍”，卷一“澍法”注引《說文》：“上古時雨，所以澍生万物者是也。”卷
　六“等澍”注引《說文》：“上古時雨，所以澍生萬物者也。”慧琳音義凡十五引《說文》
　釋“澍”，或言“時雨，澍生萬物”，如卷七“宜澍”注；或言“時雨，所以澍生萬物者也”，
　如卷十九“欲澍”注；或言“時雨，所以澍生万物無地也”，如卷三十四“澍濩雨”注。
　詳文意，知例中引文“所”後脫“以”字，今據補。
⑧ 皿部：“盛，黍稷在器中以祀者也。從皿，成聲。”
⑨ 《釋言語》：“紀，記也。記識之也。”《釋典藝》：“記，紀也。紀識之也。”
⑩ 《說文》析“記”同。
⑪ 昔韻（箋本）：“籍，籍薄。秦昔反。七。”王本：“籍，秦昔反。簿帳。”
⑫ 《尚書·序》：“古者伏犧氏之王天下也，始畫八卦，造書契，以代結繩之政，由是文籍生焉。”

大威力烏樞瑟摩明王經卷上①

5.060 摩醯首羅②　正梵語應云麼係溼嚩囉。此云大自在也，即色界天主於大千界得自在故。

5.061 逶迤　上於爲反。《切韻》：“雅也，行皃也。”③下弋支反。《切韻》：“溢也。”④《漢書》云：“水曲。”⑤案：逶迤，迂曲邪行皃。下又音達羅反。訓同上。

5.062 烏樞瑟摩⑥　次音昌朱反。梵語也。或云烏蒭沙摩。此云穢跡，舊翻爲不淨潔，皆謬。新翻爲除穢忿怒尊也。案：瑜伽依二種輪現身攝化：一教令輪，現端嚴身；二威怒輪，現極怖身。爲調難調諸有情故，現可畏身也。

5.063 線絣　上私箭反。《周禮》曰：“縫人掌王宮縫線之事。”⑦《切韻》：“縷，線也。”⑧又作綫⑨，同。下北萌反。《切韻》：“振繩墨使直也。”⑩

---

① 《大威力烏樞瑟摩明王經》，密教部典籍（T21，No.1227），唐釋阿質達霰譯，凡三卷。瑄案：希麟音義所據爲二卷本。

② 摩醯首羅，梵詞 Maheśvara，希麟譯“麼係溼嚩囉”。

③ 支韻（裴本）：“逶，扵爲反。五加五。逶迤。又作蟡。”王本：“逶，於爲反。八。”

④ 支韻（殘葉、箋本、裴本、王本）：“迤，（弋支反。）逶迤。”

⑤ 疑引書誤。《後漢書·荀爽傳》“道固逶迤也”李賢注：“逶迤，曲也。”

⑥ 烏樞瑟摩，梵詞 Ucchuṣma。

⑦ 《天官·縫人》：“縫人掌王宮之縫線之事，以役女御，以縫王及后之衣服。喪，縫棺飾焉，衣翣柳之材。掌凡内之縫事。”〇縫人，原作“線人”，今據《周禮》改。“縫人”句鄭玄注：“女御裁縫王及后之衣服，則爲役助之。宮中餘裁縫事則專爲焉。”孔穎達疏：“云‘掌王宮之縫線之事’者，謂在王宮須裁縫者，皆縫人縫之。”皆言“縫”，可爲據改之旁證。

⑧ 線韻（裴本）：“線，私箭反。縷也。又綫、綖。一。”王本：“線，私箭反。或作綫、縷。亦作綖。一。”

⑨ 《説文》系部：“綫，縷也。从糸，戔聲。線，古文綫。”

⑩ 耕韻（箋本）：“絣，（甫萌反。）振繩墨。”裴本：“絣，（逋萌反。）振繩墨。”王本：“絣，（甫萌反。）振繩墨。亦作纃。”〇墨，原作“纆”，今據文意改。玄應音義卷九“拼度”注：“拼謂振繩墨也。”卷十二“拼之”注：“謂彈繩墨爲拼也。經中作絣。”卷十四“拼地”注：“今謂彈繩墨爲拼也。”卷十五“枑甍”注：“枑，彈繩墨也。”卷十七“枑直”注：“謂彈繩墨爲枑也。”卷二十二“繩拼”注：“謂彈繩墨曰拼。”卷二十五“拼量”注：“謂彈繩墨曰拼。”慧琳音義卷六十“絣基”注：“絣者，如木匠用墨斗法振繩也。挽繩端直，方正爲準，以爲基堵也。”卷六十一“麁拼”注：“墨斗繩振絣墨也。”卷六十五轉引玄應音義“拼石”注：“謂振繩墨拼彈者也。”卷七十二“索拼”注引《韻詮》：“絣，繩振墨也。”卷七十九“繩拼”注引郭注《爾雅》：“如木匠振墨繩曰拼。”《廣韻》耕韻：“絣，振繩墨也。”皆作“墨”，可爲據改之旁證。

俗從手作拼，使也①。經文從木作枡，音并。乃枡榊木名②，並非線絣字。
59p0384b—0384c

5.064　顰蹙　上符真反。《切韻》："顰，蹙眉也。"③或作嚬。《説文》：
"憂。"④又：嚬，笑也⑤。經文作頻。《切韻》："數也，近也。"⑥非此用。下子
六反。《玉篇》："迫也。"⑦《説文》："急也。從足，戚聲。"⑧

5.065　關鍵　上古還反。《説文》曰："以橫木持門曰關。"⑨《聲類》曰：
"關，所以閉也。"《切韻》："扃也。"⑩《説文》："從門絲聲也。"⑪經文作開，
音弁。《爾雅》曰："開謂之梴。"⑫非關鍵義。下其輦反。《切韻》："鍵，
籥。"⑬《字書》："橫曰關，竪曰鍵也。"

5.066　躑躅葉　上呈戟反，次重録反。藥草名也。《本草》云："羊躑
躅也。"葉、花皆有大毒，三月採花，其花色黃，亦有五色者。羊誤食其花
葉，躑躅而死，因以爲名。《古今正字》："躑躅，行不前也。"二字並從足，
鄭、蜀皆聲也⑭。

5.067　用氎　徒叶反。《切韻》："白氎也。"⑮西域所尚也。經文從糸
作緤，俗用。非也。

---

① 見《爾雅·釋詁》。
② 《説文》木部："枡，枡榊也。从木，并聲。"
③ 真韻（箋本、王本）："顰，（符鄰反。）蹙眉。"
④ 疑引書誤。《玉篇》頁部："顰，顰蹙，憂愁不樂之狀也。《易》本作頻，曰：'復屬无咎。'
　　注：'謂頻蹙之貌。'"瑄案：《説文》頻部："顰，涉水顰蹙。从頻，卑聲。"
⑤ 《玉篇》口部："嚬，笑兒。"瑄案：《廣韻》真韻："嚬，笑也。"
⑥ 真韻（箋本）："頻，符鄰反。九。"王本："頻，符鄰反。頻。十一。"
⑦ 足部："蹙，《詩》曰：'政事愈蹙。'蹙，促也。"
⑧ 《説文新附》："蹙，迫也。从足，戚聲。"○足戚，原作"戚足"，今據文意乙正。説詳
　　3.172 "駭蹙"注。
⑨ 門部："關，以木橫持門户也。"
⑩ 删韻（箋本）："關，古還反。二。"王本："關，古還反。三。"
⑪ 見門部。
⑫ 見《釋宫》。
⑬ 獼韻（王本）："鍵，（其輦反。）管籥。"
⑭ 躑，《説文》作"蹢"，足部："蹢，住足也。从足，適省聲。或曰蹢躅。賈侍中説：'足垢
　　也。'""躅，蹢躅也。从足，蜀聲。"
⑮ 怗韻（箋本、裴本）："氎，（徒恊反。）細毛布。"王本："氎，（徒恊反。）細布。"

5.068　瘢痕　上薄官反。《切韻》：“瘡瘢也。”[1]下户恩反。《切韻》：“瘢痕也。”[2]《考聲》：“瘢之微者曰痕也。”

5.069　遁形　上徒損反。《切韻》：“遁，逃也。”[3]謂潛隱也。按《一字頂輪王經》安怛袒那法[4]，此云隱形也。良以彼國邪正雜信，異道間居，更相是非。佛以神力，故説斯要，令修瑜伽者隨意自在，速成悉地[5]。

5.070　鍱裹　上與協反。《切韻》：“鐵鍱也。”[6]金、銀、銅等鍱皆同。從金葉聲也[7]。下古火反。《切韻》：“包也。”[8]又：纏縛也[9]。從衣，果在中。形聲字也。經文作裹[10]，俗用，不成字。

5.071　制帝[11]　梵語也。或云支提，或云制多。應云制底邪。此翻爲積集，或云生淨信，或云靈廟，皆義譯也。謂於佛闍維處及經行説法處建置墳廟臺閣，惣名也，令諸人天積集福善之所也。

5.072　紫鉚　下古猛反。藥名也。案《本草》云：“出西戎。以樹皮、葉共煎成也，可入藥用也。”經作鑛、礦二形，金玉樸也，非紫鉚字也。

5.073　熘稻　上初爪反。《切韻》：“熬也。”[12]又作爆。《説文》作䰞[13]。經文作炒，俗字。下徒晧反。《本草》云：“粳米止煩泄，稻米主温中，令人多熱。”《説文》：“糯即稻也。”[14]字從禾霝聲也。59p0384c—0385a

5.074　麻糖　上莫霞反。《切韻》：“紵麻也。”[15]《説文》云：“枲，人所

①　寒韻(箋本)：“瘢，(薄官反。)胡瘡處。”王本：“瘢，(薄官反。)瘢痕。”

②　痕韻(箋本)：“痕，瘢，户恩反。四。”王本：“痕，户恩反。瘢。[四。]”

③　恩韻(裴本)：“遁，(徒困反。)隱。亦遚。”王本：“遁，(徒困反。)逃。”

④　《一字頂輪王經》，大正藏作《菩提場所説一字頂輪王經》，密教部典籍(T19,No.0950)，唐釋不空奉詔譯，凡五卷。又：安怛袒那，對音字，源詞不詳。

⑤　悉地，梵詞 siddhi。

⑥　葉韻(箋本)：“鍱，(與陟反。)鐵鍱。”

⑦　《説文》析“鍱”爲“從金，葉聲”結構。

⑧　哿韻(箋本)：“裹，(古火反。)束。”王本：“裹，(古戈反。)苞束。”

⑨　《説文》衣部：“裹，纏也。從衣，果聲。”

⑩　裹，原作“裹”，今據文意改。

⑪　制帝，梵詞 caitya，希麟譯“制底邪”。

⑫　巧韻(箋本)：“爆，熬。楚巧反。”王本：“爆，楚巧反。熬。亦作炒。二。”

⑬　䰞，《説文》作“鬻”，䰞部：“鬻，熬也。從䰞，叔聲。”

⑭　禾部：“稻，秔也。從禾，舀聲。”

⑮　麻韻(箋本)：“麻，莫霞反。三。”裴本：“麻，莫霞反。枲屬。五。”王本：“麻，莫霞反。枲。四。”

治，在屋下也。故從广、林也。"① 經從林作麻，俗用變體也。林音疋賣反。下側加反。《切韻》："麻糖也。"② 又：糖糝。《考聲》："滓也。"從米盧聲也③。

　　5.075 羖羊　上公户反。《爾雅》曰："牡，羭；牝，羖。"④《切韻》："羖，羷也。"⑤ 或作羺，同。經文作股。《説文》："股，髀也。"⑥ 非羖羊字也。

　　5.076 齩牙　上五狡反。《説文》："齩，齧也。從齒，交聲。"⑦ 經文從口作咬，音交。咬咬，鳥鳴也⑧。非此用也。

　　5.077 齧齒　上五結反。《考聲》："齧，噬也。"《字書》云："淺齩也。"從齒，契省聲⑨。經文從口作嚙，非本字。

　　5.078 虎皮褌　下古渾反。《切韻》："褌，袴也。"⑩《字林》從巾作幝，古文作裩，皆云下衣也。

　　5.079 木橛　其月反。《切韻》："杙也。"⑪《爾雅》曰："樴謂之杙。"⑫ 郭注云："橛也。"⑬ 又云："在牆者謂之楎。"⑭ 注云："門橜也。"⑮ 或作橜。楎音暉也。

---

① 麻部："麻，與林同。人所治，在屋下。从广从林。"○林，獅谷本作"舛"，並注"舛作林"。又：人所治，原作"所人治"，今據《説文》乙正。又：在，獅谷本作"右"，並注"右當作在"。
② 麻韻（王本）："樏，側加反。似梨而醋。"
③ 不詳。
④ 《釋畜》："夏羊：牡，羭；牝，羖。"
⑤ 姥韻（王本）："羖，（姑户反。）羊。"
⑥ 見肉部。
⑦ 見齒部。齩，今本作"齩骨"。
⑧ 《文選·禰衡〈鸚鵡賦〉》"咬咬好音"李善注引《韻略》："咬咬，鳥鳴也。"
⑨ 《説文》析"齧"爲"从齒，㓞聲"結構。
⑩ 魂韻（箋本）："褌，（古渾反。）褌衣。"王本："褌，（古渾反。）涼衣。亦作幝。"
⑪ 月韻（王本）："橛，（其月反。）株橛。"
⑫ 見《釋宫》。
⑬ 《釋宫》"樴謂之杙"郭璞注："橜也。"
⑭ 見《釋宫》。○牆，原作"地"，今據《爾雅》改。《玉篇》木部："楎，杙也。在牆曰楎。"《廣韻》微韻："楎，橛也。在牆曰楎。"皆作"牆"，可爲據改之旁證。
⑮ 《釋宫》"在地者謂之臬"郭璞注："即門橜也。"瑄案：這是注文跟書文不相匹配。《爾雅·釋宫》"在牆者謂之楎"郭璞注："《禮記》曰：'不敢縣於夫之楎椸。'"

5.080 挊量　上丑格反。《切韻》：“毀也。”①《考聲》：“以手拓物也。”經文作拆，俗用變體。

5.081 痃癖　上又作胘，同，胡堅反。《切韻》：“肚痃也。”②下芳辟反。《玉篇》：“腹病也。”③《藥證病源》云：“恣飡生冷魚肉雜果，晝眠夜食，胃冷脾虛，不消化，因兹結聚爲癥塊，發即築心吐酸水也。”

5.082 鴉翅　上烏加反。《切韻》：“鴉，烏別名也。”④《廣雅》云：“純黑而返哺者曰烏，小而不返哺者鴉也。”⑤ 從烏亞聲也⑥。下施智反。《玉篇》：“翅，羽也。”⑦又作翄，古文作翨。《説文》：“翮也。從羽支聲也。”⑧

5.083 滷土　上郎古反。《爾雅》曰：“滷、矜、鹹，苦也。”⑨《説文》：“沙滷也。從水，鹵聲。”⑩經文單作鹵，太常鹵簿樂名，非滷土義。

大威力烏樞瑟摩明王經卷下

5.084 虵蜕　上食遮反。《切韻》：“毒虫也。”⑪《爾雅》曰：“蟒，王虵也。”⑫下湯外反，又舒芮反。《説文》：“蟬虵所解皮也。”⑬《廣雅》：“蝮蛸，

---

① 文韻（箋本）：“皾，（舉云反。）足。□居運反。坼字□□反。”王本：“皾，（舉云反。）足坼。又居運反。坼字丑格反。”

② 先韻（箋本、王本）：“胘，（胡千反。）肝胘。”

③ 疒部：“癖，食不消。”

④ 麻韻（箋本）：“鴉，烏別名。烏加反。三。”裴本：“鴉，烏加反。烏之別名。四。”王本：“鴉，烏加反。鵶。四。”

⑤ 疑引書誤。《小爾雅·廣鳥》：“純黑而反哺謂之烏，小而腹下白不反哺者謂之鴉。”瑄案：《後漢書·趙典傳》“且烏烏反哺報德”李賢注引《小爾雅》：“純黑而反哺者謂之烏。”

⑥ 鴉，《説文》作“雅”，隹部：“雅，楚烏也。一名鸒，一名卑居。秦謂之雅。从隹，牙聲。”

⑦ 羽部：“翅，翼也。”

⑧ 羽部：“翄，翼也。从羽，支聲。翨，翄或从氏。”

⑨ 《釋言》：“滷、矜、鹹，苦也。”

⑩ 《説文》闕“滷”篆。《説文》鹵部：“鹵，西方鹹地也。从西省，象鹽形。安定有鹵縣。東方謂之㡿，西方謂之鹵。”

⑪ 麻韻（箋本）：“虵，毒蟲。食遮反。案：文作蛇。一。”裴本：“虵，食遮反。毒蟲。亦蛇。又咄何、夷何反。三。”王本：“虵，夷柯反。又吐何、食遮二反。一。”王本：“虵，食遮反。蟲。一。”

⑫ 見《釋魚》。虵，今本作“蛇”。

⑬ 虫部：“蜕，蛇蟬所解皮也。从虫，挩省。”蟬虵，今本作“蛇蟬”。

蜕也。"① 蝮,扶六反。蛸,餘六反。蟬未脱者。59p0385b

5.085 淫吠帝② 上失入反,次借音尾一反。梵語也。經中有作涅,誤也。

5.086 斜斜③ 呼感反。從齋輪氣海引聲合口連呼。

5.087 馭嚩④ 上蘇合反,下無可反。梵語,不求字義也。

5.088 瑟鹻⑤ 下本音古斬反。鹹土也。爲就梵音,借音竹感反。

5.089 薄誐鑁⑥ 上音傍各反,下亾范反。梵語也。舊云薄伽梵,或云婆加伴。古翻爲世尊。今云具六義,故惣云薄誐鑁,謂自在、熾盛、端嚴、名稱、吉祥、尊貴六也⑦。

5.090 稻穀稽 下苦會反。《蒼頡篇》云:"麁糠也。"

5.091 撚彼 上奴典反。《切韻》:"以手指緊撚物也。"⑧ 從手,然聲⑨。

金剛頂真實大教王經卷上⑩

5.092 繒幡 上疾陵反。《説文》:"帛也。"⑪ 又:繒,綵也。下孚袁反。《説文》:"幡,幟也。"⑫《釋名》云:"幡,翻也。飜飛然也。"⑬

---

① 見《釋魚》。
② [摩訶濕]淫吠帝,對音字,源詞不詳。
③ 斜斜,梵音 hūṃhūṃ。
④ 馭嚩[訶],梵音 svāhā。
⑤ [薩嚩努]瑟鹻,梵音 sarvaduṣṭa。
⑥ 薄誐鑁[尾儞也邏惹],梵詞 bhagavan bidyārajā。
⑦ 《佛地經論》卷第一:"薄伽梵者,謂薄伽聲依六義轉:一,自在義;二,熾盛義;三,端嚴義;四,名稱義;五,吉祥義;六,尊貴義。如有頌言:'自在熾盛與端嚴,名稱吉祥及尊貴,如是六種義差別,應知總名爲薄伽。'"
⑧ 銑韻(篆本):"撚,以指按。奴典反。一。"王本:"撚,奴典反。以指按物。三。"
⑨ 《説文》析"撚"同。
⑩ 《金剛頂真實大教王經》,大正藏作《金剛頂一切如來真實攝大乘現證大教王經》,密教部典籍(T18,No.0865),大唐大興善寺三藏沙門不空奉詔譯,凡三卷。又:大正藏(T18,No.0874)另收有不空譯同名之兩卷本。瑄案:慧琳音義卷三十六已見《金剛頂真實大教王經》之音義,此係希麟新作。
⑪ 見糸部。
⑫ 巾部:"幡,書兒拭觚布也。从巾,番聲。"
⑬ 《釋兵》:"旛,幡也。其貌幡幡然也。"

5.093 唅①　　借音胡感反。梵聲，不求字義。

5.094 嗢陁南②　　上溫骨反，次徒何反。或云嗢柁南。柁，唐賀反。舊翻爲偈頌也。琳法師引《瑜伽大論》翻爲足跡③，又云集惣散，義譯也。

5.095 跋折羅④　　上盤末反，次䏽列反。梵語也。舊云伐闍羅，皆訛也。正云嚩音無滿反日羅⑤。此云金剛也。

5.096 邏惹⑥　　上盧簡反，下自囉反。梵語也。此云王。經文作運字，不曉梵音人誤書。

5.097 纔發　　上昨哉反。《説文》：“暫也。”⑦《切韻》：“僅也。”⑧下發字，《説文》：“從弓、殳、癹也。”⑨癹從止屮作址音鉢⑩，隸書變址作癹。殳音殊。屮音撤。癹音鉢。

金剛頂真實大教王經卷中　　59p0385c

5.098 應拼　　下百萌反。《説文》：“拼，撣也。從手，并聲。”⑪亦作抨。古文作拚、抨。撣音但丹反。

5.099 鈿飾　　上堂練反。《字書》：“寳瑟鈿以飾器物也。”從金，田聲⑫。又音田⑬。花鈿也⑭。

———————————

① ［唵嚩日羅二合怛麽二合句］唅，梵音 oṃbajra atmakoñhaṃ。

② 嗢陁南，梵詞 udāna。

③ 慧琳音義卷四十七“嗢柁南”注：“上烏骨反，下達賀反。梵言。此云足跡。”瑄案：“嗢柁南”見《瑜伽師地論釋》：“論曰：‘何等十七？’嗢拕南曰：‘五識相應意，有尋伺等三。三摩地俱非，有心無心地。聞思修所立，如是具三乘。有依及無依，是名十七地。’”

④ 跋折羅，梵詞 vajra，希麟譯“嚩日羅”。○跋，獅谷本作“趺”。

⑤ 滿，徐時儀（2012:2268 上）疑當作“蒲”。

⑥ ［嚩日囉］邏惹，對音字，梵音 bajra rāja。

⑦ 糸部：“纔，帛雀頭色。一曰微黑色，如紺。纔，淺也。讀若讒。從糸，毚聲。”

⑧ 哈韻（殘葉、篆本、王本）：“纔，（昨來反。）僅。或作裁。”

⑨ 《説文》析“發”爲“从弓，癹聲”結構，析“癹”爲“从癹从殳”結構。

⑩ 《説文》析“癹”爲“从止、少”結構。

⑪ 拼，《説文》作“抨”，手部：“抨，撣也。从手，平聲。”

⑫ 《説文新附》析“鈿”同。

⑬ 田，原作“曰”，今據文意改。獅谷本亦作“田”。

⑭ 《玉篇》金部：“鈿，金花也。”

5.100 噁^①　　烏各反，借音也。真言種智字也。

金剛頂真實大教王經卷下

5.101 曼荼羅^②　　上莫盤反。梵語也。或云曼吒羅，或曼拏羅。此義譯云衆聖集會處，即今壇塲也。

5.102 心臆　下應力反。《説文》：“臆亦胷也。”^③亦膺也。從肉億省聲也^④。

5.103 詵遮袷^⑤　　上所臻反，下牟含反^⑥。梵語，不求字義。

5.104 沮壞　上慈與反。《毛詩傳》云：“沮，猶壞也。”^⑦《廣雅》云：“濕也。”^⑧《説文》：“從水，且聲。”^⑨且音子余反，下懷瞶反。《考聲》云：“崩摧也。”《説文》：“敗也。從土，褢聲。”^⑩瞶音吾恠反。古文作埣。

5.105 拹擲　上蓮鄒反。《考聲》云：“以手指鉤也。”經作掯掯^⑪，非本字。下直炙反。《切韻》：“振也，投也。”^⑫古文作擿。按：拹擲，以右手弄金剛杵也。

5.106 幖幟　上逋遥反。《説文》云：“幖，頭上幟也。從巾，票聲。”^⑬

---

① 噁，梵音 aḥ。

② 曼荼羅，對音字，梵詞 maṇḍala。

③ 臆，獅谷本作“億”，並注“億當作臆”。

④ 臆，《説文》字頭作“肊”，肉部：“肊，胷骨也。从肉，乙聲。臆，肊或从意。”○億，原作“意”，獅谷本注“意當作億”，今據改。

⑤ 詵遮袷，梵音 śiñcamaṃ。

⑥ “反”字原闕，今據文意補。

⑦ 《小雅·小旻》“何日斯沮”毛傳：“沮，壞也。”瑄案：《文選·鮑照〈舞鶴賦〉》“燕姬色沮”李善注引毛萇《詩傳》：“沮，猶壞也。”

⑧ 見《釋詁》。濕，今本作“浧”。

⑨ 見水部。

⑩ 土部析“壞”爲“从土，褢聲。埣，古文壞省。𡐦，籀文壞”結構。

⑪ 掯，獅谷本作“招”，並注“招異作掯共誤正掙”。

⑫ 昔韻（箋本）：“擲，投。直炙反。古作擿。三。”王本：“擲，直炙反。投。古作擿。四。”

⑬ 巾部：“幖，幟也。从巾，㶾聲。”○頭上幟，原作“幟頭上”，今據文意乙正。慧琳音義卷十三“幖幟”注引《考聲》：“幟，頭上記也。”卷四十五“幖心”注引《考聲》：“頭上幟也。”皆言“頭上幟／記”，語序跟今本同，知例中文字有乙倒，可爲乙正之旁證。

經從手作摽,標舉也。木末也①。下尺志反。《切韻》:"幡也。"②《字書》云:"旍表也。"③《博雅》作幟,同。經文從心作憻,微誤。

5.107 弱吽鎫斛④　　上借音慈洛反,吽音呼感反,鎫音凵范反,下胡谷反。皆取梵聲也。即金剛鉤索鎖鈴四攝種智字也。

5.108 蒘佉⑤　　上借音奴屋反,下丘迦反。梵語,不求字義也。

5.109 掣那⑥　　上昌制反,去聲。

金剛頂修習毗盧遮郍三摩地法一卷⑦

5.110 閼伽⑧　　上安葛反。或作遏字。梵語也。即盛香水杯器之惣名也。

5.111 靺㗚多⑨　　上望發反,次音栗。梵語,不求字義也。59p0386a

5.112 上腭　　我各反。《字書》云:"喉上也。"《説文》:"齦也。"⑩又作腭、齶。

5.113 紗縠⑪　　上所加反。《切韻》:"絹屬也。"⑫《考聲》:"似絹而輕者也。"下胡谷反。《玉篇》云:"羅縠也。"⑬似羅而輕者也。

5.114 燥溪⑭　　上蘇到反,下苦雞反。真言中字,不求訓解也。

---

① 《玉篇》木部:"標,木末也,顛也。又:標舉也。"
② 志韻(裴本):"幟,(式吏反。)旗也。又昌志反。"王本:"幟,(式吏反。)旍。又昌志反。"
③ 旍,獅谷本作"桩",並注"桩恐旍乎"。
④ 弱吽鎫斛,梵音 jahūṃbaṃho。
⑤ 蒘佉[掣那],對音字,源詞不詳。
⑥ [蒘佉]掣那,對音字,源詞不詳。
⑦ 《金剛頂修習毗盧遮郍三摩地法》,大正藏作《金剛頂經瑜伽修習毘盧遮那三摩地法》,密教部典籍(T18,No.0876),唐釋金剛智奉詔譯,凡一卷。
⑧ 閼伽,梵詞 arghya。
⑨ 靺㗚多,對音字,源詞不詳。
⑩ 不詳。
⑪ 縠,原誤作"穀"。下引《玉篇》字同。
⑫ 麻韻(箋本):"紗,(所加反。)紗綃。一曰盧。"裴本:"紗,(所加反。)紗絹。一曰繼。又作綮。"王本:"紗,(所加反。)絹屬。"
⑬ 糸部:"縠,細縳也,紗縠也。"
⑭ [唵秫嚧怛囉]燥溪,對音字,源詞不詳。

5.115 蠟盪^① 　上魚蹇反，下徒朗反。梵語也。此云塗香也。

金剛恐怖最勝心明王經－卷^②

5.116 蠱毒　上音古。鄭注《周禮》云：“蠱者，蟲物病害人也。”^③《字書》云：“腹中蠱也。”《爾雅》云：“蠱亦毒也。”^④《考聲》：“蠱，魅也。”《文字典說》：“從蟲、皿也。”^⑤

5.117 澡罐　上子老反，下官喚反。按：澡罐，即銅鉼也。

5.118 鞊絛^⑥　下吐刀反。《切韻》：“靴絛也。”^⑦《字書》：“絛亦繩也。”《字林》作綯。

5.119 花搵　下溫困反。《韻詮》云：“內物水中也。”《考聲》云：“挂也。”從手，昷聲^⑧。

5.120 鑱鉞　上士銜反。《切韻》：“銳也。”^⑨《方言》云：“吳人謂犁鐵爲鑱也。”^⑩下音員厥反。《切韻》：“鉞，斧。”^⑪《尚書》：“王左仗黃鉞。”^⑫

---

① ［唵蘇］蠟盪［儗］，對音字，源詞不詳。

② 《金剛恐怖最勝心明王經》，大正藏作《金剛恐怖集會方廣軌儀觀自在菩薩三世最勝心明王經》，密教部典籍（T20，No.1033），唐釋不空奉詔譯，凡一卷。

③ 見《秋官·庶氏》“掌除毒蠱”鄭玄注：“毒蠱，蟲物而病害人者。”○蠱，原作“蠱”，今據《周禮》鄭玄注改。《左傳·昭公元年》“皿蟲爲蠱”杜預注：“器受蟲害者爲蠱。”《詩·唐風·鴇羽》“王事靡盬”毛傳“盬，不攻緻也”孔穎達疏所引與此同。又《詩·唐風·鴇羽》“王事靡盬”毛傳“盬，不攻緻也”孔穎達疏：“蟲害器敗穀者皆謂之蠱。”疏又引《左傳》“於文，皿蟲爲蠱”杜預云：“皿，器。受蟲害害者爲蠱。”皆作“蠱”，可爲據改之旁證。

④ 疑引書誤。《玉篇》蟲部：“蠱，毒也。”

⑤ 《說文》析“蠱”爲“从蟲从皿”結構。

⑥ 絛，原作“條”，今據文意改；下同。

⑦ 豪韻（王本）：“絛，（吐高反。）編絲。”裴本：“絛，（土高反。）編綵爲之。亦綯。”

⑧ 《說文》析“搵”同。

⑨ 銜韻（裴本）：“鑱，（鋤銜反。）犁刃。又士懺反。”王本：“鑱，（鋤銜反。）犁鐵。吳人云。士懺反。”

⑩ 不詳。瑄案：《廣韻》銜韻：“鑱，吳人云犁鐵。”

⑪ 月韻（篆本）：“鉞，（戶［王］伐反。）斧鉞。”裴本：“鉞，（王伐反。）斧鉞。”王本：“鉞，（王伐反。）鉞斧。”

⑫ 《牧誓》：“王左杖黃鉞，右秉白旄以麾。”仗，今本作“杖”。

《字林》云：“鉞，玉斧也。”《説文》：“從金，戉聲。”① 戉音同上。戉字從丿、戈②。丿音厥。戈音過。

5.121 斧槊　上方矩反。《切韻》：“斧，鉞也。”③《周書》曰：“神農治斤斧。”④ 下正作稍字，音雙角反。《切韻》：“刀槊也。”⑤《通俗文》云：“矛長丈八者謂之槊也。”

5.122 三甜　上牒兼反。《切韻》：“美也，甘也。”⑥《一字頂輪王經》云⑦：“三甜，謂蘇、乳、酪也。”⑧ 即西域所尚者也。

5.123 機杼　上居衣反，下除旅反。《方言》云：“杼、軸，織具也。”⑨《説文》：“杼，機持緯也。”⑩ 二字從木，幾、予聲也。

不動使者陁羅尼秘密法一卷⑪

5.124 惡獸　下舒救反。《切韻》：“守也。”⑫《國語》云：“獸三爲群。”⑬《字林》云：“兩足曰禽，四足曰獸。”《説文》：“從犬，嘼聲。”⑭ 嘼音

---

① 見金部。

② 《説文》析“戉”爲“从戈，丿聲”結構。

③ 虞韻（王本）：“斧，（方主反。）越斧。”裴本：“斧，（方主反。）鉞。”

④ 不詳。

⑤ 覺韻（篆本）：“槊，（所角反。）刀槊。”王本（伯）、王本：“槊，（所角反。）刀槊。亦作稍。”裴本：“槊，（所角反。）刀槊。俗稍。”

⑥ 添韻（裴本）：“甜，徒兼反。甘也。亦甛。五。”王本：“甜，徒兼反。甘。五。”

⑦ 《一字頂輪王經》，大正藏作《菩提場所説一字頂輪王經》，密教部典籍（T19,No.0950），唐釋不空奉詔譯，凡五卷。

⑧ 《蘇悉地羯羅經》卷第一：“復見有三甜食者，酥、蜜、乳飯是也。”

⑨ 《方言》卷六：“杼、柚，作也。東齊土作謂之杼，木作謂之柚。”

⑩ 見木部。機持緯，今本作“機之持緯者”。○機持緯，原作“機持綟”，今據《説文》補、改。“機杼”例實見慧琳音義，卷四十三“機杼”注引《説文》：“機持緯也。從木，予聲。”亦作“機持緯”，玄應音義卷十“機杼”注引《字林》：“杼，機持緯者。”卷十七“以杼”注引《説文》：“機持緯者。”皆作“機持緯”。可爲據補、改之旁證。

⑪ 《不動使者陁羅尼秘密法》，大正藏作《不動使者陀羅尼祕密法》，密教部典籍（T21,No.1202），唐釋金剛智奉詔譯，凡一卷。

⑫ 宥韻（裴本）：“獸，（舒救反。）禽獸。從嘼。”王本：“獸，（舒救反。）嘼之物名。”

⑬ 見《周語》：“夫獸三爲羣，人三爲衆，女三爲粲。”

⑭ 嘼部析“獸”爲“從嘼從犬”結構。瑄案：希麟音義引文跟今本析字有不同。

丑救反。經文作狩，冬獵也①。非此用。59p0386a—0386b

5.125 龍湫 上力種反。《切韻》：“君也。”②《禮記》云：“龜龍麟鳳，四瑞也。”③《易》曰：“雲從龍。”④《論衡》云：“龍亦畜也。古有捕龍氏，若非畜，安捕哉？”⑤下即由反。《切韻》：“水神名也。”⑥《考聲》：“湫，聚也。”謂不流水也。

5.126 犢牸 上徒木反。《爾雅》曰：“其子，犢。”⑦郭璞注云：“今青州人呼犢爲㹀音火口反。”⑧下疾吏反。《切韻》：“牛牝曰牸。”⑨從牛，字聲⑩。字亦愛也，養也。

5.127 箆攪 上籩分反。《考聲》：“竹箆也。”下古巧反。《切韻》：“以手動也。”⑪從手覺聲也⑫。

5.128 指擘 下補革反。《三蒼》云：“擘，大拇指也。”陸氏《釋文》云：“手、足、大指俱名擘也。”⑬今經云“大如指擘”⑭，即形段如大拇指也。

5.129 劍把 上居欠反。《釋名》云：“劍，檢也。所以防檢非常也。”⑮《廣雅》云：“龍泉、太阿、干將、莫耶、斷蛇、魚腸等十餘名皆劍異號也。”⑯

---

① 《爾雅·釋天》：“冬獵爲狩。”
② 鍾韻（箋本）：“龍，力鍾反。四。”裴本：“龍，力鍾反。四加四。鱗蟲。又八尺馬也。”王本：“龍，力鍾反。龗。通俗作龍。四。”
③ 《禮運》：“何謂四靈？麟、鳳、龜、龍謂之四靈。”
④ 《乾》：“雲從龍，風從虎。”
⑤ 不詳。
⑥ 尤韻（裴本）：“湫，（即由反。）水名。又子小反。”王本：“湫，（即由反。）水。又子小反。溢。”
⑦ 見《釋畜》。
⑧ 《釋畜》“其子，犢”郭璞注：“今青州呼犢爲㹀。”
⑨ 志韻（裴本、王本）：“牸，（疾置反。）牸牛。”
⑩ 《說文》闕“牸”篆。
⑪ 巧韻（箋本、王本）：“攪，（古巧反。）手動。”
⑫ 《說文》析“攪”同。
⑬ 見《爾雅·釋魚》“（蝮、虺，博三寸，）首大如擘”陸德明釋文。
⑭ 《不動使者陀羅尼秘密法》：“松木長七寸，大如指擘之。”
⑮ 見《釋兵》。
⑯ 《釋器》：“龍淵、太阿、干將、鏌釾、莫門、斷蛇、魚腸、醇鈞、燕支、蔡倫、屬鹿、干隊、堂谿、墨陽、鉅闕、辟閭，劍也。”

下必駕反。《切韻》:"刀劍把也。"①　經文作靶。《説文》:"彎節也。"②非此用。有從金作釽,全非。

5.130　邂逅　上胡賣反,下胡遘反。《考聲》:"邂逅,依俙也。"《詩》云:"見此邂逅也。"③

普遍智藏般若波羅蜜多心經─卷④

5.131　靈鷲　下疾秀反。按:靈鷲,西域山名也。或云鷲峯,亦云鷲臺。如前已釋⑤。

5.132　揔持　上作孔反。《切韻》:"合也,都也,皆也,普也。"⑥《字書》云:"揔,衆也。"下直之反。《切韻》:"執也。"⑦案:梵語陁羅尼⑧,此云揔持,謂文義咒忍是也。

觀自在多羅菩薩經─卷⑨

5.133　篾庆車⑩　上眠彌反。次音梨結反,下齒耶反。梵語訛也。正梵語畢栗蹉。此譯爲下賤種也。謂樂垢穢業,不知禮義,淫祀鬼神,互相殘害也。彌音邊篾反⑪。蹉音倉何反。

5.134　淨灑　下色下反。《切韻》:"水灑也。"⑫《考聲》:"瀸水也。"《字書》:"以水散地也。"從水,麗省聲字⑬。59p0386b—0386c

---

① 馬韻(王本):"把,博下反。手捉物。二。"
② 革部:"靶,彎革也。从革,巴聲。"
③ 《唐風·綢繆》:"今夕何夕,見此邂逅。"
④ 《普遍智藏般若波羅蜜多心經》,般若部典籍(T0,No.0252),唐釋法月重譯,凡一卷。
⑤ 見5.033"鷲峯",參見4.004"耆闍崛山"。
⑥ 董韻(王本):"揔,作孔反。率。俗作揔。九。"
⑦ 之韻(王本):"持,(直之反。)執。"
⑧ 陁羅尼,梵詞 dhāranī。
⑨ 《觀自在多羅菩薩經》,不詳。
⑩ 篾庆車,梵詞 Mleccha,希麟譯"畢栗蹉"。
⑪ 邊,疑有誤。
⑫ 寘韻》(裴本):"灑,(所寄反。)灑掃。亦洒。又所綺反。"王本:"灑,(所寄反。)灑掃。"
⑬ 《説文》析"灑"爲"从水,麗聲"結構。

5.135　薩陁波崙^①　下盧昆反。梵語也。舊翻爲常啼是。

5.136　月厭　下於艷反。《韻略》:“魅也。”按:月厭,神殺名也。正月建寅月,厭在戌。以此逆推至十二月,月厭在亥。經文作靨,面上黑子也^②,非月厭字。

5.137　組織　上則古反。《爾雅》曰:“組,似組,東海有之。”^③郭注云:“組,綬也。”^④《禮記》:“綬,長一十二尺,法十二月也;廣三尺,法天地人三才也。”^⑤

5.138　蘿蔔　上音羅,下蒲北反。《爾雅》曰:“葵,盧蔔。”^⑥郭注云:“紫花,大根。俗呼雹突。”^⑦突音他忽反。《本草》:“蘿蔔性冷,利五藏,除五藏中惡氣,服之令人白淨肌細。”從草,服聲^⑧。經文作蔔,乃葡萄字。

一字奇特佛頂經卷上^⑨

5.139　鞞師迦花^⑩　舊云婆師迦花。梵語訛也。正云鞞㗚沙迦。此云雨時花也,或云夏生花。其花白色,甚香,半夏時生,因名云。

5.140　鹹滷　上胡緘反。《爾雅》曰:“鹹,苦也。”^⑪《切韻》:“不淡也。”^⑫亦作醎,俗字。下郎古反。《説文》云:“西方鹹地。”^⑬《爾雅》:“滷,

---

① 薩陁波崙,梵詞 Sadāprarudita。

② 《類篇》面部:“靨,面上黑子。”

③ 《釋草》:“綸,似綸;組,似組,東海有之。”

④ 《釋草》“綸,似綸;組,似組,東海有之”郭璞注:“綸,今有秩嗇夫所帶糾青絲綸。組,綬也,海中草生彩理有象之者,因以名云。”

⑤ 引書誤。《禮記·玉藻》“天子佩白玉而玄組綬”朱彬訓纂引應劭《漢官儀》:“綬,長一丈二尺,法十二月;廣三尺,法天地人也。”○兩“法”字原闕,今據《漢官儀》補。

⑥ 見《釋草》。盧蔔,今本作“蘆萉”。

⑦ 《釋草》“葵,蘆萉”郭璞注:“萉宜爲蔔。蘆蔔,蕪菁屬,紫華,大根。俗呼雹葵。”

⑧ 《説文》析“蔔”爲“从艸,服聲”結構。

⑨ 《一字奇特佛頂經》,密教部典籍(T19,No.0953),唐釋不空奉詔譯,凡三卷。

⑩ 鞞師迦,梵詞 vārṣika,希麟譯“鞞㗚沙迦”。

⑪ 見《釋言》。

⑫ 咸韻(箋本):“鹹,(胡讒反。)不淡。字或作醎。”裴本:“鹹,(胡讒反。)不淡。亦醎。”王本:“鹹,(胡纔反。)不淡。或作醎。”

⑬ 鹵部:“鹹,銜也。北方味也。从鹵,咸聲。”

苦也。"① 從水,鹵聲②。經文單作鹵,音雖同,鹵薄樂也。

　　5.141 礓石　上居良反。《字書》:"石也。"《釋名》云:"礓,薑也。言石似薑而堅也。"③ 從石、畺④。形聲字。經文作彊,《爾雅》音強⑤。或作疆⑥,界也⑦,陲也⑧。皆非礓石字。

　　5.142 縷氎　上力主反。《玉篇》:"緒也。"⑨《切韻》:"絲也。"⑩ 下徒叶反。《切韻》:"白氎布也。"⑪ 經文作緤,俗用字。非也。

　　5.143 藕絲　上五口反。《爾雅》:"荷,芙渠。其根藕,其實蓮。"⑫ 按:藕即蓮根也。下絲字,從二糸⑬。糸音覓。

　　5.144 結纇　下盧對反。《切韻》:"𦆑絲也。"⑭《字書》:"纇,結類。"從糸、頪⑮。

　　5.145 芙蓉　上防無反,下餘封反。郭璞注《爾雅》云:"江東呼芙蓉爲荷。"⑯ 鄭箋《毛詩》云:"未開者曰芙蓉,已開者曰菡萏也。"⑰

　　5.146 撚綫　上年典反。《方言》云:"撚,續也。"⑱ 顧野王云:"謂相接

----

① 見《釋言》。

② 《說文》闕"𣶃"篆。

③ 疑引書誤。慧琳音義卷三十七"礓石"注引《考聲》:"礓,石也。色白似薑,因以名之。"卷九十四"礓石"注引《考聲》:"礓,石。色白而似薑,因以爲名也。"

④ 《說文》闕"礓"篆。○畺,原作"薑",今據文意改。

⑤ 《釋詁》:"彊,當也。"

⑥ "或"字原闕,今據文意補。

⑦ 見《小爾雅·廣詁》。

⑧ 《爾雅·釋詁》:"疆,垂也。"

⑨ 糸部:"縷,貧無衣醜獘也。"

⑩ 麌韻(王本):"縷,力主反。正作縷。絲縷。十。"裴本:"縷,力主反。絲縷。十。"

⑪ 怗韻(箋本、裴本):"氎,(徒恊反。)細毛布。"王本:"氎,(徒恊反。)細布。"

⑫ 《釋草》:"荷,芙渠。其莖茄,其葉蕸,其本蔤,其華菡萏,其實蓮,其根藕,其中的,的中薏。"

⑬ 《說文》析"絲"同。○二,原作"一",今據文意改。獅谷本亦作"二"。

⑭ 誨韻(裴本):"纇,盧對反。𦆑絲也。七。"隊韻(王本):"纇,盧對反。𦆑絲。十。"

⑮ 《說文》析"纇"爲"从糸,頪聲"結構。○頪,原作"類",今據《說文》改。

⑯ 《釋草》"荷,芙渠"郭璞注:"別名芙蓉,江東呼荷。"

⑰ 《鄭風·山有扶蘇》"隰有荷華"毛傳:"荷華,扶渠也。其華菡萏。"陸德明釋文:"菡萏,荷華也。未開曰菡萏,已發曰芙蓉。"瑄案:《說文》艸部:"蓸,菡蓸。芙蓉華未發爲菡蓸,已發爲芙蓉。从艸,閻聲。"

⑱ 見《方言》卷一。

續也。”①《説文》：“撚，執也。從手，然聲。”②下先薦反。又作線③。《字書》
云：“合縷。”59p0386c—0387a

5.147 䵃麥　上虢猛反。《考聲》云：“䵃，大麥也。”《文字典説》：“麥
䵃也。”或作穬，稻末也。又：麥芒也。

5.148 霹靂　上疋壁反，下音曆。顧野王云：“大雷震動也。”④《論衡》
云：“陰陽氣相擊聲也。”⑤皆從雨，辟、歷聲⑥。有作礔礰二字，非。

5.149 樺皮　上華化反。或作㭴。《切韻》：“山中木名也。”⑦多出陰
山，其皮赤、白二色，白者爲上。西域用書梵夾也。

5.150 吃哩爹⑧　上居乙反，次音里，下陟耶反。梵語，不求字義。

5.151 牙齹　下昨何反。又作齹。《切韻》：“齒本也。”⑨顧野王云：
“齹䶣者，齒參差也。”⑩

一字奇特佛頂經卷中

5.152 繕縫　上時戰反。《切韻》：“補也。”⑪《考聲》云：“繕，修也。”下
符容反。《説文》：“縫，紩也。”⑫紩音直日反⑬，亦縫也⑭。平聲。又音扶用反。

5.153　三㮰　其月反。《爾雅》曰：“樴謂之杙。”⑮郭注云：“杙，㮰

---

① 《玉篇》手部：“撚，蹂也。”
② 手部：“撚，執也。从手，然聲。一曰蹂也。”
③ 《説文》糸部：“綫，縷也。从糸，戔聲。線，古文綫。”○又，原作“人”，今據文意改。
④ 《玉篇》雨部：“霹，霹靂也。”“靂，霹靂。”
⑤ 《物勢》：“或曰：天地不故生人，人偶自生，若此，論事者何故云‘天地爲爐，萬物爲銅，陰陽爲火，造化爲工’乎？”
⑥ 《説文》闕“霹、靂”篆。《説文》雨部：“震，劈歷，振物者。从雨，辰聲。《春秋傳》曰：‘震夷伯之廟。’䨲，籀文震。”
⑦ 禡韻（裴本）：“樺，（胡化反。）木名。”王本：“樺，（胡化反。）木名。”
⑧ 吃哩爹，疑梵音 kṛtya。
⑨ 歌韻（裴本）：“齹，（昨何反。）齒齹。”王本：“齹（七何反。）齒跌。”“齹，（昨何反。）齒［齹］。”
⑩ 齒部：“齹，此何切。齒齹跌者。又楚宜切。齒參差也。”
⑪ 線韻（裴本）：“繕，市戰反。補。六。”王本：“繕，視戰反。補。八。”
⑫ 見糸部。紩也，今本作“以鍼紩衣也”。
⑬ “紩”字原闕，今據文意補。
⑭ 《説文》糸部：“紩，縫也。从糸，失聲。”
⑮ 見《釋宫》。

也。”① 又作橛。《爾雅》曰:“門闑也。”②

5.154 嚧地囉③　上借音來古反,下彈舌呼羅字。梵語。此翻爲血也。

5.155 瞻睹　上職廉反。《爾雅》曰:“瞻,視也。”④《考聲》:“察也。”下丁古反。《切韻》:“見也,視也。”⑤《玉篇》:“觀也。”⑥ 正作覩,從見,者聲⑦。經作睹,俗,通用。

5.156 劑膝　上在詣反。《切韻》:“分劑也。”⑧ 下息七反。《切韻》:“曲膝骸骨也。”⑨《説文》:“從肉,桼聲。”⑩ 經文作胁,誤書也。桼音七。骸音苦交反。《古今正字》從卪作㔾⑪。

5.157 没㗌多⑫　中音栗,彈舌呼之。餘依字。梵語也。此翻爲死屍也。

5.158 摩努沙⑬　中借音尼古反,鼻音呼。梵語也。此翻爲人,人之惣名也。

5.159 紫鉚　下虢猛反。藥名也。《本草》云:“出西域。以樹皮、葉及膠煎成。 入藥用,亦堪膠黏寶鈿珠璣等物。” 膠,去聲。59p0387a—0387b

5.160 扂鎖　上徒玷反。《切韻》:“閉户也。”⑭《字書》:“小關礙門扇令

---

① 《釋宮》“橜謂之杙”郭璞注:“橜也。”

② 疑本《爾雅·釋宮》“橜謂之杙,在地者謂之臬”郭璞注:“即門橜也。”瑄案:橛,《説文》作“橜”,木部:“橜,弋也。从木,厥聲。一曰門梱也。”

③ 嚧地囉,梵詞 Budhira。

④ 見《釋詁》。

⑤ 姥韻(篆本):“睹,見。俗作覩。當古反。”裴本:“覩,當古反。亦睹。見。九。”王本:“覩,當古反。亦作睹。九。”

⑥ 目部:“睹,見也。與覩同。”

⑦ 《説文》目部:“睹,見也。从目,者聲。覩,古文从見。”○聲,原作“省”,今據文意改。

⑧ 霽韻(裴本):“劑,(在細反。)劑分也。又子隨反。又齊也。”王本:“劑,(在計反。)劑分。又子隨反。”

⑨ 質韻(王本):“膝,(息七反。)腳䏮。”

⑩ 膝,《説文》作“㔾”,卪部:“㔾,脛頭卪也。从卪,桼聲。”

⑪ 卪,獅谷本注“卪異作日,誤”。

⑫ 没㗌多,梵詞 mṛta。

⑬ 摩努沙,梵詞 manuṣya。

⑭ 忝韻(篆本):“扂,(徒玷反。)閉户。或作串。”裴本:“扂,(徒玷反。)閉户。亦剕。”王本:“扂,(徒玷反。)閉户。”

不開也。”古文作㞐,又作弗。下正作鎖,音同,蘇果反。《切韻》:“鐵鎖。”①

阿唎多羅阿嚕力經一卷②

5.161 角勝　上古岳反。《切韻》:“角,競也。”③角,觸也④。《漢書故事》云⑤:“未央庭設角牴戲者,使角力相抵,即今之相撲也。”⑥經文從手作捔,即掎捔,非此用。

5.162 坏椀　上配盃反。《考聲》云:“瓦器未燒者坏。”從土,從盃省聲⑦。或作坯字⑧。下烏管反。《切韻》云:“器物也。”⑨古文作盌,字同。

5.163 鍮石　上音偷。《埤蒼》云:“鍮,石,似金而非金也。”西域以藥錬銅所成,有二種鍮石。善惡不等,惡者挍白爲灰折,善者挍黄名爲金折,亦名真鍮,俗云不博金是也⑩。

5.164 揑塑　上奴結反。《切韻》:“手揑搦也。”⑪下桒故反。《切韻》:“以泥塑像也。”⑫《古今奇字》作壊。經文作素,非。

5.165 黍米　上舒吕反。《説文》云:“禾屬而黏者也。以大暑而種,

---

① 哿韻(箋本):“鎖,鐵鎖。俗作鏁。蘇果反。五。”王本:“鎖,蘇果反。俗作鏁。九。”

② 《阿唎多羅阿嚕力經》,疑即大正藏《阿唎多羅陀羅尼阿嚕力經》,密教部典籍(T20,No.1039),唐釋不空奉詔譯,凡一卷。○阿唎,卷目作“阿利”。

③ 覺韻(箋本):“角,(古嶽反。)牛角。”裴本:“角,(古岳反。)鱗角。”王本:“角,(古岳反。)骨鋒。”

④ 見《廣雅·釋言》。

⑤ 《漢書故事》,疑即《漢武故事》,志怪小説,撰人不詳,史志有二卷(《舊唐書·經籍志》)、五卷(《漢書·藝文志》)之别。書已佚,魯迅《古小説鈎沉》輯本較精備。參見穆曉華《〈漢武故事〉作者考辨及漢武故事的文獻整理》。

⑥ 《藝文類聚》卷七五五“角抵”下引《漢武故事》:“未央庭中設角抵戲……角抵者,使角力相抵觸也。”○央,原作“夬”,今據文意改。

⑦ 《説文》析“坏”爲“从土,不聲”結構。

⑧ 坯,原作“坏”,今據文意改。

⑨ 旱韻(王本):“椀,烏管反。亦作盌。二。”

⑩ “也”字原闕,今據文意補。

⑪ 屑韻(箋本):“揑,(奴結反。)捺。”裴本:“揑,(奴結反。)捺。”王本:“揑,(奴結反。)手揑,捺。”

⑫ 《切韻》闕“塑”纂。瑄案:《廣韻》暮韻:“塑,塑像也。出《周公夢書》。”

故謂之黍。從禾,雨省聲。孔子曰:'黍可爲酒,禾入水也。'"① 經文作秜,
不曉字義,誤書也。下莫禮反。《説文》:"穛粟實也。象禾實之形也。"②

5.166 豌豆　上一桓反。《切韻》:"豆名。"③ 下田候反。《切韻》:"穀
豆也。"④《物理論》云⑤:"衆豆謂之菽也。"

金剛頂瑜伽文殊師利菩薩經一卷⑥

5.167 一俱胝⑦　下丁尼反。梵語數名,此翻爲億也。《黄帝筭經》:
"惣有二十三數,億當十四數。自萬已去有三等,謂上、中、下也,即十萬、
百萬、千萬,依次配之。"

5.168 幖幟　上必遥反⑧。《廣雅》云:"幖,幡也。"⑨《説文》云:"幖亦
幟。從巾,票聲。"⑩ 下昌志反。《韻詮》云:"幟,旗也。以表物也。"《集
訓》云:"幟亦幡也。"從巾,戠聲⑪。戠音織也。

5.169 瑩徹⑫　上又作鎣,同。烏定反⑬。《切韻》:"鎣,飾也。"⑭《考

---

① 黍部:"黍,禾屬而黏者也。以大暑而穜,故謂之黍。从禾,雨省聲。孔子曰:'黍可爲
　　酒,禾入水也。'"

② 米部:"米,粟實也。象禾實之形。"穛粟實,今本作"粟實"。

③ 寒韻(箋本):"豌,豆。"王本:"豌,(一丸反。)豌豆。"

④ 候韻(裴本):"豆,徒候反。菽也。九。"王本:"豆,徒候反。菽。十一。"

⑤ 《物理論》,道學著作,晉人楊泉撰,凡十六卷(《隋書·經籍志》《舊唐書·經籍志》《新
　　唐書·藝文志》)。書已佚。清人孫星衍等有輯本(參見《古佚書目録》頁250)。

⑥ 《金剛頂瑜伽文殊師利菩薩經》,疑即大正藏《金剛頂經瑜伽文殊師利菩薩法》,其注:
　　"亦名五字呪法。"密教部典籍(T20,No.1171),唐釋不空奉詔譯,凡一卷。瑄案:大正
　　藏另見《金剛頂經瑜伽文殊師利菩薩供養儀軌》,密教部典籍(T20,No.1175),唐釋不
　　空奉詔譯,凡一卷。

⑦ 俱胝,即"俱胝",梵詞 koṭi。

⑧ "反"字原闕,今據文意補。獅谷本亦著"反"字。

⑨ 見《釋器》。

⑩ 巾部:"幖,幟也。從巾,𤐫聲。"票聲,今本作"𤐫聲"。

⑪ 《説文新附》析"幟"同。

⑫ "瑩"字獅谷本闕。

⑬ 烏,原作"鳥",今據文意改。

⑭ 庚韻(箋本):"瑩,玉色。《詩》云:'玼耳秀瑩。'又烏定反。"裴本:"瑩,(永兵反。)玉
　　色。又烏定反。"王本:"瑩,(永兵反。)玉色。《詩》云:'玼耳秀瑩。'又烏定反。牛。"

聲》云："光也。"下直列反。《切韻》："徹,通也,明也。"① 《字書》云："道
也,達也。"經作徹②,俗。59p0387b—0387c

5.170　腰髆　下膀莫反。《字林》云："髆,胛也。"《説文》云："肩胛
也。從骨,從博省聲。"③ 經從月作膊,音普博反。郭璞云："披割牛羊五藏
也。"④ 非經義。專從甫、寸也⑤。

5.171　花蘂　下如捶反。《玉篇》曰："蘂爲花鬚頭點也。"⑥ 從草、糸,
惢聲⑦。經有從三止作蘂,非也。惢音桑累反⑧。

底哩三昧耶不動使者念誦經–卷⑨

5.172　底哩⑩　上借音丁逸反。哩彈舌呼。梵語也。此云三,謂此經
中説三種三昧,即金剛蓮花佛部是也。

5.173　磔開　上陟格反。《切韻》："張也,開也。"⑪ 《周禮》："牲祭以
禳灾也。"⑫ 《爾雅》："祭風曰磔。"⑬ 今經從手作磔⑭,非經義。

5.174　先彎　下烏關反。《切韻》："挽弓曲勢也。"⑮ 《考聲》："彎,環
曲皃也。"

---

① 薛韻(裴本):"徹,(直列反。)通也,去也。又丑列反。"王本:"徹,(直列反。)通。"
② "經"字原闕,今據文意補。
③ 骨部:"髆,肩甲也。从骨,専聲。"瑄案:希麟音義引文跟今本析字有不同。
④ 引書誤。《方言》卷七:"膊、曬、晞,暴也……燕之外郊朝鮮洌水之間,凡暴肉,發人之
　私,披牛羊之五藏謂之膊。"披割,今本作"披"。
⑤ 《説文》析"専"爲"从寸,甫聲"結構。
⑥ 不詳。
⑦ 《説文》闕"蘂"篆。
⑧ 累,原作"果",今據文意改。獅谷本亦注"果當作累"。
⑨ 《底哩三昧耶不動使者念誦經》,疑即大正藏《底哩三昧耶不動尊威怒王使者念誦
　法》,密教部典籍(T21,No.1200),唐釋不空奉詔譯,凡一卷。
⑩ 底哩[三昧耶],梵詞 Trisamaya。
⑪ 陌韻(箋本):"磔,(陟格反。)張。三。"王本:"磔,(陟格反。)張。九。"裴本:"磔,陟
　格反。張(裂)也,禳也。五。"
⑫ 不詳。○禳,原作"穰",今據文意改。
⑬ 見《釋天》。
⑭ "作"字原闕,今據文意補。
⑮ 删韻(箋本、王本):"彎,烏關反。二。"○挽,原作"梡",今據文意改。獅谷本亦作"挽"。

5.175　縛撲　上符钁反。《説文》：“繫也。”①《字書》：“執縛。”從糸，博省聲②。經文從專作縛③，音傳④，非也。下蒲角反⑤。《考聲》：“撲，打也。”《切韻》：“相撲也。”⑥經文作擿，非。

5.176　辮髮　上薄泫反。《考聲》：“辮，結也。”《字書》：“編也。”從糸，辡聲⑦。辡音弁。泫音胡畎反。畎音古泫反。

5.177　蹙眉　上子六反。《切韻》：“近也，促也。”⑧《考聲》：“逼急也。”從足，戚聲⑨。經文從就作蹴。《切韻》：“逐也。”⑩又音七宿反，非蹙眉義。

5.178　鴉鵃　上烏加反。《切韻》：“烏別名也。”⑪《説文》作鵶，云：“陽烏也。”⑫下處脂反。又作鴟。郭注《爾雅》云：“鴟鵃也。今江東通呼此屬爲怪鳥。”⑬又云：鴉鵃也。

5.179　梟翎　上古堯反。郭注《爾雅》云：“土梟也。”⑭《切韻》：“食母不孝鳥也，故冬至捕梟磔之也。”⑮字從鳥頭在木上也⑯。下郎丁反。《文字

---

① 　見糸部。繫也，今本作“束也”。
② 　《説文》析“縛”爲“从糸，專聲”結構。
③ 　專、縛，原作“專、縛”，今據文意改。
④ 　傳，原作“傅”，今據文意改。
⑤ 　蒲，原作“滿”，今據文意改。
⑥ 　屋韻(裴本)：“扑，普木反。打也。又撲，同。五。”王本：“扑，普木反。打。六。”“撲，(博木反。)拭。”
⑦ 　《説文》析“辮”同。
⑧ 　屋韻(裴本)：“蹙，子六反。迫。三。”王本：“蹙，子六反。迫。十三。”○促，原作“從”，今據文意改。
⑨ 　見《説文新附》。○足戚，原作“戚足”，今據文意乙正。説詳 3.172 “駮蹙”注。
⑩ 　屋韻(篆本)：“蹴，(即育反。)蹋。”裴本：“蹋。”王本：“蹴，(取育反。)蹋蹴。”
⑪ 　麻韻(篆本)：“鴉，烏別名。烏加反。三。”裴本：“鴉，烏加反。烏之別名。四。”王本：“鴉，烏加反。鷄。四。”
⑫ 　鵶，《説文》作“雅”，隹部：“雅，楚烏也。一名鸒，一名卑居。秦謂之雅。從隹，牙聲。”
⑬ 　《釋鳥》“怪鴟”郭璞注：“即鴟鵃也。見《廣雅》。今江東通呼此屬爲怪鳥。”
⑭ 　見《釋鳥》“梟，鴟”注。
⑮ 　蕭韻(篆本、王本)：“梟，(古堯反。)鳥名。”
⑯ 　見《説文》木部。

音義》云①："鳥翎，即毛翎翎羽也。"經文作鴒。《詩》云："鶺鴒在原。"②
《爾雅》："�鴒，鷏渠也。"③郭云："雀屬也。"④非翎羽義也。

大方廣觀音菩薩授記經一卷⑤

5.180　暫瞬　上藏濫反。《考聲》："纔也。"下舒閏反。《切韻》："目
動也。"⑥亦作瞚字⑦。59p0388a

5.181　熙怡　上虛之反，下與之反。《説文》："熙怡，和悦也。"⑧《方
言》云："怡，喜也。"⑨前已廣釋⑩。

菩提塲所説一字頂輪王經卷第一⑪

5.182　目鍵連⑫　中音健。梵語訛也。或云目捷連。或作楗，音渠焉
反。正云摩訶目特伽羅。此云大採菽氏，或云菉豆子母。是採菉豆仙人
種也。從母得名也。從父應云俱利迦也⑬。

---

①　《文字音義》，《舊唐書·經籍志》《新唐書·藝文志》作《雜文字音》，小學類著作，晉王
　　延撰，凡七卷。書已佚，民國龍璋有輯本。參見《古佚書目録》頁101。

②　《小雅·常棣》："脊令在原，兄弟急難。"鶺鴒，今本作"脊令"。

③　《釋鳥》："�鴒，雝渠。"

④　《釋鳥》"�鴒，雝渠"郭璞注："雀屬也。飛則鳴，行則搖。"

⑤　《大方廣觀音菩薩授記經》，疑即大正藏《觀音菩薩授記經》，寶積部典籍
　　（T12,No.0371），宋釋曇無竭譯，凡一卷。○授記，卷目作"受記"。

⑥　震韻（裴本、王本）："瞬，（施閏反。）瞬目。亦瞚"

⑦　慧琳音義卷十二"瞬息"注："式閏反。《韻英》云：'動目也。'經文作瞬，俗字也。《説
　　文》正作瞚，開闔音合目數揺也。從目寅聲也。"《廣韻》稕韻："瞬，瞬目，目動也。
　　瞚、眴，並上同。"

⑧　火部："熙，燥也。从火，配聲。"心部："怡，和也。从心，台聲。"

⑨　《方言》卷十："紛怡，喜也。湘潭之間曰紛怡，或曰配已。"

⑩　希麟音義前此凡三釋"熙"，分別見2.037"熙怡"、4.089"熙怡"、4.136"熙怡"。

⑪　《菩提塲所説一字頂輪王經》，大正藏作《菩提塲所説一字頂輪王經》，密教部典籍
　　（T19,No.0950），唐釋不空奉詔譯，凡五卷。○"卷"字原闕，今據文例補。徐時儀
　　（2012:2272下）作"第一卷"。

⑫　目鍵連，梵詞Mahāmaudgalyāyana，希麟譯"摩訶目特伽羅"。

⑬　俱利迦，疑梵詞Kṛkāla。

5.183 脛踝　上形定反。《玉篇》：“脛，足踦腨前大骨也。”[①]《説文》：“足胻也。胻音幸。從肉，巠省聲。”[②]下華瓦反。《蒼頡篇》云：“在足側高處也。”《聲類》云：“足外附骨也。”《説文》云：“從足，祼省聲也。”[③]

5.184 塢波塞迦[④]　上烏古反。舊云優婆塞。新云鄔波索迦。鄔波，此云近；迦，此云事；索即男聲也。即近事男也。謂親近承事三寶者，故云。

5.185 謨呼律多[⑤]　上莫胡反。梵語也。或云牟乎㗚多。此云分。《俱舍論》云：“一百二十刹那爲一怛刹那，六十怛刹那名一臘縛[⑥]，三十臘縛名一牟呼㗚多，三十牟呼㗚多爲一晝夜也[⑦]。”[⑧]

5.186 傘蓋　上古文也。今作繖，同。蘇旱反。下蓋字，《説文》：“從草，盍聲。”[⑨]俗作盖字，非。盍音胡臘反。

5.187 團圞　上徒官反。《切韻》：“團，圓也。”[⑩]下落官反。《切韻》：“圞，圓也。”[⑪]《字書》：“圓亦團也。”二字並從囗，專、樂聲[⑫]。經文從木作欒，木名也。《説文》：“似木欄也。”[⑬]

5.188 筋脈　上謹欣反。《周禮》：“醫師以辛養筋。”[⑭]《説文》：“肉之力也。從肉、竹。竹者，物之多筋也。力像筋形。”[⑮]經文多從草從角作𦙶，非也。下盲伯反。《周禮》：“以鹹養脈也。”[⑯]《説文》：“血理之

———————————

① 足部：“脛，腓腸前骨也。《史記》曰：‘斯朝涉之脛。’”
② 足部：“脛，胻也。从肉，巠聲。”巠省聲，今本作“巠聲”。
③ 見足部。祼省聲也，今本作“果聲”。
④ 塢波塞迦，梵詞 upāsaka，希麟譯“鄔波索迦”。
⑤ 謨呼律多，梵詞 muhūrta。
⑥⑦ “一”字原闕，今據文意補。
⑧ 《阿毗達磨俱舍論》卷第十二：“百二十刹那，爲怛刹那量，臘縛此六十，此三十須臾，此三十晝夜，三十晝夜月，十二月爲年，於中半減夜。”
⑨ 蓋，《説文》作“葢”，析爲“从艸，盍聲”結構。
⑩ 寒韻（箋本）：“團，度官反。七。”王本：“團，度官反。九。”
⑪ 不詳。
⑫ 《説文》析“團”爲“从囗，專聲”結構。《説文》闕“圞”篆。
⑬ 木部：“欒，木，似欄。从木，䜌聲。《禮》：天子樹松，諸侯柏，大夫欒，士楊。”
⑭ 《天官·瘍醫》：“凡藥，以酸養骨，以辛養筋，以鹹養脈，以苦養氣，以甘養肉，以滑養竅。”
⑮ 筋部：“筋，肉之力也。从力从肉从竹。竹，物之多筋者。”
⑯ 見前注。

分邪行於體中也。"① 或作衇，又作衇②，二形正體字。 俗用脉已久也。
59p0388a—0388b

菩提場所説一字頂輪王經卷第二

5.189 搓縷　上士何反。《切韻》云："手搓物也。"③《字書》："搓，挼
也。"挼，奴禾反。從手，差聲④。經文作縒，非。下力主反。《切韻》："絲
縷也。"⑤ 亦線也⑥。

5.190 織氎　上之翼反。《切韻》："組織也。"⑦ 下徒恊反。《切韻》：
"細毛布也。"⑧ 又：白氎巾氎也。從毛、疊⑨。形聲字。經文作㲲，俗用，非。

5.191 珊瑚　上蘇安反，下户吳反。《廣雅》曰："珊瑚，珠也。"⑩《說
文》云："珊瑚，生海中而赤色，有枝無葉也。"⑪

5.192 絹縠　上古椽反。《切韻》："縑也。"⑫《廣雅》曰："綮、繱、鮮
支、縠，絹也。"⑬ 下胡谷反。《切韻》："羅縠也。"⑭《考聲》："似羅而踈也。"

---

① 辰部："衇，血理分衺行體者。从辰从血。脈，衇或从肉。衇，籀文。"○ "邪"字原闕，
今據《說文》補。慧琳音義卷三十二"筋脉"注引《說文》："血理之分邪行於體中者
也。從辰，血聲。" "筋脈"注引《說文》："血之分邪行於體中者也。從辰，血聲。"卷
四十三"筋脈"注：《說文》作衇，云：'血理之分邪行於體者也。從辰從血。'"卷八十
"鍼脉"注引《說文》："衇，血理之分邪行於體者也。從辰，血聲。"《類篇》肉部："脉，
血理分衺行體者。"各例皆著"邪／衺"字，可爲據補之旁證。
② "作"字原闕，今據文意補。
③ 歌韻（箋本、王本）："搓，（七何反。）搓碎。"裴本："搓，（七何反。）碎搓。"
④ 《說文》闕"搓"篆。
⑤ 虞韻（王本）："縷，力主反。正作縷。絲縷。十。"裴本："縷，力主反。絲縷。十。"
⑥ 《說文》糸部："縷，綫也。"
⑦ 職韻（王本）："織，（之翼反。）緯紜。"職韻（裴本）："織，（之翼反。）織絡。"
⑧ 怗韻（箋本、裴本）："氎，（徒恊反。）細毛布。"王本："氎，（徒恊反。）細布。"
⑨ 《說文》闕"氎"篆。
⑩ 見《釋地》。瑄案：《文選·曹植〈美女篇〉》"珊瑚閒木難"李善注亦引《廣雅》："珊瑚，
珠也。"
⑪ 玉部："珊，珊瑚，色赤，生於海，或生於山。从玉，删省聲。"
⑫ 線韻（王本）："絹，吉椽反。繒。三。"裴本："絹，古椽反。素。三。"
⑬ 見《釋器》。○綮、繱，原作"繁、念"，今據《廣雅》改。
⑭ 屋韻（箋本）："縠，羅縠。胡谷反。五。"裴本："縠，胡谷反。羅縠。六。"王本："縠，
胡谷反。羅縠。八。"

從糸,彀省聲也^①。

　　5.193　蟒虵　　上莫朗反。《切韻》:"虵之最大者也。"^②《爾雅》曰:"蟒,王虵也。"^③下食遮反。毒虫也。古文作蛇,同。

　　5.194　隘窄　　上烏懈反。《玉篇》:"隘,迫也。"^④下爭索反。《考聲》云:"窄亦陿小也。"《古今正字》:"從穴,乍聲也。"^⑤經文作隗、責二形,皆非。

　　5.195　濾漉　　上盧著反,下聾屋反。顧野王云:"漉,猶瀝也。"^⑥郭璞注《方言》云:"滲漉,水極盡也。"^⑦《説文》云:"滲也。"^⑧又:水下皃也^⑨。二字從水,慮、鹿皆聲^⑩。形聲字。

　　5.196　水蛭　　下之日反。《本草》云:"水蛭,一名蚑也。一名至掌,俗呼馬蚑。"《博物志》云:"水蛭三段而成三物。"^⑪《字林》音猪秩反,訓義同。

　　5.197　馲驢　　上徒何反。《説文》:"駱馲,獸名。"^⑫《外國圖》云^⑬:"大秦國人身長一丈五尺,好騎駱馲。"又作駝字。下力居反。《切韻》:"畜

---

① 《説文》析"彀"爲"从糸,殳聲"結構。
② 蕩韻(箋本):"蟒,(模朗反。)大虵。"裴本:"蟒,(莫朗反。)大虵。"王本:"蟒,(莫朗反。)大虵。"
③ 見《釋魚》。虵,今本作"蛇"。
④ 阜部:"隘,陋也,急也,陝也。"
⑤ 《説文》闕"窄"篆。
⑥ 《玉篇》水部:"漉,竭也,涸也,滲漉也。"
⑦ 《方言》卷十三"漉,極也"郭璞注:"滲漉,極盡也。"○滲漉,原作"漉滲",今據《方言》郭璞注乙正。考《玉篇》水部:"漉,滲漉也。""滲,滲漉也。"《漢書·司馬相如傳》"滋液滲漉"顏師古注:"滲漉,謂潤澤下究,故無生而不育也。"皆言"滲漉",可爲據乙之旁證。
⑧ 見水部。滲也,今本作"浚也"。
⑨ 《文選·司馬相如〈封禪文〉》"滋液滲漉"李善注引《説文》:"漉,水下貌。"
⑩ 《説文》闕"濾"篆。○"聲"字原闕,今據文意補。
⑪ 不詳。
⑫ 《説文》闕"駝"篆。瑄案:《説文》人部:"佗,負何也。从人,它聲。"徐鉉等案:"《史記》:'匈奴奇畜有橐佗。'今俗譌誤,謂之駱駝,非是。"
⑬ 《外國圖》,不詳。

也。"①《漢書·西域傳》云:"烏桓國有驢無牛也。"②

5.198 蟻蝨　上居㞋反。蝨穀也③。下所櫛反。《考聲》:"嚙人小蟲也。"《淮南子》云:"湯沐具而蟻蝨相弔也。"④ 從蚰卂聲也⑤。蚰音昆。卂音色臻反。經文作虱,非。

5.199 蚊蝱　上音文,下陌祊反。《莊子》云"蚊蝱噆膚"是也⑥。《聲類》云:"蝱,似蠅而大也。"《説文》:"嚙人飛蟲也。"⑦ 正從蚰、肓,省作蝱。今作蝱,畧也。59p0388b—0388c

菩提場所説一字頂輪王經卷第三

5.200 人莽娑⑧　中莫朗反,下桒歌反。梵語也。此云是未壞人肉也。

5.201 嘈哜　上補各反。《切韻》:"嘈,喋也。"⑨ 喋音姉入反。下子荅反。《説文》作呷,入口也⑩。《考聲》:"嘲也。"從口,帀聲。嘈從口,博省聲⑪。經文作博,非此用。

5.202 鎚銅　上直類反。《廣雅》云:"半熟合鎚也。"⑫《玉篇》:"鐵鎚也。"⑬ 下徒紅反。《説文》云:"金之一品。"⑭

5.203 甲麝　上古狹反,下神夜反。《切韻》:"麝香,獸香也。"⑮《爾

---

① 魚韻(箋本):"驢,(力魚反。)畜。"王本:"驢,(力魚反。)下畧。"
② 《西域傳》:"烏秅國,王治烏秅城,去長安九千九百五十里……出小步馬,有驢無牛。"
③ 《説文》虫部:"蟣,蝨子也。一曰齊謂蛭曰蟣。从虫,幾聲。"
④ 《説林訓》:"湯沐具而蟣蝨相弔,大廈成而燕雀相賀,憂樂別也。"
⑤ 《説文》析"蝨"同。
⑥ 《天運》:"蚊虻噆膚,則通昔不寐矣。"○膚,原作"痛",今據《莊子》改。
⑦ 蚊,《説文》字頭作"䖩",蚰部:"䖩,嚙人飛蟲。从蚰,民聲。䖟,䖩或从昏,以昏時出也。蚊,俗䖩,从虫从文。"
⑧ 莽娑,梵詞 Māṁsa。
⑨ 鐸韻(裴本):"嘈,(補各反。)嘈喋,嗺兒。"王本:"嘈,(補各反。)嘈喋。嗺兒。亦作囀。"
⑩ 《説文》闕"呷"篆。
⑪ 《説文》析"嘈"爲"从口,專聲"結構。
⑫ 《廣雅》似闕"鎚"。
⑬ 見金部。
⑭ 金部:"銅,赤金也。从金,同聲。"瑄案:《廣韻》東韻:"銅,金之一品。"
⑮ 禡韻(裴本):"麝,(神夜反。)獸名。"王本:"麝,(神夜反。)獸名。有香。"

雅》曰："麝父,麖足。"① 郭注云："脚似麖而有香也。"② 按《本草》,甲亦獸甲,煎而成香。經言甲麝,今據壇法,甲麝雖香,爲傍生身分,故不用也。

5.204　爲幀　下猪孟反。《文字指歸》云③："開張畫繒也。"從巾貞聲也④。貞音中莖反。經從木作楨,音貞。幹也。非此用也。

5.205　帝熙　上古文希字,下許其反。和也,悦也。按:二字合作熙怡也。怡音與之反。和悦。

菩提塲所説一字頂輪王經卷第四

5.206　郄踝　上息七反。古文膝字從卩音節從桼音七聲⑤,今從肉作膝。《説文》："骹骨也。"⑥下華瓦反。前經第一卷已釋⑦。

5.207　如蠃　下落戈反。《説文》："水介虫也。"⑧《爾雅》云:"蠃,小者蜬。"⑨郭注云:"蝸牛也。"⑩又作螺,俗用。《切韻》:"蜯屬也。"⑪或作蠡,通。又音礼。經文作蚤,不成字也。

5.208　無瑕　下胡加反。《切韻》:"過也。"⑫《説文》:"玉病也。 從玉,叚省聲。"⑬經文作痕,音加。癥痕,肺病。非經所用。

5.209　木槵　下胡慣反。《切韻》:"無槵。"⑭即木名也。

---

① 見《釋獸》。
② 《釋獸》"麝父,麖足"郭璞注:"脚似麖,有香。"
③ 《文字指歸》,文字學著作,隋人曹憲撰,凡四卷(《舊唐書·經籍志》《新唐書·藝文志》)。書已佚。清人馬國翰等有輯本。
④ 《説文》闕"幀"篆。
⑤ 《説文》析"郄"爲"從卩,桼聲"結構。
⑥ 見卩部。骹骨也,今本作"脛頭卩也"。
⑦ 見5.183"脛踝"。
⑧ 虫部:"蠃,蜾蠃也。从虫,嬴聲。一曰虒蝓。"
⑨ 見《釋魚》。
⑩ 《爾雅·釋魚》"蚹蠃,螔蝓"郭璞注:"即蝸牛也。"瑄案:《爾雅·釋魚》"蠃,小者蜬"郭璞注:"螺,大者如斗,出日南漲海中,可以爲酒杯。"
⑪ 歌韻(篆本):"螺,(落過反。)水虫。或作蠃。"王本:"螺,(落過反。)水虫,螺蚌。或作蠃。"瑄案:果韻(王本):"蠃,(郎果反。)蜾蠃。虫名。"
⑫ 麻韻(篆本):"瑕,(胡加反。)玉病。"裴本:"瑕,(胡加反。)玉疵。"王本:"瑕,(胡加反。)玉病。"
⑬ 玉部:"瑕,玉小赤也。从玉,叚聲。"瑄案:希麟音義引文跟今本有不同。
⑭ 諫韻(王本):"槵,(胡慣反。)無槵。木名。"裴本:"槵,(胡慣反。)無槵。木名。"

5.210 鄉黨　上許良反。《釋名》：“鄉，向也。謂衆所向。”①下多朗反。《釋名》云：“黨，長也。謂一聚所尊長也。”②鄭注《論語》云：“万二千五百家爲鄉，五百家黨也。”③59p0388c—0389a

5.211 令殞　下于敏反。《切韻》：“没也。”④《爾雅》曰：“殞，落也。”⑤《左傳》云：“星殞如雨。”⑥或作霣、磒二形，亦通也。

5.212 作縛　下直究反。《爾雅》云：“十羽謂之縛。”⑦《左傳》云：“縛，謂卷物也。”⑧按：經以髮作縛，即卷髮爲結也。今作篆字，乃周宣王太史所作大篆，秦相李斯小篆，並字書名，甚乖經旨也。

5.213 蜴蜥⑨　上音亦，下星歷反。《説文》：“在壁曰蝘蜓，在草曰蜥蜴。”⑩《方言》：“澤中曰蜥蜴，南楚謂之虵醫，或謂之蠑蚖。”⑪字從虫，易、析皆聲⑫，形聲也。經文下作蜡，音乍，乃十二月終大蜡祭名也⑬。執筆之人誤書也。析音先戚反。昔音私積反。

---

① 《釋州國》：“萬二千五百家爲鄉。鄉，向也。衆所向也。”
② 《釋州國》：“五百家爲黨。黨，長也。一聚之所尊長也。”○尊，原作“導”，今據《釋名》改。
③ 《雍也》“以與爾鄰里鄉黨乎”何晏集解引鄭曰：“五家爲鄰，五鄰爲里，萬二千五百家爲鄉，五百家爲黨。”
④ 軫韻（箋本）：“殞，没。于閔反。二。”裴本：“殞，於閔反。殁。四。”王本：“殞，于閔反。殁。”
⑤ 見《釋詁》。殞，今本作“霣”。
⑥ 《莊公七年》：“夏，恒星不見，夜明也。星霣如雨，與雨偕也。”
⑦ 見《釋器》。
⑧ 不詳。瑄案：此義《集韻》線韻音古倦切，異詞。
⑨ 蜥，原作“蚚”，今據文意改。下同。
⑩ 易部：“易，蜥易，蝘蜓，守宫也。象形。《祕書》説：‘日月爲易，象陰陽也。’一曰從勿。”虫部：“蜥，蜥易也。從虫，析聲。”“蝘，在壁曰蝘蜓，在艸曰蜥易。從虫，匽聲。蝘或從蚰。”
⑪ 《方言》卷九：“守宫，秦晉西夏謂之守宫，或謂之蠦蠪，或謂之蜥易，其在澤中者謂之易蜴，南楚謂之蛇醫，或謂之蠑蚖。”
⑫ “聲”字闕，今據文意補。
⑬ 《禮記·雜記下》“子貢觀於蜡”鄭玄注：“蜡也者，索也，歲十二月合聚萬物而索饗之祭也。”

菩提塲所説一字頂輪王經卷第五

5.214 卑溼　上府移反。《切韻》："下也。"① 下失入反。《切韻》："水沾也。"② 經文作溼,俗字。

5.215 蔥蒜③　上倉紅反。《玉篇》："葷菜也。"④《爾雅》云："茖蔥,細莖大葉。"⑤ 下蘇貫反。《字書》云："葷菜也。"《漢書》云："張騫使西域所得也。"⑥《本草》云："蒜,性熱,除風,殺虫,久服損眼目也。"

金剛頂瑜伽分別聖位經一卷⑦

5.216 警覺　上京影反。孔注《尚書》云："警,戒也。"⑧ 亦覺也。《字書》云："寤也。"《古今正字》："從言,敬聲。"⑨

5.217 能羸　下力追反。賈逵注《國語》云："羸,病也。"⑩ 杜注《左傳》云："弱也。"⑪ 許叔重云："劣也。"⑫《字書》："疲也。"從羊㿞聲也⑬。

5.218 淤埿　上依倨反。《韻英》："濁水中泥也。"下奴低反。《説文》："埿,塗也。從土,泥聲。"⑭ 經文作泥。《説文》："水名也。"⑮ 非淤埿也。

---

① 支韻(箋本)："卑,府移反。五。"裴本："卑,必移反。六加五。下小也。"王本："卑,府移反。下。八。"
② 緝韻(裴本)："溼,失入反。水霑也。俗濕。二。"王本："溼,失入反。水。俗作濕。二。"
③ 蒜,即"蒜"。《玉篇》艸部："蒜,葷菜也。俗作蒜。"
④ 艸部："蔥,葷菜也。又淺青色。蔥,同上。俗。"
⑤ 引書誤,語見《釋草》"藿,山韭。茖,山蔥。葝,山䪥。蒚,山蒜"郭璞注："今山中多有此菜,皆如人家所種者,茖、蔥細莖大葉。"
⑥ 不詳。
⑦ 《金剛頂瑜伽分別聖位經》,疑即大正藏《略述金剛頂瑜伽分別聖位證法門》,密教部典籍(T18,No.0870),唐釋不空譯,凡一卷。○"金剛頂瑜伽分別聖位經一卷"卷目闕。
⑧ 疑引書誤。《左傳·宣公十二年》"今天或者大警晉也"杜預注："警,戒也。"
⑨ 《説文》析"警"爲"從言從敬,敬亦聲"結構。
⑩ 慧琳音義卷十一"羸瘦"注亦引賈注《國語》："病也。"瑄案:《國語·魯語》"民羸幾卒"韋昭注、《楚語》"卹民之羸"韋昭注："羸,病也。"
⑪ 見《桓公六年》"請羸師以張之"注。
⑫ 不詳。《主術》"夫載重而馬羸"高誘注、《繆稱》"小子無謂我老而羸我"高誘注皆云："羸,劣也。"
⑬ 《説文》析"羸"同。
⑭ 《説文》闕"埿"篆。
⑮ 水部："泥,水。出北地郁郅北蠻中。从水,尼聲。"

十一面觀自在菩薩秘密儀軌經①

5.219 纔受　上昨哉反。《説文》:"纔,僅也。"②《考聲》:"暫也。"《五經音義》:"從糸、毚。 音士咸反,狡兔也。"毚從㲋、兔也③。㲋音丑畧反。纔、槮、讒之類並同。59p0389b

5.220 洲渚　上職流反,下章與反。《爾雅》:"水中可居者曰洲,小洲曰渚,小渚曰沚。"④ 又作陼。《釋名》云:"渚,遮也。所以遮水迴流也。"⑤

5.221 瘰癧　上力累反⑥,下音歷。《切韻》:"病也。"⑦《考聲》:"筋結病也。"上又作瘰⑧,音同上。

5.222 鑠鋄⑨　上書藥反,下凶梵反。真言中字也。

5.223 烏蒭沙摩⑩　或云烏樞瑟摩。梵語輕重也。此云穢跡,舊云不淨潔金剛,俗呼火頭金剛是也。

5.224 鈴鐸　上郎丁反。《切韻》:"似鍾而小也,金鈴也。"⑪下徒落反。 大鈴也。《左傳》:"金鈴鐵舌,振以用武也;以木爲舌,振於文教

---

① 《十一面觀自在菩薩秘密儀軌經》,疑即大正藏《十一面觀自在菩薩心密言念誦儀軌經》,密教部典籍(T20,No.1069),唐釋不空譯,凡三卷。瑄案:希麟音義所據爲一卷本。

② 疑引書誤。《説文》糸部:"纔,帛雀頭色。一曰微黑色,如紺。纔,淺也。讀若讒。从糸,毚聲。"

③ 《説文》析"毚"同。○"毚"字原闕,今據文意補。

④ 《釋水》:"水中可居者曰洲,小洲曰陼,小陼曰沚,小沚曰坻,人所爲爲潏。"渚,今本作"陼"。

⑤ 《釋水》:"小洲曰渚。渚,遮也。體高能遮水,使從旁回也。"

⑥ 累,原作"果",今據文意改。獅谷本亦注"果合作累"。

⑦ 錫韻(箋本):"癧,(間激反。)瘰癧。"王本:"癧,(間激反。)瘰癧病。"

⑧ 瘰,即"瘰"。參徐時儀(2012:2277 注[六二])。

⑨ 鑠鋄,對音字,源詞不詳。

⑩ 烏蒭沙摩,梵詞 Ucchuṣma。

⑪ 青韻(箋本、王本):"鈴,(郎丁反。)似鍾而小。"冥韻(裴本):"鈴,(郎丁反。)似鍾而小。"

也。"①《釋名》云："鐸，度也。謂號令限度也。"②

　　5.225　車輅　上九魚反，下洛故反。《大戴禮》云③："古之車也，蓋圓像天，二十八轑，以像列宿也④；軫方像地，三十輻，以像日月⑤。仰則觀於天，俯則察於地。"⑥《釋名》云："天子所乘曰輅。有五飾：金飾、象飾、寶革等五，隨飾各為名。"⑦

　　5.226　悉覩⑧　下音亭夜反。《字書》無文，翻譯之家用影梵聲。

　　5.227　煥爛　上呼貫反。《説文》："火光也。"⑨下郎旦反。《説文》："大熱也。"⑩《考聲》："光也，明也。"從火，闌聲。

　　5.228　虹霓　上戸公反。《爾雅》云："螮蝀，虹也。"⑪郭注云："俗云美人虹。"⑫下五兮反。《爾雅》云："霓爲挈貳。"⑬郭云："雌霓也。"⑭《釋文》

---

① 《襄公十四年》"故《夏書》曰：'遒人以木鐸徇於路。'"杜預注："《逸書》：遒人，行人之官也。木鐸，木舌金鈴，徇於路求歌謡之言。"瑄案：《書·胤征》"遒人以木鐸徇於路"孔安國傳："遒人，宣令之官。木鐸，金鈴木舌，所以振文教。"《周禮·天官·小宰》"徇以木鐸"鄭玄注："古者將有新令，必奮木鐸以警衆，使明聽也。木鐸，木舌也。文事奮木鐸，武事奮金鐸。"○"以用"二字原闕。考希麟音義卷四"鈴鐸"注："謂金鈴鐵舌，振以用武；金鈴木舌，振以興文教令。"今據補。

② 《釋車》："鐸，度也。號令之限度也。"

③ "大"字原闕，今據文意補。

④ 列，原作"烈"，今據文意改。

⑤ "以"字原闕，今據文意補。

⑥ 《保傅》："古之爲路車也，蓋圓以象天，二十八橑以象列星，軫方以象地，三十輻以象月。故仰則觀天文，俯則察地理，前視則睹鸞和之聲，側聽則觀四時之運，此巾車教之道也。"瑄案：《周禮·考工記·輈人》："軫之方也，以象地也；蓋之圜也，以象天也；輪輻三十，以象日月也。"

⑦ 《釋車》："天子所乘曰路。路亦車也。謂之路者，言行於道路也。金路、玉路，以金、玉飾車也。象路、革路、木路，各隨所以爲飾名之也。"輅，今本作"路"。瑄案：《廣韻》暮韻："輅，車輅。《釋名》曰：'天子乘玉輅，以玉飾車也。'輅亦車也。謂之輅者，言行於道路也。"

⑧ 悉覩，對音字，源詞不詳。

⑨ 見《説文新附》。

⑩ 爛，《説文》作"爤"，火部："爤，孰也。从火，蘭聲。燗，或从閒。"

⑪ 見《釋天》。

⑫ 《釋天》"螮蝀謂之雩。螮蝀，虹也"郭璞注："俗名謂美人虹。江東呼雩音芋。"

⑬ 《釋天》："蜺爲挈貳。"

⑭ 《釋天》"蜺爲挈貳"郭璞注："蜺，雌虹也，見《離騷》；挈貳，其別名，見《尸子》。"

云:"雄曰虹,雌曰霓。"①亦作蜺字。

5.229 舑掠　上神㖓反。《字書》云:"舌取物也。"又作䑙②。經文作舐,俗字。下又作擽,同。音離斫反。《字統》云:"擊也。"又:刮掠也。從手,諒省①。

出生無邊門陁羅尼經一卷④

5.230 殑伽沙⑤　上凝等反,下魚佉反。舊云恒河沙。梵語,西國河神名也。《涅盤經》云恒河女神是也⑥。59p0389b—0389c

5.231 賸羯⑦　上盧盍反,下胡葛反。梵語,不求字義。

5.232 猶豫　上翼州反,下餘據反。《考聲》云:"猶豫,不定之辭也。"《集訓》云:"心疑惑也。"《禮記》云:"所以決嫌疑定猶豫。"⑧

大吉祥天女無垢大乘經一卷⑨

5.233 毗舍⑩　或云吠舍。梵語也。此乃巨富多財,通於高貴,或稱長者,或封邑號者也。

---

① 《爾雅·釋天》"蝃蝀,虹也"陸德明釋文引《音義》:"雄曰虹,雌曰霓。"瑄案:《後漢書·楊賜傳》"有虹蜺晝降於嘉德殿前"李賢注引郭景純注《爾雅》:"雙出,色鮮盛者爲雄,曰虹;闇者爲雌,曰蜺。"

② 《説文》舌部:"䑙,以舌取食也。从舌,易聲。舑,䑙或从也。"

① 《説文新附》析"掠"爲"从手,京聲……《唐韻》或作擽"結構。

④ 《出生無邊門陁羅尼經》,大正藏收録唐釋不空奉詔譯(T19,No.1009)、唐釋智嚴譯(T19,No.1018)兩種譯本,密教部典籍,各凡一卷。○陁,獅谷本作"陀"。

⑤ 殑伽,梵詞 Gaṅgā。

⑥ "也"字原闕,今據文意補。

⑦ 賸羯,對音字,源詞不詳。

⑧ 《曲禮上》:"龜爲卜,筴爲筮。卜筮者,先聖王之所以使民信時日、敬鬼神、畏法令也,所以使民決嫌疑、定猶與也。故曰疑而筮之則弗非也,日而行事則必踐之。"

⑨ 《大吉祥天女無垢大乘經》,大正藏作《大吉祥天女十二契一百八名無垢大乘經》,密教部典籍(T21,No.1253),唐釋不空奉詔譯,凡一卷。瑄案:慧琳音義卷四十亦見《大吉祥天女無垢大乘經》之音義,其標識爲"大吉祥天女十二契一百八名無垢大乘經"。此係希麟新作。

⑩ 毗舍,梵詞 vaiśya。

5.234　首陀[①]　梵語不正也。應云戍達羅。此姓之徒務於田業、耕懇、播植，賦於王臣，多爲民庶。

大吉祥天女十二名號經一卷[②]　無字可音訓
一切如來金剛壽命陀羅尼經一卷[③]

5.235　智臆　上香邕反。《説文》：“智，膺也。”[④]膺即臆也。或作匈，亦通。下應力反。《説文》云：“臆亦智骨也。從肉，從憶省聲也。”[⑤]

5.236　拒敵　上其吕反。《切韻》：“捍也，格也。”[⑥]《玉篇》：“違也。”[⑦]下徒歷反。《爾雅》：“敵，匹也。”[⑧]《切韻》：“當也。”[⑨]又：主也，輩也[⑩]。從攴，適省聲也[⑪]。

金剛頂瑜伽十八會指歸一卷[⑫]

5.237　幖幟　上必遥反。《廣雅》云：“幖，幡也。”[⑬]《説文》：“幖亦幟也。”[⑭]下昌志反。《韻英》云：“幟，旗也。”以表物也。《集訓》云：“幟亦幡

---

① 首陀，梵詞 śūdra，希麟譯 “戍達羅”。
② 《大吉祥天女十二名号經》，大正藏作《佛説大吉祥天女十二名號經》，密教部典籍（T21,No.1252a、1252b），唐釋不空奉詔譯，凡一卷。
③ 《一切如來金剛壽命陀羅尼經》，大正藏作《佛説一切如來金剛壽命陀羅尼經》，密教部典籍（T20,No.1135），唐釋不空奉詔譯，凡一卷。○陀，獅谷本作 “陀”。
④ 肉部：“膺，智也。從肉，雍聲。”
⑤ 臆，《説文》字頭作 “肊”，肉部：“肊，智骨也。從肉，乙聲。臆，肊或從意。”
⑥ 語韻（篆本）：“拒，（其巨反。）”王本：“拒，（其巨反。）抗。”
⑦ 《玉篇》闕 “拒”。
⑧ 見《釋詁》。
⑨ 錫韻（篆本）：“敵，（徒歷反。）敵陣。”王本：“敵，（徒歷反。）對敵。”
⑩ 《廣雅·釋詁》：“敵，輩也。”
⑪ 《説文》析 “敵”爲 “從攴，啻聲” 結構。
⑫ 《金剛頂瑜伽十八會指歸》，大正藏作《金剛頂經瑜伽十八會指歸》，密教部典籍（T18,No.0869），唐釋不空奉詔譯，凡一卷。瑄案：慧琳音義卷四十二亦見《金剛頂瑜伽十八會指歸》之音義，其標識爲 “金剛頂瑜伽經十八會指歸”。此係希麟新作。
⑬ 《釋器》：“幟，幡也。”
⑭ 巾部：“幖，幟也。從巾，𤔔聲。”

也。"從巾戠聲也^①。戠音織。

5.238 摩醯首羅^②　醯音馨奚反。梵語也。此云大自在,即上界天王名也。住色究竟之最上頂也。

瑜伽念珠經一_卷^③

普賢行願讚一_卷^④

大集地藏菩薩問法身讚一_卷^⑤　　59p0390a

金剛頂理趣般若經一_卷^⑥　　上四經無字可音訓

續一切經音義卷第五　　難

丁未歲高麗國大藏都監奉勅雕造

---

① 《説文新附》析"幟"同。
② 摩醯首羅,梵詞 Maheśvara,希麟譯"麼醯濕伐囉"。
③ 《瑜伽念珠經》,大正藏作《金剛頂瑜伽念珠經》,並注云:"於十萬廣頌中略出。"經集部典籍(T17,No.0789),唐釋不空奉詔譯,凡一卷。
④ 《普賢行願讚》,大正藏作《普賢菩薩行願讚》,華嚴部典籍(T10,No.0297),唐釋不空奉詔譯,凡一卷。
⑤ 《大集地藏菩薩問法身讚》,大正藏作《百千頌大集經地藏菩薩請問法身讚》,大集部典籍(T13,No.0413),唐釋不空奉詔譯,凡一卷。
⑥ 《金剛頂理趣般若經》,　大正藏作《金剛頂瑜伽理趣般若經》,　般若部典籍(T08,No.0241),唐釋金剛智譯,凡一卷。

續一切經音義卷第六 雞

燕京崇仁寺沙門　希麟　集

金剛頂勝初瑜伽普賢菩薩念誦法一卷①

無量壽如來念誦修觀行儀軌一卷

金剛頂經一字頂輪王念誦儀一卷

金剛頂瑜伽金剛薩埵五秘修行念誦儀軌一卷

金剛王菩薩秘密念誦儀一卷

一字頂輪王念誦儀軌一卷

大虛空藏菩薩念誦法一卷

佛頂尊勝陀羅尼念誦儀軌一卷

阿閦如來念誦法一卷

最勝無比大威燄盛光陀羅尼經一卷②

　　　右三十一經三十六卷同此卷續音

佛母大孔雀明王經卷上③

6.001 禰禱　上於琰反。《切韻》：“禰，禳也。”④從示，厭聲⑤。經文作厭，音於豔反。棄也，惡也。非禰禳字。下都臘反⑥。《切韻》：“求福也。”⑦《論語》云：“禱於上下神祇也。”⑧59p0391b

6.002 伺斷　上相吏反。《切韻》：“伺，候也。”⑨《玉篇》：“察也。”⑩《釋名》：“伺，思也。”⑪下徒管反。《韻英》云：“絶也。”《説文》：“截也。

---

① 普賢，文目作“普堅”。
② 大威，文目作“大威德金輪佛頂”。
③ 《佛母大孔雀明王經》，密教部典籍（T19,No.0982），唐釋不空奉詔譯，凡一卷。瑄案：慧琳音義卷三十八亦見《佛母大孔雀明王經》之音義。此係希麟新作。
④ 琰韻（篆本）：“禰，（於琰反。）禳。”裴本：“禰，（扵琰反。）禳。”王本：“禰，（於琰反。）禰禳。”
⑤ 《説文》闕“禰”篆。
⑥ 臘，疑有誤。
⑦ 晧韻（篆本）：“禱，（都浩反）禱請。”王本：“禱，（都浩反。）請。又都道反。”
⑧ 《述而》：“子路對曰：‘有之。誄曰：“禱爾于上下神祇。”’”
⑨ 志韻（裴本）：“伺，（相吏反。）候。又音絲。”王本：“伺，（相吏反。）候伺。”
⑩ 司部：“伺，候也，察也。《廣雅》《埤蒼》並作覗。”
⑪ 疑見《釋宮室》：“罘罳，在門外罘復也。罳，思也。臣將入請事，於此復重思之也。”

從斤、𢇍。古文絕字也。"① 經文作斲，或作斷，皆訛也。

6.003 螫彼　上商隻反。《説文》云："蟲行毒也。"② 又作蠚。經文作螫，音呼各反，亦通。59p0391b—0391c

6.004 拇指　上莫補反。《古今正字》云："拇者，足大指也。"從手母聲也③。

6.005 蛇蠍　上社遮反，下軒謁反。《方言》云："自關而西秦晉之間謂蝎螉，或謂之蠍。蠍即四方通語。"④《釋名》云："蠍，歇也。謂歇其尾也。"⑤ 字從虫，歇聲⑥。經文作蝎。音曷。《爾雅》："蝤蠐也。"⑦

6.006 毗鉢尸⑧　或云毗婆尸，或微鉢尸。梵語輕重也。此譯云勝觀如來，或云淨觀，或云勝見，亦云種種觀，過去莊嚴劫中佛也。

6.007 尸棄⑨　梵言訛略也。正云式棄那。此云持髻，或云有髻，即持髻如來也。

6.008 毗舍浮⑩　或云毗溼婆部。皆古譯梵語。此云遍一切自在也，謂於一切得自在故，或云一切有也。

6.009 拘留孫⑪　或云拘留秦⑫。應云迦羅鳩忖馱。此云所應斷已斷也，即賢劫千佛之首也。

6.010 羯諾迦牟尼⑬　或云拘那含牟尼，或云迦那迦牟尼。此云金色

---

① 斲，《説文》字頭作"斷"，斤部："斷，截也。从斤从𢇍。𢇍，古文絕。䰞，古文斷，从皀。皀，古文叀字。《周書》曰：'䰞䰞猗無他技。' 剸，亦古文。"
② 見虫部。
③ 《説文》析"拇"同。
④ 不詳。○秦，原作"泰"，今據文意改。
⑤ 不詳。
⑥ 《説文》闕"蠍"篆。
⑦ 《釋蟲》："蝤蠐，蝎。"○音曷爾雅，原作"尔雅音曷"，今據文意乙正。
⑧ 毗鉢尸，梵詞 Vipaśyin。
⑨ 尸棄，梵詞 Śikhī、Śikhīn，希麟譯"式棄那"。
⑩ 毗舍浮，梵詞 Viśvabhū、Viśvabhuk。
⑪ 拘留孫，梵詞 Krakucchandha-buddha，巴利詞 Kakusandha-buddha，希麟譯"迦羅鳩忖馱"。
⑫ 秦，獅谷本作"㮈"。瑄案：依梵音，疑當作"㮈"。
⑬ 羯諾迦牟尼，梵詞 Kanakamuni，巴利詞 Konāgamana。

仙,或云金山如來也。

6.011 迦攝波① 亦作葉字。此翻爲飲光,一家姓氏也。

6.012 釋迦牟尼② 釋迦,能姓也;牟尼,寂默也。如下廣釋。

6.013 喬荅摩③ 舊云瞿曇。案:慈恩法師引《釋迦譜》云④:"釋迦帝王歷代相承,逆賊中興,賊王恐奪社稷,遂誅釋迦之種,殄滅親族,令無胤嗣。時有仙人遍觀遺族,見有娠孕者後必生男,乃預陳詞,冀將繼統。母允其請。後果生男,長至髫年,釋星復見。賊王恐懼,尋訪所居,知居山中。伺仙不在,密令擒捉,長竿穿之,告示國人,令息異意。仙人還至,不見其子。乘急追訪,覩其若斯,乃作神通救之。知命不濟,仍降微雨少令醒覺。化現一女,勸令交會。必若不從,能姓便絕。兒從父誨,乃共交通。遺體既流,墮染泥土。仙人收取,牛糞裹之,置甘蔗園中,日暖光炙,時滿十月,變成一男。仙人還養,後得爲王,自此釋迦重得繼位。故喬荅摩者,此云甘蔗種,或曰日炙種。若毀之曰牛糞種、泥土種也。喬荅摩,摩是男聲。或云喬曇彌,彌是女聲也。"⑤59p0391c—0392a

6.014 陂池 上彼爲反。《爾雅》云:"陂者曰阪。"⑥《尚書》云:"澤障曰陂。"⑦下直離反。《切韻》:"停水曰池。"⑧《廣雅》曰⑨:"沼也。"⑩從水,馳省聲⑪。

6.015 坎窟 上苦感反。《切韻》:"險也,小礨也,形似壺也。"⑫下苦

---

① 迦攝波,梵詞 Mahā-kāśyapa,巴利詞 Mahā-kassapa。
② 釋迦牟尼,梵詞 Śākya-muni。
③ 喬荅摩,梵詞 Gautama、Gotama。
④ 《釋迦譜》,史傳部典籍(T50,No.2040),梁釋僧祐撰,凡五卷。
⑤ 見慧琳音義 27.471 "憍曇弥",文字略有參差。
⑥ 見《釋地》。
⑦ 引書誤,語見《泰誓上》"惟宮室臺榭陂池侈服"孔安國傳:"澤障曰陂,停水曰池。"瑄案:這是以注文爲書文。
⑧ 支韻(裴本):"池,(直知反。)小沼。"王本:"池,(直知反。)畜水。"
⑨ "雅"字原闕,今據文意補。獅谷本注"異雅字脱"。
⑩ 不詳。
⑪ 《説文》闕"池"篆。
⑫ 感韻(箋本):"坎,苦感反。二。"王本:"坎,苦感反。亦作埳。四。"

骨反。《玉篇》云：“穴也。”① 從穴屈聲也②。

佛母大孔雀明五經卷中

6.016 羯泚③　下千礼反。梵語也。按字，水深。又：清水也。

6.017 苗稼　上武儦反。《切韻》：“田苗也。”④《爾雅》云：“夏獵爲苗。”⑤ 未秀者也。　從草在田⑥，會意字。　下古訝反。《詩》云：“俾民稼穡。”⑦ 鄭注《論語》云：“樹五穀曰稼。”⑧ 從禾，家聲⑨。

6.018 祠祀　上似兹反。《爾雅》云：“春祭爲祠。”⑩ 郭注：“祠之言飲也。”⑪《释名》云：“祠，詞也。謂陳詞以請也。”⑫ 下詳里反。《切韻》：“祭祀也。”⑬《爾雅》云：“商曰祀。”⑭ 郭注：“取四時一終也。”⑮ 二字皆從示⑯，音視也。

6.019 涎洟　上叙連反。《切韻》：“涎，口液也。”⑰ 下以脂反。《説文》：“鼻液也。”⑱ 二字並從水，延、夷聲也⑲。又音他計反。

---

① 穴部：“窟，窟室也，穴也。”
② 窟，《説文》作“堀”，土部：“堀，突也。《詩》曰：‘蜉蝣堀閲。’從土，屈省聲。”
③ 羯泚，對音字，源詞不詳。
④ 宵韻（箋本）：“苗，武儦反。二。”王本：“苗，武儦反。卉茍。二。”
⑤⑭　見《釋天》。
⑥ 《説文》析“苗”爲“從艸從田”結構
⑦ 見《魯頌·閟宮》。
⑧ 《子路》“樊遲請學稼”何晏集解引馬（融）曰：“樹五穀曰稼，樹菜蔬曰圃。”
⑨ 《説文》析“稼”同。
⑩ 見《釋天》。爲，今本作“曰”。
⑪ 《釋天》“春祭曰祠”郭璞注：“祠之言食。”
⑫ 不詳。
⑬ 止韻（箋本）：“祀，（詳理反。）年。一曰祭祀。”裴本：“祀，年。一曰祭祀。”王本：“祀，（詳里反。）年。一曰祭名。”
⑮ 《釋天》“商曰祀”郭璞注：“取四時一終。”
⑯ 《説文》析“祠”爲“從示，司聲”結構，析“祀”爲“從示，巳聲。禩，祀或從異”結構。
⑰ 仙韻（箋本）：“涎，口液。敘連反。一。”王本：“涎，敘連反。口液。正作次。亦作泑。一。”
⑱ 見水部。
⑲ 《説文》闕“涎”篆，析“洟”爲“從水，夷聲”結構。

6.020 疥癩　上公薤反。《切韻》:"瘑，疥也。"① 顧野王云:"疥，瘙也。"② 即風瘙也。又作疥。下落代反。《字書》云:"惡疾也。"《說文》作瘌③。經文作癩，俗字也。

6.021 痔漏　上治里反。《切韻》云:"漏病也。"④ 顧野王云:"後分病也。"⑤

6.022 癰疽　上又作癕，同。於恭反。《字書》云:"癰，癰也。"《玉篇》:"腫也。"⑥ 從疒，雍聲⑦。下七余反。顧野王云:"疽亦癰也。"⑧《說文》:"從疒，且聲。"⑨ 且音子余反⑩。

6.023 瘡癢　上楚良反。瘡，痍也⑪。《禮記》云:"頭有瘡則沐。"⑫ 下息淺反。《切韻》:"疥也。"⑬ 顧野王云:"乾瘍也。"⑭ 瘍音羊⑮。

6.024 踰繕那⑯　上羊朱反，繕音善。梵語也。古云由旬，或云由延，或云踰闍那，皆訛略也。案《西域記》云:"踰繕那者，自古聖王軍行程也。舊傳一踰繕那四十里，印度國俗乃三十里，聖教所載唯十六里。"⑰ 考其異端，各有所據。或取聖王行時，或取肘量，或取古尺，終是軍行一日程也。今宜依《西域記》三十里爲定。蓋玄奘法師親考遠近，撰此行記奉對

---

① 怪韻(篆本、王本)、界韻(裴本):"疥，(古拜反。)瘑。"
②⑭ 見《玉篇》疒部。
③ 瘌，《說文》作"癩"，疒部:"癩，惡疾也。從疒，蕢省聲。"
④ 止韻(篆本、裴本、王本):"痔，(直里反。)病。"
⑤ 《玉篇》疒部:"痔，後病也。"
⑥ 疒部:"癰，癰腫也。癰，同上。"
⑦ 癰，《說文》作"癕"，疒部:"癕，腫也。從疒，雝聲。"
⑧ 《玉篇》疒部:"疽，癰疽也。"
⑨ 見疒部。
⑩ "且"字原闕，今據文意補。
⑪ 《玉篇》疒部:"瘡，瘡痍也。古作創。"
⑫ 見《曲禮上》。
⑬ 獮韻(篆本、王本):"癬，(息淺反。)疥癬。"
⑮ "瘍"字原闕，今據文意補。
⑯ 踰繕那，梵詞 yojana。
⑰ 《大唐西域記》卷第二:"踰繕那者，自古聖王一日軍行也。舊傳一踰繕那四十里矣，印度國俗乃三十里，聖教所載唯十六里。"

太宗皇帝所問，實以憑焉。此並依慧琳法師及慈恩音訓釋①。59p0392a—
0392b

佛母大孔雀明王經卷下

6.025 微鉢尸②　或云毗婆尸。梵語一也。如上卷已釋③。

6.026 羯句忖那④　舊云拘留孫，亦云迦羅鳩孫馱。如前已釋⑤。

6.027 琰摩⑥　上以冉反。梵語也。舊云閻羅，或云燼魔。義翻爲平
等王，或云雙世。謂典生死罪福之業，主守八寒八熱等地獄。於五趣中追
攝罪人，捶拷治罰，決斷善惡，更無休息也。

6.028 索訶世界⑦　舊云娑婆。梵語也。此云堪忍，即釋迦如來所主
忍土也。

6.029 鑠底⑧　上商灼反。又作爍字。下丁以反。梵語。此云槊，即
槍戟也。

6.030 脂膏　上旨夷反。《釋名》云：“脂，砥也。著面軟滑如砥石
也。”⑨《爾雅》：“冰，脂也。”⑩郭注：“肌膚如冰雪。冰雪，脂膏也。”⑪下古
蒿反。《切韻》：“膏，肥也，澤也。”⑫《禮記》云：“天降膏露也。”⑬

6.031 吠陝⑭　上借音微閉反，下失冉反。梵語，不求字義也。

―――――――

① 參見慧琳音義 1.157、11.073 “踰繕那”，9.016 “俞旬”，19.159 “喻旬”，27.125 “由旬”。
② 微鉢尸，梵詞 Vipaśyin。
③ 見 6.006 “毗鉢尸”。
④ 羯句忖那，梵詞 Krakucchandha，希麟譯 “迦羅鳩忖馱”。
⑤ 見 6.009 “拘留孫”。
⑥ 琰摩，梵詞 Yama-rāja。
⑦ 索訶，梵詞 Sahā。
⑧ 鑠底，梵詞 śakti。
⑨ 見《釋首飾》。軟滑，今本作 “柔滑”。
⑩ 見《釋器》。氷，今本作 “冰”。
⑪ 《釋器》“冰，脂也” 郭璞注：“《莊子》云：‘肌膚若冰雪。’ 冰雪，脂膏也。”
⑫ 豪韻（篆本、王本）：“膏，（古勞反。）脂。” 裴本：“膏，（古勞反。）脂膏。”
⑬ 《禮運》：“故天降膏露，地出醴泉，山出器車，河出馬圖。” ○“天” 後原衍 “子” 字，今
　　據《禮記》刪。
⑭ 吠陝 [播野那]，對音字，源詞不詳。

大雲輪請雨經**卷上**[①]　　與闍那崛多譯者同本

6.032 澍雨　上朱樹反。《淮南子》云："春雨之灌万物,無地而不澍,無物而不生也。"[②]《説文》:"從水,尌聲。"[③] 尌音同上。下雨字,《説文》云:"一像天,冂像雲覆也。丨即下也。四點像雨空中雰霏也。"[④] 冂音覓。丨音古本反。會意字也。

6.033 頜泯達羅[⑤]　上寧頂反,次民忍反。梵語也。舊云尼民陁羅,訛也。此云持邊,謂七金山最外第七重山也。此依慧苑法師釋[⑥]。

6.034 蛟龍　上音交。郭注《山海經》云:"蛟,似蚖而四脚,小頭,細頸,卵生。大者十數圍,子如一二斛甖,能吞人。"[⑦]《説文》:"蛟亦龍屬也。"[⑧] 下力鍾反。《説文》云:"鱗蟲之長也。能幽,能明,能巨,能細,春分而登天,秋分而潛淵也。皀,飛形,從肉,從童省聲也。"[⑨] 或從龙作,俗也。

59p0392b—0392c

6.035 益祁羅[⑩]　上烏浪反,下巨支反。梵語。龍王名也。

大雲輪請雨經卷下

6.036 雲雹　下龎邈反。《白虎通》云:"雹之言合也。陰氣專精,凝

----

① 《大雲輪請雨經》,密教部典籍(T19,No.0989),唐釋不空奉詔譯,凡二卷。
② 《泰族訓》:"若春雨之灌萬物也,渾然而流,沛然而施,無地而不澍,無物而不生。"
③ 見水部。
④ 雨部:"雨,水从雲下也。一象天,冂象雲,水霝其閒也……𩅀,古文。"
⑤ 頜泯達羅,梵詞 Nimiṃdhara。
⑥ 慧苑音義卷上"尼民陁山"注:"具云尼民駄羅者也。此曰持邊山者也。"卷下"尼民陁羅山"注:"此翻爲持邊,以彼山是七重金山中最外邊故。然即院繞護持餘内六山,故名持邊也。"參見黃仁瑄(2020:114、134)。
⑦ 《中山經》"其中多蛟"郭璞注:"似蛇而四脚,小頭細頸,(頸)有白癭。大者十數圍,卵如一二石甕,能吞人。"○吞,獅谷本作"天",其注云"天當作吞"。
⑧ 虫部:"蛟,龍之屬也。池魚滿三千六百,蛟來爲之長,能率魚飛。置笱水中,即蛟去。从虫,交聲。"
⑨ 龍部:"龍,鱗蟲之長。能幽,能明,能細,能巨,能短,能長;春分而登天,秋分而潛淵。从肉,飛之形,童省聲。"
⑩ 益祁羅,疑即梵詞 Aṅgāraka。

合爲雹也。"① 鄭注《禮記》云："陽爲雨,陰氣脅之,凝爲雹也。"② 從雨,包聲③。

　　6.037 叢林　上族公反。《説文》:"叢,聚也。從丵音士角反取聲也。"④

大乘緣生稻䕚喻經一卷⑤

　　6.038 稻䕚　上徒晧反。《説文》:"稻,即糯也。"⑥《禮記》云:"祭宗廟之禮,稻曰嘉蔬。"⑦下古旱反。《切韻》:"衆草之莖。"⑧

　　6.039 竅隙　上企曜反。鄭注《禮記》:"竅,孔也。"⑨《説文》:"空也。從穴敫聲也。"⑩敫音羊灼反,下鄉逆反⑪。《廣雅》云:"隙,裂也。"⑫顧野王云:"隙,穿穴也。"⑬《説文》:"壁孔也。從𨸏、白、上下小也。"⑭

　　6.040 沃潤　上烏穀反。《考聲》云:"沃,灌也。"《説文》曰⑮:"從水,夭聲。"⑯下如順反。《切韻》:"潤,澤也。"⑰又:益也⑱。從水閏聲也⑲。

---

① 《白虎通義·災變》:"雹之爲言合也。陰氣專精,積合爲雹。"

② 《月令》"則雹凍傷穀" 鄭玄注:"子之氣乘之也。陽爲雨,陰起脅之,凝爲雹。"

③ 《説文》析"雹"爲"從雨,包聲。𩅟,古文雹"結構。

④ 見丵部。

⑤ 《大乘緣生稻䕚喻經》,大正藏作《慈氏菩薩所説大乘緣生稻䕚喻經》,經集部典籍(T16,No.0710),唐釋不空奉詔譯,凡一卷。

⑥ 禾部:"稻,稌也。從禾,舀聲。"

⑦ 《曲禮下》:"凡祭宗廟之禮 …… 稻曰嘉蔬,韭曰豐本,鹽曰鹹鹺,玉曰嘉玉,幣曰量幣。"

⑧ 旱韻(王本):"䕚,(各旱反。)草。"

⑨ 見《禮運》"竅於山川"注。

⑩ 見穴部。

⑪ "反"字原闕,今據文意補。獅谷本注"逆下反脱"。

⑫ 見《釋詁》。

⑬ 《玉篇》𨸏部:"隙,閑也,穿穴也,壁際也,裂也。"

⑭ 𨸏部:"隙,壁際孔也。從𨸏從𡭬,𡭬亦聲。"白部:"𡭬,際見之白也。從白,上下小見。"

⑮ 曰,原作"問",今據文意改。

⑯ 沃,《説文》作"𣴠",水部:"𣴠,溉灌也。從水,芺聲。"

⑰ 震韻(裴本):"潤,(如舜反。)濕。"王本:"潤,(如舜反。)濕氣。"

⑱ 見《廣雅·釋詁》。

⑲ 《説文》析"潤"同。

閏字從王在門内也①。鄭注《禮記》云:"天子每月就明堂而聽朔。閏月,非常月也。聽其朔,故於明堂門内也。"②

佛説禳虞利童女經－卷③

6.041 蚖蝮　上玩丸反。虵類也。《玄中記》云④:"蚖,虵,身長三四尺,有四足,形如守宫。尋脊有針,利如刀,甚毒惡,中人,不逾半日即死。"下芳服反。陸氏《釋文》云:"蝮,虵,鼻上有針。大者百餘斤。一名返鼻,一名蝮虵。"⑤二字並從虫,從元、复聲⑥。形聲字。59p0392c—0393a

6.042 訥沘⑦　上奴骨反,下青禮反。真言字也。

6.043 頗麤⑧　上普我反,下卓皆反。真言中字,不求訓解。

6.044 耳璫　下都郎反。《考聲》云:"耳飾也。"《説文》云:"穿耳施珠也。從玉當聲也。"⑨

6.045 被螫　下舒隻、呼各二反,皆得。《説文》:"蟲行毒也。"⑩又:虵

---

① 《説文》析"閏"爲"从王在門中"結構。

② 《玉藻》"天子玉藻……玄端而朝日於東門之外,聽朔於南門之外,閏月則闔門左扉,立於其中"鄭玄注:"朝日,春分之時也。東門、南門,皆謂國門也。天子廟及路寝,皆如明堂制。明堂在國之陽,每月就其時之堂而聽朔焉。卒事反宿,路寝亦如之。閏月,非常月也。聽其朔於明堂門中,還處路寝門,終月。凡聽朔,必以特牲,告其帝及神,配以文王、武王。"

③ 《佛説禳虞利童女經》,大正藏作《佛説禳虞梨童女經》,密教部典籍(T21,No.1264b),唐釋不空奉詔譯,凡一卷。

④ 《玄中記》,志怪小説集,或以爲晉人郭璞撰。書已佚,清人馬國翰等有輯本。參見《古佚書目録》頁256—257。

⑤ 《爾雅·釋魚》"蝮"字下陸德明釋文:"此蛇色如綬,鼻上有針,大者百餘斤。又:一名反鼻。鼻一孔。"瑄案:《集韻》屋韻:"蝮,蛇名。廣三寸,色如綬。鼻有針。一名反鼻。大者百斤。一曰蝮蟵,蜕也。"

⑥ 《説文》析"蚖"爲"从虫,元聲"結構,析"蝮"爲"从虫,复聲"結構。○复聲,原作"復",今據文意補、改。

⑦ 訥沘[訥蹉里曳],梵音 dusmeliye。

⑧ [唵]頗麤,梵音 ombur。

⑨ 疑引書誤。《釋名·釋首飾》:"穿耳施珠曰璫。此本出於蠻夷所爲也。"瑄案:《説文新附》:"璫,華飾也。從玉,當聲。都郎切。"

⑩ 見虫部"螫"字釋。

有螫毒，不可觸其尾也。

一切如來寶篋印陁羅尼經一卷[①]

6.046 肴膳　上効交反。賈注《國語》云：“肴，俎也。”[②] 鄭箋《毛詩》云：“俎醢也。凡非穀而食曰肴。”[③]《説文》：“肴，啖也。從肉，爻聲。”[④] 爻音同上。下時戰反。《玉篇》：“膳，美食也。”[⑤] 從肉，善聲[⑥]。經文二字並從食作餚饍，俗用字，非。

6.047 蓁草　上士臻反。《字書》：“木叢生也。”《考聲》：“草木雜生也。”從草，臻聲[⑦]。經文從木作榛音臻，似栗而小，非蓁草義也[⑧]。

6.048 土堆　下對雷反。王逸注《楚詞》云：“堆，高皃。”[⑨] 又正體作自，云：“小阜也。”[⑩] 今俗從追作塠，非也。古文作雁，今時不用。

6.049 泫然　上玄絹反。《韻詮》云：“泫，泣皃。” 又：露光也。《説文》：“從水，玄聲。”[⑪] 下然，語詞也。字從肉，犬逐之，下灬以然之[⑫]。灬音必摇反。

---

① 《一切如來寶篋印陁羅尼經》，大正藏作《一切如來心祕密全身舍利寶篋印陀羅尼經》，密教部典籍（T19,No.1022A、1022B），唐釋不空奉詔譯，凡一卷。

② 《晉語》“飲而無肴”韋昭注：“肴，俎實也。”

③ 《小雅·賓之初筵》“殽核維旅”毛傳“殽，豆實也”鄭玄箋：“豆實，葅醢也……凡非穀而食之曰殽。”肴，今本作“殽”。瑄案：《文選·揚雄〈蜀都賦〉》“肴槅四陳”李善注引《毛詩》“肴核維旅”鄭玄曰：“肴，葅醢也。”

④ 見肉部。

⑤ 肉部：“膳，《説文》曰：‘具食也。’《周禮》：‘膳夫掌王之食飲膳羞。’膳之言善也。又云：膳，牲肉也。”

⑥ 《説文》析“膳”同。

⑦ 《説文》闕“蓁”篆。

⑧ 蓁，原作“秦”，今據文意改。

⑨ 疑見《九歎·遠逝》“陵魁堆以蔽視兮”王逸注：“魁堆，高貌。”瑄案：慧琳音義卷六“堆阜”注引王逸注《楚詞》：“堆，高也。”卷二十四“堆阜”注引王逸注《楚辭》：“堆，高土也。”卷三十七“土堆”注引王逸注《楚詞》：“堆，高皃也。”

⑩ 堆，《説文》作“𠂤”，𠂤部：“𠂤，小𨸏也。象形。”

⑪ 見水部。

⑫ 《説文》火部：“然，燒也。从火，肰聲。䕼，或从艸、難。”肉部：“肰，犬肉也。从犬、肉。讀若然。𦜆，古文肰。𤝍，亦古文肰。”

6.050　鸚鵡　上厄耕反，下音武。《山海經》云：“黃山有鳥，其狀如鶚。青羽，赤喙，人舌，能言，名曰鸚鵡。”[1] 郭注云：“今鸚鵡似小兒舌，脚指前後各兩爪。扶南外出毛羽五色者，亦有純白者。”[2]《説文》二字皆從鳥、嬰、武聲[3]。下或作䳇，音同。

6.051　鴝鵒　上具俱反，下音欲。《周禮》云：“鴝鵒不渡濟。”[4]《淮南子》云：“鴝鵒，一名寒皋。”[5]《異菀》云[6]：“重午日掐鴝鵒，重舌能學人語。”二字皆從鳥[7]，句、谷聲[8]。經文作鸜鵒，鵲名。非此用也。

6.052　蜂蠆　上敷容反，又音薄紅反。郭注《爾雅》云：“在地中作房者爲土蜂，啖其子即馬蜂也。”[9] 下丑芥反。《切韻》：“毒蟲也。”[10]《孝經援神契》云[11]：“蜂蠆垂芒，爲其毒在後也。”《説文》：“從蚰，夆聲。”[12] 蚰音昆。夆音同上。《爾雅》從逢作蠭[13]，皆同。59p0393a—0393b

---

[1]　《西山經》：“又西百八十里，曰黃山……有鳥焉，其狀如鶚，青羽，赤喙，人舌，能言，名曰鸚鵡。”

[2]　《西山經》：“又西百八十里，曰黃山……名曰鸚鵡”郭璞注：“鸚鵡舌似小兒舌，脚指前後各兩，扶南徼外出五色者，亦有純赤白者，大如鴟也。”

[3]　《説文》析“鸚”爲“從鳥，嬰聲”結構。鵡，《説文》作“䳇”，析爲“從鳥，母聲”結構。

[4]　見《考工記·序》：“橘踰淮而北爲枳，鴝鵒不踰濟，貉踰汶則死，此地氣然也。”

[5]　疑見《原道訓》“鴝鵒不過濟”注。

[6]　《異菀》，或作《異苑》，志怪小説集，南朝宋劉敬叔撰，凡十卷（《隋書·經籍志》），《津逮秘書》《學津討源》《古今説部叢書》《説庫》等古叢書皆見録。清人杜文瀾等有輯本，參見《古佚書目録》頁 257。中華書局 1996 年出版《異苑　談藪》，前者爲范寧點校，後者爲程毅中、程有慶輯校。

[7]　二，原作“一”，今據文意改。獅谷本亦作“二”。

[8]　《説文》析“鴝”爲“從鳥，句聲”結構，析“鵒”爲“從鳥，谷聲……鴝，鵒或從佳從臾”結構。

[9]　《釋蟲》“土蠭”郭璞注：“今江東呼大蠭在地中作房者爲土蠭，啖其子即馬蠭，今荆、巴閒呼爲蟺，音憚。”《釋蟲》“木蠭”郭璞注：“似土蠭而小，在樹上作房。江東亦呼爲木蠭，又食其子。”

[10]　夬韻（篆本）：“蠆，毒虫。丑芥反。一。”裴本：“蠆，醜界反。蜂毒蟲。二。”王本：“蠆，丑芥反。毒虫。一。”

[11]　《孝經援神契》，讖緯類著作，漢無名氏撰，凡七卷，《隋書·經籍志》：“《孝經援神契》七卷宋均注。”書已佚，明人孫瑴，清人朱彝尊、馬國翰等有輯本。參見《古佚書目録》頁 137—139。

[12]　蚰部析“蠭”爲“從蚰，逢聲。䖵，古文省”結構。

[13]　《釋蟲》：“土蠭，木蠭。”

6.053　癃瘦　上郎擊反。《切韻》:"瘵,癃病也。"① 下力鬪反。《玉篇》:"癃,瘦也。"② 顧野王云:"中多蟲也。"③ 瘵音力果反。癃音於恭反。

6.054　傘蓋　上音蘇旱反。古文繖字也。從人,音才入反,三合之形也④。平音華夏之華。會意字。下古太反。《切韻》:"覆也,掩也。"⑤《通俗文》云:"張帛也。"《禮記》曰:"弊蓋不棄,爲埋狗也。"⑥ 字從艹、盍⑦。艹音草。盍音合。

授菩提心戒儀一卷⑧　　無字可音
大樂不空般若波羅蜜多理趣釋一卷⑨

6.055　抽擲　上𣂕鳩反。《韻譜》云:"拔也。"《切韻》:"引也,去也。"⑩ 或作紬,音同。《説文》:"從手,由聲。"⑪ 下直炙反。古文作擿。《玉篇》:"投也。"⑫《切韻》:"振也。"⑬ 案:抽擲二字即大樂金剛薩埵以左拳安腰側、右手執金剛杵,擲弄作密印法也。

6.056　熙怡　上許其反。《切韻》:"熙,和也,廣也。"⑭《詩》曰:"學有

---

① 錫韻(箋本):"瘵,(閭激反。)瘵癃。"王本:"瘵,(閭激反。)瘵癃病。"

② 疒部:"癃,癃腫也。癃,同上。"瑄案:《玉篇》疒部:"瘦,瘠也。"

③ 不詳。

④ 《説文》人部:"人,三合也。从入、一,象三合之形……讀若集。"

⑤ 泰韻(裴本):"蓋,古太反。苫也。亦蓋。二。"王本:"蓋,古太反。覆。正作蓋。二。"

⑥ 見《檀弓下》:"仲尼之畜狗死,使子貢埋之,曰:'吾聞之也:敝帷不棄,爲埋馬也;敝蓋不棄,爲埋狗也。丘也貧,無蓋,於其封也,亦予之席,毋使其首陷焉。'"

⑦ 《説文》析"蓋"爲"从艸,盍聲"結構。

⑧ 《授菩提心戒儀》,大正藏作《受菩提心戒儀》,密教部典籍(T18,No.0915),唐釋不空奉詔譯,凡一卷。

⑨ 《大樂不空般若波羅蜜多理趣釋》,大正藏作《大樂金剛不空真實三昧耶經般若波羅蜜多理趣釋》,密教部典籍(T19,No.1003),唐釋不空奉詔譯,凡二卷。瑄案:希麟音義所據爲一卷本。

⑩ 尤韻(箋本):"抽,𣂕鳩反。三。"裴本:"抽,𣂕鳩反。亦搯、搙。七。"王本:"抽,𣂕鳩反。拔。亦作搙,正作搯。五。"

⑪ 抽,《説文》字頭作"搯",手部:"搯,引也。从手,畱聲。抽,搯或从由。搙,搯或从秀。"

⑫ 手部:"擿,投也。《莊子》曰:'擿玉毁珠。'擲,同上。"

⑬ 昔韻(箋本):"擲,投。直炙反。古作擿。三。"王本:"擲,直炙反。投。古作擿。四。"

⑭ 之韻(王本):"熙,(許其反。)和。"

緝熙於光明。"①《爾雅》云:"緝、熙、潁,光也。"②下與之反。《玉篇》云:
"和也,悦也。"③《爾雅》云:"怡、懌、悦、欣,樂也。"④上熙字,《説文》:
"從灬、巳,臣聲。"⑤經文作凞,或作熈,皆非。下怡,從心,台聲⑥。台音
同上。

6.057 驕佚　上舉妖反。《玉篇》:"馬六尺也。"⑦《諸侯章》云:"在上
不驕。"⑧御注云:"諸侯列國之君,貴在人上,而能不驕,則免危也。"⑨下夷
質反。《切韻》:"佚,樂也。"⑩經作逸⑪,過也⑫,縱也⑬。同音。

6.058 脚踏　上正作脚,音居勺反。《釋名》曰:"脚,却也。以其坐時
却後也。"⑭下又作蹋,同。徒盍反。《切韻》:"踐蹋也。"⑮《考聲》:"以足
蹋也。"《説文》:"從足,㕻聲。"⑯㕻音塔。

6.059 揮斫　上許歸反。《切韻》:"揮霍也。"⑰《考聲》:"奮灑也。"
《韻英》:"振也,動也。"下之若反。《韻英》云:"以刀斫物也。"

6.060 沈淪　上直林反。《切韻》:"没也。"⑱《考聲》:"濁也。"《説

---

① 疑見《大雅·大明》"於緝熙敬止"毛傳:"緝熙,光明也。"
②④　見《釋詁》。
③　心部:"怡,悦也,樂也。"
⑤　《説文》析"熙"爲"从火,熙聲"結構,析"熙"爲"从臣,巳聲。𦤶,古文熙,从户"結構。
⑥　《説文》析"怡"同。○"聲"字原闕,今據文意補。
⑦　馬部:"驕,壯皃。又:野馬也。亦逸也。"瑄案:《説文》馬部:"驕,馬高六尺爲驕。从馬,喬聲。《詩》曰:'我馬唯驕。'一曰野馬。"
⑧　《孝經·諸侯章》:"在上不驕,高而不危。"
⑨　《諸侯章》"在上不驕,高而不危"唐玄宗注:"諸侯列國之君,貴在人上,可謂高矣。而能不驕,則免危也。"
⑩　質韻(箋本、王本):"佚,(夷質反。)佚樂。"
⑪　"經"字原闕,今據文意補。
⑫　見《爾雅·釋言》。
⑬　見《玉篇》兔部。
⑭　《釋形體》:"脚,卻也。以其坐時卻在後也。"
⑮　盍韻(箋本):"蹋,踐。徒盍反。一。"王本:"蹋,徒盍反。踐。六。"瑄案:合韻(箋本):"踏,(他合反。)著地。"王本:"踏,(他閣反。)著地。"
⑯　見足部。
⑰　微韻(箋本、王本):"揮,(諱歸反。)奮。"
⑱　侵韻(箋本):"沉,除深反。四。"裴本:"沉,除深反。没也。亦式稔反。姓也。六。"王本:"沉,除深反。没。又或撍栮反。人姓。俗以出頭作姓隸。四。"

文》:"從水,㕣聲。"[1] 㕣音淫。經文作沆,音胡浪反,非本字。下力迍反。《爾雅》云:"大波爲淪。"[2]《切韻》:"淪亦没也。"[3]《考聲》云:"溺也。"《説文》云:"從水,侖聲。"[4] 侖音同上也。59p0393b—0393c

大寶廣博樓閣善住秘密陁羅尼經卷上[5]

6.061 瀑流　上蒲報反。《切韻》:"瀑,雨也。"[6]《蒼頡解詁》云:"水瀆起也。"《説文》:"從水,暴聲。"[7] 下流字,《説文》:"從水、㐬音他忽反。"[8] 㐬,倒書𡥈字也。𡥈,古文子字也。

6.062 竦豎　上息拱反。《爾雅》曰:"竦,懼也。"[9]《切韻》:"敬也。"[10] 顧野王云:"上也,跳也。"[11]《國語》云:"竦善抑惡也。"[12] 下又作竪,同。臣瘐反。瘐音以主反。《玉篇》:"立也。"[13] 又:童僕之未冠者[14]。

6.063 誹謗　上非味反,下補浪反。《大戴禮》云:"立誹謗之木,設諫諍之鼓也。"[15] 應劭注《漢書》云:"橋樑邊板,所以書政治之愆失也。"[16] 杜注《左傳》云:"謗,詛也。"[17] 以言呪詛人也。《説文》二字互相訓,從言[18],

---

①④⑦　見水部。

②　《釋水》:"大波爲瀾,小波爲淪。"

③　真韻(箋本):"淪,没。力屯反。十。"王本:"淪,力屯反。没。(十二。)"

⑤　《大寶廣博樓閣善住秘密陁羅尼經》,大正藏作《大寶廣博樓閣善住祕密陀羅尼經》,密教部典籍(T19,No.1005A),唐釋不空奉詔譯,凡三卷。

⑥　號韻(裴本、王本):"瀑,(薄報反。)甚雨。"瑄案:《廣韻》號韻:"瀑,瀑雨。"屋韻:"瀑,瀑布,水流下也。"

⑧　流,《説文》字頭作"㳅",沝部:"㳅,水行也。从沝、㐬。㐬,突忽也。流,篆文从水。"

⑨　見《釋詁》。

⑩　腫韻(箋本、王本):"竦,(息拱反。)敬。《國語》:'竦善抑惡。'"裴本:"竦,(息拱反。)敬也。竦善抑惡。"

⑪　《玉篇》立部:"竦,敬也。"

⑫　見《楚語上》:"而爲之聳善而抑惡焉。"

⑬　臤部:"豎,立也。"

⑭　《楚辭·天問》"有扈牧豎"洪興祖補注:"豎,童僕之未冠者。"

⑮　《保傅》:"于是有進膳之旍,有誹謗之木,有敢諫之鼓,鼓夜誦詩,工誦正諫,士傳民語。"

⑯　《文帝紀》"誹謗之木"顔師古注引應劭曰:"橋梁邊板,所以書政治之愆失也。"

⑰　見《昭公二十七年》"進胙者莫不謗令尹"注。

⑱　言部析"誹"爲"从言,非聲"結構,析"謗"爲"从言,旁聲"結構。

皆形聲字。

6.064 魁膾　上苦瓌反。孔注《尚書》云："魁，帥也。"①《廣雅》："主也。"②鄭注《禮記》云："首也。"③《史記》云："壯大也。"④從斗，鬼聲⑤。下瓌外反。《廣雅》："膾，割也。"⑥案：魁膾者，屠殺兇惡之帥也。從肉會聲也⑦。

6.065 聾瞎　上魯東反。《説文》云："耳不通也。從耳，龍聲。"⑧經文作聵，不成字。下呼八反。《字書》云："目不見物也。"又云：一眼無睛也。從目，害聲字⑨。

6.066 傴瘂　上於武反⑩。《切韻》："不伸也。"⑪《玉篇》："尳也。"⑫孫卿子曰⑬："周公背傴也。"⑭下又作瘂、啞二形，皆非本字。音烏雅反。《考聲》云："口不能言也。"《説文》："從疒，亞聲。"⑮疒音女厄反。

---

① 見《胤征》"殲厥渠魁"傳。
② 見《釋詁》。
③ 《檀弓上》"不爲魁"鄭玄注："魁，猶首也。"瑄案：《文選·潘岳〈笙賦〉》"統大魁以爲笙"李善注引鄭玄《禮記注》："魁，猶首也。""不爲魁"陸德明釋文："（魁，）首也。"
④ 引書誤。《史記·留侯世家·贊》"余以爲其人計魁梧奇偉"裴駰集解引應劭曰："魁梧，丘虛壯大之意。"
⑤ 《説文》析"魁"同。
⑥ 見《釋詁》。
⑦ 《説文》析"膾"同。
⑧ 見耳部。耳不通也，今本作"無聞也"。
⑨ 《説文》闕"瞎"篆。○"聲"前原衍"省"字，今據文意删。
⑩ "反"字原闕，今據文意補。獅谷本亦著"反"字。
⑪ 虞韻（裴本）："傴，扵武反。不申。二。"王本："傴，於武反。不申。二。"
⑫ 人部："傴，《説文》云：'僂也。'《左氏傳》曰：'再命而傴。'"
⑬ 孫卿子，即荀卿，戰國時趙國人。《史記·孟子荀卿列傳》"荀卿，趙人"司馬貞索隱："名況。卿者，時人相尊而號爲卿也。仕齊爲祭酒，仕楚爲蘭陵令。後亦謂之孫卿子者，避漢宣帝之諱改也。"又：《荀子》，荀況著作集，凡三十二篇（其中二十二篇爲其親著。《史記·老子韓非列傳》"與李斯俱事荀卿"張守節正義："《孫卿子》二十二卷。名況，趙人，楚蘭陵令。避漢宣帝諱，改姓孫也。"）唐人楊倞《荀子注》爲今存最早注本，而以清人王先謙《荀子集解》最常見。
⑭ 引書誤。《非相篇》"周公之狀，身如斷菑"王先謙集解引郝懿行曰："《皇矣》詩傳：'木立死曰菑。'菑者，植立之貌。周公背傴，或曰輆僂，其形曲折，不能直立，故身如斷菑矣。"
⑮ 《説文》闕"瘂"篆。

　　6.067 蚊蟁　上勿分反。《字統》云："蚊，齧人飛蟲也。"《説文》作蟁，以昏時而出也，故從蚰音昆，昏省聲①。經文從文作蚊②，俗字。下孟彭反。《聲類》云："蟁，似蠅而大。"《説文》："亦齧人飛蟲也。　從蚰亡聲也。"③經文作蝐，非也。

　　6.068 飛蛾　上甫非反。《切韻》："飛，翔也。"④《説文》云："如鳥翻飛。"⑤像形字也。經本有作蜚，音費，臭蟲也⑥。下五何反。《大戴禮》云："蟲食桑者，有絲而變形，而飛爲蛾也。"⑦《説文》："從虫我聲也。"⑧

　　6.069 螻蟻　上勒侯反。下又作螘，同。音宜豈反。《小雅》云："大者蚍蜉，亦大螘也，小者螘子。"⑨《説文》《爾雅》皆從豈作螘⑩。經從義作蟻，俗字。今俗通揔呼螻蟻。一云：大曰螻，小曰蟻子也。59p0393c—0394a

　　6.070 麻痢　上力尋反。《切韻》："尿病也。"⑪《藥證病源》⑫："麻有五種，謂冷、勞、氣、食、血也。"《玉篇》："麻，小便難也。"⑬從疒，林聲⑭。經文從水作淋，以水沃也⑮。非此用。下力至反。《切韻》："痢，病也。"⑯顧野王云："瀉痢也。"⑰《説文》云："從疒，利聲。"⑱疒，女厄反。

---

①　蚊，《説文》字頭作"蟁"，蚰部："蟁，齧人飛蟲。从蚰，民聲。蟁，蟁或从昏，以昏時出也。蚊，俗蟁，从虫从文。"
②　"作"字原闕，今據文意補。
③　見蚰部。
④　微韻（箋本）："飛，（匪肥反。）翔。"王本："飛，（匪肥反。）翔飛。"
⑤　飛部："飛，鳥翥也。象形。"
⑥　《爾雅·釋蟲》"蜚，蠦蜰"郭璞注："蜰，即負盤，臭蟲。"
⑦　《易本命》："是故……食草者善走而愚，食桑者有絲而蛾，食肉者勇敢而捍。"
⑧　見虫部。瑄案：《説文》析"蛾"爲"从蚰，我聲。蛾，或从虫"結構。
⑨　引書誤。《爾雅·釋蟲》："蚍蜉，大螘，小者螘。"
⑩　《説文》虫部："螘，蚍蜉也。从虫，豈聲。"《爾雅》見前注。
⑪　侵韻（箋本）："麻，（力尋反。）病。"裴本、王本："麻，（力尋反。）病麻。"
⑫　《藥證病源》，不詳。
⑬　見疒部。
⑭　《説文》析"麻"同。
⑮　《説文》水部："淋，以水沃也。从水，林聲。一曰淋淋，山下水皃。"
⑯　至韻（裴本）："痢，（力至反。）病。"
⑰　見《玉篇》疒部。
⑱　《説文》闕"痢"篆。

6.071 痔病　上直里反。《玉篇》云：“後分病也。”① 《集訓》云：“下部病也。”《說文》云：“後病也。從疒，峙省聲也。”② 疒，女厄反。

6.072 瘻瘡　上盧侯反。《切韻》：“瘡，瘻也。”③ 《集訓》云：“瘡，久不瘥也。”下楚良反。《禮記》云：“頭有瘡則沐也。”④ 《說文》二字並從疒，婁、倉皆聲⑤。疒音女厄反。

6.073 髀胻　上蒲米反。古文又作䏶。《說文》：“股外也。”⑥ 又音方介反。《說文》：“從骨，卑聲。”⑦ 經文從肉作脾，俗字。下刑定反。《玉篇》云：“足跰腸前大骨也。”⑧ 《說文》云：“足胻也。”⑨ 胻音幸。跰音肥也。

6.074 瘰癧　上郎果反。《字書》曰：“筋結病也。”二字並從疒，騾、歷省聲⑩。

6.075 疥癬　上皆隘反。《周禮》云：“夏時有養疥之疾。”⑪ 《集訓》云：“風瘡也。”《文字集略》從虫作蚧。《說文》云：“搔也。從疒，介聲。”⑫ 下先剪反。《集訓》云：“癬，徙也。謂侵淫移徙也。”⑬ 《說文》：“乾瘍也。從疒，鮮聲。”⑭ 搔音掃刀反。隘音櫻介反。瘍音羊也。

6.076 疱癩　上薄教反。《說文》從皮作皰，面生熱瘡也⑮。亦作皷也。俗作皷。下來大反。《廣雅》：“癩，傷也。”⑯ 《蒼頡篇》：“痛也。”《說文》

---

① 疒部：“痔，後病也。”
② 見疒部。峙省聲也，今本作“寺聲”。
③ 候韻（裴本）：“瘻，(盧侯反。)瘡。”王本：“瘻，(盧侯反。)瘡瘻。”
④ 見《曲禮上》。
⑤ 疒部析“瘻”爲“從疒，婁聲”結構。瘡，《說文》作“刅”，刃部：“刅，傷也。從刃從一。創，或從刀，倉聲。”
⑥ 見骨部。股外，今本作“股”。
⑦ 骨部析“髀”爲“從骨，卑聲。䏶，古文髀”結構。
⑧ 足部：“胻，腓腸前骨也。《史記》曰：‘斬朝涉之胻。’”
⑨ 足部：“胻，胻也。從肉，巠聲。”
⑩ 《說文》闕“瘰、癧”篆。
⑪ 《天官·疾醫》：“疾醫掌養萬民之疾病，四時皆有痾疾。春時有痟首疾，夏時有痒疥疾，秋時有瘧寒疾，冬時有漱上氣疾。”
⑫⑭　見疒部。
⑬ 《釋名·釋喪制》：“癬，徙也。浸淫移徙處曰廣也。故青、徐謂癬爲徙也。”
⑮ 《說文》皮部：“皰，面生气也。從皮，包聲。”
⑯ 見《釋詁》。癩，今本作“瘌”。瑄案：癩、瘌異文。《集韻》曷韻：“瘌，《說文》：‘楚人謂藥毒曰痛瘌。’一曰傷也、疥也。或作癩。”

正作癘，惡疾也。從疒，厲省聲也[①]。厲，來大反。疒音女厄反。

6.077 優曇鉢羅[②]　次徒含反。梵語也。舊云優曇。正云烏曇鉢羅。此云祥瑞雲奇異天花也，世間無此花。若如來下生，金輪出現，以大福德力故，感得此花出現也。

6.078 制底[③]　下丁以反。或云制多，古云支提，皆梵音訛轉也，其實即一也。舊音義翻爲廟，謂寺宇、塔廟等也[④]。

6.079 埿揑　上奴低反。《説文》："埿，塗也。"[⑤] 言水土相雜也。尼即聲也。經文作泥，水名也。《毛詩疏》云："泥中，本衛之小邑。"[⑥] 非經用。下奴結反。《切韻》："以手搦也。"[⑦] 又：捺也。從手，涅省聲也[⑧]。59p0394a—0394b

6.080 插箭　上楚洽反。《切韻》："刺入也。"[⑨] 又作揷，皆非。《説文》從手、臿作插[⑩]。臿音同上，以干入臼也[⑪]。下煎線反。俗字也。正作箭[⑫]，本竹名也。似葦而藂生，可爲矢笴，因名矢爲箭。從竹，前聲。笴音干旦反。

大寶廣博樓閣善住秘密陁羅尼經卷中

6.081 厭禱　上於琰、於艶二反。《切韻》："著也，作也。"[⑬]《字書》：

---

① 《説文》析"癘"爲"从疒，蠆省聲"結構。

② 優曇鉢羅，梵詞 udumbara、uḍumbara，希麟譯"烏曇鉢羅"。

③ 制底，梵詞 caitya、ceṭī，希麟譯"制底耶"。

④ 慧琳音義卷二"制多"注："古譯或云制底，或云支提，皆梵語聲轉耳，其實一也。此譯爲廟，即寺宇、伽藍、塔廟等是也。"

⑤ 《説文》闕"埿"篆。

⑥ 《邶風·式微》"胡爲乎泥中"毛傳："泥中，衛邑也。"〇泥中本，原作"泥本中"，今據《詩傳》乙正。《式微》"胡爲乎泥中"朱熹集傳："泥中，言有陷溺之難，而不見拯救也。"王先謙三家義集疏："泥中，猶中路也，亦寓賤辱義。"皆言"泥中"，可爲乙正之旁證。

⑦ 屑韻（箋本、裴本）："揑，（奴結反。）捺。"王本："揑，（奴結反。）手揑，捺。"

⑧ 《説文》闕"揑"篆。

⑨ 洽韻（箋本）："插，刺。楚洽反。三。"裴本："插，楚洽反。刺也。四。"王本："插，楚洽反。刺。通俗作揷。五。"

⑩ 手部析"插"爲"从手从臿"結構。

⑪ 《説文》臼部："臿，舂去麥皮也。从臼，干所以臿之。"〇臼，原作"曰"，今據《説文》改。

⑫ 《説文》竹部："箭，矢也。从竹，前聲。"

⑬ 葉韻（箋本）："厭，惡夢。於葉反。一。"裴本："厭，扵葉反。悪夢。一。"王本："厭，於葉反。悪夢。正作魘。四。"

"魅也。"下刀老反。鄭注《周禮》云:"求福曰禱。"① 謂禱於天地社稷也。包咸注《論語》云:"謂請於鬼神也。"②《説文》云:"告事求福也。從示,壽省聲也。"③ 壽音桃也。

6.082　撚成　上年典反。《方言》云:"續也。"④ 顧野王云:"謂相接續也。"⑤《説文》:"從手,然聲。"⑥ 下市征反。《切韻》云:"畢也,就也。"⑦《説文》云:"從戊,丁聲。"⑧

6.083　輻輞　上方六反。《字書》:"車輻也。"《道德經》云:"三十輻共一轂,而無轂之用。"⑨ 下文兩反。《切韻》:"車輞也。"⑩《説文》二字並從車,畐、罔聲⑪。

6.084　苗稼　上武儦反。《切韻》:"田苗。"⑫《考聲》云:"未秀者也。"《説文》云:"從草在田上也。"⑬ 下古訝反。《詩》云:"俾民稼穡。"⑭《書》云:"種曰稼,斂曰穡。"⑮《説文》:"從禾,嫁省聲。"⑯

大寶廣博樓閣善住秘密陁羅尼經卷下

6.085　躭嗜　上又作妉,同。丁含反。《爾雅》云:"妉、般,樂也。"⑰

① 見《春官·小宗伯》"及執事禱祠于上下神示"鄭玄注。
② 《述而》"子路請禱"何晏集解引包曰:"禱,禱請於鬼神。"
③ 示部析"禱"爲"从示,壽聲。禂,禱或省。𥜫,籀文禱"結構。
④ 見卷一。
⑤ 《玉篇》手部:"撚,蹂也。"
⑥ 見手部。
⑦ 清韻(裴本):"成,市征反。七。"王本:"成,市征反。形。九。"
⑧ 戊部析"成"爲"从戊,丁聲。戌,古文成,从午"結構。
⑨ 《老子》十一章:"三十輻共一轂,當其無,有車之用。"
⑩ 養韻(箋本):"輞,(文兩反。)車輞。"裴本:"輞,(文兩反。)車罔。亦棢。"王本:"輞,(文兩反。)車輞。亦作棢。"
⑪ 車部析"輻"爲"从車,畐聲"結構。《説文》闕"輞"篆。○畐罔聲,原作"福罔省聲",今據文意改、删。
⑫ 宵韻(箋本):"苗,武儦反。二。"王本:"苗,武儦反。卉茻。二。"
⑬ 艸部析"苗"爲"从艸从田"結構。
⑭ 見《魯頌·閟宮》。
⑮ 引書誤。《洪範》"土爰稼穡"孔安國傳:"種曰稼,斂曰穡。"
⑯ 見禾部。嫁省聲,今本作"家聲"。瑄案:希麟音義引文跟今本析字不同。
⑰ 見《釋詁》。

《切韻》:"過樂也。"① 下常利反。《書》云:"甘酒嗜欲。"② 嗜亦躭也。又作
饍,同。《説文》從耳作耽③。

　　6.086　鐶釧　上又作環,同。患關反。鄭注《禮記》云:"旋也。"④ 繞
也⑤。《説文》云:"璧。肉好若一謂之環。"⑥ 郭注《爾雅》云:"肉,邊也。
好,孔也。"⑦ 謂邊孔適等也⑧。下川戀反。《東宮舊事》云⑨:"釧,臂飾也。"
《古今正字》:"從金,川聲。"⑩

　　6.087　諠吏　上俗作喧,《説文》作讙⑪,三形同。況袁反。《韻英》:"諠
譁,語聲也。"《字書》:"諠亦吏也。"下奴教反。《切韻》:"不靜也。"⑫《考
聲》:"猥吏也。"從人在市内也⑬。又作閙。俗作閙,省㫐也。59p0394b—
0394c

　　6.088　踣地　上蒲北反。又作仆,同。《爾雅》曰:"䠥,仆也。"⑭ 郭注

----

① 覃韻(箋本):"躭,丁含反。五。"裴本:"躭,丁含反。淫酖。八。"王本:"躭,丁含反。
　淫酖。七。"
② 見《五子之歌》。嗜欲,今本作"嗜音"。
③ 耳部:"耽,耳大垂也。从耳,尤聲。《詩》曰:'士之耽兮。'"瑄案:"躭嗜"之躭,義同
　《説文》"媅",女部:"媅,樂也。从女,甚聲。"○據文意及文例,"説文從耳作耽"五字
　宜置"又作媅"後、"同丁含反"前。
④ 引書誤。《周禮·春官·樂師》"環拜以鍾鼓爲節"鄭玄注引鄭司農云:"環,謂旋也。"
⑤ 繞,原作"統",今據文意改。考《玉篇》玉部:"環,繞也。"又慧琳音義凡數釋"環",
　其例都是先引《周禮》/《禮記》鄭玄注,次引《公羊傳》何休注,如卷三十一"循環"
　注:"下患關反。鄭注《周礼》云:'環,旋也。'何注《公羊傳》云:'繞也。'《説文》:
　'從玉,睘聲。'睘音還也。"皆作"繞也",可爲據改之旁證。
⑥ 見玉部。○璧,原作"壁",今據文意改。獅谷本亦作"璧"。
⑦ 《釋器》"肉倍好謂之璧"郭璞注:"肉,邊;好,孔。"
⑧ 《爾雅·釋器》"肉好若一謂之環"郭璞注:"邊孔適等。"
⑨ 《東宮舊事》,史志或作《晉東宮舊事》(《隋書·經籍志》《新唐書·藝文志》),政書體
　著作,三國吳張敞撰,凡十卷,或作十一卷(《舊唐書·經籍志》)。書已佚,清人黄奭等
　有輯本。參見《古佚書目録》頁 179。
⑩ 《説文新附》析"釧"同。
⑪ 言部:"讙,譁也。从言,雚聲。"瑄案:《説文》吅部:"吅,驚嘑也。从二口。讀若讙。"
⑫ 教韻(裴本):"吏,(奴效反。)不靜。或作閙,同。"王本:"吏,(奴效反。)不靜。亦
　作閙。"
⑬ 《説文》闕"吏"篆。
⑭ 見《釋言》。

云：“頓躓，倒仆也。”①《切韻》：“踣，斃也。”②謂前倒也。躓音竹利反，與躓音義皆同。

6.089　挀開　上恥革反。《考聲》云：“挀亦開也。”《字書》：“裂也。”《古今正字》作挧，從手，赤聲③。亦作𢭃④。經文作揳，非也。若從石作磔，音張革反。亦開也。

菩提場莊嚴陀羅尼一卷⑤

6.090　筏羅疿斯⑥　疿音儜軋反。梵語，國名也。或云婆羅疿斯，古經云波羅奈國是也⑦。

6.091　踰繕那⑧　上羊朱反，次音善。梵語也。或云踰闍那，古云由旬，皆訛略也。正云踰繕那。即上古聖王軍行一日程也。諸經論中互説里數不同，或云四十里，或云三十里，或唯十六里。蓋以聖王行有遲速⑨，或取肘量，或以古尺，雖各有異見，終是王軍一日行程也。案：《西域記》三十里爲定⑩。以玄奘法師親考遠近，撰此行記奉對太宗皇帝所問，其言不謬矣。

6.092　樺皮　上胡罵反。《文字集略》云：“山木名也。”堪爲燭者。其中有赤、白、麤、細。彼五天竺國元無紙素，或裁以貝多葉，或多羅葉⑪，或白細樺皮，用書梵夾，如中國古人作竹簡之類也。字從木華聲也⑫。

---

① 《釋言》“躓，仆也”郭璞注：“頓躓，倒仆。”
② 德韻（裴本）：“踣，（傍北反。）蔽也，倒地。出《尔疋》。”
③ 《説文》析“挀”同。
④ 𢭃，原作“肵”，獅谷本注“肵當作𣂪”，今據文意改。
⑤ 《菩提場莊嚴陀羅尼》，大正藏作《菩提場莊嚴陀羅尼經》，密教部典籍（T19,No.1008），唐釋不空奉詔譯，凡一卷。
⑥ 筏羅疿斯，梵詞 Vārāṇasī。
⑦ “也”字原闕，今據文意補。
⑧ 踰繕那，梵詞 yojana。
⑨ “聖王”前原衍“或”字，今據文意删。
⑩ 《大唐西域記》卷第二：“夫數量之稱，謂踰繕那。舊曰由旬。又曰踰闍那，又曰由延，皆訛略也。踰繕那者，自古聖王一日軍行也。舊傳一踰繕那四十里矣，印度國俗乃三十里，聖教所載唯十六里。”
⑪ “葉”字原闕，今據文意補。
⑫ 《説文》闕“樺”篆。

6.093　輪橖　下澤耕反。《字書》云：“橖，柱也。”亦作樘。《説文》亦云：“柱也。從木，堂聲。”^①案：輪橖，即塔上持露盤之柱杆也。《十二因緣經》云：“八人得起塔，從如來下至輪王八露盤已上皆是佛塔，自輪王已下安一露盤，見之不得禮，以非聖塔故。”^②

6.094　均亭　上居匀反。《字書》：“均，平也。”下特丁反。《考聲》：“亭亦平也。”今亭子取其四面亭均也。均從土匀聲^③，亭從高省丁聲^④。經從金作鈞，謂三十斤也^⑤；亭從人作停，謂儸也^⑥。並非畫壇四角均亭字也。

文殊問字母品一卷^⑦　此是梵字悉談，無可訓釋。
觀自在菩薩説普賢陁羅尼經一卷^⑧　59p0395a

6.095　纔聞　上正作纔，從毚^⑨，音在栽反^⑩。《廣雅》：“纔，暫也。”^⑪《東觀漢記》云：“僅也，不久也。”^⑫毚音士咸反。

6.096　摩挱　上莫婆反。《玉篇》：“以手摩挱也。”^⑬挱音索柯反。下莫奔反。《説文》：“捫，即撫持也。”^⑭《聲類》云：“捫亦摸也。”二字並從手，麻、門聲也^⑮。

---

① 見木部。
② 《法苑珠林》卷第三十七引《十二因緣經》：“有八人得起塔：一如來，二菩薩，三緣覺，四羅漢，五那含，六斯陀含，七須陀洹，八輪王。若輪王已下起塔安一露槃，見之不得禮，以非聖塔故。初果二露槃，乃至如來安八露槃。八已上並是佛塔。”
③ 《説文》析“均”爲“從土從匀，匀亦聲”結構。
④ 《説文》析“亭”同。○從高省丁聲，原作“從高丁省聲”，今據《説文》乙正。
⑤ 《説文》金部：“鈞，三十斤也。从金，匀聲。鎢，古文鈞，从旬。”
⑥ 《説文新附》：“停，止也。从人，亭聲。”
⑦ 《文殊問字母品》，大正藏作《文殊問經字母品第十四》，經集部典籍（T14,No.0469），唐釋不空奉詔譯，凡一卷。
⑧ 《觀自在菩薩説普賢陁羅尼經》，密教部典籍（T20,No.1037），唐釋不空奉詔譯，凡一卷。
⑨ 《説文》析“纔”爲“從糸，毚聲”結構。
⑩ 栽，獅谷本注“栽當作裁”。
⑪ 見《釋言》。
⑫ 不詳。
⑬ 手部：“摩，研也。”
⑭ 見手部。“即”字今本闕。
⑮ 《説文》析“摩”爲“從手，麻聲”結構，析“捫”爲“從手，門聲”結構。

佛説除一切疾病陁羅尼經一卷①

6.097　痰癊　上淡甘反。《考聲》云：“鬲中水病也。”《説文》：“從疒，炎聲。”②下邑禁反。《字林》作瘖，心中淡水病也。《韻詮》云：“癊亦痰也。”二字互訓，從疒陰聲也③。經文從草作蔭，非也。

6.098　痔病　上直里反。《説文》云：“後病也。”④前《寶樓閣經》上卷中已釋⑤。

6.099　瘷瘧　上桒奏反。《考聲》云：“瘷，氣衝喉病也。”《蒼頡篇》：“寒熱爲病也。”《文字典説》：“從疒，欶聲。”⑥欶音同上。經文從口作嗽，非。下魚約反。《切韻》：“痁疾也。”⑦《字書》：“從疒，虐聲。”⑧經文單作虐，苛酷也，非痁疾義。苛音何。酷音哭。痁音失廉反。

三十五佛禮懺文一卷⑨　　無字可音訓

能除一切眼疾陁羅尼經一卷⑩

6.100　瞖瞙⑪　上於計反。《説文》：“目中瞖也。從目、殹。”⑫形聲字

---

① 《佛説除一切疾病陁羅尼經》，大正藏作《除一切疾病陀羅尼經》，密教部典籍（T21,No.1323），唐釋不空奉詔譯，凡一卷。
② 《説文》闕“痰”篆。
③ 《説文》闕“癊”篆。
④ 見疒部。
⑤ 見6.071“痔病”。瑄案：“痔病”見《大寶廣博樓閣善住祕密陀羅尼經》卷第一：“諸支分病：手病、背病、腰病、臍病、痔病、淋病。”
⑥ 《説文》闕“瘷”篆。
⑦ 藥韻（殘葉、裴本）：“瘧，（魚約反。）病。”
⑧ 《説文》析“瘧”爲“从疒从虐，虐亦聲”結構。
⑨ 《三十五佛禮懺文》，大正藏作《佛説三十五佛名禮懺文》，並注云：“出《烏波離所問經》。”寶積部典籍（T12,No.0326），唐釋不空奉詔譯，凡一卷。○此經卷目在“能除一切眼疾陁羅尼經”後。
⑩ 《能除一切眼疾陁羅尼經》，大正藏作《能淨一切眼疾陀羅尼經》，密教部典籍（T21,No.1324），唐釋不空奉詔譯，凡一卷。
⑪ “瞖瞙”見《能淨一切眼疾陀羅尼經》：“持此淨眼陀羅尼者，患眼瞖瞙浮暈。”
⑫ 《説文》闕“瞖”篆。

也。經文從羽作翳,非眼醫字也。下音莫。《字書》云:"目不明也。"《釋名》云:"瞙,幕也。如隔障幕也。"① 《文字集略》從目作瞙。經文從月作膜,謂皮内肉外筋膜也②。

6.101 眼脈　上五限反。《釋名》云:"眼,限也。謂視物有限也。"③ 從目,限省聲④。下莫獲反。《切韻》:"血脈也。"⑤《釋名》云:"脈,幕也。謂絡幕一體也。"⑥《説文》:"從肉,派省聲。"⑦ 經文作脉,俗字也。

八大菩薩曼荼羅經一卷⑧　　并讚

6.102 曼荼羅⑨　上母官反。梵語也。或云曼拏攞,或云滿拏羅,亦云曼吒羅,一也。此云衆聖集會,義翻也,即今壇是也。59p0395b

6.103 拓鉢⑩　上他各反。《切韻》:"手承物也。"⑪ 下北末反。《字書》或作盋,同。 即盂器也。《圖澄傳》云:"澄燒香咒鉢,須臾生青蓮花。"⑫《西域志》云⑬:"佛鉢,在乹他越國也。"

6.104 三界冥　下莫經反,又莫定反。《爾雅》:"晦也。"⑭《切韻》:"暗也,夜也。"⑮《説文》云:"月從十六日始冥,故字從六、日,冖音覓聲

---

① 瞙,《釋名》作"膜",《釋形體》:"膜,幕也。幕絡一體也。"
② 《説文》肉部:"膜,肉閒胅膜也。从肉,莫聲。"
③ 見《釋形體》:"眼,限也。瞳子限限而出也。"
④ 《説文》析"眼"爲"从目,艮聲"結構。○"省"字原闕,今據文意及文例補。
⑤ 麥韻(篆本、王本)、隔韻(裴本)"脉,(莫獲反。)血脉。"
⑥ 《釋形體》:"膜,幕也。幕絡一體也。"
⑦ 脈,《説文》字頭作"衇",辰部:"衇,血理分衺行體者。 从辰从血。 脈,衇或从肉。 脈,籀文。"
⑧ 《八大菩薩曼荼羅經》,大正藏作《八大菩薩曼荼羅經》,密教部典籍(T20,No.1167),唐釋不空奉詔譯,凡一卷。
⑨ 曼荼羅,梵詞 maṇḍala。
⑩ 鉢,梵詞 pātra 的略譯。
⑪ 昔韻(王本):"摭,(之石反。)拾。或作拓。"
⑫ 《高僧傳·竺佛圖澄傳》:"即取應器盛水燒香咒之,須臾生青蓮花,光色曜目。"
⑬ 《西域志》,或稱《西域記》《西域傳》,地理類著作,釋道安撰,書已佚,《藝文類聚》《通典》《太平御覽》《水經注》等有零星徵引。參王守春《釋道安與〈西域志〉》。
⑭ 《釋言》:"晦,冥也。"
⑮ 青韻(篆本):"冥,暗。莫經反。九。"裴本:"冥,莫經反。暗。十四。"王本:"冥,莫經反。暗。冖音局,從日從六。通俗作冥。十二。"

也。"① 亦覆蓋之形也。經從水作溟,即溟濛,小雨皃。又:溟,海也②。非冥暗也。又有從宀具作㝠,非本字。宀音莫仙反。

葉衣觀自在菩薩經一卷③

6.105 祝詛　上之受反。《説文》作詋,亦詛也④。今作呪,俗字。下側據反。古文作䛅。《釋名》云:"祝,屬也,以善惡之辭相屬著也。""詛,阻也,謂使人行事阻限於言也。"⑤經文從口作咀,音才與反。咀嚼也。非經義也。

6.106 鉞斧　上員厥反,下方矩反。《字林》云:"鉞,玉斧。"《尚書·牧誓》云:"王左杖黄鉞。"⑥孔氏傳云:"鉞,以黄金飾斧也。左手杖鉞,示無事於誅也。"⑦《説文》:"從金,戉聲。"⑧戉音同上,從戈,丿聲⑨。丿音厥。

6.107 蹋處　上徒合反。《切韻》:"蹴也。"⑩顧野王云:"蹋,踐也。"⑪《字林》:"蹋也。"經文從沓作踏,亦通。沓音同上。從水⑫,不從水。氺,古文別字也。

---

① 冥部:"冥,幽也。从日从六,宀聲。日數十。十六日而月始虧幽也。"
② 《廣韻》青韻:"溟,海也。"
③ 《葉衣觀自在菩薩經》,密教部典籍(T20,No.1100),唐釋不空奉詔譯,凡一卷。
④ 言部:"詋,禱也。从言,州聲。""詛,詋也。从言,且聲。"
⑤ 《釋飲食》:"祝,屬也。以善惡之詞相屬著也。""詛,阻也。使人行事阻限於言也。"○"事"字原闕,今據《釋名》補。
⑥ 《牧誓》:"王左杖黄鉞,右秉白旄以麾。"
⑦ 《牧誓》"王左杖黄鉞,右秉白旄以麾"孔安國傳:"鉞,以黄金飾斧。左手杖鉞,示無事於誅。右手把旄,示有事於教。"○"金"字原闕,今據《書傳》補。《文選·任昉〈齊竟陵文宣王行狀〉》"可追崇假黄鉞"李善注引《尚書》"王左杖黄鉞"孔安國曰:"鉞,以黄金飾斧。"慧琳音義卷三十"鉞斧"注引孔注《尚書》:"鉞,以黄金飾斧也。"卷四十一"鉞斧"注:"上袁厥反。古者君及大將執之以威衆。以黄金飾之謂之黄鉞。"卷八十五"黄鉞"注引孔注《尚書》:"以黄金飾斧也。"皆引作"黄金",可爲據補之旁證。
⑧ 見金部。瑄案:《説文》戉部"戉"下徐鉉等曰:"(戉,)今俗別作鉞,非是。"
⑨ 《説文》析"戉"同。
⑩ 盍韻(王本):"蹋,徒盍反。踐。"裴本:"蹋,徒盍反。踐蹋。四。"王一:"蹋,徒盍反。踐。六。"
⑪ 見《玉篇》足部。
⑫ 《説文》析"沓"爲"从水从曰"結構。

6.108 上鐫　下子泉反。《切韻》:"鑽也,斲也。"①《説文》:"破木也。"②又曰:琢金石也。從金,雋聲③。雋音徂充反,從隹、卧弓④。有作雟,非本字。

6.109 粉捏　上芳刎反。米糲也。《博物志》云⑤:"尉燒鉛作胡粉也。"下奴結反。《字書》:"以手按搦也。"從手,呈聲⑥。呈音同上。

毗沙門天王經一卷⑦

6.110 毗沙門⑧　梵語也。或云毗舍羅婆拏,或云吠室囉末拏。此譯云普聞,或云多聞。其王最富寶物,自然衆多,人聞故也。主領藥叉、羅刹⑨。藥叉,此云傷,謂能傷害人。59p0395b—0395c

6.111 振多摩尼⑩　或云真多末尼,皆梵語輕重也。此譯云如意珠是也。

呵利帝母真言法一卷⑪

6.112 呵利帝⑫　梵語也。或云呵里底⑬。上借音呼可反,底音丁以

---

① 仙韻(箋本):"鐫,鑽斲。子泉反。一。"王本:"鐫,子泉反。鑽斲。亦作鋑。通俗作鐫。二。"○也斲,原作"反",今據文意改、補。獅谷本注:"鑽下也脱,反當作斲。"

②③　金部:"鐫,穿木鐫也。从金,雋聲。一曰琢石也。讀若瀱。"

④ 《説文》析"雋"爲"从弓,所以射隹"結構。

⑤ 《博物志》,典故類著作,西晉張華撰,凡十卷(《隋書·經籍志》),分載山川地理、飛禽走獸、人物傳記、神話方術等。書有散佚,清人王仁俊等有輯本(參見《古佚書目録》頁253)。中華書局1980年出版之《博物志校證》(范寧校證)較便使用,王根林等校點《博物志(外七種)》(上海古籍出版社2012年)是其最新整理本。

⑥ 《説文》闕"捏"篆。

⑦ 《毗沙門天王經》,密教部典籍(T21,No.1244),唐釋不空奉詔譯,凡一卷。瑄案:大正藏收録有宋釋法天譯《佛説毗沙門天王經》,密教部典籍(T21,No.1245),凡一卷。

⑧ 毗沙門,梵詞 Vaiśravaṇa,希麟譯"薜室羅末拏"。

⑨ 藥叉,梵詞 yakṣa。羅刹,梵詞 rākṣasa。

⑩ 振多摩尼,梵詞 cintā-maṇi。

⑪ 《呵利帝母真言法》,大正藏作《訶利帝母真言經》,密教部典籍(T21,No.1261),唐釋不空奉詔譯,凡一卷。

⑫ 呵利帝,梵詞 Hārītī。

⑬ "云"字原闕,今據文意補。

反。此譯云歡喜,或云天母也。

6.113 斷緒　上徒管反。《切韻》:“絕也。”① 《説文》:“截也。 從斤、
𢇍。”② 會意字。𢇍,古文絕字。繼字亦從𢇍③。 經文作斷,省畧。 或作断,
俗用也。 下徐吕反。 引緒也④。《切韻》:“由緒也。”⑤《字書》:“續也。” 又:
繭緒也。 從糸,者省聲⑥。

6.114 甘脃　下詮歲反。《廣雅》:“脃,弱也。”⑦《玉篇》:“懦也。”⑧
《説文》:“肉耎易斷也。 從肉,絕省聲。”⑨ 古文作脆,亦同。 經文從危作
脆,非。

求拔焰口餓鬼陁羅尼經一卷⑩

6.115 針鋒　上職林反。 又作鍼,同。《説文》云:“綴衣針也。”⑪《管
子》曰:“女子有一針一刀一錐,然後成爲女也。”⑫ 下敷容反。《切韻》云:
“劒刃也。”⑬ 亦利也。 從金夆聲也⑭。

---

① 翰韻(裴本):“斷,(都乱反。)決獄。 又都管反。 又徒管反。 一。” 王本:“斷,(都亂
　　反。)決獄。”
② 斷,《説文》字頭作“斷”,斤部:“斷,截也。 从斤从𢇍。 𢇍,古文絕。 㫁,古文斷,从
　　皀。 皀,古文叀字。《周書》曰:‘㫁㫁猗無他技。’ 劁,亦古文。”
③ 《説文》析“繼”爲“从糸、𢇍。 一曰反𢇍爲繼”結構。
④ 《文選·王僧達〈祭顏光祿文〉》“嘯歌琴緒”李善注:“緒,引緒也。”
⑤ 語韻(裴本):“緒,(徐舉反。)絲緒,緒端。” 王本:“緒,(徐吕反。)業緒。”
⑥ 《説文》析“緒”爲“从糸,者聲”結構。
⑦ 見《釋詁》。
⑧ 肉部:“脃,《説文》曰:‘小耎易斷也。’ 脆,同上,俗。”
⑨ 肉部:“脃,小耎易斷也。从肉,从絕省。”
⑩ 《求拔焰口餓鬼陁羅尼經》,大正藏作《佛説救拔焰口餓鬼陀羅尼經》,密教部典籍
　　(T21,No.1313),唐釋不空奉詔譯,凡一卷。○求拔,卷目作“救拔”。
⑪ 竹部:“箴,綴衣箴也。从竹,咸聲。” 瑄案:《説文》金部:“鍼,所以縫也。从金,咸聲。”
⑫ 《輕重乙》:“一女必有一刀、一錐、一箴、一鉥,然後成爲女。 請以令斷山木,鼓山鐵,
　　是可以毋籍而用足。”
⑬ 鍾韻(箋本):“鋒,(敷容反。)刃端。”裴本:“鋒,(敷容反。)兵刃端。”王本:“鋒,(敷
　　容反。)刃類。亦作鏠。”
⑭ 鋒,《説文》作“鏠”,金部:“鏠,兵岗也。从金,逢聲。”

6.116　枯醮　上苦姑反。《切韻》：“朽也。”① 從木古聲也②。下即消反。《説文》云：“面皮枯黑也。從面、焦。”③ 形聲字。經文從火作燋，謂燒物傷火也。

金剛頂蓮花部心念誦法一卷④

6.117　户樞　下昌朱反。郭璞注《爾雅》云：“門户扉樞也。”⑤ 韓康伯云：“樞機，制動之主也。”⑥《廣雅》：“樞，本也。”⑦《説文》：“從木，區聲。”⑧ 區音豈俱反，域也。

6.118　左筶　下且夜反。《埤蒼》云：“逆插搶也。”從竹且聲也⑨。

6.119　掣開　上昌世反。《説文》：“引而縱之也。”⑩《爾雅》曰：“掣曳也。”⑪ 郭注云：“謂牽抽也。”⑫ 曳音餘世反。抴音他。二字俗。或入聲。

6.120　搚擲　上簁鄒反。《考聲》：“以手指鉤也。”經文作抲⑬，俗字。非。59p0395c—0396a

6.121　撼手　上含感反。《廣雅》：“撼，動也。”⑭《説文》云：“搖也。從手，感聲。”⑮

---

① 模韻（篆本）：“枯，苦胡反。三。”王本：“枯，苦胡反。死木。亦作殆。（七。）”
② 《説文》析“枯”同。
③ 見面部。面皮枯黑也，今本作“面焦枯小也”。
④ 《金剛頂蓮花部心念誦法》，疑即大正藏《金剛頂蓮華部心念誦儀軌》，密教部典籍（T18,No.0873），唐釋不空奉詔譯，凡一卷。瑄案：慧琳音義卷四十二亦見《金剛頂蓮花部心念誦法》之音義，其標識是“金剛頂瑜伽蓮花部心念誦法”。此係希麟新作。
⑤ 見《釋宫》“樞謂之椳”注。
⑥ 見《繫辭上》“言行，君子之樞機”注。
⑦ 見《釋詁》。
⑧ 見木部。
⑨ 《説文》闕“筶”篆。
⑩ 掣，《説文》作“瘛”，手部：“瘛，引縱曰瘛。从手，瘛省聲。”
⑪ 《釋訓》：“甹夆，掣曳也。”
⑫ 《釋訓》“甹夆，掣曳也”郭璞注：“謂牽拕。”
⑬ 抲，獅谷本注“抲當作捽”。
⑭ 見《釋詁》。
⑮ 撼，《説文》作“搣”，手部：“搣，搖也。从手，咸聲。”瑄案：《説文》“搣”字下徐鉉等曰：“今别作撼，非是。胡感切。”

金剛頂瑜伽千手千眼觀自在菩薩念誦儀一卷①

6.122 沈溺　上直林反②。《切韻》：“没也。”③《字書》：“濁也。”又：下也。《説文》：“從水冘聲也。”④冘音淫。經文作沉，非。下正作溺，古文作㲻⑤，同。乃曆反。《説文》：“溺，亦没也。從人没在水也。”⑥

6.123 掣拍　上昌列反。挽也。又音昌世反。前已釋訖⑦。下普伯反。以手撫也。

6.124 捶擊　上之累反。《考聲》云：“亦擊也。”下古歷反。《切韻》：“打也。”⑧《説文》：“從手毄聲也。”⑨

6.125 賀穆⑩　下音桒感反。經作㗚，真言句也，不求字義。

6.126 谷響　上古屋反。《切韻》：“山谷也。”⑪又：養也⑫。《老子》云：“谷神不死，是爲玄牝也。”⑬又音欲。下許兩反。《字林》：“聲響也。”《切韻》：“響，應也。”⑭《説文》：“從音，鄉聲。”⑮

6.127 挬兩　上恥革反。《考聲》云：“挬亦開也。”又：裂也。《古今正

───────────

① 《金剛頂瑜伽千手千眼觀自在菩薩念誦儀》，大正藏作《金剛頂瑜伽千手千眼觀自在菩薩修行儀軌經》，密教部典籍（T20,No.1056），唐釋不空奉詔譯，凡二卷。瑄案：慧琳音義卷四十二亦見《金剛頂瑜伽千手千眼觀自在菩薩念誦儀》之音義，其標識是“金剛頂瑜伽千手千眼觀自在菩薩修行儀軌澛”。此係希麟新作。

② “上”字原闕，今據文意補。獅谷本亦著“上”字。

③ 侵韻（殘葉）：“沈，除深反。四。”篋本：“沉，除深反。四。”裴本：“沉，除深反。没也。亦式稔反。姓也。六。”王本：“沉，除深反。没。又或撚桃反，人姓。俗以出頭作姓隸。四。”

④ 見水部。

⑤ 《説文》水部：“㲻，没也。从水从人。”

⑥ 水部：“溺，水。自張掖删丹西，至酒泉合黎，餘波入于流沙。从水，弱聲。桑欽所説。”

⑦ 見6.119“掣開”。

⑧ 錫韻（篋本）：“擊，（古歷反。）打。”王本：“擊，（古歷反。）拆打。”

⑨ 見手部。

⑩ ［唵迦嚕抳賀賀］賀穆，梵音 oṃ karuṇika ha ha ha sva。

⑪ 屋韻（篋本、裴本）：“谷，（古鹿反。）山谷。”王本：“谷，（古鹿反。）深嵼。”

⑫ 《老子》六章“谷神不死”河上公注：“谷，養也。”

⑬ 《老子》六章：“谷神不死，是謂玄牝，玄牝之門，是謂天地根。”爲，今本作“謂”。

⑭ 養韻（王本）：“響，許兩反。亦作響。五。”

⑮ 見音部。

字》作抶,從手,赤聲①。古文作㧊,音同上。下正體門字也。《説文》:"從門开聲也。"②二户爲門③,二干爲开④。开音牽。

　　6.128 不憚　下徒旦反。《切韻》:"憚,怨也。"⑤又:惡也。《論語》云:"過則勿憚改。"⑥注云:"憚,難也。"⑦《説文》:"從心單聲也。"⑧

　　6.129 鉞斧　上袁月反,下方矩反。前《葉衣觀自在經》中已釋⑨。

　　6.130 鷄鴈　上又作雞,同。古奚反。《説文》云:"鷄,知時之畜也。"⑩郭璞注《爾雅》云:"陽溝巨鶤,皆古之名鷄也。"⑪鶤音昆。下五晏反。《禮記》曰:"季秋之月,鴻鴈來賓。"⑫鄭箋《毛詩》云:"大曰鴻,小曰鴈。"⑬《爾雅》曰:"舒鴈,鵝也。"⑭

金剛頂勝初瑜伽普堅菩薩念誦法－卷⑮

　　6.131 阿閦鞞⑯　閦,或作閦,同。初六反。鞞,或作鞞,同。薄迷反。梵語也。古云阿插,皆非正音也。依梵本,惡蒭毗夜,此云無動,即東方無

---

① 《説文》析"抶"同。
② 門部析"開"爲"从門从开。闢,古文"結構。
③ 《説文》門部:"門,聞也。从二户。象形。"
④ 《説文》开部:"开,平也。象二干對構,上平也。"
⑤ 翰韻(裴本):"憚,徒旦反。難。四。"。王本:"憚,徒旦反。懼。三。"
⑥ 見《學而》。
⑦ 《學而》"過則勿憚改"何晏集解引鄭曰:"憚,難也。"
⑧ 見心部。
⑨ 見6.106"鉞斧"。瑄案:"鉞斧"見《葉衣觀自在菩薩經》:"左第一手持鉞斧,第二手持羂索。"
⑩ 鷄,《説文》字頭作"雞",隹部:"雞,知時畜也。从隹,奚聲。鷄,籒文雞,从鳥。"
⑪ 《釋畜》"雞三尺爲鶤"郭璞注:"陽溝巨鶤,古之名雞。"○名鷄,原作"鷄名",今據《爾雅》郭璞注乙正。
⑫ 《月令》:"季秋之月,日在房 …… 鴻鴈來賓,爵入大水爲蛤,鞠有黃華,豺乃祭獸戮禽。"○季秋之月,原作"孟春之月",今據《禮記》改。
⑬ 引書誤。《小雅·鴻鴈》"鴻鴈于飛"毛傳:"大曰鴻,小曰鴈。"
⑭ 見《釋鳥》。
⑮ 《金剛頂勝初瑜伽普堅菩薩念誦法》,大正藏作《金剛頂勝初瑜伽普賢菩薩念誦法》,密教部典籍(T20,No.1123),唐釋不空奉詔譯,凡一卷。○普堅,卷目作"普賢"。
⑯ 阿閦鞞,梵詞 Akṣobhya,希麟譯"惡蒭毗夜"。

動如來也。毗夜二字都合一聲呼也。59p0396a—0396b

6.132　珂雪　上苦何反。《説文》：“貝屬也。從玉可聲也。”①《字書》：“以白貝飾馬腦也。”下雪字，從彐音手也②。

6.133　彎弓　上縮關反。《蒼頡篇》云：“引弓也。”《古今正字》：“開弓放箭也。”從弓戀聲也③。戀音孌。下弓字，《説文》：“像弓之形。”④《釋名》云：“弓，穹也。張之穹隆也。”⑤經作弓⑥，或作弓⑦，皆誤書字也。

6.134　箜篌　上苦紅反，下胡溝反。樂器名也。《世本》云：“師延所作靡靡之音也。”《漢書》云：“靈帝好胡服，作胡箜篌也。”⑧二字並從竹，空、侯皆聲也⑨。

6.135　攜索　上户珪反。《切韻》：“提也。”⑩又：離也。《説文》：“從手雟聲也。”⑪經文作携，或作隽，皆非本字。下蘇各反。《方言》：“繩之別名也。”⑫

無量壽如來念誦修觀行儀軌—卷⑬

6.136　茅薦　上莫包反。《切韻》：“草名也。”⑭《爾雅》云：“茅，明

---

① 《説文新附》：“珂，玉也。从玉，可聲。”
② 《説文》闕“雪”篆。
③ 《説文》析“彎”同。
④ 弓部：“弓，以近窮遠。象形。古者揮作弓。《周禮》六弓：王弓、弧弓，以射甲革甚質；夾弓、庾弓，以射干侯鳥獸；唐弓、大弓，以授學射者。”
⑤ 《釋兵》：“弓，穹也。張之弓隆然也。”
⑥ 弓，原作“弓”，今據文意改。獅谷本注“案弓音宫弓音乃”。《字彙》弓部：“弓，古文乃字，與上弓字不同。”參徐時儀（2012:2291注［三〇］）。
⑦ 弓，原作“弓”，今據文意改。獅谷本注“弓音撼”。《説文》又部：“及，逮也。从又从人……弓，亦古文及。”獅谷本注“案弓音宫弓音乃弓音撼”。徐時儀（2012:2291注［三一］）疑當作“弓”，可備一説。
⑧ 不詳。瑄案：《史記》“箜篌”一見，《漢書》無見。
⑨ 《説文》闕“箜、篌”篆。
⑩ 齊韻（王本）：“攜，户圭反。十五。”
⑪ 見手部。
⑫ 不詳。
⑬ 《無量壽如來念誦修觀行儀軌》，大正藏作《無量壽如來觀行供養儀軌》，密教部典籍（T19,No.0930），唐釋不空奉詔譯，凡一卷。
⑭ 肴韻（箋本）：“茅，莫交反。四。”王本：“茅，莫交反。草，似藺。六。”

也。”①郭注引《左傳》云：“前茅慮無也。”②下作甸反。《考聲》云：“薦，進

也。”《切韻》：“草薦席也。”③《古今正字》並從草，矛、鳶聲④。鳶音同上。

　　6.137 庳脚　上音婢。《切韻》：“下也。”⑤《玉篇》：“短也，下屋也。”⑥

《左氏》：“宮室卑庳，無觀臺榭也。”⑦《説文》從土作埤，伏舍也⑧。又音卑。

經文從示作裨，助也。非經義也。

　　6.138 指𢃇　下古了反。《切韻》：“以絹𢃇脛也。”⑨亦纏𢃇也。從巾，

敫聲⑩。敫音羊灼反。經文從糸作繳⑪，音灼，非指𢃇義。

　　6.139 牆形　上匠羊反。《聲類》云：“牆，垣也。”《説文》：“牆，垣蔽

也。從嗇爿聲也。”⑫爿音同上。經文作墻、廧、𡟎三形，皆非。

　　6.140 車輿　上九魚反。《切韻》：“車輿也。”⑬《詩》云：“輶車鸞

────────

① 見《釋草》。

② 《釋草》“茅，明也”郭璞注：“《左傳》曰：‘前茅慮無。’”瑄案：“前茅”句見《宣公十二
　年》：“蔿敖爲宰，擇楚國之令典，軍行，右轅，左追蓐，前茅慮無，中權，後勁。”

③ 霰韻(裴本)：“薦，(作見反。)上進也。倈一百物曰薦。又臻也。䐈薦，所食草名。又
　薦席也。”王本：“薦，(作見反。)此薦舉字。今作席薦字也。”

④ 《説文》析“茅”爲“从艸，矛聲”結構，析“薦”爲“从鳶从艸”結構。○“矛”字原闕，
　今據文意補。

⑤ 紙韻(篆本)：“庳，(便俾反。)下。或作埤。”裴本：“庳，(避尒反。)下。亦埤。又音
　被。”王本：“庳，(便俾反。)下。或作堺。又音被。”

⑥ 广部：“庳，短也，卑下屋也。”○下屋，原作“屋下”，今據《玉篇》乙正。《説文》广部
　“庳”字下徐鍇繫傳：“低小屋也。”希麟音義卷六“庳脚”注引顧野王云：“卑下也。”
　或言“低下”，或言“卑下”，可爲乙正之旁證。

⑦ 《襄公三十一年》：“宮室卑庳，無觀臺榭，以崇大諸侯之館。”○無觀臺榭，原作“無臺
　觀”，今據《左傳》補正。“無觀臺榭”孔穎達疏：“《釋宮》云：‘四方而高曰臺，有木者
　謂之榭。’李巡曰：‘臺上有屋謂之榭。’然則臺榭皆高，可升之以觀望。言無觀望之
　臺榭也。”可爲補正之旁證。

⑧ 《説文》广部：“庳，中伏舍。从广，卑聲。一曰屋庳。或讀若逋。”土部：“埤，增也。从
　土，卑聲。”

⑨ 嘯韻(裴本)：“𢃇，行縢。又古鳥反。”嘯韻(王本)：“𢃇，行縢。又古鳥反。”

⑩ 《説文》闕“𢃇”篆。

⑪ 繳，《説文》字頭作“繁”，糸部：“繁，生絲縷也。从糸，敫聲。”

⑫ 嗇部：“牆，垣蔽也。从嗇，爿聲。牆，籀文从二禾。牆，籀文亦从二來。”垣蔽，今本作
　“垣蔽”。○牆垣，原作“垣牆”，今據《説文》乙正。説詳 2.039 “垣牆”注。

⑬ 麻韻(王本)：“車，昌遮反。居。二。”

鑣。”① 下洛故反。《釋名》曰：“天子所乘曰輅。”②《大戴禮》云：“古之車輅
也。”③ 從車，路省聲也④。

金剛頂經一字頂輪王念誦儀—卷⑤

6.141 怯弱　上去劫反。《切韻》：“怯，怕也。”⑥《字林》云：“懼也。”
從心去聲也⑦。下而矤反。顧野王云：“弱，尪也。”⑧《韻英》云：“劣也。”從
弜水省⑨。弜音強。水音別。59p0396b—0396c

6.142 固恪　上古誤反。《切韻》：“堅也。”⑩ 又：牢也。《說文》：“蔽
也。”⑪ 郭注《爾雅》云：“掔然，牢固之意也。”⑫ 掔音慳。下良刃反。《字書》：
“鄙財物也。”或作悋，亦通。上固，經文作顧，謂迴視也⑬。非本字也。

6.143 荳蔲　上徒候反，下呼候反。《切韻》：“荳蔲，藥名也。”⑭《本
草》云：“實如李實，味辛而香，可食，令人益氣止瀉。”二字並從草，豆、寇
皆聲⑮。經文單作豆，乃穀豆之字，非藥名也。

---

① 見《秦風·駟驖》。
② 見《釋車》。輅，今本作“路”。瑄案：《廣韻》暮韻：“輅，車輅。《釋名》曰：‘天子乘玉
　輅，以玉飾車也。輅亦車也。謂之輅者，言行於道路也。”亦引作“輅”。
③ 《保傅》：“古之爲路車也，蓋圓以象天，二十八橑以象列星，軫方以象地，三十輻以象
　月。故仰則觀天文，俯則察地理，前視則睹鸞和之聲，側聽則觀四時之運，此巾車教
　之道也。”瑄案：《周禮·考工記·輈人》：“軫之方也，以象地也；蓋之圜也，以象天也；輪
　輻三十，以象日月也。”
④ 《說文》析“輅”爲“從車，各聲”結構。
⑤ 《金剛頂經一字頂輪王念誦儀》，大正藏作《一字頂輪王念誦儀軌》，密教部典籍
　（T19，No.0954A、0954B），唐釋不空奉詔譯，凡一卷。
⑥ 業韻（裴本）：“怯，去劫反。亦㹤。一。”王本：“怯，去劫反。多恐。一。”
⑦ 怯，《說文》字頭作“㹤”，犬部：“㹤，多畏也。從犬，去聲。怯，杜林說：‘㹤從心。’”○
　“去”後原衍“弱”字，今據文意刪。
⑧ 《玉篇》尢部：“弱，尪劣也。”
⑨ 《說文》析“弱”爲“上象橈曲，彡象毛氂橈弱也。弱物并，故從二弓”結構。
⑩ 暮韻（王本）：“固，堅。”
⑪ 口部：“固，四塞也。從口，古聲。”蔽也，今本作“四塞也”。
⑫ 《釋詁》“掔，固也”郭璞注：“掔然，亦牢固之意。”
⑬ 《說文》頁部：“顧，還視也。從頁，雇聲。”○也，原作“文”，今據文意改。
⑭ 候韻（裴本）：“蔲，呼候反。荳蔲。五。”王本：“蔲，呼候反。荳蔲。七。”
⑮ 《說文》闕“荳、蔲”篆。

6.144 盪滌　上徒朗反。《切韻》:"盪,摇動也。"[①]《易》曰:"八卦相盪滌也。"[②]《考聲》:"洗盪也。"從皿,湯在其上[③]。會意字。皿,明丙反。經文從草作蕩,藥名也。非此用。下徒歷反。《切韻》:"淨也。"[④]亦除也,洗滌也。

6.145 嬋娟　上市連反,下於緣反。《切韻》:"嬋娟,舞皃也。"[⑤]《考聲》云:"好姿態皃。"二字並從女,蟬、捐省聲也[⑥]。

6.146 馝馞　上蒲結反。又作馡,或作飶。《玉篇》云:"大香也。"[⑦]又音普蔑反。下蒲骨反。《玉篇》:"大香也。"[⑧]二字並從香,必、孛聲也[⑨]。孛音勃。

6.147 殃咎　上於良反。《玉篇》云:"禍惡也。"[⑩]《韻英》云:"凶也。"亦咎也。從歹,央聲[⑪]。殨音五達反。央音同上。下其久反[⑫]。《爾雅》曰:"咎,病也。"[⑬]《切韻》:"愆惡也。"[⑭]《説文》:"從人、各。"[⑮]謂人各心相違,即咎生也。經文從一點作各[⑯],或從卜作咎,皆誤書也。

6.148 鞭撻　上卑連反。《字書》:"捶馬杖。"又:策也。下他達反。《尚書》云:"撻以記之也。"[⑰]《禮》云:"成王有過,周公則撻伯禽也。"[⑱]《説文》云:"從手,達聲。"[⑲]

① 蕩韻(裴本):"盪,(堂朗反。)滌。"王本:"盪,(堂朗反。)滌盪。"
② 《繫辭上》:"是故剛柔相摩,八卦相盪。"
③ 《説文》析"盪"爲"从皿,湯聲"結構。
④ 錫韻(箋本、王本):"滌,(徒歷反。)洗。"
⑤ 仙韻(王本):"娟,於緣反。好皃。三。"
⑥ 《説文新附》析"嬋"爲"从女,單聲"結構,析"娟"爲"从女,肙聲"結構。
⑦ 香部:"馝,大香也。或作飶。"〇大,原作"火",今據《玉篇》改。
⑧ 香部:"馞,大香也。"
⑨ 《説文》闕"馝、馞"篆。
⑩ 歹部:"殃,凶咎也。"禍惡,今本作"凶咎"。
⑪ 《説文》析"殃"爲"从歺,央聲"結構。
⑫ 久,原作"夕",今據文意改。
⑬ 見《釋詁》。
⑭ 有韻(裴本):"咎,(巨久反。)灾。"王本:"咎,(强久反。)灾。"
⑮ 人部析"咎"爲"从人从各。各者,相違也"結構。
⑯ "一"字獅谷本闕,其注云:"從下一脱。"
⑰ 見《益稷》。
⑱ 《文王世子》:"成王有過,則撻伯禽,所以示成王世子之道也。"
⑲ 手部析"撻"爲"从手,達聲。遽,古文撻"結構。

6.149　搯珠　上苦洽反。《切韻》:"以爪搯物也。"^①《説文》:"從手，臽聲。"^②臽音陷。經文從舀作搯，音他刀反。非經用也。舀音以小反。

金剛頂瑜伽金剛薩埵五秘修行念誦儀一卷^③

6.150　假藉　上古雅反。《切韻》:"且也。"^④又:借也。下慈夜反。《説文》:"以蘭及草藉地祭也。從草，耤聲。"^⑤耤音情亦反。經文從竹作籍，非也。

6.151　調擲　上徒聊反。《集訓》云:"調和也。"^⑥亦調弄也。下直隻反。古文作擿，振也。《説文》:"投擲也。從手，鄭聲。"^⑦59p0396c—0397a

6.152　置胯　上竹吏反。《玉篇》:"安也。"^⑧又:委也。《説文》:"從罒，直聲。"^⑨罒音網。下苦化反。腰胯也。《切韻》:"兩股間也。"^⑩從肉，夸聲^⑪。夸，苦花反。

金剛王菩薩秘密念誦儀一卷^⑫

6.153　顰眉　上符真反。《考聲》:"顰，蹙眉也。"下莫丕反。《説文》云:"目上毛也。像眉之形也。"^⑬《玉篇》云:"寢眉而聽也。"^⑭經文從口作

---

① 洽韻(篆本、裴本):"搯，(苦洽反。)爪搯。"王本:"搯，(苦洽反。)爪剌。"
② 見《説文新附》。
③ 《金剛頂瑜伽金剛薩埵五秘修行念誦儀》，大正藏作《金剛頂瑜伽金剛薩埵五祕密修行念誦儀軌》，密教部典籍(T20,No.1125)，唐釋不空譯，凡一卷。
④ 馬韻(篆本):"假，(古雅反。)又加訝反。"王本:"假，(古雅反。)借。又加訝反。"
⑤ 艸部:"藉，祭藉也。一曰艸不編，狼藉。从艸，耤聲。"
⑥ 調，原作"謂"，今據文意改。
⑦ 擲，《説文》作"擿"，手部:"擿，搔也。从手，適聲。一曰投也。"
⑧ 网部:"置，立也。又:安置。"
⑨ 网部析"置"爲"从网、直"結構。
⑩ 麻韻(篆本):"胯，(苦瓜反。)胯骶，以體手入。"裴本:"胯，(苦瓜反。)胯牝，以體柔。"
⑪ 《説文》析"胯"同。
⑫ 《金剛王菩薩秘密念誦儀》，大正藏作《金剛王菩薩祕密念誦儀軌》，密教部典籍(T20,No.1132)，唐釋不空譯，凡一卷。
⑬ 眉部:"眉，目上毛也。从目，象眉之形，上象頟理也。"
⑭ 不詳。

囅,笑也①。非顰眉字也。或作冒眉②,皆通用已久,時世共傳也。

6.154 緋裙　上甫微反。《説文》:"繒色也。"③ 下又作帬、裠,二形同。渠云反。《字林》:"衣也。"《釋名》云:"上曰裘,下曰裳也。"④ 從衣,君聲⑤。

6.155 藕絲　上五口反。蓮根也。《爾雅》曰:"荷,芙渠。其實蓮,其根藕也。"⑥ 下息兹反。《説文》云:"蠶所作也。從二糸。"⑦ 糸音覓。

6.156 繽紛　上疋賓反。《切韻》:"繽,盛也。"⑧ 下撫文反。《切韻》云:"大也。"⑨ 衆多皃。又:紛紜,乱下也。

一字頂輪王念誦儀軌－卷⑩

6.157 竝豎　上蒲迥反。《説文》:"雙立也。"⑪《切韻》:"比也。"⑫ 從二立。今經作並,俗字也。下殊主反。《玉篇》:"小童未冠者也。"⑬《切韻》:"立也。"⑭《説文》:"從豆。"⑮ 經文從立,俗用字。

6.158 網檕　上文兩反。《説文》云:"庖羲氏結網以漁也。從糸,罔聲。"⑯ 罔音同上。 或作网。 网,像交結形也。下其月反。《爾雅》曰:

---

① 《玉篇》口部:"囅,笑皃。" 瑄案:《廣韻》真韻:"囅,笑也。"
② 冒眉,徐時儀(2012:2291 注［三七］)以爲"寢眉"義。○"或"字原闕,今據文意補。
③ 《説文新附》糸部:"緋,帛赤色也。"
④ 《釋衣服》:"凡服上曰衣。衣,依也。人所依以芘寒暑也。下曰裳。裳,障也。所以自障蔽也。""裙,下裳也。裙,羣也。連接羣幅也。"
⑤ 《説文》析"帬"爲"從巾,君聲。裙,帬或從衣"結構。
⑥ 《釋草》:"荷,芙渠。其莖茄,其葉蕸,其本蔤,其華菡萏,其實蓮,其根藕,其中的,的中薏。"
⑦ 見絲部。所作,今本作"所吐"。
⑧ 真韻(篆本):"繽,繽紛飛。敷賓反。一。"王本:"繽,敷賓反。繽紛。三。"
⑨ 文韻(篆本):"紛,(無云反。)紛紜。"王本:"紛,(王分反。)紛紜。"
⑩ 《一字頂輪王念誦儀軌》,密教部典籍(T19,No.0954A),唐釋不空譯,凡一卷。
⑪ 竝部:"竝,併也。從二立。"雙立,今本作"併"。
⑫ 迥韻(篆本):"竝,比。萍迥反。二。"王本:"竝,萍迥反。比。通作並。三。"
⑬ 臤部:"豎,立也。堅,俗。"小童未冠者也,今本作"立也"。
⑭ 麌韻(王本):"豎,殊主反。立。正作豎。二。"
⑮ 《説文》析"豎"爲"從臤,豆聲。豎,籀文豎,從殳"結構。
⑯ 网部:"网,庖犧所結繩以漁。從冂,下象网交文……罔,网或從亡。䋂,网或從糸。囧,古文网。网,籀文网。"

“樴謂之杙。”① 郭璞注云：“橛也。”② 又作欚。 樴音特。 杙音羊式反，從木、弋③。

6.159 䅖麥　上古猛反。《考聲》：“麥芒也。”又曰：“稻未舂者也。”經作穬④，亦通。下麥字，俗作麦也。《白虎通》：“麦，金也。金王而生，火王而死也。”⑤ 從來、夊作麥也⑥。

6.160 噦嗌　上乙劣反。《説文》：“逆氣上也。”⑦ 下伊昔反。《韻集》云：“喉上也。”《爾雅》從齒作齸⑧。 郭璞注云：“江東名咽爲齸也。”⑨《漢書》：“宣帝崩，邑王至京師城下，不哭，云嗌痛也。”⑩59p0397a—0397b

6.161 欬瘶　上苦槩反。《説文》云：“聲欬也。從欠，亥聲。”⑪ 下蘇奏反。肺病也。《説文》：“從疒，欶聲。”⑫ 疒，女厄反。欶音同上。經文從口作咳嗽二形，皆非本字。

大虚空藏菩薩念誦法一卷⑬

6.162 反蹙　上府遠反。不順。《切韻》：“覆也。”⑭ 從又，厂聲⑮。又音手。厂音罕。下井育反。就也。二手中指蹙上節，如寶形印法也。《説

---

① 見《釋宫》。

② 《釋宫》“樴謂之杙”郭璞注：“欚也。”

③ 《説文》析“杙”爲“从木，弋聲”結構。

④ “經”字原闕，今據文意補。

⑤ 《廣韻》麥韻“麥”字下引《白虎通》：“麥，金也。金王而生，火王而死。”

⑥ 《説文》析“麥”爲“从來，有穗者；从夊”結構。○夊，原作“夂”，今據《説文》改。

⑦ 見口部。逆氣上也，今本作“气牾也”。

⑧ 《釋獸》：“麋鹿曰齸。”

⑨ 《釋獸》“麋鹿曰齸”郭璞注：“江東名咽爲齸。齸者，䶗，食之所在，依名云。”

⑩ 《武五子傳》：“昌邑哀王髆天漢四年立，十一年薨，子賀嗣。立十三年，昭帝崩，無嗣，大將軍霍光徵王賀喪……賀到霸上，大鴻臚郊迎……旦至廣明東都門，遂曰：‘禮，奔喪望見國都哭。此長安東郭門也。’賀曰：‘我嗌庸，不能哭。’”

⑪ 見欠部。聲欬也，今本作“屰气也”。

⑫ 《説文》闕“瘶”篆。

⑬ 《大虚空藏菩薩念誦法》，密教部典籍（T20,No.1146），唐釋不空奉詔譯，凡一卷。瑄案：慧琳音義卷四十二亦見《大虚空藏菩薩念誦法》之音義。此係希麟新作。

⑭ 阮韻（箋本）：“反，覆。府遠反。四。”王本：“反，府遠反。覆。五。”

⑮ 《説文》又部：“反，覆也。从又，厂反形。反，古文。”

文》：“從足戚聲也。”① 經文或從就作蹵，本字也。

佛頂尊勝陁羅尼念誦儀軌—卷②

6.163 絣之　上伯萌反。《字書》云：“振繩墨也。”③《集訓》云：“絣撣也。”或從手作拼，亦通。《字詁》作辦④，古字也。撣音彈。

6.164 庳脚　上皮媚反。《周禮》：“庳，猶短也。”⑤ 顧野王云：“卑下也。”⑥ 從广從卑聲也⑦。广音呵旦反。

6.165 拗左指　上駢蔑反。《考聲》：“拗祕也。”拗音鴉絞反。拗祕，手指作印法也。

6.166 爲鞘　下霄曜反。《考聲》云：“刀劍室也。”從革肖聲也⑧。或從韋作鞘，亦通。

6.167 蟠於　上伴僈反。《廣雅》：“蟠，曲也。”⑨《方言》云：“龍未昇天，蟠在穴中，謂之蟠龍也。”⑩《説文》：“從虫，從番聲。”⑪ 番音同上。僈音母官反。

---

① 見《説文新附》。○足戚，原作“戚足”，今據文意乙正。説詳 3.172 “駮蹵”注。
② 《佛頂尊勝陁羅尼念誦儀軌》，大正藏作《佛頂尊勝陀羅尼念誦儀軌法》，密教部典籍（T19,No.0972），唐釋不空譯，凡一卷。
③ 繩墨，原作“黑繩”。考玄應音義卷九“拼度”注：“拼謂振繩墨也。”卷十二“拼之”注：“謂彈繩繩爲拼也。經中作絣。”卷十四“拼地”注：“今謂彈繩墨爲拼也。”卷十五“栟毳”注：“栟，彈繩墨也。”卷十七“栟直”注：“謂彈繩墨爲栟也。”卷二十二“繩拼”注：“謂彈繩墨曰拼。”卷二十五“拼量”注：“謂彈繩墨曰拼。”慧琳音義卷六十“絣基”注：“絣者，如木匠用墨斗法振繩也。挽繩端直，方正爲準，以爲基堵也。”卷六十一“麁拼”注：“墨斗繩振絣墨也。”卷六十五轉引玄應音義“拼石”注：“謂振繩墨拼彈者也。”卷七十二“索拼”注引《韻詮》：“絣，繩振墨也。”卷七十九“繩拼”注引郭注《爾雅》：“如木匠振墨繩曰拼。”希麟音義卷五“線絣”注引《切韻》：“振繩墨使直也。”《廣韻》耕韻：“絣，振繩墨也。”或言“振繩墨／振墨繩”，或言“彈繩墨”，今據改、正。
④ 字詁，原作“字誥”，今據文意改。
⑤ 引書誤，語見《地官·大司馬》“其民豐肉而庳”鄭玄注。
⑥ 《玉篇》广部：“庳，短也，卑下屋也。”
⑦ 《説文》析“庳”爲“从广，卑聲”結構。
⑧ 《説文新附》析“鞘”同。
⑨ 見《釋詁》。
⑩ 《方言》卷十二：“未陞天龍謂之蟠龍。”
⑪ 虫部析“蟠”爲“从虫，番聲”結構。

阿閦如來念誦法一卷①

6.168 莽莫枳②　上莫牓反，下經以反。或云莫計，或云莫鷄，皆梵語輕重也。即金剛部母名字也。

6.169 赫弈　上呼格反。《切韻》：“赤也。”③　又：明、盛也④。從二赤也⑤。下羊益反。《玉篇》：“大也。”⑥案：赫弈，即盛大皃也。經文從火作烌，非。

最勝無比大威德金輪佛頂熾盛光陁羅尼經一卷⑦　59p0397c

6.170　熾盛　上尺志反。《考聲》：“熾亦盛也。”《說文》：“猛火也。”⑧《字書》：“明光也。”從火，戠省聲⑨。下承政反。《切韻》：“長也。”⑩《方言》云：“廣大也。”⑪《說文》：“多也。從皿，成聲。”⑫

6.171　羅睺⑬　下胡鈎反。案字，《方言》云：“一瞻也。”⑭今云羅睺，即梵語也。或云攞護。此云暗障，能障日月之光，即暗曜也。

──────────

① 《阿閦如來念誦法》，大正藏作《阿閦如來念誦供養法》，密教部典籍（T19,No.0921），唐釋不空譯，凡一卷。

② 莽莫枳，梵詞 Māmakī。

③ 陌韻（箋本）：“赫，赤。呼格反。三。”王本：“赫，呼格反。赤。四。”

④ 《廣雅·釋訓》：“赫赫，明也。”《玉篇》赤部：“赫，盛也。”

⑤ 《說文》析“赫”同。

⑥ 大部：“弈，弈弈，大也，美容也，行也。”

⑦ 《最勝無比大威德金輪佛頂熾盛光陁羅尼經》，大正藏作《佛說大威德金輪佛頂熾盛光如來消除一切災難陀羅尼經》，密教部典籍（T19,No.0964），唐代譯經，失譯人名，凡一卷。○大威德金輪佛頂，卷目作“大威”。

⑧ 火部：“熾，盛也。从火，戠聲。㸂，古文。”

⑨ 《說文》析“熾”爲“从火，戠聲。㸂，古文”結構。○戠，原作“熾”。考慧琳音義卷一“熾盛”注引《說文》：“從火，戠省聲也。”今據改。徐時儀（2012:2292 注［四六］）疑“從火熾省聲”當作“從火戠聲”，可備一說。

⑩ 勁韻（王本）：“盛，承政反。多。亦作晟、盛。三。”裴本：“盛，承政反。愛也。又恃征反。鑫盛。從成、皿。又黍稷在器上。”

⑪ 不詳。

⑫ 見皿部。多也，今本作“黍稷在器中以祀者也”。

⑬ 羅睺，梵詞 Rāhu、Rāhula。

⑭ 《方言》卷十二：“半盲爲睺。”

6.172 計都[①]　亦梵語。或云雞兜，或云計覩。此云蝕神，亦暗曜也。案：羅睺、計都常隱不現，遇日月行次即蝕。亦名建墜二曜也。蝕音食。

6.173 慧孛　上徐醉反，下蒲没反。《爾雅》云：“彗星爲欃搶。”[②]郭璞注云：“彗亦謂之孛，言其形孛孛似掃彗也。”[③]李淳風云：“彗孛所犯皆凶。”欃，初銜反。搶，楚庚反。

6.174 太白　《五星傍通秘訣》云[④]：“太白，西方金之精。一名長庚。徑一百里，其色白而光明也。將軍之像，出入循軌，伏見以時，將軍有功，與熒惑合，有兵。其行一年一周天，去日不過五十度。”

6.175 火星　一名熒惑，南方火之精。一名罰星。徑七十里，其色赤光。其行二年一周天，所守犯皆凶也。

6.176 鎮星　中央土之精也。一名地侯。徑五十里，其色黄。其行遲，二十九年一周天。下星字，《説文》從晶作曐，云：“萬物之精也。古文作曐，像形也。”[⑤]晶音精，亦精光也。

6.177 忿怒　上敷粉反。《説文》云：“亦怒也。從心，分聲。”[⑥]又音敷問反。下乃故反。《玉篇》：“恚也。”[⑦]《切韻》：“瞋怒。”[⑧]亦音弩。今案：《忿怒像金剛頂瑜伽經》云[⑨]：“諸佛菩薩依二種輪現身有異：一者法輪，現真實身，所修行願報得身故；二者教令輪，現忿怒身，由起大悲現威猛故也。”[⑩]

---

① 計都，梵詞 ketu。
② 見《釋天》。欃搶，今本作“欃槍”。○搶，原作“槍”，今據文意改。
③ 《釋天》“彗星爲欃槍”郭璞注：“亦謂之孛。言其形孛孛，似埽彗。”
④ 《五星傍通秘訣》，不詳。
⑤ 星，《説文》字頭作“曐”，晶部：“曐，萬物之精，上爲列星。从晶，生聲。一曰象形。从口，古口復注中，故與日同。曐，古文星。星，曐或省。”
⑥ 見心部。亦怒，今本作“悁”。
⑦ 心部：“怒，《説文》云：‘恚也。’”
⑧ 姥韻（篆本）：“怒，奴古反。三。”裴本、王本：“怒，奴古反。嗔。四。”
⑨ 《忿怒像金剛頂瑜伽經》，不詳。
⑩ 不空譯《仁王護國般若波羅蜜多經陀羅尼念誦儀軌》出《金剛瑜伽經》：“依彼經者，然五菩薩依二種現身有異：一者法輪，現真實身，所修行願報得身故；二教令輪，示威怒身，由起大悲現威猛故。”

6.178　設咄嚕[1]　次都忽反，下離古反。或云窣覩嚕。皆梵語輕重。此云冤家，即於一切善法作冤害者。

6.179　厭禱　上於艷、於琰二反。《字書》作猒，謂猒禳也。《考聲》云：“厭，魅也。”又：箸也。《説文》作猒，從犬、甘、肉也[2]。下都皓反。《切韻》：“請也。”[3]《字書》云：“祈於天神也。”《論語》云：“請於上下神祇也。”[4]59p0397c—0398a

6.180　呪詛　上又作祝，或作詶，同。之受反。《説文》云：“詶亦詛也。”[5]下側據反。古文作據。《釋名》云：“祝，屬也，謂以善惡之辭相屬著也。”“詛謂使人行事阻限於言也。”[6]《説文》云：“從言，且聲。”[7]且音子余反。經從口作咀，音才與反。謂嚼也。非此用。

續一切經音義卷第六
丁未歲高麗國大藏都監奉勅雕造

---

① 設咄嚕，梵詞 śatru。
② 甘部：“猒，飽也。從甘從肰。肰，狀或從目。”犬部：“肰，犬肉也。從犬、肉。讀若然。膫，古文肰。脈，亦古文肰。”
③ 皓韻（篆本）：“禱，(都浩反。)禱請。”王本：“禱，(都浩反。)請。又都導反。”
④ 《述而》：“誄曰：‘禱爾于上下神祇。’”
⑤ 言部：“詶，譸也。從言，州聲。”
⑥ 《釋飲食》：“祝，屬也。以善惡之詞相屬著也。”“詛，阻也。使人行事阻限於言也。”
⑦ 見言部。

續一切經音義卷第七 雞

燕京崇仁寺沙門　希麟　集

續音仁王般若波羅蜜念誦儀軌一卷只音序中字

瑜伽蓮花部念誦法一卷

金剛頂瑜伽護魔儀軌一卷

觀自在多羅念誦儀軌一卷

觀自在如意輪菩薩念誦法一卷

甘露軍茶利菩薩供養念誦儀一卷

三十七尊禮懺文儀一卷

大聖文殊師利菩薩讚法身禮一卷

都部陀羅尼目一卷

金剛壽命陀羅尼念誦法一卷

大方廣佛花嚴經入法界四十二字觀門一卷①

觀自在菩薩真言觀行儀軌一卷

大聖文殊師利菩薩佛刹功德莊嚴經三卷②

大樂金剛薩埵修行儀軌一卷

成就妙法蓮花經王瑜伽儀軌一卷

大藥叉女歡喜母并愛子成就法一卷

金剛頂瑜伽金剛薩埵念誦儀一卷

普遍光明無能勝大明王大隨求陀羅尼經二卷

聖迦抳忿怒金剛童子成就儀軌經三卷

---

① 四十二，獅谷本作“十二”，其注云：“十上四字脱。”

② “菩薩”二字文目闕。

［聖閻曼德迦威怒王立成大神驗念誦法一卷］

文殊師利根本大教王經金翅鳥王品一卷

五字陁羅尼頌一卷

不空羂索大灌頂光真言經一卷

金剛頂超勝三界文殊五字真言勝相一卷

金剛手光明無動尊大威怒王念誦儀一卷

觀自在大悲成就蓮花部念誦法一卷

觀自在如意輪瑜伽一卷

修習般若波羅蜜菩薩觀行念誦儀一卷

金剛頂他化自在天理趣會普賢儀軌一卷

末利支提婆花鬘經一卷①

金輪佛頂要畧念誦法一卷

大孔雀明王畫像壇儀一卷

瑜伽金剛頂釋字母品一卷

大聖天雙身毗那夜迦法一卷

仁王般若陁羅尼釋一卷

金剛頂瑜伽降三世極三密門一卷②

大乘緣生論一卷

右三十六經四十一卷同此卷續音

仁王般若波羅蜜念誦儀軌一卷③　　只音序中字

7.001 纂歷　上作管反。《韻英》云："集也。"《爾雅·釋詁》云："纂，繼也。"④《説文》云："從糸算聲也。"⑤算音蘇管反。經文從莫作纂，不成字

---

① "利"字原闕，今據文目補。獅谷本亦注"末下利字脱"。

② 密門，文目作"蜜門"。

③ 《仁王般若波羅蜜念誦儀軌》，大正藏作《仁王般若念誦法》，經前有大興善寺沙門慧靈述《新譯仁王般若經陀羅尼念誦軌儀序》一篇，密教部典籍（T19,No.0995），唐釋不空譯，凡一卷。

④ 見《釋詁》。

⑤ 見糸部。

也。下郎的反。《切韻》："經歷也。"① 《爾雅》曰："歷,數也。"②《説文》：
"從止,厤聲。"③ 厤音同上。經文作曆,乃曆日字,非纂歷也。59p0399c

　　7.002 迺辟　上奴改反。《切韻》："語辝也。"④《爾雅》曰："仍,迺。"⑤
郭璞注云："迺即乃也。"⑥《釋文》云："古乃字也。"⑦ 下必益反。命也。《考
聲》："召也。"《切韻》："除也。"⑧

　　7.003 良賁　下彼義反。《韻集》云："賁,微也。"又:卦名也。《易》
曰："賁,亨,小利,利有攸往也。"⑨ 案:良賁者,即助譯《仁王經》沙門名也。

　　7.004 常衮　下公穩反。《禮記·玉藻》云："天子龍衮以祭。"⑩ 鄭注
云："衮,畫龍於衣上也。"⑪ 案:常衮,即潤文翰林學士姓名也。

瑜伽蓮花部念誦法一卷⑫

　　7.005 户樞　下昌朱反。《爾雅》曰："樞謂之椳。"⑬ 郭璞注云："門
扉樞機。"⑭《廣雅》："樞, 本也。"⑮ 謂户扇轉處。《説文》 云："從木區
聲也。"⑯

---

① 錫韻(篆本)："歷,間激反。十七。曆,數。"裴本："歷,(間激反。)過也,經也。"
② 見《釋詁》。歷,今本作"厤"。
③ 見止部。
④ 海韻(篆本)："乃,古作迺。奴亥反。一。"王本："乃,奴亥反。古作迺。詢。三。"
⑤ 《釋詁》："仍、迺,乃也。"
⑥ 《釋詁》"迺,乃也"郭璞注："迺即乃。"
⑦ 《列子·天瑞》"迺復變而爲一"殷敬順釋文："迺,古乃字。"瑄案:《玉篇》辵部:"迺,
　　與乃同。"希麟音義卷五"迺津"注："上奴改反。古文乃字也。亦語詞也。"
⑧ 昔韻(篆本)："辟,君。必益反。五。"王本："辟,必益反。君。六。"
⑨ 《賁》："賁,亨,小利有攸往……分剛上而文柔,故小利有攸往。"
⑩ 《玉藻》："天子玉藻,十有二旒,前後邃延,龍卷以祭。"衮,今本作"卷"。
⑪ 《玉藻》"龍卷以祭"鄭玄注："龍卷,畫龍於衣。字或作衮。"
⑫ 《瑜伽蓮花部念誦法》,大正藏作《瑜伽蓮華部念誦法》,密教部典籍(T20,No.1032),
　　唐釋不空譯,凡一卷。
⑬ 見《釋宮》。
⑭ 《釋宮》"樞謂之椳"郭璞注："門户扉樞。"
⑮ 見《釋詁》。
⑯ 見木部。

7.006　拄腭　下我各反。口中上腭也。《説文》云："口上阿也。"① 或作谷②。谷音强畧反。口上畫重八，像腭形也。

7.007　擘開　上絣麦反。《廣雅》云："擘，分也。"③《説文》云："揮也。"④ 亦開也。從手辟聲也。

7.008　聯鏁　上輦鱣反。《聲類》云："聯，不絶也。"《説文》："連綴也。從耳耳連於頰也從絲絲連不絶。"⑤ 會意字也。下蘇果反。《字書》云："鈎鏁相連也。"

金剛頂瑜伽護魔儀軌—卷⑥

7.009　持鍫　下七消反。俗字也。亦作鍫，正作鍬，古文作斛。《爾雅》云："斛謂之疀。"⑦ 郭注云："鍫，鍤字也。"⑧《方言》云："趙魏之間謂鍤爲鍫，江東呼鐅，巴蜀謂鍫爲鍤，皆方俗異名也。"⑨ 鐅音片蔑反。鍤音插也。

7.010　蹲踞　上音存，下居御反。《考聲》："狐蹲也。"《釋名》："蹲，存也。謂存其後不著於席也。"⑩ 踞，箕踞也。《禮》云："無箕踞也。"⑪ 箕音基。59p0399c—0400a

---

① 腭，《説文》作"谷"，谷部："谷，口上阿也。从口，上象其理……唈，谷或如此。臄，或从肉从豦。"○阿，原作"河"，今據《説文》改。《玉篇》谷部："谷，渠畧切。《説文》云：'口上阿也。从口。上象其理。'"亦引作"阿"，可爲據改之旁證。

② "或"字原闕，今據文意補。

③ 見《釋詁》。

④ 見手部，揮也，今本作"撝也"。

⑤ 見耳部，連綴，今本作"連"。○"絲連"之"絲"字原闕，今據《説文》補。慧琳音義卷三十九"聯緜"注引《説文》："聯，連也。從耳連於頰也從絲絲取相連不絶也。"卷四十二"聯鏁"注引《説文》："連也。從耳耳連於頰從絲絲連不絶也。"引同今本，可爲據補之旁證。

⑥ 《金剛頂瑜伽護魔儀軌》，大正藏作《金剛頂瑜伽護摩儀軌》，收録有兩個不空譯本，密教部典籍（T18,No.0908、No.0909），各凡一卷。

⑦ 見《釋器》。

⑧ 《釋器》"斛謂之疀"郭璞注："皆古鍫、鍤字。"

⑨ 《方言》卷五："臿，燕之東北朝鮮洌水之間謂之斛，宋魏之間謂之鏵，或謂之鏵。江淮南楚之間謂之臿，沅湘之間謂之畚，趙魏之間謂之桑，東齊謂之梩。"

⑩ 不詳。

⑪ 《曲禮上》："立毋跛，坐毋箕。"

7.011 屈蔓草　上軍律反，下力句反。似白茅而蔓生也。今俗呼爲長命草也。

7.012 欒一杓　上居怨反。《切韻》："器歈物也。"①又云：杓水也。從斗，䜌聲②。䜌音戀。歈音以沼反，今歈欒字也。

觀自在多羅念誦儀軌一卷③

7.013 阿闍梨④　中音士遮反。梵語也。或云阿遮梨。正云阿折里耶。此譯云親教，謂親能教授諸餘學者故。

7.014 臍腰　上徂奚反。《切韻》："腷臍也。"⑤下以霄反。《玉篇》："腰脊也。"⑥下或作䒠字⑦。

7.015 二空　案：《瑜伽持明儀》作諸印契⑧，用五輪十波羅蜜。五輪，謂地、水、火、風、空，二手各以小指爲頭，依次輪上。經言並二空，即並豎二大拇指也。經作二腔，音苦江反，乃羊腔。《字書》寫誤也，甚乖經義。

觀自在如意輪菩薩念誦法一卷⑨

7.016 虎狼　上呼古反。《説文》云："山獸君也。"⑩《淮南子》云："虎

---

① 願韻（裴本）："欒，居願反。欒物。一。"王本："欒，（芳万反。）量。又居願反。"

② 《説文》斗部："欒，杓滿也。从斗，䜌聲。"

③ 《觀自在多羅念誦儀軌》，疑即大正藏《金剛頂經多羅念誦法》，密教部典籍（T20,No.1102），唐釋不空奉詔譯，凡一卷。瑄案：慧琳音義卷四十亦見《觀自在多羅念誦儀軌》之音義，其標識是"觀自在多羅菩薩念誦法"。此係希麟新作。

④ 阿闍梨，梵詞ācārya，希麟譯"阿折里耶"。

⑤ 齊韻（箋本）："臍，（徂兮反。）腷臍。"王本："臍，（徂嵇反。）腷臍。亦作齎。"

⑥ 肉部："腰，䯊也。本作要。"

⑦ 下，原作"上"，今據文意改。獅谷本亦注"上當作下"。又："或"字原闕，今據文意補。慧琳音義凡三析"腰"，卷三十六"腰印"注："伊遥反。亦作䒠。"卷四十五"腰髖"注："上杏消反。亦作䒠。"卷七十六"其腰"注："一姚反。或作䒠。"或言"亦作"，或言"或作"，可爲據補之旁證。

⑧ 《瑜伽持明儀》，疑即大正藏《佛説持明藏瑜伽大教尊那菩薩大明成就儀軌經》，密教部典籍（T20,No.1169），宋釋法賢奉詔譯，凡四卷。

⑨ 《觀自在如意輪菩薩念誦法》，大正藏作《觀自在菩薩如意輪念誦儀軌》，密教部典籍（T20,No.1085），唐釋不空奉詔譯，凡一卷。

⑩ 虎部："虎，山獸之君。从虍，虎足象人足。象形……虝，古文虎。𧇽，亦古文虎。"

嘯谷風生也。”① 從人，虍聲。虍音呼。虎爪似人爪②，故從人。或作虑，廟
諱不成字。又作㸅，俗變，非體。下魯堂反。《説文》云：“似犬，白頰，鋭
頭。”③《爾雅》曰：“牝狼，其子獥也。”④ 獥音胡狄反。

7.017 枷鏁　上古牙反。《釋名》云：“枷，加也。以木加於項也。”⑤
在手曰桎，在足曰梏，在項曰枷。即拘罪人五木也。下蘇果反。《切韻》：
“鐵索也。”⑥ 謂聯環也。

7.018 指撽　下古了反。如前已釋⑦。

甘露軍荼利菩薩供養念誦儀一卷⑧

7.019 洗滌　上先禮反。又作洒。《字書》：“洗，盪也，刷也。”下徒曆
反。《切韻》：“淨也，除穢也。”⑨ 又：盪滌也。

7.020 愆咎　上去乾反。又作愆，《爾雅》作諐⑩。《釋言》云：“逸、諐，
過也。”⑪ 下其久反。《切韻》：“過也，災也。”⑫《爾雅》云：“咎、領，病
也。”⑬《説文》：“人各相違也。從人、各。”⑭ 經文作卧、各，皆非本字。

---

① 《天文訓》：“虎嘯而谷風至，龍舉而景雲屬。”
② “人爪”之“爪”字原闕，今據文意補。希麟音義卷一“虎豹”注引《説文》：“獸君也。
　　從虍虍音呼從人。以虎足似人足故也。”卷九“虎豹”注引《説文》：“山獸君也。字從
　　人、虍音呼，虎足似人足也。”兩例皆作“人足”，表意與“人爪”同，可爲據補之旁證。
③ 犬部：“狼，似犬，鋭頭白頰，高前廣後。从犬，良聲。”
④ 《釋獸》：“狼：牡，貛；牝，狼；其子，獥；絶有力，迅。”
⑤ 《釋用器》：“枷，加也。加杖於柄頭，以擿穗而出其穀也。或曰羅。枷三杖而用之也。
　　或曰丫。丫以杖轉於頭，故以名之也。”
⑥ 哿韻（箋本）：“鏁，鐵鏁。俗作鎻。蘇果反。五。”王本：“鏁，蘇果反。俗作鎻。九。”
⑦ 見6.138“指撽”。瑄案：“指撽”見《無量壽如來觀行供養儀軌》：“以左中指緤右中
　　指背。”
⑧ 《甘露軍荼利菩薩供養念誦儀》，大正藏作《甘露軍荼利菩薩供養念誦成就儀軌》，密
　　教部典籍（T21,No.1211），唐釋不空奉詔譯，凡一卷。
⑨ 錫韻（箋本、王本）：“滌，（徒歷反。）洗。”
⑩ 諐，獅谷本注“異諐作僁誤”。
⑪ 見《釋言》。
⑫ 有韻（裴本）：“咎，（巨久反。）灾。”王本：“咎，（强久反。）灾。”
⑬ 見《釋詁》。
⑭ 人部：“咎，灾也。从人从各。各者，相違也。”

59p0400a—0400b

　　7.021 鈴鐸　上郎丁反。金鈴也。《切韻》：“似鍾而小。”① 下徒洛反。今大鈴也。《左傳》：“金鈴木舌，振於文教也。”② 又云：上軍尉鐸過寇也③。

　　7.022 駕馭　上古訝反。《字書》：“駕，乘也。”《詩》云：“駕我其騑音之成反。”④ 下牛倨反。《切韻》：“駕也。”⑤ 《世本》云：“骸服牛乘馭馬。”《周禮》：“有五馭。鳴和鸞，逐水曲，過君表，舞交衢，逐禽佐也。”⑥ 《説文》：“從馬、又。”⑦ 又即手。會意字也。經文作御，侍也⑧，使也⑨。非駕馭字也。

　　7.023 烏樞瑟摩⑩　梵語。或云烏蒭沙摩。舊譯云穢跡金剛。此言有失，似毀於聖者也。新翻爲除穢忿怒尊，謂以金剛慧現威怒身降伏難調穢惡有情故也。

　　7.024 傲誕　上五倒反。《切韻》：“慢也，倨易也。”⑪ 《考聲》云：“自高也。”《爾雅》曰：“傲，謔也。”⑫ 下徒旦反。《字書》云：“大也。”《切韻》：“信也。”⑬ 顧野王云：“欺也。”⑭ 從言延聲也⑮。謔音香虐反。

---

①　青韻（箋本、王本）：“鈴，（郎丁反。）似鍾而小。”冥韻（裴本）：“鈴，（郎丁反。）似鍾而小。”

②　《襄公十四年》“故《夏書》曰：‘遒人以木鐸徇於路。’”杜預注：“《逸書》：遒人，行人之官也。木鐸，木舌金鈴，徇於路求歌謠之言。”瑄案：《書·胤征》“遒人以木鐸徇於路”孔安國傳：“遒人，宣令之官。木鐸，金鈴木舌，所以振文教。”

③　《左傳·成公十八年》：“張老爲候奄，鐸遏寇爲上軍尉。”

④　《秦風·小戎》：“文茵暢轂，駕我騏騑。”

⑤　御韻（裴本）：“馭，（魚據反。）駕。”據韻（王本）：“馭，（魚據反。）駕。”

⑥　《地官·保氏》“四曰五馭”鄭玄注引鄭司農云：“五馭，鳴和鸞，逐水曲，過君表，舞交衢，逐禽左。”○君表，原作“表止”，今據《周禮》注改。《保氏》“四曰五馭”鄭玄注“過君表”孔穎達疏：“云過君表者，謂若毛傳云：‘褐纏游以爲門，裘纏質以爲樴，間容握，驅而入，聲則不得入。’”亦作“君表”，可爲據改之旁證。

⑦　馭，《説文》字頭作“御”，彳部：“御，使馬也。从彳从卸。馭，古文御，从又从馬。”

⑧　《小爾雅·廣言》：“御，侍也。”

⑨　《廣雅·釋詁》：“御，使也。”

⑩　烏樞瑟摩，梵詞 Ucchuṣma。

⑪　旱韻（箋本、王本）：“誕，（徒旱反。）大。”

⑫　《釋詁》：“謔、浪、笑、敖，戲謔也。”

⑬　号韻（裴本）：“傲，五到反。倨。六。”王本：“傲，五到反。自高。五。”

⑭　《玉篇》言部：“誕，大也。天子生曰降誕。”

⑮　《説文》析“誕”爲“从言，延聲。𧱽，籀文誕，省正”結構。

7.025 臭穢　上尺救反。《切韻》:“凡氣揔名也。”① 《考聲》云:“腥臭也。”《説文》:“從犬、自。”② 自即鼻也。會意字。古文作㱔,俗作㲋。經文從口作嗅,無此字。

三十七尊禮懺儀一卷③

7.026 妙瀍　下方乏反。古文法字也。今多用法字。《説文》:“則,法也。”④《切韻》:“常也。”⑤ 又:數也。

大聖文殊師利菩薩讚法身禮一卷⑥　只音序中字

7.027 馭宇　宇,玉矩反。宇宙也。《集訓》云:“寰宇也。”《切韻》:“大也。”⑦ 又:邊也。從宀,于聲⑧。宀音莫仙反。

7.028 沃盪　上烏酷反。《韻詮》云:“沃,灌也。”《聲類》云:“以水淋下也。”下徒朗反。《切韻》:“滌盪也。”⑨ 又:搖動也。從皿,湯聲⑩。

---

① 宥韻(裴本):“臭,鴟救反。臭氣。從犬。一。”王本:“臭,尺救反。氣。亦作㱔。一。”

② 犬部析“臭”爲“從犬從自”結構。

③ 《三十七尊禮懺儀》,疑即大正藏《金剛頂瑜伽三十七尊禮》,密教部典籍(T18,No.0879),唐釋不空奉詔譯,凡一卷。○儀,卷目作“文儀”。

④ 刀部:“則,等畫物也。從刀從貝。貝,古之物貨也。𠟭,古文則。𠞋,亦古文則。㓝,籀文則,從鼎。”瑄案:《説文》廌部:“瀍,刑也。平之如水,從水;廌,所以觸;不直者去之,從去。法,今文省。佱,古文。”

⑤ 乏韻(箋本):“法,方乏反。則。正作㳒字。一。”王本:“法,方乏反。則也。説文作瀍、佱。一。”

⑥ 《大聖文殊師利菩薩讚法身禮》,大正藏作《大聖文殊師利菩薩讚佛法身禮》,密教部典籍(T20,No.1195),唐釋不空奉詔譯,凡一卷。

⑦ 虞韻(裴本):“宇,(于矩反。)四垂。籀文寓。”王本:“宇,(于矩反。)四垂。籀文作寓。”

⑧ 《説文》析“宇”爲“從宀,于聲……宇,籀文宇,從禹”結構。

⑨ 蕩韻(裴本):“盪,(堂朗反。)滌。”王本:“盪,(堂朗反。)滌盪。”

⑩ 《説文》析“盪”同。

都部陁羅尼目一卷① 59p0400c

7.029 絣地　上北萌反。《切韻》：“振繩墨也。”② 從糸，并聲③。經文從手作抪，音普耕反④，彈也。非此用。

7.030 蘇摩呼⑤　梵語也。此云妙臂也。

金剛壽命陁羅尼念誦法一卷⑥

7.031 魔醯首羅⑦　古舊梵語也。正云魔係濕嚩囉。此云大自在，即色界天主也。

7.032 揾蘇　上烏困反。《切韻》：“按也。”⑧《方言》：“揾，抐物入水也。”⑨ 抐音奴困反。下素姑反。紫蘇草也。按經：揾蘇字合作酥。《切韻》：“酥，乳酪也。”⑩

7.033 擲於　上直炙反。《切韻》云：“投也，振也。”⑪ 又：拋擲也。古文作擿。

---

① 《都部陁羅尼目》，密教部典籍（T18,No.0903），唐釋不空奉詔譯，凡一卷。

② 參 5.063 之注⑩。繩墨，原作“黑繩”。○黑繩，獅谷本注“黑繩本作繩墨”。

③ 《説文》析“絣”同。或言“振繩墨、振墨繩”，或言“彈繩墨”，今據改、正。

④ “反”字原闕，今據文意補。

⑤ 蘇摩呼，梵詞 Subāhuḥ。

⑥ 《金剛壽命陁羅尼念誦法》，密教部典籍（T20,No.1133），唐釋不空奉詔譯，凡一卷。

⑦ 魔醯首羅，梵詞 Maheśvara，希麟譯“魔係濕嚩囉”。

⑧ 恩韻（裴本）：“揾，烏困反。勿内水中。一。”王本：“揾，烏困反。内物水中。二。”

⑨ 不詳。

⑩ 模韻（篆本）：“蘇，思吾反。三。”王本：“蘓，息吾反。茌類。”

⑪ 昔韻（篆本）：“擲，投。直炙反。古作擿。三。”王本：“擲，直炙反。投。古作擿。四。”

大方廣佛花嚴經入法界四十二字觀門—卷①

經中自釋四十二梵字,餘無可音訓。

觀自在菩薩心真言觀行儀軌—卷②

7.034　身帔　下丕義反。《考聲》云:"巾帔也。"《切韻》:"衣帔也。"③《説文》云:"從巾,皮聲。"④或音披,襦也。非霞帔也。

7.035　輕縠　下胡谷反。《韻詮》云:"縠,似羅而細也。"《切韻》云:"羅縠也。"⑤從糸,設聲⑥。設音谷。

7.036　交縫　下扶用反。《爾雅》曰:"緎,羔裘之縫也。"⑦《説文》:"紩衣也。從糸,逢聲。"⑧緎音域。紩音袟。縫亦音逢。

大聖文殊師利佛刹功德莊嚴經卷上⑨

7.037　門閫　下苦本反。《聲類》云:"閫,閾也。"《集注》云:"謂限門木也。"⑩顧野王云:"門限也。"⑪《説文》云:"門限也。從門,困聲。"⑫

7.038　商佉⑬　上失良反,下羌奢反。梵語也。或作餉佉。上音失量

---

①　《大方廣佛花嚴經入法界四十二字觀門》,大正藏作《大方廣佛華嚴經入法界品四十二字觀門》,密教部典籍(T19,No.1019),唐釋不空譯,凡一卷。

②　《觀自在菩薩心真言觀行儀軌》,大正藏作《聖觀自在菩薩心真言瑜伽觀行儀軌》,並注云:"出《大毗盧遮那成道經》。"密教部典籍(T20,No.1031),唐釋不空譯,凡一卷。

③　裛韻(裴本):"帔,披義反。衣帔。三。"王本:"帔,披義反。衣披。一。"

④　見巾部。

⑤　屋韻(篓本):"縠,羅縠。胡谷反。五。"裴本:"縠,胡谷反。羅縠。六。"王本:"縠,胡谷反。羅縠。八。"

⑥　《説文》析"縠"同。○設,原作"縠",今據文意改。獅谷本亦作"設"。下同。

⑦　見《釋訓》。

⑧　見糸部。紩衣也,今本作"以鍼紩衣也"。

⑨　《大聖文殊師利佛刹功德莊嚴經》,大正藏作《大聖文殊師利菩薩佛刹功德莊嚴經》,寶積部典籍(T11,No.0319),唐釋不空譯,凡三卷。○文殊師利,卷目作"文殊師利菩薩"。

⑩　不詳。

⑪　見《玉篇》門部。

⑫　閫,《説文》作"梱",木部:"梱,門橛也。从木,困聲。"

⑬　商佉,梵詞 śaṅkha。

反。此云蠃，即所吹法蠃也。俗作螺字。

　　7.039 澄睟　上直陵反。《切韻》：“水清也。”①《考聲》云：“澄，定也。”
《説文》云：“凝也。”②亦作瀓字③。下雖遂反。《玉篇》：“深視也。”④《字書》
云：“潤澤也。”從目，醉省聲⑤。經作眰⑥，俗字也。59p0400c—0401a

　　7.040 奢摩他⑦　梵語也。此譯爲止，心寂靜即定也。

　　7.041 披擐　上音被。《字書》云：“加也。”《考聲》：“服也。”下音患。
《桂菀珠叢》云：“以身貫穿衣甲也。”《五經音義》亦音古患反。

　　7.042 謦欬　上口冷反。《説文》：“謦亦欬也。”⑧下苦戴反。《説文》
云：“逆氣返也。”⑨亦瘶也。有作磬，音口定反，樂器也⑩。或作咳，音胡來
反，嬰咳也⑪。皆非此用。瘶，蘇奏反。

　　7.043 遍捫　下莫奔反。《聲類》云：“捫，摸也。”《集訓》云：“撫摩
也。”《説文》：“撫持。從手，門聲。”⑫

　　7.044 險詖　上香撿反。《説文》云：“阻、難也。從阜，僉聲。”⑬下彼
義反。《切韻》：“佞也。”⑭《説文》云：“險詖也。從言，彼省聲也。”⑮

---

① 庚韻(篆本)：“澄，(直庚反。)水清。”裴本：“澄，(直庚反。)水清。又直陵反。”王本：
　“澄，(直庚反。)水清，定。又直陵反。”

② 澄，《説文》作“瀓”，水部：“瀓，清也。从水，徵省聲。”瑄案：水部“瀓”字徐鉉等曰：
　“今俗作澄，非是。直陵切。”

③ 瀓，原作“徵”，今據文意改。

④ 目部：“睟，視也。又潤澤兒。孟子曰：‘其色睟然。’”

⑤ 《説文》闕“睟”篆。

⑥ “經”字原闕，今據文意補。

⑦ 奢摩他，梵詞 śamatha。

⑧ 言部：“謦，欬也。从言，殸聲。殸，籀文磬字。”

⑨ 欠部：“欬，屰气也。从欠，亥聲。”

⑩ 《説文》石部：“磬，樂石也。从石、殸。象縣虡之形。殳，擊之也。古者母句氏作磬。
　殸，籀文省。硻，古文从巠。”

⑪ 《説文》口部：“咳，小兒笑也。从口，亥聲。孩，古文咳，从子。”

⑫ 見手部。

⑬ 見自部。從阜，今本作“从𨸏”。

⑭ 寘韻(裴本)：“詖，(彼義反。)險也，佞也，諂也。《字書》：‘辨慧也。’”王本：“詖，(彼
　義反。)險詖。”

⑮ 言部：“詖，辯論也。古文以爲頗字。从言，皮聲。”瑄案：希麟音義引文跟今本不同。

7.045　麤獷　上倉蘇反。正體字也。俗作麁。鄭注《禮記》云：“麤，疎也。”①《廣雅》云：“惡也。”②《説文》云：“從三鹿。”③下號猛反。《集訓》云：“如犬獷惡不可近也。”故從犬④。經或作礦字，非也。

大聖文殊師利佛刹功德莊嚴經卷中

7.046　鈿飾　上堂練反。《韻集》云：“以寶瑟鈿以飾器物也。”下昇織反。《考聲》云：“粧飾也。”《文字典説》：“修飾。”《古今正字》：“從巾，飤聲。”⑤飤音似⑥。

7.047　準繩　上之允反。《切韻》：“度也，平準也。”⑦下食陵反。《玉篇》：“索也。”⑧《字書》：“直也。”《尚書》曰：“木從繩則正也。”⑨《世本》云：“倕作準繩也。”⑩

7.048　熙怡　上虛之反⑪，下與之反。《説文》云：“熙怡，和悦也。”⑫《爾雅》云：“悦，服也。”⑬《方言》云：“怡，喜也。”⑭經或作嬉，非。

大聖文殊師利佛刹功德莊嚴經卷下

7.049　蘇弥盧⑮　舊云須弥，或云弥樓，皆梵言訛也。今正云蘇弥盧。此翻爲妙高也。即《俱舍論》云“妙高層有四”是也⑯。又云：“蘇弥盧欲

---

①　《儒行》“麤而翹之”鄭玄注：“麤，猶疏也，微也。”
②　不詳。
③　見麤部。
④　《説文》析“獷”爲“从犬，廣聲”結構。
⑤　《説文》析“飾”爲“从巾从人，食聲”結構。
⑥　“飤”字原闕，今據文意補。
⑦　軫韻（裴本）：“准，之尹反。古準。三。”王本：“准，之尹反。古作準。四平。三。”
⑧　見糸部。
⑨　《説命上》：“説復于王曰：‘惟木從繩則正，后從諫則聖。后克聖，臣不命其承，疇敢不祗若王之休命？’”
⑩　《玉篇》夫部：“規，癸支切。《世本》：‘倕作規矩準繩也。’規，正圜之器也。”
⑪　“反”字原闕，今據文意補。
⑫　心部：“怡，和也。从心，台聲。”火部：“熙，燥也。从火，䄂聲。”
⑬　《釋詁》：“悦、懌、愉、釋、賓、協，服也。”
⑭　《方言》卷十：“紛怡，喜也。湘潭之間曰紛怡，或曰䄂已。”
⑮　蘇弥盧，梵詞 Sumeru。
⑯　《阿毗達磨俱舍論》卷第十一：“頌曰：‘妙高層有四，相去各十千。傍出十六千，八四二千量。堅手及持鬘，恒憍大王衆。如次居四級，亦住餘七山。’”

天,梵世各一千。"①唐梵互舉,一名也。

7.050 踰繕那② 舊云由旬,或云踰闍那。此無正翻,義翻一程也,即自古聖王軍行一日程也。前《孔雀王經》中已廣釋③。59p0401a—0401b

7.051 疲厭 上音皮。賈注《國語》:"疲,勞也。"④《廣雅》:"勌也。"⑤從疒,皮聲⑥。下伊焰反。《考聲》:"飽也。"亦倦也。《説文》云從犬、甘、肉作厭⑦,犬甘於肉也。今俗變作厭字,通用。

7.052 摩伽陁⑧ 梵語也。或云摩竭陁,或云摩竭提,或云墨竭提,一也。此云無毒害,謂此國法不行刑戮,其有犯死罪者但送置寒林也;或云大體國,言五印度中此國最大,統攝諸國故也;又云遍聰慧,言聰慧之人遍其國內也。皆隨義立名也。

7.053 一婆訶⑨ 下音呵。梵語也。此云圌,又作篅,同。音市緣反。即倉圌也。

大樂金剛薩埵修行儀軌一卷⑩

7.054 置胯 上竹吏反。《切韻》:"安也。"⑪《説文》云:"委也。 從

---

① 《阿毗達磨俱舍論》卷第十一:"頌曰:'四大洲日月,蘇迷盧欲天。梵世一千,名一小千界。此小千千倍,説名一中千。此千倍大千,皆同一成壞。'"

② 踰繕那,梵詞 yojana。

③ 見 6.024 "踰繕那"。

④ 慧琳音義卷四 "疲倦" 注亦引賈注《國語》:"疲,勞也。" 瑄案:《國語·周語下》"上下不罷" 韋昭注、《國語·吳語》"今吳民既罷" 韋昭注皆云:"罷,勞也。"

⑤ 不詳。《玉篇》疒部:"疲,乏也,勞也。"

⑥ 《説文》析 "疲" 同。

⑦ 甘部析 "猒" 爲 "從甘從肤。肤,肤或從目" 結構,犬部析 "肰" 爲 "從犬、肉。讀若然。胭,古文肰。脈,亦古文肰" 結構。瑄案:《説文》厂部:"厭,笮也。從厂,猒聲。一曰合也。"

⑧ 摩伽陁,梵詞 Magadha。

⑨ 婆訶,梵詞 vāha。

⑩ 《大樂金剛薩埵修行儀軌》,大正藏作《大樂金剛薩埵修行成就儀軌》,並注云:"出《吉祥勝初教王瑜伽經》。"密教部典籍(T20,No.1119),唐釋不空譯,凡一卷。

⑪ 志韻(裴本):"置,陟吏反。從囚。一。" 王本:"置,陟吏反。真。二。"

冂，直聲。"① 下開化反。《考聲》:"兩股間也。"或作跨,越也②。非此用也。

　　7.055 側捒　上阻力反。《切韻》:"傍側也。"③ 下練結反。《玉篇》云:"拗捒也。"④ 從手,戾聲⑤。戾音同上。《説文》作戾,犬在户下也⑥。經文從糸作綟。《廣韻》:"麻小結也。"⑦ 非側捒手指結印義。

　　7.056 彎弓　上烏關反。《韻集》云:"挽弓曲勢也。"前已釋⑧。

　　7.057 箜篌　上音空,下音侯⑨。樂器名也。前已釋訖⑩。

成就妙法蓮花經王瑜伽儀軌一卷⑪

　　7.058 瑜伽⑫　梵語也。或云瑜祁,或云庾誐,皆訛也。此云相應。案:《大論》有四種相應,謂乘相應、境相應、行相應、果相應也。

　　7.059 記箳　下方列反。《切韻》:"分箳也。"⑬《考聲》:"決也。"《説文》從言作謝⑭,亦同。經文從草作茢。《埤蒼》云:"概種移蒔也。"非記箳字。

　　7.060 奢摩他⑮　梵語也。此云止。

　　7.061 毗鉢舍那⑯　梵語。此云止觀也⑰。案:止觀即定慧二名也,如前《新花嚴》音義已釋⑱。59p0401b—0401c

────────────

① 网部:"置,赦也。从网、直。"
② 見《玉篇》足部。
③ 職韻(裴本):"側,(阻力反。)傍側。"王本:"側,傍側。"
④ 見手部。
⑤ 《説文》闕"捒"篆。
⑥ 犬部析"戾"爲"从犬出户下"結構。
⑦ 《廣韻》屑韻:"綟,麻綟。"
⑧ 見 6.133 "彎弓"。瑄案:前此希麟音義"彎"凡兩釋,另見 5.174 "先彎"。
⑨ 音侯,原作"侯音",今據文意及文例乙正。
⑩ 前此希麟音義"箜篌"凡三釋,分別見 1.029、2.176、6.134。
⑪ 《成就妙法蓮花經王瑜伽儀軌》,大正藏作《成就妙法蓮華經王瑜伽觀智儀軌》,密教部典籍(T19,No.1000),唐釋不空譯,凡一卷。
⑫ 瑜伽,梵詞 yoga。
⑬ 薛韻(裴本):"箳,變別反。分箳。亦謝。一。"王本:"箳,兵列反。或作謝。二。"
⑭ 《説文》闕"謝"篆。
⑮ 奢摩他,梵詞 śamatha。
⑯ 毗鉢舍那,梵詞 vipaśyanā。○毗,獅谷本作"毘"。
⑰ "止"字原闕,獅谷本作"字",今據文意改。
⑱ 見慧苑音義 1.301 "毗鉢舍那"。參黄仁瑄(2020:267)。

7.062　洲渚　上音州，下章與反。《爾雅》曰：“水中可居者曰洲，小洲曰渚，小渚曰沚也。”①《詩》云：“在河之洲也。”②《方言》云：“洲，灘也。”③灘音他丹反④。沚音止。渚或作陼。

7.063　欠陷　上去劍反。《説文》云：“少也。”⑤下户韽反。韽，於陷反。《玉篇》：“入也。”⑥《切韻》：“潰没也。”⑦又：墮也。《説文》云作臽，小坑也。從人在臼音舊⑧。

7.064　墊下　上都念反。《尚書》曰：“下民昏墊。”⑨孔傳云：“言天下民昏瞀墊溺也。”⑩《玉篇》云：“墊，下也。”⑪瞀音務。

7.065　雜插　上祖合反。《切韻》云：“集也，穿也。”⑫《字林》：“衆也。”下楚洽反。《考聲》：“刺入也。”從手，臿聲⑬。臿音同上。或作挷、揷⑭，皆非本字。

大藥叉女歡喜母并愛子成就法一卷⑮

7.066　真多摩尼⑯　梵語。或云振多末尼，或云質多麼抳，一也。此

---

① 《釋水》：“水中可居者曰洲，小洲曰陼，小陼曰沚，小沚曰坻，人所爲爲潏。”渚，今本作“陼”。
② 《周南·關雎》：“關關雎鳩，在河之洲。”
③ 不詳。《方言》卷十二：“水中可居爲洲。”
④ “灘”字原闕，今據文意補。
⑤ 欠部：“欠，張口气悟也。象气从人上出之形。”
⑥ 阜部：“陷，墜入地也，没也，墮也，隕也。或作銘。”
⑦ 陷韻（裴本）：“陷，户韽反。三。”王本：“陷，户韽反。没陷。三。”
⑧ 臼部：“臽，小阱也。从人在臼上。”瑄案：《説文》𦥑部：“陷，高下也。一曰陜也。从𦥑从臼，臽亦聲。”
⑨ 見《益稷》。
⑩ 《益稷》“下民昏墊”孔安國傳：“言天下民昏瞀墊溺，皆困水災。”
⑪ 土部：“墊，《虞書》曰：‘下民昏墊。’言天下民昏瞀墊溺，皆困水災。或作藝。”
⑫ 合韻（箋本）：“雜，祖合反。四。”王本：“雜，祖合反。物不純白。六。”
⑬ 《説文》析“插”爲“从手从臿”結構。
⑭ “或”字原闕，今據文意補。
⑮ 《大藥叉女歡喜母并愛子成就法》，大正藏同，並注云：“亦名《訶哩底母經》。”密教部典籍（T19，No.1000），唐釋不空譯，凡一卷。
⑯ 真多摩尼，梵詞 cintā-maṇi。

云如意珠也。扼音尼^①。

7.067 牸牛　上疾吏反。顧野王:"畜母也。"^②《方言》云:"牛牝曰牸,牡曰特,其子曰犢也。"^③皆從牛,形聲也。

7.068 甘脆　上甘美也。甞也。《説文》作曰,口含一也^④。下七醉反。《玉篇》:"弱也。"^⑤《考聲》云:"嫩也。"《古今正字》:"從肉,絶省聲。"^⑥言肉凝易破也。經文多從危作脆,俗字也。

7.069 癮寐　上莫弄反。《説文》云:"寐而有覺也。從宀,從爿、夢。"^⑦《周禮》:"以日月星辰占六癮之吉凶也。一曰正,二曰罕,三曰思,四曰悟,五曰憶,六曰懼也。"^⑧下蜜二反。寢也,息也。從癮省,未聲也^⑨。經文單作夢,俗用,亦通也。

7.070 嚕地囉^⑩　上離古反,下借音離加反。梵語也。此云血,呼玦反。

7.071 却送　上正體却字也。

金剛頂瑜伽金剛薩埵念誦儀─卷^⑪

7.072 憾字^⑫　莫亘反。影梵聲也,不求字義。亘,古鄧反。

7.073 睫瞷　上即葉反。《説文》云:"目傍毛。"^⑬《釋名》云:"睫,插

---

① "尼"後原衍"整"字,今據文意删。
② 《玉篇》牛部:"牸,母牛也。"
③ 不詳。
④ 《説文》甘部:"甘,美也。从口含一。一,道也。"
⑤ 肉部:"脆,《説文》曰:'小耎易斷也。'脆,同上,俗。"
⑥ 脆,《説文》作"脃",肉部:"脃,小耎易斷也。从肉,从絶省。"
⑦ 癮部析"癮"爲"从宀从疒,夢聲"結構。
⑧ 《春官‧占夢》:"占夢掌其歲時,觀天地之會,辨陰陽之氣,以日月星辰占六夢之吉凶:一曰正夢,二曰噩夢,三曰思夢,四曰寤夢,五曰喜夢,六曰懼夢。"
⑨ 《説文》析"寐"同。
⑩ 嚕地囉,梵詞 Budhira。
⑪ 《金剛頂瑜伽金剛薩埵念誦儀》,大正藏作《金剛頂勝初瑜伽經中略出大樂金剛薩埵念誦儀》,密教部典籍(T20,No.1120A),唐釋不空譯,凡一卷。
⑫ 憾,梵音 oṃ。
⑬ 睫,《説文》作"睞",目部:"睞,目旁毛也。从目,夾聲。"

也。謂插於目匡也。"[①] 又云:瞼上毛也。從目,捷省聲也[②]。下如均反。又作眴。《切韻》:"目瞼動也。"[③] 從目,閏聲[④]。59p0401c—0402a

普遍光明無能勝大明王大隨求陁羅尼經卷上[⑤]

7.074 耶輸陁羅[⑥]　輸,式朱反。梵語也。或云耶戍達羅。正云以戍多囉。此翻爲持譽也。

7.075 齧損　上研結反。《禮記》云:"無齧骨。"[⑦]《説文》云:"齧,噬也。從齒,㓞聲。"[⑧] 㓞音口黠反。經文作嚙,非。

7.076 筏羅捺斯[⑨]　筏音伐。或云波羅痆斯,亦云波羅奈。梵語。西域國名也。

7.077 雷電　上魯迴反。《説文》作靁[⑩]。《易》曰:"天雷無妄。"[⑪]《論衡》云:"陰陽氣激也。"[⑫] 下堂練反。《玉篇》云:"閃電也。"[⑬]《釋名》曰:"電,殄也。謂乍現則殄滅也。"[⑭]《説文》:"陰陽激燿也。從雨、电音申。"[⑮]

---

① 《釋形體》:"睫,插也,接也。插於眼匡而相接也。"

② 《説文》闕"睫"篆。

③ 真韻(王本):"瞤,(如均反。)目動。或作旬。"

④ 《説文》析"瞤"同。

⑤ 《普遍光明無能勝大明王大隨求陁羅尼經》,大正藏作《普遍光明清淨熾盛如意寶印心無能勝大明王大隨求陀羅尼經》,密教部典籍(T20,No.1153),唐釋不空譯,凡二卷。○求,原作"末",今據卷目改。

⑥ 耶輸陁羅,梵詞 Yaśodharā,希麟譯"以戍多囉"。

⑦ 《曲禮上》:"凡進食之禮……毋咤食,毋嚙骨。"無齧骨,今本作"毋嚙骨"。

⑧ 見齒部。

⑨ 筏羅捺斯,梵詞 Vārāṇasī、Vāraṇasī、Varāṇsaī、Varaṇsaī。

⑩ 雨部:"靁,陰陽薄動靁雨,生物者也。从雨,畾象回轉形。雷,古文靁。䨻,古文靁。靐,籀文。靁間有回。回,靁聲也。"

⑪ 《无妄》:"天雷无妄,乾上震下。"

⑫ 《物勢》:"或曰:天地不故生人,人偶自生,若此,論事者何故云'天地爲爐,萬物爲銅,陰陽爲火,造化爲工'乎?"

⑬ 雨部:"電,陰陽激燿也。"

⑭ 《釋天》:"電,殄也。言乍見則殄滅也。"

⑮ 雨部:"電,陰陽激燿也。从雨从申。𩂣,古文電。"○燿,原作"輝",今據《説文》改。

7.078 霹靂　上匹覓反，下靈的反。《文字典説》云："霹靂，大雷擊物也。"《論衡》云："天地爲爐，陰陽爲氣，相擊之聲也。"[①]《説文》云從雨，辟、歷聲也[②]。經本有從石作礔礰二形，俗用，非本字也。

7.079 蚊蝱　上勿汾反。《方言》云："秦謂蚋爲蚊。"[③] 齧人飛蟲子也。《説文》作蟁[④]，吳音閩。經文作蚉，俗字。下莫耕反。《聲類》云："蚊，蚋之屬也。似蠅而大。"《説文》："山澤草花中化生也。"[⑤] 亦生鹿身中。大者曰蝱，小者曰蠛音蔑也。

7.080 蝗蟲　上音皇。《考聲》："飛蝗也。"《爾雅》曰："食苗心螟，食葉蟘，食節賊，食根蟊。"[⑥] 案：並蝗蟲異名也。下正體蟲字[⑦]，《爾雅》曰："有足謂之蟲，無足謂之豸也。"[⑧]

7.081 旱潦　上胡笴反。笴，各旱反。《切韻》云："雨少也。"[⑨]《説文》云："從日從干。"[⑩] 下郎到反。《玉篇》："水潦也。"[⑪]《切韻》："淹也。"[⑫] 或作潦。又音老，泊水也。非此用。

普遍光明無能勝大明王大隨求陁羅尼經卷下

7.082 鉞斧　上員月反，下方矩反。《尚書》云："王左杖黃鉞。"[⑬] 孔注

---

① 《物勢》："或曰：天地不故生人，人偶自生，若此，論事者何故云'天地爲爐，萬物爲銅，陰陽爲火，造化爲工'乎？"

② 《説文》闕"霹、靂"篆。

③ 不詳。瑄案：《説文》虫部："蜹，秦晉謂之蜹，楚謂之蚊。從虫，芮聲。"

④ 蚊，《説文》字頭作"蟁"，蚰部："蟁，齧人飛蟲。從蚰，民聲。蟁，蟁或從昏，以昏時出也。蚊，俗蟁，從虫從文。"

⑤ 不詳。

⑥ 見《釋蟲》。瑄案：《詩·小雅·大田》"及其蟊賊"毛傳："食心曰螟，食葉曰螣，食根曰蟊，食節曰賊。"

⑦ 《説文》蟲部："蟲，有足謂之蟲，無足謂之豸。從三虫。"

⑧ 見《釋蟲》。

⑨ 旱韻（箋本）："旱，何滿反。二。"王本："旱，何滿反。亢陽。四。"

⑩ 日部析"旱"爲"從日，干聲"結構。

⑪ 水部："潦，水名。《廣雅》云：'潦洗也。'"

⑫ 号韻（裴本）："潦，（盧到反。）淹。又盧浩反。亦作澇。"王本："潦，（盧到反。）淹。或作勞。"

⑬ 見《牧誓》："王左杖黃鉞，右秉白旄以麾。"

云：“以黄金飾斧也。”①從金，戉聲②。戉音同上，從戈，ㄑ聲③。ㄑ音厥。或作戌④，非也。59p0402a—0402b

7.083　擗地　上房益反。《字林》云：“擗，撫擊也。”《爾雅》云：“擗，撫心也。”⑤郭注云：“謂椎胷也。”⑥

7.084　驚愕　下五各反。《韻集》云：“愕亦驚也。”《説文》：“從心，㖾聲。”⑦㖾音同上。《説文》云：“正作㖾字也。”⑧

7.085　趒騖　上他弔反。《切韻》：“趒，越也。”⑨《説文》：“從走，兆聲。”⑩經文從足作跳，或作跿，皆俗字。下莫伯反。《聲類》云：“踰也。”《切韻》：“謾騖也。”⑪《説文》云：“駶馬上也。從馬莫聲也。”⑫

聖迦抳忿怒金剛童子成就儀軌經卷上⑬

7.086　縛撲　上符籱反。籱，王縛反。《考聲》云：“擊也。”《説文》云：“束也。從糸，博省聲。”⑭經文從專作縛⑮，音傳，誤書也。下簿角反。《韻集》云：“相撲也。”或作攴，音普卜反。非相攴字。

7.087　乾燥　上古寒反。《字樣》云：“本音虔，今借爲乾溼字也。”

─────────

① 《牧誓》“王左杖黄鉞，右秉白旄以麾”孔安國傳：“鉞，以黄金飾斧。左手杖鉞，示無事於誅。右手把旄，示有事於教。”○“金”字原闕，今據《書傳》補。説詳 6.106 “鉞斧”注。
② 《説文》析“鉞”同。
③ 《説文》析“戉”同。
④ “或”字原闕，今據文意補。
⑤ 見《釋訓》。擗、撫，今本作“辟、拊”。
⑥ 《釋訓》“辟，拊心也”郭璞注：“謂椎胸也。”
⑦ 《説文》闕“愕”篆。
⑧ 吅部：“㖾，譁訟也。从吅，屰聲。”
⑨ 嘯韻（裴本）：“趒，（他弔反。）越。”嘯韻（王本）：“趒，（他弔反。）越趒。”
⑩ 見走部。
⑪ 陌韻（箋本）：“騖，（莫百反。）猗騖。”王本：“騖，（莫百反。）騎騖。”
⑫ 見馬部。駶馬上也，今本作“上馬也”。
⑬ 《聖迦抳忿怒金剛童子成就儀軌經》，大正藏作《聖迦抳忿怒金剛童子菩薩成就儀軌經》，密教部典籍（T21,No.1222a），唐釋不空譯，凡三卷。
⑭ 見糸部。博省聲，今本作“專聲”。
⑮ 《説文》糸部：“縛，白鮮色也。从糸，專聲。”○縛，原作“縛”，今據文意改。

古文從水作漅。　下蘇道反。《玉篇》：“火乾也。”① 《切韻》 云：“乾亦燥也。”②

7.088 蘇摩呼③　上蘇字借上聲呼。梵語也。此云妙臂。

7.089 蚯蚓　上音丘，下音引。《切韻》：“蟲名也。”④ 下亦作螾。《禮記·月令》云：“孟夏月，蚯蚓出。”⑤ 《爾雅》云：“螼蚓。”⑥ 郭璞注云：“江東呼寒蚓也。”⑦ 螼音羌引反。

7.090 牛尿　下奴弔反。《考聲》云：“溺也。”《説文》云：“從水，尾省聲。”⑧ 今經文作尿，俗字，通用。

7.091 髆傭　上音博。《考聲》：“股上胛也。”《説文》云：“肩髆也。從骨，尃聲。”⑨ 經文從肉作膊，音普博反，謂乾脯也。非經義。下丑龍反。鄭箋《毛詩》云：“傭，均也。”⑩ 《説文》云：“均、直也。從人，庸聲。”⑪ 有作膧，俗用字，亦通也。

7.092 逬竄　上北諍反。《韻集》云：“逬，散也。”《考聲》云：“逃也。”《説文》云從走作逬⑫。下七乱反。《字林》云：“逃，竄也。”《切韻》：“亦誅也。”⑬ 《尚書》云：“竄三苗於三危也。”⑭ 《説文》云：“藏也。從鼠在穴中。”⑮ 會意字也。

---

① 火部：“燥，乾燥也。”
② 晧韻（篆本）：“燥，（蘇浩反。）乾。”王本：“燥，（蘇浩反。）乾。正作燥。”
③ 蘇摩呼，梵詞 Subāhuḥ。
④ 軫韻（篆本）：“蚓，（余軫反。）蚯蚓。”裴本：“蚓，（餘軫反。）虵蚓。 亦蚯蚓。”王本：“蚓，（余軫反。）蚯蚓。亦作螾。”
⑤ 《月令》：“孟夏之月……螻蟈鳴，蚯蚓出，王瓜生，苦菜秀。”
⑥ 《釋蟲》：“螼蚓，豎蠶。”
⑦ 《釋蟲》“螼蚓，豎蠶”郭璞注：“即蟺蟺也。江東呼寒蚓。”
⑧ 尾部析“尿”爲“從尾從水”結構。瑄案：希麟音義引文析字跟今本不同。
⑨ 見骨部。肩髆也，今本作“肩甲也”。
⑩ 引書誤。《小雅·節南山》“昊天不傭”毛傳：“傭，均。”
⑪ 見人部。
⑫ 《説文新附》析“逬”爲“從辵，并聲”結構。
⑬ 翰韻（裴本）：“竄，七段反。逃也。三。”王本：“竄，七亂反。逃。三。”
⑭ 《舜典》：“放歡兜于崇山，竄三苗于三危。”
⑮ 見穴部。藏也，今本作“墜也”。

聖迦柅忿怒金剛童子成就儀軌經卷中　　59p0402c

7.093　綮絛　上又作腰，同。於宵反。下吐刀反。《字林》云：“以絲織如繩也。”從糸，從絛省聲也①。《字統》作綃，亦通用。綃又音他到反。

7.094　搵嚕地囉②　搵，烏困反。《韻集》云：“搵，抐按物入水也。”抐音嫩也。嚕，離古反。囉，離吒反。嚕地囉三字梵語，此云血也。

7.095　沮壞　上情與反。《左傳》云：“沮亦壞也。”③《説文》云：“從水，且聲。”④且音子魚反。下懷恠反。《考聲》云：“崩摧也，敗也。”《古今正字》云：“自破曰壞。”從土裹聲也⑤。裹音懷，包也。《説文》云裹字從衣、罘音談合反⑥。罘，上從橫目下從氷音別⑦。經文作壞，傳寫人誤書也。

7.096　黿鼉　上音元。《説文》云：“鼉也。”⑧下達河反。《説文》云：“水蟲也。形似蜥蜴，長五六尺，從黽，留聲。”⑨黽音猛。留音那。形聲字也。

7.097　龜鼈　上鬼爲反。《説文》云：“龜，舊也。外骨而内肉者也。從它。龜頭似它，天地之性也。廣肩無雄，龜鼈之類也。以它爲雄，像四足頭尾之形也。”⑩下畢滅反。《説文》云：“水介蟲也。從黽，敝聲。”⑪有從魚作鱉，非也。

7.098　噤口　上渠飲反。《字統》云：“寒而口閉也。”《説文》云：“從口，禁聲。”⑫有作齡，怒而切齒也。非噤口字也。

---

① 《説文》析“絛”爲“从糸，攸聲”結構。

② 嚕地囉，梵詞 Budhira。

③ 引書誤。《莊公十一年》“大崩曰敗績”杜預注“師徒橈敗若沮岸崩山”陸德明釋文：“（沮，）壞也。”

④ 見水部。

⑤ 《説文》析“壞”爲“从土，裹聲。𡏢，古文壞省。𡔷，籀文壞”結構。

⑥ 衣部析“裹”爲“从衣，罘聲”結構。○裹，原作“懷”，今據文意改。

⑦ 《説文》析“罘”爲“从目，从隶省”結構。

⑧ 黽部：“黿，大鼈也。从黽，元聲。”

⑨ 黽部：“鼉，水蟲。似蜥易，長大。从黽，單聲。”

⑩ 龜部：“龜，舊也。外骨内肉者也。从它，龜頭與它頭同。天地之性，廣肩無雄；龜鼈之類，以它爲雄。象足、甲、尾之形……𠃌，古文龜。”

⑪ 見黽部。水介蟲也，今本作“甲蟲也”。

⑫ 見口部。

7.099 樺皮　上胡罵反。木名也。皮堪爲燭者。其中有赤白麁細,白細者堪書梵夾。以彼土無紙,多以貝多葉,或多羅葉及樺皮書字也。

7.100 蔓藤　上無怨反。《韻集》云:“瓜蔓也。”下徒登反。《切韻》云:“弦藤,草也。”①《考聲》云:“藤,蘿也。”

聖迦抳忿怒金剛童子成就儀軌經卷下

7.101 所齰　研結反。《説文》云:“從齒,㓞聲。”②㓞音口黠反③。經文作嚙,非也。

7.102 驅擯　上豈俱反。《考聲》云:“奔也。”又:逐也。《詩》云:“弗馳弗驅。”④《説文》云:“從馬,區聲。”⑤經作駈,俗字。下必刃反。《切韻》云:“擯,庌也。”⑥《集訓》云:“棄也。”《説文》云:“從手,賓聲。”⑦

7.103 簪子　上作貪反。《韻集》云:“插頭者也。”又音作憾反。簪,綴也⑧。從竹參聲也⑨。59p0403a

7.104 脚鋜　下仕角反。顧野王云:“鎖足也。”⑩《韻略》云:“足鋜也。”從金,㳷省聲⑪。經文作鎁,俗。或亦音朔,戈屬。非此用也。㳷音同上。

7.105 箭鏃　下作木反。《爾雅》云:“金鏃翦羽謂之鍭。”⑫郭璞注云:“今之錍箭是也。”⑬鍭音侯。錍音批。

---

① 登韻(箋本、王本):“藤,(徒登反。)藤弦。又草名。”
② 見齒部。
③ “㓞”字原文留白,今據文意補。獅谷本亦著“㓞”字。
④ 《唐風·山有樞》:“子有車馬,弗馳弗驅。”
⑤ 馬部析“驅”爲“從馬,區聲。歐,古文驅,從攴”結構。
⑥ 震韻(箋本):“擯,擯斥。”裴本:“擯,(必刃反。)擯庌。”王本:“擯,(必刃反。)擯庌。”瑄案:庌,即“斥”。《龍龕手鑑》广部:“庌,俗;庶,正。逐也,遠也。”○庌,獅谷本注“庌當作斥”。
⑦ 擯,《説文》字頭作“儐”,人部:“儐,導也。從人,賓聲。擯,儐或從手。”
⑧ 見《集韻》勘韻。
⑨ 《説文》析“簪”爲“從竹,朁聲”結構。
⑩ 見《玉篇》金部。
⑪ 《説文》闕“鋜”篆。
⑫ 見《釋器》。
⑬ 見《釋器》“金鏃翦羽謂之鍭”注。

聖閻曼德迦威怒王立成大神驗念誦法一卷①

7.106　槊印　上《説文》云作矟②，雙角反。《通俗文》曰：“矛長丈八尺謂之槊。”經文從金作鎙，俗用，非也。下於刃反。《韻集》云：“符印也。”《釋名》云：“印，信也，因也。封物因付信也。”③從爪從卪④。古文作𨤲字。卪音節。

7.107　熒惑日　即火星直日也。《五星傍通秘訣》云：“熒惑，南方火之精也。一名罰星。徑七十里，其色赤光，其行二年一周天。”《仁王經》中已具釋訖⑤。

7.108　捨覩嚧⑥　或云率覩嚕，亦云設咄嚕，皆梵語訛轉也。此云怨家也。

文殊師利根本大教王經金翅鳥王品一卷⑦

7.109　幖幟　上必遥反。《考聲》云：“幖，舉也。”或從木作標。經從手作摽，俗字。下昌志反。《字書》云：“幟謂標上幡也。”從巾㦤聲也⑧。

7.110　濺灑　上煎綫反。《説文》云從贊作濽，汚灑也⑨。下沙雅反。亦散灑，與濺字訓同。

7.111　薏苡　上音意，下音以。顧野王云：“即干珠也。”⑩《本草》云：“薏苡性平，主筋骨拘攣不可伸屈者。”又：益氣。二字並從草，意、以

---

① 《聖閻曼德迦威怒王立成大神驗念誦法》，密教部典籍（T21，No.1214），唐釋不空譯，凡一卷。○“聖閻曼德迦威怒王立成大神驗念誦法一卷”卷目闕。

② 《説文》闕“矟”篆。

③ 《釋書契》：“印，信也。所以封物爲信驗也。亦言因也。封物相因付也。”

④ 見《説文》印部。

⑤ 不詳。參見6.174“太白”、6.175“火星”。

⑥ 捨覩嚧，梵詞 śatru。

⑦ 《文殊師利根本大教王經金翅鳥王品》，大正藏作《文殊師利菩薩根本大教王經金翅鳥王品》，密教部典籍（T21，No.1276），唐釋不空奉詔譯，凡一卷。瑄案：慧琳音義卷三十八亦見《文殊師利根本大教王經金翅鳥王品》之音義，此係希麟新作。

⑧ 《説文新附》析“幟”同。

⑨ 水部：“濽，汙灑也。一曰水中人。从水，贊聲。”

⑩ 《玉篇》艸部：“薏，乙吏切。薏苡。又：蓮的中。又音億。薏，同上。”

皆聲①。

　　7.112　縈繞　上伊營反,下饒少反。《毛詩傳》云:"縈,旋也。"②《説文》云:"收篓也。從糸,熒省聲。"③繞,纏也。從糸,堯聲④。

五字陀羅尼頌一卷⑤

　　7.113　竦慄　上息拱反。《爾雅》曰:"竦,懼也。"⑥《詩》云:"不戁不竦。"⑦下力質反。《考聲》:"戰懼也。"《詩》云:"惴惴其慄。"⑧《説文》云:"從心栗聲也。"⑨59p0403a—0403b

　　7.114　涕泣　上他禮反。《韻集》云:"目汁也。"《古今正字》:"從水弟聲也。"⑩下去急反。《切韻》:"哭泣也。"⑪《集訓》云:"無聲出涕曰泣也。"

　　7.115　沘那⑫　上千禮反。梵語也。案字,水深清皃也⑬。

不空羂索大灌頂光真言經一卷⑭

　　7.116　虺蠍　上射遮反。《毛詩》云:"惟虺惟虵。"⑮《周易》云:"虵,

---

① 薏,《説文》作"蕾",艸部析"蕾"爲"从艸,啻聲"結構。《説文》闕"荁"篆。
② 見《周南·樛木》"葛藟縈之"傳。○旋,原作"縱",今據《詩傳》改。《玉篇》糸部:"縈,旋也。"亦作"旋",可爲據改之旁證。
③ 見糸部。收篓,今本作"收聚"。
④ 見《説文》糸部。
⑤ 《五字陀羅尼頌》,密教部典籍(T20,No.1174),唐釋不空奉詔譯,凡一卷。
⑥ 見《釋詁》。
⑦ 見《商頌·長發》。
⑧ 見《秦風·黃鳥》。
⑨ 《説文》闕"慄"篆。
⑩ 《説文》析"涕"同。
⑪ 缉韻(箋本):"泣,落淚。去急反。二。"裘本:"泣,去急反。瘁也。三。"王本:"泣,去急反。悲淚。二。"
⑫ [唵耨伕]沘那[淡],梵音 oṃ nuṣacanāthaṃ。
⑬ 清,原作"清沘",今據文意删"沘"。本書6.016"羯沘"例同此,可爲據删之旁證。
⑭ 《不空羂索大灌頂光真言經》,大正藏作《不空羂索毗盧遮那佛大灌頂光真言》,並注云:"出《不空羂索經》二十八卷。"密教部典籍(T19,No.1002),唐釋不空奉詔譯,凡一卷。
⑮ 《小雅·斯干》:"維熊維羆,維虺維蛇……維虺維蛇,女子之祥。"惟,今本作"維"。

豸屬也。"① 《説文》從它作蛇②。它音徒何反。下許謁反。毒蟲名也。

7.117 米韈羅③　韈音多可反。梵語也④。此云死人屍也。

金剛頂超勝三界文殊五字真言勝相一卷⑤　　無可音訓

金剛手光明無動尊大威怒王念誦儀一卷⑥

7.118 痠憷　上素官反。《韻集》云:"痠,疼痛也。"《考聲》云:"骨痛也。"《説文》云:"從疒,酸省聲。"⑦下瘡舉反。《音譜》云:"憷,痛也。"顧野王云:"心利也。"⑧從心,楚聲⑨。又音初去反。經文或單作楚,荆楚也⑩。又州名。非本字。

7.119 芙蓉　上防無反,下餘封反。即荷蓮也。《爾雅》曰:"荷,芙渠。"⑪郭注云:"别名芙蓉,江東呼荷。"⑫《毛詩傳》云:"未開者曰芙蓉,已開者曰菡萏也。"⑬

7.120 婆誐鏺⑭　上去聲,下仄范反。經作鏺,俗。梵語也。舊云婆

---

① 疑見《繫辭下》"龍蛇之蟄"注。

② 蛇,《説文》字頭作"它",它部:"它,蟲也。从虫而長,象冤曲垂尾形。上古艸居患它,故相間無它乎……蛇,它或从虫。"

③ 米韈羅,梵詞 mṛta-manuṣya。

④ 梵,原作"楚",今據文意改。獅谷本亦作"梵"。

⑤ 《金剛頂超勝三界文殊五字真言勝相》,大正藏作《金剛頂超勝三界經説文殊五字真言勝相》,密教部典籍(T20,No.1172),唐釋不空奉詔譯,凡一卷。

⑥ 《金剛手光明無動尊大威怒王念誦儀》,大正藏作《金剛手光明灌頂經最勝立印聖無動尊大威怒王念誦儀軌法品》,密教部典籍(T21,No.1199),唐釋不空奉詔譯,凡一卷。

⑦ 《説文》闕"痠"篆。

⑧ 《玉篇》心部:"憷,心利也。"

⑨ 《説文》闕"憷"篆。

⑩ 《説文》林部:"楚,叢木。一名荆也。从林,疋聲。"

⑪ 見《釋草》。

⑫ 見《釋草》"荷,芙渠"注。

⑬ 《鄭風·山有扶蘇》"隰有荷華"毛傳:"荷華,扶渠也。其華菡萏。"陸德明釋文:"菡萏,荷華也。未開曰菡萏,已發曰芙蓉。"瑄案:《説文》艸部:"蘭,菡蘭。芙蓉華未發爲菡蘭,已發爲芙蓉。从艸,閻聲。"

⑭ 婆誐鏺,梵詞 bhagavat。

伽婆,或云薄伽梵,亦云薄伽伴,皆訛。此翻爲世尊,六義摠名①。

7.121 鑠訖底②　上書灼反,下丁禮反。梵語也。此云戟。經中云手操鑠訖底,即威怒王所持戟槊也。下底字,經文或作底③,音止,非梵語本音。

7.122 嚩日囉④　上音無滿反,日囉二字合聲呼。正梵語也。舊云伐闍羅,或云跋折羅。此云金剛。案:經云或執嚩日囉,即無動尊所持金剛杵是也⑤。

觀自在大悲成就蓮花部念誦法一卷⑥　59p0403c

7.123 糠粃　上苦剛反。亦作穅。《韻略》云:“米皮也。”下補几反。亦作秕。顧野王云:“穀不成也。”⑦《國語》曰:“軍無粃稈也。”⑧ 並從禾⑨,同。

7.124 棘刺⑩　上紀力反。《韻集》云:“小棗,木名也。”下又作莿,音七賜反。《爾雅》云:“茦,刺也。”⑪ 郭璞注云:“草刺針也。”⑫ 茦音初革反。《方言》云:“凡草木而刺人者也。”⑬

---

① 《佛地經論》卷第一:“薄伽梵者,謂薄伽聲依六義轉:一自在義,二熾盛義,三端嚴義,四名稱義,五吉祥義,六尊貴義。如有頌言:‘自在熾盛與端嚴,名稱吉祥及尊貴,如是六種義差別,應知總名爲薄伽。’”
② 鑠訖底,梵詞 śakti。
③ 底,原作“底”,今據文意改。
④ 嚩日囉,梵詞 vajra。
⑤ 杵,原作“持”,今據文意改。
⑥ 《觀自在大悲成就蓮花部念誦法》,大正藏作《觀自在大悲成就瑜伽蓮華部念誦法門》,密教部典籍(T20,No.1030),唐釋不空奉詔譯,凡一卷。
⑦ 《玉篇》米部:“粃,不成穀也。俗秕字。”
⑧ 疑見《晉語七》:“軍無粃政。”稈也,今本作“政”。
⑨ 《說文》禾部:“穅,穀皮也。从禾从米,庚聲。康,穅或省。”
⑩ 刺,原作“莿”,今據文意改;下同。
⑪ 見《釋草》。
⑫ 《釋草》“茦,刺”郭璞注:“草刺針也。關西謂之刺,燕北、朝鮮之間曰茦。見《方言》。”
⑬ 《方言》卷三:“凡草木刺人,北燕朝鮮之間謂之茦。”刺人,今本作“刺人”。

7.125 脹顋[1]　上知亮反。《考聲》云：“滿也。”《切韻》：“肚脹也。”[2]從肉，張省聲[3]。下蘇來反。《説文》：“顋，頷也。”[4]頷音胡感反。《字書》云：“頰也。”經文作腮，俗字也。

7.126 跣足　上蘇典反。《集訓》云：“足親於地也。”從足，先聲[5]。下即玉反。《爾雅》曰：“足，趾也。”[6]從口、止作足[7]。經文作疋，書寫人草變，非也。

7.127 應踏　下徒合反。《説文》云：“著地行皃。從足，沓聲。”[8]沓音同上。又作蹋。《切韻》云：“蹹蹋也。”[9]案：經合作蹋字，或作踏[10]。又音他荅反。

7.128 緺珮　上烏恢反。《説文》云：“五色絲飾也。從糸，畏聲。”[11]下蒲妹反。《韻英》云：“玉珮也。”《禮記》云：“古之君子，必以珮玉比德也。”[12]

7.129 香綏　上許良反。《説文》云：“香，芬也。”[13]正從黍、甘作香[14]。或作薌，穀氣也[15]。經文從草作菴，非本字。下儒佳反。《玉篇》云：“冠緌

---

① “脹顋”見《觀自在大悲成就瑜伽蓮華部念誦法門》：“心中應作是相，兩腳如八字立，脹其腮咬右邊脣，作其瞋狀誦呪七遍。”

② 漾韻（王本）：“脹，（陟亮反。）脹滿。”裴本：“脹，（陟亮反。）滿。”

③ 《説文》闕“脹”篆。

④ 《説文》闕“顋”篆。

⑤ 《説文》析“跣”同。

⑥ 《釋言》：“趾，足也。”

⑦ 《説文》析“足”同。

⑧ 踏，《説文》作“蹋”，足部：“蹋，踐也。从足，昜聲。”

⑨ 盍韻（箋本）：“蹋，踐。徒盍反。一。”王本：“蹋，徒盍反。踐。六。”瑄案：合韻（箋本）：“踏，（他合反。）著地。”王本：“踏，（他閤反。）著地。”

⑩ “或”字原闕，今據文意補。

⑪ 《説文》闕“緺”篆。《玉篇》糸部：“緺，五色絲飾。”

⑫ 《玉藻》：“君在不佩玉，左結佩，右設佩……君子無故，玉不去身。君子於玉比德焉。”《聘義》：“夫昔者，君子比德於玉焉。”

⑬ 香部：“香，芳也。从黍从甘。《春秋傳》曰：‘黍稷馨香。’”

⑭ 《説文》析“香”爲“从黍从甘”結構。○甘，原作“其”，今據文意改。

⑮ 《説文新附》：“薌，穀气也。从艸，鄉聲。”

也。"①《爾雅》曰:"禕,綏也。"②郭注云:"香纓也。交絡帶繫於體,因名禕綏也。"③從糸,委聲④。經文作蕤,乃葳蕤,藥名也。又:蕤賓,五月律管名⑤。案:經以纁珮香綏嚴飾大悲觀自在身也。經作菩蕤字⑥,甚乖經意。

7.130 氛氳　上符分反,下於云反。《説文》:"氛氳,祥氣。"⑦或作氛。元氣也。二字並從气,分、昷聲。气音氣也。

7.131 摜甲　上胡串反。《字林》:"貫也。"《釋文》音訓並同⑧。《五經字樣》音古患反⑨。下甲字,或從金作鉀,亦通。

觀自在如意輪瑜伽一卷⑩

7.132 澗谷　上古晏反。《韻集》云:"溝,澗也。"《爾雅》云:"山夾水曰澗。"⑪或作㵎字,俗用,亦通。下古鹿反。《玉篇》:"山谷也。"⑫《爾雅》曰:"水注谿曰谷。"⑬又:谷,養也⑭。《老子》云:"谷神不死,是爲玄牝也。"⑮59p0403c—0404a

7.133 裸形⑯　上華瓦反。避俗諱作此音也。案:《説文》云本音郎果

----

① 糸部:"綏,繼冠緌也。"
② 疑見《釋器》:"婦人之禕謂之縭。縭,緌也。"
③ 《釋器》"婦人之禕謂之縭。縭,緌也"郭璞注:"即今之香纓也。禕邪交落帶繫於體,因名爲禕。緌,繫也。"
④ 《説文》析"綏"同。
⑤ 《禮記·月令》:"仲夏之月,日在東井……律中蕤賓,其數七。"
⑥ 《觀自在大悲成就瑜伽蓮華部念誦法門》:"纁佩網帶委蕤交連。"○"經"字原闕,今據文意補。
⑦ 《説文》闕"氛、氳"篆。《説文》气部:"氛,祥气也。从气,分聲。雰,氛或从雨。"
⑧ 《釋文》,不詳。
⑨ 《五經字樣》,即《五經文字》,唐人張參撰。説詳後。
⑩ 《觀自在如意輪瑜伽》,大正藏作《觀自在如意輪菩薩瑜伽法要》,密教部典籍(T20,No.1087),唐釋金剛智譯,凡一卷。
⑪ 《釋山》:"山夾水,澗。"澗,今本作"㵎"。
⑫ 谷部:"谷,水注谿也。又余玉切。"
⑬ 《釋水》:"水注川曰谿,注谿曰谷,注谷曰溝,注溝曰澮,注澮曰瀆。"
⑭ 《老子》六章"谷神不死"河上公注:"谷,養也。"
⑮ 《老子》六章:"谷神不死,是謂玄牝,玄牝之門,是謂天地根。"爲,今本作"謂"。
⑯ "裸形"見《觀自在如意輪菩薩瑜伽法要》:"想彼衆罪狀,植髮裸黑形。"

反。顧野王云：“裸者，脫衣露體也。”① 從衣在果邊也②。經文從身作躶，亦作倮，皆俗用字。有經從示作裸，音灌。不達字義，書誤也。

修習般若波羅蜜菩薩觀行念誦儀－卷③

7.134 掣擊　上昌列反。《韻詮》云：“挽也。”《字書》云：“引也。”又音昌制反。下古歷反。《切韻》：“擊，打。”④《説文》云：“從手毄聲也。”⑤ 毄音喫。

金剛頂他化自在天理趣會普賢修行儀軌－卷⑥

7.135 藕絲　上五口反。蓮根也。《爾雅》曰：“荷，芙渠。其根藕也。”⑦ 郭注云：“別名芙蓉，江東呼荷也。”⑧

7.136 鉀綯　上古狎反。《音譜》云：“鎧，鉀也。”⑨《五經文字》並單作甲，云兵甲也。下他刀反。又作絛、慆二形，云綿絲繩也。又音他到反。

末利支提婆花鬘經－卷⑩

7.137 指攪　上職雉反。《韻略》云：“手指也。”又：指撝也，斥也。下古巧反。《玉篇》：“手動也。”⑪《説文》云：“從手覺聲也。”⑫

---

① 《玉篇》衣部：“羸，袒也。亦作倮、躶。”“裸，同上。”人部：“倮，赤體也。”
② 裸，《説文》字頭作“羸”，衣部：“羸，袒也。从衣，𧰧聲。裸，羸或从果。”
③ 《修習般若波羅蜜菩薩觀行念誦儀》，密教部典籍（T20, No.1151），唐釋不空奉詔譯，凡一卷。
④ 錫韻（箋本）：“擊，（古歷反。）打。”王本：“擊，（古歷反。）拆打。”
⑤ 見手部。
⑥ 《金剛頂他化自在天理趣會普賢修行儀軌》，大正藏作《金剛頂瑜伽他化自在天理趣會普賢修行念誦儀軌》，密教部典籍（T20, No.1122），唐釋不空奉詔譯，凡一卷。
⑦ 《釋草》：“荷，芙渠。”
⑧ 見《釋草》“荷，芙渠”注。
⑨ 鉀，原作“鉀”，今據文意改。
⑩ 《末利支提婆花鬘經》，大正藏作《末利支提婆華鬘經》，密教部典籍（T21, No.1254），唐釋不空奉詔譯，凡一卷。○末利，卷目作“末”。
⑪ 手部：“攪，《詩》曰：‘祇攪我心。’攪，亂也。”
⑫ 見手部。

7.138 馱婆^①　上蘇合反。梵語也。案字,馱踏,馬疾行皃也。

7.139 槲樹　上胡谷反。木名也。《考聲》:"葉似松而細。"《爾雅》云:"槲樸,心。"^②郭注云:"槲,槲別名。"^③從木,斛聲^④。經文作穀,亦通用。

金輪佛頂要畧念誦法一卷^⑤

大孔雀明王畫像壇儀一卷^⑥

瑜伽金剛頂釋字母品一卷^⑦　已上三經並無可音訓

大聖天雙身毗那夜迦法一卷^⑧　59p0404b

7.140 毗那夜迦^⑨　舊云頻那夜迦,皆不正梵語。應云吠_{音微一反}那野怛迦。此云障礙神,謂現人身象頭能障一切殊勝事業故。

7.141 銅杓　上徒紅反。《切韻》云:"金一品也。"^⑩《山海經》云:"女林之山,其陽多赤銅。"^⑪《説文》云:"赤金也。從金,同聲。"^⑫下市若反。《韻略》云:"杯杓也。"從木,勺聲^⑬。勺音斫

---

① ［栖神］馱婆［賀］,梵音 bhiki svāhā。
② 見《釋木》。〇樸,原作"撲",今據《爾雅》改。
③ 見《釋木》"槲樸,心"注。
④ 《説文》闕"槲"篆。
⑤ 《金輪佛頂要畧念誦法》,大正藏作《金輪王佛頂要略念誦法》,密教部典籍(T19,No.0948),唐釋不空奉詔譯,凡一卷。〇畧,獅谷本作"略"。
⑥ 《大孔雀明王畫像壇儀》,大正藏作《佛説大孔雀明王畫像壇場儀軌》,密教部典籍(T19,No.0983A),唐釋不空奉詔譯,凡一卷。
⑦ 《瑜伽金剛頂釋字母品》,大正藏作《瑜伽金剛頂經釋字母品》,密教部典籍(T18,No.0880),唐釋不空奉詔譯,凡一卷。
⑧ 《大聖天雙身毗那夜迦法》,大正藏作《大聖天歡喜雙身毘那夜迦法》,密教部典籍(T21,No.1266),唐釋不空奉詔譯,凡一卷。
⑨ 毗那夜迦,梵詞 Vighnāyaka,希麟譯"吠那野怛迦"。
⑩ 東韻(箋本):"銅,(徒紅反。)按《説文》,青鐵也。"裴本:"銅,(徒紅反。)赤金也。《説文》:'青鐵也。'"王本:"銅,(徒紅反。)赤金。"
⑪ 《西山經》:"西南三百里,曰女牀之山,其陽多赤銅,其陰多石涅,其獸多虎豹犀兕。"
⑫ 見金部。
⑬ 《説文》析"杓"爲"从木从勺"結構。

7.142 㸤油　上居怨反。《字書》云：“㕫㸤物也。”從斗，䜌聲①。㕫音
以沼反，亦㸤也。

7.143 蘿蔔　上音羅，下蒲北反。俗字也。《爾雅》作蘆菔②，郭璞
注云：“蘆菔，蕪菁屬也。紫花，大葉，根可啖也。”③《本草》云：“性冷，利
五藏，能除五藏中惡氣，服之令人白淨。”又：制麪毒，若飲食過度，可生
食之。

仁王般若陁羅尼釋—卷④

金剛頂瑜伽降三世極三蜜門—卷⑤

依目録有大乘緣生論—卷⑥　　已上三經並無可音訓⑦

續一切音義卷第七
丁未歲高麗國大藏都監奉勅雕造

---

① 《説文》析“㸤”同。
② 《釋草》：“葵，蘆萉。”蘆萉，今本作“蘆菔”。
③ 《釋草》“葵，蘆萉”郭璞注：“萉宜爲菔。蘆菔，蕪菁屬，紫華，大根。俗呼雹葵。”
④ 《仁王般若陁羅尼釋》，密教部典籍（T19,No.0996），唐釋不空奉詔譯，凡一卷。
⑤ 《金剛頂瑜伽降三世極三蜜門》，大正藏作《金剛頂瑜伽降三世成就極深密門》，密教
　　部典籍（T21,No.1209），唐釋不空奉詔譯，凡一卷。〇密門，卷目作“蜜門”。
⑥ 《大乘緣生論》，論集部典籍（T32,No.1653），唐釋不空奉詔譯，凡一卷。
⑦ 並，獅谷本作“竝”。

續一切經音義卷第八　雞

燕京崇仁寺沙門　希麟　集

續音根本説一切有部毗奈耶藥事二十卷
　　　　右從第一盡第二十同此卷續音

根本説一切有部毗奈耶藥事①

卷第一

8.001 痿黄　痿，於佳反。《考聲》：“淫病也。”《集訓》云：“足不及也。”《釋名》云：“痿，萎也。如草木葉萎死於地也。”②從疒，委聲③。下胡光反。《爾雅》云：“玄黄，病也。”④郭注云：“虺隤、玄黄，皆人病之通名，而説者便爲馬病，失其義也。”⑤59p0405a

8.002 顲顇　上齊遥反，下情邃反。《考聲》云：“顲顇，瘦惡。”《蒼頡篇》作憔悴，云愁憂也。《毛詩》從言作譙誶⑥，班固從疒作癄瘁⑦，漢武帝《李夫人賦》從女作嫶婷⑧，《左傳》從草作蕉萃⑨。諸書無定一體，今經文多作顲顇。

8.003 蘡薁　上益盈反，下於六反。《考聲》云：“草名。可食，似葡萄

───────────

① 《根本説一切有部毗奈耶藥事》，律部典籍（T24,No.1448），唐釋義淨奉制譯，凡十八卷。瑄案：希麟音義所據爲二十卷本。

②⑧　不詳。

③ 《説文》析“痿”同。

④ 見《釋詁》。

⑤ 虺隤、爲，今本作“虺頹、謂之”。

⑥ 不詳。瑄案：《詩》“譙”字凡2見，《豳風·鴟鴞》：“予羽譙譙，予尾翛翛。”

⑦ 《漢書·禮樂志》：“是以纖微癄瘁之音作，而民思憂。”瑄案：《漢書·敘傳上》：“朝爲榮華，夕而焦瘁。”顔師古注：“瘁與悴同。”

⑨ 《成公九年》：“雖有姬姜，無弃蕉萃。”

而小,其子黑色。”《説文》云二字並從草,嬰、奥俱聲也①。

　8.004　梭楣　上子紅反,下力居反。《韻集》云:“栟楣,木名也。”《考聲》云:“栟楣木有葉無枝。”二字從木,夋、閭聲②。栟音并。

　8.005　椰子　上以遮反。《韻集》云:“椰子,果木名也。”其葉背面相類,出交趾及海島。子大者可爲器。從木,耶聲③。

　8.006　菖蒲　上尺良反,下薄胡反。《切韻》:“菖蒲,草名。似藺,可以爲席也。”④《本草》云:“菖蒲,藥名。八月採根,百節者爲良也。”藺音良刀反。

　8.007　䴴麥䴽　上古猛反。《説文》:“麥皮也。”⑤《方言》云:“即今大麥也。”⑥下與職反。《字書》無此字。《新字林》云⑦:“䴽,麥芒也。”案:麥字從來、夊⑧。《白虎通》云:“麥,金也。金王而生,火王而死也。”⑨䴴從礦省聲⑩,䴽從弋諧聲也⑪。夊音雖。59p0405a—0405b

　8.008　江狿　上古腔反,下徒論反。俗字。正作豚。言江狿⑫,即江海水中大魚也。其形類豬,故以爲名。風波欲起,此魚先出水上出没,須臾有風浪起也。

　8.009　鮫魚　上古肴反。《説文》云:“海魚名也。皮有文,可以飾刀劍也。從魚,交聲。”⑬下語居反。《説文》云:“水蟲也。”⑭從角水作㒸。《爾

---

① 艸部析“薁”爲“从艸,奥聲”結構。《説文》闕“蘡”篆。
② 木部析“梭”爲“从木,夋聲”結構。《説文》闕“楣”篆。
③ 《説文》闕“椰”篆。
④ 模韻(箋本):“蒲,(薄胡反。)水草。”王本:“蒱,(薄胡反。)大藺。又作蒲。”
⑤⑥　不詳。
⑦ 《新字林》,不詳。
⑧ 《説文》析“麥”爲“从來,有穗者;从夊”結構。
⑨ 不詳。瑄案:《廣韻》麥韻“麥”字下引《白虎通》:“麥,金也。金王而生,火王而死。”
⑩ 《説文》闕“䴴”篆。
⑪ 《説文》闕“䴽”篆。○弋諧,原作“戈皆”,獅谷本作“戈諧”,今據文意改。大通本亦作“弋諧”。
⑫ 言,疑即“方言”。瑄案:《文選·郭璞〈江賦〉》“魚則江豚海狶”李善注引《南越志》:“江豚,似豬。”
⑬ 魚部:“鮫,海魚,皮可飾刀。从魚,交聲。”
⑭ 魚部:“魚,水蟲也。象形。魚尾與燕尾相似。”

雅》曰:“魚腸謂之乙,魚尾謂之丙。”① 郭注云:“皆似篆書字,因以名焉。”②

　　8.010 瘡疥　上楚良反。古文作創、刅、刅③。破也。《釋名》云:“瘡,傷也。言體有傷破也。”④《禮》云:“頭有瘡則沐。”⑤ 下音介。又作疥。《説文》云:“瘙也。從疒,介聲。”⑥ 或作疥⑦,亦同。

　　8.011 紝婆⑧　上又作絥。音女林反。梵語。果木名也。

　　8.012 騷毗羅⑨　上蘇刀反。梵語。此云漉水囊。

　　8.013 釘橜　上丁定反⑩。《考聲》:“以丁釘木也。”下其月反。《韻略》云:“杙也。”《爾雅》云:“在地者謂之臬。”⑪ 郭璞注云:“即門橜也。”⑫ 或作橛字。

　　8.014 歐逆　上烏口反。《切韻》:“吐也。”⑬ 又作嘔,同。《食療本草》云⑭:“猪膽止乾嘔也。”

　　8.015 杙上　上羊式反。《爾雅》曰:“樴謂之杙。”⑮ 郭注云:“即橜也。”⑯ 又作弋,訓同。樴音特。《方言》:“北人謂橜爲樴也。”⑰

---

① 見《釋魚》。
② 《釋魚》“魚尾謂之丙”郭璞注:“此皆似篆書字,因以名焉。《禮記》曰:‘魚去乙然,則魚之骨體盡似丙丁之肩,因形名之。’”
③ 《説文》刅部:“刅,傷也。从刃从一。楚良切。創,或从刀,倉聲。”瑄案:《説文》“刅”字條徐鉉等曰:“今俗別作瘡,非是也。”《集韻》陽韻:“刅,或作創、刅、刱、刅,古作戗。”○刅,原作“刃”,今據文意改。
④ 《釋疾病》:“創,戕也。戕毀體使傷也。”
⑤ 見《曲禮上》。
⑥ 見疒部。瘙,今本作“搔”。
⑦ “或”字原闕,今據文意補。又:疥,原作“疥”,徐時儀(2012:2315 注[三])疑“疥”爲“疥”訛,今據文意改。《字彙補》疒部:“疥,同疥。”
⑧ 紝婆,梵詞 nimba。
⑨ 騷毗羅,梵詞 parisrāvaṇa。
⑩ 丁,原作“下”,今據文意改。獅谷本亦作“丁”。
⑪⑮ 見《釋宮》。
⑫ 見《釋宮》“在地者謂之臬”注。
⑬ 厚韻(裴本):“歐,烏厚反。吐也。四。”王本:“歐,烏口反。吐。五。”
⑭ 《食療本草》,不詳。
⑯ 《釋宮》“樴謂之杙”郭璞注:“橜也。”
⑰ 不詳。

8.016 家廄　上古牙反。《爾雅》云：“牖戶之間謂之扆，其内謂之家。”① 《説文》云：“家，居也。字從宀，豭省聲也。”② 宀，莫仙反，深屋皃③。豭音古牙反。下即移反。《説文》云：“廄，貨也。”④ 又：財也。從貝，此聲。

8.017 鄔波馱耶⑤　上安古反。或云郁波第耶。梵語輕重也。此翻爲近誦，爲以弟子年小，不離於師，常逐常近，受而誦也。鄔波馱耶亦翻爲親教，舊譯爲知罪知無罪。名爲和尚，或云和闍，並于闐等國訛轉也，本非印度之雅言。

8.018 割脾　上正割字。《爾雅》云：“割，裂也。”⑥ 《韻集》：“割，剥也。” 又：斷截也。下傍禮反。俗字也。正作髀。《切韻》：“股也。”⑦ 從骨，㘴聲⑧。㘴音比。

8.019 飢饉　上古文作飤，又作饑，同。音几治反。下音覲。《爾雅》云：“穀不熟爲饑。”⑨ 郭注云：“五穀不成也。”⑩ 又曰：“疏不熟爲饉。”⑪ 注云：“凡草菜可食者通名爲蔬。”⑫ 《春秋穀梁傳》云：“二穀不升謂之飢，三穀不升謂之饉，五穀不升謂之災也。”⑬ 災，正灾字。59p0405b—0405c

8.020 剜割　上烏桓反。《埤蒼》云：“剜，猶削也。”《廣雅》義同⑭。《説文》云：“剜，挑也。從刀從宛音琬。”⑮ 經文作刓字⑯，俗。

---

① 見《釋宫》。

② 宀部析“家”爲“从宀，豭省聲。冢，古文家”結構。

③ 《説文》宀部：“宀，交覆深屋也。象形。”

④ 貝部：“貰，小罰以財自贖也。从貝，此聲。漢律：民不繇，貰錢二十二。”

⑤ 鄔波馱耶，梵詞 upādhyāya，希麟譯“搗波地耶”。

⑥ 見《釋言》。

⑦ 薺韻(箋本)：“髀，(傍礼反。) 髀股。 又卑婢反。” 王本：“髀，(傍礼反。) 髀股。 又卑婢反。”

⑧ 《説文》闕“髀”篆。

⑨⑪　見《釋天》。

⑩ 《釋天》“穀不熟爲饑”郭璞注：“五穀不成。”

⑫ 見《釋天》“疏不熟爲饉”郭璞注。

⑬ 《襄公二十四年》：“一穀不升謂之嗛，二穀不升謂之饑，三穀不升謂之饉，四穀不升謂之康，五穀不升謂之大侵。”

⑭ 《釋詁》：“削，剜也。”

⑮ 《説文新附》：“剜，削也。从刀，宛聲。”〇宛，原作“夗”，今據文意改。

⑯ 刓，原作“剜”，今據文意改。《集韻》桓韻：“剜，切削也。亦省。”

根本藥事卷第二

8.021　羯闌鐸迦^①　　下音薑佉反。舊云迦闌陁,亦云迦闌鐸迦,皆梵語訛轉也。本云羯嬾駄迦。此云好聲鳥,謂王舍城側有大竹林,此鳥棲止多在其林,因以名焉。

8.022　患痔　　上胡慣反。《考聲》:"病也。"《集訓》云:"憂也。"《切韻》:"苦也,惡也。"^②《説文》云:"從心,串聲。"^③串音古患反。下直里反。《切韻》:"漏病也。"^④《考聲》云:"後病也。"《説文》云:"從疒,峙省聲。"^⑤疒,女厄反。

8.023　薜舍離^⑥　　上蒲計反。梵語。或云吠舍離,古云維耶離,亦云毗耶離,皆訛略也。此翻爲廣嚴城,謂此城於中印度境最大,廣博嚴淨,因名焉。

8.024　婆羅疤斯^⑦　　疤,女點反。亦云波羅捺斯,舊云波羅奈。亦梵語,西域國名也。

8.025　荻苗^⑧　　上徒歷反。亦西域國名。彼國多出此草,因以爲名焉。

8.026　樗蒲^⑨　　上丑居反。《爾雅》云:"樗,山樗也。"^⑩下薄胡反。《爾雅》曰:"楊,蒲柳。"^⑪郭注云:"可以爲箭也。"^⑫案:樗蒲二字^⑬,戲也。《博物志》云:"老子入胡,因作樗蒲。"

---

① 羯闌鐸迦,梵詞 kalandaka,希麟譯"羯嬾駄迦"。
② 諫韻(王本):"患,胡慣反。妨。七。"訕韻(裴本):"患,胡慣反。九。"
③ 心部析"患"爲"從心上貫叩,叩亦聲。悶,古文從關省。愚,亦古文患"結構。瑄案:希麟音義引文析字跟今本不同。
④ 止韻(篆本、裴本、王本):"痔,(直里反。)病。"
⑤ 見疒部。峙省聲,今本作"寺聲"。
⑥ 薜舍離,梵詞 Vaiśāli,希麟譯"吠舍釐"。
⑦ 婆羅疤斯,梵詞 Vārāṇasī、Vāraṇasī、Varāṇsaī、Varaṇsaī。
⑧ "荻苗"見《根本説一切有部毗奈耶藥事》卷第二:"爾時世尊在荻苗國,人間遊行至一村間。"
⑨ 蒲,原作"蒱",今據文意改。
⑩ 見《釋木》。
⑪ 見《釋木》。○蒲,原作"蒱",今據《爾雅》改;下同。
⑫ 《釋木》"楊,蒲柳"郭璞注:"可以爲箭。《左傳》所謂'董澤之蒲'。"
⑬ 蒲,原作"蒱",今據文意改。

8.027 鉛錫　上與專反。《玉篇》:“鉛,青金也。”①《尚書》云:“青州貢鉛。”②《説文》云:“從金,㕣聲。”③經文作鈆,俗字。下先戚反。亦鉛類也。《爾雅》云:“錫謂之鈏。”④郭璞注云:“白鑞也。”《説文》云:“銀錫之間。從金易聲也。”⑤鈏音弋忍反。

8.028 閒錯　上古莧反。《爾雅》云:“間,代也。”⑥《玉篇》:“間,廁。”⑦《切韻》:“間,迭也,隔也。”⑧下倉各反⑨。《韻集》云:“雜也。”《考聲》:“東西爲交,上下爲錯。”律文從糸作繝,與橺同。《切韻》:“裙也。”⑩非間錯義。59p0405c—0406a

8.029 嫂恠　上蘇皓反。《爾雅·釋親》云:“兄之妻爲嫂,弟之妻爲婦。”⑪《説文》云:“從女,叟聲。”⑫又作娞,古字。律文從更作㛹,俗用字也。下古壞反。《切韻》:“恠,異也。”⑬又作恠字。

8.030 恍惚　上虎晃反,下呼骨反。《字林》云:“心不明也。”《老子》云:“恍恍惚惚,其中有物。”⑭二字並從心,光、忽聲⑮。下或作忽。

根本藥事卷第三

8.031 嗢柂南⑯　上烏没反,次徒可反。梵語也。此翻爲集摠散,亦

---

① 金部:“鉛,黑錫也。《説文》曰:‘青金也。’亦作鈆。”
② 《禹貢》:“海、岱惟青州……厥貢鹽、絺,海物惟錯。岱畎絲、枲、鉛、松、怪石。”
③ 見金部。
④ 見《釋器》。
⑤ 見金部。銀錫之間,今本作“銀鉛之間也”。
⑥ 見《釋詁》。
⑦ 門部:“閒,居閑切。隙也。又居莧切。迭也。又音閑。”
⑧ 山韻(篆本):“間,古閑反。二。”王本:“閒,古閑反。二。”
⑨ “反”字原闕,今據文意補。獅谷本亦注“各下反脱”。
⑩ 潸韻(王本):“橺,(胡板反。)木大。”
⑪ 《釋親》:“女子謂兄之妻爲嫂,弟之妻爲婦。”
⑫ 女部析“娞”爲“從女,妥聲”結構。
⑬ 恠韻(篆本):“恠,異。古壞反。三加一。”界韻(裴本):“恠,古壞反。異也。四。”怪韻(王本):“恠,古懷反。異。正作怪。六。”
⑭ 《老子》二十一章:“恍兮惚兮,其中有物。”
⑮ 恍,《説文》作“怳”,析爲“從心,況省聲”結構,析“忽”爲“從心,勿聲”結構。
⑯ 嗢柂南,梵詞 udāna。

云足跡,或云攝施,皆隨義譯,即偈頌也。

　　8.032　獷戾　　上古猛反。《字書》:“惡也。” 顧野王云:“犬不可附也。”① 下郎計反。《爾雅》云:“罪也。”②《切韻》:“乖違也。”③《説文》云:“曲也。字從犬出戶下也。”④ 二字並從犬⑤。律文從禾作穬,乃禾芒也⑥,非獷戾也。

　　8.033　羅弳　　上魯何反。《韻略》云:“網羅也。”《詩》云:“逢此百罹。”⑦《爾雅》云:“鳥罟謂之羅。”⑧ 或作羀⑨。下其亮反。《説文》:“取獸具也。從弓,諒省聲也。”⑩

　　8.034　毗訶羅⑪　　訶音呵。 或云微賀羅。 梵語聲轉也。 此云寺也。或云僧伽藍摩⑫。此云衆園。律云造五百毗訶羅,即五百寺也。

　　8.035　船舶　　上食川反。《方言》云:“關東曰船,關西曰舟。”⑬《説文》云:“從舟,沿省聲。”⑭ 沿,與專反。沿路之沿、鉛錫之鉛,皆放此。律文從公作舩、從工作舡⑮,皆俗字。下傍陌反。《切韻》:“海中大船也。”⑯ 從舟,白聲⑰。

---

① 《玉篇》犬部:“獷,犬不可附也。”
② 見《釋詁》。罪,今本作“辠”。
③ 霽韻(裴本):“戾,(魯帝反。)茆。 又:吕結反。”王本:“戾,(魯帝反。)佷求。”王本:“戾,(魯帝反。)乖。亦作鰲。”
④ 犬部:“戾,曲也。从犬出戶下。戾者,身曲戾也。”
⑤ 《説文》析“獷”爲“从犬,廣聲”結構。
⑥ 《説文》禾部:“穬,芒粟也。从禾,廣聲。”
⑦ 見《王風·兔爰》。〇罹,原作“羅”,今據《詩》改。“逢此”句毛萇傳:“罹,憂;吡,動也。” 鄭玄箋:“(我長大之後,)乃遇此軍役之多憂。今但庶幾於寐,不欲見動,無所樂生之甚。”可爲據改之旁證。
⑧ 見《釋器》。
⑨ 羀,原作“羅”。考《改併四聲篇海》网部引《龍龕手鑑》:“羀,舊藏作羅字。”今據改。
⑩ 《説文》闕“弳”篆。
⑪ 毗訶羅,梵詞 vihāra。
⑫ 僧伽藍摩,梵詞 saṃghārāma。
⑬ 《方言》卷九:“舟,自關而西謂之船,自關而東或謂之舟,或謂之航。”
⑭ 見舟部。沿省聲,今本作“鉛省聲”。
⑮ “從工”二字原闕,今據文意補。
⑯ 陌韻(箋本):“舶,(傍陌反。)海中大船。”王本:“舶,(傍百反。)海中大舩。”
⑰ 《説文》闕“舶”篆。

8.036 一撮　倉适反。适，古活反。《字書》云："以手撮物也。"《筭經》云："六十四黍爲一圭，四圭爲一撮。"從手，最聲①。又音臧适反。謂手撮也②。

8.037 傘插　上蘇旱反。《廣韻》："傘，蓋也。"③陸氏本作繖④。下楚洽反。《説文》："剌入也。從手，臿聲。"⑤臿音同上，從千入臼也⑥。律文作揷，或作挿，皆誤書也。

根本藥事卷第四

8.038 土墿　上他古反。《尚書》曰："土爰稼穡。"⑦《説文》云："土，吐也。能吐生万物也。從二、二，地之數也。｜。象地中物出也。"⑧｜，古本反⑨。下亦作㭴、㣋，同。吐盍反。《字書》云："牀墿也。"從木，翂聲⑩。翂音同上。59p0406a—0406b

8.039 陂湖　上彼宜反。《尚書》云："澤障曰陂。"⑪《爾雅》曰："陂者曰阪。"⑫郭注云："地不平也。"⑬《説文》云："從𨸏，皮聲。"⑭下户吳反。《切韻》："江湖也。"⑮《廣雅》曰："湖亦池也。"⑯從水胡聲也⑰。

---

① 《説文》析"撮"同。
② 撮，原作"提"，今據文意改。慧琳音義卷七十八"撮磨"、卷八十一"撮略"皆言"手撮"，可爲據改之旁證。獅谷本、大通本亦作"撮"。
③ 旱韻："傘，傘蓋。"
④ 旱韻："繖，繖絲綾。今本作繖蓋字。"
⑤ 手部："插，刺肉也。从手从臿。"
⑥ 《説文》析"臿"爲"從臼，干所以臿之"結構。
⑦ 《洪範》："水曰潤下，火曰炎上，木曰曲直，金曰從革，土爰稼穡，潤下作鹹。"○爰，原作"受"，今據《書》改。獅谷本亦作"爰"，其注云："爰異作受。"
⑧ 土部："土，地之吐生物者也。二象地之下、地之中，物出形也。"
⑨ 兩"｜"字，獅谷本注："象上古上并｜字，脱。"
⑩ 《説文新附》析"墿"同。
⑪ 引書誤。《泰誓上》"惟宮室臺榭陂池侈服"孔安國傳："澤障曰陂，停水曰池。"
⑫ 見《釋地》。○阪，原作"陂"，今據《爾雅》改。
⑬ 《釋地》"陂者曰阪"郭璞注："陂陀不平。"
⑭ 𨸏部析"陂"爲"從𨸏，皮聲"結構。
⑮ 模韻（箋本）："湖，（户吳反。）江湖。"王本："湖，（户吳反。）陂。"
⑯ 《釋地》："湖，池也。"
⑰ 《説文》析"湖"同。

8.040　逃避　上徒刀反。《集訓》云:“亡也,去也。”《説文》云:“竄也。”①《切韻》:“走避也。”② 從辵,兆聲③。辵,丑畧反。亦作逃字。下毗義反。《韻集》:“藏也,違也。”又:去也,迴也。《孝經》:“曾子避席。”④ 注云:“起荅也。”⑤

8.041　天竺國⑥　　竺音篤。或云身毒⑦,或云賢豆⑧,或云印度⑨,皆訛。正云印特伽羅⑩。此云月。《西域記》云:“謂諸群生輪迴不息,無明長夜莫有司存。其猶白日既隱,宵月斯繼。良以彼土賢聖繼軌,導凡利物如月照臨,故以名焉。”⑪

8.042　摩揭陁⑫　　或云摩竭提,亦云墨竭提,皆梵語訛轉也。自古翻傳隨義立名。或云不至,言其國隣敵不能侵至也。又云遍聰慧,言聰慧之人遍其國内也。又言無毒害,言其國法不行刑殺,其有犯死罪,但送寒林耳。

8.043　稻藓　上徒皓反。《切韻》:“秔稻也。”⑬《禮記》云:“稻曰嘉蔬。”⑭《本草》云:“粳米主益氣,止煩泄。稻米主温中,令人多熱。”明是

---

① 見辵部。竄也,今本作“亾也”。
② 豪韻(箋本):“逃,(徒刀反。)”裴本:“逃,(徒刀反。)逃亾。”王本:“逃,(徒刀反。)走逃。”
③ 《説文》析“逃”同。
④ 《開宗明義章》:“曾子避席,曰:‘參不敏,何足以知之?’”
⑤ 《開宗明義章》“曾子避席”御注:“避席,起荅。”瑄案:荅,即“答”。《廣韻》合韻:“荅,當也。亦作苔。”
⑥ 天竺,梵詞 Indu,希麟譯“印特伽羅”。
⑦ 身毒,伊蘭語系 Sindhu(吳其昌《印度釋名》)。
⑧ 賢豆,伊蘭語系 Kiendu、Kendu、Kuentou(吳其昌《印度釋名》)。
⑨ 印度,梵詞 Hindhu、Indu(吳其昌《印度釋名》)。
⑩ 印特伽羅,梵詞 Indakala(吳其昌《印度釋名》)。
⑪ 《大唐西域記》卷第二:“印度者,唐言月。月有多名,斯其一稱。言諸群生輪迴不息,無明長夜莫有司晨,其猶白日既隱,宵燭斯繼,雖有星光之照,豈如朗月之明? 苟緣斯致,因而譬月。良以其土聖賢繼軌,導凡御物,如月照臨。由是義故,謂之印度。印度種姓族類群分,而婆羅門特爲清貴,從其雅稱,傳以成俗,無云經界之別,總謂婆羅門國焉。”
⑫ 摩揭陁,梵詞 Magadha。○陁,獅谷本作“陀”。
⑬ 晧韻(箋本):“稻,(徒沼反。)穀。”王本:“稻,(徒浩反。)穀。”
⑭ 《曲禮下》:“凡祭宗廟之禮 …… 稻曰嘉蔬,韭曰豐本,鹽曰鹹鹾,玉曰嘉玉,幣曰量幣。”○稻曰嘉,原作“嘉稻曰”,今據《禮記》乙正。《獨斷》卷上:“稻曰嘉蔬。”行文與《禮記》同,可爲乙正之旁證。

二物也。《説文》云："沛國呼稻爲糯。"①《字林》云："稻米黏，秔米不黏也。"下古案反。《字書》云："莖幹也。"

根本藥事卷第五

8.044 拓頰　上他洛反。《集略》云："手拓物也。"下古叶反。《切韻》："面頰也。"②案：拓頰與拷頤義同也。頰，籀文又作𩈍，古字也。

8.045 門閫　上莫昆反。《爾雅》云："正門謂之應門。"③顧野王云："在堂房曰户，城郭曰門。"④《説文》云從二户作門⑤。下苦本反。《説文》云："門限也。從門困聲也。"⑥

8.046 嗢鉢羅⑦　上温骨反。舊云漚鉢羅，或云優鉢羅，亦云烏鉢羅，皆梵語輕重也。此云青蓮花。其花青色，葉細陜長，香氣遠聞，人間罕有。唯大無熱惱池中有此蓮花也。59p0406b—0406c

8.047 拘物頭⑧　梵語。或云拘某陁⑨，亦云拘牟那。此云赤蓮花。其色深朱，甚香，亦大，人間無。亦出彼大龍池。

8.048 分陁利⑩　梵語訛畧也⑪。或云奔茶利迦，或云奔絮哩迦。此云白蓮花。其花如雪如銀，光奪人目，甚香，亦大，多出彼池，人間亦無。絮音奴雅反。

8.049 聾瘂　上禄東反。《左傳》云："耳不聽五音之和謂之聾。"⑫杜注云："聾，暗也。"⑬《蒼頡篇》云："耳不聞也。"《説文》云："從耳，龍

---

① 禾部："稻，稬也。从禾，舀聲。"○𦬖，獅谷本作"䒽"。
② 怗韻（裴本）："頰，古恊反。頰面。六。"王本："頰，古恊反。頤。七。"
③ 見《釋宮》。
④ 《玉篇》門部："門，人所出入也。在堂房曰户，在區域曰門。《説文》曰：'聞也。從二户。象形。'"
⑤ 門部："門，聞也。從二户。象形。"
⑥ 閫，《説文》作"梱"，木部："梱，門橛也。從木，困聲。"
⑦ 嗢鉢羅，梵詞 utpala。
⑧ 拘物頭，梵詞 kumuda，希麟譯"拘某陁"。
⑨ 陁，獅谷本作"陀"。
⑩ 分陁利，梵詞 puṇḍarīka，希麟譯"奔茶利迦／奔絮哩迦"。
⑪ 畧，獅谷本作"略"。
⑫ 《僖公二十四年》："耳不聽五聲之和爲聾。"
⑬ 《宣公十四年》"鄭昭宋聾"杜預注："聾，闇也。"瑄案：《左傳·宣公十四年》"鄭昭宋聾"陸德明釋文："（聾，）暗也。"

聲。"① 下鴉賈反。《考聲》云："口不能言也。"《古今正字》："瘂，瘖也。"
從疒，亞聲②。疒，女厄反。律文從口作啞，音厄。《周易》云："笑言啞啞
也。"③ 非聲瘂字。

8.050　杻械　上勅久反，下胡戒反。《玉篇》云："桎梏也。"④《考聲》
云："所以拘罪人也。"在手曰杻，在足曰械。並從木，丑、戒聲也⑤。

8.051　栗姑毗⑥　姑，叱涉反。梵語。舊云離車子，亦云梨車毗。此
云貴族，即公子王孫也。

8.052　無藁　下古老反。《切韻》："禾稈也。"⑦ 又：藁本，謂草創之本
也。《説文》云："草也。從草，槁聲。"⑧ 槁音同上。

8.053　車輅　上九魚反，下洛故反。《釋名》云："天子所乘曰輅。"⑨
《大戴禮》云："古之車輅也，蓋圓像天，軫方像地，二十八轅像二十八宿，
三十輻像日月之數。仰則觀天文，俯則察地理。前視鸞和之聲，側觀四時
之運也。"⑩

---

① 見耳部。
② 《説文》闕"瘂"篆。
③ 見《震》。
④ 木部："械，器仗也。又：桎梏也。"
⑤ 《説文》析"械"爲"從木，戒聲"結構。杻，《説文》作"杽"，析爲"從木從手，手亦聲"
　結構。瑄案：杻，"杶"的古文。《説文》木部："杶，木也。從木，屯聲。《夏書》
　曰：'杶榦栝柏。'橁，或從熏。杻，古文杶。"
⑥ 栗姑毗，梵詞 Licchavi、Lecchavi。○毗，獅谷本作"毘"。
⑦ 晧韻(箋本)："稾，(古老反。) 草。""稾，(古老反。) 稾稈也。　稾本夜干字。"王本：
　"稾，(古老反。) 草。""稾，(古老反。) 稾稈。"
⑧ 《説文》闕"藁"篆。瑄案：槁，《説文》作"稾"，木部："稾，木枯也。從木，高聲。"
⑨ 《釋車》："天子所乘曰路。路亦車也。謂之路者，言行於道路也。金路、玉路，以金、
　玉飾車也。象路、革路、木路，各隨所以爲飾名之也。"輅，今本作"路"。瑄案：《廣
　韻》暮韻："輅，車輅。《釋名》曰：'天子乘玉輅，以玉飾車也。輅亦車也。謂之輅者，
　言行於道路也。"○"輅"前原衍"車"字，今據《釋名》删。希麟音義凡五引《釋名》
　釋"輅"，卷五"大輅"注引《釋名》："天子所乘曰輅也。以金玉象隨飾名之也。"卷五
　"車輅"注引《釋名》："天子所乘曰輅。有五飾：金飾、象飾、寶革等五，隨飾各爲名。"
　卷六"車輅"注引《釋名》："天子所乘曰輅。"卷八"青輅"注引《釋名》："天子所乘曰
　輅，以金、玉、象等，隨所飾名之。前第五卷已釋。"皆引作"輅"，可爲據删之旁證。
⑩ 《保傅》："古之爲路車也，蓋圓以象天，二十八橑以象列星，軫方以象地，三十輻以象
　月。故仰則觀天文，俯則察地理，前視則睹鸞和之聲，側聽則觀四時之運，此巾車教
　之道也。"瑄案：《周禮·考工記·輈人》："軫之方也，以象地也；蓋之圜也，以象天也；輪
　輻三十，以象日月也。"○鸞，原作"鑾"，今據文意改。

8.054 摩納婆① 梵語也。或云摩那婆。此云儒童,即修習聖道者也。

8.055 殑伽河② 上其亮反。梵語。舊云恒河。應云殑伽。殑音魚等反③。西域河名。此河本出無熱惱池南面,以彼沙細最多,故引爲喻。

8.056 阿遮利耶④ 舊云阿闍梨,或云阿左梨,梵語聲轉也。此云正行,又云軌範,謂於善法中教授令知軌範也。

8.057 翅翮 上又作翨,同。施智反。《集訓》云:"鳥翼也。"下胡革反。《玉篇》云:"鳥羽也。"⑤《爾雅》云:"羽本謂之翮。"⑥郭璞注云:"鳥羽根也。"⑦從羽,支、鬲皆聲也⑧。59p0406c—0407a

根本藥事卷第六

8.058 福鞔 下母桓反。《説文》云:"覆蓋也。"⑨案律文云:"以百福鞔萬字手。"⑩即諸經律百福莊嚴網鞔手也。律文從車作輓,音挽。《説文》云:"引車也。"⑪甚乖律意。

8.059 聰叡 上倉紅反。《説文》作聰⑫。《尚書》云:"聽曰聰。"⑬孔傳云:"耳聰明審也。"⑭《説文》云:"察也。從耳,悤聲。"⑮悤音同上。悤字從

---

① 摩納婆,梵詞 mānava、māṇava、māṇvaka。
② 殑伽,梵詞 Gaṅgā,希麟譯"殑伽"。
③ "殑"字原闕,今據文意補。
④ 阿遮利耶,梵詞 ācārya,希麟譯"阿折里耶"。
⑤ 羽部:"翮,羽本也,羽莖也。"
⑥ 見《釋器》。
⑦ 見《釋器》"羽本謂之翮"注。○"根"字原闕,今據《爾雅》郭璞注補。玄應音義卷十"聳翮"注引《爾雅》:"羽本謂之翮。鳥羽根也。"慧琳音義卷六十九"翅翮"注引郭注《爾雅》:"翮,鳥羽根也。"卷九十二"斂翮"注引《爾雅》"羽本謂之翮"郭璞注:"鳥羽根也。"皆作"鳥羽根",可爲據補之旁證。
⑧ 翅,《説文》作"翨",析爲"从羽,支聲。翨,翨或从氏"結構,析"翮"爲"从羽,鬲聲"結構。○皆,獅谷本、大通本作"諧"。
⑨ 見革部。覆蓋,今本作"履空"。瑄案:《説文》皿部:"盇,覆蓋也。从皿,盍聲。"
⑩ 《根本説一切有部毗奈耶藥事》卷第六:"爾時世尊以百福鞔萬字輪相施無畏手,觸彼高地。"
⑪ 疑引書誤。《説文》革部:"鞔,履空也。从革,免聲。"瑄案:《説文》"鞔"字條徐鍇曰:"履空,猶言履殼也。"
⑫ 耳部:"聰,察也。从耳,悤聲。"
⑬ 《洪範》:"聽曰聰。"
⑭ 《洪範》"聽曰聰"孔安國傳:"必微諦。"
⑮ 聰,《説文》作"聰",耳部:"聰,察也。从耳,悤聲。"

心、匈音楚江反①。律文作聰,俗字。下悦惠反。《洪範》云:“叡作聖。”② 鄭注
《禮記》云:“思之精也。”③《廣雅》云:“智也。”④《古今正字》:“深明也。”
從叡從目,從谷省⑤。叡音殘。律文作叡,不成字也。

8.060 技藝　上渠綺反⑥。《切韻》:“藝,能也。”⑦《説文》云:“從手,支
聲。”⑧ 律文作伎,非。下魚祭反。《考聲》云:“才也。”《切韻》:“能也。”⑨
《廣雅》云:“常也。”⑩《論語》云:“遊於藝也。”⑪

8.061 鐵稍　上他結反。《説文》云:“黑金也。從金,㦰聲。”⑫ 律文作
鐵,俗字。下雙捉反。《博雅》云:“兵器也。”《韻詮》云:“長矛也。”從矛、
肖⑬。形聲字也。律文有作槊,俗字。

8.062 簛立　上楚革反。《説文》作册,云符命也⑭。謂立聖符信教命
以授帝位,像簡簛連綴之形。律文作策,驅策也。《説文》云:“馬撾也。”⑮
非簛立字。

8.063 餉伽⑯　上式亮反。梵語。或作商佉二字。此云蠃,即今所吹

---

① 《説文》闕“匆”篆。瑄案:《説文》囪部:“恖,多遽恖恖也。从心、囪,囪亦聲。”○楚
　江反,獅谷本作“楚紅反”。
② 叡,今本作“睿”。
③ 《禮記》“叡”無見,“睿”一見(據《漢籍全文檢索系統》),《中庸》:“唯天下至聖,爲能
　聰明睿知,足以有臨也。”瑄案:“叡、睿”同。
④ 《釋詁》:“叡,智 也。”智,今本作“智”。
⑤ 《説文》析“叡”爲“从奴从目,从谷省。睿,古文叡。壡,籕文叡,从土”結構。
⑥ 綺,獅谷本闕,其注云:“渠下綺字脱。”
⑦ 紙韻(篆本):“技,藝。渠綺反。或作伎。三。”裴本:“技,渠犄反。俗伎,通。五。”
　王本:“技,渠綺反。藝。俗作伎。五。”
⑧ 見手部。
⑨ 祭韻(篆本):“藝,魚祭反。四。”裴本:“藝,魚祭反。藝業也。四。”王本:“藝,魚祭
　反。技能。五。”
⑩ 疑引書誤。《廣韻》祭韻:“藝,常也。”
⑪ 《述而》:“子曰:‘志於道,據於德,依於仁,遊於藝。’”
⑫ 金部析“鐵”爲“从金,㦰聲。銕,鐵或省。銕,古文鐵,从夷”結構。
⑬ 《説文》闕“稍”篆。
⑭ 册部:“册,符命也。諸侯進受於王也。象其札一長一短,中有二編之形……簛,古文
　册,从竹。”
⑮ 竹部:“策,馬箠也。从竹,朿聲。”馬撾,今本作“馬箠”。
⑯ 餉伽,梵詞 śaṅkha。

法蠃是也。

8.064 赫赫　呼格反。《韻集》云：“明也，盛也。”《考聲》云：“發也。”
《詩》云：“赫赫師尹。”① 《爾雅》云：“赫赫，迅也。”② 郭注云：“謂盛疾皃。”③
律文從火作炈，火赤色也，非赫赫義也。

8.065 鄔波索迦④　上烏古反。索，蘇各反。梵語也。舊云優婆塞，
訛也。此云近事男，即七衆之一也。

8.066 鸚鵡　上烏耕反，下音武。或作䳇。《山海經》云：“黃山有鳥，
青羽，赤喙，人舌，能作人語，名曰鸚鵡。”⑤ 並從鳥，嬰、武聲⑥，皆形聲字。
59p0407a—0407b

8.067 惡鴟　下處脂反。《爾雅》云：“怪鴟也。”⑦ 郭注云：“即鴟鵂也。
今江東通呼怪鳥。”⑧ 又曰：“梟，鴟。”⑨ 注云：“即土梟也。”⑩ 或作鵄，俗字
也。律文作䲳，非也。

8.068 搦殺　上女陌反。《字統》云：“捉，搦也。”從手，溺省聲⑪。又
音女角反。《切韻》：“持也。”⑫ 下所八反。《爾雅》云：“斬、刺，殺也。”⑬ 經
作煞⑭，俗字也。

8.069 腳踏　上居約反。俗作脚。《切韻》：“手脚也。”⑮ 《釋名》云：

---

① 見《小雅·節南山》。
② 見《釋訓》。
③ 《釋訓》“赫赫、躍躍，迅也”郭璞注：“皆盛疾之貌。”
④ 鄔波索迦，梵詞 upāsaka。
⑤ 《西山經》：“又西百八十里，曰黃山……有鳥焉，其狀如鴞，青羽，赤喙，人舌，能言，名
　　曰鸚鵡。”
⑥ 《説文》析“鸚”爲“从鳥，嬰聲”結構。鵡，《説文》作“䳇”，析爲“从鳥，母聲”結構。
　　○“聲”字原闕，今據文意補。
⑦⑨ 見《釋鳥》。
⑧ 《釋鳥》“怪鴟”郭璞注：“即鴟鵂也。見《廣雅》。今江東通呼此屬爲怪鳥。”
⑩ 《釋鳥》“梟，鴟”郭璞注：“土梟。”
⑪ 《説文》析“搦”爲“从手，弱聲”結構。
⑫ 覺韻（裴本）：“搦，女角反。持也。四。”王本：“搦，女角反。四。”
⑬ 見《釋詁》。
⑭ “經”字原闕，今據文意補。
⑮ 藥韻（箋本）：“腳，居灼反。二。”裴本：“脚，居灼反。二。”王本：“脚，居灼反。亦脛。
　　作腳。四。”

"脚,却也。以其坐時却在後也。"① 下徒合反。《考聲》云:"著地行也。"又
作蹋。《字林》云:"蹴也。"

根本藥事卷第七

8.070 青輅　上倉經反。東方色也②。《羅浮山記》云③:"男青女青。"
皆木名,今不取。下洛故反。《釋名》云:"天子所乘曰輅,以金、玉、象等,
隨所飾名之。"④ 前第五卷已釋⑤。

8.071 懷迂　上户乖反。《爾雅》云:"懷,來也。"⑥《切韻》:"安也。"⑦
《説文》云:"從心,褱聲。"⑧ 褱音同上。下王俱反。顧野王云:"迂,大也,
遠也。"⑨《韻集》亦云:"遠也。"案⑩:懷迂,思來遠賢也。

8.072　曲磵　上丘玉反。《切韻》:"委曲也。"⑪ 下古晏反。或作澗。
《爾雅》云:"山夾水曰澗。"⑫ 顧野王云:"百磵也。"⑬

8.073 罐綆　上古玩反。《集訓》云:"汲水器。"從缶,雚聲⑭。缶音芳

---

① 《釋形體》:"脚,卻也。以其坐時卻在後也。"
② 《説文》青部:"青,東方色也。木生火,从生、丹。丹青之信言象然……岺,古文青。"
③ 《羅浮山記》,不詳。
④ 《釋車》:"天子所乘曰路。路亦車也。謂之路者,言行於道路也。金路、玉路,以金、
　　玉飾車也。象路、革路、木路,各隨所以爲飾名之也。"輅,今本作"路"。瑄案:《廣韻》
　　暮韻:"輅,車輅。《釋名》曰:'天子乘玉輅,以玉飾車也。輅亦車也。謂之輅者,言行
　　於道路也。'○曰,原作"白",今據《釋名》改。希麟音義凡五引《釋名》釋"輅",卷
　　五"大輅"注引《釋名》:"天子所乘曰輅也。以金玉象隨飾名之也。"卷五"車輅"注
　　引《釋名》:"天子所乘曰輅。有五飾:金飾、象飾、寶革等五,隨飾各爲名。"卷六"車
　　輅"注引《釋名》:"天子所乘曰輅。"卷八"車輅"注引《釋名》:"天子所乘曰輅。"皆
　　作"曰",可爲據改之旁證。
⑤ 見 8.053 "車輅"。
⑥ 見《釋言》。
⑦ 皆韻(箋本):"懷,户乖反。七。"王本:"懷,户乖反。又胡來反。八。"
⑧ 見心部。
⑨ 《玉篇》辵部:"迂,羽俱切。避也,廣大也,遠也,曲也。又憶俱切。"
⑩ 案,獅谷本作"按"。
⑪ 燭韻(裴本):"曲,起玉反。三。"王本:"曲,起玉反。紆曲。三。"
⑫ 《釋山》:"山夾水,澗。"澗,今本作"澗"。
⑬ 《玉篇》石部:"磵,古晏切。水磵。"
⑭ 《説文新附》析"罐"同。

久反。藋音貫。下古杏反。《玉篇》云："汲繩也。"① 《説文》云："汲井綆
也。從糸,更聲。"② 糸音覓字。

8.074 簸之　上布火反。《説文》:"揚也。從箕,跛省聲。"③ 又音布箇
反。今之簸箕是也。

8.075 緷色　上古莧反。宜作間字也。律文前第二卷已廣释訖④。

8.076 孚附　上方無反。《詩》云："万邦作孚。"⑤《玉篇》:"孚,信也。"⑥
又:悦也。《説文》云："鳥孚卵也。從爪從子。"⑦ 象形。下符遇反。《切
韻》云："寄也。"⑧ 又:著也。《考聲》:"相依附也。" 從𨸏付聲也⑨。

8.077 紫爪⑩　上卒髓反。《廣雅》云："紫,口也。"⑪《字書》云："喙
也。"《説文》:"從此,束聲。"⑫ 亦作觜、味二形⑬。 束音千四反。喙音暉
衛反。下側絞反。《切韻》:"爪距也。"⑭ 又:手爪也。《説文》云："覆手曰
爪。"⑮ 象三指形。又作叉字⑯。 59p0407b—0407c

8.078 褒灑陁⑰　上保毛反,中沙鮮反。梵語也。舊云布薩,訛略也。
此云長淨,謂十五日説戒增長淨業也。

---

① 糸部:"綆,汲繩也,繘也。"
② 糸,原作 "系",今據文意改。獅本亦作 "糸"。
③ 箕部:"簸,揚米去糠也。从箕,皮聲。" 瑄案:希麟音義引文跟今本有不同。
④ 見 8.028 "聞錯"。
⑤ 見《大雅·文王》。
⑥ 爪部:"孚,《説文》云:'卵孚也。一曰信也。'"
⑦ 爪部:"孚,卵孚也。从爪从子。一曰信也。采,古文孚,从禾。禾,古文保。"
⑧ 遇韻(裴本):"附,符遇反。近。七。" 王本:"附,符遇反。依。九。"
⑨ 《説文》析 "附" 爲 "从𨸏,付聲" 結構。○𨸏付,原作 "付𨸏",今據文意乙正。
⑩ 紫,原作 "紫",今據文意改;下同。
⑪ 見《釋親》。
⑫ 見此部。○束,原作 "束",今據文意改;下同。
⑬ 味,原作 "𠰔",今據文意改。
⑭ 巧韻(箋本):"爪,側絞反。三。" 王本:"爪,側絞反。舭。五。"
⑮ 爪部:"爪,虱也。覆手曰爪。象形。"
⑯ 叉,原作 "叉",今據文意改。
⑰ 褒灑陁,梵詞 poṣadha、upavasatha、upoṣadha、upavāsa。

根本藥事卷第八

8.079 鷦鷯　上即霄反。《爾雅》云："桃蟲,鷦。"[1] 郭注："桃雀也。俗呼巧婦。"[2] 下洛簫反。《切韻》云："鷦鷯,小鳥也。"[3]《莊子》云："鷦鷯巢於深林,不過一枝也。"[4]《説文》云二字並從鳥,焦、尞聲[5],皆形聲字也。

8.080 婆羅門[6]　不正梵語也。應云没囉憾摩。此云淨行,或云梵行。自相傳云:"我從梵王口生,獨取梵名,世業相傳,習四圍陁論,例多博智,守志貞白,其中聰明穎達者多爲帝王之師。"

8.081 刹帝利[7]　上初八反。亦梵語也。此譯云田主,即上古已來王族貴種。亦習四圍陁論,博聞强記,仁恕弘慈,其有德貞福勝者,衆立爲王也。

8.082 薜舍[8]　亦梵語也。薜,毗桂反。或云吠舍。此云實主,雖有大福,多有珎財,不能通達典墳、貨遷、蓄積。或賜封邑,多爲長者,榮鎮國界以救貧乏。

8.083 戍達羅[9]　亦梵語不正也。應云戍捺囉。此有多名。一義譯爲衆雜,或廣務田疇播植蓄産,或工巧雜藝,或漁獵採捕,或庸作賃力。四姓之中,此最居下也。

8.084 甥甥　上音外,下音生。《釋親》云："妻之父爲外舅,妻之母爲外姑。"[10] 郭注云："謂我舅者,吾謂之甥。"[11] 又曰:"姑之子爲甥,舅之子爲

---

① 見《釋鳥》。
② 《釋鳥》"桃蟲,鷦;其雌,鴱"郭璞注:"鷦䳟,桃雀也。俗呼爲巧婦。"
③ 蕭韻(箋本):"鷦,(落蕭反。)鷦鷯鳥。"王本:"鷦,(落蕭反。)鷦鷯。"
④ 見《逍遥遊》。
⑤ 鳥部析"鶵"爲"從鳥,焦聲"結構,析"鷯"爲"從鳥,尞聲"結構。○"聲"字原闕,今據文意補。
⑥ 婆羅門,梵詞 brāhmaṇa,希麟譯"没囉憾摩"。
⑦ 刹帝利,梵詞 kṣatriya。
⑧ 薜舍,梵詞 vaiśya。
⑨ 戍達羅,梵詞 śūdra,希麟譯"戍捺囉"。
⑩ 見《爾雅·釋親》。
⑪ 《爾雅·釋親》"妻之父爲外舅,妻之母爲外姑"郭璞注:"謂我舅者,吾謂之甥,然則亦宜呼壻爲甥。《孟子》曰'帝館甥於二室'是也。"

甥。”① 郭注云：“甥，猶生也。”②

8.085 蚊蟻　上亡分反。俗又作蚉，正作蟲。《説文》云：“齧人飛蟲
也。”③字從昏省，以昏時而出也。下牛倚反。《説文》作螘，蚍蜉也④。《爾
雅》云：“蚍蜉。大者螘，小者蟻。”⑤從虫豈聲也⑥。今作蟻，俗字。

8.086 阿笈摩⑦　笈，其獵反。或云阿含暮，或云阿鈴，皆梵語輕重異
也。此云藏，亦云傳，謂佛秘藏累代傳行。或翻爲教，即長中增一雜第四
種阿含也。59p0407c—0408a

8.087 熙怡　上虛飢反。《字統》云：“熙，和也。”《考聲》云：“美
也。”從灬熙聲也⑧。灬，必遙反。熙音同上。下以之反。《考聲》云：“喜
悦也。”《説文》：“和也。從心，台聲。”⑨台音怡，見《爾雅》⑩。又古文以
作台字。

8.088 筹籬　上步光反。《字林》云：“筹，箕也。”似箕而小，以竹
爲之。從竹，旁聲⑪。旁音同上。下音離。《韻略》云：“笊，籬。”笊音側
教反。

8.089 筐筥　上去王反。《玉篇》云：“籠屬也。”⑫《春秋傳》曰：“筐筥
錡釜之器也。”⑬《方言》云：“圓曰筐，方曰筥。”⑭筥音居許反。綺音魚倚

---

① 《爾雅·釋親》：“姑之子爲甥，舅之子爲甥，妻之晜弟爲甥，姊妹之夫爲甥。”
② 《爾雅·釋親》“姑之子爲甥，舅之子爲甥，妻之晜弟爲甥，姊妹之夫爲甥”郭璞注：“四人體敵，故更相爲甥。甥，猶生也。今人相呼蓋依此。”
③ 蚊，《説文》字頭作“蟲”，蚰部：“蟲，齧人飛蟲。从蚰，民聲。蟲，蟲或从昏，以昏時出也。蚊，俗蟲，从虫从文。”
④ 虫部：“螘，蚍蜉也。从虫，豈聲。”
⑤ 《釋蟲》：“蚍蜉，大螘，小者螘。”
⑥ 《説文》析“螘”同。
⑦ 阿笈摩，梵詞 āgama。
⑧ 《説文》析“熙”爲“从火，熙聲”結構。
⑨ 見心部。○“聲”字原闕，今據文意補。
⑩ 《釋詁》：“怡，樂也。”
⑪ 《説文》闕“筹”篆。
⑫ 竹部：“筐，蠶筐。方曰筥。”
⑬ 《隱公三年》：“蘋蘩薀藻之菜，筐筥錡釜之器。”
⑭ 不詳。

反。下居之反。《世本》云:"少康作箕幕也。"

根本藥事卷第九

8.090　擐甲　上古患反。《左傳》云:"擐,貫也。"①《桂菀珠叢》云:"以身貫穿衣甲曰擐。"衣去聲,謂著也。本音胡慣反。《説文》云:"從手,睘聲。"②下甲字,有本作鉀,非也。

8.091　柿樹③　上鋤里反。《切韻》:"果木名也。"④《本草》云:"乾柿厚腸胃,健脾,消宿血。"⑤又:"紅柿補氣,續經脉。"又:"醂柿澀下焦,健脾,能化面上黑點。及服,甚良。"醂音力感反。

8.092　帷幕　上洧悲反。《釋名》云:"帷,圍也。言以自障圍也。"⑥《説文》云:"在傍曰帷。從巾佳聲也。"⑦下摩各反。顧野王云:"覆上曰幕。"⑧《説文》音訓同,從巾,莫聲⑨。

8.093　網鞔　下母桓反。《説文》:"鞔,覆蓋也。"⑩案:網鞔,即如來手足指間如鵝王相聯縣無缺也。律文作䩾車輞也縵音莫叛反⑪,二字並誤。

8.094　器皿　上丘利反。《説文》:"皿也。從㗊從犬。"⑫㗊,衆口也⑬。音戢。像器之形,犬以守之。下武永反。《玉篇》:"器揔名也。"⑭《説文》作皿⑮,盛物之形也。

---

① 引書誤。《成公二年》"擐甲執兵"杜預注:"擐,貫也。"
② 見手部。睘聲,今本作"瞏聲"。
③ 柿,獅谷本作"㭽"。
④ 止韻(裴本、王本):"柿,(鋤里反。)木名。"
⑤ 健,原作"建",今據文意改;下同。
⑥ 見《釋牀帳》。言以,今本作"所以"。
⑦ 巾部:"帷,在旁曰帷。从巾,佳聲。𢃷,古文帷。"
⑧ 《玉篇》巾部:"幕,覆上曰幕。亦作幙。"
⑨ 見巾部。
⑩ 見革部。覆蓋,今本作"履空"。
⑪ "縵"前原衍"作"字,今據文意刪。
⑫ 㗊部:"器,皿也。象器之口,犬所以守之。"
⑬ 見《説文》㗊部。
⑭ 皿部:"皿,明丙切。《説文》曰:'飯食之用器也。'"
⑮ 皿,原作"並",獅谷本作"竝",今據文意改。

8.095　蟁猴猴　上正作雌，音此移反。《切韻》：“雄雌也。”①《說文》云：“牝曰雌。從隹此聲也。”②次作獼，音武移反。顧野王云：“獼，即猴孫也。”③59p0408a—0408b

根本藥事卷第十

8.096　分析　上府文反。《切韻》：“割也，賦也，與也。”④《考聲》：“分，遍也。”《說文》云：“別也。從八從刀。分割之形。”⑤下先戚反。《爾雅》曰：“析木之津，箕、斗之間漢津也。”⑥《說文》：“破木也。從斤。”⑦斤可以破木。會意字。

8.097　爲讎　下市流反。《切韻》：“怨也，匹也。”⑧《考聲》：“仇敵也。”《說文》云：“猶讐也。從言雔聲也。”⑨讎音同上。

8.098　鞞闌底⑩　上簿迷反，下丁禮反。梵語。未詳翻對。

8.099　僧伽胝⑪　梵語。舊云僧伽梨，亦云僧伽致。此譯云合重，謂割之合成重作也。此一衣必割截成也，餘二衣或割不割。若法密部說一切有部等多不割，若聖辯部、大眾部等則割之。若不割者，直安帖角。此

---

① 支韻(王本)：“雌，七移反。牝。五。”
② 隹部：“雌，鳥母也。从隹，此聲。”
③ 《玉篇》犬部：“獼，獼猴。”
④ 文韻(箋本)：“分，府文反。三。”王本：“分，府文反。兩得。四。”
⑤ 八部：“分，別也。從八從刀。刀以分別物也。”
⑥ 見《釋天》。瑄案：《爾雅·釋天》“析木謂之津”郭璞注：“即漢津也。”《釋天》“箕、斗之間漢津也”郭璞注：“箕，龍尾；斗，南斗，天漢之津梁。”〇“之津箕斗”四字原闕，今據《爾雅》補。《釋天》“析木謂之津，箕、斗之間漢津也”邢昺疏：“析木之津，箕、斗之次名也。孫炎曰：‘析別水木，以箕斗之間，是天漢之津也。’劉炫謂是。天漢即天河也。天河在箕、斗二星之間，箕在東方木位，斗在北方水位，分析水木以箕星爲隔，隔河須津梁以度，故謂此次爲析木之津也……昭八年《左傳》曰：‘今在析木之津。’《國語》曰：‘日在析木之津。’皆是也。案：經典但有析木之津，無析木謂之津，今定本有‘謂’字，因注云‘即漢津也’，誤矣。可爲據補之旁證。
⑦ 木部：“析，破木也。一曰折也。從木從斤。”
⑧ 尤韻(箋本)：“讎，疋。市流反。四。”裴本：“讎，市州反。止。六。”王本：“讎，市流反。匹。六。”
⑨ 見言部。讐，今本作“𧪜”。
⑩ 鞞闌底，對音字，源詞不詳。
⑪ 胝，即“胝”。僧伽胝，梵詞 saṅghāṭī。

依玄應法師解也^①。

8.100　轂輒　上古鹿反。《考聲》云:"車轂也。"《説文》云:"車堅也。"^②《詩》云:"文茵暢轂。"^③從車,殸聲^④。下文兩反。正輒字,從車,罔聲^⑤。律文作輄,俗用字也。

8.101　溫澳　上烏昆反。《切韻》云:"和也,善也。"^⑥《玉篇》:"良也。"^⑦《考聲》云:"溫,柔也。"下乃管反。《説文》云:"澳,湯也。"^⑧又作暖、煖、暱三形,皆暄暖也。律文作燸,撿無此字。

根本藥事卷第十一

8.102　草庵　上亦作艹。《説文》云:"百卉也。"^⑨從屮,音丑列反,像草木初生之形也^⑩。並二屮^⑪,艸也。早聲^⑫。下烏含反。《切韻》:"小草舍也。"^⑬《韻英》云:"庵,廬也。"《玉篇》亦舍也^⑭。從广奄聲也^⑮。

8.103　灘渚　上他單反。《爾雅》云:"太歲在申曰涒灘。"^⑯《玉篇》:"河灘也。"^⑰《方言》云:"江東呼水中沙堆爲潬,河北呼灘。"^⑱下章與反。

---

① 見《大唐衆經音義校注》14.094 "三衣僧伽梨"、21.008 "僧伽胈"、22.230 "僧伽胝"。參黄仁瑄(2018:556、814、862)。
② 車部:"轂,輻所湊也。从車,殸聲。"
③ 見《秦風·小戎》。
④ 《説文》析 "轂" 同。
⑤ 《説文》闕 "輒" 篆。
⑥ 魂韻(篓本):"溫,於渾反。四。"王本:"溫,烏渾反。煖。四。"
⑦ 水部:"溫,水名。又:顏色和也,漸熱也,善也。"
⑧ 見水部。〇澳湯,原作 "湯澳",今據文意乙正。
⑨ 艸部:"艸,百芔也。从二屮。"
⑩ 《説文》屮部:"屮,艸木初生也。 象丨出形,有枝莖也。 古文或以爲艸字。 讀若徹……尹彤説。"
⑪ 《説文》析 "艸" 爲 "从二屮" 結構。
⑫ 《説文》艸部:"草,草斗,櫟實也。一曰象斗子。从艸,早聲。" 瑄案:《説文》"草" 字徐鉉等曰:"今俗以此爲艸木之艸,別作皁字爲黑色之皁。"
⑬ 覃韻(篓本、裴本、王本):"庵,(烏含反。)小草舍。"
⑭ 广部:"庵,舍也,廁也。"
⑮ 《説文》闕 "庵" 篆。
⑯ 見《釋天》。
⑰ 水部:"瀦,水瀦也。灘,同上。"
⑱ 疑引書誤。《爾雅·釋水》"潬,沙出" 郭璞注:"今江東呼水中沙堆爲潬,音但。"

《爾雅》云：“水中可居者曰洲，小洲曰渚。”① 又作陼字。涒音他昆反。

8.104 撈出　上魯刀反。《玉篇》云：“取也。”②《字林》云：“撈，摸取物也。”從手，勞聲③。律文從水作澇，音郎到反。非撈出義。下尺律反。《切韻》：“進也，遠也。”④《説文》云出字從古文出字，像屮出之形⑤。律文從二山作出，誤書也。59p0408b—0408c

8.105 漩渦　上辝選反。《説文》云：“水回淵也。從水、旋。”⑥ 形聲字。律文單作旋，謂旋旋次了也。非此用。下烏和反。《字林》：“水迴流處也。”《説文》云：“從水，過聲。”⑦ 律文作渦，音戈。水名也。非漩渦義也。

8.106 蝦蟇　上胡加反，下莫加反。《説文》云：“水蟲也。”⑧《晉書》：“慧帝於華林園聞蝦蟇聲，謂左右曰：‘鳴者爲官爲私乎？’”⑨《古今正字》：“蛙屬也。”從虫，叚聲⑩。下又作蟆。從虫，莫亦聲⑪。

8.107 婚禮　上呼昆反。《爾雅》云：“婦之黨爲婚兄弟也，婿之黨爲姻兄弟。”⑫ 禮云⑬：娶婦也。婦，陰也。以昏時而入，故曰婚也⑭。下盧啟反。《考聲》云：“儀也。”《釋名》云：“禮，體也。謂知物大體。”⑮《周禮》

---

① 《釋水》：“水中可居者曰洲，小洲曰陼，小陼曰沚，小沚曰坻，人所爲爲潏。”渚，今本作“陼”。

② 見手部。

③ 《説文》闕“撈”篆。

④ 質韻（裴本）：“出，尺聿反。狂走。又尺季反。三。”王本：“出，尺律反。一。”

⑤ 出部：“出，進也。象屮木益滋，上出達也。”

⑥ 漩，《説文》作“淀”，水部：“淀，回泉也。从水，旋省聲。”

⑦ 見水部。

⑧ 見虫部。水蟲，今本作“蝦蟆”。

⑨ 《孝惠帝紀》：“帝又嘗在華林園，聞蝦蟆聲，謂左右曰：‘此鳴者爲官乎，私乎？’或對曰：‘在官地爲官，在私地爲私。’”

⑩ 《説文》析“蝦”同。○“聲”前原衍“省”字，今據文意删。

⑪ 《説文》析“蟆”同。

⑫ 《釋親》：“婦之黨爲婚兄弟，壻之黨爲姻兄弟。”

⑬ “禮”後原衍“記”字，今據文意删。

⑭ 語本《説文》女部：“婚，婦家也。禮：娶婦以昏時。婦人陰也，故曰婚。从女从昏，昏亦聲。㛁，籀文婚。”瑄案：《廣韻》魂韻：“婚，婚姻，嫁也。禮：娶以昏時。婦人，陰也，故曰婚。”《資治通鑑·周紀三》“婚姻相親”胡三省注引《字書》：“婚，昏也。禮：取以昏時。婦人，陰也，故曰婚。”

⑮ 見《釋言語》。謂知物大體，今本作“得事體也”。

有"五禮",謂吉、凶、賓、軍、嘉禮也①。《論語》云:"不學禮,無以立也。"②古文作礼字③。

根本藥事卷第十二

8.108 黑瘦　下所祐反。《切韻》:"瘦,損也。"④《説文》云:"瘦,臞也。"⑤《爾雅》云:"臞,瘠也。"⑥郭璞注云:"齊人謂瘦爲臞音懼。"⑦或作癯字。瘦,或作瘦字。

8.109 腹脹　上方六反。《切韻》:"心腹也。"⑧《爾雅》云:"竺、腹,厚也。"⑨顧野王云:"脾爲腹,所以容重也。亦五藏也。"⑩從肉,复聲⑪。复音復。下猪亮反。《切韻》:"脹,滿也。"⑫《左傳》:"痛也。"⑬《字書》作痕,音同上⑭。

8.110 瘡殨　上楚良反。《切韻》:"瘡,痍也。"⑮古文作創。《釋名》云:"瘡,傷也。謂身有所傷也。"⑯《禮記》云:"頭有瘡則沐。"⑰下胡對反。《集訓》云:"肉爛也。"案:瘡殨,即肉爛殨癅也。癅音奴凍反。律文作潰。

---

① 《春官·小宗伯》"掌五禮之禁令"鄭玄注引鄭司農云:"五禮,吉、凶、軍、賓、嘉。"
② 見《季氏》。瑄案:《堯曰》:"子曰:'不知命,無以爲君子也。不知禮,無以立也;不知言,無以知人也。'"
③ 《集韻》薺韻:"禮,《説文》:'履也。所以事神致福也。'古作礼、礼。"
④ 宥韻(裴本):"瘦,所祐反。俗。瘦通。三。"王本:"瘦,所救反。損。正作瘦。三。"
⑤ 見疒部。瘦,今本作"瘦"。
⑥ 見《釋言》。
⑦ 《釋言》"臞、脙,瘠也"郭璞注:"齊人謂瘠瘦爲脙。"
⑧ 屋韻(篆本):"腹,(方六反。)腹肚。"裴本:"腹,(方六反。)肚。"王本:"膈,(方六反。)肚膈。"
⑨ 見《釋詁》。
⑩ 《玉篇》肉部:"腹,腹肚。"
⑪ 《説文》析"腹"同。
⑫ 漾韻(裴本):"脹,(陟亮反。)滿。"王本:"脹,(陟亮反。)脹滿。"
⑬ 疑見《左傳·成公十年》"將食,張,如廁"杜預注:"張,腹滿也。"《玉篇》肉部:"脹,《左氏傳》:'將食,脹,如廁。'脹,痛也。《字書》:'亦作痕。'"
⑭ 音同上,原作"同上音",今據文例乙正。
⑮ 陽韻(裴本):"瘡,楚良反。疾也。二。"王本:"瘡,楚良反。古作創。十二。"
⑯ 《釋疾病》:"創,戕也。戕毀體使傷也。"
⑰ 《曲禮上》:"頭有瘡則沐,身有瘍則浴。"

《玉篇》：“散亂也。”① 非瘡殰義也。

8.111　皴澀　上七倫反。 又作皺。《説文》云：“皮細起也。 從皮，夋聲。”② 夋音同上。 下色立反。《字書》：“塞不通也。”《説文》云：“從四止。”③ 二正二倒作澀。 又作濇，音同上。《説文》云：“不滑也。”④59p0408c—0409a

8.112　隍阬⑤　上胡刀反。 又作濠。《説文》云：“城池也。”⑥《字書》云：“隍濠也。” 律文從土作壕，俗字。 無水曰隍，有水曰濠⑦。 下客庚反。《切韻》：“阬，壍也。”⑧《爾雅》云：“阬，虛也。”⑨ 郭注云：“阬壍也。”⑩ 律文作坈、坑，皆俗傳誤也。

8.113　汎漲　上孚劍反。《韻英》：“汎，多也。”《玉篇》：“濫也。”⑪《切韻》云：“浮也。”⑫ 又作泛。 下知亮反。《考聲》云：“漲，大水滿也。” 從水張聲也⑬。

8.114　湊聚　上倉候反。《考聲》：“聚也。”《説文》云：“水會也。 從水，奏聲。”⑭ 下慈庾反。《切韻》：“集會也。”⑮《考聲》：“衆也。”《説文》云：“集也。 從乑，取聲。”⑯ 乑音吟，三人共立也⑰。

---

① 水部：“潰，亂也。”

② 見《説文新附》。

③ 見止部。

④ 見水部。

⑤ 阬，原作“阮”，今據文意改；下同。 獅谷本亦作“阬”。

⑥ 《説文》闕“隍”篆。

⑦ 《説文》𨸏部：“隍，城池也。 有水曰池，無水曰隍。 从𨸏，皇聲。《易》曰：‘城復于隍。’”

⑧ 庚韻（裴本、王本）：“阬，（客庚反。）壑。 又口盍反。”

⑨ 《釋詁》：“阬阬，虛也。” 瑄案：《莊子·天運》“在阬滿阬” 陸德明釋文引《爾雅》：“虛也。”《廣韻》庚韻“阬” 字下引《爾雅》：“虛也。” ○阬，原作“阮”，今據文意改；下同。

⑩ 《釋詁》“阬阬，虛也” 郭璞注：“阬阬，謂阬壍也。”

⑪ 水部：“汎，同上。《説文》曰：‘浮皃。’ 今爲汎濫字。”“氾，普博也，氾濫也。 亦作泛。”

⑫ 東韻（箋本）：“汎，（扶隆反。）浮。 又浮劍反。” 裴本：“汎，（扶隆反。）浮。 又孚劍反。 又作渢。” 王本：“汎，（扶隆反。）浮。 又孚劍反。 亦作渢。”

⑬ 《説文》闕“漲”篆。

⑭ 見水部。 水會也，今本作“水上人所會也”。

⑮ 麌韻（裴本）：“聚，慈庾反。 集也。 二。” 王本：“聚，慈雨反。 又似喻反。 鄹。 二。”

⑯ 乑部：“聚，會也。 从乑，取聲。 邑落云聚。”

⑰ 《説文》乑部：“乑，衆立也。 从三人……讀若欽崟。”

8.115　冊立　上初革反。《説文》云："王冊符命也。"① 謂上聖符信教命以授帝位，像簡册穿連之形也。 今或從竹作筞。 下立字，《切韻》云："住也，成也。"② 又:行立。

8.116　耕墾　上古並反③。《玉篇》:"犁也。"④《周書》曰:"神農時，天雨粟，神農耕而種之。"⑤《説文》:"從耒、井，像耕之形。"⑥ 耒音盧對反。《説文》:"曲木也。"⑦《世本》云:"神農作耒。"下康很反。《玉篇》:"治田也。"⑧《考聲》云:"耕也。"《切韻》云:"力也。"⑨ 從土，狠聲⑩。 狠音同上

8.117　贍部金⑪　上時染反。贍部，梵語也。金即唐言。舊梵云閻浮提，或云閻浮利，訛。 正云贍謀。《立世阿毗曇論》云:"有贍部樹生此洲北邊泥民陁羅河南岸，於此樹下水底有贍部黃金，古名閻浮檀金也。"⑫ 贍音鐟覽反也⑬。

根本藥事卷第十三

8.118　指摘　上職雉反。《説文》:"手指也。 從手，旨聲。"⑭ 下他歷反。《玉篇》:"撥也。"⑮《切韻》:"發動也。"⑯ 案:律以指挑摘也。從手，適

---

① 册部:"册，符命也，諸侯進受于王也。象其札一長一短，中有二編之形……筞，古文册從竹。"○王，原作"土"，今據文意改。《書·顧命》:"太史秉書，由賓階隮，御王册命。"可爲據改之旁證。

② 缉韻(箋本):"立，力急反。六。"裴本:"立，立急反。《説文》:'從大。'一七。"王本:"立，力急反。竪。八。"

③ 並，獅谷本作"莖"，並注云:"莖異作並。"

④ 耒部:"耕，牛犁也。"

⑤ 不詳。

⑥ 耒部:"耕，犁也。从耒，井聲。一曰古者井田。"

⑦ 耒部:"耒，手耕曲木也。从木推丯。古者垂作耒相以振民也。"

⑧ 土部:"墾，耕也，治也。《國語》云:'土不備墾。'墾，發也。又:耕用力也。"

⑨ 很韻(箋本):"墾，耕。康很反。三。"王本:"墾，康很反。耕。三。"

⑩ 《説文新附》析"墾"爲"从土，狠聲"結構。

⑪ 贍部，梵詞 Jambu，希麟譯"贍謀"。

⑫ 見《立世阿毗曇論》卷第一。說詳 1.137"贍部洲"。

⑬ "反"字原闕，今據文意補。

⑭ 見手部。

⑮ 手部:"摘，投也。《莊子》曰:'摘玉毀珠。'擿，同上。"

⑯ 昔韻(箋本):"擿，投。直炙反。古作摘。三。"王本:"擿，直炙反。投。古作摘。四。"

聲①。古文又音擲，又張革反。今不取，但依初。

8.119 撚綫　上年典反。《方言》云："撚，續也。"②《倉頡篇》云："搓綫也。"從手，然聲③。下又作綫，俗作縫，音私箭反。《説文》云："縷，綫也。"④《周禮》云："縫人掌王宮縫線之事也，以役女御也。"⑤59p0409a—0409b

8.120 根栽　上古痕反。《切韻》云："根，柢也。"⑥《爾雅》云："天根，氐也。"⑦郭注云："角、亢下繫於氐，若木之有根也。"下粗才反。《説文》："種也。從木，哉省聲。"⑧律文作 栽、栽，俗字，無據也。

8.121 乾燥　下古寒反。《字樣》云："本音虔，借爲乾溼字。"下蘇老反。《説文》："火乾也。從火，喿聲。"⑨喿音噪。

8.122 緤蒙　上徒叶反。《切韻》作氎⑩，白氎布也。下尼居反。《玉篇》："草名也。"⑪《韻集》云："縕麻也。"從草、絮音同上⑫。

根本藥事卷第十四

8.123 祭祠　上子例反。《考聲》："享也。"《玉篇》："祀也。"⑬《爾雅》云："禘，大祭也。"⑭郭注云："五年一大祭。"《説文》云："從手持肉，以示祭矣。"⑮又即手，月即肉也。下似兹反。《爾雅》云："春祭曰祠。"⑯郭璞

---

① 《説文》析"摘"同。
② 見《方言》卷一。
③ 《説文》析"撚"同。
④ 見糸部。瑄案：《説文》糸部："綫，縷也。从糸，戔聲。線，古文綫。"
⑤ 《天官·縫人》："縫人掌王宮之縫線之事，以役女御，以縫王及后之衣服。喪，縫棺飾焉，衣翣柳之材。掌凡内之縫事。" ○ "縫人"之"縫"，原作"線"，今據《周禮》改。
⑥ 痕韻（篆本）："根，古痕反。二。"王本："根，古痕反。草木本。二。"
⑦ 見《釋天》。
⑧ 木部："栽，築牆長版也。从木，𢦔聲。《春秋傳》曰：'楚圍蔡，里而栽。'"
⑨ 見火部。火乾，今本作"乾"。
⑩ 怗韻（篆本、裴本）："氎，（徒協反。）細毛布。"王本："氎，（徒協反。）細布。"
⑪ 艸部："蒙，蒙蘆草也。亦作茹。"
⑫ 《説文》闕"蒙"篆。
⑬ 示部："祭，子滯切。薦也，祭祀也。又側界切，周大夫邑名。"
⑭⑯ 見《釋天》。
⑮ 示部："祭，祭祀也。从示，以手持肉。"

注云：“祠之言食也。”食音餕飤反①。

　　8.124 朅地羅②　上褰孽反。梵語。西方木名。無正翻對，類此方苦練木也。爲堅硬，堪爲檕釘也。舊云佉陁羅木是也。

　　8.125 攪池　上交巧反。《毛詩傳》云：“攪，亂也。”③《字書》云：“撓也。”《説文》云：“動也。從手，覺聲。”④下直离反。《廣雅》云：“池，沼也。”⑤又曰：“停水曰池也。”⑥

　　8.126 懷妊　上户乖反。《切韻》：“安也，止也。”⑦《玉篇》：“和也，情懷也。”⑧《考聲》：“懷，抱也。”從心，襄聲⑨。下汝鴆反。《考聲》云：“身妊也。”《説文》：“懷孕也。從女，壬聲。”⑩又音如林反，訓同。

　　8.127 輦輿　上力展反。《説文》云：“人輓車也。在人前引之形。”⑪從狀，音伴，二夫也。古者卿大夫亦乘輦。自秦漢以來，天子乘之。《玉篇》云：“天子皇后所乘曰輦。”⑫下余據、與居二反。《説文》云：“車輿也。”⑬《玉篇》：“眾載也。”⑭又：舉也⑮。一曰車無輪曰輿。從車、舁⑯，會意字。律文中作轝，非。

　　8.128 左腋　下之亦反。《玉篇》云：“腋，胳也。”⑰亦脅下也。又音

----

①　“食”字原闕，今據文意補。又：“反”字原闕，今據大通本補。獅谷本亦注“飤下反脱”。
②　朅地羅，梵詞 khadira。
③　見《小雅·何人斯》“祇攪我心”傳。
④　見手部。動也，今本作“亂也”。〇覺，原作“攪”，今據文意改。
⑤　《釋地》：“沼，池也。”
⑥　《廣韻》支韻：“停水曰池。”
⑦　皆韻（箋本）：“懷，户乖反。七。”王本：“懷，户乖反。又胡來反。八。”
⑧　心部：“懷，歸也，思也，安也，至也。”
⑨　《説文》析“懷”同。
⑩　女部：“妊，孕也。从女从壬，壬亦聲。”
⑪　車部：“輦，輓車也。从車，从狀在車前引之。”〇人前，原作“前人”，今據文意乙正。
⑫　車部：“輦，輓車也。”
⑬　見車部。
⑭　車部：“輿，車乘也。”
⑮　《釋名·釋車》：“輿，舉也。”
⑯　《説文》析“輿”爲“从車，舁聲”結構。
⑰　肉部：“腋，肘腋也。”

亦。從肉，掖省聲[1]。

根本藥事卷第十五

8.129 儒語　上人朱反。《切韻》：“直也。”[2]《説文》：“柔也。”[3]《禮記》：“哀公問於孔子儒之行也。”[4] 從人，需聲[5]。下魚舉反。《説文》云：“直言曰論，論難曰語。從言，吾聲。”[6] 案：律文“徐徐儒語”[7]，即和柔之語也。或作此濡字[8]，乃水名也，非儒語用也。59p0409c

8.130 悦豫　上翼雨反[9]。《玉篇》云：“樂也。”[10]《爾雅》云：“悦，服也。”[11]《孝經》云：“敬一人則天下人悦。”[12]《説文》云：“從心，説省聲也。”[13] 下羊茹反。《韻集》云：“備也，先也。”《爾雅》云：“豫，樂也。”[14]《尚書》云：“王有疾，弗豫。”[15] 孔傳云：“伐紂明年，武王有疾，不悦豫也。”[16]

8.131 薜室羅末拏[17]　上蒲計反，下尼加反。正梵語也。舊云毗沙門是也。此云多聞，即北方天天王主領藥叉者，最大富饒也。

8.132 舌舓　上時烈反。《説文》云：“在口，所以言也。從千、口，千

---

①　腋，《説文》作“亦”，亦部：“亦，人之臂亦也。从大，象兩亦之形。”瑄案：《説文》“亦”字條徐鉉等曰：“今別作腋，非是。”

②　虞韻（箋本）：“儒，日朱反。七。”王本：“儒，日朱反。碩德。九。”

③　見人部。

④　《儒行》：“哀公問：‘敢問儒行？’”

⑤　《説文》析“儒”同。

⑥　言部：“語，論也。从言，吾聲。”“論，議也。从言，侖聲。”

⑦　《根本説一切有部毗奈耶藥事》卷第十三：“于時仙人徐徐軟語答言：‘賢首！ 汝見此池不？’”

⑧　“或”字原闕，今據文意補。

⑨　雨，獅谷本注：“雨異作雲，共誤，正雪。”

⑩　心部：“悦，樂也。”

⑪　見《釋詁》。

⑫　《廣要道章》：“敬一人而千萬人悦。”

⑬　悦，《説文》作“説”，言部：“説，説釋也。从言、兑。一曰談説。”

⑭　見《釋詁》。

⑮　《金縢》：“既克商二年，王有疾，弗豫。”

⑯　《金縢》“既克商二年，王有疾，弗豫”孔安國傳：“伐紂明年，武王有疾，不悦豫。”

⑰　薜室羅末拏，梵詞 Vaiśravaṇa。

亦聲也。”① 下時紙反。《説文》云：“舌取食也。從舌，易聲。”② 或作舓、舐，皆俗。律文作蚔，音岐，非，誤書字。

8.133 談話　上徒含反。《切韻》：“言論也。”③ 又：戲調也。《説文》云：“語也。從言炎聲也。”④ 下胡快反。《玉篇》：“語，話也。”⑤ 《説文》云：“合會善言也。”⑥ 《詩》云：“慎爾出話。”⑦ 從言、舌⑧。即會意字。

8.134 跋宴⑨　上蒲末反，下其矩反。梵語也。或云跋渠。此翻爲聚，謂篇章品類之異也。即《四分律》中“揵度”⑩，義同也。

根本藥事卷第十六

8.135 畫牆　上胡罵反。《爾雅》云：“畫，形也。”⑪ 《釋名》云：“畫，掛也。以五色挂於物上也。”⑫ 《説文》云：“從聿、田。象田四界，聿所以畫也。一即地也。”⑬ 律文作畫，俗字。下而羊反。《説文》：“垣也。從嗇，爿聲。”⑭ 律文作墟，或作墻，皆非本字。

8.136 腳跌　上又作脚，音居約反。《集訓》云：“手脚也。”《釋名》

---

① 舌部：“舌，在口，所以言也、別味也。从干从口，干亦聲。”○干亦聲，原作“口亦聲”，今據《説文》改。
② 舌部：“舓，以舌取食也。从舌，易聲。舐，舓或从也。”
③ 談韻（箋本）：“談，徒甘反。六。”裴本：“談，徒甘反。説。八。”王本：“談，徒甘反。言語。八。”
④⑥　見言部。
⑤ 言部：“語，言語也。説也。”“話，善言也，調也。”
⑦ 見《大雅·抑》。
⑧ 《説文》析“話”爲“从言，舌聲……譮，籀文話，从會”結構。
⑨ 跋宴，梵詞 varga。
⑩ 《四分律》“揵度”凡63見，如卷第三十一：“受戒揵度之一。”
⑪ 見《釋言》。
⑫ 《釋書契》：“畫，繪也。以五色繪物象也。”瑄案：“畫，繪也”句畢沅疏證補：“今本作‘畫，挂也。以五色挂物上也’。據《御覽》引改‘挂’爲‘繪’，據《廣韻》引改‘上’作‘象’。《考工記》曰：‘畫繪之事，雜五色。’”
⑬ 畫部：“畫，界也。象田四界。聿，所以畫之……畫，古文畫省。劃，亦古文畫。”瑄案：慧琳音義卷四十一“畫師”注：《説文》作畫，從聿從田從一，正體字也。○“象田”二字原闕，今據《説文》補。慧琳音義卷六“綺畫”注引《説文》：“畫，界也。象田四界。聿，所以畫之也。”亦著“象田”，可爲據補之旁證。
⑭ 嗇部：“牆，垣蔽也。从嗇，爿聲。牆，籀文从二禾。牆，籀文亦从二來。”

云：“脚，却也。以其坐時却在後也。”① 下徒結反。《切韻》：“跌，踢也。”②
踢，他歷反。《韻詮》云：“差跌也。”《廣雅》云：“行有失也。”③《説文》：
“從足、失。”④ 會意字也。

8.137　搖颺　上餘昭反，下餘亮反。《説文》：“動也。”⑤《爾雅》云：
“扶搖謂之猋也。”⑥ 猋音必遥反。郭注云：“暴風從下上也。”⑦ 颺謂風飛颺
物也。從風，易聲⑧。又音羊。59p0409c—0410a

8.138　蠅蛆　上餘陵反。《玉篇》：“蟲名也。”⑨《詩》云：“營營青
蠅。”⑩《説文》云：“從虫，黽聲。”⑪ 黽音猛。下七予反。蠅所乳者也。《考
聲》：“肉中蛆也。”《説文》從肉作胆⑫。律文作蛆⑬，俗字也。

8.139　裸露　上胡瓦反⑭《考聲》云：“脱衣露肉也。”本音郎果反。
又作倮、躶，二形同。《説文》云：“從衣，果聲。”⑮ 律文從示，書誤也。下洛
故反。《切韻》云：“露，泄也，敗漏也。”⑯《説文》云：“露，潤澤也。從雨路
聲也。”⑰

---

① 見《釋形體》。
② 屑韻（篆本、裴本、王本）：“跌，（徒結反。）跌踢。”
③ 《釋言》：“跌，蹶也。”
④ 足部析“跌”爲“从足，失聲”結構。
⑤ 見手部。
⑥ 見《釋天》。
⑦ 《釋天》“扶搖謂之猋”郭璞注：“暴風從下上。”瑄案：《釋天》“扶搖謂之猋”邢昺疏引
　　孫炎曰：“迴風從下上曰猋。”
⑧ 《説文》風部：“颺，風所飛揚也。从風，易聲。”
⑨ 虫部：“蠅，青蠅蟲。”
⑩ 見《小雅·青蠅》。
⑪ 黽部析“蠅”爲“从黽从虫”結構。瑄案：希麟音義引文析字跟今本不同。
⑫ 肉部析“胆”爲“从肉，且聲”結構。
⑬ 蛆，疑當作“胆”，《玉篇》虫部：“蛆，蠅蛆也。亦作胆。”《廣韻》魚韻：“胆，蟲在肉中。
　　蛆，俗。”
⑭ 瓦，大通本作“果”。又，“反”字原闕，今據文意補。獅谷本亦著“反”字。
⑮ 裸，《説文》字頭作“嬴”，析爲“从衣，嬴聲。裸，嬴或从果”結構。
⑯ 暮韻（裴本）：“露，（洛故反。）霧露。”王本：“露，（洛故反。）滑。”
⑰ 見雨部。

根本藥事卷第十七

8.140　降誕　上古巷反。《爾雅》云："降，下也。"① 《玉篇》："歸也。"②
《考聲》："落也。"《尚書》云："降二女於嬀汭也。"③ 下徒旱反。《切韻》云：
"誕，大也，信也。"④ 《玉篇》："欺也。"⑤ 《廣雅》云："誕，育也。"⑥ 《説文》云：
"從言，延聲。"⑦ 亦作這。

8.141　恍迷　上虎晃反。《玉篇》云："恍，惚也。"⑧ 《老子》云："恍兮
惚兮，其中有物。"⑨ 御注云："物，上道也。自有而歸，無還復至道，故云其中
有物也。"⑩ 《考聲》："恍，心迷昧也。"從心，光聲⑪。下莫奚反。《切韻》云：
"錯也。"⑫ 《説文》云："惑也。從辵，米聲。"⑬ 辵音丑畧反。作辶，變體也。

8.142　阿泥盧馱⑭　下唐佐反。梵語也。或云阿菟樓馱，舊云阿那
律。正云阿泥律陁。此云無滅，羅漢名也，謂天眼第一者也。

根本藥事卷第十八

8.143　彎弓　上烏關反。《韻集》云："彎，謂挽弓曲勢也。"《説文》云：
"從弓，彎聲也。"⑮ 下居戎反。《切韻》云："弓夭也。"⑯ 《釋名》云："弓，穹也。
謂張之穹穹然。"⑰ 《世本》云："黄帝臣揮作弓。"《説文》云："像弓之形。"⑱

---

① 見《釋言》。
② 見阜部。
③ 《堯典》："降二女于嬀汭，嬪于虞。"
④ 旱韻（箋本、王本）："誕，（徒旱反。）大。"
⑤ 言部："誕，大也。天子生曰降誕。"
⑥⑩　不詳。
⑦ 言部析"誕"爲"从言，延聲。這，籀文誕，省正"結構。
⑧ 心部："恍，恍惚。"
⑨ 見《老子》二十一章。○"惚兮"之"兮"字原闕，今據《老子》補。
⑪ 《説文》闕"恍"篆。
⑫ 齊韻（王本）："迷，莫奚反。失方。五。"
⑬ 見辵部。惑也，今本作"或也"。
⑭ 阿泥盧馱，梵詞 Aniruddha，希麟譯"阿泥律陁"。
⑮ 見弓部。
⑯ 東韻（箋本）："弓，四。按：説《易》：'絃木爲弧。'即弓也。"裴本："弓，居隆反。四。
　《易》曰：'弦木爲弧。'即弓也。"王本："弓，居隆反。射具。四。"
⑰ 見《釋兵》。謂張之穹穹然，今本作"張之弓隆然也"。
⑱ 弓部："弓，以近窮遠。象形。古者揮作弓。《周禮》六弓：王弓、弧弓，以射甲革甚質；
　夾弓、庾弓，以射干侯鳥獸；唐弓、大弓，以授學射者。"

8.144　衝突　上尺容反。《切韻》：“當也，向也。”①《考聲》：“動道也。”又：交道也。《玉篇》亦衝挃也②。下徒骨反。《考聲》云：“欺也。”《韻英》云：“觸也。”《説文》云：“犬從穴下欲出也。”③

8.145　舞蹈　上無主反。《切韻》：“歌舞也。”④《左傳》云：“舞者，所以節八音而行八風也。”⑤《爾雅》云：“舞號，雩也。”⑥《説文》：“從舛，無省聲。”⑦律文從人作儛，非。下徒到反。《切韻》：“踐履也。”⑧《説文》云：“從足舀聲也。”⑨案：手謂之舞，足謂之蹈也。律文作踏，音徒苔反，非舞蹈義也。舛音川兖反。59p0410a—0410b

根本藥事卷第十九

8.146　知諳　上陟離反。《切韻》：“覺也。”⑩《考聲》：“曉達也。”《説文》：“從口矢聲也。”⑪下烏含反。《玉篇》云：“諳，信也。”⑫《韻英》云：“記憶也。”從言，音聲⑬。

8.147　持篲　上直之反。《説文》云：“執持也。從手，寺聲。”⑭下囚歲反。《爾雅·釋草》云：“葥，王篲也。”⑮郭注云：“似藜，其樹可爲掃篲也。江東呼爲落帚。”⑯郭璞序云：“輒復擁篲清道也。”⑰或作彗，亦通。律文從

---

① 鍾韻（箋本）：“衝，尺容反。五。”裴本：“衝，尺容反。五加四。通道也。又衝。”王本：“衝，尺容反。觸。八。”

② 行部：“衝，交道也。向也，突也，動也。”

③ 穴部：“突，犬从穴中暫出也。从犬在穴中。一曰滑也。”

④ 麌韻（王本）：“儛，（無主反。）萬樂。亦舞。”王本：“舞，（無主反。）萬樂。亦作儛。”

⑤ 《隱公五年》：“夫舞，所以節八音而行八風，故自八以下。”

⑥ 見《釋訓》。○號，原作“踈”，今據《爾雅》改。

⑦ 舛部析“舞”爲“从舛，無聲。翌，古文舞，从羽、亡”結構。

⑧ 号韻（裴本）：“蹈，（徒到反。）踐。”王本：“蹈，（徒到反。）履。”

⑨ 見足部。

⑩ 支韻（裴本）：“知，陟移反。二加二。”王本：“知，陟移反。悉。四。”

⑪ 矢部析“知”爲“从口从矢”結構。瑄案：希麟音義引文析字跟今本不同。

⑫ 言部：“諳，記也，知也，誦也，大聲也。或作喑。”

⑬ 《説文》析“諳”同。

⑭ 見手部。執持也，今本作“握也”。

⑮ 見《釋草》。王篲也，今本作“王彗”。

⑯ 《釋草》“葥，王彗”郭璞注：“王帚也。似藜，其樹可以爲埽彗，江東呼之曰落帚。”

⑰ 郭璞《爾雅序》：“輒復擁篲清道，企望塵躅者，以將來君子爲亦有涉乎此也。”

手作撎,非。

8.148 轓傷　上良刃反。《玉篇》云:"車聲也。"① 《考聲》云:"車輾也。"又作躝,踩踐也。《古今正字》云:"從車閭聲也。"② 閭音同上。下失良反。《切韻》:"損也,痛也。"③ 或作傷。

8.149 穿舶　上昌緣反。《切韻》云:"通也。"④《韻集》云:"穿破也。"《玉篇》云:"漏也。"⑤ 下音白。《考聲》云:"海中大船也。"從舟白聲也⑥。

8.150 木槍　上木字,《説文》云:"木,冒也。謂冒地而生也。"⑦ 或作朱⑧。下像其根,上像枝也。下七羊反。《字林》云:"槍,稍也。"從木,倉聲⑨。

根本藥事卷第二十

8.151 皤私⑩　上蒲波反。具正云婆私瑟吒。梵語也。此云勝上,或云最勝也。

8.152 觜端　上即委反。《埤倉》作蚩,《説文》同⑪。鳥喙也。律文從口作嘴。《字書》無此字。下多官反。《切韻》云:"緒也,正也。"⑫《考聲》:"直也。"《説文》:"始也。從立,耑聲。"⑬ 耑音同上。云像物初生未舉其頭⑭。與豈字義同,不從山。

8.153 絞頸　上古巧反。《考聲》云:"絞,縛也。"《爾雅》云:"絢,絞

---

① 車部:"轓,車聲。"
② 《説文》闕"轓"篆。
③ 陽韻(裴本):"傷,(書羊反。)哀。"王本:"傷,(書羊反。)哀傷。"
④ 仙韻(箋本):"穿,昌緣反。三。"王本:"穿,昌緣反。穴過。三。"
⑤ 穴部:"穿,通也,穴也。"
⑥ 《説文》闕"舶"篆。
⑦ 木部:"木,冒也。冒地而生,東方之行。从中,下象其根。"
⑧ 朱,即"木"。《龍龕手鑑》山部:"朱,音木。"《改併四聲篇海》山部引《俗字背篇》:"朱,古文。音木。"〇"或"字原闕,今據文意補。
⑨ 《説文》析"槍"同。
⑩ 皤私,梵詞 Vasiṣṭha,巴利詞 Vāseṭṭha,希麟譯"婆私瑟吒"。
⑪ 角部:"觜,鴟舊頭上角觜也。一曰觜觿也。从角,此聲。"
⑫ 寒韻(箋本):"端,多官反。四。"王本:"端,多官反。首。九。"
⑬ 見立部。始也,今本作"直也"。
⑭ 《説文》耑部:"耑,物初生之題也。上象生形,下象其根也。"

也。"① 郭注云："糾絞,繩索也。"② 下居郢反。《説文》云："項頸也。從頁巠聲也。"③

8.154 稱賣　上又作枰,音處陵反。《説文》云："詮也。"④ 又:舉也⑤。亦音昌孕反。知輕重也。從禾,再聲。再音同上。下莫懈反。《切韻》云："販賣也。"⑥《考聲》云："貨賣也。"從士買聲也⑦。59p0410b—0410c

續一切經音義卷第八
丁未歲高麗國大藏都監奉勑雕造

---

① 見《釋言》。
② 《釋言》"絇,絞也"郭璞注:"糾絞,繩索。"
③ 見頁部。項頸,今本作"頭莖"。
④ 見禾部。
⑤ 《爾雅·釋言》:"偁,舉也。"
⑥ 卦韻(箋本):"賣,莫解反。一。《説文》:'從出,買聲。'"王本:"賣,莫懈反。出物。正作賣。一。"○販,原作"敗",今據文意改。
⑦ 《説文》析"賣"爲"从出从買"結構。瑄案:希麟音義析字跟《説文》不同。

續一切經音義卷第九 雞

燕京崇仁寺沙門　希麟　集

續音根本説一切有部毗奈耶破僧事二十卷

根本説一切有部毗奈耶出家事五卷

根本説一切有部毗奈耶皮革事二卷

根本説一切有部毗奈耶安居事一卷

根本説一切有部毗奈耶羯恥那衣事一卷

根本説一切有部毗奈耶隨意事一卷

右六經三十卷同此卷續音

根本説一切有部毗奈耶破僧事卷第一[①]

9.001 薄伽梵[②]　或云薄伽伴,古云婆伽婆。正云婆誐錽。舊翻爲世尊,謂世出世閒咸尊重。故《大智度論》云:"如來尊號有無量名,畧而言之,有其六種也。《佛地論頌》云:自在熾盛與端嚴,名稱吉祥及尊貴。如是六種義差別,應知揔名薄伽梵。"[③]爲含多義,故譯主但存梵語也。59p0411a

9.002 冑族　上直又反。《尚書》云:"命汝典樂,教冑子。"[④]孔傳云:

————————

① 《根本説一切有部毗奈耶破僧事》,律部典籍(T24,No.1450),唐釋義淨奉制譯,凡二十卷。

② 薄伽梵,梵詞 bhagavat,希麟譯"婆誐錽"。

③ 《佛地經論》卷第一:"薄伽梵者,謂薄伽聲依六義轉:一,自在義;二,熾盛義;三,端嚴義;四,名稱義;五,吉祥義;六,尊貴義。如有頌言:'自在熾盛與端嚴,名稱吉祥及尊貴,如是六種義差別,應知總名爲薄伽。'"

④ 見《舜典》。

"冑，長也。 謂元子已下至卿大夫子弟也。"①《字林》："胤也。"《説文》："從冃，由聲。"②冃音亡報反。下昨木反。《韻詮》云："宗族也。"《爾雅》云："父之從祖祖父爲族曾王父，父之從祖祖母爲族曾王母。"③又曰："族晜弟之子相謂爲親同姓。"④郭璞注云："同姓之親無服也。"⑤

9.003　糠穢　上苦崗反。《玉篇》云："米皮也。"⑥又作穅字，亦同。《説文》云："穀皮也。 從禾，康聲。"⑦下於廢反。《切韻》云："惡也。"⑧《字書》云："雜穢也。" 顧野王云："不潔也。"⑨又作薉⑩，音訓皆同也。

59p0411a—0411b

9.004　嫁姨　上古訝反。《字書》云："嫁，家也。"《考聲》云："婦人謂嫁曰婦。"《爾雅·釋親》云："同出爲姨。"郭注云："謂俱已嫁也。"⑪下七句反。《廣韻》："納婦也。"⑫《公羊傳》云："諸侯娶一國，二國往媵之。"⑬《爾雅》云："媵，送也。"⑭媵音孕⑮。娶，從女取聲也⑯。

9.005　慵嬾　上蜀容反。《説文》云："惰也。"⑰《字書》云："亦嬾也。"下落旱反。《切韻》作懶⑱，心惰也⑲。郭注《爾雅》云："勞苦者多惰音徒果

---

① 已下，今本作"以下"。
② 冃部析"冑"爲"从冃，由聲。羍，《司馬法》冑从革"結構。瑄案：《説文》肉部："冑，肩也。从肉，由聲。"○冃由，原作"由冃"，今據文意乙正。
③④ 見《釋親》。
⑤ 《釋親》"族晜弟之子相謂爲親同姓"郭璞注："同姓之親無服屬。"
⑥ 米部："糠，俗穅字。"禾部："穅，米皮也。"
⑦ 禾部析"穅"爲"从禾从米，庚聲。康，穅或省"結構。
⑧ 廢韻（裴本）："穢，扵肺反。惡也。四。"王本："穢，於肺反。惡。五。"
⑨ 《玉篇》禾部："穢，不淨也。"
⑩ 《荀子·王霸》"涂薉則塞"楊倞注："薉，與穢同。"《漢書·夏侯勝傳》"東定薉、貉、朝鮮"顏師古注："薉字與穢字同。"
⑪ 《釋親》"妻之姊妹，同出爲姨"郭璞注："同謂俱已嫁。《詩》曰：'邢侯之姨。'"
⑫ 《廣韻》遇韻："娶，《説文》曰：'取婦也。'"
⑬ 《莊公十九年》："媵者何？ 諸侯娶一國，則二國往媵之，以姪娣從。"
⑭ 見《釋言》。
⑮ "媵"字原闕，今據文意補。
⑯ 《説文》析"娶"爲"从女从取，取亦聲"結構。
⑰ 見《説文新附》。惰也，今本作"嬾也"。
⑱ 旱韻（箋本）："嬾，落旱反。七。"王本："嬾，洛旱反。惰。或作倸、懶，通俗作嬾。二。"
⑲ 懶，《説文》作"嬾"，女部："嬾，懈也，怠也。一曰臥也。从女，賴聲。"

反瘶。"①

9.006　疆界　上居良反。《爾雅》云:"疆、界、邊、衛、圉,垂也。"②郭注云:"疆場、境界、邊旁、守衛,皆在外垂也。"③《説文》云:"疆,從土彊聲也。"④界從田、介⑤,像分界之形。律文作壃,正體強字,非也。

9.007　黶子　上於琰反。《切韻》云:"面上黑黶子也。"⑥《字書》云:"從黑厭聲也。"⑦有作靨,俗字也。

9.008　瘡疱　上楚良反。《玉篇》云:"瘡,痍也。"⑧《禮記》云:"頭有瘡則沐。"⑨古文作創。下防教反。《切韻》作皰⑩,面瘡也。《説文》正作皰,皮起也⑪。今律文作疱,俗字也。

9.009　曾孫　上作登反。《爾雅·釋親》云:"子之子爲孫,孫之子爲曾孫。"⑫郭注云:"曾,猶重也。"⑬又曰:"曾孫之子爲玄孫,玄孫之子爲來孫,來孫之子爲晜孫,晜孫之子爲仍孫,仍孫之子爲雲孫也。"⑭晜,古文昆

----

① 《釋詁》"愉,勞也"郭璞注:"勞苦者多惰愉。今字或作瘶,同。"○"瘶"字原闕,今據《爾雅》郭璞注補。希麟音義卷一"瘶惰"注引《爾雅》"勞也"郭注:"勞苦者多惰瘶。"又玄應音義凡七釋"瘶",卷九"瘶憻"注:"瘶,勞也。勞苦者多憻瘶也。"卷十"或瘶"注引《爾雅》"瘶,勞也"郭璞曰:"勞苦者多憻瘶也。"皆著"瘶"字,可爲據補之旁證。

② 見《釋詁》。○圉,原作"圍",今據《爾雅》改。《釋詁》"疆、界、邊、衛、圉,垂也"郭璞注:"疆場、境界、邊旁、營衛、守圉,皆在外垂也。《左傳》曰:'聊以固吾圉也。'"注作"守圉"。邢昺疏:"郭云:'疆場、竟界、邊旁、營衛、守圉,皆在外垂也。'舍人曰:'圉,拒邊垂也。'孫炎曰:'圉,國之四垂也。'"疏引作"圉"。皆可爲據改之旁證。

③ 《釋詁》"疆、界、邊、衛、圉,垂也"郭璞注:"疆場、境界、邊旁、營衛、守圉,皆在外垂也。《左傳》曰:'聊以固吾圉也。'"○場,郭注作"場"。

④ 疆,《説文》字頭作"畺",畕部:"畺,界也。从畕;三,其界畫也。疆,畺或从彊、土。"

⑤ 界,《説文》作"畍",田部:"畍,境也。从田,介聲。"

⑥ 琰韻(箋本):"黶,面有黑子。於琰反。三。"裴本:"黶,於琰反。面上黑子。七。"王本:"黶,於琰反。面有黑子。六。"

⑦ 《説文》析"黶"同。

⑧ 疒部:"瘡,瘡痍也。古作創。"

⑨ 見《曲禮上》。

⑩ 效韻(裴本):"皰,防教反。面瘡。《説文》亦皰。二。"王本:"皰,(防孝反。)面氣。"

⑪ 《説文》皮部:"皰,面生气也。从皮,包聲。"

⑫⑭ 見《釋親》。

⑬ 見《釋親》"孫之子爲曾孫"注。

字①。郭注云："舅，後也。"②

9.010 百輾　下莫半反。案：百輾，即釋迦上祖王名。

9.011 餘壻　下又作聓、聟二形，皆俗字。音蘇計反。《説文》云："女夫也。"③《爾雅·釋親》云："女子之夫爲壻，婦之父母、壻之父母相謂爲婚姻，兩壻相謂爲亞。"④郭注云："江東呼同門爲僚壻也。"⑤

根本破僧事卷第二

9.012 跣腳　上蘇典反。《考聲》："徒跣，謂腳觸於地也。"下腳字，前《根本藥事》已具釋⑥。

9.013 犇馳　上博昆反。《文字集略》云："犇，驚也。"《説文》作奔，走也⑦。《爾雅》云："大路謂之奔。"⑧郭注云："謂人行步趨走之處也。"⑨下直离反。《切韻》云："馳，逐也。"⑩《字書》云："馳，驚也。"《説文》云："從馬，池省聲字。"⑪59p0411b—0411c

9.014 誹謗　上方未反。《説文》云："誹，亦謗也。"⑫又音方微反。下補曠反。《考聲》云："謗，毀也。"從言，旁、非皆聲⑬。

9.015 晡刺拏⑭　舊云富蘭那。訛也。具正應云晡刺拏迦葉波。晡

---

① 《玉篇》日部：晜，同"昆"。《廣韻》魂韻："昆，兄也……晜，上同。"
② 《爾雅·釋親》"來孫之子爲晜孫"郭璞注："晜，後也。《汲冢竹書》曰：'不窋之晜孫。'"
③ 見士部。女夫也，今本作"夫也"。
④ 《釋親》："女子之夫爲壻，壻之父爲姻，婦之父爲婚。父之黨爲宗族，母與妻之黨爲兄弟。婦之父母、壻之父母，相謂爲婚姻。兩壻相謂爲亞。"姻，今本作"婣"。○"女子"後原衍"子"字，今據文意删。
⑤ 《釋親》"兩壻相謂爲亞"郭璞注："《詩》曰：'瑣瑣姻亞。'今江東人呼同門爲僚壻。"
⑥ 見8.069"腳踏"、8.136"腳跌"。
⑦ 見夭部。
⑧ 見《釋器》。
⑨ 《釋器》"室中謂之時，堂上謂之行，堂下謂之步，門外謂之趨，中庭謂之走，大路謂之奔"郭璞注："此皆人行步趨走之處，因以名云。"
⑩ 支韻（篆本）："馳，直□反。"裴本："馳，達也。直知反。六加六。"王本："馳，直知反。駔。十三。"
⑪ 見馬部。池省聲字，今本作"也聲"。
⑫ 見言部。
⑬ 《説文》析"誹"爲"从言，非聲"結構，析"謗"爲"从言，旁聲"結構。
⑭ 晡刺拏，梵詞 Pūraṇa-kāśyapa，巴利詞 Pūraṇa-kassapa、Puraṇa-kassapa，希麟譯"晡刺拏迦葉波"。

刺拏,此云滿;迦葉波,姓。此云龜氏也。此是計無因外道名也。

9.016 末揭梨子①　舊云末伽梨。具足云末揭梨拘舍梨子。末揭梨是姓,拘舍梨是母名也。此計苦樂不由因,是自然外道也。

9.017 珊逝移②　舊云刪闍夜。具足云珊逝移毗羅胝子。珊逝移,此云等勝;毗羅胝即母名。此是不須修外道也,經八万大劫自然生死如轉縷丸。

9.018 阿末多③　舊云阿耆多鷗舍甘婆羅。阿耆多,此云無勝;鷗舍,此云髮;甘婆羅,此云衣。此外道以人髮爲衣,五熱炙身也。

9.019 脚陁迦旃延④　舊云迦羅鳩馱。此云黑領。迦旃延,姓也。此外道應物而起,人若問有荅有、問無荅無也。

9.020 昵揭爛陁⑤　舊云尼乾陁若提子。尼乾陁,此云無繼,是外道揔名也;若提,此云親友,母名。此計苦未有定因,要必須受非道能斷。

9.021 跟跗　上古痕反。《切韻》云:“足後曰跟也。”⑥下方無反。《玉篇》:“脚跗也。”⑦謂脚面也。《説文》又從付作跗也⑧。

根本破僧事卷第三

9.022 摩納薄伽⑨　梵語。舊云摩納婆,亦云摩那婆。此云儒童仙也。

9.023 薜陁咒⑩　上蒲計反。梵語也。舊云韋陁,或云吠陁。此云明,即明咒也。

---

① 末揭梨子,梵詞 Maskarī-gośāliputra,巴利詞 Makkhali-gosālaputta,希麟譯“末揭梨拘舍梨子”。
② 珊逝移,巴利詞 Sañjaya Belaṭṭhiputta,希麟譯“珊逝移毗羅胝子”。
③ 阿末多,梵詞 Ajitakeśakambala、巴利詞 Ajitakesakambala,希麟譯“阿耆陁翅舍欽婆羅”。
④ 脚陁迦旃延,梵詞 Kakudakatyāyana。〇脚、獅谷本作“腳”。
⑤ 昵揭爛陁,梵詞 Nirgrantha-jñātaputra,巴利詞 Nigaṇṭha-nātaputta。
⑥ 痕韻(篆本):“跟,(古痕反。)足後。”王本:“跟,(古痕反。)足後。亦作跟。”〇“曰”字原闕,今據文意補。《釋名·釋姿容》:“足後曰跟。”希麟音義卷二“足跟”注引《字統》:“足後曰跟。”可爲據補之旁證。
⑦ 足部:“跗,《儀禮》曰:‘某結于跗。’跗,足上也。跗,同上。”
⑧ 《説文》闕“跗”篆。
⑨ 摩納薄伽,梵詞 mānava、māṇava、māṇvaka。
⑩ 薜陁,梵詞 veda。

9.024 薜舍離①　　舊云維耶離,或云毗耶離。正云吠舍釐。此云廣嚴,在恒河南中天竺也。

9.025 轟然　上呼宏反。《說文》云:"群車聲。"②字從三車。

9.026 圮岸③　上平鄙反。《字書》云:"覆也。"圮亦毀也。《韻略》云:"岸毀也。"《尚書》云:"方命圮族。"④《說文》云:"從土,己聲。"⑤下五旰反。《切韻》:"河岸也。"⑥《爾雅》云:"重涯,岸。"⑦謂兩涯累者也⑧。

59p0411c—0412a

9.027 背僂　上補妹反。《切韻》云:"脊背也。"⑨《爾雅》云:"鮐背,壽也。"⑩郭注云:"背皮如鮐魚者,猶耉也。"⑪下力主反。《字書》云:"傴僂,疾也。"《切韻》云:"僂,曲也。"⑫《玉篇》:"曲行也。"⑬從人,婁省聲⑭。鮐音台。

9.028 瘦瘠　上所救反,下秦昔反。《切韻》:"瘦,損瘠病。"⑮《說文》云:"瘦,臞也。"⑯《爾雅》云:"臞、脙,瘠也。"⑰郭注云:"齊人呼瘠瘦爲臞

---

① 薜舍離,梵詞 Vaiśāli,希麟譯"吠舍釐"。
② 車部:"轟,羣車聲也。从三車。"
③ 圮,原作"圯",今據文意改;下同。
④ 見《堯典》。
⑤ 土部析"圮"爲"从土,己聲。醩,圮或从手,从非,配省聲"結構。○己,原作"巳",今據文意改。
⑥ 翰韻(箋本):"岸,五旦反。五加一。"裴本:"岸,五旦反。七。"王本:"岸,吾旦反。崖。七。"
⑦ 見《釋丘》。涯,今本作"厓"。
⑧ 《釋丘》"重厓,岸"郭璞注:"兩厓累者爲岸。"
⑨ 誨韻(裴本):"背,補配反。二。"王本:"背,補配反。回面。二。"
⑩ 見《釋詁》。
⑪ 《釋詁》"黃髮、鯢齒、鮐背、耇、老、壽也"郭璞注:"黃髮,髮落更生黃者;鯢齒,齒墮更生細者;鮐背,背皮如鮐魚;耇,猶耉也。皆壽考之通稱。"
⑫ 虞韻(裴本):"僂,(力主反。)傴僂。"
⑬ 人部:"僂,《說文》云:'尪也。周公韈僂,或言背僂也。'"
⑭ 《說文》析"僂"爲"从人,婁聲"結構。
⑮ 昔韻(箋本、王本):"瘠,(秦昔反。)病。"
⑯ 見疒部。瘦,今本作"瘦"。
⑰ 見《釋言》。

脒音衢求。"①《説文》作瘦也②。

根本破僧事卷第四

9.029　洟唾　上他計反。《切韻》云："鼻洟也。"③《説文》云："鼻液也。從水夷聲也。"④律文從弟作涕，音他禮反。《説文》云："目汁也。"⑤非洟唾義。下託臥反。《説文》云："口液也。"⑥《禮記》曰："讓食不唾。"⑦《説文》云："從口，埀省聲。"⑧

9.030　詔語　上丑琰反。《字書》云："詔，詐。"從言、臽音陷⑨。《説文》云從閻作諂，云："諛也。"⑩下魚舉反。《切韻》云："言話也。"⑪《説文》云："語，論也。從言，吾聲。"⑫

9.031　攀鞦　上普班反。《説文》云："引也。"⑬《切韻》："戀也。"⑭從手，樊聲⑮。下七遊反。《韻英》云："車鞦也。"從革，秋聲⑯。又作鞧、緧、緅三形，音訓並同也。

9.032　哽噎　上古杏反，下烏結反。氣塞也。《玉篇》云："如骨在喉也。"⑰律文作咽，音烏見反。又音烟，非哽噎義也。

9.033　歔欷　上朽居反，下許既反。《考聲》："悲也。"《韻略》云："泣

----

① 《釋言》"臞、脒，瘠也"郭璞注："齊人謂瘠瘦爲脒。"
② 疒部："瘦，臞也。从疒，叟聲。"
③ 霽韻（裴本）："洟，（他計反。）鼻洟。"王本："洟，（他計反。）鼻洟。亦作鯑。"
④ 見水部。
⑤ 水部："涕，泣也。从水，弟聲。"
⑥ 見口部。
⑦ 見《曲禮上》。
⑧ 口部析"唾"爲"從口，巫聲。涶，唾或從水"結構。
⑨⑩ 詔，《説文》字頭作"諂"，言部："諂，諛也。从言，閻聲。詔，諂或省。"
⑪ 語韻（箋本）："語，魚舉反。八。"裴本："語，魚舉反。對底。十。"王本："語，魚舉反。對言。十。"
⑫ 見言部。
⑬⑮ 攀，《説文》作"𢳇"，𢳇部："𢳇，引也。从反廾……今變隸作大。攀，𢳇或從手，從樊。"
⑭ 删韻（箋本）："攀，引。普班反。二。"王本："攀，普班反。引。或作扳。二。"
⑯ 《説文》闕"鞦"篆。
⑰ 口部："噎，《説文》云：'飯窒也。'《詩》曰：'中心如噎。'謂噎憂不能息也。"

也。"顧野王云："歔欷，泣餘聲也。"①《説文》云並從欠，虛、希聲也②。欷去聲。

9.034 攢搓　上在丸反③。《考聲》云："叢生也。"《韻集》云："合也。"《説文》云正體從賛作攢④。下七何反。《字林》云："手搓物令緊也。"二字並從手⑤。

9.035 怅遽⑥　上莫郎反。《切韻》云："怅，怖也。"⑦《説文》作忙⑧。下其倨反。《玉篇》云："急也。"⑨《字書》云："戰慄也。"又：窘也。從辵，慮聲⑩。經作遽⑪，俗。辵，丑畧反。慮音倨也。

9.036 拉摺　上藍荅反。何注《公羊傳》云："拉，折也。"⑫《古今正字》："摧也。"從手，立聲⑬。《説文》作搚⑭。下之涉反。《玉篇》云："亦折也。"⑮《字林》云："摺，疊衣服也。"59p0412a—0412b

9.037 鐵鍱　上他結反。《説文》云："黑金也。"⑯《神異經》云⑰："南

---

① 《玉篇》欠部："歔，歔欷也。又啼兒。""欷，悲也，泣餘聲也。"
② 欠部析"歔"爲"從欠，虛聲"結構，析"欷"爲"從欠，稀省聲"結構。
③ 丸，獅谷本誤作"九"。
④ 《説文》闕"攢"篆。
⑤ 《説文》闕"搓"篆。
⑥ 怅，即"忙"。
⑦ 唐韻（箋本）："忙，（莫郎反。）怖。" 裴本："忙，（莫郎反。）怖。" 王本："忙，（莫郎反。）怖。"
⑧ 《説文》闕"忙"篆。
⑨ 見辵部。
⑩ 《説文》析"遽"同。
⑪ "經"字原闕，今據文意補。
⑫ 《莊公元年》"搚幹而殺之"何休注："搚，折聲也。"
⑬ 《説文》析"拉"同。
⑭ 搚，《説文》作"摺"，手部："摺，敗也。從手，習聲。"瑄案：《左傳·桓公十八年》"使公子彭生乘公，公薨于車"杜預注"拉公幹而殺之"孔穎達疏："莊元年公羊傳曰：'……搚幹而殺之。' …… 齊世家曰：'……因摺殺魯桓公，下車則死矣。' 搚、摺、拉音義同也。"
⑮ 手部："摺，敗也，折也。"
⑯ 見金部。
⑰ 《神異經》，典故類著作，舊題漢東方朔撰，凡一卷。清人王仁俊輯有《神異經佚文》一卷。參見《古佚書目録》頁256。

方有獸，名曰齧鐵，大如水牛，其糞可作兵器也。”下又作觜。《字林》云：“鳥喙也。”律文作哨，非。

9.038　鞴袋　上又作橐，同。蒲拜反。《説文》：“韋囊也。”①《考聲》云：“吹火具也。”律文作排，船後木名也。非此用。下徒耐反。《説文》作帒②，盛物帒也。

9.039　皺腫　上七綸反。《説文》云：“皺，皮細起也。”③ 或作皵，同。律文從足作踆。《説文》云：“退也。”④ 非此用。下之隴反。《説文》云：“病也。”⑤《釋名》云：“腫，鍾也。謂熱所鍾也。”⑥ 從肉，重聲⑦。

9.040　箜篌　上苦紅反，下胡鉤反。《字菀》云：“箜篌，本胡樂也。”《漢書》云：“靈帝好胡服，作胡箜篌也。”⑧《世本》云：“師延所作靡靡之音也。出於濮上，取空國之侯名也。”⑨

根本破僧事卷第五

9.041　黕色　上都感反。《字書》：“滓垢也。”《字林》：“黑色也。”下所力反。《切韻》云：“顏色也。”⑩ 又：色澤美好也。

9.042　妙翅　下施智反。《説文》云：“鳥羽也。”⑪ 又作翄，同。案：妙翅，即金翅鳥也。梵語。舊云迦婁羅王⑫，正云誐嚕拏。此云金翅，亦云妙翅。此鳥具四生胎卵等，能食四生龍。如前已釋⑬。

---

① 《説文》闕“鞴”篆。
② 《説文新附》巾部：“帒，囊也。从巾，代聲。或从衣。”
③ 見《説文新附》皮部。
④ 《説文》闕“踆”篆。
⑤ 見肉部。病也，今本作“癰也”。
⑥ 見《釋疾病》。謂熱所鍾也，今本作“寒熱氣所鍾聚也”。
⑦ 《説文》析“腫”同。
⑧ 不詳。
⑨ 《釋名·釋樂器》：“箜篌，此師延所作靡靡之樂也。後出於桑間濮上之地，蓋空國之侯所存也，師涓爲晉平公鼓焉。鄭、衛分其地而有之，遂號鄭、衛之音謂之淫樂也。”
⑩ 職韻(裴本)：“色，所力反。愛也。八。”王本：“色，所力反。五方氣。八。”
⑪ 翅，《説文》字頭作“翄”，羽部：“翄，翼也。从羽，支聲。䨃，翄或从氏。”
⑫ 迦婁羅，梵詞 garuḍa，希麟譯“誐嚕拏”。
⑬ 見 1.015 “迦嚕羅”。

　　9.043　恐嚇　　上丘隴反。《切韻》云：“驚也。”①《爾雅》云：“恐，懼也。”②從心，巩聲③。巩音拱。下呼格反。《玉篇》云：“嚇，怒也。”④《字書》云：“呼怒聲也。”從口赫聲也⑤。

　　9.044　嚻埃　　上許嬌反。《韻英》云：“喧嚻也。”《説文》云：“聲也。謂气出頭上也。從𠀪、頁。頁，頭也。”⑥𠀪音戢。气音氣。下烏開反。《説文》云：“細塵也。從土矣聲也。”⑦

　　9.045　獯狐　　准律文合作鸋鵝二字。上音勳，下音胡。《集訓》云：“鸋鵝、鵂鶹，惟鳥也。形如土梟，晝伏夜出，好食虵鼠也。”今作獯，即獯鬻，匈奴別名也。經作狐⑧，即鬼所乘獸也。律次下文云“或作野狐頭”是。59p0412b—0412c

　　9.046　斤斵　　上舉忻反⑨。《説文》云：“斫木也。象斤之形。”⑩《切韻》：“十六兩也。”⑪下竹角反。《集訓》云：“削也。”《説文》云：“斵亦斫也。從斤，𢿍聲。”⑫《字書》作𤔌，音訓同。或作斲、斳二形，皆非本字。

　　9.047　捫摩　　上莫奔反。《字書》：“摸也。”《考聲》云：“摩捫，摸挱也。”從手，門聲⑬。下莫何反。《韻英》云：“摩挲，亦捫摸也。”

　　9.048　踰繕那⑭　　舊云由延，或云由旬，亦云踰闍那，梵語聲轉也。此無正翻。或云十六里，或云四十里，即自古聖王軍行一日程也⑮。

---

① 腫韻（箋本）：“恐，墟隴反。一。”裴本：“恐，墟隴反。一。懼也。”王本：“恐，墟隴反。懼。一。”
② 見《釋詁》。
③ 《説文》析“恐”爲“从心，巩聲。𢖶，古文”結構。
④ 口部：“嚇，以口距人謂之嚇。”
⑤ 《説文》闕“嚇”篆。
⑥ 𠀪部：“嚻，聲也。气出頭上。从𠀪从頁。頁，首也。𧮂，嚻或省。”
⑦ 見土部。細塵，今本作“塵”。
⑧ “經”字原闕，今據文意補。
⑨ 忻，原作“折”，今據獅谷本、大通本改。
⑩ 斤部：“斤，斫木也。象形。”
⑪ 殷韻（箋本）：“斤，舉欣反。三。”王本：“斤，舉忻反。十六兩。二。”
⑫ 斤部：“斵，斫也。从斤、𢿍。𤔌，斵或从畫从丮。”
⑬ 《説文》析“捫”同。
⑭ 踰繕那，梵詞 yojana。
⑮ 《大唐西域記》卷第二：“踰繕那者，自古聖王一日軍行也。舊傳一踰繕那四十里矣，印度國俗乃三十里，聖教所載唯十六里。”

根本破僧事卷第六

9.049 囈言　上魚祭反。又作寱。《説文》云：“睡語驚也。從口，藝聲。”[1] 或作㝱[2]，從寢省，臬聲也[3]。臬，魚結反。下言字，《説文》云：“從口辛聲也。”[4] 辛音愆也。

根本破僧事卷第七

9.050 祭祠　上子例反。《切韻》：“享也，祀也。”[5]《爾雅》云：“祭天曰燔柴。”[6]《説文》云字從手持肉以示也[7]。下音詞。《爾雅》云：“春祭曰祠。”[8] 郭注云：“祠，猶食也。”[9] 食音飤也[10]。

9.051 浣濯　上又作澣[11]，同。胡管反。《字書》云：“洗浣也。”下直角反。《切韻》云：“濯亦洗也。”[12]《禮記》云：“浣衣濯冠以朝。”[13]《説文》云：“從水幹聲也。”[14]

9.052 鄔波馱耶[15]　上烏古反，三音唐荷反。梵語。此云親教。舊云和尚，訛也。前已釋訖也[16]。

9.053 輪轂　上力迍反。《切韻》云：“車輪。”[17]《周禮》云：“輪之方以

---

① 《説文》闕“囈”篆。《説文》寢部：“㝱，瞑言也。从寢省，臬聲。”
② “或”字原闕，今據文意補。
③ 見《説文》寢部。
④ 見言部。〇辛，原作“辛”，今據文意改；下同。《説文》辛部：“辛，辠也。从干、二。二，古文上字。凡辛之屬皆从辛。讀若愆。張林説。”可爲據改之旁證。
⑤ 祭韻（裴本）：“祭，子例反。五。”王本：“祭，子例反。祀。七。”
⑥⑧ 見《釋天》。
⑦ 示部：“祭，祭祀也。从示，以手持肉。”
⑨ 《釋天》“春祭曰祠”郭璞注：“祠之言食。”
⑩ “食”字原闕，今據文意補。
⑪ “又”字原闕，今據文意及文例補。希麟音義標識“又作”凡158例，用於分析不同文字間的異體關係，如卷一“鸚鵡”注：“下又作鴟，二體同。音武。”同卷之“駱駝”注：“上又作駞，同。音湯落反，亦音郎各反。”可爲據補之旁證。
⑫ 覺韻（裴本、王本）：“濯，（直角反。）澣。”
⑬ 《禮器》：“晏平仲祀其先人，豚肩不揜豆，澣衣濯冠以朝，君子以爲隘矣。”
⑭ 浣，《説文》字頭作“澣”，水部析“澣”爲“从水，榦聲。浣，澣或从完”結構。
⑮ 鄔波馱耶，梵詞 upādhyāya，希麟譯“搗波地耶”。
⑯ 見 8.017“鄔波馱耶”。瑄案：參見 3.119“鄔波馱耶”、4.126“和尚”。
⑰ 真韻（箋本）：“輪，（力屯反。）”王本：“輪，（力屯反。）車輪。”

象地,蓋之圜以象天,輪圓以象日月也。"① 下古屋反。《玉篇》:"車轂。"②
《詩》云:"文茵暢轂。"③《老子》云:"三十輻共一轂也。"④

9.054 優樓頻螺⑤　梵語訛略也。具正云鄔盧頻螺迦葉波。鄔盧頻螺,
此云木瓜,爲胷前有瘤似木瓜果⑥,因以爲名;迦葉波,此云飲光,即姓也。

根本破僧事卷第八

9.055 澡漱　上子晧反。《説文》云:"澡,洗也。"⑦《禮記》云:"儒有
澡身浴德,陳言而伏,靜而正之。"⑧ 下蘇奏反⑨。《切韻》:"漱口也。"⑩《晉
書》:"孫楚謂王武子曰:'所以漱石,欲礪其齒。'"⑪ 律文作藻,謂頻藻,水
草交爲文也。非澡漱義也。59p0413a

9.056 警寤　上居影反。《考聲》云:"警,戒也。"《説文》云:"寤
也。"⑫《字書》云:"覺察也。"《禮記》云:"將上堂,其聲揚。"⑬ 鄭注:"謂警
内人也。"⑭ 下吾故反。《説文》云:"寤覺也。 從㝱省,吾聲也。"⑮ 律文作

---

① 《考工記·輈人》:"軫之方也,以象地也;蓋之圜也,以象天也;輪輻三十,以象日月
　也。"○"輪之"之"之"和"圜以"字原闕,今據《周禮》補。希麟音義卷二"臍輪"注
　引《周禮》:"軫之方以像地,蓋之圜以像天,輪圓以像日月也。"可爲據補之旁證。參
　見2.062"臍輪"注。
② 見車部。
③ 見《秦風·小戎》。
④ 見《老子》十一章。
⑤ 優樓頻螺,梵詞 Uruvilvā-kāśyapa,希麟譯"鄔盧頻螺迦葉波"。
⑥ 木,獅谷本作"大"。
⑦ 見水部。洗也,今本作"洗手也"。
⑧ 《儒行》:"儒有澡身而浴德,陳言而伏,靜而正之,上弗知也。"○"而正之"三字原闕,
　今據《禮記》補。
⑨ 奏,原作"秦",今據文意改。
⑩ 宥韻/候韻(裴本):"漱,(所祐反。)含水。/漱,(蘇豆反。)盪口。"王本:"漱,(所救
　反。)漱口。又蘇豆反。/漱,(蘇豆反。)湯口。又所救反。"
⑪ 《孫楚傳》:"初,楚與同郡王濟友善……濟曰:'流非可枕,石非可漱。'楚曰:'所以枕
　流,欲洗其耳;所以漱石,欲厲其齒。'"
⑫ 見言部。寤也,今本作"戒也"。
⑬ 《曲禮上》:"將上堂,聲必揚。"
⑭ 《曲禮上》"將上堂,聲必揚"鄭玄注:"警内人也。"
⑮ 㝱部:"寤,寐覺而有信曰寤。从㝱省,吾聲。一曰晝見而夜㝱也。寤,籀文寤。"

驚。《説文》：“馬逸也。”① 或作驚②，楚人謂寵也③，並非警寤字也。

9.057　未曙　上《説文》：“未，味也。五行，木老於未，象木重支葉也。”④ 木有滋味也。支音枝。下常恕反。《切韻》云：“曉也。”⑤《考聲》云：“明也。”《説文》云：“謂旦日未出。從日，署聲。”⑥

9.058　馭牝　上牛據反。《説文》云：“駕也。”⑦《周禮》：“有五馭，謂鳴和鑾、逐水曲、過君表、舞交衢、逐禽左也。”⑧《世本》云：“胲服牛，相土乘，韓襄作馭也。”⑨ 下毗忍反。《爾雅》云：“牝，騇。”⑩ 郭注云：“草馬也。”⑪ 騇音舍。

9.059　車輅　上九魚反。《詩》云：“輶車鑾鏕也。”⑫ 下洛故反。《周禮》有五輅⑬，隨飾爲名，天子所乘大輅也⑭。《文選·序》云：“椎輪爲大輅

---

① 見馬部。馬逸也，今本作“馬駭”。

② “或”字原闕，今據文意補。

③ 《玉篇》穴部：“竀，《廣雅》云：‘竀謂之寵。’《蒼頡》云：‘楚人呼寵曰竀。’”

④ 未部：“未，味也。六月滋味也。五行，木老於未，象木重枝葉也。”○“木重”之“木”字原闕，今據《説文》補。又：支，獅谷本注：“支本作枝。”

⑤ 御韻（裴本）：“曙，（常慮反。）曉。又睹。”據韻（王本）：“曙，（常慮反。）曉曙。”

⑥ 《説文新附》：“曙，曉也。從日，署聲。”

⑦ 馭，《説文》字頭作“御”，彳部：“御，使馬也。從彳從卸。馭，古文御，從又從馬。”

⑧ 引書誤。《地官·保氏》“四曰五馭”鄭玄注引鄭司農云：“五馭，鳴和鸞，逐水曲，過君表，舞交衢，逐禽左。”○君表，原作“袁止”，今據《周禮》注改。《保氏》“四曰五馭”鄭玄注“過君表”孔穎達疏：“過君表者，謂若毛傳云：‘褐纏斿以爲門，裘纏質以爲槷，間容握，驅而入，轚則不得入。’”亦作“君表”，可爲據改之旁證。

⑨ 胲、土，原作“骸、王”，今據文意改。《事物紀原》引《世本》：“臣胲作服牛，相土作乘馬，胲作駕。”參見徐時儀（2012:2321 上）。

⑩ 《釋畜》：“牝曰騇。”

⑪ 《釋畜》“牝曰騇”郭璞注：“草馬名。”

⑫ 《秦風·駟驖》：“輶車鸞鏕，載獫歇驕。”

⑬ 《春官·巾車》：“王之五路：一曰玉路……金路……象路……革路……木路，前樊鵠纓，建大麾，以田，以封蕃國。王后之五路：重翟……厭翟……安車……翟車……輦車，組輓，有翣羽蓋。”

⑭ 《釋名·釋車》：“天子所乘曰路。路亦車也。謂之路者，言行於道路也。金路、玉路，以金、玉飾車也。象路、革路、木路，各隨所以爲飾名之也。”輅，今本作“路”。瑄案：《廣韻》暮韻：“輅，車輅。《釋名》曰：‘天子乘玉輅，以玉飾車也。輅亦車也。謂之輅者，言行於道路也。”

之始也。"①

9.060 鄔波索迦② 鄔音烏古反。索,蘇各反。迦,薑佉反。梵語也。舊云優婆塞,訛也。此云近事男,即持十善戒白衣也。

9.061 襞褺 上必益反,下徒叶反。《字書》云:"襞掠,重褺衣裳也。"並從衣,辟、執聲③。律文下作揲,音葉。謂揲度物也,非襞褺義也。

9.062 鞭撻 上卑連反。《考聲》云:"打馬杖也。"《字書》云:"馬策也。"下他達反。《字書》云:"擊也。"《尚書》云:"撻以記之也。"④《禮記》云:"成王有過,周公則撻伯禽也。"⑤從手達聲也⑥。律文從革作韃,非體也。

9.063 靉靆 上音愛,下音代。《埤蒼》云:"靉靆、翳薈,雲興盛兒。"《切韻》:"雲兒。"⑦《通俗文》云:"雲覆日爲靉靆也。"薈音烏外反。

9.064 霏霏 芳非反。《切韻》云:"雱霏,雪落兒。"⑧從雨非聲也⑨。雱音撫文反。

根本破僧事卷第九　　59p0413b

9.065 躓害 上陟利反。《說文》云:"礙也。"⑩《字書》云:"躓,頓也。"從足,質聲⑪。下户艾反。《說文》云:"傷也。從宀宀,家也、口言也,丯聲。"⑫害從家中起也。律文作㝬,俗字⑬。丯音介。

9.066 恠愕 上古壞反。《論語》云:"子不語恠。"⑭王肅注云:"恠,異

---

① 蕭統《文選·序》:"若夫椎輪爲大輅之始,大輅寧有椎輪之質?"
② 鄔波索迦,梵詞 upāsaka。
③ 《說文》析"襞"爲"从衣,辟聲"結構,析"褺"爲"从衣,執聲"結構。
④ 見《益稷》。
⑤ 《文王世子》:"成王有過,則撻伯禽,所以示成王世子之道也。"
⑥ 《說文》析"撻"爲"从手,達聲。遽,古文撻"結構。
⑦ 代韻(裴本):"靆,(徒戴反。)靉靆,雲氣。"王本:"靆,(徒戴反。)靉靆,雲狀。"
⑧ 微韻(箋本):"霏,芳非反。雱。或作霺。七。"王本:"霏,芳非反。雱。或作霺。七。"
⑨ 《說文新附》析"霏"同。
⑩ 見足部。礙也,今本作"跲也"。
⑪ 《說文》析"躓"同。
⑫ 宀部:"害,傷也。从宀从口。宀、口,言从家起也;丯聲。"
⑬ 《玉篇》宀部:"害,傷也。俗作㝬。"
⑭ 《述而》:"子不語恠、力、亂、神。"

也。"①律文作恠,亦通。下五各反。《切韻》:"驚也。"②從心咢聲也③。咢音同上。

9.067 瓦礫 上五寡反。《爾雅》云:"瓦豆謂之登。"④《古考史》云:"昆吾氏始作瓦。"下郎擊反。《字林》:"砂礫也。"《釋名》云:"礫,小石子也。"⑤律文作礰,石聲也⑥。非瓦礫義也。

9.068 窻牖 上楚雙反。《釋名》云:"窻,聰也。於内視外聰明也。"⑦《説文》云:"在屋曰窻。"⑧下與久反。《説文》云:"穿壁以木爲交窻也。"⑨《礼記》云:"儒有蓬户甕牖。"⑩《説文》云:"從片、户,甫聲。"⑪

根本破僧事卷第十

9.069 捲打 上《玉篇》渠圓反。顧野王云:"無捲無勇也。"⑫捲,力也。《切韻》作拳⑬,屈手也。《廣雅》云:"拳拳,憂也。"⑭下《切韻》都挺反⑮。擊也⑯。秦音得耿反。《説文》云:"以杖擊也。"⑰又去聲。

---

① 《述而》"子不語怪、力、亂、神"何晏集解引王曰:"怪,怪異也。力,謂若奡盪舟、烏獲舉千鈞之屬。亂,謂臣弒君、子弒父。神,謂鬼神之事。或無益於教化,或所不忍言。"

② 鐸韻(裴本):"愕,五各反。驚。俗咢。十二。"王本:"愕,五各反。驚。亦作遻。十四。"

③ 《説文》闕"愕"篆。

④ 見《釋器》。

⑤ 《釋山》:"小石曰礫。礫,料也。小石相枝柱,其間料料然出内氣也。"

⑥ 《説文》石部:"礫,小石也。从石,樂聲。"

⑦ 《釋宫室》:"窻,聰也。於内窺外爲聰明也。"

⑧ 窻,《説文》作"囱",囱部:"囱,在牆曰牖,在屋曰囱。象形……窗,或从穴。囧,古文。"

⑨⑪ 片部:"牖,穿壁以木爲交窻也。从片、户、甫。譚長以爲:'甫上日也,非户也。牖,所以見日。'"

⑩ 《儒行》:"儒有一畝之宫,環堵之室,篳門圭窬,蓬户甕牖。"

⑫ 《玉篇》手部:"捲,《説文》曰:'氣勢也。'《國語》曰:'予有捲勇。'"

⑬ 仙韻(箋本、王本):"拳,(巨員反。)屈手。"

⑭ 《釋訓》:"拳拳,愛也。"瑄案:《廣韻》仙韻"拳"字下引《廣雅》:"拳拳,憂也。"

⑮ 迥韻(王本):"打,(丁挺反。)擊。"

⑯ 《廣雅·釋詁三》:"打,擊也。"

⑰ 《説文新附》手部:"打,擊也。从手,丁聲。"

9.070 牸豺　上疾吏反。《切韻》："牛牝也。"①《玉篇》："母牛也。"②
下士諧反。《爾雅》云："豺，狗足。"③ 郭注云："脚似狗。"④《禮記》云："豺
乃祭獸也。"⑤ 從豸，才聲⑥。豸，丈尒反。

9.071 捺洛迦⑦　下姜佉反。或云那落迦，梵語異也。此云苦器，或
云苦具，謂受苦之器具，即八寒、八熱、無間等大地獄揔名也。

9.072 咍然笑　上呼來反。《方言》⑧："楚人謂笑曰咍。"⑨ 下私妙反。
《禮記》云："執紼不笑，臨喪不笑。"⑩《說文》云："欣笑也。從犬戴其竹，樂
然後笑。"⑪ 有作唉、嗅二形，皆非。

9.073 橜杙　上其月反，下與職反。《爾雅》云："橛謂之杙。"⑫ 郭注
云："橜也。"⑬ "在地者謂之臬。"⑭ 郭注云："即門橜也。"⑮ 又作橛。橛音
特。臬，魚列反。

9.074 迸血　上北静反。《說文》："迸，散也。"⑯ 或作赽字。下呼玦

---

① 志韻（裴本、王本）："牸，（疾置反。）牸牛。"
② 牛部："牸，母牛也。"
③ 見《釋獸》。
④ 《釋獸》"豺，狗足也" 郭璞注："脚似狗。"
⑤ 《月令》："季秋之月，日在房……豺乃祭獸戮禽。"
⑥ 《說文》析 "豺" 同。
⑦ 捺洛迦，梵詞 naraka。
⑧ "方言" 後原衍 "言" 字，今據文意删。
⑨ 不詳。《楚辭·九章·惜誦》"又衆兆之所咍" 王逸注："咍，笑也。 楚人謂相調笑曰
　咍。"《文選·左思〈吳都賦〉》"東吳王孫罷然而咍" 劉淵林注："楚人謂相笑爲咍。"
　《資治通鑑·漢紀五十四》"布騎皆於水北大咍笑之而還" 胡三省注："楚人謂相啁笑
　曰咍。"
⑩ 《曲禮上》："臨喪則必有哀色，執紼不笑，臨樂不歎，介胄則有不可犯之色。"
⑪ 《說文新附》竹部："笑，此字本闕。 臣鉉等案：孫愐《唐韻》引《說文》云：'喜也。 從竹
　從犬。' 而不述其義。 今俗皆從犬。 又案：李陽冰刊定《說文》'從竹從夭' 義云：'竹
　得風，其體夭屈如人之笑。' 未知其審。"
⑫ 見《釋宫》。
⑬ 見《釋宫》"橛謂之杙" 注。
⑭ 見《釋宫》。
⑮ 見《釋宫》"在地者謂之臬" 注。
⑯ 《說文新附》辵部："迸，散走也。 從辵，并聲。"

反。《切韻》云：“濃血也。”①《釋名》云：“血，衊也。謂流衊污也。”②衊，呼
栝反，水聲。59p0413b—0413c

9.075 爬摑　上蒲巴反。《切韻》：“搔，爬也。”③或作把。下古獲反。
《玉篇》云：“掌耳也。”④《音譜》云：“以手摑搭也。”從手國聲也⑤。

9.076 火燫　上呼果反。《尚書》云：“火曰炎上。”⑥《世本》云：“燧人
鑽木作火也。”下力小反。《説文》云：“炙也。”⑦《考聲》云：“火逼也。”從
炙，尞聲⑧。律文從火作燎，亦通⑨。尞音聊。燧音遂。

9.077 薄伽畔⑩　上薄半反。梵語。或云薄伽梵。舊翻名世尊，謂世
出世間咸尊重故。六義如前已釋⑪，即十號之中第十號。

9.078 呾他揭多⑫　上當割反。梵語。舊云多他阿伽度，或云但他誐
多。此云如來也，即十號之中第一號也⑬。

9.079 霶霈　上普郎反，下普蓋反。《切韻》云：“霶霈，大雨也。”⑭《字
書》云：“雨盛兒。”二字並從雨，滂、沛聲⑮。形聲字也。律文作滂沛，水流
兒，非大雨義。

---

① 屑韻（箋本）：“血，呼玦反。五。”裴本：“血，呼決反。六。”王本：“血，呼決反。血
肉。九。”
② 《釋形體》：“血，衊也。出於肉，流而衊衊也。”
③ 麻韻（箋本）：“爬，（陟瓜反。）搔。或作把。蒲巴反。三。”裴本：“爬，蒲巴反。搔也。
亦把。三。”王本：“爬，蒲巴反。或作把。三。”
④ 手部：“摑，掌耳。”
⑤ 《説文》闕“摑”篆。
⑥ 見《洪範》。
⑦ 見炙部。
⑧ 《説文》析“燫”同。
⑨ 《説文》炙部“燫，炙也。從炙，尞聲”徐鍇繫傳：“燫，依今人作燎。”《廣雅·釋詁》
“燎，乾也”王念孫疏證：“燫，與燎同。”
⑩ 薄伽畔，梵詞 bhagavat，希麟譯“婆誐鎫”。
⑪ 見9.001“薄伽梵”。參見1.008“薄伽梵”、5.089“婆誐鎫”、7.120“婆誐鎫”。
⑫ 呾他揭多，梵詞 tathāgata，希麟譯“怛他誐多”。
⑬ “十號”之“號”字原闕，今據文意補。
⑭ 泰韻（裴本）：“霈，普蓋反。大雨。三。”王本：“霈，普蓋反。多澤。二。”
⑮ 《説文》闕“霶、霈”篆。瑄案：《説文》“滂”字條徐鉉等曰：“今俗別作霶霈，非是。”○
“聲”字原闕，今據文意補。

9.080 索訶界①　上蘇各反，次音呵。梵語。舊云娑婆。此翻爲堪忍界也。

9.081 旭上　上許玉反。《切韻》云：“早朝也。”②《説文》云：“旦日出皃。又：明也。從日，九聲。”③下時掌反。《説文》云：“登也。”④古文作丄，字又作尚。二音同上。

9.082 朝曦　上陟遥反。《切韻》：“曉也。”⑤《爾雅》云：“朝、旦，早也。”⑥《老子》云：“飄風不終朝。”⑦下許羈反。《切韻》：“日光也。”⑧從日義聲也⑨。

9.083 貧寠　上符巾反。《字書》：“窮也，乏也。”古文作穷⑩。下其矩反。《切韻》：“貧無禮也。”⑪《爾雅》云：“寠，貧也。”⑫郭注云：“謂貧陋。”⑬

9.084 样來　样音羊。《廣雅》云：“槌也。”⑭《字書》引《廣雅》作椎字。《老子》云：“椎輪車。”⑮

9.085 繩捲　上食陵反。《切韻》：“索也。”⑯又：直也⑰。《尚書》云：

---

① 索訶，梵詞 Sahā。

② 燭韻（箋本）：“旦，許玉反。三。”裴本：“旭，許玉反。旦也。三。”王本：“許玉反。旦日。三。”

③ 日部：“旭，日旦出皃。從日，九聲。讀若勖。一曰明也。”瑄案：《説文》“旭”字條徐鉉等曰：“九非聲。未詳。”

④ 丄部：“丄，高也。此古文上。指事也……上，篆文丄。”

⑤ 宵韻（箋本）：“朝，知遥反。一。”王本：“朝，知遥反。又直遥二反。旦朝。五。”

⑥ 見《釋詁》。

⑦ 《老子》二十三章：“希言自然。故飄風不終朝，驟雨不終日。”

⑧ 支韻（裴本）：“曦，（許羈反。）赫。”王本：“曦，（許羈反。）赫曦。”

⑨ 《説文》闕“曦”篆。

⑩ 《説文》貝部：“貧，財分少也。從貝從分，分亦聲。穷，古文從宀、分。”

⑪ 麌韻（裴本）：“寠，其矩反。貧無礼。二。”王本：“寠，其矩反。貧無礼下。二。”

⑫ 見《釋言》。

⑬ 見《釋言》“寠，貧也”注。

⑭ 見《釋器》。

⑮ 不詳。

⑯ 蒸韻（箋本）：“繩，索。食陵反。七。”裴本：“繩，食陵反。絜索。九。”王本：“繩，食陵反。索。九。”

⑰ 見《廣雅·釋詁》。

"木從繩則正。"① 下丘員反。《切韻》云："器似斗,屈竹爲也。"② 案:繩棬,即以繩作棬形,用搭物也。律文作帣,與罨同,小櫃也③。

9.086　貆貐　上呼官反,下下各反。《爾雅》云："貐子,貆。"④《穆天子傳》云："天子獵於漆澤,得玄貆,以祭河宗。"律文作獾狢二字,音同。俗字,亦通用。

9.087　匱乏　上求位反。《説文》云："竭也。"⑤《切韻》云："亦乏也。"⑥ 下房法反。《説文》云："貧也。"⑦ 亦匱也。《左傳》云："反正爲乏也。"⑧ 字不從之也。59p0413c—0414a

9.088　伉儷　上苦浪反,下郎計反。《字書》云："等也。"又:敵也⑨。顧野王云"不能庇其伉儷"是也⑩。

9.089　倏歸　上式竹反。《切韻》:"倏,忽也。"⑪《説文》云："疾也。"⑫ 從犬、攸作倏。犬倏走疾也。律文作儵。《爾雅》云："儵儵、嘒嘒,罹禍毒也。"⑬ 又:青黑繒也。非倏疾義。下舉韋反。《切韻》云："還也,就也。"⑭ 又:安靜也。

根本破僧事卷第十一

9.090　猶豫　上以周反。《切韻》:"仍也。"⑮ 下羊洳反。《字書》云:

---

① 《説命上》:"説復于王曰:'惟木從繩則正,后從諫則聖。后克聖,臣不命其承,疇敢不祗若王之休命?'"
② 仙韻(箋本):"棬,器,似升,屈木爲。"王本:"棬,器,似升,屈木爲之。"
③ 櫃,原作"慣",今據文意改。獅谷本亦作"櫃"。
④ 見《釋獸》。
⑤ 見匚部。竭也,今本作"匣也"。
⑥ 至韻(王本):"匱,逑位反。乏。八。"
⑦ 正部:"乏,《春秋傳》曰:'反正爲乏。'"
⑧ 《宣公十五年》:"故文反正爲乏。"
⑨ 見《玉篇》人部。
⑩ 不詳。瑄案:《左傳·成公十一年》:"已不能庇其伉儷而亡之。"
⑪ 屋韻(裴本):"倏,(式六反。)犬走疾。從犬。"王本:"倏,(式竹反。)犬走疾。"
⑫ 犬部:"倏,走也。从犬,攸聲。讀若叔。"
⑬ 見《釋訓》。罹,今本作"罹"。
⑭ 微韻(箋本):"歸,俱韋反。還。亦作婦。"王本:"歸,俱韋反。還。亦婦。一。"
⑮ 尤韻(箋本):"猷,以周反。廿。"裴本:"猷,以周反。獲屬也。亦猶。卌。"王本:"猷,以周反。謀猷。卌五。"

“先也，備也。”《考聲》云：“猶豫，不定也。”《爾雅》云：“猶，如麂。”① 陸氏《釋文》云：“隴西謂犬子爲猶，行時豫在人前。”②

9.091 誤舛　上五故反。《切韻》云：“錯誤也。”③《説文》作悮④，同。下昌兗反。《説文》云：“乖也。”⑤ 亦錯也。又云對臥也⑥。從夕音苦瓦反、牛音陟駕反⑦。律文作舛，非本字也。

9.092 卒歲　上子聿反。《説文》云：“終也。”⑧《切韻》云：“盡也，既也。”⑨ 字從衣一聲也⑩。律文作殏。《爾雅》云：“殏、徂落、殰，死也。”⑪ 義乖於卒歲。下相鋭反。《爾雅》云：“夏曰歲。”⑫ 郭注云：“取歲星行一次也。”⑬《説文》云從二止作走，戌聲也⑭。

9.093 殉命　上辝閏反。《廣韻》云：“以生人送葬也。”⑮ 亦求也。顧野王云：“用人從死也，亾身從物爲殉也。”⑯ 下眉病反。《切韻》云：“使也，

────────────

① 見《釋獸》。
② 《爾雅·釋獸》“猶”字下陸德明釋文：“隴西人謂犬子也。”
③ 暮韻（王本）：“誤，吾故反。錯。八。”裴本：“誤，五故反。错也，謬也。亦悮。八。”
④ 《説文》闕“悮”篆。《説文》言部：“誤，謬也。从言，吳聲。”
⑤ 疑引書誤。《説文》舛部：“舛，對臥也。从夂、牛相背……踳，楊雄説：‘舛从足、春。’”
⑥ “又”字原闕，今據文意補。
⑦ 《説文》舛部析“舛”爲“从夂、牛相背……踳，楊雄説：‘舛从足、春。’”結構。
⑧ 疑引書誤。《爾雅·釋詁》：“卒，終也。”瑄案：《説文》衣部：“卒，隸人給事者衣爲卒。卒，衣有題識者。”
⑨ 質韻（裴本）：“卒，子聿反。又則骨反。又鹿没反。一。”王本：“卒，子聿反。又則骨反。二。”
⑩ 《説文》衣部：“卒，隸人給事者衣爲卒。卒，衣有題識者。”○衣，原作“求”，今據文意改。
⑪ 《釋詁》：“崩、薨、無禄、卒、徂落、殰，死也。”
⑫ 見《釋天》。
⑬ 見《釋天》“夏曰歲”注。
⑭ 步部析“歲”爲“从步，戌聲”結構，析“步”爲“从止、少相背”結構。
⑮ 稕韻：“殉，以人送死。”
⑯ 《玉篇》歹部：“殉，用人送死也。亦求也，營也。亡身從物爲殉也。”瑄案：《漢書·賈誼傳》“貪夫徇財，列士徇名”顏師古注引臣瓚曰：“以身從物曰徇。”《文選·陸機〈挽歌詩〉》“殉没身易亡”李善注亦引臣瓚《漢書注》：“亡身從物曰殉。”○人，原作“力”，今據《玉篇》改。《左傳·文公六年》“以子車氏之三子奄息、仲行、鍼虎爲殉”杜預注：“以人從葬爲殉。”《禮記·檀弓下》“不殆於用殉乎哉”陸德明釋文：“以人從死曰殉。”皆言“人”，可爲據改之旁證。參徐時儀（2012：2330 注［四二］）。

教道也。"①《玉篇》云："信也。"②《説文》："從口,令即聲。"③

9.094 褰衣　上去乾反。顧野王云："齊魯謂捨曰褰。"④《禮記》云："暑毋褰裳。"⑤鄭注云："褰,祛也。"⑥下於機反。《世本》云："黄帝臣胡曹始作衣也。"上曰衣,下曰裳也。

9.095 㩧廠　上丑格反。俗作圻,同。《切韻》："裂也。"⑦亦破毁也。下尺亮反⑧,又尺兩二反⑨。《字譜》云⑩："車廠。"《字林》云："露舍也。"從广敞聲也⑪。广音儼。

9.096 草苫　下失占反。《爾雅》云："白蓋謂之苫。"⑫郭注云："白茅苫也。今江東呼爲蓋音胡臘反。"

根本破僧事卷第十二　　59p0414b

9.097 踰城　上與俱反。《考聲》云："踰,越也,過也。"顧野王云："無踰我里也。"⑬又作逾,同。下市征反。崔豹《古今注》云："城者,盛也。所以盛受人物也。"《説文》云："所以盛民也。從土成聲也。"⑭

9.098 甥甥　上五會反,下音生。《爾雅》云："姑之子舅之子爲甥。"⑮

---

① 敬韻(王本):"命,眉映反。呼。通作命。一。"
② 不詳。
③ 口部析"命"爲"从口从令"結構。瑄案:希麟音義引文析字跟今本有不同。
④ 《玉篇》衣部:"褰,袴也。又:褰衣也。"
⑤ 見《曲禮上》。○毋,原作"母",今據《禮記》改。
⑥ 見《曲禮上》"暑毋褰裳"鄭玄注。
⑦ 陌韻(箋本):"圻,裂。丑格反。二。"王本:"圻,丑格反。裂。四。"裴本:"圻,丑格反。裂也。二。正從屏。"
⑧ "反"字原闕,今據文意補。
⑨ 二,疑當删。
⑩ 《字譜》,不詳。
⑪ 《説文》闕"廠"篆。
⑫ 見《釋宫》。
⑬ 《玉篇》足部:"踰,《詩》云:'無踰我里。'踰,越也。"瑄案:《詩·鄭風·將仲子》:"將仲子兮,無踰我里。"
⑭ 土部:"城,以盛民也。从土从成,成亦聲。𩫉,籀文城,从𩫖。"
⑮ 《釋親》:"姑之子爲甥,舅之子爲甥,妻之昆弟爲甥,姊妹之夫爲甥。"○"舅之子"之"子"字原闕,今據《爾雅》補。希麟音義凡兩引《爾雅》釋"甥",卷八"甥甥"注引《釋親》曰:"姑之子爲甥,舅之子爲甥。"亦言"舅之子",可爲據補之旁證。

郭璞曰①:"謂我舅者,吾謂之甥。"②《説文》作甥③,訓同《爾雅》也。

　　9.099 窺䀘　上去規反。《玉篇》:"小視。"④《説文》云:"從穴規聲也。"⑤《字書》又作闚,同。下丑占反。《切韻》云:"窺也。"⑥《玉篇》云:"公侯之信伺也。"⑦又音勑艷反也。

　　9.100 瓦鍋　上五寡反。又作瓬⑧,像瓦之形。下古和反。《字書》云:"鐵器也。"《説文》作䰞,云:"釜,有足有喙,以土爲之也。"⑨又作堝。《切韻》云:"甘堝也。"⑩今作鍋。或云温器也。

　　9.101 鄔波馱耶⑪　上烏古反,馱音唐賀反。梵語也。此云親教。前已釋訖⑫。

　　9.102 跳躑　上亭遥反。《蒼頡篇》云:"跳,踴也。"《廣雅》云:"跳,躍也。"⑬下呈炙反。躑身投地騰躍也。跳躑二字並從足,兆、鄭皆聲也⑭。

根本破僧事卷第十三

　　9.103 癰瘡　上於容反。又作癕。《切韻》:"癕、疽,瘡也。"⑮下楚良反。《玉篇》:"瘡,痍也。"⑯古文作創。《禮記》云:"頭有創則沐。"⑰

---

① 郭璞,原作"甥",今據文意改。

② 《爾雅·釋親》"妻之父爲外舅,妻之母爲外姑"郭璞注:"謂我舅者,吾謂之甥,然則亦宜呼壻爲甥。《孟子》曰'帝館甥於二室'是也。"

③ 男部:"甥,謂我朗者,吾謂之甥也。从男,生聲。"

④ 穴部:"窺,小視也。亦作闚。"

⑤ 見穴部。

⑥ 鹽韻(裴本):"䀘,丑廉反。窺視。二。"王本:"䀘,丑廉反。視。二。"

⑦ 見部:"䀘,窺也。《春秋傳》曰:'公使䀘之。'"

⑧ 瓬,原作"凡",獅谷本注"凡當作瓬"。考《集韻》禡韻:"瓦,施瓦於屋也。或作瓬。"今據改。

⑨ 鬲部:"䰞,鍑屬。从鬲,甫聲。釜,䰞或从金,父聲。"

⑩ 歌韻(箋本、王本):"鍋,(古和反。)温器。"

⑪ 鄔波馱耶,梵詞 upādhyāya,希麟譯"搗波地耶"。

⑫ 見 8.017、9.052"鄔波馱耶"。參見 3.119"鄔波虵耶"、4.126"和尚"。

⑬ 《釋詁》:"躍,跳也。"

⑭ 《説文》析"跳"爲"从足,兆聲"結構。躑,《説文》作"躑",析爲"从足,適省聲"結構。

⑮ 鍾韻(裴本):"癰,(於容反。)疽。又癕。"王本:"癰,(於容反。)疽癰。"

⑯ 疒部:"瘡,瘡痍也。古作創。"

⑰ 見《曲禮上》。

9.104 秔米　上古行反。《釋文》云:"稻米也。"①《本草》云:"炊作乾飯,食之止痢。"又作粳,俗字。下莫礼反。《説文》:"穬粟實也。象禾實之形也。"②

9.105 或歍　下音烏。《切韻》云:"以口相就也。"③《字書》云:"從欠烏聲也。"④律文從口作嗚,謂嗚呼哀嘆聲,非歍唉義也。

根本破僧事卷第十四

9.106 旃荼羅⑤　上諸延反。梵語。或云旃陁羅。此云殺人,謂屠殺者種類惣名也。亦云嚴熾惡業。西域法:其人若行,自持摽幟,或搖鈴,或杖破頭之竹。若不然者,王與之罪。59p0414b—0414c

9.107 摩納婆⑥　梵語也。此云儒童仙也。

9.108 牀横　上士莊反。《考聲》云:"牀,榻也。"又作床,俗字,通用也。《説文》云:"從木,爿聲。"⑦爿音牆。下古黃反。《字書》云:"牀,横也。"謂橫木也。律文作桄,謂桄榔,木名也。今俗亦用爲床桄字也。

9.109 歐變　上謳口反。《考聲》云:"歐,謂欲吐也。"《字書》云:"胃中病也。"《説文》云:"吐也。從欠,區聲。"⑧律文作漚,音烏侯反,亦於侯反,謂久漬。非歐義。下彼眷反。化也⑨。《切韻》:"通也。"⑩《説文》:"從攴,戀聲。"⑪

根本破僧事卷第十五

9.110 鵂鶹　上朽尤反,下音留。《考聲》云:"怪鳥也。"《集訓》云:"鵂鶹即鴝鵅,惡鳥也。"《爾雅》云:"鵅,鵂鶹。"⑫郭注云:"今江東呼鵂鶹

---

① 不詳。
② 見米部。穬粟實,今本作"粟實"。
③ 模韻(篆本、王本):"歍,(哀都反。)口相就。"
④ 《説文》析"歍"同。
⑤ 旃荼羅,梵詞 caṇḍāla。
⑥ 摩納婆,梵詞 mānava、māṇava、māṇvaka。
⑦ 見木部。
⑧ 見欠部。
⑨ 《廣雅·釋詁》:"變,七也。"瑄案:化,同"七"。
⑩ 線韻(裴本):"變,彼眷反。更也。從攴。一。"王本:"變,彼眷反。化。一。"
⑪ 支部析"變"爲"从攴,戀聲"結構。
⑫ 見《釋鳥》。

爲鴿鵋也。"① 鴿音格。鵋音忌。鵙音欺。案：此鳥晝伏夜飛。鵂鶹、鵋鶀皆取所鳴爲名也。形如角鷹，蒼黑色，好食虵鼠也。

9.111 摘取　上陟革反。《考聲》云："手摘物也。"《説文》作擿②，取也。律文作摘。又音他厤反。下七庾反。《切韻》："收也，覓也。"③從耳從又④。又即手也。律文作取，俗字也。

9.112 衣裓　下古得反。衣前襟也。又云：婦人之衣大帶也。

9.113 躊躇　上紂流反，下音除。《考聲》云："躊躇，心不決定不即行也。"《韓詩外傳》云："躊躇，猶俳個不進也。"⑤《廣雅》云："猶豫也。"⑥二字並從足，壽、著聲也。

9.114 駙馬　上符遇反。駙馬，官名也。《字書》："副也。"皇侃云⑦："周穆王好養馬，有人能調良者，以女妻之。出近天子之馬，因名駙馬。"《漢書》："金日磾善掌御馬。"⑧有此官名。

9.115 婚媾　上呼昆反。禮云：婦，陰也。娶婦以昏時入，故曰婚也⑨。《爾雅》云："婦之黨爲婚，壻之黨爲姻也。"⑩下古候反。《字書》云："重婚曰媾也。"

---

① 《釋鳥》"鴿，鵋鶀"郭璞注："今江東呼鵂鶹爲鵋鶀，亦謂之鴿鴒，音格。"
② 手部："摘，拓果樹實也。從手，啇聲。一曰指近之也。"瑄案：《説文》"摘"字條徐鉉等曰："當從適省乃得聲。"○擿，原作"掃"，今據文意改。
③ 虞韻（裴本）："取，七庾反。一。"王本："取，七庚反。得。一。"
④ 《説文》析"取"爲"從又從耳"結構。
⑤ 《文選·何劭〈贈張華〉》"攜手共躊躇"李善注引《韓詩》"搔首躊躇"薛君曰："躊躇，躑躅也。"
⑥ 見《釋訓》。
⑦ 皇侃，疑即皇侃（488—545），吳郡（今江蘇蘇州）人，南朝陳經學家。有《論語義疏》十卷傳世，另有《喪服文句義疏》十卷、《喪服問答目》十三卷、《禮記義疏》九十九卷、《禮記講疏》四十八卷和《孝經義疏》三卷（《隋書·經籍志》），皆佚，清人馬國翰《玉函山房輯佚書》有輯本。
⑧ 《金日磾傳》："金日磾字翁叔……日磾以父不降見殺，與母閼氏、弟倫俱没入官，輸黃門養馬，時年十四矣……日磾長八尺二寸，容貌甚嚴，馬又肥好，上異而問之，具以本狀對。上奇焉，即日賜湯沐衣冠，拜爲馬監，遷侍中駙馬都尉光禄大夫。"
⑨ 《説文》女部："婚，婦家也。禮：娶婦以昏時。婦人陰也，故曰婚。從女從昏，昏亦聲。㛰，籀文婚。"
⑩ 《釋親》："婦之黨爲婚兄弟，壻之黨爲姻兄弟。"

根本破僧事卷第十六　　59p0415a

9.116　髀肉　上傍礼反。《切韻》云：“股髀也。”① 《説文》：“從骨卑聲也。”② 又作髀，亦通。律文作腜，非。下《説文》作肉③，象筋肉之形④。今變體作肉字。

9.117　寶輅　上博抱反。《切韻》：“珎也，瑞也。”⑤ 亦眡也。《禮記》云：“地不藏寶也。”⑥ 古文作珤，並從玉，缶聲⑦。下洛故反。即大輅也。案：五輅隨飾爲名，以寶飾曰寶輅也⑧。

9.118　目瞤⑨　上莫鹿反。《玉篇》云：“離爲目。目者，氣之精明也。”⑩ 《説文》云：“象目之形也。古文作圐。”⑪ 下如輪反。《考聲》：“目瞤動也。” 又作眴。律文作睓，音而緣反，目皮垂也。非瞤動義。

9.119　鶉鳥　上常倫反。《字林》云：“鷏鶉也。”《淮南子》云：“蝦蟇化爲鶉也。”⑫ 《爾雅》云：“鳥之雌雄不可別者，以翼右掩左，雄也。”⑬

根本破僧事卷第十七

9.120　鞌轡⑭　上烏寒反⑮。《切韻》：“鞌，韂也。”⑯ 或作鞍，俗字，非。

---

① 薺韻（裴本）：“髀，肶股。又卑婢反。”王本：“髀，（傍礼反。）髀股。又卑婢反。”
② 骨部析“髀”爲“从骨，卑聲。䏶，古文髀”結構。
③ 肉，疑當作“肉”。
④ 肉部：“肉，胾肉。象形。”
⑤ 晧韻（篆本）：“寶，古作珤。博抱反。六。”王本：“寶，博抱反。古作珤、𡧍。十一。”
⑥ 《禮運》：“故天不愛其道，地不愛其寶，人不愛其情。”
⑦ 《説文》闕“珤”篆。
⑧ 《釋名·釋車》：“天子所乘曰路。路亦車也。謂之路者，言行於道路也。金路、玉路，以金、玉飾車也。象路、革路、木路，各隨所以爲飾名之也。”輅，今本作“路”。瑄案：《廣韻》暮韻：“輅，車輅。《釋名》曰：‘天子乘玉輅，以玉飾車也。輅亦車也。謂之輅者，言行於道路也。”
⑨ 瞤，獅谷本作“輅”。
⑩ 目部：“目，眼目也。目者，氣之精明也。《説文》云：‘人眼，象形。重瞳子也。’”
⑪ 目部：“目，人眼。象形。重童子也……圐，古文目。”○圐，獅谷本作“囶”，其注云：“譜本作囶，音滅。閩人呼兒曰囶，非旦古字，當作圐。”
⑫ 《齊俗訓》：“夫蝦蟇爲鶉，水蠆爲蟌蟚，皆生非其類，唯聖人知其化。”
⑬ 《釋鳥》：“鳥之雌雄不可別者，以翼右掩左，雄；左掩右，雌。鳥少美，長醜爲鶪鴩。”
⑭ 轡，原作“繺”，今據文意改。
⑮ 烏，原作“鳥”，今據文意改。獅谷本亦注：“鳥當作烏。”
⑯ 寒韻（篆本、王本）：“鞌，（烏寒反。）馬鞌。”

下兵媚反。《説文》云："馬鬣也。"① 《詩》云："六轡如絲。"② 從絲、書作轡③，象形也。從山從厶作戀④、戀，皆非。

9.121 欶癕　上所角反。《字書》云："口噏也。"或作嗽。律文作唰，非。下於容反。《切韻》云："癕、疽，瘡也。"⑤ 律文作癰，俗字。

9.122 吁嗟　上況于反。《考聲》："吁，疑恠之詞也。"從口，于聲⑥。律文作噓，音朽居反，吹噓也。非吁嗟字。下子邪反。《切韻》云："咨嗟，發嘆詞也。"⑦

9.123 薛室羅末拏⑧　上音蒲計反，下尼加反。梵語。舊云毗沙門是也。此云多聞，即北方天王名。

根本破僧事卷第十八

9.124 金帽　下莫報反。《切韻》："巾帽也。"⑨ 《説文》作冃，云："小兒蠻夷頭衣也。"⑩ 或作冒。覆也，並也，用也。

9.125 脚跟　下古痕反。《切韻》："足後曰跟也。"⑪

9.126 跳躑　上亭遥反，下呈亦反。　前第十二卷中已訓釋訖⑫。
59p0415a—0415b

9.127 野干　梵語悉伽羅⑬，此云野干。案：青黄色，形如狗，群行，夜鳴，聲如狼。郭注《莊子》云："野干能緣木。"⑭ 《廣雅》云："巢於危巖高

---

① 見絲部。
② 見《小雅·皇皇者華》。
③ 《説文》析"轡"爲"从絲从書"結構。
④ 山、戀，原作"口、轡"，今據文意改。
⑤ 鍾韻(裴本)："癕，(於容反。)疽。又癕。"王本："癕，(於容反。)疽癕。"
⑥ 《説文》析"吁"同。
⑦ 麻韻(裴本)："嗟，子邪反。亦謰、譇。"王本："嗟，子邪反。咨。亦謰、譇。(六。)"
⑧ 薛室羅末拏，梵詞 Vaiśravaṇa。
⑨ 号韻(裴本)："帽，莫報反。頭衣。七。"王本："帽，莫報反。頭巾。亦作褐，本作冃字。十一。"
⑩ 冃部："冃，小兒蠻夷頭衣也。从冂；二，其飾也。"
⑪ 痕韻(箋本)："跟，(古痕反。)足後。"王本："跟，(古痕反。)足後。亦作㒃。"○"曰"字原闕，今據文意補。説詳 9.021"跟跌"注。
⑫ 見 9.102"跳躑"。
⑬ 悉伽羅，梵詞 śṛgāla。
⑭ 不詳。

木。”① 又音夜干。與狐異也。《禪經》云②：“見一野狐，又見野干。”③ 明是二物也。律文作犴，音岸。又莪寒反。《説文》：“胡地犬也。”④ 非野干字。

9.128　牽抛　上苦堅反。《切韻》：“引也，挽也。”⑤《考聲》云：“進也。”《説文》云：“從宀、牛，玄聲也。”⑥ 宀，葵營反。經作牽⑦，非。下疋兒反。《字書》云：“抛車，所以飛塼石者也。”又音普包反，今不取也。

9.129　梗樹　上房連反。《字指》云⑧：“麥類。”《爾雅》云：“梗，無疵。”⑨ 郭注云：“梗屬，似豫章。”⑩《釋文》又音婢善反⑪。梗音倫同。

9.130　妊胎　上汝朕反，又如林反。《説文》云：“孕也。”⑫《切韻》：“身妊也。”⑬ 從女壬聲也⑭。律文作姙，俗字。下湯來反。《考聲》云：“胞、胎，孕也。”《爾雅》云：“胎，始也。”⑮ 郭注云：“胚胎未成，亦物之始也。”⑯

---

① 不詳。
② 《禪經》，疑即《治禪病秘要經》，又稱《禪要秘密治病經》《治禪病秘要法經》《治禪病秘要》，經集部典籍（T15，No.0620），劉宋居士沮渠京聲譯，凡二卷。
③ 《治禪病秘要法》卷上：“或見一野狐及一野干有百千尾，一一尾端無量諸蟲、種種雜惡。”瑄案：《禪經》，亦爲《坐禪三昧經》（姚秦釋鳩摩羅什譯）之異名，凡三卷，或作兩卷。
④ 犭部：“犴，胡地野狗。从犭，干聲。犴，犴或从犬。《詩》曰：‘宜犴宜獄。’”
⑤ 先韻（篆本）：“牽，引。苦賢反。四。”王本：“牽，苦賢反。引。又作牽。八。”
⑥ 牛部：“牽，引前也。从牛，象引牛之縻也；玄聲。”
⑦ “經”字原闕，今據文意補。
⑧ 《字指》，字學著作，晉人李彤撰，凡二卷（《隋書·經籍志》）。書已佚。清人馬國翰等有輯本。參見《古佚書目録》頁108。
⑨ 見《釋木》。
⑩ 《釋木》“梗，無疵”郭璞注：“梗，梗屬，似豫章。”
⑪ 《釋木》“梗，無疵”郭璞注“梗，梗屬，似豫章”陸德明釋文：“鼻縣反。又婢衍反。”
⑫ 見女部。
⑬ 沁韻（裴本）：“妊，女鴆反。妊身。四。”王本：“妊，汝鴆反。妊身。四。”
⑭ 《説文》析“妊”爲“从女从壬，壬亦聲”結構。
⑮ 見《釋詁》。
⑯ 肧胎，今本作“胚胎”。

根本破僧事卷第十九

9.131 重裹　上直容反。《切韻》云：“複也。”① 《考聲》云：“重，疊也。”下古火反。《切韻》云：“包裹也。”② 《聲類》云：“裹束，纏縛也。”從衣果聲也③。

9.132 鞾鞵　上許腿反。腿④，於鞾反。《釋名》云：“鞾，本胡服，趙武靈王所好服也。”⑤ 從革，華聲也⑥。或作靴，亦通。下戶佳反。《切韻》云：“鞵屬，履屨也。”⑦ 從革，奚省⑧。今作鞋，通用。腿音同鞾。佳音古鞋反。

9.133 獰惡　上乃庚反。《切韻》云：“獰，惡也。”⑨ 或作㝕。《考聲》云：“人不善情也。”下烏各反。正作惡。又烏故反⑩，今不取。

9.134 鴿啄　上苦咸反。《説文》云：“鳥鴿物也。”⑪ 又作鴃。律文作呫，他篋反⑫，嘗也。又而涉反，非鴿義也。下竹角反。《切韻》云：“鳥啄物也。”⑬ 《説文》云：“從口，豖聲。”⑭ 豖，丑玉反。琢、涿皆從此也。

9.135 弶栅　上其亮反。《韻英》云：“取獸具也。”從弓京聲也⑮。下楚革反。《切韻》：“材栅也。”⑯ 《説文》云：“堅木也。從木，册聲。”⑰ 册音同上。

---

① 哿韻（箋本）：“裹，（古火反。）束。”王本：“裹，（古火反。）苞束。”
② 鍾韻（箋本）：“重，治容反。二加一。”裴本：“重，直容反。三。又直隴反。又直用反。”王本：“重，直容反。疊。五。”
③ 《説文》析“裹”同。
④ 腿，獅谷本注：“腿異作腥，誤。”瑄案：腿，疑當作“肶”，肶，《廣韻》戈韻：於靴切。
⑤ 《釋宮室》：“鞾，跨也。兩足各以一跨騎也。本胡服，趙武靈王服之。”
⑥ 《説文新附》析“鞾”同。
⑦ 佳韻（裴本）：“鞵，屩履。又鞋。”王本：“鞵，屬。亦作鞋。”
⑧ 《説文》析“鞵”爲“从革，奚聲”結構。
⑨ 庚韻（箋本、裴本、王本）：“㺍，（乃庚反。）犬多毛。”
⑩ “反”字原闕，今據文意補。
⑪ 不詳。《廣韻》咸韻：“鴿，鳥鴿物也。”
⑫ 篋，原作“筐”，今據文意改。
⑬ 屋韻（裴本）：“啄，（丁木反。）又丁角反。”王本：“啄，（丁角反。）鳥啄。又丁木反。”格韻（裴本）：“啄，（丁角反。）鳥啄。又丁木反。”
⑭ 見口部。
⑮ 《説文》闕“弶”篆。
⑯ 陌韻（箋本）：“栅，村栅。測戟反。三。”裴本：“栅，惻戟反。村栅。三。”王本：“栅，惻戟反。木。三。”
⑰ 木部：“栅，編樹木也。从木从册，册亦聲。”

根本破僧事卷第二十　59p0415c

9.136 抖擻　上都苟反，下蘇走反。《考聲》云："持上舉也。"擻亦振也。二字從手，斗、數皆聲也①。律文作揀，非本字也。

9.137 老貓　下莫交反。《切韻》："食鼠獸名。"②《方言》云："似虎而小，人家養以捕鼠也。"③

9.138 掊地　上薄交反，《字林》云④："手掊也。"律文作爬。《説文》云："似瓠，可爲飲器也。"⑤非掊地字也。

9.139 蘇呾羅⑥　呾音怛。梵語也。舊云修多羅，亦云素怛纜。義翻爲經也。

9.140 毗奈耶⑦　或云鼻奈耶，或云毗那耶，皆梵語輕重也。此云調伏藏，即律也。

9.141 阿毗達磨⑧　舊云阿毗曇，訛也。此云對法，即論藏也。

9.142 饕餮　上吐刀反，下他結反。《字林》云："貪財曰饕，貪食曰餮也。"⑨

9.143 詃誘　上決兗反⑩，下音西。《韻略》云："詃諀，誘引也。"《玉篇》云："相勸動也。"⑪又：教也。並從言⑫。形聲字。

---

① 《説文》闕"抖、擻"篆。

② 宵韻（篆本、王本）："貓，(武儦反。)獸名，食鼠。又莫交反。"

③ 疑引書誤。慧琳音義卷三十二"兔貓"注引顧野王云："貓，似虎而小，人家畜養以捕鼠也。"卷四十五"貓貍"注引顧野王曰："貓，如虎而小，食鼠者也。"卷七十二"馳貓"注引顧野王云："貓，似虎而小，人家所養畜以捕鼠也。"瑄案：《玉篇》犬部："猫，夏田也，食鼠也。或作貓。"豸部："貓，俗作猫。"

④ 云，原作"音"，今據文意改。希麟音義凡50引《字林》，其中24引以"字林"爲識，如卷二"肩髆"注；26引以"字林云"爲識，如卷三"稻粱"注。可爲據改之旁證。

⑤ 包部："匏，瓠也。從包，從夸聲。包，取其可包藏物也。"

⑥ 蘇呾羅，梵詞 sūtra。

⑦ 毗奈耶，梵詞 vinaya。

⑧ 阿毗達磨，梵詞 abhidharma，巴利詞 abhidhamma。

⑨ 《左傳·文公十八年》"謂之饕餮"杜預注："貪財爲饕，貪食爲餮。"

⑩ "反"字原闕，今據文意補。

⑪ 言部："誘，誘引也，進也，相勸動也。"

⑫ 《説文》闕"詃"篆。誘，《説文》字頭作"羑"，厶部析"羑"爲"從厶從羑。誘，或從言、秀。𧮟，或如此。㕕，古文"結構。

根本説一切有部毗奈耶出家事卷第一①

9.144 禦捍　上魚舉反。《切韻》:"禁也,止也。"②《考聲》云:"應當也。"《爾雅》云:"禦、圉,禁也。"③郭注云:"禁制也。"④圉音語。下胡旰反。《玉篇》云:"抵捍也。"⑤旰,古案反。

9.145 敗績　上蒲邁反。《廣韻》云:"自破曰敗也。"⑥《爾雅》云:"圮、敗,覆也。"⑦郭注云:"謂毀覆也。"⑧從攴,貝聲⑨。下子曆反。《爾雅》云:"績、功,勳也。"⑩郭注云:"謂功勞也。"⑪《字書》:"積,業也,成也。"《説文》作勣字⑫。

9.146 馭馬　上牛據反。前《破僧事》第八卷已具釋⑬。

9.147 股肱　上公户反。髀也⑭。下古弘反。臂也⑮。案:股肱,即手足也。《尚書》云:"股肱惟人。"⑯孔傳云:"手足具乃成人。"⑰又曰"元首明哉,股肱良哉"是也⑱。

---

① 《根本説一切有部毗奈耶出家事》,律部典籍(T23,No.1444),唐釋義淨奉制譯,凡四卷。瑄案:希麟音義所據爲五卷本。
② 語韻(箋本):"禦,(魚舉反。)禁。"裴本、王本:"禦,(魚舉反。)禁。"
③ 見《釋言》。
④ 見《釋言》"禦、圉,禁也"注。
⑤ 手部:"扞,衛也。捍,同上。"
⑥ 見夬韻。
⑦ 見《釋詁》。○圮,原作"圮",獅谷本作"地",今據文意改。
⑧ 《釋詁》"圮、敗,覆也"郭璞注:"謂毀覆。"
⑨ 《説文》析"敗"爲"从攴、貝。敗、賊皆从貝會意。𣥏,籀文敗,从賏"結構。
⑩ 《釋詁》:"績、勳,功也。"
⑪ 見《釋詁》"績、勳,功也"注。
⑫ 糸部:"績,緝也。从糸,責聲。"
⑬ 見9.058"馭牝"。
⑭ 見《説文》肉部。
⑮ 見《玉篇》肉部。瑄案:肱,《説文》字頭作"厷",又部:"厷,臂上也。从又,从古文。ㄥ,古文厷,象形。肱,厷或从肉。"
⑯ 見《説命下》。
⑰ 見《説命下》"股肱惟人"傳。
⑱ 《益稷》:"乃賡載歌曰:'元首明哉,股肱良哉,庶事康哉。'"

9.148　怨讎　　上於袁反。《玉篇》云："枉也。"① 下市流反。《切韻》："怨也。"②《禮記》云："父之讎,弗與共戴天也。"③ 鄭注云："父者,子之天也。殺己之天,與共戴天,非孝子也。"④

9.149　薜陁論⑤　　上蒲計反。薜陁,梵語。舊云韋陁,或云吠陁。此翻爲明,即西域四明論也。59p0415c—0416a

9.150　楔木　　上先結反。《切韻》云："木楔也。"⑥ 即以楔去楔也。律文作楄,謂門閫也。非木楔義。

根本説一切有部毗奈耶出家事卷第二

9.151　珊逝移⑦　　上蘇乾反。梵語。外道名也。前《破僧事》第二卷中已具解釋⑧。

9.152　襃灑陁⑨　　上補牢反。梵語也。舊云布薩。此云長淨也。

9.153　俱瑟恥羅⑩　　梵語。羅漢名。具足應云摩訶俱瑟恥羅。此云大膝,以膝蓋大,故因以爲名也。

根本説一切有部毗奈耶出家事卷第三

9.154　摩窒里迦⑪　　窒,丁結反。或云摩怛里迦,或云摩得勒伽,皆梵語輕重也。此云本母,即論藏。

9.155　鉢喇底木叉⑫　　喇,郎遏反。舊云波羅提木叉。此云別解脱,即七衆別解脱戒,即律藏也。

---

① 心部:"怨,恨望也,恚也。"
② 尤韻(箋本):"讎,氙。市流反。四。"裴本:"讎,市州反。止。六。"王本:"讎,市流反。四。六。"
③ 見《曲禮上》。
④ 《曲禮上》"父之讎,弗與共戴天"鄭玄注:"父者,子之天。殺己之天,與共戴天,非孝子也。行求殺之,乃止。"
⑤ 薜陁,梵詞 veda。
⑥ 黠韻(裴本、王本):"楔,(古黠反。)櫻桃。又先結反。"
⑦ 珊逝移,巴利詞 Sañjaya Belaṭṭhiputta。
⑧ 見 9.017 "珊逝移"。
⑨ 襃灑陁,梵詞 poṣadha、upavasatha、upoṣadha、upavāsa。
⑩ 俱瑟恥羅,梵詞 Mahākauṣṭhila,希麟譯"摩訶俱瑟恥羅"。
⑪ 摩窒里迦,梵詞 mātṛkā,巴利詞 mātikā。
⑫ 鉢喇底木叉,梵詞 prātimokṣa、pratimokṣa,巴利詞 pātimokkha、pāṭimokkha。

9.156 佇立　上直呂反。《切韻》云：“久立也。”① 又作竚。《爾雅》作
宁，《釋宮》云：“門屏之間謂之宁。”② 郭注云：“人君視朝所宁立處也。”③

第四卷諸藏撿本未獲

根本説一切有部毗奈耶出家事卷第五

9.157 疲倦　上符羈反。《韻集》云：“勞也。”《字書》亦倦也。《説
文》云：“從疒皮聲也。”④ 下渠卷反。《切韻》云：“疲也，猒也。”⑤《玉篇》：
“懈也。”⑥ 或作勌，亦同。

9.158 榻席　上吐盍反。《説文》云：“牀榻也。”⑦ 又作㩼⑧，字同。下
祥石反。薦席也。《大戴禮》云：“武王踐祚，有席銘。”⑨《詩》云：“我心匪
席，不可卷也。”⑩《説文》：“從巾，庶聲。”⑪ 庶音疾。有作蓆，非也。

9.159 白鸛　下下各反。《説文》云：“似鶴，長喙。”⑫ 字從鳥霍聲也。
《左傳》：“衛懿公好鸛，有乘軒鸛。”⑬ 霍音同上。前已釋訖⑭。59p0416a—
0416b

9.160 鸚鵡　上烏莖反。下又作鵡，音武。《説文》云：“能言鳥也。”⑮

---

① 語韻（箋本）：“佇，或作竚。除呂反。五。”裴本：“佇，除呂反。待也。亦竚，同。九。”
　　王本：“佇，除呂反。待。亦作竚。十。”
② 見《釋宮》。
③ 見《釋宮》“門屏之間謂之宁”注。
④ 見疒部。
⑤ 線韻（裴本）：“倦，渠卷反。二。疲也。《説文》作券，同。”王本：“倦，渠卷反。疲。
　　亦作券。六。”
⑥ 人部：“倦，猒也。《説文》云：‘罷也。’《書》曰：‘老期倦于勤。’”
⑦ 《説文新附》木部：“榻，牀也。從木，弱聲。”
⑧ 㩼，原作“㩼”。考《集韻》盍韻：“榻，牀也。或作㩼。”《龍龕手鑑》木部：“㩼，通；榻，
　　正。音塌。床榻也。”今據改。
⑨ 《武王踐阼》：“武王踐阼，三日……王聞書之言，惕若恐懼，退而爲戒書。於席之四端
　　爲銘焉……於矛爲銘焉。”
⑩ 見《邶風·柏舟》。
⑪ 巾部析“席”爲“從巾，庶省”結構。瑄案：希麟音義引文析字跟今本有不同。
⑫ 鸛，“鶴”之俗字。鳥部析“鶴”爲“從鳥，隺聲”結構。
⑬ 《閔公二年》：“衛懿公好鶴，鶴有乘軒者。”
⑭ 見 2.076 “白鶴”。
⑮ 鳥部：“鸚，鸚鵡，能言鳥也。從鳥，嬰聲。”《説文》“鵡”作“䳇”，鳥部：“䳇，鸚䳇也。
　　從鳥，母聲。”

前已具釋①。

9.161 氍毹 上具愚反，下數初反。舊音義云："西戎胡語也。"②《考聲》云："織毛爲文彩，即毛布也。"《聲類》云："毛席也。"或作毲毺字。

9.162 揵稚③ 梵云臂吒揵稚。臂吒，此云打；揵稚，所打木也。

9.163 鷹隼 上於陵反。《切韻》："鳥名也。"④《月令》云："驚蟄之日，鷹化鳩也。"⑤下息允反。《考聲》云："今之鷂也。"《廣雅》云："鷙鳥也。"⑥《爾雅》云："鷹，隼醜，飛也翬音暉也。"⑦

9.164 侏儒 上音朱，下乳朱反。鄭注《禮記》云："侏儒者，短人也。"⑧《韻英》云："小也。"《古今正字》並從人，朱、需聲⑨。形聲也。

根本説一切有部毗奈耶皮革事卷上⑩

9.165 耕墾 上古莖反。《周書》云："神農時，天雨粟，神農耕而種之。"⑪下康很反。《蒼頡篇》云："墾，耕種也。"字從土狠聲也⑫。狠，坤穩反也。

9.166 祅祠 上呼煙反。胡神官名。《方言》云："本胡地多事於天，謂天爲祅，因以作字。"⑬

9.167 犁狗 上力脂反，《字林》音力奚反。黃黑色也。《通俗文》云："班黑曰犁也。"下狗，《説文》云從犬、句作狗⑭。律文作猗，非本字。

---

① 前此希麟音義凡四釋"鸚鵡"，分別見 1.023、4.013、6.050、8.066。

② 慧琳音義卷六十"氍毹"注："上具愚反，下數蒭反。西戎胡語。"

③ 揵稚，梵詞 piṭaghaṇṭikā，希麟譯"臂吒揵稚"。

④ 蒸韻（篆本、裴本）："鷹，（扵陵反。）鳥名。"王本："鷹，（於陵反。）鳥名。"

⑤ 《月令》："仲春之月……始雨水，桃始華，倉庚鳴，鷹化爲鳩。"

⑥ 不詳。《玉篇》鳥部："鷹，鷙鳥。"

⑦ 《釋鳥》："鷹，隼醜，其飛也翬。"

⑧ 《王制》"侏儒、百工各以其器食之"鄭玄注："侏儒，短人也。"

⑨ 《説文》闕"侏"篆；析"儒"爲"從人，需聲"結構。○ "聲"字原闕，今據文意補。

⑩ 《根本説一切有部毗奈耶皮革事》，律部典籍（T23,No.1447），唐釋義淨奉制譯，凡二卷。

⑪⑬ 不詳。

⑫ 《説文新附》析"墾"爲"從土，狠聲"結構。

⑭ 犬部析"狗"爲"從犬，句聲"結構。

9.168 聲欬　上口冷反。《説文》云：“亦欬也。”①下苦戴反。《説文》：“逆氣也。”②亦瘶也。瘶音蘇奏反③。有作咳，音胡來反。非。

9.169 兄嫂　下蘇皓反。《爾雅》云：“兄之妻爲嫂。”④《禮記》云：“叔嫂不通問。”⑤《説文》云從安作㛮⑥。

9.170 羖羊　上音古。《爾雅》云：“夏羊：牝，羖。”⑦郭注云：“黑羖㿊也。”⑧或作羘字。

9.171 堅鞕　下五孟反。《切韻》云：“堅，牢也。”⑨《説文》云：“從革更聲也。”⑩或從石作硬，亦通用。

根本説一切有部毗奈耶皮革事卷下

9.172 腳跌　徒結反。《切韻》：“差跌也。”⑪謂腳失也。從足失聲也⑫。

9.173 烏鷲　上鄔都反。《説文》：“孝鳥也。”⑬純黑而反哺者曰烏，小而不反哺者鴉也⑭。下疾溜反。《考聲》云：“黑色鳥也。”從鳥、就⑮。形聲字也。59p0416b—0416c

---

① 言部：“聲，欬也。从言，殸聲。殸，籀文磬字。”
② 見欠部。逆氣，今本作“屰气”。
③ “瘶”字原闕，今據文意補。
④ 《釋親》：“女子謂兄之妻爲嫂，弟之妻爲婦。”
⑤ 《曲禮上》：“嫂叔不通問，諸母不漱裳。”
⑥ 女部：“㛮，兄妻也。从女，宴聲。”
⑦ 《釋畜》：“夏羊：牡，羭；牝，羖。”
⑧ 《釋畜》“夏羊”郭璞注：“黑羖㿊。”
⑨ 更韻（裴本）：“鞕，五孟反。牢也。俗硬。一。”敬韻（王本）：“鞕，五勁反。牢。亦作硬。一。”
⑩ 《説文》闕“鞕”篆。
⑪ 屑韻（箋本、裴本、王本）：“跌，（徒結反。）跌踢。”
⑫ 《説文》析“跌”同。
⑬ 烏部：“烏，孝鳥也。象形。孔子曰：‘烏，盱呼也。’取其助气，故以爲烏呼……𪇨，古文烏，象形。於，象古文烏省。”
⑭ “反”字原闕，今據文意補。希麟音義卷五“鴉翅”注引《廣雅》：“純黑而返哺者曰烏，小而不返哺者鴉也。”亦作“不返哺”。又：鴉，同“鵶”。《玉篇》鳥部：“鵶，今作鴉。”《廣韻》麻韻：“鴉，同鵶。”《小爾雅·廣鳥》：“小而腹下白，不反哺者謂之鴉烏。”亦言“不反哺”。兩例皆可爲據補之旁證。
⑮ 《説文》析“鷲”爲“从鳥，就聲”結構。

9.174 犛牛　上莫交反。《説文》云:"西南夷長旄牛也。"① 案:諸經律並作犛牛字,謂如犛牛愛尾也。今律文作貓,乃捕鼠獸名。非此用也。

9.175 兩骸　下吐猥反。《切韻》云:"骸,股。"②《説文》云:"股,髀也。"③ 又作胲,同。律文作腿,俗字,非。

9.176 革屣　上古核反。改也④。《字書》云:"獸皮去毛也。"又:更也。《説文》云:"三十年一世,可更革也。"⑤ 故從三十口。口即國也。下所綺反。《切韻》云:"履不躡跟也。"⑥ 舊音義云:"言革屣者,西域皮底鞋也。"⑦

9.177 疿子　上方未反。《切韻》云:"熱生細瘡也。"⑧ 律文中"脚生佛子如芥子顆"⑨。今詳佛字與疿字,書寫人誤,不可。比丘脚上生佛子,甚乖律意也。

9.178 鞴頭　上烏紅反。《廣韻》云:"吳人謂鞾勒曰鞴。"⑩ 案:即鞾靽等鞴也。律文作緄,非。

9.179 脚踝　下胡瓦反。《説文》云:"足跟也。"⑪ 顧野王云:"架衣負繩及踝也。"⑫ 從足,果聲⑬。

---

① 見犛部。旄牛,今本作"氂牛"。
② 賄韻(箋本):"骸,骸股。吐猥反。五。"裴本:"骸,吐猥反。骸股。二七。"王本:"骸,吐猥反。股。七。"
③ 見肉部。
④ 見《玉篇》革部。
⑤ 革部:"革,獸皮治去其毛,革更之。象古文革之形……革,古文革,從三十,三十年爲一世,而道更也;臼聲。"
⑥ 紙韻(箋本):"屣,(所綺反。)履不躡。"裴本:"屣,(所綺反。)履不躡根。又作鞵,同。"王本:"屣,(所綺反。)屣不攝跟。亦作鞵。"
⑦ 慧琳音義卷六十"革屣"注:"西國皮底鞋也,赤色。"
⑧ 未韻(裴本):"疿,(符謂反。)熱細瘡。"王本:"疿,(府謂反。)熱病。"
⑨ 《根本説一切有部毗奈耶皮革事》卷下:"時屬霖雨,諸苾芻等著青草鞋,便往乞食,苾芻脚上悉生疿子如芥子顆。"
⑩ 東韻:"鞴,吳人靴勒曰鞴。"
⑪ 見足部。足跟,今本作"足踝"。
⑫ 《玉篇》足部:"踝,足踝也。"
⑬ 《説文》析"踝"同。

根本説一切有部毗奈耶安居事—卷[①]

9.180 阿遮利耶[②]　梵語也。舊云阿闍利，訛也。此翻爲軌範師也，或云教受。

9.181 鄔波馱耶[③]　上烏古反。梵語也。舊云和尚，訛。此云親教，謂親能教受餘弟子，故以名焉。

9.182 式叉摩拏[④]　下尼加反。梵語。舊云式叉摩那。此翻爲正學女，即學戒尼也，謂持六法者也。

9.183 剔頭　上他歷反。案：剔頭，應作鬀字。《説文》云：“除髮也。”[⑤] 今作剔，謂割肉解骨也。非除髮用也。

根本説一切有部毗奈耶羯恥那衣事—卷[⑥]

9.184 羯恥那[⑦]　或云迦絺那，舊云加提，皆梵聲訛轉也。此云功德衣，即自恣竟所受衣也。

9.185 浣染　上又作瀚，胡管反[⑧]。《禮記》云：“浣衣濯冠也。”[⑨] 下如撿、而贍二反。《切韻》：“染物也。”[⑩]《字書》云：“以色染繒也。”

9.186 繚緣衣　上力小反。《切韻》：“繚，繞也。”[⑪] 下以絹反。《玉篇》

① 《根本説一切有部毗奈耶安居事》，律部典籍（T23，No.1445），唐釋義淨奉制譯，凡一卷。

② 阿遮利耶，梵詞 ācārya。

③ 鄔波馱耶，梵詞 upādhyāya，希麟譯“搗波地耶”。

④ 式叉摩拏，梵詞 śikṣamāṇā，巴利詞 sikkhamānā。○叉，原作“义”，今據梵音改。獅谷本亦作“叉”。

⑤ 見髟部。除髮，今本作“鬀髮”。

⑥ 《根本説一切有部毗奈耶羯恥那衣事》，律部典籍（T24，No.1449），唐釋義淨奉制譯，凡一卷。

⑦ 羯恥那，梵詞 khaṭṭika。

⑧ “反”字原闕，今據文意補。獅谷本亦注：“管下反脱。”

⑨ 《禮器》：“晏平仲祀其先人，豚肩不掩豆，澣衣濯冠以朝，君子以爲隘矣。”

⑩ 琰韻（箋本、裴本）：“染，（而琰反。）染色。”王本：“染，（如琰反。）染色。”

⑪ 小韻（王本）：“繚，力小反。繚繞。六。”

云：“衣緣也。”^①《考聲》云：“緣，飾也。”《爾雅》云：“衣有緣者謂之純。”^②
郭注云：“衣緣飾也。”^③59p0416c—0417a

根本説一切有部毗奈耶隨意事—卷^④

9.187 瘂默　上烏雅反。《説文》云：“不能言也。從疒，亞聲。”^⑤又作
啞，俗用，非。本音厄，笑聲也。

9.188 制底^⑥　梵語。或云支提，或云制多，亦云制帝，一也。無正翻。
義譯云靈廟，謂安佛舍利等塔廟也。或云積聚，謂人天積聚求福之所。

9.189 奥箄迦^⑦　皆如字呼。梵語也。此云可爾，或云應如是也。

9.190 娑度^⑧　梵語也。律文云：“荅云娑度。”^⑨此云善哉也。

9.191 褒灑陁^⑩　上保毛反，次沙假反。梵語也。此云長淨，即半月
和合説戒增長淨法也。舊云布薩，訛也。

9.192 虎豹　上呼古反。《説文》云：“山獸君也。”^⑪字從人、虍音呼，
虎足似人足也。律文作虎，非本字。下博教反。《廣志》云：“豹死守山。”
《説文》云：“獸名。”^⑫或作豹^⑬。律文從犬作犳，非也。

　　右上所音，有部雜律文字多有差誤者，蓋以翻譯之時執筆者隨聞便

---

① 糸部：“緣，余泉切。緁也，因也。又余絹切。邊緣也。”
② 《釋器》：“緣謂之純。”
③ 見《釋器》“緣謂之純”注。
④ 《根本説一切有部毗奈耶隨意事》，律部典籍（T23,No.1446），唐釋義淨奉制譯，凡
　一卷。
⑤ 《説文》闕“瘂”篆。
⑥ 制底，梵詞 caitya、ceṭī，希麟譯“制底耶”。
⑦ 奥箄迦，梵詞 aupayika。
⑧ 娑度，梵詞 sādhu。
⑨ 《根本説一切有部毗奈耶隨意事》：“應言：‘奥箄迦。’彼答云：‘娑度。’”
⑩ 褒灑陁，梵詞 poṣadha、upavasatha、upoṣadha、upavāsa。
⑪ 虎部：“虎，山獸之君。从虍，虎足象人足。象形……虝，古文虎。虝，亦古文虎。”
⑫ 豸部：“豹，似虎，圜文。从豸，勺聲。”
⑬ “或”字原闕，今據文意補。

上，不根其義也。故《開元釋教録》云："義淨法師於正譯之餘，又於《説一切有部》譯出諸跋渠約六七十卷，未遑删覆，遽入泥洹。斯文遂寢，即今續音者，是其本也。"[1]恐後覽者不知元始，返恡希麟，撿非字誤，故此序引云。

續一切經音義卷第九

丁未歲高麗國大藏都監奉勅雕造

---

[1]　《開元釋教録》卷第九："沙門釋義淨，齊州人，俗姓張字文明……又出《説一切有部跋窣堵》即諸律中捷度跋渠之類也，梵音有楚夏耳。約七八十卷。但出其本，未遑删綴，遽入泥洹，其文遂寢。淨又於一切有部律中抄諸緣起别部流行，如《摩羯魚因緣》等四十二經四十九卷。既是别生抄經，不合爲翻譯正數。今載别生録中，如删繁録中具列名目。淨雖遍翻三藏而偏功率部，譯綴之暇曲授學徒，凡所行事皆尚其急，瀘漉滌穢，特異常倫，學侣傅行遍於京洛。美哉！亦遺法之省事也。以先天二年卒，春秋七十九矣。"

續一切經音義卷第十 雞

燕京崇仁寺沙門　希麟　集

續音護法沙門法琳別傳三卷①
續開元釋教録三卷

右二集六卷同此卷續音

琳法師別傳卷上②　并序中字

　　10.001　誥誓　上古到反。誥,告也。《周書》云:"成王將黜殷,作《大誥》。"③ 孔傳云:"陳大道以誥天下衆國也。"④ 下時制反。《說文》云:"約也。"⑤《周書》:"武王伐殷,作《泰誓》。"⑥ 孔傳云:"大會以誓衆也。"⑦《爾雅》云:"誥、誓,謹也。"⑧ 郭璞注云:"皆所以約勒謹戒衆也。"⑨ 59p0418a

　　10.002　典謨　上多弥反。《爾雅》云:"典,常也。"⑩《虞書》:"將遜位

---

① 護法沙門法琳,文目作"琳法師"。

② 《琳法師別傳》,大正藏作《唐護法沙門法琳別傳》,史傳部典籍(T50,No.2051),唐釋彦琮撰,凡三卷。○琳法師,卷目作"護法沙門法琳"。

③ 《書·大誥》:"周公相成王,將黜殷,作《大誥》。"

④ 《大誥》"周公相成王,將黜殷,作《大誥》"孔安國傳:"相謂攝政。黜,絶也。將以誅叛者之義,大誥天下。"

⑤ 見言部。約,今本作"約束"。

⑥ 《書·泰誓上》:"惟十有一年,武王伐殷。一月戊午,師渡孟津,作《泰誓》三篇。"

⑦ 《泰誓上》"泰誓"孔安國傳:"大會以誓衆。"

⑧ 見《釋言》。

⑨ 《釋言》"誥、誓,謹也"郭璞注:"皆所以約勤[勒]謹戒衆。"○"謹"字獅谷本、大通本闕。

⑩ 見《釋詁》。

於虞舜,作《堯典》。"①孔傳云:"言堯可爲百代常行之道也。"②下莫胡反。
謨,議也③。《虞書》:"皋陶失厥謨,大禹成厥功,作《大禹》《皋陶謨》。"④
孔傳云:"大禹謨九功,皋陶謨九德也。禹稱大,大其功。謨,謀也。"⑤

　　10.003 班彪　上布還反。姓也。出扶風。《風俗通》云:"楚令尹鬭
班之後也。"⑥下甫然反⑦。《説文》云:"虎文也。"⑧案:班彪,即人姓名也。

　　10.004 慷慨　上苦朗反,下苦槩反。《説文》云:"慨,太息也。"⑨《文
字集略》云:"慷慨,竭誠也。"二字並從心,康、既皆聲也⑩。

　　10.005 襟腑　上居音反。《切韻》:"衣襟也。"⑪《字書》云:"袍、襦,
袂也。"《爾雅》云:"衣眥謂之襟。"⑫即交領⑬。下方矩反。《切韻》:"肺腑
也。"⑭王叔和《脉經》云:"心如未敷蓮花,與大腸、小腸合爲腑也。"⑮或
作府。

　　10.006 膂臆　上許容反。《説文》云:"膂,膚也。"⑯下於力反。《切

────────────────

① 《書·堯典》:"昔在帝堯,聰明文思,光宅天下,將遜于位,讓于虞舜,作《堯典》。"
② 《堯典》"堯典"孔安國傳:"言堯可爲百代常行之道。"
③ 《説文》言部:"謨,議謀也。从言,莫聲。《虞書》曰:'咎繇謨。'暮,古文謨,从口。"
④ 《書·大禹謨》:"皋陶矢厥謨,禹成厥功,帝舜申之,作《大禹》《皋陶謨》《益稷》。"
⑤ 《大禹謨》"作《大禹》《皋陶謨》"孔安國傳:"大禹謀九功,皋陶謀九德。""大禹謨"
　孔安國傳:"禹稱大,大其功。謨,謀也。"
⑥ 不詳。
⑦ 然,原作"休",今據文意改。《廣韻》幽韻"彪"音甫烋切,可爲據改之旁證。又:"反"
　字原闕,今據文意補。
⑧ 見虎部。
⑨ 心部:"慨,大息也。从心从氣,氣亦聲。《詩》曰:'慨我寤歎。'"
⑩ 慷,《説文》作"忼",析爲"从心,亢聲"結構。瑄案:《説文》"忼"字條徐鉉等曰:"今
　俗别作慷,非是。"《説文》析"慨"爲"从心,既聲"結構。
⑪ 侵韻(裴本、王本):"襟,(居音反。)袍襦前袂。"
⑫ 見《釋器》。
⑬ 見《釋器》"衣眥謂之襟"郭璞注。
⑭ 肺,獅谷本作"胇",並注云:"諸本作胇,誤,正'藏'。"參見徐時儀(2012:2342 注
　[四])。
⑮ 《心小腸部》:"心象火,與小腸合爲腑……其藏神,其主臭,其養血,其候舌,其聲言,
　其色赤,其臭焦,其液汗,其味苦,其宜甘,其惡鹹。"
⑯ 肉部:"膚,膂也。从肉,雍聲。"

韻》："脣,臆也。"①臆亦膺也。或作臆,謂脣骨也②。亦作匈字。

　　10.007　將弛　　弛,詩紙反。《切韻》："釋也。"③《爾雅》云："弛,易也。"④《玉篇》云："名解也。"⑤顧野王云："去離也,弓解也。"⑥又作弢⑦。《爾雅》作弛也⑧。59p0418a—0418b

　　10.008　纂龍樹　　上作管反。《切韻》云："集也。"⑨《爾雅》云："纂,繼也。"⑩謂嗣續也。《説文》云："從糸,算聲。"⑪下龍樹二字,西域造論菩薩名也⑫。算音蘇管反。

　　10.009　悰上人　　上藏宗反。《切韻》云："慮也。"⑬《説文》："樂也。從心宗聲也。"⑭即大唐彦悰法師名⑮。

　　10.010　捃摭　　上君運反。《方言》云："捃,取也。"⑯下之石反。《説文》云："拾也。"⑰《考聲》云："收取也。"從手,摭省⑱。下亦作拓。從手石聲也。

──────────

① 職韻(裴本)："臆,(扵力反。)脣臆。"王本："臆,(於力反。)脣臆。"
② 《説文》肉部："肊,胷骨也。从肉,乙聲。臆,肊或从意。"
③ 紙韻(箋本)："弛,式氏反。二。"裴本："弛,式氏反。廢也。又弢、弛。三。"王本："弛,式是反。廢。亦作弢、弛。二。"
④ 見《釋詁》。弛,今本作"弛"。
⑤ 不詳。
⑥ 《玉篇》弓部："弛,去離也,弓解也。弢,同上。"
⑦ 弢,原作"號"。《説文》弓部："弛,弓解也。從弓从也。弢,弛或从虒。"《玉篇》弓部："弢"同"弛"。今據改。
⑧ 弛,原作"弛",今據文意改。
⑨ 緩韻(王本)："纂,作管反。集。四。"
⑩ 見《釋詁》。
⑪ 見糸部。○糸,原作"系",今據文意改。
⑫ 龍樹,梵名 Nāgārjuna,又稱"龍猛、龍勝",印度大乘佛教中觀學派創始人,一生著述甚豐,人稱"千部論主"。參見《佛光大辭典》頁 6393 "龍樹"條。
⑬ 冬韻(箋本)："悰,(在宗反。)慮。[一]曰樂。"裴本、王本："悰,(在宗反。)慮。一曰樂。"
⑭ 見心部。
⑮ 彦悰,唐時僧人,籍貫、生卒年不詳,師事玄奘三藏,著《大唐京師寺録傳》等。參見《佛光大辭典》頁3787 "彦悰"條。
⑯ 見《方言》卷二。捃,今本作"攈"。瑄案:"攈"字下郭璞注:"古捃字。"
⑰ 手部："拓,拾也。陳、宋語。從手,石聲。摭,拓或从庶。"
⑱ 摭,《説文》字頭作"拓"。參見前注。

10.011 狄道　上徒曆反。案：狄道，隴西地名也。《唐書》云：“高祖神堯皇帝姓李，隴西狄道人也。”[1] 有本作秋字，甚乖。

10.012 徙寓　上斯氏反。《説文》云：“移也。”[2]《切韻》云：“遷也。”[3]《爾雅》云：“遷、運，徙也。”[4] 郭注云：“今江東通言遷徙。”[5]《説文》云：“從彳、二止半行也。”[6] 下牛具反。《玉篇》云：“寄也。”[7] 從宀禺聲也[8]。 禺音同上。

10.013 抽簪　上勑鳩反。《切韻》云：“去也。”[9]《考聲》云：“除也。”又：拔也[10]。《説文》云：“從手，由聲。”[11] 下側岑反。《考聲》云：“槧、冠、簪，飾也。”《説文》云：“從竹晉聲也。”[12] 晉音潛，又才紺反。

10.014 殫玉講　上當安反。孔注《尚書》云：“殫，盡也。”[13]《説文》訓同，從歺，單聲[14]。案本傳云：“究金言殫玉牒。”[15] 或作牒字。《破邪論》中琳公啟與此同[16]。 亦作牒字，即白牒梵夾經論也。 今此別傳作玉講，於義未詳矣。

---

[1]《舊唐書·高祖本紀》：“高祖神堯大聖光孝皇帝姓李氏，諱淵。其先隴西狄道人。涼武昭王暠七代孫也。”

[2] 徙，《説文》字頭作“𨑢”，辵部：“𨑢，迻也。从辵，止聲。𢓊，徙或从彳。𠨧，古文徙。”

[3] 紙韻（篆本）：“徙，斯氏反。二。”裴本：“徙，斯氏反。移。二。”王本：“徙，斯氏反。移。正作𨑢。二。”

[4] 見《釋詁》。

[5] 見《釋詁》“遷、運，徙也”注。

[6] 辵部析“𨑢”爲“从辵，止聲。𢓊，徙或从彳。𠨧，古文徙”結構。

[7] 見宀部。

[8]《説文》析“寓”爲“从宀，禺聲。庽，寓或从广”結構。

[9] 尤韻（篆本）：“抽，勑鳩反。三。”裴本：“抽，勑鳩反。亦擂、挏。七。”王本：“抽，勑鳩反。拔。亦作挏，正作擂。五。”

[10] 見《廣雅·釋詁》。

[11] 抽，《説文》字頭作“㨁”，析爲“从手，畱聲。抽，㨁或从由。挏，㨁或从秀”結構。

[12] 簪，《説文》字頭作“兂”，析爲“从人，匕象簪形……簪，俗兂，从竹从晉”結構。

[13]《洛誥》“乃單文祖德”孔安國傳：“我所成明子法，乃盡文祖之德，謂典禮也。”瑄案：《文選·班固〈西都賦〉》“不可殫論”李善注引孔安國《尚書傳》：“殫，盡也。”

[14] 歺部：“殫，殛盡也。从歺，單聲。”

[15]《唐護法沙門法琳別傳》卷上：“於是該九部洞百家，究金言殫玉牒。”

[16]《破邪論》卷下：“稽其道也，二諦十地之基，祇園鹿苑之談，海殿龍宮之旨，玉牒金書之字，七處八會之言，莫不垂至道於百王，扇玄風於萬古，如語實語不可思議也。”瑄案：《破邪論》，史傳部典籍（T52，No.2109），唐釋法琳撰，凡二卷。

10.015 隱遁　下屯嫩反。王注《楚詞》云:"潛隱也。"① 鄭注《禮記》云:"逃遁。"②《廣雅》云:"避世也。"③ 或從辵、豚作遯也。豚音徒魂反。

10.016 鏗鍠　上客行反。《禮記》云:"子夏曰:'鍾聲鏗鏗。'"④ 是也。又:撞擊之聲也。下音宏。《毛詩傳》云:"鍾鼓鍠鍠。"⑤《爾雅》云:"鍠鍠,樂也。"⑥《説文》云:"鍾鼓聲也。從金皇聲也。"⑦ 傳文作鎬,音呼宏反。鍾鼓相雜聲也。

10.017 隤紐　上徒雷反。《廣雅》云:"隤,壞也。"⑧《韓詩》云:"遺也。"⑨《考聲》云:"物下墜也。"《説文》云:"從阜,貴聲。"⑩ 下女九反。《説文》云:"絲也,結可解者也。從糸,丑聲。"⑪

10.018 韜韞　上吐刀反。《説文》:"藏也。"⑫《切韻》云:"寬也。"⑬ 下於粉反。《切韻》云:"韞,藏也。"⑭《論語》云:"韞匵而藏諸。"⑮《説文》云從韋,舀、昷皆聲⑯。韋音違。韋,《説文》云:"柔皮也。"⑰59p0418b—

———————————

① 《離騷》"後悔遁而有他"王逸注:"遁,隱也。"
② 不詳。
③ 《釋詁》:"遁,避也。"
④ 《樂記》:"鍾聲鏗,鏗以立號,號以立横,横以立武。"
⑤ 《周頌·執竞》:"斤斤其明,鍾鼓喤喤。"鍠鍠,今本作"喤喤"。
⑥ 見《釋訓》。
⑦ 見金部。鍾鼓聲,今本作"鍾聲"。
⑧ 見《釋詁》。
⑨ 《文選·陸機〈歎逝賦〉》"樂隤心其如忘"李善注引《韓詩章句》曰:"隤,猶遺也。"
⑩ 見皀部。從阜,今本作"从皀"。
⑪ 糸部:"紐,系也。一曰結而可解。從糸,丑聲。"絲也,今本作"系也"。瑄案:疑"系也"更近許書原貌。《文選·皇甫謐〈三都賦序〉》"將以紐之王教"李善注引《説文》:"紐,系也。"王巾《頭陁寺碑文》"俱維絕紐"李善注引《説文》曰:"紐,系也。"
⑫ 引書疑誤。《廣雅·釋器》:"韜,弓藏也。"《莊子·天地》"則韜乎其事心之大也"陸德明釋文引《廣雅》:"韜,藏也。"瑄案:《説文》韋部:"韜,劒衣也。从韋,舀聲。"
⑬ 豪韻(箋本、王本):"韜,(吐高反。)藏。"裴本:"韜,(土高反。)藏也。從舀。"
⑭ 吻韻(箋本、王本):"韞,(於粉反。)韞韣。"裴本:"韞,(扵粉反。)韞韣。"
⑮ 《子罕》:"子貢曰:'有美玉於斯,韞匵而藏諸? 求善賈而沽諸?'"
⑯ 《説文》闕"韞"篆,析"韜"爲"从韋,舀聲"結構。
⑰ 疑引書誤。《急就篇》卷二"裳韋不借爲牧人"顏師古注:"韋,柔皮也。"瑄案:《説文》韋部:"韋,相背也。从舛,口聲。獸皮之韋可以束,枉戾相韋背,故借以爲皮韋……𡐦,古文韋。"

0418c

10.019 還莅　上戶關反。《切韻》云：“退也，返也。”[1]《玉篇》同[2]。《爾雅》云：“復也。”[3] 下力至反。《切韻》云：“臨也。”[4]《爾雅》云：“臨、莅，視也。”[5] 又作涖、蒞二形，並同。

10.020 箴規　上職林反。《切韻》云：“箴，戒也。”[6]《考聲》云：“規諫也。”從竹，咸聲[7]。又作葴，草名也。下居療反。《玉篇》：“圓也。”[8]《考聲》：“視也。”字從夫、見也[9]。《字統》云：“大夫識見必合規矩，故從夫也。”有作規[10]，非也。

10.021 蠢蠢　尺允反。《切韻》云：“出也。”[11]《爾雅》云：“蠢，作也。”[12] 又云：蠢，不遜也[13]。《説文》云：“蟲動也。從蚰，春聲。”[14] 蚰音昆，蟲揔名也[15]。

10.022 袞龍　上古本反。《禮記·玉藻》云：“天子龍袞以祭。”[16] 鄭注云：“先王之服，雜采曰藻。袞，畫龍於衣也。”[17]《禮記》或借卷字作袞讀[18]。

---

① 删韻（箋本）：“還，胡關反。九。”王本：“還，胡關反。旋。十二。”
② 辵部：“還，退也，返也，復也。”
③ 《釋言》：“還、復，返也。”
④ 至韻（裴本）：“蒞，（力至反。）臨也。亦涖、莅。”王本：“莅，（力至反。）臨。”
⑤ 見《釋詁》。莅，今本作“涖”。
⑥ 侵韻（箋本）：“箴，（職深反。）規誡。”裴本：“箴，（職深反。）竹名。”“葴，（職深反。）規誡。”王本：“箴，（職深反。）規誡。竹名。”
⑦ 《説文》析“箴”同。
⑧ 夫部：“規，《世本》：倕作規矩準繩也。規，正圓之器也。”○圓，原作“圖”，今據文意改。慧琳音義卷六“規模”注引顧野王：“規圓而矩方也。”卷一百“規矩”注引顧野王：“規，猶圓也。”皆作“圓”，可爲據改之旁證。
⑨ 《説文》析“規”爲“从夫从見”結構。
⑩ 規，原作“規”，今據文意改。獅谷本亦作“規”。
⑪ 軫韻（裴本）：“蠢，尺尹反。蟲動。從春。九。”王本：“蠢，尺尹反。虫動。九。”
⑫ 見《釋詁》。
⑬ 見《爾雅·釋訓》。
⑭ 蚰部：“蠢，蟲動也。从蚰，春聲。載，古文蠢，从戈。《周書》曰：‘我有載于西。’”
⑮ 揔，獅谷本作“總”。
⑯ 《玉藻》：“天子玉藻，十有二旒，前後邃延，龍卷以祭。”袞，今本作“卷”。
⑰ 《玉藻》“天子玉藻，十有二旒，前後邃延，龍卷以祭”鄭玄注：“祭先生之服也。雜采曰藻……龍卷，畫龍於衣。字或作袞。”
⑱ 《玉藻》：“天子玉藻，十有二旒，前後邃延，龍卷以祭。”袞，今本作“卷”。

10.023 禿丁　　上他谷反。《説文》云：“無髮也。從人在禾下也。”①《文字音義》云：“蒼頡出，見禿人伏於禾下，因以制字也。”

10.024 三元　　《史記》云：“五氣遍運，二靈體分，以陽發，故氣沖爲天；以陰凝，故氣沈爲地。天地形別，爲之兩儀。以人參之，三元備矣。”②

10.025 五運　　下王問反。《爾雅》云：“遷、運，徙也。”③《史記》云：“伏犧以木德，或曰春皇。神農以火德，木生火故也。黃帝以土德，以火生土故。少昊以金德，土生金故。顓頊以水德，金生水故。以木、火、土、金、水五行相生，終而復始，謂之五運。”④又：周以木德，漢以火德，秦非正運，王在木火之間也。

10.026 勛華　　上訓雲反，下畫瓜反。即堯舜二帝名。堯曰放勛⑤，舜曰重華⑥。《虞書》云：“放勛欽明。”⑦孔傳云：“放上世之功化而以敬明也。”⑧《舜典》云：“重華協於帝。”⑨孔傳云：“華謂文德，言其光文重合於堯，俱聖明也。”⑩

10.027 接踵　　下之隴反。《切韻》云：“足後也。”⑪《考聲》云：“繼

---

① 禿部：“禿，無髮也。从人，上象禾粟之形，取其聲……王育説：‘蒼頡出見禿人伏禾中，因以制字。’未知其審。”

② 不詳。瑄案：《甄正論》卷第一：“又案《易緯通卦》云：‘易有大極，是生兩儀。’氣之清輕者上浮爲天，氣之濁重者下凝成地。天地和而生人，以人參之，謂之三才。又案《易·序卦》云：‘有天地萬物，然後立君臣，定父子，長幼夫婦之禮，尊卑上下之別。據此，太易之前，氣色未分，形象未著，混淪茫昧，無狀之狀。二儀既判天地形具，三光以朗氣象質見。陰陽交合，人迺生焉。”

③ 見《釋詁》。

④ 《封禪書》：“秦始皇既並天下而帝，或曰：‘黃帝得土德，黃龍地螾見。夏得木德，青龍止於郊，草木暢茂。殷得金德，銀自山溢。周得火德，有赤烏之符。今秦變周，水德之時。昔秦文公出獵，獲黑龍，此其水德之瑞。’”疑即希麟本所引據。

⑤⑦ 《書·堯典》：“曰若稽古，帝堯，曰放勳，欽明文思安安，允恭克讓，光被四表，格于上下。”

⑥⑨ 《書·舜典》：“曰若稽古，帝舜，曰重華，協于帝。濬哲文明，温恭允塞，玄德升聞，乃命以位。”

⑧ 《堯典》“曰放勳，欽明文思安安”孔安國傳：“勳，功。欽，敬也。言堯放上世之功，化而以敬明文思之四德，安天下之當安者。”

⑩ 《舜典》“曰重華，協于帝”孔安國傳：“華謂文德，言其光文重合於堯，俱聖明。”

⑪ 腫韻（箋本、裴本）：“踵，（之隴反。）足後。”王本：“踵，（之隴反。）足後跟。亦作歱。”

也。”又：往也。《儀禮》云：“舉前曳踵也。”① 或作徰。《説文》云：“相躡行也。”② 即繼前跡。

10.028　襏運　上池尒反。《蒼頡篇》云：“襏，徹也。”《説文》云：“奪也。”③《易》曰：“以訟受服，終朝三襏也。”④ 從衣，虒聲⑤。虒音私⑥。
59p0418c—0419a

10.029　戲譚　上香義反。《切韻》云：“戲，弄也。”⑦《爾雅》云：“戲，謔也。”⑧ 郭注云：“謂調戲也。”⑨ 下徒含反。《切韻》云：“誇也，大也。”⑩ 又作談，音徒甘反。《廣韻》云：“言論戲調也。”⑪ 與譚稍異也⑫。

10.030　荐雷　上前薦反。《爾雅》云：“荐、蕰，再也。”⑬《周易》云：“洊雷，震。”⑭ 王弼注云：“荐，重也。”⑮《周易》或作洊⑯，《説文》作瀳⑰，三形雖異，訓義一也。

10.031　蟄户　上直立反。《説文》云：“藏也。一曰蟲豸聲也。”⑱《礼記·月令》云：“驚蟄之日，桃始花。”⑲《説文》云：“從虫、執。”⑳ 形聲也。

---

① 《士相見禮》：“執玉者則唯舒武，舉前曳踵。”
② 彳部：“徰，相迹也。从彳，重聲。”
③ 見衣部。奪也，今本作“奪衣也”。
④ 《訟》：“上九：或錫之鞶帶，終朝三襏之。象曰：以訟受服，亦不足敬也。”
⑤ 《説文》析“襏”同。
⑥ “虒”字原闕，今據文意補。又：私，原作“戈”，今據文意改。獅谷本亦作“私”，其注云“私異作或，才形不是”。
⑦ 寘韻（裴本）：“戲，義義反。《説文》：‘三軍之偏也。一曰兵也。’今共爲戲弄。俗戲，亦同。一也。”王本：“戲，義義反。謔。或作戲。一。”
⑧ 《釋詁》：“謔，戲謔也。”
⑨ 《釋詁》“謔、浪、笑、敖，戲謔也”郭璞注：“謂調謔也。見《詩》。”
⑩ 覃韻（篆本、裴本）：“譚，（徒含反。）大。”王本：“譚，（徒南反。）大譚。又徒感反。姓。”
⑪ 談韻：“談，談話。又：言論也，戲調也。”
⑫ 感韻：“譚，大也。”
⑬ 見《釋言》。蕰，今本作“原”。
⑭⑯ 《震》：“象曰：洊雷，震。君子以恐懼脩省。”
⑮ 《震》“洊雷，震”孔穎達正義：“洊者，重也，因仍也。”
⑰ 水部：“瀳，水至也。从水，薦聲。讀若尊。”瑄案：《説文》艸部：“荐，薦蓆也。从艸，存聲。”
⑱ 虫部：“蟄，藏也。从虫，執聲。”
⑲ 《月令》：“仲春之月……始雨水，桃始華，倉庚鳴，鷹化爲鳩。”
⑳ 虫部析“蟄”爲“从虫，執聲”結構。

10.032 憤懣 上汾吻反。《論語》云：“不憤不發。”① 下門本反。王逸注《楚詞》云：“懣亦憤也。”②《蒼頡篇》云：“悶也。”《説文》：“煩也。從心，滿聲。”③ 古文亦作憏字。

10.033 怒焉 上寧曆反。《毛詩傳》云：“怒，愁也。”④《爾雅》云：“念、怒，思也。”⑤《説文》云：“憂也。從心叔聲也。”⑥ 叔，正體尗也。

10.034 磣黷 上初錦反，下音獨。陸機《漢祖功臣頌》云：“茫茫宇宙，上磣下黷。波振四海，塵飛五岳。”⑦ 今此傳云：“二儀磣黷，四海沸騰，波振塵飛。”⑧ 義與彼同。又：《破邪論》中亦琳公啟作“磣黷”二字⑨，今別傳作“黲毒”二字，並悞。

10.035 原燎 上牛袁反。《爾雅》云：“廣平曰原。”⑩ 下力召反。《尚書》云：“若火之燎於原也。”⑪《説文》云：“放火也。從火尞聲也。”⑫

10.036 烽燧 上敷容反。又作㷭。《字書》云：“候望火也。”下徐醉反。《釋名》云：“夜曰烽，晝曰燧。”⑬《説文》云二字並從火，夆、遂聲⑭。

---

① 《述而》：“子曰：‘不憤不啟，不悱不發，舉一隅不以三隅反，則不復也。’”
② 《哀時命》：“惟煩懣而盈匈”王逸注：“懣，憤也。”瑄案：《文選·盧諶〈贈劉琨〉》“不勝狠懣” 李善注引王逸《楚辭注》：“懣，憤也。”
③ 見心部。滿聲，今本作“從滿”。
④ 疑見《詩·小雅·小弁》“怒焉如擣” 注。“怒焉” 句孔穎達正義：“王行如此，故我心爲之憂傷，怒焉悲悶，如有物之搗心也。”
⑤ 見《釋詁》。
⑥ 心部：“怒，飢餓也。一曰憂也。从心，叔聲。《詩》曰：‘怒如朝飢。’”
⑦ 《文選·陸機〈漢高祖功臣頌〉》：“芒芒宇宙，上埁下黷。波振四海，塵飛五岳。九服徘徊，三靈改卜。”
⑧ 《唐護法沙門法琳別傳》卷第一：“竊見大業末年，天下喪亂，二儀慘毒，四海沸騰，波振塵飛，丘焚原燎。”
⑨ 磣黷，《破邪論》作“塵黷”，凡4見，如卷上：“塵黷威嚴，伏增悚息。”
⑩ 見《釋地》。
⑪ 《盤庚上》：“若火之燎于原，不可嚮邇，其猶可撲滅。”
⑫ 見火部。
⑬ 不詳。《廣韻》鍾韻：“㷭，㷭火，夜曰㷭，晝曰燧。”《集韻》鍾韻“㷭” 字下引顏師古說：“夜曰㷭，晝曰燧。”
⑭ 烽，《説文》字頭作“㷭”，析爲“从火，逢聲” 結構。燧，《説文》字頭作“䎳”，析爲“从㸔从火，遂聲。䃣，篆文省” 結構。

　　10.037 羽橄　上玉句反。《説文》云：“鳥羽也。”① 下胡狄反。《爾雅》云：“無枝爲橄也。”②《説文》云：“符橄，二尺書也。從木，激省聲。”③ 或從手，非。

　　10.038 刁斗　上鳥聊反，下當口反。孟康注《漢書》云④：“以銅爲之，受一斗。晝炊飲食，夜擊警衆，持行隨軍也。”⑤ 今改爲金鉦是。《古今正字》云：“斗有柄。”竝象形字也⑥。

　　10.039 昊天　上胡老反。《爾雅》云：“夏爲昊天。”⑦ 郭注云：“言氣晧旰也。”⑧《説文》作界，從日，夯聲⑨。夯音晧。下天字，《釋名》云：“以舌腹言之。天，顯也。在上高顯也。又：天之言坦也。坦然高遠。”⑩ 故字從一、大也⑪。旰音月旦反⑫。59p0419a—0419b

　　10.040 胥悦　上息余反。孔注《尚書》云：“胥，相也。”⑬《公羊傳》曰：“胥盟者何？曰相盟也。”⑭ 鄭箋《詩》云：“皆也。”⑮《説文》：“從肉，疋

---

① 見羽部。鳥羽也，今本作“鳥長毛也”。

② 見《釋木》。

③ 木部：“橄，二尺書。从木，敫聲。”〇二，原作“三”，今據《説文》改。《急就篇》卷四“輒覺没入橄報留”顏師古注：“橄者，以木爲書，長二尺。”《漢書·申屠嘉傳》“嘉爲橄召通詣丞相府”顏師古注：“橄，木書也，長二尺。”皆作“二尺”，可爲據改之旁證。瑄案：有作“尺二寸”者，《漢書·高帝紀下》“吾以羽橄徵天下兵”顏師古注：“橄者，以木簡爲書，長尺二寸，用徵召也。”《後漢書·光武帝紀上》“王郎移橄購光武十萬户”李賢注引《説文》：“橄，以木簡爲書，長尺二寸，謂之橄，以徵召也。”

④ “注”字原闕，今據文意補。

⑤ 《李廣傳》“不擊刁斗自衛”顏師古注引孟康曰：“刁斗，以銅作鐎，受一斗，晝炊飯食，夜擊持行夜，名曰刁斗。”

⑥ 《説文》闕“刁”篆。《説文》斗部：“斗，十升也。象形，有柄。”

⑦ 見《釋天》。

⑧ 見《釋天》“夏爲昊天”注。

⑨ 夯部析“界”爲“从日、夯，夯亦聲”結構。

⑩ 《釋天》：“天，豫、司、兗、冀以舌腹言之，天，顯也，在上高顯也。青、徐以舌頭言之，天，坦也，坦然高而遠也。”

⑪ 《説文》析“天”同。

⑫ 月，徐時儀（2012:2342 注［一六］）疑當作“干”。

⑬ 見《盤庚·序》“民咨胥怨”傳。

⑭ 《桓公三年》：“夏，齊侯、衛侯胥命于蒲。胥命者何？相命也。何言乎相命？近正也。”盟，今本作“命”。

⑮ “皆也”義《詩箋》數見，如《小雅·角弓》“民胥然矣”鄭玄箋：“胥，皆也。”

聲。”[①] 疋音疏[②]。傳文作胥,俗字,非體也。

10.041 庠序　上似羊反。《禮記》云:“有虞氏養國老於上庠,庶老於下庠。上庠太學,下庠小學。”[③]《説文》:“從广,詳省聲。”[④] 下徐舉反。《玉篇》云:“東序、西序之學也。”[⑤]《爾雅》云:“東西牆謂之序。”[⑥] 郭注云:“所以序别内外。”[⑦]

10.042 無辜　下古胡反。《爾雅》云:“辜、辟、戾,罪也。”[⑧] 郭注云:“皆刑罪也。”[⑨]《説文》云:“從辛,古聲。”[⑩] 或有從手作辜,變體,誤書也。

10.043 擗踊　上房益反。《爾雅》云:“辟,撫心也。”[⑪] 郭注云:“椎胷也。”[⑫] 或作擗。《禮記》作辟[⑬]。下餘隴反。《切韻》云:“跳也。”[⑭] 或作踊。《禮記》云:“歎斯辟。”[⑮] 鄭注云:“辟,撫心也。”[⑯] 又云:“辟斯踊矣。”[⑰] 鄭注

① 見肉部。

② “疋”字原闕,今據文意補。

③ 《内則》:“有虞氏養國老於上庠,養庶老於下庠;夏后氏養國老於東序,養庶老於西序;殷人養國老於右學,養庶老於左學;周人養國老於東膠,養庶老於虞庠。虞庠在國之西郊。”《王制》:“有虞氏養國老於上庠,養庶老於下庠;夏后氏養國老於東序,養庶老於西序;殷人養國老於右學,養庶老於左學;周人養國老於東膠,養庶老於虞庠。虞庠在國之西郊。”○“國老”之“國”字原闕,今據《禮記》補。大通本同今本。獅谷本亦注:“本老上有國。”

④ 見广部。詳省聲,今本作“羊聲”。

⑤ 广部:“序,學也,舒也,東西牆也。又:長幼也。”

⑥ 見《釋宫》。

⑦ 見《釋宫》“東西牆謂之序”注。

⑧ 見《釋詁》。

⑨ 見《釋詁》“辜、辟、戾,辠也”注。

⑩ 辛部析“辜”爲“从辛,古聲。㱙,古文辜,从死”結構。

⑪ 見《釋訓》。撫心,今本作“拊心”。

⑫ 《釋訓》“辟,拊心也”郭璞注:“謂椎胸也。”

⑬ 《檀弓下》:“辟踊,哀之至也。”《問喪》:“故曰:‘辟踊哭泣,哀以送之,送形而往,迎精而反也。’……故哭泣辟踊,盡哀而止矣。”

⑭ 腫韻(箋本、裴本):“踊,(餘隴反。)跳。”王本:“踊,(餘隴反。)跳。亦作踴。”

⑮ 見《檀弓下》:“歎斯辟,辟斯踊矣。”

⑯ 見《檀弓下》“歎斯辟”鄭玄注。

⑰ 見《檀弓下》。

云:“踊,躍也。”①《晏子》云:“踴貴履賤。”②

　　10.044 太宰嚭　下音丕鄙反。鄭注《禮記》云:“太宰、行人,官名也。”③《説文》云:“從壴,否聲。”④傳文從壹,丕作疋,俗字。壴音竹句反。

　　10.045 謗讟　上博傍反。孔注《論語》云:“謗,訕也。”⑤杜注《左傳》云:“謗,毀也。”⑥《説文》:“從言,旁聲。”⑦下同目反。杜注《左傳》云:“讟,誹謗也。”⑧《廣雅》云:“惡也。”⑨郭注《方言》云:“謗誣怨痛曰讟。”⑩《説文》云:“從言,讀聲。”⑪

　　10.046 大駴　下侯揩反。《説文》云:“驚也。”⑫孫炎云:“禹疏九河,北河功難,衆懼不成,故曰徒駭。”⑬字從馬,亥聲⑭。

　　10.047 赫胥　上呼格反,下息余反。古帝号也。《史記》云:“女媧、共工、大庭、栢皇、中央、栗陸、驪連、赫胥、尊盧、渾沌、昊英、有巢、朱襄、葛天、陰康、無懷氏等,除共工十五世,皆襲伏犧之號。”⑮《雒書甄曜度》曰⑯:“伏犧、女媧,紀各一万六千八百歲也。”

---

① 見《檀弓下》“辟斯踊矣”鄭玄注。

② 《晏子春秋》卷四:“國都之市,履賤而踊貴。”卷六:“公曰:‘何貴何賤?’是時也,公繁於刑,有鬻踊者。故對曰:‘踊貴而履賤。’公愀然改容。公爲是省於刑。”

③ 見《檀弓下》“陳大宰嚭使於師”鄭玄注。○太,原作“大”,今據文意改。

④ 嚭,《説文》作“噽”,喜部:“噽,大也。从喜,否聲。《春秋傳》:‘吳有太宰噽。’”

⑤ 《陽貨》“惡居下流而訕上者”何晏集解引孔(安國)曰:“訕,謗毀。”瑄案:《論語》“謗”1見,《子張》:“未信則以爲謗己也。”

⑥ 見《昭公四年》“國人謗之”注。

⑦ 見言部。

⑧ 《宣公十二年》“君無怨讟”杜預注:“讟,謗也。”《昭公元年》“民無謗讟”杜預注:“讟,誹也。”

⑨ 見《釋詁》。

⑩ 《方言》卷十三“讟,痛也”郭璞注:“謗誣怨痛也。”

⑪ 誩部析“讟”爲“从誩,賣聲”結構。瑄案:希麟音義引文析字跟今本不同。

⑫ 見馬部。

⑬ 《爾雅·釋水》“徒駭”陸德明釋文引孫云:“禹疏九河,此河功難,衆懼不成,故曰徒駭。”瑄案:“徒駭”陸德明釋文引李云:“禹疏九河,以徒衆起,故曰徒駭。”

⑭ 《説文》析“駴”同。

⑮ 參見《漢書·古今人表》。

⑯ 《雒書甄曜度》,讖緯類著作,撰人不詳,書已佚,明人孫毂、清人殷元正、黄奭等有輯本。參《古佚書目録》頁115—116。又日人安居香山、中村璋編《緯書集成》采録緯書資料較爲詳備,可以參看。

10.048 密譖 下側譖反。《説文》云:"毁也。"① 《字書》云:"讒也。"《論語》云:"浸潤之譖。"② 字從言晉聲也③。晉音潛。傳本作譛,俗字,非體。

10.049 穿鑿 上昌緣反。《切韻》云:"通也。"④ 下在各反。《考聲》云:"鑿也。"《古考史》云:"孟莊子作鑿。"《説文》云:"所以穿木也。從金,鏧省聲。"⑤ 鏧音作也。59p1419b—0419c

10.050 倫媲 上力迍反。《切韻》:"比也。"⑥ 《考聲》云:"道理也。"又:類也。下疋閉反。《爾雅》云:"妃,媲也。"⑦ 郭注云:"相偶媲也。"⑧ 《説文》云:"妃也。從女,毘聲。"⑨ 毘音閉迷反。妃音配。

10.051 狡猾 上古巧反。《切韻》云:"疾也。"⑩ 《説文》云:"狂也。從犬,交聲。"⑪ 下户八反。《尚書》云:"蠻夷猾夏。"⑫ 孔傳云:"猾,亂也。"⑬ 《説文》云:"從犬、骨,骨亦聲也。"⑭

10.052 於莒 下居許反。《玉篇》云:"草名也。"⑮ 《釋文》云:"國名,春秋時所封,亦嬴姓之後也。"⑯

---

① 疑引書誤。《廣雅·釋詁》:"譖,愬也。"瑄案:《説文》言部:"譖,愬也。从言,晉聲。"
② 《顔淵》:"子曰:'浸潤之譖,膚受之愬,不行焉,可謂明也已矣。'"
③ 《説文》析"譖"同。
④ 仙韻(箋本):"穿,昌緣反。三。"王本:"穿,昌緣反。穴過。三。"
⑤ 見金部。所以穿木,今本作"穿木"。
⑥ 真韻(箋本):"倫,(力屯反。)等。"王本:"倫,(力屯反。)等理。"
⑦ 見《釋詁》。
⑧ 見《釋詁》"妃,媲也"注。
⑨ 見女部。○妃,原作"配",今據文意改。《文選·劉孝標〈廣絶交論〉》"媲人靈於豺虎"李善注引《爾雅》:"媲,妃也。"《玉篇》女部"媲"字下引《爾雅》:"媲,妃也。"皆作"妃",可爲據改之旁證。
⑩ 巧韻(箋本、王本):"狡,(古巧反。)狂狡。"
⑪ 犬部:"狡,少狗也。从犬,交聲。匃奴地有狡犬,巨口而黑身。"
⑫ 見《舜典》。
⑬ 見《舜典》"蠻夷猾夏"孔安國傳。
⑭ 《説文》闕"猾"篆。○"骨亦聲"之"骨"字原闕,今據文意補。
⑮ 艸部:"莒,草也。亦國名。"
⑯ 不詳。

10.053 壙坎　上盧盛反,下苦感反。《説文》云:“險陷也。”[1] 謂難進也。從土,稟、欠皆聲[2]。

10.054 腠理　上倉湊反。鄭注《儀禮》云[3]:“腠,皮膚理也。”[4]《考聲》云:“皮膚内也。”《古今正字》:“從肉、奏。”[5] 形聲字也。

10.055 搢紳　上津信反。鄭注《禮記》云[6]:“搢,猶插也。”[7] 鄭注《周禮》云[8]:“搢,謂插笏於紳帶之間,若帶劍也。”[9] 下失真反。《考聲》云:“紳,大帶也。”《廣雅》云:“紳,猶束也。”[10]《論語》云:“子張書諸紳。”[11]《説文》云:“從糸申聲也。”[12]

10.056 志緝　下七入反。《切韻》云:“緝,績也。”[13]《爾雅》云:“緝、熙,光也。”[14] 郭注引《詩》云[15]:“學有緝熙于光明也。”[16] 字從糸、口、耳[17]。會意字也。

10.057 汲郡　上金邑反。《考聲》云:“汲郡,今衛州是。”[18]《説文》云:

---

① 見土部。險陷,今本作“陷”。
② 《説文》析“坎”爲“從土,欠聲”結構。《説文》闕“壙”篆。
③⑥　注,獅谷本作“註”。
④ 見《鄉射禮》“進腠”注。皮膚,今本作“膚”。
⑤ 《説文》闕“腠”篆。
⑦ 《内則》“搢笏”鄭玄注:“搢,猶扱也。扱笏於紳。”插,今本作“猶扱”。瑄案:疑引書誤。《儀禮·鄉射禮》“搢三而挾一個”鄭玄注:“搢,插也,插於帶右。”《士喪禮》“搢笏”鄭玄注:“搢,插也,插衣帶之右旁。”
⑧ “鄭”字原闕,今據文意補。
⑨ 《春官·典瑞》“王晉大圭”鄭玄注引鄭司農云:“晉,讀爲搢紳之搢,謂插於紳帶之間,若帶劍也。”
⑩ 《釋詁》:“紳,束也。”
⑪ 見《衛靈公》。
⑫ 見糸部。
⑬ 緝韻(箋本):“緝,績。七入反。一。”裴本:“緝,七入反。績。三。”王本:“緝,七入反。績。亦作緁。五。”
⑭ 見《釋詁》。
⑮ 郭注,原作“住”,獅谷本作“注”,今據文意補改。
⑯ 《釋詁》“緝、熙、頴,光也”郭璞注:“《詩》曰:‘學有緝熙于光明。’又曰:‘休有烈光。’”瑄案:《詩·大雅·大明》“於緝熙敬止”毛傳:“緝熙,光明也。”
⑰ 《説文》析“緝”爲“從糸,咠聲”結構,析“咠”爲“從口從耳”結構。
⑱ 州,獅谷本、大通本作“川”。

"從水,及聲。"①

10.058　闃然　上苦覓反。《字書》云:"寂靜也。"《説文》云:"從門,臭聲。"②臭音古覓反,犬視也。從犬、目③。

10.059　遒華　上就由反。《毛詩傳》云:"遒,固也。"④《考聲》云:"盡也。"《切韻》云:"聚也。"⑤《説文》云:"從辵,酉聲。"⑥酉音同上。

10.060　郁郁　於六反。《切韻》:"文也。"⑦《論語》云:"郁郁乎文哉。"⑧或作彧,古文作或,皆文彩皃也。

10.061　悚慴　上粟勇反。杜注《左傳》云:"悚,懼也。"⑨《説文》作愯⑩。今作悚,俗字,通用。下之涉、徒叶二反。《爾雅》云:"恐、慴,懼也。"⑪《切韻》云:"伏也。"⑫與懾義同。

10.062　搮賾⑬　上他頷反。《考聲》云:"通也。"《韻詮》云:"引取也。"從手、罙⑭。罙音深。罙,從穴、求也⑮。傳本作探,俗字。下柴責反。

---

① 水部析"汲"爲"从水从及,及亦聲"結構。
② 見《説文新附》門部。
③ 《説文》析"臭"同。
④ 見《豳風·破斧》"四國是遒"傳。〇固,原作"周",今據《詩傳》改。《破斧》"四國是遒"毛傳"遒,固也"孔穎達疏:"遒訓爲聚,亦堅固之義,故爲固也。言使四國之民心堅固也。"亦言"固",可爲據改之旁證。瑄案:《詩》凡2見"遒",除前述1見外,另見《商頌·長發》:"敷政優優,百禄是遒。""百禄"句毛傳:"遒,聚也。"
⑤ 尤韻(箋本):"遒,盡。即由反。又字秋反。四。"裴本:"遒,即由反。盡也。又字由反。亦遒迫也,聚也。十一。"王本:"遒,即由反。又字秋反。盡。十。"
⑥ 遒,《説文》字頭作"𧽯",析爲"从辵,酉聲。遒,𧽯或从酉"結構。
⑦ 屋韻(箋本):"郁,文又郁縣,在北地。於六反。十。"裴本:"郁,扵六反。又有郁郅縣,在北地。十二。"王本:"郁,於六反。文又郁郅縣,在北地。十五。"
⑧ 《八佾》:"子曰:'周監於二代,郁郁乎文哉!吾從周。'"
⑨ 見《襄公四年》"邊鄙不聳"注、《昭公六年》"聳之以行"注、《昭公十九年》"駟氏聳"注。悚,今本作"聳"。瑄案:《文選·潘岳〈笙賦〉》"晉野悚而投琴"李善注引杜預《左氏傳注》:"悚,懼也。"
⑩ 愯,《説文》作"愯",心部:"愯,懼也。从心,雙省聲。《春秋傳》曰:'駟氏愯。'"
⑪ 見《釋詁》。
⑫ 葉韻(箋本):"慴,(之涉反。)又作𢥠。"裴本:"慴,(之涉反。)慴伏。亦作𢥠。"王本:"慴,(徒恊反。)懾慴。"
⑬ 搮,即"探"。
⑭ 《説文》析"探"爲"从手,罙聲"結構。
⑮ 《説文》析"罙"爲"从穴从火,从求省"結構。

《韻英》云:“深幽也。”《古今正字》:“幽深也。”從臣,賨聲①。臣,以而反。賨,正作賨字。59p0419c—0420a

10.063 筌蹄　上七緣反。《説文》:“取魚竹籠也。”②亦名魚笱,音苟。從竹,全聲。下束奚反。《説文》作蹏③。《莊子》云:“筌者所以取魚,得魚而忘筌;蹄者所以取兔,得兔而忘蹄也。”④

10.064 碑誄　上彼皮反。《釋名》云:“碑,本葬時所樹,臣子追述君父之功,書其上也。”⑤下力軌反。《考聲》云:“誄,壘也。述亡者而叙哀情也。”《説文》云:“誄,謚也。從言耒聲也。”⑥耒音盧會反。

10.065 辛諝　上息隣反。姓也。夏啟封支子於莘。莘、辛聲相近,因爲辛氏⑦。下胥旅反。鄭注《周禮》云:“有才智之稱也。”⑧案:辛諝,即唐太子中舍姓名。

10.066 靦容　上天典反。《爾雅》云:“靦,姡也。”⑨郭云:“面姡然也。”⑩姡音戶刮反。鄭箋《毛詩》云:“姡然有面目也。”⑪《考聲》云:“不知愧也。”《説文》云:“從面見聲也。”⑫

10.067 爝火　上音爵。《字書》云:“火炬也。”《説文》:“以火拂除被

---

① 《説文》闕“賾”篆。
② 《説文》闕“筌”篆。
③ 足部:“蹏,足也。从足,虒聲。”
④ 《外物》:“筌者所以在魚,得魚而忘筌;蹄者所以在兔,得兔而忘蹄;言者所以在意,得意而忘言。”○“筌者”之“者”字原闕,今據《莊子》補。希麟音義凡兩釋“筌蹄”,卷四“筌蹄”注引《莊子》:“筌者所以在魚,得魚忘筌也。”亦作“筌者”,可爲據補之旁證。
⑤ 《釋典藝》:“碑,被也。此本葬時所設也。施其鹿盧,以繩被其上,引以下棺也。臣子追述君父之功美,以書其上。後人因焉,無故建於道陌之頭,顯見之處,名其文就,謂之碑也。”
⑥ 見言部。
⑦ 不詳。
⑧ 《地官·序官》“閭胥”、《春官·序官》“大胥”鄭玄注皆云:“胥,有才知之稱。”
⑨ 見《釋言》。
⑩ 見《釋言》“靦,姡也”注。
⑪ 《小雅·何人斯》“有靦面目”毛傳“靦,姡也”鄭玄箋:“姡然有面目,女乃人也。”
⑫ 面部析“靦”爲“从面、見,見亦聲……靦,或从旦”結構。

也。從火爵聲也。"① 下呼果反。《書》云:"火曰炎上也。"②

10.068 寰中 上户關反③。《說文》云:"寰,宇也。"④《字書》:"以四海爲寰中也。"今傳文云:"非夫契彼寰中,孰能爲兹高論也?"⑤傳作此鐶字⑥,恐非此用。

10.069 尺鷃 上或作赤,同。下音晏。《爾雅》云:"鳸,鷃。"⑦郭注云:"鷃雀也。"⑧或作鴳。《考聲》云:"小鳥也。地穴作巢者。"從鳥晏聲也⑨。鳸音户。

10.070 大鵬 下音朋。天鳥也。《莊子》云:"北溟有魚曰鯤,化爲鳥曰鵬。"⑩又:"垂天之翼搏風九万里也。"⑪《說文》:"從鳥朋聲也。"⑫

10.071 王謐 音蜜。《爾雅》云:"謐、寧,靜也。"⑬案:此即人名。

10.072 劉璆 渠幽反。《爾雅》云:"西北方之美者,有璆琳、瑯玕焉。"⑭郭注云:"璆琳,美玉名。"⑮今案:劉璆,人姓名也。

---

① 見火部。以火拂除被也,今本作"苣火被也"。
② 《洪範》:"水曰潤下,火曰炎上,木曰曲直,金曰從革,土爰稼穡,潤下作鹹。"
③ 户,原作"尸",獅谷本、大通本作"口",今據文意改。
④ 《說文新附》宀部:"寰,王者封畿内縣也。从宀,睘聲。"
⑤ 《唐護法沙門法琳別傳》卷上:"非夫契彼環中,孰能爲兹高論?"
⑥ "傳"字原闕,今據文例補。瑄案:"鐶"見《唐護法沙門法琳別傳》卷上:"非夫契彼環中,孰能爲兹高論。"
⑦ 見《釋鳥》。鷃,今本作"鴳"。
⑧ 《釋鳥》"鳸,鴳"郭璞注:"今鴳雀。"
⑨ 鷃,《說文》作"鴳",鳥部:"鴳,雇也。从鳥,安聲。"
⑩ 《逍遥遊》:"北冥有魚,其名爲鯤。鯤之大,不知其幾千里也。化而爲鳥,其名爲鵬。"
⑪ 《逍遥遊》:"北冥有魚,其名爲鯤。鯤之大,不知其幾千里也。化而爲鳥,其名爲鵬。鵬之背,不知其幾千里也;怒而飛,其翼若垂天之雲。是鳥也,海運則將徙於南冥。南冥者,天池也。《齊諧》者,志怪者也。《諧》之言曰:'鵬之徙於南冥也,水擊三千里,搏扶搖而上者九萬里,去以六月息者也。'"
⑫ 《說文》闕"鵬"篆。
⑬ 見《釋詁》。
⑭ 《釋地》:"西北之美者,有崑崙虛之璆琳、琅玕焉。"
⑮ 《釋地》"西北之美者,有崑崙虛之璆琳琅玕焉"郭璞注:"璆琳,美玉名。琅玕,狀似珠也。《山海經》曰:'崑崙山有琅玕樹。'"

10.073 礪鉛　上力制反。《説文》云：“砥礪也。”①《考聲》云：“磨石也。”顧野王云：“崦嵫山多砥礪也。”②下與專反。《切韻》云：“錫也。”③《尚書》云：“青州貢鉛。”④《説文》云：“青金也。從金，沿省聲。”⑤案：沿路舟船之字皆同也。今作鈆，俗。59p0420a—0420b

琳法師別傳卷中

10.074 貽訓　上與之反。《切韻》云：“眂也。”⑥《爾雅》云：“貽，遺也。”⑦郭注云：“相歸遺也。”⑧《説文》：“從貝，台聲。”⑨台音同上。下許運反。《説文》：“誡也。”⑩又：導也。《廣韻》云：“男曰教，女曰訓。”⑪《尚書·序》云：“典、謨、訓、誥、誓、命之文凡百篇，以弘至道也。”⑫

10.075 流遁　上力求反。《考聲》：“放也。”《切韻》云：“遷也。”⑬《字菀》云：“流，移也。”《説文》云：“從水、㐬。”⑭㐬音他忽反，倒書古文㐬字。㐬音子。下又作遯。《説文》：“逃也。”⑮《字書》云：“隱也。”從辵，豚聲⑯。

10.076 本系⑰　上《説文》云作本，從木、一，如木之有根⑱。下胡計

---

① 《説文新附》石部：“礪，礱也。從石，厲聲。經典通用厲。”砥，《説文》字頭作“厎”，厂部：“厎，柔石也。從厂，氏聲。砥，厎或從石。”
② 《玉篇》石部：“砥，磨石也。亦作厎。”
③ 仙韻（篆本）：“鉛，（與專反。）錫。或作鈆。”王本：“鉛，（與專反。）鉛錫。通俗作鈆。”
④ 《禹貢》：“海、岱惟青州……厥貢鹽、絺，海物惟錯。岱畎絲、枲、鉛、松、怪石。”
⑤ 見金部。沿省聲，今本作“㕣聲”。
⑥ 之韻（殘葉、篆本、王本）：“貽，（與之反。）眂遺。”裴本：“貽，（與之反。）遺也，眂也。”
⑦ 見《釋言》。
⑧ 見《釋言》“貽，遺也”注。
⑨ 見《説文新附》。
⑩ 見言部。誡也，今本作“説教也”。
⑪ 《廣韻》問韻：“訓，誡也。男曰教，女曰訓。”
⑫ 《尚書·序》：“芟夷煩亂，翦截浮辭，舉其宏綱，撮其機要，足以垂世立教，典、謨、訓、誥、誓、命之文凡百篇。所以恢弘至道，示人主以軌範也。”
⑬ 尤韻（篆本）：“流，（力求反。）”裴本：“流，（力求反。）水行。”王本：“流，（力求反。）水逝。”
⑭ 《説文》析“㳅”爲“從水、㐬……流篆文從水”結構。
⑮ 辵部：“遁，遷也。一曰逃也。從辵，盾聲。”
⑯ 《説文》析“遯”爲“從辵從豚”結構。瑄案：希麟音義析字跟《説文》有不同。
⑰ 本，原作“李”，今據文意改；下同。獅谷本亦作“本”。
⑱ 木部：“本，木下曰本。從木，一在其下。㮺，古文。”

反。《切韻》云：“緒也。”①《爾雅》云：“系，繼也。”②《說文》云：“從糸，丿聲。”③糸音覓。丿音曳，延丿也。

10.077 沙汰　上音所加反。《切韻》：“沙亦汰也。”④下音太。《考聲》云：“濤汰，洗也。”案：沙汰，即如沙中濤洗其金取精妙者也。

10.078 推劾　恒得反。顧野王云：“案獄相告證之辝也。”⑤《說文》：“推有罪人也。從力，亥聲。”⑥或從刃從刀作㓨、刻，二形皆非。

10.079 縲絏　上累追反，下先拽反。孔注《論語》云：“縲，黑繩也；絏，攣也。所以拘罪人也。”⑦《古今正字》並從糸字，累、曳皆聲也⑧。俗亦作緤字。

10.080 檮昧　上音桃。杜注《左傳》云：“檮杌也，謂無所知皃也。”⑨從木，壽省聲也⑩。下昧字，《說文》云：“爽，旦明也。從日未聲也。”⑪杌音五骨反。

10.081 叨簉　上討刀反，下擲瘦反。杜注《左傳》云：“簉，副也。”⑫《考聲》云：“廁也，齊也。”《說文》云：“從草，造聲。”⑬造，七到反。傳文從竹，俗。

---

① 霽韻（裴本）：“系，（胡計反。）緒。《說文》作此𣎳。又巨狄反。”王本：“系，（胡計反。）緒系。”
② 見《釋詁》。系，今本作“係”。○系，原作“糸”，今據文意改。
③ 糸部析“系”爲“從糸，丿聲……𢍰，系或從𣪊、處。繇，籀文系，從爪、絲”結構。
④ 麻韻（箋本）：“砂，砂石。所加反。六。”“沙，（所加反。）沙文。”裴本：“沙，（所加反。）沙汰。”王本：“砂，所加反。或作沙。六。”又 禡韻（王本）：“沙，色亞反。汰物。二。”
⑤ 《玉篇》力部：“劾，推劾也。”
⑥ 見力部。推有罪人，今本作“法有辠”。
⑦ 《公冶長》“雖在縲絏之中”何晏集解引孔曰：“縲，黑索；絏，攣也。所以拘罪人。”
⑧ 縲、絏，《說文》作“纍、緤”，析“緤”爲“從糸，世聲……緤，緤或從枼”結構，析“纍”爲“從糸，畾聲”結構。
⑨ 《文公十八年》“天下之民謂之檮杌”杜預注：“謂鯀檮杌，頑凶無儔匹之貌。”
⑩ 《說文》析“檮”爲“從木，𡦳聲”結構。
⑪ 見日部。
⑫ 《昭公十一年》“僖子使助薳氏之簉”杜預注：“簉，副倅也。”
⑬ 艸部析“造”爲“從艸，造聲”結構。

10.082 餔糟　上補乎反。《切韻》：“哺食也。”① 《離騷》云：“餔其醨，歠其醨。”② 又音步，今不取。下音遭。《説文》亦作醩，酒滓也。從西曹聲也③。

10.083 歠醨　上川劣反。《切韻》：“大飲也。”④ 飲音呼合反⑤。下吕支反。《説文》云：“薄酒也。從酉离聲也。”⑥

10.084 菁華　上即盈反。《毛詩》云：“葑菲，即蕪菁也。”⑦ 《字書》云：“菁，美也。”又：與精義同，從草青聲也⑧。 59p0420b—0420c

10.085 逗遛　上頭候反，下音留。《説文》云：“逗亦止也。”⑨ 又：引也。《字書》云：“逗，遛也。”《説文》云二字並從辵，豆、留皆聲也⑩。

10.086 媒衒　上莫杯反。《説文》云：“媒，娉也。”⑪ 《字書》云：“謀也。”言謀合於親姻也。 從女，某聲。下黃絹反⑫。《考聲》云：“行且賣也。”《説文》正作衒⑬，自媒也。

10.087 橘柚　上居聿反。《説文》云：“果名也。”⑭ 《周禮》云：“踰江淮北化爲枳，地氣然也。”⑮ 下余救反。《字書》云：“似橘而大，皮厚。”《廣志》云：“成都柚大如斗。”郭注《爾雅》云：“柚，似橙而酢，生江南也。”⑯ 二

---

① 模韻（篆本）：“餔，（博孤反。）食。”王本：“餔，（博孤反。）歠。”

② 引書誤，語見《楚辭·漁父》：“衆人皆醉，何不餔其糟而歠其醨？”

③ 《説文》析“糟”爲“從米，曹聲。醩，籀文从西”結構。

④ 薛韻（裴本）：“歠，昌雪反。大飲。一。”王本：“歠，昌雪反。大飲。二。”

⑤ “飲”字原闕，今據文意補。

⑥ 見西部。

⑦ 引書誤。《邶風·谷風》“采葑采菲”陸德明釋文引《草木疏》：“（葑，）蕪菁也。”瑄案：《邶風·谷風》“采葑采菲”鄭玄箋：“此二菜者，蔓菁與葍之類也，皆上下可食。”《鄘風·桑中》“爰采葑矣”鄭玄箋：“葑，蔓菁。”《唐風·采苓》“采葑采葑”毛傳：“葑，菜名也。”

⑧ 《説文》析“菁”爲“從艸，青聲”結構。

⑨ 辵部：“逗，止也。從辵，豆聲。”

⑩ 《説文》闕“遛”篆。

⑪ 女部：“媒，謀也，謀合二姓。從女，某聲。”

⑫ “反”字原闕，今據文意補。

⑬ 衒，《説文》字頭作“衒”，行部：“衒，行且賣也。從行從言。衒，衒或从玄。”

⑭ 木部：“橘，果。出江南。從木，矞聲。”

⑮ 《考工記·序》：“橘踰淮而北爲枳，鸜鵒不踰濟，貉踰汶則死，此地氣然也。”

⑯ 《釋木》“柚，條”郭璞注：“似橙，實酢，生江南。”

字並從木，矞、由皆聲也^①。

10.088　樝梨^②　上側加反。《爾雅》云：“樝梨曰鑽之。”^③郭注云^④：“樝，似梨而酢澀也。”^⑤下力脂反。《説文》云：“果名也。”^⑥《魏文詔》云：“真定之梨大如拳，甘如蜜也。”^⑦

10.089　皦然　上古了反。《説文》云：“明也。”^⑧又《玉篇》云：“白兒。”^⑨字從白，敫聲^⑩。敫音羊酌反^⑪，從白、放^⑫，光也。

10.090　負扆　下於豈反。《爾雅》云：“牖户之間謂之扆。”^⑬《禮記疏》云：“如綈素屏風，畫以斧文，亦謂之斧扆也。”^⑭《説文》云：“從户，衣聲。”^⑮

10.091　苻姚　上房無反。前秦姓也。《史記》云：“健本洛陽臨渭人，因其家池中蒲生有異，遂以蒲爲姓。後孫背上草付字，却爲苻氏。”^⑯下餘

---

① 《説文》析“柚”爲“从木，由聲”結構。
② 樝，原作“櫨”，今據文意改；下同。獅谷本注：“櫨，尒雅作樝。”
③ 《釋木》：“瓜曰華之，桃曰膽之，棗李曰疐之，樝梨曰鑽之。”
④ 注，原作“住”，獅谷本作“註”，今據文意改。
⑤ 《釋木》“瓜曰華之，桃曰膽之，棗李曰疐之，樝梨曰鑽之”郭璞注：“皆啖食、治擇之名。樝，似梨而酢澀，見《禮記》。”
⑥ 木部：“棃，果名。从木，称聲。称，古文利。”
⑦ 《太平御覽》卷九六九“梨”下《魏文帝詔》曰：“真定御梨，大若拳，甘若蜜，脆若凌，可以解煩釋渴。”
⑧ 見白部。明也，今本作“玉石之白也”。
⑨ 白部：“皦，白也。又：珠玉白兒。亦與皎同。”
⑩ 《説文》析“皦”同。
⑪ “敫”字原闕，今據文意補。
⑫ 《説文》析“敫”爲“从白从放”結構。
⑬ 見《釋宮》。
⑭ 《覲禮》“天子設斧依於户牖之間”鄭玄注：“依，如今綈素屏風也。有繡斧文，所以示威也。”瑄案：《玉篇》户部“扆”字下引鄭玄注《儀禮》：“扆如綈素屏風，畫虎文以示威，亦天子所居也。”《禮記·明堂位》“天子負斧依，南鄉而立”鄭玄注：“斧依，爲斧文屏風於户牖之間。”
⑮ 見户部。
⑯ 引書誤。《晉書·載記·苻洪傳》：“苻洪字廣世，略陽臨渭氐人也。其先蓋有扈之苗裔，世爲西戎酋長。始其家池中蒲生，長五丈，五節如竹形，時咸謂之蒲家，因以爲氏焉。父懷歸，部落小帥。先是，隴右大雨，百姓苦之，謠曰：‘雨若不止，洪水必起。’故因名曰洪。好施，多權略，驍武善騎射……永和六年，帝以洪爲征北大將軍，都督河北諸軍事、冀州刺史、廣川郡公。時有説洪稱尊號者，洪亦以讖文有‘艸付應王’，又其孫堅背有‘艸付’字，遂改姓苻氏，自稱大將軍、大單于、三秦王。”

昭反。後秦姓也。自姚弋仲至泓立三十四年^①，爲劉裕所滅^②。

　　10.092　諤諤　五各反。《説文》云：“譲諤也。”^③《字書》云：“直臣言也。”從言，咢聲。咢音同上。

　　10.093　拓跋　上他各反，下盤末反。後魏姓也。《魏書》云：“黄帝昌意少子，受封於北地，以土德王。北人謂土爲拓，謂后爲跋，故以拓跋爲氏。至孝文帝，因讀《周易》見《乾卦》云：‘元者，万善之始。’遂改爲元氏也。”^④

　　10.094　劉向　下式亮反。《漢書》云：“劉向，高祖親弟劉德之子，本名更生，後改爲向。字子政，武帝時爲中壘校尉之官也。”^⑤

　　10.095　闞澤　上苦濫反。人姓名也。

　　10.096　太微　星名也。《七曜天文經》云^⑥：“太微宫垣十星，在翼北，主天子。南宫爲帝王，十二諸侯之府，入翼九度，去北辰七十六度。”59p0420c—0421a

　　10.097　鐫石　上子緣反。《字書》云：“鑽也。”《説文》云：“琢金石也。

────────

① 《晉書·載記·姚弋仲傳》：“姚弋仲，南安赤亭羌人也。其先有虞氏之苗裔。禹封舜少子於西戎，世爲羌酋。”瑄案：姚弋仲，南安赤亭（今甘肅隴西）人，生於西晉咸寧六年（太康元年，280），卒於東晉永和八年（352），其子姚萇建國（後秦），追諡景元皇帝，廟號始祖。姚泓，南安赤亭（今甘肅隴西）人，後秦文桓帝姚興長子，生於東晉太元十三年（後秦建初三年，388），卒於東晉義熙十三年（後秦永和二年，417），東晉義熙十二年（後秦弘始十八年，永和元年，416）即位，十六國時期後秦末帝。○弋，原作“越”，今據文意改。
② 《晉書·地理志上》：“惠帝即位，改扶風國爲秦國，徙都……及姚泓爲劉裕所滅，其地尋入赫連勃勃。”
③ 《説文》闕“諤”篆。《説文》吅部：“咢，譁訟也。从吅，屰聲。”
④ 《魏書·序紀》：“昔黄帝有子二十五人，或内列諸華，或外分荒服，昌意少子，受封北土，國有大鮮卑山，因以爲號。其後，世爲君長，統幽都之北，廣漠之野，畜牧遷徙，射獵爲業，淳樸爲俗，簡易爲化，不爲文字，刻木紀契而已，世事遠近，人相傳授，如史官之紀録焉。黄帝以土德王，北俗謂土爲托，謂后爲跋，故以爲氏。其裔始均，入仕堯世，逐女魃於弱水之北，民賴其勤，帝舜嘉之，命爲田祖。”
⑤ 《劉向傳》：“向字子政，本名更生。年十二，以父德任爲輦郎。既冠，以行修飭擢爲諫大夫。”
⑥ 《七曜天文經》，不詳。

從金雋聲也。"① 雋音徂兗反,從隹卧弓②。雋字從此。有本作鐫,誤書也。

10.098　扈多　上胡古反。跋扈,縱恣也③。今案:扈多,人姓名。

10.099　夐遠　上休娉反。劉兆注《公羊傳》云:"夐亦遠也。"④《說文》:"視也。"⑤ 又:深遠也。從夐、人在穴上也⑥。夐音火劣反,亦視也。

琳法師別傳卷下

10.100　邕邕　或作雍,或作廱,並舁同。《爾雅》云:"雍雍、優優,和也。"⑦ 郭注云:"和樂也。"⑧ 於容反。《說文》作邕,和也⑨。

10.101　徼妙　上古弔反。《考聲》云:"邊外也。"《韻詮》云:"小道也。"《道德經》云:"常無欲,以觀其妙;常有欲,以觀其徼。"⑩ 御注云:"性失於欲,迷乎道,無欲觀妙,本則見邊徼矣。"

10.102　李耼　下他甘反。老子姓名也。《史記·韓非列傳》云:"姓李名耼,苦縣人也。周定王元年乙卯生於李樹下,簡王二年爲守藏令,十三年爲柱下史,敬王元年壬午年八十五西出散關,或云葬於槐里。"⑪

---

① 金部:"鐫,穿木鐫也。从金,雋聲。一曰琢石也。讀若瀏。"
② 隹部:"雋,肥肉也。从弓,所以射隹。長沙有下雋縣。"
③ 疑見《漢書·司馬相如傳》"扈從橫行,出乎四校之中"顏師古注:"四校者,闌校之四面也。言其跋扈縱恣而行,出於校之四外也。"
④ 疑見《穀梁傳·文公十四年》"夐入千乘之國"范寧注:"夐,猶遠也"。瑄案:《漢書·敘傳上》"夐冥默而不周"顏師古注引劉德曰:"夐,遠也。"
⑤ 夐部:"夐,營求也。从夐,从人在穴上。《商書》曰:'高宗夢得説,使百工夐求,得之傅巖。'巖,穴也。"
⑥ 《說文》析"夐"爲"从夐,从人在穴上"結構。
⑦ 見《釋訓》。雍雍,今本作"廱廱"。
⑧ 《釋訓》"廱廱、優優,和也"郭璞注:"皆和樂。"
⑨ 川部:"邕,四方有水,自邕城池者。从川从邑。㟒,籀文邕。"
⑩ 《老子》一章:"故常無欲,以觀其妙;常有欲,以觀其徼。"
⑪ 《老子韓非列傳》:"老子者,楚苦縣厲鄉曲仁里人也。姓李氏,名耳,字耼,周守藏室之史也。"瑄案:疑希麟音義所引據爲《史記》注文。"老子者"張守節正義:"《朱韜玉札》及《神仙傳》云:'老子,楚國苦縣瀨鄉曲仁里人。姓李,名耳,字伯陽,一名重耳,外字耼。身長八尺八寸,黃色美眉,長耳大目,廣額疏齒,方口厚脣,額有三五達理,日角月懸,鼻有雙柱,耳有三門,足蹈二五,手把十文。周時人,李母八十一年而生。'又《玄妙内篇》云:'李母懷胎八十一載,逍遥李樹下,迺割左腋而生。'又云:'玄妙玉女夢流星入口而有娠,七十二年而生老子。'又《上元經》云:'李母晝夜見五色珠,大如彈丸,自天下,因吞之,即有娠。'"庶幾可爲旁證。

10.103 盪瘵　上徒朗反。《易》云：“盪，滌也。”① 又：洗除也。《説文》：“從皿，湯聲。”② 皿，明丙反。傳文作蕩，非。下齊薤反。《毛詩傳》云：“瘵，病也。”③《爾雅》：“亦病也。”④ 從疒，祭聲⑤。

10.104 夕殞　上祥石反。《説文》：“暮也。從月半見也。”⑥ 下于敏反。《切韻》：“殞，没也。”⑦ 又：死也。從歹，員聲⑧。員音五違反⑨。

10.105 麟麚　上栗弥反。《公羊傳》云：“麟者，仁獸也。有聖王則至其郊。”⑩《爾雅》云：“麟，麚身，牛尾，一角。”⑪ 角端有肉⑫。下軌筠反。《公羊傳》云：“有麏而角也。”⑬《説文》云：“此籀文麚字。”⑭ 俗通作麖字。

10.106 天利　案《帝年曆》⑮：後周武帝立十九年⑯，保定五年⑰，天和七年⑱，健德六年⑲。自建德三年五月普滅佛法也⑳。今傳文作天利五年，誤

---

① 不詳。

② 見皿部。

③ 見《小雅·菀柳》“無自瘵焉”傳、《大雅·瞻卬》“士民其瘵”傳。

④ 見《釋詁》。

⑤ 《説文》析“瘵”同。

⑥ 夕部：“夕，莫也。从月半見。”

⑦ 軫韻（箋本）：“殞，没。于閔反。二。”裴本：“殞，於閔反。殁。四。”王本：“殞，于閔反。殁。”

⑧ 殞，《説文》作“隕”，𨸏部：“隕，從高下也。从𨸏，員聲。《易》曰：‘有隕自天。’”

⑨ “員”字原闕，今據文意補。違，疑誤，韻書作“權、分、倫、𧶠”，均爲陽聲韻。

⑩ 《哀公十年》：“麟者，仁獸也。有王者則至，無王者則不至。有以告者曰：‘有麏而角者。’”

⑪ 見《釋獸》。麟，今本作“麐”。

⑫ 《釋獸》“麐，麚身，牛尾，一角”郭璞注：“角頭有肉。《公羊傳》曰：‘有麏而角。’”

⑬ 《哀公十四年》“有麏而角者”陸德明釋文：“有麏，本又作麇，亦作麚，麖也。”瑄案：慧琳音義卷八十八“麟麚”引《公羊傳》“有麇而角”劉兆云：“麖也。”卷九十二“麚麖”、卷九十四“麚麖”、卷九十五“麚麖”皆引劉兆注《公羊傳》曰：“麚，麖也。”

⑭ 鹿部：“麇，麖也。从鹿，囷省聲。麚，籀文不省。”

⑮ 《帝年曆》，不詳。

⑯ 武帝，指北周第三位皇帝宇文邕（543—578），周文帝宇文泰第四子，同州武鄉（今陝西大荔）人。武成二年（560）即帝位，宣政元年（578）病薨，廟號高祖。

⑰ 保定，北周武帝宇文邕年號，歷 561 年—565 年。

⑱ 天和，北周武帝宇文邕年號，歷 566 年—572 年。

⑲ 健德，即建德，北周武帝宇文邕年號，歷 572 年—578 年。

⑳ 《周書·武帝紀》：“（建德三年）……五月庚申，葬文宣皇后於永固陵，帝祖跣（轉下頁）

書也,應爲和字也①。

　　10.107　掏攬　上道刀反。《埤蒼》云:"掏,抒也。"《古今正字》:
"從手,匋聲。"②匋音同上。　下交咬反。《説文》云:"手動也。　從手,
覺聲。"③59p0421a—0421b

　　10.108　較試　上江岳反。《説文》云:"較,見也。"④又:明也⑤。《爾雅》
云:"直也。"⑥《古今正字》:"試優劣也。"從車,爻聲⑦。傳文從交作較⑧,俗
字,亦通也。

　　10.109　騰驤　上徒登反。《考聲》云:"馳也,奔勇也。"《玉篇》云:
"躍也。"⑨《説文》:"從馬,朕省聲。"⑩下息良反。《字書》云:"馬騰躍也。"
《考聲》云:"逸也。"《説文》云:"馳也。從馬,襄聲。"⑪襄音同上。

————————

　　(接上頁)至陵所。辛酉,詔曰:'齊斬之情,經籍彝訓,近代沿革,遂亡斯禮。伏奉遺
　　令,既葬便除,攀慕几筵,情實未忍。三年之喪,達於天子,古今無易之道,王者之所常
　　行。但時有未諧,不得全制。軍國務重,庶自聽朝。縗麻之節,苫盧之禮,率遵前典,
　　以申罔極。百寮以下,宜依遺令。'公卿上表,固請俯就權制,過葬即吉。帝不許,引
　　古禮答之,羣臣乃止。於是遂申三年之制,五服之内,亦令依禮。初置太子諫議員四
　　人,文學十人;皇弟、皇子友員各二人,學士六人。丁卯,荆州獻白烏。戊辰,詔故晉國
　　公護及諸子,並追復先封,改葬加謚。丙子,初斷佛、道二教,經像悉毀,罷沙門、道士、
　　並令還民。並禁諸淫祀,禮典所不載者,盡除之。"○五,原作"二",今據《周書》改。
① 《唐護法沙門法琳別傳》卷第三:"前道士馬翼、雍州別駕李運等四人,以天和五年於
　　花州故城内守真寺,挑攬佛經,造道家僞經一千餘卷。"
② 《説文》闕"掏"篆。
③ 見手部。手動也,今本作"亂也"。
④ 見車部。見也,今本作"車騎上曲銅也"。
⑤ 《廣雅·釋詁》:"較,明也。"瑄案:此義《廣韻》效韻音古孝切,異詞。
⑥ 《爾雅·釋詁》:"較,直也。"
⑦ 《説文》析"較"同。
⑧ 《唐護法沙門法琳別傳》卷下:"後漢明帝永平十四年,道士褚善信等六百九十人,聞
　　佛法入洛,請求捔試,總將道家經書合三十七部七百四十四卷,就中五百九卷是道
　　經,餘二百三十五卷是諸子書。"
⑨ 馬部:"騰,上躍也,奔也。"
⑩ 見馬部。朕省聲,今本作"朕聲"。
⑪ 見馬部。馳也,今本作"馬之低仰也"。

10.110 桀紂　上具列反。夏之末王號也。《史記》云："帝發之子爲湯所伐，死於鳴條之野。"①《謚法》曰："賊仁多佟曰桀。"②下直久反。殷之末帝也。《史記》云："帝乙之子也。爲武王所伐，敗於牧野，懸首白旗。"③《謚法》曰："殘義損善曰紂。"④紂，諱辛也⑤。

10.111 燉煌　上遁魂反，下音皇。《漢書》云："燉煌郡，即沙州也。武帝元年分酒泉郡置之。"⑥杜林注云："燉煌，以爲古瓜州也。"⑦《古今正字》二字並從火，敦、皇皆聲⑧。

10.112 癃跛　上六忠反。《蒼頡篇》云："癃，痼疾也。"《説文》云："從疒隆聲也。"⑨下布火反。《切韻》："足跛也。"⑩從足，波省聲也⑪。

10.113 皋繇　上古勞反，下音姚。《尚書》："皋陶爲帝舜謀。"⑫古文作咎繇二形，今作皋陶二形。《説文》："從白，半聲。"⑬今或從自，非也。半音滔。案：皋陶，即舜之臣也。

---

① 《夏本紀》："孔甲崩，子帝皋立。帝皋崩，子帝發立。帝發崩，子帝履癸立，是爲桀。帝桀之時，自孔甲以來而諸侯多畔夏，桀不務德而武傷百姓，百姓弗堪。迺召湯而囚之夏臺，已而釋之。湯修德，諸侯皆歸湯，湯遂率兵以伐夏桀。桀走鳴條，遂放而死。"瑄案：《夏本紀》"桀走鳴條，遂放而死"張守節正義引《淮南子》："湯敗桀於歷山，與末喜同舟浮江，奔南巢之山而死。"

② 《獨斷》卷下："殘人多壘曰桀。"瑄案：《玉篇》桀部："賊民多累曰桀。"

③ 《殷本紀》："帝乙崩，子辛立，是爲帝辛，天下謂之紂……甲子日，紂兵敗。紂走，入登鹿臺，衣其寶玉衣，赴火而死。周武王遂斬紂頭，懸之大白旗。"瑄案：希麟本、今本有文字參差，希麟本大約是轉釋。

④ 《論語·子張》"紂之不義"邢昺疏引《謚法》："殘義損善曰紂。"

⑤ 《史記·殷本紀》："帝乙崩，子辛立，是爲帝辛，天下謂之紂。"

⑥ 《地理志下》："敦煌郡，武帝後元年分酒泉置。正西關外有白龍堆沙，有蒲昌海。莽曰敦德。户萬一千二百，口三萬八千三百三十五。縣六：敦煌。"

⑦ 《地理志下》"縣六：敦煌"自注："中部都尉治步廣，候官。杜林以爲古瓜州地，生美瓜。莽曰敦德。"

⑧ 《説文》闕"燉"篆，火部析"煌"爲"從火，皇聲"結構。

⑨ 疒部析"癃"爲"從疒，隆聲"。瘦，籕文癃省"結構。

⑩ 智韻（篆本）："跛，跛足。布火反。三。"王本："跛，布火反。跛足。亦作尨。三。"

⑪ 《説文》析"跛"爲"從足，皮聲"結構。

⑫ 《大禹謨》："皋陶矢厥謨，禹成厥功，帝舜申之，作《大禹》《皋陶謨》《益稷》。"

⑬ 夲部："皋，气夲白之進也。从夲从白。《禮》：'祝曰皋，登謌曰奏。'故皋、奏皆从夲。《周禮》曰：'詔來鼓皋舞。'皋，告之也。"

10.114 八埏　下衍仙反。《漢書音義》云：“八埏，即地之八際也。”①《古今正字》：“從土，延聲。”②

10.115 潛然　上所姦反。《毛詩》云：“潛然，涕淚下也。”③從淋、目④。會意字⑤。

10.116 沃朕　上烏酷反。《説文》云：“沃，灌也。從水夭聲也。”⑥下直稔反。《爾雅》云：“朕，我也。”⑦《史記》云：“古者貴賤悉稱朕，自秦始皇二十年始天子獨稱也。”⑧《説文》云從舟作𦩎⑨。

10.117 淑忒　上殊六反。《爾雅》云：“淑，善也。”⑩《説文》云：“清湛也。從水，叔聲。”⑪俗作淋。《詩》云：“淑，不善逆也。”⑫下他德反。《爾雅》云：“爽，忒也。”⑬郭注云：“用心差錯，不專一也。”⑭

10.118 撞擊　上宅江反。《説文》云：“撞，突也。”⑮《字書》云：“撞亦擊也。”從手童聲也。59p0421b—0421c

10.119 杜衡　上徒古反，下户庚反。《山海經》云：“天帝之山有草焉，其狀如葵，其臭如蘼蕪，名曰杜衡。”⑯郭璞注云：“香草也。”⑰《本草》

---

① 《司馬相如傳下》“下溯八埏”顏師古注引孟康曰：“溯，流也。埏，地之八際也。言德上達於九重之天，下流於地之八際。”

② 《説文新附》析“埏”同。

③ 引書誤。《小雅·大東》“睠言顧之，潛焉出涕”毛傳：“潛，涕下貌。”

④ 《説文》析“潛”爲“从水，散省聲”結構。

⑤ 字，獅谷本作“也”。

⑥ 水部：“沃，溉灌也。从水，芺聲。”

⑦⑩ 見《釋詁》。

⑧ 引書誤。《秦始皇本紀》“天子自稱曰‘朕’”裴駰集解引蔡邕曰：“朕，我也。古者上下共稱之，貴賤不嫌，則可以同號之義也。皋陶與舜言‘朕言惠，可厎行’。屈原曰‘朕皇考’。至秦，然後天子獨以爲稱。漢因而不改。”

⑨ 舟部：“朕，我也。闕。”

⑪ 見水部。

⑫ 不詳。

⑬ 見《釋言》。

⑭ 《釋言》“爽，差也。爽，忒也”郭璞注：“皆謂用心差錯，不專一。”

⑮ 見手部。突也，今本作“卂擣也”。

⑯ 《西山經》：“又西三百五十里，曰天帝之山……有草焉，其狀如葵，其臭如蘼蕪，名曰杜衡，可以走馬，食之已瘿。”

⑰ 見《西山經》“名曰杜衡”注。

云:"蘪蕪,即蚍肬也。"音麋無二字。杜衡,有本作杜衡①,誤書,甚乖也。

10.120 蘩蘇　上附袁反,下薄波反。《爾雅》云:"蘩,蘇蒿也。"② 郭注云:"白蒿。"③ 又云:蘩之醜,秋爲蒿也④。

10.121 懕懕　伊占反,平聲。《爾雅》云:"懕懕、媞媞,安也。"⑤ 郭注云:"好人安靜之容也。"⑥《説文》云:"從心厭聲也。"⑦ 傳文單作厭,音於艷反。足也⑧。非此用。媞音大兮反。

10.122 嫫母　上暮蒲反。古時醜女也⑨。一云黄帝后。

10.123 鸋鳩　上佞丁反,下古穴反。《爾雅》云:"鸋鴂,鸋鳩。"⑩ 郭璞注:"鸋類也。"⑪《説文》從鳥,寧、夬聲也⑫。夬音古快反。

10.124 汨灑　上冥壁反,下音羅。江水名也,在長沙郡也。上《説文》從水,冥省聲⑬。下灑字,傳文單作羅,非。又:上汨字,傳文或從曰作汩,即汩没字。音骨。全別也。

10.125 薜荔⑭　上蒲計反。《説文》:"薜,蘿也,蔓生者也。"⑮ 下郎計反。《字書》云:"香草名也。"

10.126 蘭葩　下怕巴反。《説文》云:"葩,花也。"⑯ 從草,白、巴俱聲也⑰。

----

① 杜衡,徐時儀(2012:2343 注[五三])疑爲"土横"訛。
② 見《釋草》。蘇蒿也,今本作"皤蒿"。
③ 見《釋草》"蘩,皤蒿"注。
④ 見《爾雅·釋草》。
⑤ 見《釋訓》。
⑥《釋訓》"懕懕、媞媞,安也"郭璞注:"皆好人安詳之容。"
⑦ 見心部。
⑧ 足,原作"見",今據文意改。參徐時儀(2012:2343 注[五五])。
⑨《楚辭·東方朔〈七諫·怨世〉》"西施媞媞而不得見兮,嫫母勃屑而日侍"王逸注:"嫫母,醜女也。"
⑩ 見《釋鳥》。鸋鴂,今本作"鷗鴂"。
⑪ 鸋,今本作"鷗"。
⑫《説文》闕"鸋"篆,鳥部析"鳩"爲"從鳥,夬聲"結構。
⑬ 見水部。
⑭ 薜荔,梵詞 preta。
⑮ 艸部:"薜,牡贊也。從艸,辟聲。"
⑯ 見艸部。花也,今本作"華也"。
⑰《説文》析"葩"爲"從艸,皅聲"結構,析"皅"爲"從白,巴聲"結構。

續開元釋教録卷上① 并序中字音

10.127 纘祖宗　上作管反。《説文》云:"纘,繼也。"②《字書》云:"承繼也。"從糸,贊聲。《説文》作贊字③。祖音則古反。《爾雅》云:"祖,王父也。"④又曰:"父之考爲王父,王父之考爲曾祖王父,曾祖王父之考爲高祖王父。"⑤郭注云:"加王者,尊之。曾,猶重也。言高者,最在上也。"⑥宗音作冬反。《説文》云:"尊也。"⑦《白虎通》云:"宗庙,先祖之宗兒也。"⑧《孝經》云:"爲之宗庙,以鬼享之也。"⑨

10.128 納麓　下盧谷反。《虞書》云:"納於大麓。"⑩孔傳云:"麓,録也。納舜使大録萬機之政也。"⑪《晉中興書》云⑫:"九月癸卯,皇太后臨朝稱制,司徒王導録尚書也。"字從林鹿聲也⑬。59p0421c—0422a

---

① 《續開元釋教録》,大正藏作《大唐貞元續開元釋教録》,目録部典籍(T55,No.2156),唐釋圓照集,凡三卷。
② 見糸部。
③ 貝部:"贊,見也。从貝从兟。"瑄案:《説文》"贊"字條徐鉉等曰:"兟,音詵。進也。執贊而進,有司贊相之。"
④ 見《釋親》。
⑤ 《釋親》:"父之考爲王父……王父之考爲曾祖王父……曾祖王父之考爲高祖王父。"
⑥ 《釋親》"父之考爲王父,父之妣爲王母"郭璞注:"加王者尊之。"《釋親》"王父之考爲曾祖王父,王父之妣爲曾祖王母"郭璞注:"曾,猶重也。"《釋親》"曾祖王父之考爲高祖王父,曾祖王父之妣爲高祖王母"郭璞注:"高者,言最在上。"
⑦ 宀部:"宗,尊祖庙也。从宀从示。"
⑧ 《白虎通·宗庙》:"王者所以立宗庙何? 曰:生死殊路,故敬鬼神而遠之。緣生以事死,敬亡若事存,故欲立宗庙而祭之。此孝子之心所以追養繼孝也。宗者,尊也。庙者,貌也。象先祖之尊貌也。"
⑨ 《喪親章》:"爲之宗庙,以鬼享之。"
⑩ 《書·舜典》:"納于大麓,烈風雷雨弗迷。"
⑪ 《舜典》"納于大麓"孔安國傳:"麓,録也。納舜使大録萬機之政,陰陽和,風雨時,各以其節,不有迷錯愆伏。明舜之德合於天。"
⑫ 《晉中興書》,別史類著作,南朝宋何法盛撰(《南史·徐廣傳》以爲郗紹撰),凡78卷(《隋書·經籍志》"《晉中興書》七十八卷"自注:"起東晉。宋湘東太守何法盛撰。"),或稱80卷(《舊唐書·經籍志》《新唐書·藝文志》)。書已佚,清人黄奭等有輯本。參見《古佚書目録》頁146—147。
⑬ 《説文》析"麓"爲"从林,鹿聲……禁,古文从录"結構。

10.129 保釐　上博抱反。《切韻》云：“保，安也。”① 《考聲》云：“養也。”《説文》云：“使也。”② 下力脂反。《尚書》云：“允釐百工。”③ 孔傳云：“允，信；釐，治也。”④ 又曰：“帝釐下土。”⑤ 孔傳云：“言舜理四方。”⑥

10.130 淳源　上常倫反。《廣韻》云：“朴也。”⑦ 《説文》云：“水清也。”⑧ 或作潭⑨，又作淳字也。下愚袁反。《説文》云：“水泉曰源。”⑩ 《山海經》曰：“河出崑崙西北隅。”⑪ 李巡云：“河水始出，其色白。”郭璞注《爾雅》云：“潛流地中，汩漱沙壤，衆水溷淆，宜其濁黄也。”⑫

10.131 薨變　上呼弘反。《爾雅》云：“崩、薨，死也。”⑬ 郭璞注云：“古者死亡，尊卑同稱。”⑭ 故《尚書》云：“堯曰殂落，舜曰陟方乃死。”⑮ 《字書》云：“天子曰崩，諸侯曰薨。”《説文》云：“從死，瞢省聲。”⑯ 瞢音莫登反。

10.132 杳邈　上烏皎反⑰。《切韻》：“杳，冥也。”⑱ 《考聲》云：“深也。”

---

① 晧韻（篆本）：“保，（博抱反。）押。”王本：“保，（博抱反。）任。”
② 引書誤。《廣雅·釋詁》：“保，使也。”瑄案：《説文》人部：“保，養也。从人，从采省。采，古文孚。禾，古文保。保，古文保不省。”
③ 見《堯典》。
④ 《堯典》“允釐百工”孔安國傳：“允，信。釐，治。”
⑤ 見《舜典》。
⑥ 《舜典》“帝釐下土，方設居方”孔安國傳：“言舜理四方諸侯，各設其官居其方。”
⑦ 諄韻：“淳，清也，朴也。”
⑧ 見水部。水清也，今本作“渌也”。
⑨ “或”字原闕，今據文意補。又：潭，原作“漳”，今據文意改。《玉篇》水部：潭，同“淳”。
⑩ 源，《説文》作“𣱲”，𡈼部：“𣱲，水泉本也。从𡈼出厂下。原，篆文从泉。”瑄案：《説文》“𣱲”字條徐鉉等曰：“今別作源，非是。”
⑪ 《海内西經》：“海内崑崙之墟，在西北，帝下之都……洋水、黑水出西北隅，以東，東行，又東北，南入海，羽民南。”
⑫ 《釋水》“河出崑崙虛，色白。所渠并千七百，一川色黄”郭璞注：“潛流地中，汩漱沙壤，所受渠多，衆水溷淆，宜其濁黄。”
⑬ 見《釋詁》。
⑭ 《釋詁》“崩、薨、無禄、卒、徂、落、殪，死也”郭璞注：“古者死亡，尊卑同稱耳。故《尚書》堯曰‘殂落’。舜曰‘陟方乃死’。”
⑮ 《舜典》：“二十有八載，帝乃殂落，百姓如喪考妣。三載，四海遏密八音。”“舜生三十徵庸，三十在位，五十載陟方乃死。”
⑯ 見死部。
⑰ “反”字原闕，今據文意補。獅谷本注“皎下反脱”，大通本亦著“反”字。
⑱ 篠韻（篆本）：“杳，烏皎反。六。”王本：“杳，烏皎反。邃。九。”

顧野王云："寬廣皃。"① 御注《老子》云："杳冥，不測也。"② 下莫角反。《説文》："遠也。"③《韻集》云："邈，漸也。"從辵，皃聲。録文作邈，俗字。

10.133　珠璫　上音朱。《字書》云："蚌中之精也。"下都郎反。《文字集略》云："耳飾也。"《説文》："穿耳施珠曰璫。從玉，當聲。"④

10.134　涇渭　上音經。《山海經》云："涇水出長城北山，北入渭。"⑤郭璞注云："今涇水出安定朝那縣西岍頭山⑥，東南經新平、扶風至京兆高陸縣入渭水也。"⑦下音謂。《山海經》云："渭水出鳥鼠同穴山，東注河，入華陰北。"⑧郭璞注云："鳥鼠同穴山，今隴西首陽縣也。"⑨

10.135　驪珠　上里知反。《莊子》云："夫千金之珠，必在九重之淵驪龍頷下。若能得之，遭其睡也。彼驪龍悟時，子安得哉？"⑩《説文》云："從馬麗聲也。"⑪

10.136　燕珉　上於田反。《切韻》云："古國名。"⑫《爾雅》云："燕曰幽州。"⑬下武巾反。《考聲》云："美石次玉。"《山海經》云："岐山之陰多

①　《玉篇》木部："杳，深廣寬皃。《説文》曰：'冥也。'"
②　不詳。
③　邈，《説文新附》作"邈"，辵部："邈，遠也。从辵，貌聲。"
④　《説文新附》："璫，華飾也。从玉，當聲。"瑄案：《釋名·釋首飾》："穿耳施珠曰璫。此本出於蠻夷所爲也。"
⑤　《海内東經》："涇水出長城北山，山在郁郅長垣北，入渭，戲北。"
⑥　那，原作"舭"，今據郭璞注改。
⑦　《海内東經》"涇水出長城北山，山在郁郅長垣北，入渭，戲北"郭璞注："今涇水出安定朝那縣西笄頭山，東南經新平扶風至京兆高陵縣入渭。"
⑧　《海内東經》："渭水出鳥鼠同穴山，東注河，入華陰北。"
⑨　《海内東經》"渭水出鳥鼠同穴山，東注河，入華陰北"郭璞注："鳥鼠同穴山今在隴西首陽縣，渭水出其東，經南安天水畧陽扶風始平京兆宏農華陰縣入河。"
⑩　《列禦寇》："人有見宋王者，錫車十乘，以其十乘驕穉莊子。莊子曰：'河上有家貧恃緯蕭而食者，其子没於淵，得千金之珠。其父謂其子曰：'取石來鍛之！夫千金之珠，必在九重之淵而驪龍頷下，子能得珠者，必遭其睡也。使驪龍而寤，子尚奚微之有哉！'今宋國之深，非直九重之淵也；宋王之猛，非直驪龍也。子能得車者，必遭其睡也。使宋王而寤，子爲韲粉夫！"〇睡，原作"睢"，今據《莊子》改。
⑪　見馬部。
⑫　先韻（箋本）："燕，（烏前反。）又於見反。"王本："燕，（烏前反。）國名。又作鄢。又於見反。"
⑬　見《釋地》。

白珉。"① 郭璞注云:"珉,石似玉也。"②《説文》云:"從玉,民聲。"③ 有作瑉字,爲唐朝廟諱民,書不就也。

　　10.137 趙璧　上直小反。《切韻》:"郡名也。"④ 下必益反。《晏子》云:"曾子將行,晏子送之,曰:'和氏璧,井里之朴,良工修之,則爲國寶。'"⑤《爾雅》云:"肉倍好謂之璧也。"⑥ 郭注:"肉,邊也;好,孔也。"⑦59p0422a—0422b

　　10.138 縱擢　上子用反。《説文》云:"縱,緩也。一曰舍也。從糸,從聲。"⑧ 下亦作棹,音直教反。《説文》:"舩檝也。"⑨《方言》云:"吳人謂棹爲橈音饒,所以進舟也。"⑩ 從木,濯省聲也⑪。

　　10.139 駟馬　上息利反。《爾雅》云:"天駟,房也。"⑫ 郭注云:"龍爲天馬,故房四星謂之天駟。"⑬《説文》云:"從馬四聲也。"⑭ 下莫下反。《説文》云馬字四點像足,頭尾具,王以乘之⑮。像形字也。《論語》云:"齊景公有馬千駟。"⑯ 注云:"四千疋也。"⑰

————————————

① 《東山經》:"又東百五十里,曰岐山,其陽多赤金,其陰多白珉。"
② 《東山經》"其陰多白珉"郭璞注:"石似玉者。"
③ 見玉部。
④ 小韻(箋本):"趙,(治小反。)燕。"王本:"趙,(直小反。)國名。"
⑤ 《晏子春秋》卷五:"曾子將行,晏子送之曰:'君子贈人以軒,不若以言。吾請以言乎?以軒乎?'曾子曰:'請以言。'晏子曰:'今夫車輪,山之直木也,良匠燋之,其圓中規,雖有槁暴,不復贏矣,故君子慎隱燋。和氏之璧,井里之困也,良工修之,則爲存國之寶,故君子慎所修。今夫蘭本,三年而成,湛之苦酒,則君子不近,庶人不佩;湛之麋醢,而賈匹馬矣。非蘭本美也,所湛然也。願子之必求所湛。嬰聞之,君子居必擇鄰,遊必就士,擇居所以求士,求士所以辟患也。嬰聞:汨常移質,習俗移性,不可不慎也。'"
⑥ 見《釋器》。
⑦ 見《釋器》"肉倍好謂之璧"注。
⑧ 見糸部。
⑨ 《説文新附》木部:"檝,所以進船也。"
⑩ 《方言》卷九:"楫謂之橈,或謂之櫂。"
⑪ 《説文新附》析"櫂"爲"從木,翟聲。或从卓。《史記》通用濯"結構。
⑫ 見《釋天》。
⑬ 《釋天》"天駟,房也"郭璞注:"龍爲天馬,故房四星謂之天駟。"
⑭ 見馬部。
⑮ 馬部:"馬,怒也,武也。象馬頭、髦、尾、四足之形……影,古文。影,籀文馬,與影同,有髦。"
⑯ 見《季氏》。
⑰ 《季氏》"齊景公有馬千駟"何晏集解引孔曰:"千駟,四千匹。"

10.140 狂瞽　上渠王反。《字書》云："病也。"《韓子》曰："心不能審得失之地則謂之狂。"① 《説文》："從犬王聲也。"② 下公户反。孔注《尚書》云："無目曰瞽。舜父有目,不能分别好惡,故時人謂之瞽也。"③

10.141 蓍龜　上式之反。《説文》云："蓍生千歲,三百莖,筮者以爲策也。"④ 《周易》云："蓍之德圓而神。"⑤ 下居追反。《説苑》云："靈龜五彩,似玉似金,背陰向陽,上高像天,下平法地也。"⑥《禮記》云："故先王秉蓍龜以決吉凶也。"⑦

10.142 大濩　胡故反⑧。《字書》云："大濩,殷湯樂名也。"

10.143 泥洹⑨　上奴低反,下胡官反。或云般泥洹,或云泥越,或云般涅盤,或但云涅盤,皆梵言訛略也。正云波利你嚩南。此云圓寂。嚩音無可反。

10.144 編摭　上卑連反。《説文》云："編,次簡也。"⑩ 謂古以竹簡書字,故排連編次也。下之石反。《字書》云："摭,拾也。"《玉篇》:"摭,取也。"⑪ 亦作拓字⑫。

---

① 《解老》:"耳不能别清濁之聲則謂之聾,心不能審得失之地則謂之狂。"
② 犬部析"狂"爲"从犬,㞷聲。忹,古文从心"結構。
③ 《堯典》"瞽子"孔安國傳:"無目曰瞽。舜父有目不能分辨好惡,故時人謂之瞽。"
④ 艸部:"蓍,蒿屬。生十歲,百莖。《易》以爲數。天子蓍九尺,諸侯七尺,大夫五尺,士三尺。从艸,耆聲。"千歲、三百,今本作"十歲、百"。瑄案:疑"千載、三百"更近許書原貌。《玉篇》艸部:"蓍,《説文》云:'生千歲,三百莖。《易》以爲數,天子九尺,諸侯七尺,大夫五尺,士三尺。'"引作"千歲、三百",是其證。
⑤ 《繫辭上》:"是故蓍之德圓而神,卦之德方以知,六爻之義易以貢。"
⑥ 《辨物》:"靈龜文五色,似金似玉,背陰向陽。上隆象天,下平法地,槃衍象山。四趾轉運應四時,文著象二十八宿。蚖頭龍翅,左精象日,右精象月,千歲之化,下氣上通,能知吉凶存亡之變。"○"地"字原闕,今據《説苑》補。希麟音義4.020"盲龜"引《説苑》:"靈龜五色,似金似玉,背陰向陽,上高像天,下平法地。"亦引作"法地",可爲據補之旁證。
⑦ 《禮運》:"故先王秉蓍龜,列祭祀,瘞繒,宣祝嘏辭説,設制度。"
⑧ "反"字原闕,今據文意補。獅谷本注"故下反脱",大通本亦著"反"字。
⑨ 泥洹,梵詞 parinirvāṇa,希麟譯"波利你嚩南"。
⑩ 見系部。
⑪ 手部:"摭,取也,拾也。"
⑫ 《説文》手部:"拓,拾也。陳、宋語。从手,石聲。摭,拓或从庶。"瑄案:《玉篇》手部:拓,同"摭"。

10.145 稻䅉　上徒晧反。《本草》云："稻米主温中，令人多熱。秔米主益氣，止煩洩。"《説文》："沛國謂稻爲糯。今江東通呼秔米爲稻米也。"①下古旱反。《説文》："衆草莖也。從草，幹聲。"②

10.146 穰麌梨③　上借音如兩反，次音虞矩反。梵語也。此云藥王，或云藥君也。

10.147 摩訶支那④　訶音呵。舊云振旦，或云真那。應云摩賀振那。此云大唐，或云大漢，舊云大夏，皆隨代義翻也，即今中華國是。

10.148 彬彬　鄙申反⑤。《論語》云："文質彬彬，然後君子。"⑥包咸注云："彬彬，文質相半之皃也。"⑦59p0422b—0422c

10.149 舭爛陁⑧　上正那字。梵語。西域寺名也。此翻爲施無猒。在中印度境。

10.150 霹靂　上普擊反，下郎擊反。《説文》云："霹靂，折震戰也。所擊輒破，若攻戰也。"⑨《字書》云："迅雷也。"二字並從雨，辟、歷皆聲也⑩。

10.151 撐輿　上《説文》作弇字⑪，音衣檢反。《爾雅》云："弇日爲蔽雲。"⑫郭注云："暈氣，五彩覆日也。"⑬又《釋言》云："弇，蓋也。"⑭《説文》：

---

① 禾部："稻，秔也。从禾，舀聲。"
② 《説文》闕 "䅉" 篆。
③ 穰麌梨，梵詞 Jāṅgulī。
④ 摩訶支那，梵詞 Mahā-cīna-sthāna，希麟譯 "摩賀振那"。
⑤ 申，原作 "中"，今據文意改。獅谷本亦注 "中恐申乎"。
⑥ 《雍也》："子曰：'質勝文則野，文勝質則史。文質彬彬，然後君子。'"
⑦ 《雍也》"文質彬彬，然後君子" 何晏集解引包曰："彬彬，文質相半之貌。"
⑧ 那爛陁，梵詞 Nālandā。
⑨ 《説文》闕 "霹、靂" 篆。
⑩ 《説文》雨部："震，劈歷，振物者。从雨，辰聲。《春秋傳》曰：'震夷伯之廟。' 𩆜，籀文震。"瑄案：《説文》"震" 字條徐鉉等曰："今俗別作霹靂，非是。"
⑪ 廾部："弇，蓋也。从廾从合。㝥，古文弇。"
⑫ 見《釋天》。
⑬ 《釋天》"弇日爲蔽雲" 郭璞注："即暈氣，五彩覆日也。"
⑭ 見《釋言》。

“從廾、合。”廾音拱。今録文作撗。《説文》：“閉也。”① 又音烏敢反，手大物也。於此用疎也。

10.152 拗怒　上於六反。《廣雅》云：“拗，止也。”② 又烏絞反，今不取。案：録文云：“時首領普告衆曰：‘誰將舍利異寶殊珍，不爾龍神何斯拗怒？有即持出投入海中，無令衆人受茲惶怖。’”③ 據此，即龍神方怒未止，應作欷字④。《説文》云：“吹氣聲也。從欠，或省聲。”⑤ 或音同上。

10.153 龜茲　《漢書音義》上音丘，下音慈⑥。國名也。或云屈支，亦云月支，或云鳩茨，或名烏孫，皆一也。案：西番諸國多因王名，或隨地隨山，故有多名也。即安西之地。

10.154 勿提堤犀魚⑦　堤音仮，犀音西。龜茲國番語，三藏名也。録自注云：“此云蓮花精進也。”

10.155 牛昕　上語求反。姓也。《姓苑》云⑧：“本自殷周封微子於宋，其裔司寇牛父帥師敗於狄。子孫以王父字爲氏也。”下火斤反。《説文》云：“旦明，日將出也。從日斤聲也。”⑨

---

① 手部：“撗，自關以東謂取曰撗。一曰覆也。从手，弅聲。”
② 不詳。
③ 《佛説十力經》（唐釋勿提提犀魚譯）：“時首領商普告衆曰：‘誰將舍利異寶殊珍，不爾龍神何斯拗怒？有即持出投入海中，無令衆人受茲惶怖。’”○“殊珍、持出”四字原闕，今據《十力經》補。《遊方記抄·悟空入竺記》（新羅慧超等撰）：“時首領商普告衆曰：‘誰將舍利異寶殊珍，不爾龍神何斯拗怒？有即持出投入海中，無令衆人受茲惶怖。’”亦著“殊珍、持出”四字，可爲據補之旁證。
④ 欷，原作“或”，今據文意改。
⑤ 欠部：“欷，吹气也。从欠，或聲。”
⑥ 《地理志下》“雕陰道，龜茲”顏師古注引應劭曰：“音丘慈。”《傅介子傳》“先是龜茲、樓蘭皆嘗殺漢使者”顏師古注引服虔曰：“龜茲，音丘慈。”《西域傳上》“南與渠勒、東北與龜茲、西北與姑墨接”顏師古注：“龜音丘，茲音慈。”
⑦ 勿提堤犀，對音字，源詞不詳。
⑧ 《姓苑》，傳記類著作，史志（傳）有一卷（《隋書·經籍志》：“《姓苑》一卷何氏撰。”）、二篇（《新唐書·柳沖傳》：“宋何承天有《姓苑》二篇。”）、十卷（《舊唐書·經籍志》：“《姓苑》十卷何承天撰。”《新唐書·藝文志》：“何承天《姓苑》十卷。”《崇文總目》）之別，撰人或言“何氏”，或言“何承天”。書已佚。清人王仁俊有輯本。參見《古佚書目録》頁177。
⑨ 見日部。

10.156 所齎　下相分反。《切韻》:"付之。"①《考聲》云:"遺也。"《字林》云:"送物也。"又:裝也。《説文》:"從貝,齊聲。"②俗作賷,非也。

10.157 索綏　上蘇各反。姓也。燉煌人也。下息遺反。案字:安也。《説文》:"車絡也。"①今案:即人名也。

10.158 弱齡　上而斫反。《字書》云:"弱,劣也。"《玉篇》云:"不强。"④下郎丁反。顧野王云:"古謂年爲齡。"⑤《説文》云:"從齒,令聲。"⑥案:弱齡,即未冠之前也。故《禮記》云:"男子二十冠而字。"⑦鄭云:"成人矣也。"⑧

10.159 膠翎　上古肴反。《爾雅》云:"翎,膠也。"⑨郭注云⑩:"膠,黏翎也。"⑪《字林》云:"謂相著也。"下古遏反。《玉篇》作轇轕二字⑫。《廣韻》云:"戟形也。"⑬翎音女六反。59p0423a

10.160 芟夷　上所銜反。《字書》云:"伐草也。"《考聲》云:"剪也。"《説文》云:"從草、殳,"⑭會意字。殳音殊。下以脂反。《切韻》云:"等也。"⑮《考聲》云:"滅也。"《爾雅》云:"易也。"⑯《説文》云從大、弓作

---

① 齊韻(王本):"齎,即黎反。持。又子斯反。亦賷。八。"裴本:"齎(,即脂反。)持。又子奚反。"
② 見貝部。
① 糸部:"綏,車中把也。从糸从妥。"瑄案:《説文》"綏"字條徐鍇曰:"禮:升車必正立,執綏所以安也。當从爪,从安省。《説文》無妥字。"
④ 彳部:"弱,尫劣也。"
⑤ 《玉篇》齒部:"齡,古謂年齡也。"
⑥ 見《説文新附》。
⑦ 見《曲禮上》:"男女異長。男子二十冠而字。"
⑧ 《曲禮上》"男子二十冠而字"鄭玄注:"成人矣,敬其名。"
⑨ 見《釋言》。
⑩ 注,獅谷本作"註"。
⑪ 《釋言》"翎,膠也"郭璞注:"膠,黏。"黏翎也,今本作"黏"。
⑫ 車部:"轇,轇轕長遠。""轕,轇轕。"
⑬ 曷韻:"轕,轇轕,戟形也。又:轇轕,驅馳皃。"
⑭ 艸部析"芟"爲"從艸從殳"結構。
⑮ 脂韻(裴本):"夷,平也,傷也,説也,滅也。又東方人名字。從弓從大。"王本:"夷,平。"篆本有字無釋。
⑯ 見《釋詁》。

夷①。有從戈作夷，非也。

續開元釋教録卷中

10.161　姆陁羅尼②　　上莫補反。《字書》云：“老母也。”《説文》云：“女師也。”③又作姆字，同上。今案：姆即《觀自在菩薩部》姆陁羅尼名號④。

10.162　輸波迦羅⑤　　上式逾反，迦音姜佉反。梵語。即唐開元朝西域三藏梵名也。此云善無畏⑥。

10.163　殉法　　上辞閏反。《説文》云：“以生人送葬也。”⑦顧野王云：“亾身從物爲殉也。”⑧字從歹，旬聲。歹，午達反。歺，骨殘也。歺音朽。

10.164　屢奮　　上良遇反。《字書》云：“數也。”《考聲》云：“疾也。”《爾雅》云：“亟也。”⑨郭注：“亟亦數也。”⑩下方問反。《字書》云：“動也。”《韻集》云：“揚翠也。”《説文》：“翬也。從大鳥在田。”⑪翬，奮其羽也⑫。隹即鳥也。翬音暉。

10.165　悼屈原　　上徒到反。《字書》云：“哀也。”《考聲》云：“傷也。”又：憐也。從心，掉省聲也⑬。屈，九勿反。姓屈名原字平⑭。楚爲三間大

------

① 大部析“夷”爲“从大从弓”結構。
② 陁羅尼，梵詞 dhāraṇī。
③ 姆，《説文》作“姆”，女部：“姆，女師也。从女，每聲。讀若母。”
④ 《千手千眼觀世音菩薩姆陀羅尼身經》：“今我欲説姆陀羅尼，末世衆生蒙是姆陀羅尼威神力故，皆離苦因獲安樂果。”
⑤ 輸波迦羅，梵詞 Śubhakara-siṃha。
⑥ 善無畏，又稱無畏三藏，東印度烏荼國人。跟金剛智、不空並稱開元三大士，乃密教祖師之一。參見《佛光大辭典》頁 4892 “善無畏” 條。
⑦ 《説文》闕“殉”篆。
⑧ 《玉篇》歹部：“殉，用人送死也。亦求也，營也。亡身從物爲殉也。”
⑨ 見《釋言》。
⑩ 《釋言》“屢、昵，亟也”郭璞注：“親昵者亦數，亟亦數也。”
⑪ 見奞部。從大鳥在田，今本作“從奞在田上”。
⑫ 《説文》羽部：“翬，大飛也。從羽，軍聲。一曰伊、雒而南，雉五采皆備曰翬。《詩》曰：‘如翬斯飛。’”
⑬ 《説文》析“悼”爲“從心，卓聲”結構。瑄案：《説文》“悼”字條徐鉉等曰：“卓非聲，當從罩省。”
⑭ “字” 後原衍 “典” 字，今據文意删。

夫,王甚重之,爲靳尚等妒其能,其譖毀之,乃被流放。後遊於湘潭,行吟澤畔,著《離騷》,云:“滄浪之水清,可以濯吾纓;滄浪之水濁,可以濯吾足也。”①

　　10.166 撫膺　上孚武反。《爾雅》云:“撫,掩之也。”②郭注云:“撫掩,猶撫拍也。”③下於凌反。《説文》云:“智也。”④案:撫膺,合作拊字。《爾雅》云:“辟,拊心也。”⑤郭璞注云:“謂椎智也。”⑥椎音直追反。

　　10.167 捃拾　上居運反。《字書》云:“取也。”《聲類》云:“拾穗也。”又從手作攈⑦。下是汁反。《考聲》:“斂也。”《切韻》云:“收拾也。”⑧從手,給省聲⑨。

　　10.168 津涯　上將隣反。《切韻》云:“津,液也。”⑩又:潤也⑪。《説文》云:“濟也。”⑫郭璞云:“津,涉也。”⑬謂涉渡也。下五佳反。《切韻》云:“水際也。”⑭郭注《爾雅》云:“水邊曰涯,峻而水深者曰岸也。”⑮59p0423a—0423b

　　10.169 紛綸　上芳文反。《字書》云:“衆也。”又:亂也,紛紜也。下

---

① 引書誤。《楚辭·漁父》:“歌曰:‘滄浪之水清兮,可以濯吾纓;滄浪之水濁兮,可以濯吾足。’遂去,不復與言。”

② 《釋訓》:“矜,憐,撫掩之也。”

③ 《釋訓》“矜,憐,撫掩之也”郭璞注:“撫掩,猶撫拍,謂慰恤也。”

④ 見肉部。

⑤ 見《釋訓》。

⑥ 《釋訓》“辟,拊心也”郭璞注:“謂椎胸也。”

⑦ 《説文》手部:“攈,拾也。从手,麇聲。”○從手作攈,原作“從禾作穤”,今據文意改。

⑧ 緝韻(箋本、裴本、王本):“拾,(是執反。)取也”。

⑨ 《説文》析“拾”爲“从手,合聲”結構。

⑩ 真韻(箋本):“津,將鄰反。三。”王本:“津,將鄰反。際。三。”

⑪ 《玉篇》水部:“津,潤也。”瑄案:《周禮·地官·大司徒》“其民黑而津”鄭玄注:“津,潤也。”

⑫ 水部:“津,水渡也。从水,聿聲。艭,古文津,从舟从淮。”

⑬ 不詳。

⑭ 佳韻(裴本):“涯,(五佳反。)水溁。”王本:“涯,(五佳反。)水際。”

⑮ 《釋丘》“望厓洒而高,岸”郭璞注:“厓,水邊;洒謂深也。視厓峻而水深者曰岸。”

力迻反。《説文》云："糹青絲綬也。"① 二字並從糸，分、侖皆聲也②。

10.170　繁贎　上附袁反。《切韻》云："概也。"③《字書》云："繁，多也。"下正作䑞，音實證反。《考聲》云："增也。"《廣韻》云："益也。"④ 或作䑞。又音孕。《説文》云："送也。"⑤

10.171　玄惲　下於粉反。重也⑥，謀也⑦。又：厚也。今案：玄惲法師本名世道，爲避庙諱，故稱其字。

續開元釋教録卷下

10.172　紕繆　上疋弥反。《考聲》云："繒欲破也。"下明救反。《字書》云："乱也，訛也。"《禮記》云："一物紕繆，民不得其死也。"⑧ 鄭注云："紕，錯也。"⑨《字林》作紕謬字。謬，悮⑩，失也。繆又音武休反⑪。

10.173　宂雜　上而隴反。《考聲》云："散也。"《漢書》云："桓帝置宂從僕射。"⑫《聲類》云："宂，散雜無食之人也。"《字林》作㲲⑬，云："猥雜兒也。"

10.174　詭説　上歸偉反。《毛詩》云："無縱詭隨。"⑭ 鄭箋云："無聽放

---

① 見糸部。糹青絲綬，今本作"青絲綬"。○"綬"字原闕，今據《説文》補。《後漢書·班固傳》"絡以綸連"李賢注："綸，糹青絲綬也。"《文選·班固〈西都賦〉》"絡以綸連"李善注引《説文》："綸，糹青絲綬也。"《説文解字注》作"糹青絲成綬"，其注云："糹青絲成綬，是爲綸。"《爾雅·釋草》"綸，似綸；組，似組，東海有之"郭璞注："綸，今有秩嗇夫所帶糹青絲綸組綬也。海中草生彩理，有象之者，因以名云。"各例皆著"綬"字，可爲據補之旁證。
② 《説文》析"紛"爲"从糸，分聲"，析"綸"爲"从糸，侖聲"結構。
③ 元韻（箋本、王本）："繁，（附袁反。）多。"
④ 證韻："䑞，增益。一曰送也。又：物相贈。"
⑤ 貝部："䑞，物相增加也。从貝，朕聲。一曰送也，副也。"
⑥ 《説文》心部："惲，重厚也。从心，軍聲。"
⑦ 見《方言》卷十三。○謀，原作"諜"，今據文意改。
⑧ 《大傳》："五者一物紕繆，民莫得其死。"
⑨ 《大傳》"五者一物紕繆，民莫得其死"鄭玄注："紕繆，猶錯也。"
⑩ 悮，即"誤"。《廣韻》暮韻：悮，同"誤"。
⑪ 休，獅谷本作"休"。
⑫ 不詳。瑄案：《枚乘傳》："（景帝）三年，爲王使，與宂從爭，見讒惡遇罪，家室没入。"
⑬ 㲲，獅谷本作"㲎"，並注："㲎異作㲥共誤正錯。"
⑭ 見《大雅·民勞》。

詭隨人爲惡也。"①《淮南子》云:"蘇秦以百詭成一信。"②許叔重注云:"詭,慢也。"《説文》云:"責也。從言,危聲。"③

　　10.175　瑣屑　上蘇果反。《爾雅》云:"瑣瑣,小也。"④郭璞注云:"謂才器細陋。"⑤《説文》作㦂,小皃也⑥。下先結反。《切韻》云:"盡也。"⑦又云:"末也。"

　　10.176　源派　上愚袁反。《説文》云:"水泉曰源。"⑧《字書》云:"水本也。"《漢書》云:"張騫使西域,窮河源,其山多玉石而不見崑崙。"⑨《西域傳》云:"河有兩源:一出葱嶺,一出于闐也。"⑩下疋卦反⑪。《考聲》:"分流也。"《説文》云:"邪流。"⑫或作辰⑬,同。有作派,俗字,非也。

　　10.177　承祧　上署陵反。《字書》云:"承,次也。"《考聲》云:"承,奉也。"《説文》從卩、手、収作承⑭。卩音節。収音拱。下吐彫反。《字書》云:"祧,遠祖廟也。"

――――――――――

① 《大雅·民勞》"無縱詭隨"毛傳:"詭隨,詭人之善隨人之惡者。"瑄案:《文選·左思〈魏都賦〉》"而徒務於詭隨匪人"李善注引《毛詩》"無縱詭隨,以謹無良"毛萇曰:"詭隨,詭人之善,隨民之惡。"

② 《説林》:"管子以小辱成大榮,蘇秦以百誕成一誠。"

③ 見言部。

④ 見《釋訓》。

⑤ 《釋訓》"仳仳、瑣瑣,小也"郭璞注:"皆才器細陋。"

⑥ 貝部:"㦂,貝聲也。从小、貝。"

⑦ 屑韻(篆本):"屑,先結反。六。"裴本:"屑,先結反。動作屑屑。七。"王本:"屑,先結反。碎。八。"

⑧ 源,《説文》作"𠠇",灥部:"𠠇,水泉本也。从灥出厂下。原,篆文从泉。"瑄案:《説文》"𠠇"字條徐鉉等曰:"今別作源,非是。"

⑨ 《張騫傳》:"天子大説。而漢使窮河源,其山多玉石,采來,天子案古圖書,名河所出山曰昆侖云。"

⑩ 《西域傳上》:"南北有大山,中央有河,東西六千餘里,南北千餘里。東則接漢,陀以玉門、陽關,西則限以葱嶺。其南山,東出金城,與漢南山屬焉。其河有兩原:一出葱嶺山,一出于闐。于闐在南山下,其河北流,與葱嶺河合,東注蒲昌海。"

⑪ 卦,原作"封",今據文意改。

⑫ 辰部:"辰,水之衺流,別也。从反永……讀若稗縣。"瑄案:《説文》水部:"派,別水也。从水从辰,辰亦聲。"

⑬ "或"字原闕,今據文意補。

⑭ 手部:"承,奉也,受也。从手从卩从収。"〇収,原作"双",今據文意改;下同。

10.178 襃貶　上保毛反。顧野王云：“襃，謂揚其美也。”[①] 鄭注《禮記》云：“進也。”[②]《説文》云：“衣博裿裾。從衣，保聲。”[③] 下兵奄反。鄭注《周禮》云：“減也。”[④]《考聲》云：“黜也。”[⑤]《説文》云：“貶，損也。從貝乏聲也。”[⑥]59p0423c

10.179 歐噦　上謳狗反。《左傳》云“伏弢歐血”是也[⑦]。《説文》云：“歐，猶吐也。從欠，區聲。”[⑧] 弢音滔。下冤越反。《禮記》云：“子侍父，不敢噫噦嚏欬也。”[⑨]《説文》云：“噦，猶氣牾也。從口，歲聲。”[⑩] 噫，厄界反。嚏音帝。欬音開蓋反。

10.180 雜糅　上祖合反。《切韻》云：“雜，集也。”[⑪] 又：穿也[⑫]。《考聲》云：“衆也。”下女救反。《説文》云：“糅亦雜也。”[⑬] 謂相參雜也。《字書》從丑作粗。又作餏字。

10.181 深穽　上式針反。《爾雅》云：“濬、幽，深也。”[⑭]《字書》云：“深，遠也。”下疾政反。《尚書》云：“敜乃穽。”[⑮] 傳云：“穽，陷也。”[⑯]《考

---

① 《玉篇》衣部：“襃，揚美也，衣博裾也。”
② 《雜記上》“諸侯以襃衣”鄭玄注：“襃，猶進也。”
③ 衣部：“襃，衣博裾。从衣，保省聲。保，古文保。”
④ 《秋官·朝士》“則令邦國都家縣鄙慮刑貶”鄭玄注：“貶，猶減也。”
⑤ 黜，原作“點”，今據文意改。
⑥ 見貝部。乏聲也，今本作“从乏”。
⑦ 《哀公二年》：“吾伏弢嘔血，鼓音不衰。”歐，今本作“嘔”。○弢、歐，獅谷本注：“弢，本作弢。歐，作嘔。”
⑧ 見欠部。猶吐也，今本作“吐也”。
⑨ 《内則》：“在父母舅姑之所，有命之，應‘唯’，敬對……不敢噦、噫、嚏、咳、欠、伸、跛、倚、睇視。”
⑩ 口部：“噦，气牾也。从口，歲聲。”○牾，原作“悟”。考《説文繫傳》口部：“噦，气牾也。”慧琳音義卷六十三“噎噦”注引《文字典説》：“噦，气牾也。”《集韻》月韻：“噦，《説文》：‘气牾也。’或从欠。”或言“气牾”，或言“气牾”，今據改。
⑪ 合韻（箋本）：“雜，徂合反。四。”王本：“雜，祖合反。物不純白。六。”
⑫ 穿，獅谷本、大通本作“穽”
⑬ 糅，《説文》作“粗”，米部：“粗，雜飯也。从米，丑聲。”
⑭ 見《釋言》。
⑮ 《費誓》：“杜乃擭，敜乃穽。”
⑯ 《費誓》“敜乃穽”孔安國傳：“穽，穿地陷獸，當以土窒敜之。”

聲》云：“阬也。”謂陷獸阬也。從穴，井聲①。又作阱字，音訓同。歛音尼輒反。

10.182　濩落　上胡郭反，下郎各反。《廣雅》云：“濩落，寬廣無涯際也。”②《字書》云：“殞濩、落薄，失志皃也。”③

10.183　毗那夜迦④　梵語也。舊云頻那夜迦，或毗那夜怛迦，或云吠那野迦。吠，借音微一反。此云鄣礙神，謂人形象頭，能與一切作障礙故。

續一切經音義卷第十

丁未歲高麗國大藏都監奉勅雕造

---

① 阱，《説文》字頭作“阱”，析爲“从𠿤从井，井亦聲。阱，阱或从穴。汬，古文阱，从水”結構。
② 不詳。○際，原作“濟”，今據文意改。
③ 薄，獅谷本、大通本作“薄”。
④ 毗那夜迦，梵詞 Vighnāyaka。○毗那，獅谷本作“毘那”；下同。瑄案：那，即“那”，《五音集韻》歌韻：“那，俗那。”

引用暨參考文獻

［日］安居香山、中村璋輯　　《緯書集成》,河北人民出版社 1994 年

［漢］班固撰,［唐］顔師古注　　《漢書》,中華書局 1962 年

［清］陳立　　《白虎通疏證》,吳則虞點校,中華書局 1994 年

陳士强 1992　　《佛典精解》,上海古籍出版社

［晉］陳壽撰,［南朝宋］裴松之注　　《三國志》,中華書局 1971 年

陳　垣 1962　　《中國佛教史籍概論》,中國科學出版社

遲　鐸 2008　　《小爾雅集釋》,中華書局

慈怡主編 1989　　《佛光大辭典》(五版),北京圖書館出版社

［晉］崔豹　　《古今注》,宋刊本

［宋］丁度等　　《宋刻集韻》(第二版),中華書局 2005 年

丁　鋒 2003　　《窺基〈法華音訓〉原型考》,《姜亮夫、蔣禮鴻、郭在貽先
　　生紀念文集》(《漢語史學報》總第三輯),上海教育出版社

丁福保　　《佛學大辭典》(第一版),文物出版社 1984 年

［清］段玉裁　　《説文解字注》,上海古籍出版社 1981 年

［清］段玉裁撰,鍾敬華校點　　《與諸同志論校書之難》,《經韻樓集》,上
　　海古籍出版社 2008 年

［南朝宋］范曄　　《後漢書》,中華書局 1965 年

［晉］葛洪　　《抱朴子》,景江南圖書館藏明嘉靖乙丑魯藩刊本

［南朝梁］顧野王　　《原本玉篇殘卷》,中華書局 1985 年

［南朝梁］顧野王　　《大廣益會玉篇》,中華書局 1987 年

［晉］郭璞　　《山海經注》,《擁藻堂四庫全書薈要》第 180 册,臺灣世界書
　　局 1990 年

［清］郭慶藩撰，王孝魚點校　　《莊子集釋》，中華書局 1961 年

［金］韓道昭著，寧忌浮校訂　　《校訂五音集韻》，中國社會科學出版社 1991 年。

郭書春、劉鈍校點　　《算經十書》，遼寧教育出版社 1998 年

［清］郝懿行、王念孫、錢繹、王先謙等　　《爾雅　廣雅　方言　釋名》，上海 古籍出版社 1989 年

［宋］洪興祖撰，白化文等點校　　《楚辭補注》，中華書局 1983 年

黄　暉 1990　　《論衡校釋》（附劉盼遂集解），中華書局

黄仁瑄 2011　　《唐五代佛典音義研究》，中華書局

───2018　　《大唐衆經音義校注》，中華書局

───2020　　《新譯大方廣佛華嚴經音義校注》，中華書局

黄仁瑄、瞿山鑫　　《希麟〈續一切經音義〉中的脱字問題》，《漢語史研究 集刊》第 28 輯，四川大學出版社 2020 年

［唐］慧琳、［遼］希麟　　《正續一切經音義》（附索引兩種），上海古籍出 版社 1986 年

黎翔鳳撰，梁運華整理　　《管子校注》，中華書局 2004 年

［宋］李昉等　　《太平御覽》，中華書局 1960 年

［唐］李林甫等撰，陳仲夫點校　　《唐六典》，中華書局 2014 年。

李義活 1990　　《〈續一切經音義〉反切研究》，臺灣中國文化大學博士學 位論文

林光明編修 2001　　《新編大藏全咒》，嘉豐出版社

［南朝宋］劉敬叔等撰，范寧等校點　　《異苑　談藪》，中華書局 1996 年。

劉文典撰，馮逸、喬華點校　　《淮南鴻烈集解》，中華書局 1989 年

［漢］劉向撰，向宗魯校證　　《説苑校證》，中華書局 1987 年

［漢］劉珍等撰，吳樹平校注　　《東觀漢記校注》，中華書局 2009 年

［唐］陸德明　　《經典釋文》，上海書店 1983 年

［清］馬端臨　　《文獻通考》中华书局 1986 年

［明］梅膺祚、［清］吳任臣　　《字彙　字彙補》，上海辭書出版社 1991 年

穆曉華 2010　　《〈漢武故事〉作者考辨及漢武故事的文獻整理》，《重慶與 世界》第 11 期

錢大昕撰，陳文和、孫顯軍校點　《十駕齋養新録》，江蘇古籍出版社 2000 年

饒宗頤 1993　　《梵學集》，上海古籍出版社

［清］阮元校刻　　《十三經注疏》，中華書局 1980 年

上海師範大學古籍整理組校點　　《國語》，上海古籍出版社 1978 年

沈炎南主編 2013　　《脈經校注》，人民衛生出版社

［宋］司馬光編著，［元］胡三省音注，標點資治通鑑小組校點　　《資治通
　　　鑑》，中華書局 1956 年

［漢］司馬遷撰，裴駰集解，司馬貞索隱，張守節正義　　《史記》，中華書局
　　　1959 年

孫啟治、陳建華編 1997　　《古佚書輯本目録》（附考證），中華書局

童　瑋 1997　　《二十二種大藏經通檢》，中華書局

［元］脫脫等　　《遼史》，中華書局 1974 年

汪壽明 2003　　《〈續一切經音義〉引〈切韻〉考》，《語言科學》第 1 期

［魏］王弼注，樓宇烈校釋　　《老子道德經注校釋》，中華書局 2008 年

王繼紅 2011　　《〈五經文字〉版本源流考察》，《林區教學》第 7 期

［清］王謨等　　《世本八種》，商務印書館 1957 年

［清］王念孫　　《廣雅疏證》，中華書局 2004 年

［清］王聘珍撰，王文錦點校　　《大戴禮記解詁》，中華書局 1983 年

王守春 2006　　《釋道安與〈西域志〉》，《西域研究》第 4 期

［清］王先慎撰，鍾哲點校　　《韓非子集解》，中華書局 1998 年

［清］王先謙撰，沈嘯寰點校　　《莊子集解　莊子集解内篇補正》，中華書
　　　局 1987 年

魏　勵 1984　　《張參的〈五經文字〉》，《辭書研究》第 5 期

吳其昌 1928　　《印度釋名》，《燕京學報》第 4 期

［梁］蕭統編，［唐］李善、呂延濟、劉良、張銑、呂向、李周翰注　　《六臣注
　　　文選》，中華書局 1987 年

［梁］蕭統編，［唐］李善注　　《文選》，中華書局 1977 年

徐時儀 1997　　《慧琳音義研究》，上海社會科學出版社

———2002　　《希麟音義引〈廣韻〉》考，《文獻》第 1 期

———2004　　《“印度” 的譯名管窺》，《華林》第三卷；又《學海先飛——

徐時儀學術論文集》，上海辭書出版社 2017 年

——2012　《一切經音義三種校本合刊》（修訂版），上海古籍出版社

徐元誥集解，王樹民、沈長雲點校　《國語集解》，中華書局 2002 年

〔漢〕許慎　《説文解字》，汲古閣本

〔漢〕許慎撰，〔宋〕徐鉉校定　《説文解字》（附檢字），中華書局 1963 年

〔唐〕玄奘、辯機原著，季羨林等校注　《大唐西域記校注》，中華書局 2000 年

〔漢〕揚雄　《輶軒使者絶代語釋別國方言》，《漢小學四種》，巴蜀書社 2001 年

〔漢〕應劭　《風俗通義》，景常熟瞿氏鐵琴銅劍樓藏北宋刊本

〔漢〕應劭撰，王利器校注　《風俗通義校注》，天津古籍出版社 1980 年

〔漢〕應劭撰，吳樹平校釋　《風俗通義校釋》，中華書局 2010 年

余廼永 2000　《新校互注宋本廣韻》（增訂本），上海辭書出版社

尉遲治平 2007　《電子古籍的異體字處理研究 —— 以電子〈廣韻〉爲例》，《語言研究》第 3 期

袁　珂 1996　《山海經校注》，巴蜀書社

張傳官 2017　《急就篇校理》，中華書局

〔晉〕張華撰，范寧校證　《博物志校證》，中華書局 1980 年

〔晉〕張華等撰，王根林等校點　《博物志》（外七種），上海古籍出版社 2012 年

《中華大藏經》編輯局編　《中華大藏經》（漢文部分）第五十六—五十九册，中華書局 1993 年

〔明〕張自烈、〔清〕廖文英　《正字通》，中國工人出版社 1996 年

周祖謨 1983　《唐五代韻書集存》，中華書局

宗福邦、陳世鐃、蕭海波 2003　《故訓匯纂》，商務印書館

後　記

　　校書真的很難！一直忐忑，但還是下了決心，努力爲《續一切經音義校注》劃上了一個並不圓滿的句號！

　　《續一切經音義校注》是唐五代佛典音義整理系列中的第三部。

　　唐五代五種佛典音義中，希麟音義成書時間最晚，依一般邏輯，應該最後完成其校注工作。就字數而言，除了篇幅最爲短小的慧苑《新譯大方廣佛華嚴經音義》，玄應《大唐衆經音義》、慧琳《一切經音義》和可洪《新集藏經音義隨函録》的規模都比它大了許多，完全不可同日而語。篇制較短而時間最晚，處理起來可能相對會容易許多，本着先易後難的原則，我們調整了一下工作的節奏，於是就有了今天這樣一個結果。

　　我們的調整雖有其道理，事實證明，校注工作其實並不因此而變得輕鬆：2009 年 12 月 4 日上午標點訖，2016 年 08 月 02 日 20 時 11 分整理訖，2017 年 07 月 29 日 18 時 08 分梳理訖，2019 年 04 月 25 日 21 時 02 分梳理訖 …… 數字無言，卻忠實地記録了我們爲此而走過的全部歷程。希麟音義一般都附著於慧琳《一切經音義》，經此歷程，它或可在語言文獻之林卓然而立，這大約是我們聊可安慰自己的！

　　我們的工作得到了全國高校古籍整理研究工作委員會和全國哲學社會科學規劃辦的積極支持，這對本校注的順利推進十分重要。導師尉遲先生不遠萬里，慨允賜序，拙校因此平添了許多生色！

　　中華書局秦淑華編審態度溫婉、認真，爲拙校的問世付出了許多辛勤的努力！

　　字（詞）目之索引和引書（人）索引的製作得到了張義博士、高天俊博士（後）的大力協助；引書（人）索引源於我們之前進行的關於希麟音義引書(人)的分類努力,博士生李慈同學幫忙作了比較細致的覆核工作;博士生賀穎同學於希麟書引《切韻》的梳理工作出力尤多。這些工作最終讓拙校變得更加充實,愈發完美。

　　謝謝他們!

　　　　　　　　　2019 年 09 月 28 日晚於華中大東五樓 110 室

字（詞）目音序索引

凡　例

一、凡重出的字（詞）目歸併爲同一個字（詞）目，並順次標明其編號。

二、字（詞）目形體原則上一仍希麟音義之舊，並依音序排列。

三、字（詞）目偶見之訛字、不成字者，以相應的正字立目，並以圓括號標識於正字之後。

A

阿鼻	1.136
阿閦	4.151
阿閦鞞	6.131
阿笈摩	8.086
阿迦膩吒	1.135
阿練若	4.044
阿羅訶	4.080
阿末多	9.018
阿泥盧馱	8.142
阿瓮	2.022
阿毗達磨	9.141
阿耆陀翅舍欽婆羅	4.174
阿若憍陳如	4.008
阿僧企耶	1.010

阿闍梨	4.125
	7.013
阿史波室多	4.009
阿遮利耶	8.056
	9.180
埃坌	4.058
喡喋	4.145
隘陜	1.021
隘窄	5.194
靉靆	3.171
	9.063
菴悀	1.048
愋斍	9.120
盎祁羅	6.035
傲誕	7.024

奧箄迦	9.189

B

八埏	10.114
芭蕉	1.160
	4.054
跋寠	8.134
跋折羅	5.095
颷陁	4.141
白鶴	2.076
白鶮	9.159
百洛叉爲一俱胝	2.105
百幐	9.010
敗績	9.145
班彪	10.003
瘢痕	3.094

字(詞)目筆畫索引

引書（人）索引

凡　例

一、希麟音義引書（人）衆多，今彙列其目，以顯其大概，並便檢索。

二、引書（人）後順次排比其所在之音義條目及其編號，條目間以斜綫"/"間隔。

三、希麟音義引書（人）情況複雜，本索引略爲分別，並據以標目。

（一）或引一書而舉其書名，如 1.001 大朴："上徒蓋反。《蒼頡篇》云：'大，巨也。'《易》曰：'大哉乾元，萬物資始。'"音義稱引"蒼頡篇、易"，今以"蒼頡篇、易"標目。

（二）或引一書而前後稱名不一，如 1.011 依怙："下胡古反。《爾雅》云：'怙，恃也。'《韓詩外傳》云：'怙，頼也。'《毛詩》云：'無父何怙。'從心古聲也。"2.166 鬻香："下香字，正作馨。《詩》云：'黍稷惟馨。'《説文》云：'從黍、甘。'會意字也。"1.148 蟒蛇："下射遮反。《毛詩》云：'惟虺惟蛇。'《周易》：'蛇，豸屬也。'《説文》：'從虫，它聲。'經文作虵，俗字也。它音徒何反。豸音雉也。"音義或稱"毛詩"，或稱"詩"，今以"詩"標目。

（三）或引一書而兼舉著者名，如 1.034 鳳凰："上馮貢反，下音皇……許慎《説文》云：'神鳥也。出東方君子之國，翱翔四海之外，龍文，龜背，鷰頷，雞喙，五翶彩備舉，非梧桐不棲，非竹實不食。朝鳴曰發明，晝鳴上朔。夕鳴曰滿昌，昏鳴曰固常，夜鳴曰保長。見則天下大安。'"音義稱引"説文"，並舉其著者"許慎"，今以"説文"標目。

（四）或引一書而兼舉篇名，如 3.029 妃嬪："下符真反。《爾雅·釋親》云：'嬪，婦也。'《禮記》云：'生曰父母妻，死曰考妣嬪也。'《堯典》曰：'降二女於嬀汭，嬪于虞。'孔傳曰：'使行婦道於虞氏也。'"音義稱引"爾雅釋親”，今以“爾雅”標目。

（五）或引一書而舉其篇名，如 1.070 鳧鴈："下顔諫反。《毛詩傳》云：'大曰鴻，小曰鴈。'隨陽鳥也。《月令》云：'季秋之月，鴻鴈來賓。'《説文》：'鴈，鵝鴈也。'亦名舸音歌。" 3.029 妃嬪："下符真反。《爾雅·釋親》云：'嬪，婦也。'《禮記》云：'生曰父母妻，死曰考妣嬪也。'《堯典》曰：'降二女於嬀汭，嬪于虞。'孔傳曰：'使行婦道於虞氏也。'" 音義稱引"月令、堯典"，分別見《禮記》《書》，而學界習稱，今以"月令、堯典"分別標目。

（六）或引著者而不出書名，如 1.017 裸者："上華瓦反。避俗諱作此音，本音郎果反。顧野王云：'裸者，脱衣露袒也。'《説文》從衣、果作裸，《字書》從身作躶，《玉篇》從人作倮，三體並通。經文從示作祼，音灌。書誤也。" 音義稱引"顧野王"，其語見《玉篇》，今以"玉篇"標目。

（七）音義徵引注疏類典籍，形式多樣。

（1）或書名與注者相連，如 1.002 萬籟："下落大反。樂器名也。《説文》云：'大籥小簫。'郭璞注《爾雅》云：'大簫二十三管，長尺四寸；小者十六管，長尺二寸。一名籟也。'字從竹賴聲也。序文從草作蘱，蒿名也。非此用。" 1.003 紛綸："下律迍反。《易》曰：'綸，經理也。'宋忠注《太玄經》云：'綸，絡也。'今案：紛綸，即雜遝交絡盛皃也。《説文》二字並從糸，分、侖聲也。糸音覓也。" 音義或言"郭璞注爾雅"，或言"宋忠注太玄經"，今以"爾雅郭璞注、太玄經宋忠注"標目。

（2）或先引書文，繼引注文，如 1.013 明星："下星字，古文作曐。《爾雅》曰：'明星謂之啟明。'郭璞注云：'太白星也。晨見東方爲啟明，昏見西方爲太白。'" 3.048 翼從："上與職反。《切韻》：'恭也，助也。'《爾雅》云：'翼，敬也。'《論語》云：'趨進，翼如也。'孔注云：'言端謹也。'下疾用反。《切韻》云：'後也，侍也。'經文或作翊，俗用，亦通。" 音義稱引書文，兼及注文，而注者或明或不明，今以"爾雅郭璞注、論語孔融注"標目。

（3）或篇名與注者相連，如 1.025 犎牛："上音封。《山海經》云：'南方野牛。'集注《爾雅》云'今交趾所獻丞相牛'是也。郭璞注《釋畜》云：'領上犦胅起，高二尺許，如駝肉鞍。今俗謂之峯牛是也。'犦音雹。胅，田頡反。”音義稱引“郭璞注釋畜”,其語見《爾雅》,今以“釋畜郭璞注”標目。

（八）音義引書往往有張冠李戴的情況。

（1）或引書文而誤作注文,如2.092 肩髆:“上古賢反。《切韻》云:‘頂傍也,髆上也。’下滂莫反。《字林》:‘髆,胛也。’《説文》云:‘肩胛也。從骨,博省聲也。’經文作膊,音普博反。郭璞云:‘披割牛羊五藏謂之膊。’非肩髆義。胛音甲。”音義稱引“郭璞”,而“披割”句實見《方言》卷七:“膊、曬、晞,暴也……燕之外郊朝鮮洌水之間,凡暴肉,發人之私,披牛羊之五藏謂之膊。”爲簡便計,今以“郭璞”標目。

（2）或引注文而誤作書文,如1.003 紛綸:“上芳文反。《廣雅》云:‘紛,衆多皃也。’《考聲》:‘亂也。’下律迍反。《易》曰:‘綸,經理也。’宋忠注《太玄經》云:‘綸,絡也。’今案:紛綸,即雜遝交絡盛皃也。《説文》二字並從糸,分、侖聲也。糸音覓也。”音義稱引《易》,其語疑見《繫辭上》“故能彌綸天地之道”注,玄應音義卷一“弥綸”注引《易》“弥綸天地之道”注:“弥,廣也;綸,經理也。”爲簡省計,今以“易”標目。

（3）或引此書而作彼書,如2.119 竅隙:“上啟叫反。鄭注《周禮》云:‘竅,孔也。’《説文》云:‘空也。從穴,敫聲也。’下鄉逆反。《廣雅》云:‘隙,裂也。’賈注《國語》云:‘豐也。’《説文》云:‘壁際小孔也。從𨸏從白,上、下小也。’經文作㙤,非。”音義稱引“鄭注周禮”,其語實見《禮記》鄭玄注,《禮運》“竅於山川”鄭玄注:“竅,孔也。”3.005 寶璫:“上博抱反。衆珍之惣名也。亦作珤,從玉缶聲。下都郎反。《説文》云:‘穿耳施珠也。’《韻英》云:‘耳飾也。’從玉當聲。”音義稱引《説文》,其語實見《釋名·釋首飾》:“穿耳施珠曰璫。此本出於蠻夷所爲也。”其中參差皆已出注説明,爲簡便計,今分別以“周禮鄭注、説文”標目。

（4）或引此注而作彼注,如1.105 汎漲:“上芳梵反。王逸注《楚辭》云:‘汎,淹也。’《説文》:‘浮也。從水,凡聲。’下張亮反。郭璞注《江賦》云:‘漲,大水也。’《説文》:‘從水,張聲也。’”音義稱引“郭璞注江賦”,其語大約見《文選》李善注,《文選·郭璞〈江賦〉》“躋江津而起漲”李善注:“漲,水大之貌。”其中參差已出校説明,爲簡便計,今以“江賦郭璞注”

標目。

（九）音義釋文，往往稱言所據經籍文字情形，其例是"經作"等，如 1.090 鈇鉞："下袁厥反。崔豹《古今注》云：'諸侯得黄鉞者，許斬持節將。'《説文》：'從金，戉聲也。' 戉字從乚音厥從戈。經作戉，非也，音茂。""經作"之"經"，指音義所據之《大乘理趣六波羅蜜多經》，爲簡便計，今不標目。

一、引書索引

1.127 / 1.131 / 1.142 /
1.148 / 1.156 / 1.158 /
2.010 / 2.026 / 2.036 /
2.040 / 2.043 / 2.046 /
2.048 / 2.052 / 2.066 /
2.073 / 2.074 / 2.086 /
2.089 / 2.100 / 2.101 /
2.115 / 2.125 / 2.126 /
2.127 / 2.128 / 2.130 /
2.134 / 2.135 / 2.142 /
2.146 / 2.151 / 2.155 /
2.159 / 2.162 / 2.165 /
2.167 / 2.169 / 2.178 /
2.181 / 3.003 / 3.007 /
3.009 / 3.014 / 3.016 /
3.018 / 3.022 / 3.023 /
3.024 / 3.029 / 3.031 /
3.032 / 3.038 / 3.039 /
3.040 / 3.043 / 3.044 /
3.045 / 3.048 / 3.050 /
3.051 / 3.052 / 3.054 /
3.056 / 3.062 / 3.068 /
3.076 / 3.077 / 3.079 /
3.081 / 3.092 / 3.095 /
3.100 / 3.102 / 3.131 /
3.132 / 3.133 / 3.134 /
3.140 / 3.141 / 3.147 /
3.153 / 3.157 / 3.158 /
3.159 / 3.164 / 3.167 /

3.170 / 3.178 / 3.180 /
4.003 / 4.006 / 4.010 /
4.019 / 4.020 / 4.022 /
4.027 / 4.030 / 4.031 /
4.03 / 4.034 / 4.035 /
4.036 / 4.040 / 4.045 /
4.046 / 4.048 / 4.049 /
4.050 / 4.055 / 4.057 /
4.062 / 4.066 / 4.068 /
4.073 / 4.075 / 4.077 /
4.083 / 4.084 / 4.089 /
4.093 / 4.095 / 4.096 /
4.100 / 4.103 / 4.116 /
4.121 / 4.128 / 4.131 /
4.134 / 4.153 / 4.156 /
4.158 / 4.160 / 4.161 /
4.163 / 4.165 / 5.001 /
5.003 / 5.004 / 5.013 /
5.017 / 5.018 / 5.019 /
5.021 / 5.022 / 5.027 /
5.030 / 5.031 / 5.032 /
5.049 / 5.065 / 5.075 /
5.079 / 5.083 / 5.084 /
5.116 / 5.126 / 5.137 /
5.138 / 5.140 / 5.141 /
5.143 / 5.145 / 5.153 /
5.155 / 5.173 / 5.178 /
5.179 / 5.193 / 5.203 /
5.207 / 5.211 / 5.212 /

5.215 / 5.220 / 5.228 /
5.236 / 6.005 / 6.014 /
6.017 / 6.018 / 6.030 /
6.052 / 6.056 / 6.060 /
6.062 / 6.069 / 6.085 /
6.086 / 6.088 / 6.104 /
6.117 / 6.119 / 6.130 /
6.136 / 6.142 / 6.147 /
6.155 / 6.158 / 6.160 /
6.173 / 7.001 / 7.002 /
7.005 / 7.009 / 7.016 /
7.020 / 7.024 / 7.036 /
7.048 / 7.062 / 7.080 /
7.083 / 7.089 / 7.105 /
7.113 / 7.119 / 7.124 /
7.126 / 7.129 / 7.132 /
7.135 / 7.139 / 7.143 /
8.001 / 8.009 / 8.013 /
8.015 / 8.016 / 8.018 /
8.019 / 8.026 / 8.027 /
8.028 / 8.032 / 8.033 /
8.039 / 8.045 / 8.057 /
8.064 / 8.067 / 8.068 /
8.071 / 8.072 / 8.079 /
8.085 / 8.087 / 8.096 /
8.103 / 8.107 / 8.108 /
8.109 / 8.112 / 8.120 /
8.123 / 8.130 / 8.135 /
8.137 / 8.140 / 8.145 /

1.012 / 2.002 / 2.012 /
2.013 / 2.024 / 2.030 /
2.035 / 2.047 / 2.050 /
2.053 / 2.056 / 2.057 /
2.060 / 2.065 / 2.072 /
2.073 / 2.07 / 2.079 /
2.086 / 2.087 / 2.092 /
2.097 / 2.103 / 2.104 /
2.116 / 2.12 / 2.122 /
2.123 / 2.124 / 2.125 /
2.127 / 2.128 / 2.129 /
2.136 / 2.138 / 2.140 /
2.159 / 2.162 / 2.163 /
2.164 / 2.165 / 2.168 /
2.169 / 2.174 / 2.180 /
2.181 / 3.008 / 3.009 /
3.010 / 3.011 / 3.016 /
3.017 / 3.018 / 3.020 /
3.022 / 3.025 / 3.033 /
3.034 / 3.035 / 3.038 /
3.043 / 3.047 / 3.048 /
3.051 / 3.052 / 3.054 /
3.056 / 3.058 / 3.059 /
3.060 / 3.062 / 3.066 /
3.070 / 3.071 / 3.072 /
3.077 / 3.078 / 3.081 /
3.082 / 3.084 / 3.088 /
3.089 / 3.090 / 3.092 /
3.094 / 3.095 / 3.096 /

3.097 / 3.099 / 3.100 /
3.101 / 3.104 / 3.109 /
3.111 / 3.113 / 3.121 /
3.122 / 3.127 / 3.129 /
3.130 / 3.131 / 3.134 /
3.135 / 3.136 / 3.137 /
3.140 / 3.146 / 3.149 /
3.153 / 3.156 / 3.158 /
3.159 / 3.160 / 3.164 /
3.167 / 3.169 / 3.170 /
3.172 / 3.175 / 3.177 /
3.179 / 3.180 / 4.001 /
4.019 / 4.020 / 4.021 /
4.022 / 4.026 / 4.03 /
4.046 / 4.048 / 4.055 /
4.061 / 4.065 / 4.066 /
4.069 / 4.072 / 4.073 /
4.084 / 4.089 / 4.091 /
4.093 / 4.094 / 4.097 /
4.098 / 4.100 / 4.103 /
4.104 / 4.107 / 4.108 /
4.110 / 4.112 / 4.115 /
4.117 / 4.119 / 4.120 /
4.122 / 4.123 / 4.124 /
4.130 / 4.132 / 4.133 /
4.134 / 4.146 / 4.147 /
4.154 / 4.156 / 4.157 /
4.158 / 4.161 / 4.162 /
4.163 / 4.165 / 4.166 /

4.167 / 4.168 / 5.002 /
5.016 / 5.035 / 5.056 /
5.059 / 5.061 / 5.063 /
5.064 / 5.065 / 5.067 /
5.068 / 5.069 / 5.070 /
5.073 / 5.074 / 5.075 /
5.078 / 5.079 / 5.080 /
5.081 / 5.082 / 5.084 /
5.091 / 5.097 / 5.105 /
5.106 / 5.113 / 5.118 /
5.120 / 5.121 / 5.122 /
5.124 / 5.125 / 5.126 /
5.127 / 5.129 / 5.132 /
5.134 / 5.140 / 5.142 /
5.144 / 5.149 / 5.151 /
5.152 / 5.155 / 5.156 /
5.160 / 5.161 / 5.162 /
5.164 / 5.166 / 5.169 /
5.173 / 5.174 / 5.175 /
5.177 / 5.178 / 5.179 /
5.180 / 5.187 / 5.189 /
5.190 / 5.192 / 5.193 /
5.197 / 5.201 / 5.203 /
5.207 / 5.208 / 5.209 /
5.211 / 5.214 / 5.221 /
5.224 / 5.236 / 6.001 /
6.002 / 6.014 / 6.015 /
6.017 / 6.018 / 6.019 /
6.020 / 6.021 / 6.023 /

二、引人索引